趙旭——著

從土改到文革

中國當代一〇〇位知識分子的厄難

序言
山寨史學的勃興和當代知識分子的分裂

中共中央黨校教授，原黨校理論研究室副主任
杜光

進入二十一世紀後，中國民間逐漸興起了回顧、反思當代歷史的熱潮，出版各種形式的回憶錄、訪談錄、口述歷史等等，蔚然成風。通過對個人經歷和所見所聞的歷史事件的敘述，撕開了當局蓄意掩蓋、歪曲事實真相的帷幕，為恢復歷史的本來面目，提供了微觀的素材。趙旭根據大量採訪記錄整理的《從土改到文革：中國當代一〇〇位知識分子的厄難》，就是眾多這樣的時代產物之一。雖然它所記述的，多數是生活在社會底層、名不見經傳的知識分子，但由於他們的生平經歷所具有的歷史意義和社會特徵，更使這部著作獲得了文學以外的豐富涵義。它從一些側面勾勒出那個時代的真相，戳穿了當局小心翼翼地掩蓋著的某些神話，批駁了毛左派散佈的「毛澤東時代的中國是最平等的社會」之類的濫言。因而，就其性質和功能來說，它不失為一部具有深遠意義和史料價值的寶貴著作。

（一）山寨史學的勃興

我把諸如此類提供歷史細節、足以匡正歷史謬誤而又不為官方所容納的著作，統稱為「山寨史學」。「山寨史學」是「山寨文化」的一部分。我之所以要把這類秉筆直書的著作冠以「山寨」的名稱，是因為在嚴厲的《出版管理條例》的管制下，它們很難在正式的出版機關出版發行，即使被出版社接受，也要按照他們的要求，進行大量的刪削修改，而那些刪改的部分，往往又是最重要、最有價值的內容。因此，許多作者被迫把書稿送到香港出版，或者自費印刷，這就有點被「逼上梁山」的味道，稱之為「山寨文化」、「山寨史學」，就是要突出它們受官方逼迫、同官方對抗、向官方挑戰的特徵。

山寨文化和山寨史學是專制主義逼迫之下的無可奈何的產物，我們可以從縱橫兩個不同角度來加以考察。

從橫向的空間來說，文化專制主義剝奪了民間的出版自由，凡是超越官方容許範圍的著作，媒體和出版機構一概拒絕提供出版或發表的機會，人們只好另行開闢自由的新天地，或自印，或複製，在中華大地的各個角落，生產出無數「山寨出版物」，各自在雖然有限、然而持續擴大的空間裡流布，為老百姓源源不斷地提供官方媒體不可能提供的健康的精神食糧。這些山寨出版物雖然不斷遭受權力部門的打壓：查抄、收繳、封鎖郵路，甚至判刑罰款，但作為山寨文化和山寨史學的載體，它既然為當代人民的精神生活所必需，受到人們的喜愛，山寨出版物就有著廣闊無垠的原野可供滋生繁育，絕不是專制主義的野火能燒盡的。特別是在香港出版的一些記錄歷史事件、臧否歷史人物的著作，儘管中宣部嚴令禁絕，海關查扣，郵局沒收，但依靠網路和複印、傳真等現代技術，這些資料豐富、內容新穎的書籍，仍然跨越「兩制」的地域限制，在境內廣泛流傳，使人們瞭解官修史書裡的許多謬誤，喚起民眾對瞭解歷史真相、觀察社會現象的興趣，在閱讀和傳播、交流的過程中，建立起或加強了他們關切國家前途的歷史責任感。

從縱向的時間來說，八十年代培育起來的民主力量，經過一九八九年的殘酷鎮壓，幾乎被摧殘殆盡。但是在民間，依然潛存著對於民主自由和先進文化的強烈期待。面對專制統治的日益嚴酷，許多逃過浩劫的知識分子不甘寂寞，陸陸續續地開闢新的陣地，探尋著推動政治變革和社會轉型的路徑。有的開書店，有的辦雜誌，更多的人則潛下心來，利用八十年代所開拓的眼界和積累的知識，反思歷史，探討問題。一九九二年出版的《歷史的潮流》和《防「左」備忘錄》，就是支持改革的民主力量投向專制統治的梭鏢和匕首。而影響更為深遠的，是對於當代歷史的探究，在尋覓歷史的本來面目的基礎上，總結經驗教訓，從中發現種種社會弊病的來龍去脈，幫助人們從久被蒙蔽的騙局和神話裡走將出來。如王若水的《新發現的毛澤東——僕人眼中的偉人》，通過對蘇區肅反、延安整風、反右派、廬山會議、文革等歷史真相的陳述和分析，揭示了毛澤東的權術和陰謀詭計，從而突破了不許評毛批毛的禁令，把毛澤東推下神壇。這部書雖然到二〇〇二年才由香港明報出版社正式出版，但在九十年代就已不脛而走，到處流傳，產生了巨大的影響。進入新世紀後，諸如此類具有史學意義的作品不斷問世，網路的普及，更使山寨文化、山寨史學獲得了寬廣的發展餘地。

新世紀的頭十年，是山寨史學勃興的十年。有些書寫歷史關節的事實真相和重評歷史事件、歷史人物的史學著作，以其豐富扎實的史料和令人信服的評述，直截了當地推翻了官方的某些為了適應政治需要而編造的偽歷史。例如，何方老在香港出版的《黨史筆記——從遵義會議到延安整風》，就根據他自己的親身經歷和所見所聞，批駁了黨史上的所謂「遵義會議確立了毛澤東對全黨全軍的領導」、「延安整風是一次偉大的馬克思主義教育運動」等等傳統結論，對於先後在一九四五年和一九八一年經過共產黨中央全會通過的《關於若干歷史問題的決議》和《關於建國以來黨的若干歷史問題的決議》，都作了入木三分的分析與批判，把這些歷史問題的本來面目，呈現在全黨黨員和廣大民眾的面前，糾正了長期以來以訛傳訛的偽劣史學傳統。

在互聯網上和山寨出版物裡，出現更多的是記錄個人生平遭遇、坎坷經歷的文章和書籍，它們以繁多而詳盡的微觀細節和對社會動態的翔實描述，揭露了幾十年來發生在社會各個角落的事件真相，佐證某些官方史著的虛偽和荒誕，成為補充歷史脈絡的不可缺少的構件。

與此同時，這十年間還有大量評述施政得失、探討理論是非的宏文和專著，許多描述現當代的人物、家庭和社會現象的文學作品，甚至不少介紹國外先進理論和成功經驗的譯作，也往往滲透著豐富的歷史元素和濃郁的史學意識。雖然其中很多作品因為涉及所謂的「敏感」話題而被拒斥在官方媒體之外，不得不採取「山寨」的形式，但恰恰是在這些不能見容於官方的「山寨文化」、「山寨出版物」裡，包含著最真實、最可靠的史學內容，構成對官方史學的挑戰。清朝的章學誠在他的《文史通義》一書的「易教」篇裡指出：「六經皆史也。」他甚至認為「凡涉著作之林，皆是史學」。龔自珍在《古史鉤沉論》裡也說：「史之外，無有文字焉。」我們不妨說，所有體現社會脈搏和具有時代色彩的作品，都將成為未來歷史的元素。與在輿論導向束縛下的官方媒體不同，山寨出版物的主要特色是自由、真實、豐富多彩。那些被「導向」的作品，充滿了裝腔作勢的陳詞濫調，死板僵化，千篇一律，既缺乏歷史感，也沒有生命力，轉瞬即逝，成為過眼雲煙。而山寨文化卻由於擺脫了輿論導向的枷鎖，得以自由馳騁，因而萬花齊放，千姿百態，其中自有許多可以進入歷史視野的思想成果。所以，同藉口突出政治而弄虛作假的宮廷史學相比較，山寨史學有著更為強盛的活力。它的勃興，既是文化專制主義掩蓋歷史真相、禁錮自由思想的產物，同時也為歷史的去偽存真、撥亂反正，提供了基礎性的材料。

（二）當代知識分子的分裂與彌合的歷史回顧

《從土改到文革：中國當代一〇〇位知識分子的厄難》一書所記述的，從一九四九年起整整六十多個春秋的歷史，這裡有土改的殘酷、鎮反肅反文革的血腥、反胡風運動涉及面的廣大，但大部分是一九五七、五八兩年裡被劃為「資產階級右派分子」的知識分子。他們當年響應共產黨「幫助黨整風」的號召，對現實生活中存在的主觀主義、官僚主義、宗派主義進行揭露與批評，滿懷熱情地提出許多建議，期待著中國社會的健康發展，卻不料掉進了毛澤東設下的「陽謀」陷阱，成為社會底層的賤民，受盡迫害凌辱，有的妻離子散、家破人亡，有的在暗無天日的勞教場所餓死、累死、凍死、被打死，屍骸無存。

這場針對知識分子的曠古未有的大鎮壓，發揚了同類相殘的獸性，使人性中那些善良的道德傳統蕩然無存。它消除了對毛澤東的獨裁統治的威脅，同時也引起了知識分子的大分裂。本來同心同德地為建設自由、民主、富強的新中國而埋頭苦幹的知識分子，由此分裂成為三類處境不同的群體：除了淪為賤民的三百多萬（一說五十餘萬）右派分子和所謂「地富反壞」中的知識分子外，有許多知識分子從反右運動中發現了出人頭地、加官進爵的捷徑，那就是唯上唯左，黨指向哪裡就打到哪裡。他們是共產黨的馴服工具，政治運動的積極分子，被毛澤東稱為「左派」。最為大量的是戰戰兢兢地「夾著尾巴做人」的知識分子，他們接受反右運動的教訓，「對人只說三分話，未可全拋一片心」，不知道階級鬥爭的大棒哪一天會打到自己的頭上，整天生活在臨深履薄的恐懼之中。

這三類完全由於政治因素而陷於分裂的知識分子，分別處在不同的社會地位，各有自己的精神天地。經歷反右傾、四清、文革，儘管具體人員所屬的類別有所變化，但總的說來，整個知識分子的分野，大體上還是這三類。

一九七六年，毛澤東去世了。在胡耀邦的主持下，一場平反冤假錯案的政治解放運動和真理標準討論的思想解放運動交錯展開，開闢了知識分子的新生活。賤民階級的消失和對歷史的全民反思，彌合了知識分子的裂痕，即使是極少數留戀往日「人上人」地位的「極左派」，也不得不隨著改革開放的大潮而進退俯仰，隨聲附和。

一九八九年的天安門血案，撕開了知識分子的舊瘡疤，在政治路線上，民主與專制、改革與倒退的矛盾與鬥爭，逐漸由隱而顯。特別是九十年代後期出現權貴、豪強這兩個新的剝削階級之後，知識分子群體呈現出新的分裂形態。進入新世紀後，隨著山寨史學的勃興和毛左派的飆起，這種分裂形態出現了一個不易察覺的變化，到二〇〇九年才逐漸明朗化。它不僅表現在政治取向上，而且日益明顯地反映在歷史觀方面：對六十年來以至近百年來的不同歷史評價，和對未來社會發展路徑的不同選擇和期許，把知識分子分裂為四類不同的社會群體。

（三）歷史上兩種不同的史學傳統

為了更好地瞭解當代知識分子由於歷史觀和選擇社會發展路徑的差異而產生的分裂，我們有必要對中國知識分子在歷史觀和史學傳統方面的特點，作一些簡要的回顧。

在中華民族的歷史上，知識分子是一個重要而特殊的社會群體。幾千年來，他們承擔著傳承文化傳統和為統治者制禮作樂、安邦治國的雙重任務，維繫著中國這個泱泱大國的道統、政統和學統。而這一切都有賴於歷史的記述，清朝章學誠就有「史學所以經世」的說法。歷代的史學著作，既包括宮廷史官撰述的國史、正史，也包括民間知識分子留下的野史、雜史。正史出自官方，古代有內史、外史、太史的官職，還有「動則左史書之，言則右史書之」，「左史記言，右史記事」一類的記載；後有所謂「起居注」，皇帝的一言一行，都有史官記錄下來，史書就是根據這些檔案材料整理而成，當然比較可靠。但也未必盡然。如《論語》就記載子貢的話：「紂之不善，不如是之甚也。」他認為殷紂王沒有史書上記載的那麼壞。孟子也對《尚書》的「武成」篇裡關於武王伐紂時「血流漂杵」的敘述表示懷疑，他說：「仁人無敵於天下，以至仁伐至不仁，而何其血之流杵也。」雖然他的論據有些迂腐，但不相信「血流漂杵」的記載是十分明顯的。我們在古代學者為正史所作的箋注和一些讀書記、筆記裡，可以看到他們對史書所記史實的許多質疑、辨證、考異、訂正，說明史書上的記載，並非完全符合忠於事實的史學精神。

可見，官方的史書未必全都可信，這就聯繫到史學傳統問題。

中國的歷史學向來有兩種截然相反的傳統：

一方面，歷史是已經過去的事件的真實記錄，它的意義在於向後人提供前人得失成敗的經驗教訓；如果歪曲歷史，偽造歷史，就喪失了歷史的意義所在。所以，真實是歷史的靈魂。在中華民族幾千年來的歷史上，凡是正直的、忠於職守的史官，都把書寫歷史的真實性作為必須堅持的最高原則，甚至不惜為此犧牲自己的身家性命。南宋文天祥的《正氣歌》裡，列舉歷史上一些正氣凜然的人物，首先就是「在齊太史簡，在晉董狐筆」。佚名的齊太史和董狐，都是春秋時代敢於秉筆直書的史官。公元前五四八年，齊國的大臣崔杼把國君齊莊公殺了，負責記錄國家大事的太史在竹簡上寫下了「夏五月乙亥，崔杼弒其君光」，崔杼見他把自己的罪行記在史書上，那還了得，一怒便把他殺了。太史的弟弟繼承太史的職責，還是這樣書寫，崔杼又殺了他。下面再一個弟弟照樣記載，崔杼還是殺了他。就這樣，為了記錄真實的歷史，太史一家三兄弟都被崔杼殺了；最小的弟弟毫不畏懼，仍然要這樣書寫。崔杼沒有辦法，不敢再殺。這個故事到這裡還沒有完。有一位住在齊國南部的史官（也不知道姓名，史書上稱他為南史氏），聽說太史三兄弟因書寫真相而被殺，連忙帶著竹簡來到都城，準備在太史最小的弟弟被殺後，繼續把「崔杼弒其君」的真實歷史記錄下來。到了都城後，知道小太史沒有被殺，崔杼的罪行已經記錄在竹簡上，便放心地回南方去了。齊太史和南史的這段佳話，彰顯了求真原則在中國史學傳統中的主導地位。唐代劉知幾在《史通》一書的「載文」一篇裡就指出，「為史而載文」應當「撥浮華，采貞實」。梁啟超也在《中國歷史研究法補編》裡說：「史家第一道德，莫過於忠實。」

但是，記錄真實的歷史，只是史學傳統的一個側面。另一個側面是，史官不能不屈從於來自宮廷或權貴的壓力，因而「史之不直，代有其書」。劉知機在《史通》的「直書」篇裡說：「語曰：直如弦，死道邊，曲如鉤，反封侯。故寧順從以保吉，不違忤以受害也。」「夫世事如此，而責史臣不能申其強項之風，勵其匪躬之節，蓋亦難矣。」他在「曲筆」篇裡又說：「古來唯聞以直筆見誅，未聞以曲詞獲罪。」所以「史之不直，代有其書。」他自敘擔任史官時，「每握管歎息，遲回者久之，非欲之而不能，實能之而不敢也。」另一方面，史官對是非善惡的道德取向，也影響史實的準確性。劉知幾在「疑古」篇裡指出：有些史籍對於「美者因其美而美之，雖有其惡，不加毀也；惡者因其惡而惡之，雖有其美，不加譽也。故孟子曰：『堯舜不勝其美，桀紂不勝其惡』。」還有就是抬高自己，貶低他人。《春秋》為魯國諱，已開其端。後來史官相沿，竟成傳統。如鄭樵在《通志》總序裡所說：「曹魏指吳蜀為寇，北朝指東晉為僭。南謂北為索虜，北謂南為島夷。」「晉史黨晉，而不有魏。凡忠於魏者，目為叛臣……齊史黨齊，而不有宋。凡忠於宋者，目為逆黨。」近人張舜徽先生在《文史通義平議》裡更認為：「自唐以來設館修史，欲求徵實不誣甚難。」這是因為，「自設館修史之制立，則因緣請託之風行，而好惡是非之准失，史之離忠實愈遠，復何史德之足云。」

這兩方面的史學傳統，直到今天，仍然為中國的史學工作者和歷史研究者所繼承。堅持歷史的真實性，力求還歷史以本來面目者，固然不乏其人，而唯上唯權、仰人鼻息，為個人利益而掩蓋歷史真相、歪曲歷史事實者也大有人在。大體說來，官方的正史、黨史、國史在許多問題上往往以曲筆歪曲歷史，甚至為了某些政治需要而偽造歷史。如《關於若干歷史問題的決議》，就是毛澤東為了壓制異己、樹立他的個人權威而炮製的。它的最高成就無非是確立了對毛澤東的個人崇拜和毛澤東思想作為全黨指導思想的崇高地位。又如，所謂「陳獨秀的右傾機會主義」，國民黨政府對抗戰勝利所起的作用，「抗美援朝」的緣起，歷次政治運動所造成的災難，等等，都為了一定的政治需要而篡改史實。至於民間的史著、史料，特別是被官方排斥的山寨史學作品，由於沒有「輿論導向」的束縛，反倒能夠忠於史實，敢於揭示真相，直抒胸臆，有的甚至可以做到「知無不言，言無不盡」。所以，近當代中國的歷史、黨史要繼承中國史學的直書真實的優良傳統，就必須撲滅文化專制主義，讓山寨史學脫去「山寨」的外衣，登堂入室，以它的宏富而翔實的資料改寫黨史、國史，才能展現歷史的本來面貌，使歷史上的經驗教訓，成為引領我們前進的指路明燈。

（四）當代知識分子的第二次分裂

與第一次分裂不同的是，這次分裂雖然有著濃厚而強烈的政治色彩，但在許多情況下是通過對歷史的不同敘述和不同評價的形式呈現出來的，反映著不同的史學傳統，引申出對社會發展路徑的不同選擇，因而，儘管兩次分裂具有內在的質的聯繫，而分裂的形態卻展現出不同的特點。根據知識分子對歷史和未來的不同觀點，大體可以分成四類：

第一類堅持直書真實的史學傳統，主張還歷史以本來面目。在這一類知識分子裡，包括了三個有所差異的層次。一、出於傳統的正義感，相當多數的人承認還歷史以本來面目的正當性和必要性，但敢於挺身而出，書寫真實歷史、有根有據地否定官方結論的卻不是很多，因為從事這項工作不但需要一定的學識水平和資料積累，還需要敢冒風險的勇氣和作為知識分子的良知。值得高興的是，在史學界，包括黨史界，這樣的知識分子隊伍正在不斷擴大，並產生越來越大的影響，如趙旭的《夾邊溝慘案訪談錄》、廖亦武的《最後的地主》等。二、最能體現山寨史學的是大量通過回憶、反思，為歷史真相提供細節的文章和著作。特別是許多飽經歷史滄桑的老人的回憶錄、口述史，對他們的採訪錄、訪問記，近年來大量地出現於社會。一些「山寨刊物」如《往事微痕》、「網路刊物」如《網訊參考》、《往事》、《記憶》、《黑五類憶舊》、《耀邦研究》、《趙紫陽生平和思想研究》等等，都為山寨史學的興起發揮了推波助瀾的重要作用，參與撰寫、傳播、推廣此類山寨史作的人也越來越多。三、在網路和山寨出版物上發表的所有文章和論著，或說古道今、旁徵博引，或臧否人物、評騭時政，或縱論是非、指點得失，無不包含著一定的史學原素，即使它們不涉及任何歷史事件、歷史人物，也不能沒有一定的歷史色彩。就我近幾年的流覽所及，那些具有一定思想性、學術性的精神產品，大多數是在對當代歷史具有實質性的理解與評價、並且期望社會健康發展的基礎上生產出來的。也就是說，不論這些作者有意無意，他們都屬於能夠繼承優秀史學傳統的知識分子。就第一類知識分子的總體來說，他們一般在經濟上贊成完善市場經濟，反對國家壟斷；政治上主張改革政治體制，實現憲政民主；在文化方面鼓吹言論和出版自由，拒絕輿論導向；在社會領域支持維權運動，幫助弱勢群體；在意識形態上認同普世價值，批判故步自封。他們在知識分子群體中不占多數，卻是知識分子的主流，因為他們代表著社會進步的正確方向，是推動國家健康發展的重要動力。

第二類知識分子是直接間接地為現政權服務的所謂「政治菁英」、「經濟菁英」和「學界菁英」。其中既有改革開放的得益者，也有「八九事件」以後的新貴。他們以維護現政權的合法性為己任，為了維繫現政權所承襲的道統，就必須重複前人的謊言，繼續掩蓋某些歷史事件的真相。前面所引劉知幾和鄭樵說的那些惡劣的史學傳統，他們都毫無保留地繼承下來了。雖然當政者為了當時的政治需要和統治集團的利益，修正了前人的一些歷史結論，但在許多根本問題上，卻仍然堅持錯誤的歷史觀點。菁英們在報刊和書籍裡不斷宣傳那些已經被歷史拋棄的史達林主義、毛澤東思想以及「堅持四項基本原則」、「三個代表」等等陳詞濫調，拒絕社會進步，拒絕實質性的改革，成為權貴集團豢養的幫閒和吹鼓手。因為目前的社會格局最符合於權貴集團的利益，最有利於他們保衛自己的既得利益，所以這些幫閒文人反對恢復歷史真相，以免民眾從真實的歷史事件中吸取經驗教訓，改革現行體制，推動社會進步。他們在知識分子中所占的比例很小，但由於他們依託著強大的政治權力，有著豐厚的財政資源，所以顯得能量很大。可是，他們妄圖拉住歷史車輪的所作所為，畢竟是違反歷史潮流的，如果不及時轉變，有朝一日勢必被歷史拋棄。實際上，其中有些人的心裡是清楚的，一旦條件發生變化，他們就會跨進第一類知識分子的隊伍裡來。

第三類知識分子主要是從第一次分裂的「左派」積極分子演化而來的。他們經過八十年代的韜光養晦，九十年代的養精蓄銳，世紀交替前後的小試鋒芒，近幾年終於脫穎而出，成為一支引人矚目的社會力量。他們繼承並且發展了中國史學傳統中最惡劣的成分，全盤接受毛澤東獨裁統治時代掩蓋、歪曲、偽造歷史事件的各種謊言，拒絕承認八十年代對某些歷史謬誤的糾正，甚至編造新的神話，美化毛澤東和他所統治的那個悲慘的時代。他們充分利用當前一些不正常的社會條件，如：

貧富不均、兩極分化，民間存在著十分強烈的不滿情緒；許多中年人、青年人不瞭解過去的歷史；執政當局嚴禁反思、評論、分析某些歷史關節的是非得失，特別不允許探討歷次政治運動的經驗教訓等等。這就使這些人有機可乘，他們宣傳「毛澤東時代是歷史上最平等的時代」、「文化大革命是一場偉大的社會主義革命運動」、「說『大躍進』餓死三千多萬人是右派造謠」、「改革開放是資本主義復辟」等等，宣揚「高舉毛澤東思想偉大紅旗」、「以階級鬥爭為綱」、「堅持無產階級專政下的繼續革命」，明目張膽地主張退回到毛澤東的時代。他們反對改革政治體制，反對普世價值，反對市場經濟，反對全球化，依然認為「美帝國主義是中國的頭號敵人」。這是一些毛澤東時代的遺老遺少，他們之所以能喧囂一時，主要是利用了人們對當代歷史的無知。要戳穿這些人的謊言，把民眾從他們的蠱惑下解放出來，就必須恢復歷史的本來面目。由於當局禁止評毛批毛，禁止揭露歷史真相，使山寨史學的作用和意義更加突出。山寨史學擔負著為當代中國歷史正本清源、撥亂反正的偉大任務。未來幾年，將是第一類知識分子和第二三兩類知識分子爭奪群眾、爭奪話語權的年代，近期的前景殊難逆料，但從長期的歷史發展來判斷，復辟是沒有前途的。袁世凱稱帝不過三個月，張勳復辟才十四天。這些人要恢復毛氏王朝，恐怕連一天的機會也不會有。我們畢竟生活在科學文明的二十一世紀，歷史是不會倒退的。

第四類知識分子是缺乏明確的歷史觀和史學傳統、因而也缺乏自主意識的群體。他們對當代的歷史是非不感興趣，對未來的社會前景也不抱太大的期待；只希望能夠有一個衣食無憂的社會環境，能夠應對醫療、教育、住房三座大山的生活條件。這也是最廣大的芸芸眾生的共同期盼。但由於經濟體制改革進入歧途，弊多利少，政治體制改革有言無行，已成畫餅，官商勾結、魚肉百姓的惡性事件層出不窮，使他們始終無法擺脫生活的煎熬和對專制統治的恐懼。因此，他們傾向於希求一個免於匱乏、免於恐懼的社會，但現實生活卻總是把他們戲弄於矛盾的夾縫之中：學校的政治思想教育和社會的輿論灌輸，使他們不得不對現有的統治當局寄以希望，但又對希望的實現毫無信心；知識分子的良知驅使他們用關切國家發展的情懷去反思歷史，思考未來，但對專制主義的恐懼卻把他們趕回安分守己的樊籬；他們同時接受著輿論導向和山寨文化以及毛式理論的影響，卻不願接受任何傾向性的觀點。總之，這是一個處於困惑、不安之中的社會群體。但是，他們既然是知識分子，在他們的思想深處，就不能沒有中國知識分子的傳統特質——傳承優秀文化的歷史感和以天下為己任的責任感。在知識分子的分裂不斷擴大、他們之間的矛盾繼續深化、爭論日益激化的形勢下，這個群體必然迅速分化，許多人將在山寨文化、山寨史著的影響下，成為推動改革和發展的積極力量。

（五）簡短的結語

當代知識分子的分裂，是同整個中國社會的分裂和中國共產黨的分裂同步出現的。它雖然到了近一兩年才明朗化，但它的遠因卻可以追溯到五十年代的「社會主義革命」。這場反進步、反歷史、反民主、反馬克思主義的「革命」，使中國從初具民主雛形的社會，倒退為一黨專政、一人獨裁的專制社會，把整個中國社會和知識分子群體撕裂為不同地位、不同待遇、不同前途、不同命運的個體。八十年代的政治解放和思想解放，曾經使這些裂痕有所彌合，而震撼全世界的八九槍聲卻震出了新的分裂。如果說，當代知識分子的第一次分裂是毛澤東專制獨裁的人為產物的話，那麼，第二次的分裂則完全是由於不同政治理念、不同史學傳統而自然形成的。不同派別之間，在對六十年來的當代史有著不同理解的基礎上，形成了對中國未來社會前景的完全不同的選擇。不但是知識分子，而且在整個社會，從最高層的黨政領導到最底層的蚩蚩群氓，都因理念、期望和價值觀的差異而分裂為幾個大群體：一是主張按照歷史真相反思過去、改革政治體制、實現普世價值的民主派；二是堅持專制制度、反對深化改革、反對社會轉型的既得利益者，即權貴、豪強及他們豢養的御用菁英；三是全盤肯定和美化文革前的當代歷史，崇奉毛澤東和毛澤東思想，希圖恢復毛澤東時代的毛左派和他們的盲目追隨者；四是在紛紜複雜的政治形勢和社會現實面前眼花繚亂、無所適從，只好隨波逐流、得過且過的普通民眾。中國未來的前景，從長期發展來看，固然會順應歷史潮流，走上民主自由的康莊大道；但近期的走向卻未可樂觀。它取決於前三種社會力量的進退消長。在這三種力量的矛盾鬥爭的過程裡，山寨文化、山寨史學、山寨出版物將發揮著重要的作用，提倡、推動、促進山寨文化、山寨史學的發展，意義就在這裡。

《從土改到文革：中國當代一〇〇位知識分子的厄難》是一部有相當史料價值的著作，它將那個時代血淋淋的現實赤裸裸地展現給了讀者，讓人們看到了一個真實的中國當代歷史，而且隨著時間的推移它的價值將會越來越顯露出來。這裡的四十多篇文章，從社會各個不同側面記述了當代一百多個知識分子的厄難，敘寫了從土改、鎮壓反革命、三反五反、反胡風運動、肅反、反右、大躍進、反右傾機會主義、三年災害、四清，以及文化大革命和文革結束以後知識分子的生存狀況，在眾多的具有史學意義的出版物裡，它給歷史留下了沉重的一筆。「一滴水珠可以見太陽」，從趙旭這本書裡所記述的部分知識分子的人生，我們可以讀出毛澤東時代和後集權時代的專制特質：殘酷、卑劣、恐懼、猜忌……這樣的時代，人們還能讓它再來嗎？

二〇一〇年二月十八日

目次

採訪篇

敘議篇

附錄篇

採訪篇

十六歲右派李曰垓從囚徒到中學校長

李曰垓

我是一九四一年十二月二十三日，也就是農曆辛巳年冬月初六日出生在雲南省宜良縣一個富裕家庭的孩子。父親李玉田曾任雲南省建設廳規劃處長兼北古城區長和宜良東河水利工程總指揮，一九四三年十一月辭官回家。此時我家的新居落成，省內第一書法家陳榮昌贈黑底金字木匾祝賀：德業增輝。

一九五〇至一九五一年我和二弟李曰垣在宜良縣城讀小學，跟祖父祖母住在一起。而此時我的父母則仍住在北古城老家。

一九五〇年十月份的一天下午我們剛放學，媽媽從古城步行十五華里進城告知我們說爸爸已被抓走，並且押送路南監獄。而在此之前的幾天，我大姐的公公楊體三就被捕送押。

四個月後，一九五一年二月二十日，也就是農曆辛卯年正月十六，父親被押回故鄉北古城關進了仍是那個靈應寺的一間房，由武裝民兵看守。三天後，二月二十四日，農曆正月十九，在街場老戲台廣場召開「公審大會」。因九年前父親任宜良東河水利工程總指揮時占用了鄉農崔繼寶的土地，崔繼寶於是持銅炮槍暗殺父親，被抓後此人自殺。此時崔繼寶的兒子，一個二十來歲的年輕人，作為唯一的「苦主」，登台控訴，說是「崔繼寶九年前開過槍要打死你，這是他有覺悟要推翻舊社會，打死反動官僚，但是你沒死，只打傷你的狗腿子。我爸爸服毒自殺在區公所，這是你欠下的血債，血債要用血來還！」他邊說邊跳下台子，掏出衣袋中事先準備好的鐵錐子，朝我父親背脊上猛戳多次，父親疼痛難忍，嘶啞的慘叫聲震動廣場，許多婦女兒童不敢看，逃離廣場，主席台上立即吩咐荷槍執勤的民兵堵回逃散的人，必須看完全部兇殘表演。

父親死後，我們全家被掃地出門，一切沒收，被攆進一個破爛石碾房，且不准帶出一粒糧食和任何被褥衣物。我們白天去田裡掐蠶豆葉子、野生嫩草煮來填腸胃，夜晚一家老幼以乾稻草鋪在身上取暖度夜。當時祖父已滿過七十四歲，實在熬不出命來，被三女兒（我三娘）接到宜良城內供養，不到半年，土改複查再次雪上加霜，農會派民兵闖入三娘家把祖父捆走，又押回老家耿家營鄉的土官村去鬥爭，農會鼓動下的痞子惡棍用銅煙袋重擊祖父頭部，顱骨打凹，疼痛昏暈至半死，在苦熬半月後的一個夜晚，忍痛摸索，爬出棲身的山神廟，用盡最後力氣以草繩上吊，自殺在一棵枇杷樹上。我的姑媽，也就是父親死後收屍的親人，連同我姑爹一起，雙雙吞服鴉片自殺。

我二祖父本人早死，他長子李如壁被槍決，三子李如琨自殺，最小也最有才氣的幼子李如瑗被塞進汽油桶置於烈日下炙烤，活活烤死在桶中。我二舅父段國梁和五舅父段國相，親弟兄二人同時被槍殺在南盤江的河灘上，二舅母隨即跳江自殺，被水沖走數十米，一隻渡河木船把她救起，但已癱瘓。這些被槍殺者，不要說未經司法審判，連抓捕關押都沒有，是從農會召開的鬥爭會上直接捆綁起來拉出去就地屠殺的。

除了親友，更多的不相識人家的噩耗天天不斷。捆綁毒打之外，跑㘵子、點天燈、活剮，層出不窮。電影《女籃五號》中飾演七號的演員李天秀，雲南昭通人，她母親劉氏先被人捆綁不能動彈，手指被纏上棉花，蘸上油類，點著火，指頭上的血肉與人油一同燃燒，這樣被點天燈而造成四個手指殘廢。李天秀本人一九五一年是十六歲少女，昭通一中四七班在校學生，被農協會派來的民兵在學生大會上當眾捆綁帶回去鬥爭。也就在那個一九五一年大鎮反中，昭通一中十二名師生就被地委宣傳部長錢東平下令一次殺害，罪名是「反動學生、反動教師」，其中八名學生是十五歲至十八歲，槍殺他們時竟然集合全校學生在刑場（一條乾河溝）兩岸看殺人現場，以便把恐怖和仇恨植入這些幼小心靈。一九七八年中共十一屆三中全會後專案組複查證實，這些被殺師生全部是冤殺。這裡有一個叫王汝華的，巧家人，一九五一年大鎮反時期擔任巧家縣蒙姑區委書記，他在短短一個月內幹出三件事：一是親手槍斃了他自己的父親，因為他父親被劃為小地主，他以「大義滅親」表現出與家庭決裂；二是將另一名地主「點天燈」，這就不是燒指頭，而是捆綁於柱，頭部和脖頸纏以破布，澆上油，從頭頂點燃，整體燒死；三是主持一起「剝人皮」的酷刑，因為一九三七年日軍全面侵華，國民政府決定「中美聯合開發金沙江水利資源委員會」暫時撤銷，一位姓賈的水電工程師，安徽合肥人，故鄉已淪陷，就被巧家蒙姑當地士紳留在鄉中心完小主持教學，以真才實學博得鄉親敬重。任教十四年後，一九五一年大鎮反降臨，就因為他是「中美聯合開發金沙江水利」的專業人員，據此而被強加「美蔣特務」罪名，由王汝華主持剝人皮，這位水電工程師的人皮被活活剝下，成就了好幹部王汝華的順暢仕途，由區委書記升任綏江副縣長。

五十年代中期，我作為一個十四歲的初中畢業生參加工作，奉調至遠離家鄉千餘里外的昭通地區專員公署做一名機要工作人員。十四歲至十六歲這三年機關工作時期，我業餘自學，從唐宋詩詞入手，由陳子昂讀到曹雪芹，初步涉獵了中國文學史；從車爾尼雪夫斯基著作入手，不全面地認識了俄國文學果戈理時期；從莎士比亞和巴爾扎克打開的窗扉裡窺見了西歐的昨天和前天。至於蘇聯文學，我大約讀了將近十位作家的書，印象最深的是阿・托爾斯泰和法捷耶夫。面的涉獵和點的深掘雖然遠遠談不上，但大師們的智慧之鐘卻已經敲醒了我的自覺意識：怎樣做人和怎樣做學問。

然而我卻知道一樁整人害人的血腥內幕，而且害人者隨即步步高升，就因為這個原因加之我的家庭出身，一九五七年十二月八日在我還差半個月才十六週歲時以雲南省昭通專署機要員身分被劃為右派分子，兩個月後隨即被送往昭通地區彝良縣大坪農場勞動教養，四個月後又被捕判刑六年勞改，刑滿後仍長期囚禁不得自由，整個文革期間都關押於監獄。當我名列另冊身陷囹圄時，我的全部財產是一挑書和一條紅領巾被收繳於專政機關。我被關押的頭兩三個月，精神壓力之大讓我簡直受不了，勞動之餘不僅極度疲憊，連感知也趨於麻木。記得當時感冒去要點藥，醫生很忙，叫我自己在診療登記冊上寫病況，我竟連「咳嗽」兩個字都忘了，左想右想老寫不出來。這件事刺激太深，當晚我傷心落淚，隨即產生一種強烈的警覺：不行，我絕不能垮掉！我沒有罪，我有權利生活，我有義務做人。

第二天黎明，我高燒三十九度，獲准病休一日。這「病」是內心激情衝動所致，當時自然是個人秘密。激情之後得到一個結論或者說是信念：我堅信自己的清白無辜終將被歷史證實，而歷史的謬誤也必定會被歷史本身糾正。

生活的權利暫時只能是主觀意志對自身的駕馭。不要小看了這一點，因為它能驅退悲觀，避免沉淪，拯救自己。我決定利用一切能夠得到的印刷品作為讀物來填補精神食糧的奇缺，哪怕是包食物的油污報紙，哪怕是斷簡殘篇，我都認真地、一字不漏地讀完。監獄醫生那裡有些用來包藥而尚未裁碎的舊報刊，如《新華月報》，都是一九五四至一九五六年的。我向他借閱，讀完一本又換一本。這份權威刊物不但發表當時重要的公開文件，而且刊登有代表性的學術論文和文學作品。讀著這些書和刊物，我的感情重返學生生活和機關工作時代，我開始踏實地進行著政治和文化補課。此外在勞動中我一直堅持回憶和背誦原先記得的數百篇唐詩宋詞和散文，我利用勞動的節奏來默誦，並且仔細思考和進行翻譯練習，以「溫故知新」。也就在那期間，鐵窗外不時傳進來「畝產萬斤的水稻衛星」之類的「喜報」聲，我冷靜地掂著它的真實份量，知道那是對科學的嘲弄。

那時的伙食質差量少，營養很差，又與世隔絕，但學習上的主觀努力使我的精神生活並不太貧乏。說也奇怪，求知的欲望和行動竟成了最好的抗體，它使我的體力和智力都沒有垮掉，雖然瘦弱，卻精力健旺。

一九六二年以後，情況有了改善，所在的勞改單位生活待遇稍好了些，而且經過請求，一九五八年我被收繳的那一大挑私人書籍監獄發還給我，這樣我就發狂地、系統地自學起來了。自學的內容主要有兩個方面：一、高校文科教材和參考資料（北大、北師大和西南師院的講義）；二、現代和古代文學名著。一九六二年以後，勞改單位每月發給每個勞改人員一至二元「零花錢」，我勞動表現好，以不到五十公斤的體重，每背負重一百一十公斤的礦石，常常超額完成勞動定額，所得「零花錢」都是兩元。我就用這點錢訂閱了《人民文學》、《詩刊》兩種雜誌，又向北平郵購書店買了余冠英主編的《中國文學史》四卷，以及一些哲學和歷史書籍。我的一切工餘時間都用在了學習上，而且逐漸感到觸類旁通，豁然開朗。二十年獄中自學，增強了我對祖國語言的熱愛，深化了我對它的理解。每當想到這些，我就會全身心超脫於困苦，覺得個人命運的不幸實在不算一回事情。缺乏切身體驗的人一般都不大理解，在二十年與世隔絕的監牢中有什麼條件學習呢？又怎能自學呢？其實，凡事都有兩面性。獄中生活苦，不自由，條件差，白天勞動繁重，夜晚燈光微弱，又沒有輔導者，精神屈辱時時啃齧著正常思緒，這些固然是困難的一面；但另一面則是有利因素：生活比較有規律，無家務瑣事牽累，無社會活動干擾，無親朋應酬往還分心，任何紛亂思慮都沒有，這就有利於徹底靜下心來做學問。我從切身體驗中感到：人間沒有絕望的處境，只有對處境絕望的人。我不應該絕望，而應該發憤。

獄中自學不僅有特殊的樂趣，而且有些讀書片斷使人終生不忘。一九六四年（時年我二十三歲）冬季的一天深夜，寒風入戶，雪花撲窗，集體牢房裡鼾聲如雷。我初眠乍醒，似覺神志清爽，便從枕頭下輕輕摸出一本帶著體溫的書，這是用「零花錢」剛剛買到的初版《李自成》第一卷上冊。昏黃的燈光映照著樸素的封面，剛勁有力的魏晉體楷字書名躍入眼簾。從那個夜晚開始，我像一枚小針被強大的磁石吸住，廢寢忘食。

讀完第一卷，我不顧身分和處境的限制，給中國青年出版社寫信，問什麼時候能買到第二卷。回信很短但很有份量：「××讀者：我們收到類似的來信很多，催促出版《李自成》全書。我們理解讀者的心情，但因客觀原因，本書出版工作暫停，致歉！」一九七九年獲得平反之後，我與無數讀者一道相繼讀到了《李自成》第二、三卷。

十年浩劫期間我個人遭受過更大的厄運，其間，我的所有書籍和讀書筆記被焚燒淨盡，這又是歷史背景規定的線條。但我已絲毫不覺得孤獨，而是更清楚地懂得自己與祖國同時受難。多年堅持學習而形成的韌性支持著我熬過了寒冬，是三中全會精神拯救了我的命運，中央公安部直接過問了我的冤情，我得以徹底平反，回到了為人民服務的崗位。當地黨委根據我的志願和具有的實際文化水平，分配我到雲南省昭通地區財貿學校，我先是任語文、哲學和政治經濟學的教學，後來被提拔為雲南省昭通地區財貿學校教學副校長，且為昭通市第一屆人大代表，我還是雲南省中專語文教學研究會常務理事，雲南省昭通地區中學語文教研會副會長。

文革中甘肅師大（現西北師範大學）
——最早被打倒的歷史系黨總支書記、教授陳守忠

陳守忠1984年

我生於一九二一年十月五日，甘肅省通渭縣高莊鄉水泉村人。十歲至十三歲讀過四年私塾，在那裡背誦四書五經等。所習一部《左氏春秋》（簡稱《左傳》）成為我後來學習歷史的基礎知識。

我在一九三五年進距家三十里的榜羅鎮小學住校讀書，在親戚姑父家吃飯。一九三五年八月，紅軍主力長征經過榜羅鎮，我親眼看到這支隊伍不殺、不淫，紀律嚴明，不相信國民黨政府罵「赤匪」的宣傳。一九三八年小學畢業後到百里以外的隴西縣讀初中，一九四一年七月畢業於隴西中學。然後在家鄉文樹小學、榜羅小學各任教半年。一九四一年八月奉父命結婚，女方是個不識字的農村婦女，我們夫妻關係一直很好，她於二〇〇一年十一月十四日病故。一九四二年通渭中學有了高中部，我在一九四五年高中畢業。

一九四六年秋，我考進西北師範學院歷史系讀書。一九四九年三月二十九日，我參加了反對國民黨政府的遊行示威。這次遊行由西北師院甘肅地下黨暗中發動，聯絡蘭州大學等大學的甘肅學生參加。所以運動後我與中共黨地下黨組織取得聯繫，一九四九年六月四日批准我加入中國共產黨。旋即奉命回原籍策動地方保安團隊起義，發動群眾運來米麵支援解放軍。

一九四九年八月二十六日蘭州解放，九月初我回到西北師院學習。中共蘭州市委成立，西北師院地下黨組成一個支部，直接歸市委領導，我擔任一個組長，仍暗中活動，至到一九五〇年五一節才由蘭州市委第一書記強自修同志宣佈公開。一九五〇年七月畢業後，我由蘭州市委指定留校任職，到歷史系任助教，擔任黨支部宣教委員。當時全校只有一個支部。

一九五一年秋，我率領歷史、教育兩系師生九十餘人到武威地區參加土地改革。一九五二年春又開展反貪污、反浪費、反官僚主義的一打三反運動，我在學校三反辦公室臨時任秘書。秋季開展解放後的第一次整黨，黨員進行再登記。整黨完我回到歷史系任助教，同時任教師黨支部副書記、書記等職。一九五四年升任講師，在黨內任教師支部書記、文科各系中共黨支部書記等職。一九五七年西北師院成立黨委，各系成立黨支部，我以黨委委員兼歷史系總支書記，一邊教書，一邊做黨的工作。

一九五九年甘肅省通渭縣大量餓死人，據當時和後來到通渭縣搶救人命的省委常委王秉祥說，通渭縣餓死了八萬人。一九五九年十月，我因反映家鄉通渭縣餓死人的事而受整。我當時說：「封建時代也有不怕殺頭敢於出來為民請命的，我們共產黨人難道眼睜睜地看著把農民活活餓死，就不能向上反映嗎？我要向周總理反映。」我還在黨委會上說過：「要讓人敢於說話，鉗口結舌之風一成而未易反，是豈國家之福？」我的話被一些人抓住，說我污蔑黨使人鉗口結舌。這時恰恰碰上廬山會議彭德懷講了真話，接著批判彭老總，在基層開始層層抓右傾機會主義分子。於是，甘肅省委批鬥了甘肅省常委副書記霍維德，甘肅師範大學（西北師院此時改為甘肅師範大學）批鬥了我，說我是小彭德懷，還批鬥了甘肅師範大學副校長毛定原。毛定原是莊浪縣人，是從楊德志部隊下來的團級幹部，從鐵道部調到甘肅師大的，他只說了「省委應向中央說實話」，這是個心直口快的人，卻被戴上了右傾機會主義分子的帽子。黨委會上批了我七、八次，因我事先曾給當時的黨委書記陳光私下談過，所以撤了我的黨委委員、系總支書記職務，但沒有給我戴帽子，定的是「犯有右傾機會主義性質的錯誤」。於是，我又回到了歷史系教書，沒有導致家破人亡。一九六一年西北局蘭州會議之後，甘肅省委書記張仲良被撤職，王鋒調任甘肅省委書記，我被平反，在全校宣佈是「講了真話而受整的」。

反右傾運動中批我最狠的是當時的學校宣傳部長蘇創夫、宣傳部副部長理論家李希齡。蘇創夫咬牙切齒地罵我污蔑地方幹部，李希齡在大禮堂全校大會上一口氣罵了我七十二個「右傾機會主義分子陳守忠」。使我欣慰的是全校沒有一個學生站出來批我。這些學生都是甘肅各地來的農民子弟，他們瞭解當時農村的情況，只是鴉雀無聲地聽，誰也不敢出來為我說話，只是背地裡默默地同情我。

一九六一年十一月十五日，我被恢復了歷史系黨總支書記職務，又是雙肩挑，一面教學，一面搞系上的黨務工作。

一九六六年三月，甘肅省委派工作組進駐甘肅師範大學，說是要搞社教四清運動，工作組長是甘肅工業大學黨委書記朱培平。接著我被學校宣傳部長蘇創夫和宣傳幹事尉松明二人合計列入黑名單報送省委，成為師大第一個打擊對象。說我在一九六六年元月在《光明日報》發表了《讓步政策具有進步作用》，這樣我的歷史系黨總支書記職務也由宣教幹事張培德代理。讓步政策是列寧提出來的，《列寧選集》中好幾次提到「讓步」，說沙皇廢除農奴制是對農民的讓步。我發表這篇文章時，全國學術界在討論農民革命過後統治階級有沒有讓步政策，與我這篇文章針鋒相對的有「讓步就是進攻」。

我當時不知道毛澤東跑到上海，策劃於密室，點火於基層，要掀起打倒劉少奇的文化大革命。那時從寫了《海瑞罷官》的吳晗開刀，因吳晗是講了讓步政策的，毛澤東在杭州說：「地主階級只有反攻倒算，哪有什麼讓步！」所以講讓步政策就成了反對毛主席的「最高指示」的大問題了。

事後我才看清，原來當時真正的原因是蘇創夫、樊湛江在甘肅師大黨內結成小集團，捧李之欽書記兼校長，打擊副校長毛定原。而我和中文系黨總支書記吳軻等人不跟他們指揮棒轉，秉公辦事，他們懷恨在心誣我們為「毛定原黑幫」。

一九六六年四月底，甘肅省委派來工作組長趙某和徐修明。趙某是從蘭州大學抽來的校辦主任，徐修明是從甘肅工業大學調來的。五月初，文革正式開始，趙某和徐修明要我在總支彙報工作，我剛開口立即被黨總支宣委張培德打斷話，狠批我「拜倒在資產階級知識分子的腳下，把黨的領導權拱手讓人」。第三天，工作組發動全歷史系的學生給我戴上高帽子，胸前掛著「牛鬼蛇神」的牌子遊街示眾。但使我安心的是，我的罪狀證明我尊重系裡幾位教授，當時歷史系有三級教授二人、四級教授三人、五級教授三人。逮捕歷史系教授張師亮的那個大會上，宣佈撤銷我歷史系總支書記和黨內外一切職務，定我為走資本主義道路的當權派，交學生進行批鬥。還有人誣告我是叛徒。我當時想，一個中農家庭出身的共產黨員，家中只有三架書，窮得連個箱子都沒有，一個月拿著一百二十四元工資的講師每月給老家父母寄二十元錢還要養活家中大小五口人，每天三頓飯吃漿水面的人，今日裡還成了走資本主義道路的當權派？

一九六六年的五月，學生在批鬥會上開始打人。一次批鬥會上，學生們在一張桌子上面放了一把凳子，然後讓我站在凳子上面交代問題。一邊呵斥批判一邊對我進行逼供，我頂了一下嘴，一個學生上來將我從凳子上一把推到地上，我的右小腿的幹腿上立時被刮去一尺長的皮，血從我的腿上流出，滴在地上。

到了六月底，毛澤東暢遊長江，回到北京貼出「我的一張大字報——炮打司令部」，批評劉少奇、鄧小平派工作組是壓制學生運動。工作組又成了執行資產階級反動路線，在六月底撤出了學校，學生也到北京進行串聯，我們這些被批鬥的牛鬼蛇神才沒人管了。當時僅歷史系就有十七個教授、講師、資料員等被揪出批鬥。

一九六六年秋至一九六七年夏，學生串聯回來後轉入派性鬥爭。蘭州市形成了由蘭州軍區冼恒漢和蘭州軍區背後支持的「紅聯」，由副省長王孝慈、葛士英和省公安廳支持的「革聯」兩大派。甘肅師大的「紅聯」主要由最先造反的學生為主，原來整人的人事處長樊湛江、宣傳部長蘇創夫此時也都加入了「紅聯」。學校「革聯」以原來對運動不積極、不贊成整人的學生為主，校內無領導支持。兩派人數相當，勢均力敵，對立得很厲害。一九六八年，冼恒漢指使「紅聯」中一部分殺出，組成「紅三司」、「革聯」被定為保皇派。

一九六八年元月軍宣隊進入師大校園實行軍管，師大的「紅聯」的人大多數進了「紅三司」。所以，三月份成立學校革命委員會時，在軍宣隊的領導下，以「紅三司」為主的革委會的人基本都是原先的造反派。甘肅師大的運動很快轉入了清理階級隊伍，這時在軍宣隊的領導支持下的革委會私設公堂，黑夜進行逼供信，進入了真正的紅色恐怖階段。我記得軍宣隊的頭頭是個營級幹部；學生裡這時主要有四大頭目：物理系三年級學生革命委員會副主任馬振綱，物理系三年級學生批鬥組組長王迺仁，政教系三年級學生專政組組長姜永盛，政教系二年級學生紅衛兵張僅興。

那時，在甘肅師大露天劇場批鬥人時，由王迺仁主持，他喊「把某某反革命分子揪上台」，他指揮的一幫人將揪出者的兩條胳膊擰到身後，一個人揪住頭髮，連打帶推拉上台，然後讓其彎下腰挨鬥挨批，這就是所謂的坐「噴氣式飛機」。坐了「噴氣式飛機」的反革命被鬥完就癱在台上站不起來了。這樣，從一九六八年八月底，從體育界的元老、在美國講過學的甘肅師範大學副校長、二級教授袁敦禮，至甘肅師範大學附小的女教師，共整死十八人。有的就是在黑夜逼供時被打死的，這些人統統被誣之為「畏罪自殺」。有一位歷史系的青年助教余用心，是一九六九年十一月被逼迫神經失常投河自殺的，這時甘肅師大已被整死二十九人。

一九六八年元月一個晚上大約十一時左右，我被一個學生從家中叫走，說要瞭解一些問題，他帶我走進了辦公樓第二層陰面一間房。剛進門，四把小刀就對準了我，直逼我到了牆角。這四個人開始輪流對我拳打腳踢，直到將我打得爬在地上起不來時，才把我推出門外。而此時新從空軍部隊換來的軍宣隊就住在我被打對門的陽面屋中，事後得知打我的這幫學生是名叫「鐵錘隊」的物理系學生。

三月份的一個晚上，我被帶到辦公樓四樓會議室受批鬥，王迺仁親自發言問我是不是叛徒、特務？我頂了一句：「黨有黨紀，國有國法，你們可以調查嗎？如果是叛徒特務，按黨紀國法對我處治好了。」這下不得了了，批鬥會中途停止，由王迺仁親自押我到一樓陰面的房間，一進門，馬振綱掄起一根木棒，從後背對我連擊兩下，我被打倒在地，踏上了一隻腳。我暈過去了，醒來後王迺仁從枕頭底下掏出一支手槍，說今晚你在鬥爭會上還敢頂撞，現在就槍斃了你。我看出，他們兩人就住在這裡，手槍可能是蘭州軍區給他們的，因他們是蘭州軍區支持的造反派。十二時，他們把我放了出來。走出辦公樓時，我上初中的兒子等在門口，被馬振綱一腳踢倒。兒子從地上爬起扶我回了家中。這時，甘肅師範大學的高音喇叭裡不停地喊叫，傳達毛主席的「最高指示」。

就在清理階級隊伍之初，我被造反派私設的公堂打得遍體鱗傷的同時，地理系系主任甘肅莊浪人陸蔭仁遭難了。在一個夜晚，被造反派的教師詹啟仁帶領的一幫學生在資料及繪圖室用藍色電燈光佈置像京戲「審潘仁美」那樣的場面，逼迫陸蔭仁交代是國民黨的暗藏特務。陸蔭仁被逼得實在沒有活的路了，於深夜回家之後，凌晨在家中自縊身亡。出喪的時候，我親眼看見陸蔭仁的夫人撲到棺材上剛要哭，即被造反派連打帶推搡了出去不讓哭。陸蔭仁的夫人是個家庭婦女，兒子還小，後來被趕到蘭州西站住，人們看見她生活沒有辦法去揀拾爛菜葉吃。後來我問過與陸蔭仁同在地理系的王宗元，王宗元與我曾一起關在牛棚裡。我說造反派當時是否設了地獄審判廳審了陸蔭仁，他說就是那樣幹的。然而，逼死人命的詹啟仁後來未受任何處分，還在我們歷史系裡掌了權。

一九六八年五月，我和歷史系被揪鬥的七八位教師，這裡有六十歲的系主任金少英，任教務長的薩師炯等，被關到學生樓北二樓二層的一間房中，不准回家。這一層成了牛鬼蛇神樓，關了學校各系好多人。每到吃飯時，在師大附小上學的兒女們聯成一串「探監送飯隊」，我想，這些孩子們的身心當時受到了多麼大屈辱和創傷。到了八月份，這裡已集中關押了六十多人，於是將「牛鬼」們轉移到了學校南二樓的底層，有音樂系七十多歲的好幾個老人和美術系教授韓天眷。這以後我們這些牛鬼蛇神再不准與兒女們見面了，工資一律扣發凍結，吃飯每月交十五元伙食費，給家屬發十五元生活費，自己從牛棚排隊出來打飯吃，這樣一直到一九六九年五月份。九月份歸還了我們凍結的工資，但我們的家屬被趕到了農村，有一百二十多戶遷到了甘肅省靖遠縣漢平川勞動。到了十二月，蘭州天寒地凍，但給我們被關押的老師不放暖氣，可看守我們的紅衛兵學生卻架著爐子燒煤磚。這六十多個牛鬼蛇神在寒冷的房子裡晚上都不准上廁所，每人準備一個大玻璃瓶撒尿，有些就在自己的臉盆裡大小便。早上起來，我們排隊去倒大小便，白天集合到操場由專政組長訓話，他要我們讀毛主席的《南京政府走向何處去》、《敦促杜聿明投降書》。到了來年元月份，好多被關押的老師病倒了，有個別紅衛兵學生頂著壓力向上面反映，歷史系學生李清凌就是敢於站出來反映的少數人中的勇敢者。由於他的反映，春節前夕我們這些牛鬼蛇神才被轉到了一樓有暖氣的房間。

記得一九六八年五一節，我們每個人脖子上掛著用紙箱硬紙做的大牌子。我的脖子上掛著「叛徒、特務、死不改悔的走資派、反動學術權威、現行反革命」，遊了街，然後押我們到北二樓前進行宣判。和我一起宣判的有十一人，給三級教授許重遠定的是「歷史反革命、胡宗南的高參、反動學術權威」，當時他得了脊椎結核動了手術病在家，牌子由我代理，所以，我一個人那天戴了兩個牌子聽候宣判，引起旁觀者的大笑。我們都戴著報紙糊的高帽子，系主任金少英教授戴得高帽子是用廁所中裝手紙的竹籠子外糊手紙做的，而製作金少英高帽子惡劣行徑的是歷史系秘書王天保，王天保是歷史系畢業留系工作的。清理階級隊伍時歷史系主要掌權的是造反派王天保和楊衍禮，楊衍禮是歷史系黨總支秘書。這次宣判不久，七十五歲的許重遠教授在家中廁所中自縊身亡了。

五一節過後的一天，全甘肅師範大學舉行了一百多個「牛鬼蛇神」的大遊行。我們從學生樓前出發，低頭彎腰，鶴步而行，到達辦公樓前，紅衛兵們用從樹上摘下的長柳條棍在我們的背上抽打。這時天氣已暖和了，大家穿著單衣，個個背上被打得血跡斑斑。教育系的李秉德教授游至理科樓前昏倒在地，他夫人鄭夢芳教授一同遊街，但不敢上前去幫扶。直到下午太陽打斜，出現陰涼時，李秉德教授才醒過來，但摸不著方向，一個好心的學生走過來才帶他回了家。這種把人不當人的血腥統治，只有毛澤東幹得出來，蔣介石沒有這樣做過。

我幸運的是沒有被整死。從一九六八年五月至一九六九年四月，我在牛棚中被整整關了一年。一九六九年元月，我的家被打散，我女人帶著上小學的小兒子和上幼稚園的小女兒跟著插隊落戶的老二兒子落戶到了康樂縣一個回民聚居區，一住就是六年。後來我女人告訴我，我的家被抄了九次，由姜永盛帶領五六個人每次來都是深夜，他們拿著大刀、長矛衝進我家，喊叫著讓「把錢交出來，把料子衣服拿出來」，因為這些我家都沒有，於是將我家中三書架書全被抄走。一九六九年四月，我被換班來的歷史系軍代表張果然頂著壓力強行解放，這是酒泉部隊派來得一個二十三歲的四川籍軍人。不久軍宣隊撤走，工宣隊不執行軍宣隊的決定，直到一九七二年十二月十五日才恢復了我的黨籍。

一九七〇年，我隨最後一班畢業的學生到甘肅省鎮原縣回校途中，坐汽車到西安轉乘火車時，在西安火車站看到槍斃張師亮的佈告，震驚萬分！後來據與張師亮一起關在獄中的人說，張師亮被槍斃以前，身上生出成千上萬密密麻麻的蝨子，說他那時對人說「但求速死」，不上訴。一個優秀的教授就這樣冤死在劊子手的槍下。一九七九年初剛開學不久，由省委一位副書記主持，公安廳長劉蘭亭、教育廳長鄧品珊、還有一位衛生廳長參加，在甘肅省委大禮堂給張師亮宣佈平反，當時師大黨委副書記劉竹溪與我代表師大參加，我當時落淚了。張師亮平反後具體落實時，又受到原先給張師亮定罪的一些人的抵制，不讓開追悼會，不具體落實政策。因為張師亮的夫人和在師大附中上高中的小女兒被趕回了老家；他的大女兒在北京學醫畢業後在呼和浩特市某醫院任主治醫師兼科主任，由於其父的問題離了婚、降了職，獨自帶著女兒生活，我當時在極左陰影還未消退時都盡其所能給開了追悼會，落實了張師亮的相關政策。張師亮的追悼會是在學校大禮堂舉行，是我給主持的，當時參加追悼會的有張師亮的夫人和子女，還有歷史系的全體師生和其他各系的代表，我慷慨激昂地講了半個多小時，在場的人無不落淚。

毛澤東的專制獨裁亙古未有，可稱之為空前絕後。文字獄之擴大殘酷，明朝的朱元璋、清朝的雍正與之相比，可以說是小巫見大巫。三年災害餓死幾千萬人，是人禍不是天災。文革中「早請示，晚彙報」，關牛棚，跳忠字舞，「三忠於，四無限」，鄉村中將廟堂中的泥像換成毛澤東像，家家戶戶的門頭窗戶全部噴上「忠」字，個人崇拜達到瘋狂地步。因一個人的獨裁十年浩劫，中國的知識分子全軍覆沒，破四舊毀滅的是中國的傳統文化道德，一切法律秩序被踩在腳下，憲法被肆意踐踏。國家主席劉少奇被誣以「叛徒、工賊、內奸」而迫害致死，立了汗馬功勞的開國元勳彭德懷、賀龍被侮辱、殘害死亡，張師亮這樣優秀的知識分子更是被冤死了無數，毛澤東真是一個比史達林獨裁專制有過之而無不及的獨裁者。馬克思主義就是被這些打著共產主義旗號的幾個獨裁者史達林、毛澤東、波爾布特、金日成、金正日、東歐大大小小的獨裁者所破壞的。

從北大荒八五〇農場走出的畫家徐琴久

徐琴久在1957年

我是一九三二年出生在江西省興國縣長岡鄉燕子窩村的，我們家祖祖輩輩就在這個地方。父親徐海章原為蘇維埃時期供銷社主任，紅軍長征時留在了本地，他是一個對革命有過很大貢獻的人。當年國民黨的五次「圍剿」和紅軍的反「圍剿」，一會兒共產黨來了，一會兒國民黨又來了，共產黨與國民黨的拉鋸戰可讓這裡的老百姓受苦了！我們這裡青壯年不多，村裡將近有二十多戶人家都成了只有寡婦在家拉孩子的家庭。

中華人民共和國剛成立時，我們這裡有很多早期參加紅軍走到外面的人將親朋好友帶出去參加工作，我就是我的表哥曾慶標回家動員我和他的弟弟曾慶躍一同出來的。我表哥是中央軍委總參三部的處長，他將我們帶到了北平，由中央軍委介紹我到了張家口的中央軍委工程學校。後調入中央軍委總參三部二局材料處任科員。因為中央文化部故宮博物院都是些國民黨時代過來的知識分子，一九五二年八月我被當沙子摻進了中央文化部故宮博物院，先是在群眾工作部工作，後調到故宮博物院學術研究會繪畫研究組任助理研究員，在徐邦達專家的指導下從事故宮庫存字畫的研究、整理、布展等工作，業餘也練習繪畫和學習有關繪畫理論。當時我們研究組只有徐邦達、天秀和我三個人，我們將故宮庫存的東西一件件過目整理，我們還請全國著名院外專家來這裡交流，這裡有啟功、江豐、王遜、張衍、鄭振鐸等，他們都是我們故宮學術研究委員會委員。我們每個星期看畫登記，我在這裡看了許許多多名家的畫，學到了別的地方根本學不到的知識。

一九五六年底國家號召幹部回鄉調查瞭解基層情況，因我多年沒有回家了，我就在年底回了我們江西省興國縣長岡鄉燕子窩村。到了這裡我發現農村根本不是報紙上說得那麼好，有很多不是實事求是的情況。例如，我們這裡不適應種植兩季稻，可是卻要強迫農民去種兩季稻，一季稻還沒有完全成熟，另一季稻又要搶種，這樣兩季稻都熟不了。另外，我們這裡過去秋收後，農民們就在河裡去挖沙金，來增加一些收入，可是合作化後卻不讓農民挖沙金了，農民沒有了收入意見很大。還有農村統購統銷後定量供應，我們家裡來了親戚朋友就沒有飯吃了。

一九五七年大鳴大放開門整風，讓我們幹部幫助共產黨開門整風，並且反覆交代「言者無罪，聞者足戒」。我從小出生在一個窮苦農民家庭，是共產黨讓我上學而且有了這麼好的工作，所以我在回鄉座談會上說，統購統銷不能統得讓農民沒了飯吃；合作化搞得太早了，幹部還沒有完全準備好，所以農村現在出現了很多問題。我說這些意見的時候，就舉了我到家鄉後的親眼所見和親耳所聞。由於我實事求是地談了以上這兩條意見，我就在其後的反右派運動中成了右派分子，那時我剛滿二十五歲。我們故宮博物院打了十三個右派，這裡有譚晚成、陳英武、于善浦、李令康、喜野（滿族，被打成了壞分子）等。

我是一九五七年八月被宣佈為右派分子的，當時還開除了我的團籍、降了我兩級工資。一九五八年我就由中央國家機關黨委統一安排下放到了黑龍江八五〇農場進行勞動教養。我們是在黑龍江省牡丹江市下的火車，住了一個晚上，然後我們坐汽車到了黑龍江省虎林縣的八五〇農場雲山畜牧場，當時我們文化部的改造對象都到了這裡進行改造。到了北大荒，我們住的地窩子是自己就地取草根用土堆積起牆，牆基下寬近一米、上寬有五十到六十公分，房頂就近伐木架好後覆蓋上草。當時和我一個房子裡住的有戴煌、焦勇夫、于善浦、蔣永和、梁文華、高恒、呂向全、王崇芳、楊川林、謝學敏、辛若平、張岸久等等。

北大荒這地方到處是蚊子、小咬、牛虻，勞動時人的肌膚都不能露在外面，大白天蚊子、小咬成群向我們撲來，走到哪裡牠們就會跟我們到哪裡，所以我們將手、腳、頭都包得嚴嚴實實，否則就會受到大的傷害。

我們所在的地方大都是原始荒野，有些地方千百年來就無人到過，野草春發冬枯，年復一年，地面上不是泥土而是枯死的草結成炭，有的地方厚度達到一米多深。另外一些地方則是野草死爛之後變成的黑泥，人們稱之為黑土地，這些都是北大荒日久自然形成的。在那黑土地上種植作物是根本不需要施肥的。這裡天氣變化無常，兩小時前可能還是晴空萬里，轉瞬間也許就會風雨交加、雷鳴電閃，而且在秋天往往下著雨突然就會變成下雪，若是冬天風雪交加時更是不能出門的。北大荒無霜期只有一百天，天氣格外寒冷，就在這樣的零下四十三度的境況下，我們有次曾在野外過了一夜，這是因為沒有交通工具、也沒有通訊器材的情況下天氣突然變化造成的。在割煙泡前，我們都要提前做好窩窩頭這樣的乾糧，到割煙泡時屋裡連柴火都生不著，我們就用炭火烤乾糧吃，這時打著呼哨的風捲著雪花，我們根本出不了門，第二天起來地窩子房門被雪堵塞都推不開。

夏天我們揮著大扇刀割草，割了草後用粉碎機粉碎，挖個大地坑埋到地下，上面蓋上土，這就是「青儲飼料」，讓飼料在地下發酵後，豬在冬天就可吃到可口的飼料過冬了。到了冬天再將青儲飼料挖出來餵豬、餵牛。我們秋天主要是收穫莊稼，割麥子、挖甜菜、收豆子等等。冬天和初春時節我們則伐木、燒炭、用扒犁運輸拉木頭，因為此時土地都已封凍。這些強體力勞動都是非常艱苦的，使我們經常筋疲力盡，而且很多勞動危險性很大。

北大荒冬季右派伐木隊，選自楊崇道相冊

完達山原始森林樹原長得遮天蔽日，有些樹從山底一直長到山尖，我們到了山底就看不到天日了。我們當時勞動還自由，女的養豬，男的就幹重體力勞動。砍伐木和運輸木頭是最危險的活兒，伐木要注意樹木的倒向，弄不好就會把其他人砸傷砸死。還有截斷木頭時也很危險，截斷的木頭往往會滾動，人們不大會掌握住它的動向，如果截木頭的人站位不好，木頭斷時就會將人壓傷，有位難友就是截木頭時木頭突然斷後從其身上滾過，結果壓斷了他的腿。我有次也因為不慎被截斷的木頭擠傷了小拇指，至今還留著被擠的傷疤。那個時候誰要是受了傷只有自認倒楣，因為這裡既無醫療條件，別人也根本幫不了忙。在冰雪上用扒犁拉木頭也得有技巧，我們三四個人拉著扒犁，不小心就會撞著人。北大荒天氣變化無常，那是一九五八年的冬季的一天，突然來了暴風雪，零下三四十度的天氣，可我們在野外整整過了一夜。

我在北大荒修過水渠、挖過河塘，活都非常艱苦、很累，當然最累的還是割麥子。因為我從小生活在農村，割麥子的技術很高，加上自己年輕，我一天割了兩畝多地，被評為割麥冠軍。我和於善莆每次還三筐土摞起來抬。由於我勞動好，所以，一九五九年十月一日《人民日報》國慶社論說要給改造好的右派摘帽子後，我們文化部系統就摘了高恒、梁文華（中國青年藝術劇院黨支部書記）和我三個人的帽子。

我在第一批被摘了右派分子的帽子後，上面下了調令讓我一九五九年十二月以前到蘭州報到，所以我是一九五九年十一月到了甘肅省民政廳的。這樣我從一九五八年三月到一九五九年十月，在北大荒整整勞動改造了二十個月。因我的檔案還未來，我就被留在了蘭州。我先被分到了蘭州市副食局，副食局又把我分到了下屬的魚場籌建處（現在崔家大灘的漁場就是我們當時修建的）。

文革清理階級隊伍時，將我以「沒有改造好的右派」關進了牛棚，有家不能回，鬥爭我的時候，造反派用手做刀砍我的脖子，在牛棚我被關了八個月。其後的日子裡我白天和其他牛鬼寫「忠」字和標語、搞紅海洋。清理階級隊伍時，單位革委會決定遣送我回江西老家，遣送前的晚上我向新成立的蘭州市、甘肅省二級革委會各寫了一封長達十多頁的申訴信，我先將一封申訴信交給了市革委會信訪接待人，但我不放心、也沒有時間等待，因此我又將準備好了的另一封申訴信交給省革委會的一位支左的軍人。這位支左軍人聽得很認真，他是我江西興國縣的老鄉，他邊看我的申訴信邊聽我的訴說，看完聽完後他拿起接待室電話直接給蘭州市革委會去了電話，通知蘭州市革委會馬上向甘肅省革委會送來我的檔案材料。這天晚上八點一過，一個造反派來到牛棚，通知我們這些牛鬼開會。到了會場，我們和往常開批鬥會一樣個個神情嚴肅，會場裡也鴉雀無聲。我當時想，是我把單位告了、也把工宣隊和軍宣隊告了，反正老子要走了，要鬥就鬥，要批就批。我偷偷環視了一下會場，覺得今天好像和往日開批鬥會不一樣，過了一會兒，工宣隊、軍宣隊和革委會的成員陸續進入會場，接著宣佈解除徐琴久的群眾管制，從明天起到單位上班。當時我第一反應是省革委會代表起了作用，否則不會有這樣的決定。

北大荒右派運木工，選自楊崇道荒友相冊

一九七九年我的右派問題才得到了改正，我就是這樣從戴帽右派到摘帽右派，再從摘帽右派到改正右派的，右派分子的帽子整整讓我度過了二十二年奴隸般的非人經歷，也讓我的家庭和子女成了中國最下等的賤民。當然坎坷的經歷也成就了我，讓我的作品走向了全國和世界。

北大荒友楊崇道歷時多年的調查統計，一九五八年中央國家機關和軍委各部單位送往北大荒勞動改造的右派分子共計一千四百十七人。其中，八五〇農場九百二十五人，八五三農場四百八十九人，另外，八五二農場一人（艾青），湯原農場二人（丁玲、陳明）。在八五〇農場勞動改造的九百二十五名中央單位右派分子中，年齡跨度較大，最小的是十七歲的女右派戴菊英，最大的是五十五歲的男右派聶紺弩。

附：北大荒八五〇雲山畜牧場右派餓累死亡名單

（五八年冬—六〇年冬）

姓名，原單位，死亡原因，備註

1 施宗仁，國家經委，伐木被大樹尾撞死（一九五八年冬）。
2 劉琛，商業部經理，一九五八年冬伐木被砸死。
3 曹作仁，輕工業部辦事員，投井自殺（一九五九年十月十五日）。
4 韓明德，國際書店，破冰修路時餓累病死（一九五九年春）。
5 吳中淮，紡織部科長，累愁致病死亡（一九五九年十一月二十八日）。
6 王光浩，北京新華書店職員，排水連爆破凍土被炸死（一九六〇年一月）。
7 羅相成，教育部科員，餓累而死（一九六〇年）。
8 汪之淼，僑委歸國華僑，連累帶餓死在路上（一九六〇年），死時身上有九百元錢和幾十斤糧票。
9 張建淼，僑委幹部歸國華僑，挨餓浮腫死去（一九六〇年）。
10 鄒執中，中央氣象局講師，餓肚期間排水勞動累死（一九六〇年）。
11 趙琪，交通部幹部，餓死於風雨途中（一九六〇年五月），死後一九六〇年十二月摘帽。

12王勤本，人民銀行，夜裡餓死天亮才被發現，死後一九六〇年十二月摘帽。
13王九成，商業部幹部，挨餓浮腫死亡。
14唐文彝，一機部會計師，餓死在雲山水庫水閘旁，死後一九六〇年十二月摘帽。
15韓俊廷，一機部科員，餓累死亡。
16佟靄成，一機部子弟學校校長，妻離子殘，吊死在小雲山（一九五九年五月）。
17佟正溫，一機部科員，餓累倒在路上（一九六〇年），死後一九六〇年十二月摘帽。
18孔祥禎，軍隊，累餓死亡。
19屠雙，交通部雜誌主編，冬季運木中餓累死亡（一九六〇年春）。
20佘啟明，交通部工資局科員，餓累浮腫死亡（一九六〇年）。
21安樹倫，交通部，餓累病死（一九六〇年）。
22任耀章，空軍中尉助理員，餓累外加肺病死亡（一九六〇年九月）。
23楊雋，輕工業部設計局，小雲山大會戰死亡（一九六〇年十月十三日），死後一九六〇年十二月摘帽。
24馬鏡亮，國家經委科員，小雲山大會戰死亡（一九六〇年十月十三日）。
25陳伯龍，中國銀行幹部，小雲山大會戰死亡（一九六〇年十月十三日）。
26徐征明，人民銀行教員，小雲山大會戰死亡（一九六〇年十月十三日），死後一九六〇年十二月摘帽。
27孔憲中，商業部教員，小雲山大會戰死亡（一九六〇年十月十三日），死時口咬玉米麵加榆樹皮團子。
28劉湖琛，一機部編輯，小雲山大會戰死亡（一九六〇年十月十三日），死後一九六〇年十二月摘帽。

29唐奕驊，軍委測繪學院教員，小雲山大會戰死亡（一九六〇年十月十三日）。
30杜恂凡，海軍後勤部助理員，誤食中毒死亡（一九六〇年十一月）。
31郭冠軍，對外文委副組長，聽說摘帽高興死亡（一九六〇年十一月冬）。
32楊泰泉，總參科員，挨餓浮腫死亡（一九六〇年冬）。
33王廣謀，總軍械部助理員，饑餓浮腫活活餓死（一九六〇年冬）。
34張宣，人民銀行科員，餓累致病死在回京列車上（一九六〇年十二月三十一日）。

北大荒荒友楊崇道整理　二〇〇四年十一月

史葦湘和敦煌文物研究所的右派們

（訪史葦湘的夫人歐陽琳和女婿金長明，並參考王淵《敦煌軼事》）

我叫歐陽琳，生於一九二四年十月，四川彭州人。一九四三年考入成都的四川省立藝術專科學校，工藝系漆器工藝專業。史葦湘是我的丈夫，他是四川綿陽人，生於一九二四年三月。我是一九四七年到國立敦煌藝術研究所搞壁畫的，該研究所一九五〇年改為敦煌文物研究所。我到敦煌藝術研究所來，是受了我的老師沈福文的影響，因為他是敦煌藝術研究所的研究員，他告訴我，常書鴻現在非常需要一些繪畫的人才，所以我去了敦煌。史葦湘比我晚去了一年。史葦湘的青年時代一直在家鄉求學，一九四四年秋天考入四川省立藝術專科學校油畫專業。就在這一年國家危難之際，他在學校報名參加去印度的青年遠征軍，投筆從戎。他當時所在的部隊駐守在中印邊界的雷多公路，以保證這條援助中國抗戰物資與人員的通道的安全暢通。一九四五年，該部隊編入守衛雷多公路的憲兵獨立營，史葦湘此時任憲兵班班長。一九四五年夏抗日戰爭結束，史葦湘復員回到成都，原回到了四川省立藝術專科學校油畫專業進行學習。一九四八年八月，史葦湘從該專業畢業。

五十年代史葦湘在莫高窟政治學習

在校期間，他通過報刊上登載的于右任、向達、閻文儒等人關於收歸莫高窟為國有，保護莫高窟、研究莫高窟的評介文章及參觀張大千臨摹的敦煌莫高窟壁畫展覽，對莫高窟有了初步瞭解。他知道有著精美壁畫和雕塑的敦煌莫高窟是一座博大精深的藝術殿堂。那裡亟需人去保護，去研究，在那裡定會大有作為的。同年九月，史葦湘義無反顧，背著行李，告別巴山蜀水，隻身來到敦煌莫高窟，投身於常書鴻麾下，參加了敦煌藝術研究所的工作，一九五〇年我們結為伴侶，從此我們兩個志同道合的年輕人走到了一起。

史葦湘初到敦煌藝術研究所的時候，所裡分配史葦湘做洞窟內容調查、壁畫臨摹、資料整理等工作。從此，他將自己融入敦煌的歷史長河中，融入敦煌石窟之中。中華人民共和國成立後不幾年，由於史葦湘的勤懇、誠實、學術上的特立獨行，在研究所裡他已有出人頭地之勢。一九五六年，史葦湘的一幅油畫作品在全國美術作品展覽中獲二等獎。

一九五七年，風驟起，雷轟鳴，那個令人難忘的乍暖乍寒的「早春天氣」來到了。這年六月，敦

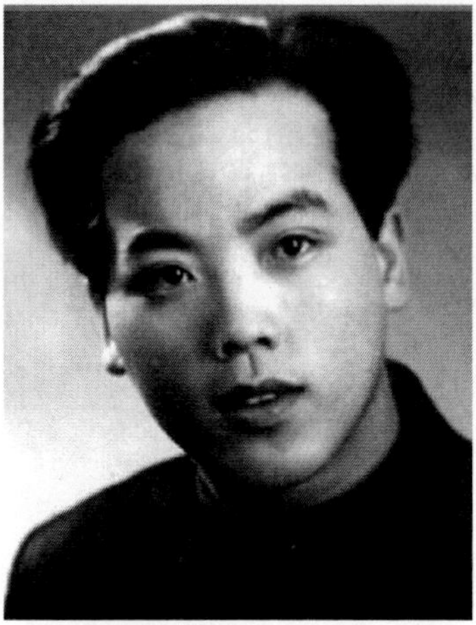
畢可在中央戲劇學院

煌文物研究所指派史葦湘參加中共敦煌縣委在縣城召開的「幫助黨整風座談會」。在此會上，史葦湘說：「自己提著自己的頭髮，要讓自己離開地球是不可能的。」這句話富有哲理，寓意很深，給與會者留下了很深的印象。不過，這句話究竟是針對敦煌文物研究所領導的獨斷專行作風呢還是針對已經露頭的敦煌縣委不計後果、好大喜功的浮誇作風，那些至今還健在的與會者不得而知。那些日子裡，史葦湘對所裡工作、對所裡領導的作風思考蓄之甚久，發之甚快。他知無不言，言無不盡。在所裡的一次大鳴大放會上，他說敦煌文物研究所的工作計畫是「枷鎖」，學術環境似「軍營」。年輕氣盛的史葦湘，想往「自由」的學術環境，在研究所領導的反覆動員下，他將自己的觀點全部擺了出來。然而，在那個年代，他的意見卻被視為反黨反社會主義的「右派言論」；他用自己的理解修補殘破敦煌壁畫，也成了資產階級的藝術風格。另外，敦煌文物研究所認為史葦湘一九四四年任憲兵班長，為抗戰駐守雷多公路是「歷史問題」，是他「反黨反社會主義」的根源。右派分子的「帽子」就自然而然地落到了史葦湘的頭上。此後不久，中共敦煌文物研究所支部給史葦湘羅織了幾條「右派言論」，宣佈他為「右派分子」，上報敦煌縣委。一九五八年春，中共敦煌縣委整風領導小組批准給史葦湘戴上右派分子「帽子」，押送夾邊溝勞動教養。可當他和畢可被武裝押送到敦煌縣城時，敦煌的黃縣長說，這些能夠畫畫幹活的都去了夾邊溝，以後我們縣上有了事情怎麼辦？於是將史葦湘要了下來，留原單位監督勞動改造。

一九五七年的中共敦煌文物研究所支部只有三名黨員。黨支部書記是剛從酒泉地委調來的毛頭小夥子張學榮，兩位支部委員：一個是所長常書鴻，另一個是常書鴻的老婆李承仙。當時敦煌文物研究所除史葦湘被打成右派分子外，還將畢可、孫儒澗、李其瓊幾個非常優秀的藝術人才也給分別戴了帽子。

畢可，原名畢遠來，男，生於一九三二年，山東省榮成人，家庭中農成分，學生出身，共青團員。一九四六年十四歲時參加革命工作，是新四軍的「紅小鬼」，為膠東文工團美術組成員。中華人民共和國成立後，考入瀋陽魯迅美術學院繪畫專業，後又轉入中央戲劇學院舞台美術設計專業學習。一九五六年十月由中央戲劇學院調入敦煌文物研究所，任實習研究員。經過一九五七年的反右派鬥爭，到一九五八年六月二十日，由敦煌縣委研究，認定畢可為「右派分子」送酒泉夾邊溝農場勞動教養。畢可的右派分子報告上報甘肅省文化廳後，文化廳認為其言論尚達不到反黨反社會主義的性質，故不能定為右派分子。將「右派」改批為「壞分子」，指示繼續留在原單位邊工作邊接受批評教育。批文到達所裡時，因畢可已送夾邊溝農場勞動教養，敦煌文物研究所的負責人常書鴻卻置上級批示於不顧，將定性文件偷偷藏至櫃底，致使畢可冤死荒漠戈壁。

畢可究竟是什麼樣的「壞分子」？現在所能看到的只是中共敦煌縣委反右領導小組在一九六三年九月十日撰寫的《關於畢可的清理結論》。該結論說畢可在瀋陽魯迅藝術學院和中央戲劇學院為沒能評上調幹助學金發牢騷，鬧個人主義，看到反動標語也不彙報。對畢可到敦煌文物研究所後的表現，該結論中有畢可的言論「文物研究所是個研究機構，敦煌縣委根本不能領導」。縣委書記叫他去，他說「我對這種人根本不感興趣」。對工資制度，他說：「千年的媳婦熬成婆，萬年的大道走成河。」一次與所長常書鴻吵架時，畢可說：「說老實話，我幹革命的時候，你還跟國民黨跑著呢！不過是吃了幾年外國飯。」畢可曾說：「有人說我所黨團組織有宗派，其實不用怕，實際我們就是個宗派。」一九五八年十月八日經張掖專署批准開除畢可公職並勞動教養，送酒泉夾邊溝執行。畢可年輕體壯，但他沒有熬過夾邊溝鹽鹼灘上繁重體力勞動的折磨和饑餓。一九六〇年九月，夾邊溝農場把餓得骨瘦如柴但還能走動的二千多名右派分子、反革命分子、壞分子和地方主義反黨分子驅趕到高台縣明水灘開荒、挖渠、挖地窩子、蓋房子，另建明水大河農場。根據中共敦煌縣委整風領導小組於一九六三年九月十日下發的「關於畢可的清理結論」文件，畢可「因病於一九六〇年十二月十八日死亡」。一九六三年十二月三十日，中共酒泉地委以地委發（六三）五七四號紅頭文件下達《關於勞教人員畢可清理結論的批復》中說：「敦煌縣委：報來夾邊溝農場勞教人員的清理結論，經地委一九六三年十一月十八日常委會議對其複查的情況，討論同意你縣對畢可不定壞分子、不開除公職、不勞動教養，應恢復名譽、恢復團籍。但對畢可的錯誤言論應指出，給予批評教育。酒泉地委，一九六三年十二月三十日（公章）。

孫儒澗，男，生於一九二五年，四川新津人，一九四六年畢業於四川省立專科學校建築科。在校期間，孫儒澗多次參觀張大千臨摹的敦煌壁畫展覽。張大千的敦煌行引起的轟動效應，對孫儒澗頗有啟發，他感到敦煌莫高窟是個大有作為的地方。一九四七年夏天，孫儒澗告別了曾是四川藝專的同學並仍在國立西南美術專科學校學習油畫的戀人李其瓊，隻身來到了敦煌莫高窟，參加敦煌藝術研究所工作。這一年，孫儒澗風華正茂，剛剛二十一歲。常書鴻分給孫儒澗的工作是收集莫高窟壁畫中的古建築資料。按理說，孫儒澗的這份差事也是個甩甩手，轉轉洞窟，看看壁畫的輕鬆事兒。然而，當時國立敦煌藝術研究所事業初創，整理、修補、理順千瘡百孔的莫高窟的工作堆積如山。孫儒澗極想把這個到處是沙丘、垃圾，到處是斷壁殘垣、流沙壅門的破敗景象變個樣兒。他儼然成了一名莫高窟的小工頭，成年累月領著竇占彪和另外兩三個工人清除窟前積沙，修築連接洞窟走廊，修築進入洞窟的台階。他們做得這些工作，極大地方便了研究人員進入洞窟，極大地減少了工作人員和遊客的危險。一九五二年夏天，李其瓊來到了莫高窟。孫儒澗與李其瓊結為夫妻，兩個有著共同理想的年輕人在祁連山麓無盡的寂寞中苦苦追求。白天上班，李其瓊面對古佛飛天，默默無語；孫儒澗領著工人幹活，似乎也在完成自己的一件作品，樂趣橫生，不知疲倦。晚上回到小屋，他們又在藝術的海洋裡遨遊交流，其樂無窮，相濡以沫。

李其瓊是四川省三台人，原進入四川藝專建築系就學。但她發現自己的志趣不在此時，即轉入設在重慶的西南美術專科學校油畫科就學。一九四九年，她從該校畢業。同年，李其瓊即參加由賀龍統帥的中國人民解放軍入川部隊，在戰鬥劇社任美工。幾年的軍隊生活，磨練了她不畏艱難困苦、不達目的決不甘休的堅毅性格。李其瓊於一九五二年參加了敦煌文物研究所的工作。所長常書鴻分配她去作壁畫臨摹。初始，她以油畫的技法臨摹，作品多不合要求。常書鴻要求她的壁畫臨摹要畫出原作的每一根線條。不達目的決不甘休、鍥而不捨的性格成就著李其瓊的事業。她細細觀察、比較，靜靜揣摩、思索，頻頻查閱浩如煙海的文獻、經典，一絲不苟地對待著每一件臨摹作品。不出幾年，出自李其瓊的每一件敦煌壁畫的臨摹本都成為後人從事敦煌壁畫臨摹的樣品和典範作品。就在李其瓊在博大精深的莫高窟藝術殿堂徜徉時，使中國知識分子走上淒風冷雨的一九五七年來到了。此時，孫儒澗、李其瓊都在安西榆林窟工作。孫儒澗修復石窟，李其瓊臨摹壁畫。突然有一天，所裡來了一輛汽車，把他倆拉回了莫高窟。下車伊始，就把兩人請到會上，動員他倆「鳴放」，給黨提意見，給領導提意見，幫助黨整風。他倆丈二和尚摸不著頭腦，一時不知從何說起。說沒意見，不行。說回去考慮，還是不行。與會的各位目不斜視，正襟危坐，大有今天不說出個子丑寅卯就不讓孫儒澗、李其瓊再回榆林窟工作的架勢。孫儒澗被逼無奈，只得對黨支部提了幾句。他哪裡知道，在此之前，他幽默地調侃一名黨支部成員的話，早已被記了黑賬。而李其瓊癡心於自己的壁畫臨摹事業，平時沒心思說別人的長短，然而今天領導們似乎她不「鳴放」點什麼就不散會不回家吃飯。其實，善良的李其瓊哪裡知道，她不觸「高壓線」，有些人心中的塊壘怎麼能平呢？實在無奈，李其瓊就不著邊際地敷衍了幾句，算是自己的「鳴放」。然而，那個時代，時興「新賬老賬一起算」。在此之前，性格耿直、心直口快的李其瓊，曾自恃自己是一名中國人民解放軍戰士，自己的哥哥又慘死在重慶的「中美特種技術合作所」裡，曾以尖銳的言辭批評過黨支部一位委員的所作所為。這樣不過月餘，重如千鈞的右派分子「帽子」，雙雙落在了他們夫妻的頭上，開始了只能規規矩矩，不能亂說亂動，二十多年的奴隸生活。

一九五七年同樣的厄運也突然降臨到了史葦湘的頭上，面對人為羅織的罪名，面對今後望不到盡頭的坎坷，為保護、研究莫高窟做出貢獻的信念使史葦湘沒有沉淪，沒有頹唐。固然那頂重如千斤的右派分子「帽子」將使他遭受坎坷和苦難，將使他了斷塵世的榮華富貴，但那頂「帽子」也使他拋棄了一切非分之想。

從此，史葦湘「進洞面壁臨摹，下窟埋頭經史」。他就好像一個苦行僧，既不左顧右盼以分心，也不上下察言觀色以取寵，專心致志做自己的學問。此後短短的五年裡，史葦湘在敦煌壁畫臨摹、敦煌史地研究、敦煌石窟內容調查等方面都有了自己的見解。那個時候史葦湘和敦煌文物研究所其他右派、反革命主要到大拉排和羊關兩個勞動基地去勞動。大拉排離莫高窟大約十里路程，羊關距敦煌縣城有七十里路。當時的勞動不計效益、沒有目標，種瓜收不回來，養豬豬瘦得人追不

六十年代的史葦湘

上，那時主要看得是政治效果，是為了在思想上讓知識分子服服貼貼，雖然史葦湘他們學會了一些勞動活，可沒白天沒黑夜的單調艱苦勞動卻將很多人的業務荒廢了。那時候，段文杰樣樣農活都幹得很好。

歐陽琳說，大拉排有一種小黃花叫「濕逝乾活」，見了水就死，拿回來乾放著則會開花。三年災害時，史葦湘和我在莫高窟，戈壁灘上有一種比芝麻粒略大的一種草籽，我們將它叫土籽，一窩一窩的。我們那時吃不飽就去打土籽，段文杰一天可以打兩袋子，可我們兩人一天連一袋子也打不上。吃土籽雖然比吃觀音土要好，吃了觀音土拉不下來屎，可是土籽很難吃，然而沒有辦法呀，土籽沒有毒，可以充饑填肚子。這個時候國家提出要生產自救，我們家也養了許多兔子。那個時候，有些人將原來殺了羊在梁上掛的羊油拿下來還救了許多人的命呢。有一個小女孩吃了春天的苜蓿，脹了兩天，人們眼睜睜看著她痛苦地死去了。

敦煌文物研究所反右成果輝煌，挖出了史葦湘、畢可、孫儒澗、李其瓊等右派分子，除畢可死在夾邊溝勞教農場，其餘幾名右派分子無論身處逆境，或是正常工作，他們都沒有忘記對敦煌學的思考，和對敦煌文化的發揚

光大。一九六二年，史葦湘被摘了右派分子帽子，但他們這些摘帽右派勞動時不與其他群眾一起勞動，幹得活兒也明顯比其他人要髒要重。但有重大繪畫時仍然離不開史葦湘和段文杰，他倆文革前用了七天時間就曾趕出一幅畫，送到了北京人民大會堂。

「文化大革命」是中國知識分子遭受又一次浩劫的大風暴，敦煌文物研究所四十多名職工裡就揪出來了三十多名牛鬼蛇神。當時社會上有句話，說敦煌文物研究所是「廟小妖風大，池淺王八多。」因為，單位上四分之一的革命派無法鬥爭四分之三的牛鬼蛇神，於是研究所從地方上叫來黨團員和紅衛兵以壯大聲威。而敦煌縣或其他公社開鬥爭會，因為敦煌文物研究所牛鬼蛇神眾多，又將這些人拉去進行鬥爭批判。一九六九年，孫儒澗、李其瓊雙雙被開除公職，遣送回四川老家監督勞動改造；史葦湘被下放到敦煌縣黃渠公社放羊勞動，老院長段文杰是壞分子，下放在郭家堡公社放牛。常書鴻在莫高窟進行養豬。

我記得有一天中午莫高窟的造反派衝進我們家裡，讓史葦湘參加批鬥會，結果他睡在床上怎麼也叫不醒他，一個敦煌籍的工人造反派拿起皮帶抽了起來，可他還是不醒，原來他吞食了安眠藥，我們的女兒史敦宇急忙叫來了大夫，這樣他才被救了過來。在抄我們家的時候，一個四川籍的造反派一次就從我家抄走十多公斤的資料卡片。史葦湘一九六九年八月至一九七三年在敦煌縣黃渠公社戴家敦大隊放羊期間，原敦煌研究院院長段文杰到郭家堡公社放牛。史葦湘在放羊時和做學問一樣認真，每天七點帶上兩本書、帶上烙得死面餅子和兩瓶水趕著羊出門，晚上六點準時回家。在此期間，看見農民們學大寨基本建設將一處城牆挖拉平整土地，他於是悄悄用步丈量，發現此處與書上記載漢代效穀縣遺址非常相似，於是他馬上寫信向上面進行了彙報。這樣漢代效穀縣遺址就被發現了。因為他在農村改造期間看了很多醫學書籍，農民有了病就去找他請教。那個時候貧下中農始終與史葦湘這個右派分子劃不清界限，而且建立了深厚的感情。他們給他送雞蛋，讓他看病，幾個放羊老漢看他只住著一間小小的破房子，還給他專門修了一間書房讓他看書寫字，使其做飯與看書的地方分了開來。

一九七二年夏天，韓素英女士訪問了敦煌，儘管敦煌縣革命委員會遮遮掩掩不讓韓素英看到實情，但一位跑遍世界、閱歷豐富的學者以她犀利敏銳的眼睛看出了問題的嚴重性，她到了北京後向周恩來總理反映了敦煌文物研究所的問題。於是，在一九七三年鄧小平整頓時，史葦湘和段文杰被調回了莫高窟。史葦湘與歐陽琳見面後，歐陽琳說，你回來幹麼呀，你在鄉下還可以帶回家來一些雞蛋和麵粉，還能躲掉這裡的批判鬥爭。

歐陽琳說到這個地方停了一下，然後她接著說道，我鬧了一輩子肚子，原因是莫高窟水的原因。莫高窟的水源是礦泉水，可是半道上有一種苦水匯了進來，所以，喝了莫高窟的水我就拉肚子。我的女兒史敦宇當時是右派狗崽子，從小受了很多歧視和打擊。有一次她和另外兩個狗崽子孫毅華、李宏在週末時準備回家，那時縣城學校很遠，每個星期孩子們回家一次。回家的這一天，孩子們分外激動，家長們也非常興奮。可是，六點接送他們回家的車來後，沒有這幾個孩子，原來造反派已將三個狗崽子從接送的車上趕了下去。史敦宇、孫毅華（孫儒澗的女兒）、李宏他們三個

史敦宇

孩子被趕下車後，就徒步往回走。當時，天已全黑，又是冬天臨下三十度的天氣，二十多公里路上還會遇到狼的襲擊。可是，他們三個孩子還是摸著黑往家走去，他們是按照電線杆的方嚮往家走的。在路上，電線杆下面他們意外地撿到了很多沙雞，這種沙雞有鴿子一般大，經常就碰死在電線杆上。沒有看到孩子們回來的家長們這時也提著馬燈順著路去迎接他們。家長們淒厲地呼喊著各自孩子的名字，他們用燈光給孩子指引方向。當家長與孩子相見時，幾位家長大哭了起來，可是孩子們卻非常歡樂。因為，意外的收穫抵消了沒有坐上汽車的不快。現在看來，我的史敦宇雖然遭受了株連九族政策的影響，受了無數磨難，但她在苦難中學到了爸爸媽媽身上很多在書本上學不到的知識，今天她已經成了我們敦煌文物研究的後起之秀。

李正宇的敦煌之夢

一九三四年的元月我出生在河南省正陽縣一個四代貧農的家庭裡。我的祖父是一個篾匠，他是在我父親李永昌（字俊娥）十二歲時去世的，而我的祖母早在父親四歲時就去世了。我母親叫涂改善，字雁萍，河南省西華縣人，她也是教會學校畢業的。我外祖母是個瞎子，可外祖母家裡是個很有錢的地主，當時外祖母家裡倒賠了二十畝地將外祖母嫁給了銀匠出身的外祖父。後來黃河決口，西華縣被整個淹沒，外祖父、外祖母和我的舅舅、母親一同逃難到了正陽縣。

我是在虛歲不到六歲時上的學，上的就是我父母曾上過的正陽縣銅鍾鎮完全小學，我和哥哥李正恒都在這裡上的小學。我的中學也是在義光中學讀的書。一九四六年我父親去世了，母親帶病拉扯著我和哥哥兩個孩子。

我在義光中學初中畢業後，於一九四九年考入信陽師範高師班，由於家庭困難後來又轉入了信陽師範師資訓練班，一九五〇年畢業後分到了正陽縣蓮花寺小學當了教員，很快也就被提拔為校長，接著又調到了中共正陽縣委辦公室當研究員，辦刊物《正陽通訊》。一九五四年國家號召幹部報考大學，說考上大學按調幹生每月可帶二十八元錢上大學。於是，一九五四年秋天我以招生第九名的成績考入了武漢大學中文系。這一年，和我一同進人武漢大學中文系的除了三十五名中國學生之外還有六名朝鮮留學生，分為兩個班。開學不久，中文系成立朝鮮留學生輔導小組，吳開斌、姚中琦、丁昌明、方雨晴、史大浩和我六人被指定組成留學生輔導小組，吳開斌和我被調整到了同一宿舍。我對口輔導的是金元弼，這是一個朝鮮軍的營教導員，朝鮮部隊當年曾打到了南朝鮮的釜山，他負傷後夜間帶著傷腿逃回了北朝鮮，這是朝鮮戰爭停戰後送到中國的一個骨幹，在北平外語學院學了一年漢語，一年後又分到了武漢大學。吳開斌知識廣博，勤於思考，口若懸河，才華橫溢，是我們班級公認的翹楚。一九五七年初，學校號召人們「知無不言，言無不盡；言者無罪，聞者足戒。」報紙上也鼓動人們給黨提意見，幫助共產黨整風。當時，我們為了回應黨的號召，積極發言，所以，我們班內十幾名年輕人就在其後的反右派運動裡在劫難逃了，我們被一網打盡都成了右派分子。從此，我與吳開斌等一些同學步入了「另類人生」。當時揭發我的右派言論有：一、《人民日報》是造謠。實際上這件事是：因當時南斯拉夫被開除出社會主義陣營，《人民日報》罵鐵托是叛徒，說南斯拉夫人民生活在水深火熱之中，有一個漫畫還畫杜魯門牽著的狗是就是鐵托；可是一九五六年鐵托要訪問中國了，同是《人民日報》此時又說南斯拉夫人民如何如何幸福，鐵托又成了反法西斯的英雄；過去曾經說南斯拉夫經濟瀕臨破產，而今天又說南斯拉夫經濟如何如何繁榮；我針對這種情況說道，這兩種話裡必有一個是造謠。這樣我的一條右派言論就成了《人民日報》是造謠。二、赫魯雪夫也是個委曲求全的人。中國人民大學法律系學生林希翎將《紐約時報》上登的赫魯雪夫秘密報告寄給吳開斌，我與吳開斌在一個宿舍住，我們請歷史系的一個助教將此報告翻譯了過來。看了這個報告後我說，聯共黨一共一千三百多個中央委員，就殺了一千多人。我當時說，赫魯雪夫為什麼不在史達林活的時候給史達林指出來。赫魯雪夫其後自己也說要是給史達林提意見也會被史達林殺了的，於是我才說，赫魯雪夫也是個委曲求全的人。三、我在給林希翎的信中說，某些共產黨員兩個肩膀之間擔著的不是腦袋，而是個冬瓜。一九五七年時，我是武漢大學中

1957年的李正宇

文系四年級學生，我們班除六名朝鮮留學生外，三十四名中國同學中打了十三名右派分子，另有八名同學背上了「無形的十字架」，檔案裡裝進了中右的結論。當時，新華社、人民日報、長江日報、湖北日報、河南日報等新聞媒體在報導武漢大學反右鬥爭消息時，我被頻頻點名，不過我那時一邊接受批判一邊還可以上課學習。有個叫劉博平的老師他是黃侃的學生，一個著名的音韻學家，我們很多同學都選修了他的音韻學課，可後來只剩下了我們五個右派學生。有一天他通知我們到他家裡去，我們去後他卻不說話，一直在寫字，等了一會兒，我們就要走。他沒有阻擋我們。過後我想，他今天這樣古怪的動作表示什麼呢？現在我才明白了，他是要我們「沉默無語」。我和吳開斌那時是武漢大學著名的右派學生，我記得當時教師右派裡還有生物專家韓德培。

一九五七年放暑假時，我還沒有定性戴帽，於是我就回了老家，可是學校馬上就通知了我們縣，要讓縣上對我進行批判鬥爭。我記得那天我表哥和一個我遠方的哥哥，他們約我到城裡去玩，實際是誘我去參加鬥爭會。我當時高高興興同他們到了縣城，在文教局裡休息了片刻，一個文化館館長領著一些教師氣洶洶地衝進來對我吼道：「你叫李正宇嗎？」我聽到此話感到很奇怪，這些原來都是我的老同事、老熟人，怎麼突然問起這話來了。正在這時幾個人過來架著我就往正陽縣第一中學走去，他們給我戴了一頂「右派分子李正宇」的高帽子，並用大喇叭喊著：「打倒右派分子李正宇放毒放火！」「打倒右派分子李正宇！」從教育局到第一中學有一公里的路程，街上到處貼著「右派分子李正宇放毒放火」和一些打倒我的標語。那時老百姓們不瞭解實情，以為我真是一個「投毒放火」十惡不赦的大壞蛋。我們縣的反右運動開展的比較晚，以後這些批判過我的積極分子有很多陸陸續續也都成了右派分子。有個老鄉姓唐，他當時搡我揪我，把我的衣服都撕爛了，是個非常積極的左派，後來卻成了縣上的第一批右派分子中的一個。現在想起來，這是我最屈辱的一次，他讓我在親人們面前遭到了侮辱和打罵。

一九五八年三月二十三日，我被宣佈定為「極右分子」，「開除學籍、勞動教養」，武漢大學的四十多名「極右分子」要被送往湖北省潛江縣周磯農場勞動教養，我就是其中的一名。那天我在武漢大學理完髮，理髮師非常同情我們，他沒有收我的錢，這雖然是個小小的舉動，但他這個人的情非常重，我一直對他銘記在心。我們是循著漢江乘小火輪去潛江縣的，我們被關在輪船底艙裡，那本是堆放貨物的地方，空氣齷齪，見不到陽光。昔年被人口販子運往美洲的黑奴就是被關在這種底艙裡的。第二天我們上岸後，步行了數十里被帶到了周磯農場三中隊。這裡「收容」的多是貪污、盜竊、流氓、地痞或其他有政治問題、經濟問題、歷史問題或作風問題而法外施恩、免予判刑的。我們這些從武漢大學發配來的極右派，被分插到周磯農場各個分隊、班組裡，我們與他們同吃、同住、同勞動，過上了與貪污、盜竊、流氓、地痞、叛徒、特務分子「三同」的生活。那天下田的勞教隊員尚未收工，我們便在隊部門前的場地上坐等著。大約過了一個多小時，勞教人員亂嘈嘈地收工回來了，其中一個青年勞教人員看到我們這些坐待分配的新夥伴之後，用意深刻地高聲唱道：

「朋友來了，噢噢有好酒，

若是那豺狼來了，

迎接牠的有嘔獵槍！」

這高吭的歌聲，使我暫時平靜的腦海驟然波浪翻騰。是呀，我是朋友呢還是豺狼呢？我將被誰視為朋友、被誰視為豺狼？最使我不解的是，為什麼不把我們安排在「革命群眾」的汪洋大海裡接受言傳身教，卻把我們丟進這種熔爐中進行冶煉？

在周磯農場我一待就是五年。這五年間，我恰巧趕上了「饑餓的年代」，繁重的體力勞動一般是每天十幾個小時，有時連戰通宵，再加上食不果腹，我哪還有心思省思己過？我愛人由於堅持不與我離婚，毅然丟棄了自己小學教師的工作，她偷偷地帶著我母親和幼子跑到周磯農場甘當「勞教家屬」。從此，我們相依為命，共渡艱難歲月。我們有兩個男孩就是在周磯農場出生的，這是兩個帶有「原罪」的「勞教子女」。

一九六二年，我攜家眷被遣返回故鄉河南省正陽縣農村。一九六三年卻又碰上旱災。母親、妻子和我三個人勞動一春一夏，只分配到六十三斤癟麥。這點原糧作為我們五口之家的口糧，要維持到秋糧收穫，大約有兩個多月。六十三斤癟麥何堪為五口之家兩個多月糊口活命？於是，我在一九六四年不得不舉家逃荒去了新疆。

當時對盲目流入新疆的人員稱為「盲流人員」。後來，政府覺得這個詞兒有些刺耳，又改稱「自流人員」。我根據自己的情況，賦予它一個自嘲性的含義「自我流放人員」。需加註明的是，這種「自我流放」，是在天不時、地不利、人不和的非常情況下不得已而採取的自我求生手段。

新疆一向被人們視為苦寒之地、落後之區，但對我來說，卻成了救命的天堂。我們一家在新疆米泉縣羊毛工村勞動生活了十八年。雖然我長期被打入「另冊」，但畢竟在這裡我們全家得以存活了下來。

一九六四年，我初到新疆米泉縣羊毛工村，和一位河南項城縣的單身老鄉同住。這位老鄉叫王相臣，貧農出身，心地善良，樂於助人；他小時候上過兩年小學，但幾十年與黃土地打交道。我去新疆時帶了一冊音樂史家楊蔭瀏先生翻譯的《宋．姜白石自度曲》簡譜本，無聊時，常拿來默唱。有時王相臣同我說話，我因沉浸在詞曲的優美境界之中，竟聽不到他說什麼。一次，他一把從我手中奪去了我的曲譜，說道：「都是些1、2、3、4……有啥好看的？」他不懂那是曲譜。我說：「是些1、2、3、4不假，可只有1、2、3、4、5、6、7、0八個數，8、9都沒有。」他好奇地檢視一番，果然不見8、9兩個阿拉伯數字。又只見減號（全音符和二分音符後面的時值標記，他以為是減法符號），忍不住譏諷道：「還說你是大學生哩，連8、9兩字還沒學到，加、減、乘、除也只學到減法，算什麼大學生？」面對這憨厚誠實、有據無理的譏嘲，我又能說些什麼呢？難道可用「對牛彈琴」之類的言詞還擊，去刻薄一個不曾學過簡譜的憨厚農民麼！

一九六五年六月二十六日後，因我粗通中醫及針灸，又稍知一點西醫及生理衛生知識，常為社員、幹部義務治病，得到社員和幹部的好評，大隊便讓我進醫療所當了赤腳醫生。從此，我以「摘帽右派」的身分躋入「白領」農民行列。後來公社完全小學開辦初中班，叫做「帶帽初中」，找不到語文教員，公社又把我調去當了在生產隊拿工分的民辦教師，當上了「帶帽初中的教員」。

二十多年來，我與「帽子」結下了不解之緣：一九五八年戴上右派帽子成了「戴帽右派」；一九六一年摘掉右派帽子，成了「摘帽右派」；如今又當上了「戴帽初中」的「戴帽教員」（實為戴了頂教員帽子的農民）。後來，一九七九年三月，我被錯劃的右派問題得到了改正，這樣我又成了「改正右派」；但改正結論中說我「在大鳴大放中仍有一定的錯誤」，還留有一條「錯誤」尾巴，人們戲稱為「帶尾巴的改正右派」；一九八二年，武漢大學統戰部對右派改正問題再次複查，通知我說：原改正結論中留有「仍有一定的錯誤」的尾巴已予勾銷。從此，我又成了「剁了尾巴的右派」。這頂「剁了尾巴的右派」的「帽子」勢將伴我餘年終生，所以說，我命中註定與「帽子」結下了不解之緣！

一九八二年，我應聘到了敦煌研究院文獻研究所工作，因為我對敦煌藝術情有獨鍾，所以到了這裡如魚得水，我由助研、副研、而正研；從一名研究人員而研究室副主任，而研究所副所長，而所長，並獲得國家社會科學突出貢獻專家稱號，享受政府特殊津貼。我是一個窮苦人家出身的年輕人，當時實心實意擁護共產黨，不過我有自己獨立的思想，這樣我就必然要落進「陽謀」的陷阱。今天看來，毛澤東不是有過，而是有大罪。檢點心事，細數落花，不禁想起那些不幸飲恨而終的難友，他們沒能活到冰化雪消的今天。「悵望千秋一灑淚，蕭條異代不同時」，怎不令人長懷隔世之悲呢?!

北大學生燕遯符的右派人生

2009年自左向右趙旭、燕遯符、傅繩武

我一九三八年二月二十日生於湖南郴州外婆家，祖籍湖北黃岡縣。我外婆全家七七事變後從南京撤出回了湖南老家，所以我小時生長在動亂年代。我外公李紹修祖上是鹽商，挺有錢的，曾搞過農民運動，他是湖南郴州坳上鄉農會主席，當時叫蘇維埃主席。後來挨戶團回來之後，他在本地待不住了，被我任北伐軍軍醫的二舅接到了武漢。我大舅、二舅都是湘雅醫學院畢業的。大舅與毛澤東關係密切，還在一個被窩睡過覺，大舅後來留學耶魯大學畢業，獲醫學博士。

我外公搞農民運動是真誠的，不能與毛澤東劃等號。一九四七年我見了外公。外公到了武漢後，當時的政府開始通緝我父親。我父親黃大明是董必武的學生，是最早的地下黨員，參加過漢陽暴動。我父親逃跑後，就把我母親抓了起來，但我外公卻很欣慰，因為他認為將自己的女兒嫁給了一個共產黨，他的選擇沒有錯。

1957年的燕遯符

我一九四三年在郴州上過小學一年級，一九四五年在湖南永興縣上過小學四年級，一九四六年又在郴州省立第三師範附屬小學上了兩年高小，一九四八年高小畢業。接著到了郴州十力實驗中學學習，一九五〇年到湖南南嶽衡山南嶽岳雲中學上了初中。一九五一年我考入湖南省立第一中學高六四班，後改為長沙市第一中學高九班。轉過年是一九五二年，省一中建校四十週年，舉辦了一個校史展覽。在這個展覽會上，我發現一本書，封面上用規規矩矩的毛筆字寫著：「毛澤東贈」。那時候已經在大力神化毛澤東，到處造勢。一中在小吳門外，旁邊就是清水塘，毛澤東和楊開慧在那裡住過，長沙市政府把它整修得跟聖地一樣。那本書在展廳裡受到的卻不是這般待遇，它沒有被當作聖物供奉起來，而是和一大堆其他校友的贈書一起碼放在展廳角落一個又大又深的方竹簍裡，是我翻來翻去才把它翻出來的。當時我只知道毛是第一師範的畢業生，怎麼會給一中贈書呢？就去問旁邊的老師。老師說，也可以說毛是校友，他在一中上過學，可是只對文史有興趣，別的課根本就不去聽，所以半年之後就被開除了，這之後他才去了第一師範。一九一二年是民國元年，湖南在貢院舊址創建省立第一中學。第一屆招生考試只考了作文，試題是《民國成立百廢待興教育與實業何者為重要策》，毛澤東以第一名成績被錄取。

一九五四年，我高中畢業後考入了北京大學物理系。我的第一志願是南京大學天文系，南京大學因那年不在中南招生，老師沒有告訴我，我是被第二志願錄取的。

一九五七年五月底我寫了篇未署名大字報《怎麼辦——對這次運動及其前途的看法》，點評北大五一九運動。這之前已經有不少同學著文指出，如果把整風局限在「除三害」的範圍之內，一點用處也沒有，一定要消除產生「三害」的根源，健全民主法制……。這些看法我完全贊同，可覺得只說到這一層還缺點兒什麼，沒有點出現實的中國政局中妨礙民主的核心人物或特色景觀。此外，許多人過於興高采烈，似乎完全相信了「言者無罪」的承諾，準備去迎接中國的文藝復興時代……，對此，我不敢苟同。於是，心裡抓撓，手上癢癢，忍不住就寫了這篇短文。我沒有署名，因我在中學、大學都是落後分子，社交方面很差，怕拋頭露面。寫這篇文章時很自信，但發言就很害怕。我在文後落款：暫不署名，若認為此文有必要裝入檔案袋，請出佈告，本人立即公佈學號姓名。我著重談到四層意思：一、「人民自己是自己的主人，自己是自己的救星，請自命人民恩人者徹底換一個腦袋，來一番徹底的思想改造」。推行民主的關鍵在於專制政體核心人物必須脫胎換骨、洗心革面。二、只有少數大學生「深深地感受到不自由的莫大痛苦」，因而「自下而上」的爭民主行動不可能成功。三、短期前途預測「領導者不夠英明怎麼辦呢」？五一九「火光可能會暗下去」。四、長期前途預測，堅信「矛盾存在著，終有一日會成熟爆發」，期盼「全國人民都覺醒過來，火將更猛烈地燃起，燒遍全中國」。

此文被《民主接力棒》和《廣場》收印，散發到校內、校外和全國各地。

果不其然，整風很快就變成了反右。《廣場》和《民主接力棒》都被《人民日報》點名，定性為「反動」。鳴放時期特別張揚，特別出風頭的某人先被抓出來，打成右派，此人恰巧是替我去貼大字報的人，她把我告發了。媽媽託親戚寫信找時任校黨委書記江隆基說情，可是我決不往那條藤上爬；小班反右領導小組的人也曾想方設法給我留路，先是找我核實，給一個抵賴的機會，可我決不抵賴；班上開批判會的時候，希望我哭，我倒真想哭，可參加會的還有不少別班的積極分子和哲學系的「衛道士」，我決不哭給他們看；又說我那文章其實空空洞洞，不算什麼大事，可陸平為首的北大反右領導班子哪裡肯手下留情……。於是這「右派」我是當定了。

話說到這裡，似乎我是個神經病，專門自己找吃苦，找倒楣。其實完全不是如此，我的每一個選擇，都是為了避害趨利。

我心裡有個結。早在我七、八歲的時候，就聽人們議論毛澤東的《沁園春——雪》，有人說詩言志，毛想當皇帝，有人說詩無定解，不足為憑。一九四九年家鄉湖南郴州「解放」之後，看到「毛主席萬歲！」的標語口號，心裡特彆扭。毛果然是要當皇帝！此前國統區的人以為共產黨真像它自己宣傳的那樣，反對專制獨裁，主張民主、自由、平等，我與很多人一樣，都盼著國民黨趕快垮台。可從一九三八年出生到一九四九年的十一年裡，我一直生活在國統區，並沒有喊過任何人「萬歲」呀，這是皇帝的專用稱呼，辛亥革命就已經推翻了帝制。盼了半天，反而把自己盼成了子民。從此之後，我心裡就沒有舒展過。中學、大學，都有政治課，都有沒完沒了的各種會，讓人爭著去「求進步」，去入團、入黨，一個個都喪失了真性情，成了些軀殼、木偶……。我直覺感到，這一切都源自毛當了「萬歲」爺。我怕開會，怕上政治課，又不得不去。坐在那裡，渾身難受。那時候半大不大，心智還沒有完全成熟，自控力不強，闖了許多禍，遭白眼、冷落、嫌棄，差點兒被扣學生手冊，差點兒考不上大學……。有誰知道，在學校裡強制洗腦，讓小小年紀的學生就成了多年的老「落後分子」，有多麼壓抑，多麼孤獨，多麼淒涼無助。所以，我不是當了右派才倒了霉，才難受得不行，早就倒楣了，早就難受死了。

一九五七年毛澤東發動共產黨整風，讓手下人「除三害」，卻沒有一絲一毫說到他自己該如何重新做人，依舊是一副救星、聖人和皇帝架勢。我也就一如既往地沒興趣，不信任。隨後，由之引發的北大「五一九」民主運動卻讓我眼前一亮。有人寫詩，鼓吹扔掉假面具、揮灑真性情；有人提出具體訴求：言論自由，政治課選修，改留學生內定為公開、平等的競爭……。我看到了光明，感到了溫暖。原來，自己並不孤獨。許多同學和我一樣壓抑，一樣渴望舒展；不少人還作過深入思考，說得出系統的道理，我自然和他們站在一起。寫那文章卻沒有署名，決不是出於猶豫，只是因為青澀，自知笨嘴拙舌，發怵拋頭露面。我不抵賴，不用媽媽說人情，就是不要委曲自己。自己委曲自己，誣衊自己，作踐自己，心裡更苦，害處更大。

同班同學敖瑞伯一九五八年三月與我受同類處分去同一工廠「保留學籍、勞動察看」，他「夾著尾巴」，努力「改造」，早早地摘了帽子，結果是更加苦不堪言。摘了帽子也不讓回校讀書，這方面北大做得特別惡毒，我們物理系五四級一共打了六十個右派，轟出去的可能不下一半，只有兩人回了學校，那可是拿靈魂去和魔鬼做了交易的，敖瑞伯不會坑別人，委曲了自己也沒有用，白白地給自己添了噁心。一次在食堂碰到我，偷偷地對我說：「還不如跟你似的頑固不化呢。」後來他幾次自殺，幾次被人救起，最後還是自殺成功。這是一個實例，開弓沒有回頭箭，每個人都必須義無反顧地去追隨自己的心。否則，更是死路一條。

就是那些躲過了反右，又留校了的人，就平安無事嗎？文革期間要把清華和北大的一些教師下放到江西鯉魚洲去，據說當時江西革委會向遲群反映，那是血吸蟲病重災區，當地居民都已遷走，不能在那裡建幹校；遲群不予理睬，硬把教師們轟到那裡去；江西革委會只好通知南昌、九江各地醫院做好準備，安排兩、三個月之後大批接收病人。恢復高考之後，我見到過一位在清華任教的高中同學，挺著個大肚子，那就是血吸蟲病，她說，上課有困難，老要上廁所，不容易堅持五十分鐘講課；還說死一個人別的病人就每人得到十幾塊錢補助。當右派受罪算是自找，這些人謹慎小心，生怕冒犯當權，為什麼也落得這麼慘呢？

工人、農民情況又如何呢？我被打成右派分子後，按二類處理，保留學籍，勞動察看。我是一九五八年三月八日和北平市所有二類處分的右派分子一樣，離開學校，被分配到北平市機織印染廠的，此廠後改為北平市光華染織廠。到了工廠，才知道受害的決不僅僅是知識界。我去的是一個紡織廠，許多工人來自農村，她們有一怕，就是怕「下放回農村」。那工人就真是「領導階級」，是「國家的主人，企業的主人」嗎？根本不是。開始的時候，勞動的艱苦讓我感到震撼，工人看起來都比她們的實際年齡老得多。車間又濕又熱，機器的轟鳴聲震耳欲聾，空氣中彌漫著帶染料和漿料氣味的棉花毛兒，待一會兒就腦袋發脹，擋車工卻要一刻不停地繞機器飛跑，下班到更衣室就累得倒在那裡像一攤泥。上夜班的時候就更難受。我明白了「一絲一縷，應念物力維艱」。人總要穿衣，幹活兒雖然很累，我從心裡認為不可以抱怨，別人能幹的，我也應該能幹。隨著對工廠的進一步瞭解，我心裡卻有了許多的不平，為擋車工姐妹不平。不是所有的人都一樣累，不同工種有很大區別。有背景的人自然就被分到輕鬆的地方去，有被稱為「雞賊」的人通過各種交易或「假積極」也能爬到佔便宜的崗位。可我到了工廠之後，我堅信我沒有錯，但此時的毛澤東權傾天下那麼厲害，我想這一輩子我是再沒有出頭之日了！

但我在文革時卻看到了希望，因一九五七年開門整風時學生站在平民立場上與權貴進行抗爭，而文革時工廠裡的工人和北大五一七的學生一樣，借別人的口號反對毛澤東的特權階層。

我在反右運動時沒有受多少罪，工廠裡來後也沒有對我多麼凶，但文革時我是戴帽右派，工人造反派掌權，雞賊們又凶得不得了。坐飛機，剔陰陽頭，別人掛的是鐵皮牌子，可我的脖子上套得是鑄鐵牌，用鐵絲掛在我的脖子上。當時我覺得毛澤東利令智昏，揭自己的老底，讓老百姓知道了很多高層內幕。

那個時候還是有很多工人比較正直，他們對我說，你要想開些，老日（就是太陽）不會總在一個地方待著。老百姓的話多麼樸實，多麼有哲理，工人們還在政治上保護我，讓我在最困難的時候心中得到了很大的安慰。

一九七三年年初，保衛科、人事科要給我摘帽子。他們說，你的思想老是改造不好，說明我們的工作沒有做好，根據你的表現，我們決定給你摘掉右派分子的帽子。至於你為什麼戴了帽子，你就去找北大。這樣我的生活費就從十五元變成了三十二元，等到一年以後我的工資又變成了四十八點五元，可我還是一直在車間幹三班倒的工作，整整幹了二十二個年頭。

我在工廠除了挨批挨鬥之外，其他方面與工人沒有兩樣，我與工人一樣的苦。我每天與工人在一起，我最有資格發言，毛澤東搞得是假社會主義，真奴隸主義。現在我也知道我父親有什麼不對了，但我父親是一字一句看了《資本論》才參加了共產黨的。

毛澤東所謂的計劃經濟，一個組織分配就是套在勞動者脖子上的枷鎖。沒有真正的按勞分配，哪裡有什麼社會主義？

我一九七九年被改正後，我找了國務院環境保護辦公室，可是紡織局此時不放我，我就到了北京市棉印公司職工大學，後改為北京市紡織局職工大學任物理教師。這是校長林強在北京市光華染織廠要的我。

我當了二十多年紡織工人，突然轉入大學成了大學教師，角色的轉變逼使我從中學物理開始復習。我非常感謝我的同事，那些老師們真好，這是我一生最為懷念的一段時光。人說同行是冤家，可我們這些同行是朋友是兄弟姐妹。我一九八九年得了病，更年期綜合症，幾次病危，一九九一年做了婦科大手術，內退，一九九三年正式退休。

我一九九五年正式向北大提出，要求對我二十二年所受迫害進行賠償的。二〇〇七年反右運動五十週年，我和鐵流他們又集體維權。

附：燕遯符丈夫戴銘辛的右派人生

我一九三六年生於南京，祖籍杭州。我生下來中國正在抗日戰爭，南京淪陷後我隨母親去了上海。父親因在南京市政府搞會計工作，就去了重慶。上海有我的親戚，我到上海後就在上海延平路小學學習，這是英租界工部局辦的一所小學。四年級以後我就轉入了上海中振小學，這是中國銀行子弟小學，因我的祖父是中國銀行的。小學畢業後我考入了上海省悟中學，這是一個比較進步的私立中學。一九五一年我考入滬西中學學習，這個中學原先叫伯特利中學，是一個教會學校。我是一九五四年考入北京工業學院的，現在叫北京理工大學。我原先的志願是要學橋樑隧道的，後來種種原因就到了北京工業學院。

一九五七年夏天，本來暑期要到工廠實習的，但延期考試停課搞起了反右派運動。我那時是個白專學生，每次學習、發言我都是打瞌睡。

我說，共產黨搞開門整風讓人家提意見，現在又要發動群眾整人家，這是不可以的、也是不對的。我那時沒有貼大字報，也沒有發言，就因為這句話我就成了極右分子。一九五八年三月八日宣佈我保留學籍、勞動察看，是屬於學生右派處理的第二類。

我們的院長叫魏思文，曾當過川東行署主任，坐過監獄，打過游擊。反右運動開始時，我們學院劃了七十多個右派，上面批評院長右傾，且他是小地主出身，被捕過，於是開會回來就補課，這樣就在我們學院教師學生中共劃了四百多個右派分子。

我們學校是搞國防工業的，雷達、火藥、火炮、雷管、坦克、光學儀器等常規武器的性能及使用都在我們學校學習。當時的說法是我們學校不能留一個右派，留一個右派就留了一個定時炸彈。文革時，兩派都對我們院長魏思文進行批鬥，在他家牆壁裡發現了兩把手槍，五發子彈。他說不清楚，對不上號就打，將他活活打死了。實際上他住的那個房子以前住的是個逃跑了的國民黨軍官，這也算是個報應吧。

一九五八年分配我到了北京機織印染廠，這樣我與愛人燕遜符相識、相愛，由於我們都是學生右派，共同的遭遇將我們結合到了一起。那時這個廠上交北京市紡織局的利潤占到了六分之一。當時北平紡織局的書記是胡耀邦的夫人李昭，局長是宋丁。我在北京機織印染廠一直待到了一九八四年，後調到了紡織工業部。

我們一九六二年有了個女孩，一九六三年又有了男孩，他們一出生就和他們爸爸媽媽的右派掛上了鉤，成了賤民，在他們幼小的心靈裡刻下了深深的血印，而後升學、入團、招工、參軍受到了很大影響。

我是不寫檢查、不認錯的，林彪摔死後一九七三年初我被摘了右派帽子，成了摘帽右派。我愛人燕遜符跟著機器轉比較辛苦，我是修機器的，相對比較舒服，但在政治上按階級敵人對待，精神上整日裡受煎熬、迫害，壓力是非常大的。

一九六六年八月十八日，廠裡將地富反壞右統統掛了牌子在籃球場上罰跪示眾，不讓我們與別人說話。還在我的工作服後面縫了「死不回頭的極右分子戴銘辛」，燕遜符的工作服後面縫了「頑固不化的極右分子燕遜符」。有次英國人來後讓我陪著調試機器，造反派就將我的後面縫的牌子扯了下來。

一九七九年給我改正了右派問題，我也由工人轉成了幹部，當了工程師、車間主任，後又調到了紡織工業部，一直幹到了一九九六年退休。說起來從一九八四年起，這段時間我的心情比較舒暢。主要是把我沒有劃為另類，也沒有表現出對我的不信任。二〇〇七年我們給胡錦濤寫信要求給右派平反、賠償，我是六十一個簽名裡最後一個。

教育學專家胡德海和西北師範學院的反右運動

胡德海，西北師範大學教授，博士生導師。當代著名教育理論家、教育學家、哲學家。

胡德海

我是浙江金華人，一九二七年九月二十九日生，一九五三年以全班第一名的成績畢業於北京師範大學教育系。我自幼在家鄉上小學、中學，一九四九年一月畢業於浙江省立金華中學。畢業後在浙江一中教英語。我是一九四九年九月考入北京師範大學教育系就讀的，由於自己出生在地主家庭，上大學期間思想壓力大，只是埋頭學習，大學畢業後將我發配到了西北師範學院（現西北師範大學），而且在我的檔案裡裝進了曾參加過反動組織的材料。

西北師範學院解放以後共產黨領導的力量不是很強，走了很多人，人們把責任歸到了主管教學的院長李化方的頭上。徐勁任正院長後，李化方任副院長。這時才加強了共產黨的領導。

現在來看，共產黨執政後一九五三年以前比較好，一九五四年以後越來越左，運動也越來越多。尤其肅反運動後，人們乾脆互相不來往了，主要是學了史達林的專制，什麼民主，什麼自由，一切都沒有了，完全學的是史達林的那一套。一九五七年鳴放時年紀大些的老師基本上是守口如瓶。我到了西北師範學院，雖然是助教，但始終在各個方面不被信任，連參加個工會組織都長期批不下來。於是我給當時任全國總工會的書記劉子久和全國總工會主席的吳玉章寫了信，說了我的想法。劉子久和吳玉章很快給我來了回信，學院也很快吸收我為工會會員。但一九五五年的肅反運動裡，將我關押了四天，讓我坦白參加過反動組織沒有，我說，三青團、國民黨我什麼組織也沒有參加過。於是，經過調查瞭解到我沒有任何問題。當時，李坤是西北師範學院肅反運動辦公室主任。

西北師院自一九五七年五月份開始「整風」、「鳴放」以來，一個時期，群眾普遍表現得比較沉悶，沒有什麼鳴放的氣氛出現。校黨委曾於五月十一日和六月一日先後兩次向廣大師生員工作動員，號召大家向黨委提意見，幫助共產黨整風，在經過多次動員及組織各種鳴放活動的基礎上，從六月四日起，校園裡出現了大字報，群眾性的鳴放才開始進入高潮。由於毛澤東在五月十五日就已寫了給黨內高級幹部看的文章《事情正在起變化》，告訴他們要「硬著頭皮聽」，作好反右派的思想準備。顯然，校黨委這先後兩次對群眾所作的動員工作，其性質、用意都是截然不同的。六月一日的這次動員報告對群眾來說就只具赤裸裸的誘惑、欺騙的性質和作用了。然而，真誠而善良的廣大師生哪裡會想到號召他們給黨提意見的人正在急促地等待著他們上鉤呢？他們絕對不會想到，世界上竟會有如此卑劣的政治行徑出現在自己的面前。人生最大的悲哀莫過於命運其實早已決定，但生命仍在作無謂的努力。於是，許多人為了響應號召，就真的鳴起來了，放起來了。群眾貼出了許多大字報，而且數量越來越多，人們的熱情越來越高，花樣也在不斷翻新，走在校園裡，人們會很明顯感到一種時代氣息撲面而來，大有校園風貌煥然一新的感覺。大字報琳琅滿目，爭奇鬥豔，五花八門，豐富多彩，不論其形式和內容都很令人矚目，從教學區的東頭到西頭學生住宿所在的生活區，到處都貼有大字報，邊走邊看，你都不能不為大學生們已經呈現出來的風發的意氣、盎然的生機和蓬勃的精神活力而驚奇、讚歎不已。他們思想活躍，眼光敏銳，敢想敢說也敢於行動，什麼文學的、藝術的、政論的形式都用上了，而其內容除了一些不平之鳴之外，似乎主要在訴說精神壓抑的苦痛和對民主、人性尊嚴、權利和自由的追求。但是這些生動活潑，別開生面的大字報，隨著學校「反右」運動的開展，忽然又在一夜之間不見了、消失了。校園內代之出現的是另具面孔的「反右」大字報，在一個時間內這種大字報也貼滿了校園內一切可供張貼的牆面。這種有組織有計劃製作出來的大字報，整齊劃一，式樣相仿，我有時走出室外，也常在這些大字報前駐足觀看，並從中獲得了不少有關訊息，如××系的××人，也被揪出來了，他們主要說了些什麼，做過些什麼等等。曾任西北師院辦公室主任，後又擔任了教務處副教務長的王軍被劃為右派，我就是從這些大字報中得知的。王軍的歷史和其經歷我不清楚，但在人們的眼裡，也是一個老幹部、老黨員、老革命了。但這類消息和這類事情在當時的師院人眼裡，都已經視若平常，不以為意，已經沒有多少吸引力了。放眼北京、全國各地的情況，當部長的、當省長的、當書記的、當主任的，不是也都被打成右派分子了？就以高校和學術界來講，不是也有許多名教授、名作家、名學者都被打成右派了嗎？這時，我一想到「反右」二字，我就仿佛看到了一個鬥紅了眼的武夫仍在操刀不止的場景。於是，在我的頭腦裡很自然地然而又不自覺地冒出了這樣一個問題：如果魯迅活到今天，會不會被打成右派？我給自己的回答是肯定的，而且一定會。在運動中，因為讀到了吳晗批判「右派」的文章，討伐「右派」的發言，看到了吳晗種種積極的表現，內心對他真是反感極了，對作為一個大學教授和學者的吳晗表現得如此盲目無知，如此失去良知，如此為虎作倀感到由衷的失望與悲哀，想到中國知識分子在二十世紀下半葉當今的表現實在太不光彩，他們性格上的缺陷實在太多。

西北師院到了「反右」後期，校園內的大字報又忽然多了起來，這些大字報大都在整個牆面上以專欄的方式集中揭露「×××右派分子的右派罪行」，似有對其罪行作總體的表露和綜合總結之意。教育系就出過王明昭、南國農和我的專欄大字報，一個整欄，整整一個牆面，大概總要貼五、六十或七、八十張大字報，七、八個、十來個人一寫就是一整天，白天黑夜都幹，寫好後還要找漿糊借梯子成捆成捆地抱到現場去，又要一張一張地貼上去，真是辛苦得很。有一次，我看到離我家不遠的一個牆面前七、八個人正在設計牆面格式，著手搞我的專欄，我一看畫有我的畫像，也就心中有數地走開了。不料，一個叫張桂箴的教師見我走了反倒叫了我一聲，與我打招呼，她說，你自己也可以看看嘛。我說我會來看的，並說真是難為你們了，你們太辛苦了，不過，你們都是「楊白勞」。「楊白勞」，我表達的是白白勞動的意思，這些統統不會算數的，時間、歷史不會來肯定你們今天的這份辛勞。

我被劃為「右派」，認為主要攻擊了西北師院的肅反運動，詆毀了無產階級專政，而其嚴重的「罪行」，並不止在教研組會上的發言，而是主要在《李坤問題座談會》上的一次發言。

李坤原是一名部隊幹部，後轉業來西北師院，先後任辦公室主任和總務長。一九五五年的「反胡風」和「肅反」運動中他常代表學校向全院師生員工作報告，一貫以學校領導自居，具體指揮運動，到處插手，支配他人，此人作風粗暴，態度傲慢，一貫盛氣凌人，出口傷人，在運動中，借助這股左風，表現得最為突出，不少「重點分子」都挨過他的罵，受過他的訓斥和凌辱，許多人對他十分反感，對他普遍抱有怨恨情緒。現在共產黨要整風了，號召群眾幫助共產黨克服三個壞主義了，因此，不少人想到李坤，想到了雖已調離師院已到西北獸醫學院去工作的李坤其人其事，想給李坤昔日在西北師院的所作所為提些意見，以幫助李坤同志進步。為此，不少人就提議建議學校領導能召開一次「李坤問題座談會」。這項建議，經向學校領導正式書面提出並獲同意後，又寫成大字報貼了出去，很快在大字報上簽下自己的名字，表示支持者十分踴躍，估計參加者當會更多，因此，學校領導決定，此會在禮堂舉行，結果，僅有八百個座位的禮堂不僅一時座無虛席，而且連走道上也擠滿了人，估計到會者總有一千多師生。由於在這個會上發言者好幾位是肅反中被肅的教職員，他們聲淚俱下的發言，有根有據的訴說，一時使與會者大受感動，普遍感到憤慨，整個會場氣氛顯得相當激動、緊張，以致後來被認為是一些肅反重點分子有計劃有目的的一次控訴肅反運動，

改造中的胡德海

對肅反運動實行反攻倒算的右派向黨進攻的黑會。主要建議者之一的王明昭被認為是這次陰謀黑會的主使者、組織者。在會上發過言的人也無一例外地被打成右派，所謂「王明昭反黨集團」這個稱謂於是也就被推定而出現了。《李坤問題座談會》召開的時間是一九五七年的六月六日下午，地點是在當時西北師範學院的禮堂。以後每年的這一天，我都會很自然地想起這回事和這一幕。

我在這次會上也是發了言的，大概講了一共不到五分鐘，我說的意思是這樣幾點：一、李坤在西北師院的所作所為，大家都很清楚，讓這樣一個人來具體領導西北師院的肅反運動，西北師院的肅反會搞得多麼恐怖，後果多麼嚴重可想而知，今天我們在這裡開會批評李坤的惡劣作風，實際上也就在對師院五人小組的工作提出嚴肅批評，乃至否定。二、肅反中，把所謂「重點分子」關起來，使他們失去人身自由，這是對憲法的公然違反，對人的極度蔑視和對人權的粗暴踐踏，我對此在這裡提出抗議。我說李坤是個中層幹部，為什麼要開他的座談會，因為他違反了憲法。當時，我的手裡就拿著一本憲法。我說，我在學校裡是全班第一名，運動來卻懷疑我是反革命，說明你們講民主、爭自由全是假的。

有了這樣一番激烈的發言，我的右派帽子也就被戴定的了，並加了些諸如猖狂至極，惡毒至極之類的形容詞，非要鬥倒鬥臭不可。但那是後話，也是下一步的經歷和事情。學生中要求民主的呼聲比教師強烈，認為共產黨沒有兌現自己原來要民主自由的諾言，現在沒有民主自由，人們的心情越來越不舒暢。當時有個「李太黑」的大字報，認為天下太黑了，寫這個大字報的學生和我一起被打成了右派分子。

這個會沒開多長時間反右運動就開始了，我被定為右派分子。當時學院的黨委書記是陳光（三十多歲），院長是徐勁（老幹部）。我們西北師範學院教育系劃為右派分子的有學院副教務長教授李秉德、講師景時春屬第五類右派分子；學院總務長教授王明昭、教授南國農和我屬第三類右派分子；教授章仲子屬第一類右派分子；副教授蕭樹滋屬第二類右派；講師趙鳴九屬第六類右派；我們教育系一共被打了八個右派分子。當時，第一類，右派處理最重，開除公職，勞改或勞動教養；例如，章仲子送到了夾邊溝勞動教養，死在了那裡，實際上教育專家章仲子沒有說一句話。第二類，不開除公職，勞動教養；第三類，降職降薪，職稱降低，我的工資由九十二元降為五十四元零八分，這是剛分來試用期大學生的工資。第四類，降職降薪處分，職稱不變；例如，鄭文是西北師範學院副教授，他就是第四類，副教授不變，但工資由一百六十多元降為一百二十多元。第五類，行政職務撤銷，職稱不變，工資降一點；李秉德就是撤銷了學院副教務長，教授保持，工資由二百三十七元降為二百零八元。第六類，基本不處分，工資不降，戴右派分子帽子；趙鳴九沒有任何右派言論，只是和系支部書記有點矛盾。

西北師範學院，校名曾改過多次，後來就改稱為今日的西北師範大學。學校曾於一九八九年和二〇〇二年先後出版過兩本校史。一九八九年的一本叫《西北師範大學校史》，二〇〇二年的一本叫《西北師大校史》，在這兩本校史中，一九五七年反右和劃了多少右派的情況都有所反映，但關於劃了多少右派的人數的問題，則此二書所記載的並不完全一致，在前本校史的第一三三頁中是這樣說的：「全部平反了一九五七年反右鬥爭中錯劃的四百一十三個右派和二百三十四個中右（包括「十二名黨內叛徒」案）。」在後一本校史的第一〇二至一〇三頁有如下一些有關文字：「一九五八年學校共有三百九十二人被錯劃為『右派分子』，其中教師四十四人，職工十七人，學生三百三十一人。有不少是有真才實學的教授、學者和領導幹部，如李化方、趙蔭棠、徐褐夫、席尚謙、李秉德、王明昭、南國農、胡德海、尤炳圻、趙鳴九、鄭文等。他們由此不能在教學科研崗位上發揮應有的作用對學校教學、科研和管理工作的發展都造成了較大的損失；對被錯劃為『右派分子』的師生本人及其家人都帶來不幸的後果。」

西北師院一九五七年被劃為「右派」的四十四名教師：

中文系：徐褐夫、趙蔭棠、尤炳圻、鄭文、張文熊、葉萌、馬志文、朱金慶、徐洪濟
歷史系：王俊傑、水天長、龔澤銑
地理系：劉鍾瑜、席尚謙、王作楫、李希平
數學系：王守義、袁永孝、張仲君、郭昱
物理系：李承堯、劉雅琴
化學系：鄒廷舉、欒樹森、楊茂春
生物系：王紹佐、康永祥
音樂系：張世林
美術系：王福曾、於然
政治系：李化方、李仰先、王烈駿、吳廷楨、趙吉惠、王有為、黃安瀾
教育系：李秉德、王明昭、南國農、蕭樹滋、章仲子、景時春、趙鳴九、胡德海

就在這個時候我的弟弟胡德南也被打成了右派分子。我的弟弟胡德南在甘南藏族自治州騎兵團當獸醫，一九五七年他路過蘭州時目睹了當時西北師範學院鳴放情況，回到部隊將看到的情景對

一起的戰友們談了。但主要原因是當時甘南平叛時，有些部隊幹部對藏民鎮壓太殘忍。他在鳴放會上說，有些軍隊幹部竟然將藏族孩子兩腿抓住撕裂成了兩半，是不是太過分了。於是，將其開除軍籍，打成右派分子送甘南夏河縣獸醫防治站勞動改造。我弟弟直到一九八〇年才被恢復軍籍，給以平反。部隊裡當時打了幾千個右派分子，最大的為解放軍總政治部主任文化部長陳沂。我被戴了右派帽子後，不許我再上講台，主要在辦公室打雜，每半個月進行一次思想彙報，一年給我一次總的鑑定。一年以後，一九五九年李秉德被摘了右派分子帽子。兩年後，景時春被摘了右派分子帽子。三年後，南國農被摘了右派分子帽子。

可是，我的右派帽子整整戴了八年，直到一九六四年春天才被摘帽。

摘了帽子後，我仍然在辦公室打雜。文化大革命時，我又被揪了出來，關押了八十多天。一九六九年將我下放到農村接受貧下中農的監督改造。一九七〇年我又到西北師範學院在甘肅省靖遠縣五七分校勞動改造。我和另外三個人養著一百多頭豬，我的右手中指就是被豬踩斷後長成這樣的。

一九七二年，學院派我到西北師範學院職工子弟中學教語文和英語課，一直到一九七七年。一九七八年將我調到外語系去教外語。一九八〇年，學院成立了教育研究所，從此我開始了本行工作。

現在我是正教授，為西北師範大學教育學原理博士生導師、中國教育學會教育學分會學術顧問、甘肅省第四屆中小學教材審查委員會副主任、甘肅省教育學會教育學研究會名譽理事長、西北師範大學學位委員會委員。

總之，毛澤東是一個大奸大惡之人，他不死，就沒有中國共產黨十一屆三中全會，沒有中國共產黨十一屆三中全會我們知識分子就不會安寧一天。你想想當代文學作家寫出了什麼作品，那些著名作家的優秀作品都是中華人民共和國成立前寫的，解放後基本沒有寫出好的作品。所以說，當代文學是一筐爛杏子。

記得當年我的孩子有病，那一個月我的工資被全部扣完了。在那個年月裡，對我和王明昭的鬥爭會最多。那時候批鬥我們的群眾說，你們右派就是我們的鐘，該敲時我們就要敲，你們隨時做好準備。西北師範學院在文革時自殺了幾十個人，原學院教務處的副處長、共產黨員王啟勳清理化糞池時，一頭插進糞池自殺了。有個化學系的教師在蘋果樹上吊死了，還是我們幾個牛鬼蛇神從樹上給放了下來的。記得我們把這個教師的屍體放下後，跟前學院的工人說：「死得好！他們過去拿那麼高的工資，比我們勞動人民拿得多多了。」

反右運功中劃我為右派分子時我就沒有簽過字，勞動改造時我也從來不到領導跟前進行彙報，所以，一九六四年才給我摘了右派帽子。

反右運動現在來看太卑鄙了！把知識分子和年輕人引誘說話然後無情打擊，這是非常殘酷的，任何一個國家對自己的子民都不會這麼幹的。一九四九年以後完全成了一個聲音，而在此之前，國民黨時期的報紙還可以看到罵國民黨的文章和消息，魯迅那些尖銳的文章都是在國民黨的報紙雜誌上發表的。回首往事我覺得專制制度對人的糟蹋是整體的，不是某一個人的問題。很多人挨了整不認真反思，這是知識分子的悲哀。現在來看，共產黨內部的人反倒能夠反思，而一些從美國回來或國民黨中的人，反而吃喝玩樂安於現狀。中國的政治從一九四九年開始走了很多彎路，甚至比袁世凱、慈禧還要落後。鄧小平雖然提出了改革開放，但專制思想意識與毛澤東一樣。我一直對毛澤東不仰視，也不低視，而是平視。

九死一生的王守夫

我一九三四年十月生於河南省淮陽縣安平區前王堂村一個窮苦農民家庭，十歲以前我的父母就病故了，由於家庭太貧寒我近兩歲的弟弟其後被送了人，所以我是無牽無掛孤身一人。

一九四七年七月，劉鄧大軍南下渡黃河到了大別山，河南淮陽縣暫時解放，家鄉成立了淮陽獨立團，後改編為中原軍區二分軍區三團，在黃河以南淮河以北打游擊。當時，我的家鄉是淮陽六區，也就是平安區。這年七月我在家鄉參加了劉鄧大軍的游擊隊淮陽獨立團（後改編為中原軍區二軍分區三團）。當過偵查員、司號員、通信員、警衛員等，在黃河以南淮河以北打游擊戰。參加過一九四八年解放開封、睢杞戰役。一九四八年三月在河南太康縣常樓寨戰役中，差點犧牲。我村張忠華就戰死在了常樓寨戰場，獻出了寶貴的生命。一九四八年十一月至一九四九年一月，還參加了淮海大戰，參加過大小戰役十幾次，都差點犧牲。

我是一九五〇年轉業到河南省鹿邑縣公安局工作的，在這裡我主要做管理勞改犯人及犯人的思想改造工作。一九五二年十二月至一九五七年六月我被重點培養送到河南省鄭州市河南省第一工農速成中學學習，這是中華人民共和國成立後共產黨培養自己知識分子、培養建設社會主義的骨幹人才、培養又紅又專無產階級可靠接班人的搖籃。一九五七年我在這所中學畢業後回到河南省鹿邑縣公安局辦公室工作，做幹事秘書工作。

我們那裡反右運動比較遲，一九五七年十月，河南省鹿邑縣集中了全縣中小學教師一千二百多人進行大鳴大放、開門整風，給黨提意見，幫助共產黨反對主觀主義、宗派主義和官僚主義，並一再強調「知無不言，言無不盡；言者無罪，聞者足戒」，由於我們家鄉消息閉塞，不知道全國引蛇出洞後早已發生了大規模的反右運動。於是，鳴放的結果使這一千二百多人的一多半被打成了右派分子，有些學校的教師百分之百被劃為右派。我記得那天宣佈右派分子的晚上，就有十幾個人投井、上吊自殺了。我當時對此情況非常震驚。我說：「哪裡會有這麼多的右派分子？如果有這麼多人反對共產黨，說明共產黨已經不得人心了。」

另外，當時公、檢、法領導組織學習了《八一》雜誌陳沂的一篇關於山東臨沂老解放區農民生活困苦、吃不飽、穿不暖的文章。陳沂當時是解放軍總政治部的文化部長。我看後很有同感，但我不知道這是毛澤東的「陽謀」和引蛇出洞，我說：「農民生活苦，農民有意見。」「工農業產品價格差距大，農產品價格太低。」當時在農村流傳兩首民謠「吃糁子，吃皮子，半夜三更拉犁子，拉犁子，沒有勁，社長抓住打一頓。」「社長見社長，票子嘩嘩響；會計見會計，你說去洗澡，我說去看戲；社員見社員，兩眼淚漣漣。」我認為這是農民的不滿情緒。我說了這些同情農民的話後，一九五八年元月也就被打成了極右分子，開除公職送黃泛區農場勞動教養。可是，我到了黃泛區農場，農場裡已經人滿為患，右派分子太多裝滿了，連牛圈裡都住滿了右派分子，農場不接受我。於是，我又被送到河南省太康縣戴火廟村監督勞動改造，即勞動教養改造。白天挖池塘、擔渦河淤泥，晚上還要對我進行批判鬥爭，說是對我進行「脫胎換骨」的改造。我想，這樣下去我遲早要被累死、整死、餓死，不如趁身體還沒有垮掉，早點逃命。

一九五八年七月，我從農村跑了出來，一夜瞎摸走到開封，坐上火車到了青海省西寧市。下了火車在火車站看到鐵道部工程六局在招工，我就在四〇四工區報名當了一名築路工人。在西寧市以

上大學時的王守夫

西德令哈市附近修隧道、建路基。一九五九年二三月份，我們單位遷到甘肅省隴西通安驛馬河鎮，在這裡我主要幹架橋梁、開挖隧道工作。這兩年當築路工人，雖然較苦較累，但頭上的「緊箍咒」右派帽子甩掉了，我的身心還是愉悅的。

一九五九年八月，我隱瞞了自己右派分子的身分，以工人和轉業軍人（有轉業證書）身分考入甘肅師範大學教育系學校教育專業。在這四年大學生活中，我是夾著尾巴學習，提心吊膽，生怕暴露自己真實的身分。一九六三年八月大學畢業時，由於我的檔案不健全，查出我是「潛逃右派分子」，勒令讓我寫檢查交代問題。我寫了檢查，又說我在檢查中繼續攻擊黨的政策，將我開除學籍，勞動教養。在當時的政治環境下，我有一百張嘴也沒有辦法說清我的冤情，也沒有辦法辯清別人對我的誣陷，感到生不如死。於是，我義無反顧去跳樓自殺，可是老天爺不收我，我沒有摔死，後來上吊又被救活了過來。

一九六三年秋，學校派人將我押送到甘肅省安西縣四工農場進行勞動教養改造。這個四工農場在一九五七年反右運動後，曾經餓死幾百名右派犯人。我在勞動工地上，看到大沙包上有十多具沒有風化的乾屍。看到這些冤魂觸景生情，讓人痛心不已。這裡農活非常繁重，農忙時一天十六七個小時的勞動，一年四季根本沒有休息日。

一九六五年十月，我又被轉送到了甘肅省建設兵團農建十一師一團（黃花農場）繼續監督勞動改造。先後到這裡來得還有蘭州大學的李耀文、卓肇龍等；蘭州鐵道學院的霍玉田、張家綬（女）等；甘肅農業大學的王生德等；甘肅師範大學的藺振華、高德林和我；大約有十多人。這些都是被定為「反動學生」或「右派」的罪名到這裡接受監督勞動改造的。同時到這裡的還有西安、青島、天津等省市的支邊青年和學生。到這裡來勞動，先是挖大渠、斗渠和毛渠。再就是春種秋收冬灌等農活。任務緊張的時候一天要幹十五六個小時，總之都是繁重的體力勞動。同時還要每月定期向學校寫思想改造情況彙報。我們這些人當時不僅要受革命群眾的監督，而且我們這些所謂的「反動學生」、「右派」也要互相監視，鼓勵揭發同類難友的言行。爭取有立功表現，爭取早日回學校分配工作。但我從來沒有做過這樣缺德壞良心的事，從不誣告檢舉揭發別人之事。所以改造了二十多年，也得不到有摘右派帽子的機會。

一九六九年十二月，由於中蘇關係緊張，要準備打仗。我這個階級敵人，被遣送回甘肅師範大學。學校人事處、保衛科把我安排到後勤處生產科監督勞動改造。主要的勞動是掏廁所、拉垃圾、冬天燒鍋爐。這一階段我吃的是學生定量，幹的是重體力活，餓得皮包骨頭，瘦得像個麻杆，體重只有八十斤左右，大風都能將身體颳倒。而且形勢一緊張我就會被拉出來批鬥，說我是大糞坑裡的石頭——又臭又硬。

一九七四年五月，又說我惡毒攻擊偉大旗手中央首長江青，於是我被打成現行反革命分子，被蘭州市公安局逮捕入獄，坐牢兩年半，後又被蘭州市中級法院判處死刑。正在上報審批之際，一九七六年十月六日，江青、張春橋、王洪文、姚文元「四人幫」被逮捕了，這樣我也就在一九七六年底被無罪釋放了。

一九七九年，西北師範學院落實中央關於右派改正的政策，認為我的右派分子是被錯劃了，直到一九八〇年才摘掉了我的右派分子帽子，予以改正。恢復了我的學籍，恢復了我的工齡，給予二百元的生活補助費，安排我到西北師範學院教育系辦公室當幹事。經過無數的坎坷磨難後我終於成了家，二十二年後我才真正擺脫了奴隸的命運。這以後我在西北師範學院附小當了三年副校長。一九八四年又回到西北師範學院教育系任辦公室主任，直到一九九二年按離休待遇處理，享受晚年的離休生活。

附：

趙老師，您好！

本來我不願再回憶建國後近三十年的悲慘歷史。因為那段不堪回首的往事，令人心酸，讓人恐怖，回想二十多年的右派生活遭遇我的渾身就會起雞皮疙瘩。那一次次對我精神的摧殘、人格的侮辱，多少年來在我夢中不斷浮現。我記得在大批判鬥爭中，我的雙手被兩個大漢從後面提起，迫使我躬下腰來，然後一個人又將我的頭髮揪起，他們給我坐「噴氣式飛機」。那時我每月只有二十九元生活費，吃飯都不夠，身上穿的就在別人扔掉的衣服裡撿來可以穿的湊合度日。那時我隨時被打罵，隨便被體罰，幹最苦、最累、最髒、最臭的重活，餓得皮包骨頭，過著生不如死的奴隸生活。我有幾次自殺都活了過來，因反革命罪判了死刑，也沒有被槍斃掉，我真是苦大命大活到了那不可一世的毛澤東死了的那一天。

我一九四七年參加革命後就進行打游擊戰，還參加了解放河南開封的睢杞戰役、淮海大戰，大小戰役十幾次，特別是河南太康縣的常摟寨戰役，差點犧牲，死神與我擦肩而過。本村的張忠華當時是淮陽縣平安區大隊長，就在常摟寨戰場獻出了寶貴的年輕生命。

解放後，黨和政府本想把我這個十二、三歲就參加革命的孤兒，培養成無產階級的接班人和紅色專家，但沒想到我卻成了毛澤東極左路線的犧牲品。

人的一生有幾個二十二年？可這噩夢般的二十二年毀掉了我的青春，當然也讓整個中國發生了史無前例的悲劇。我的經歷給您談了，今天二十世紀七、八十年代以後的年輕人可能根本不會相信，他們可能認為這是天方夜譚，可這確實是千真萬確的事實。

一九七八年十二月，中共十一屆三中全會結束了毛澤東的極左路線，從崩潰的邊緣挽救了中國、挽救了中國共產黨，把毛澤東的階級鬥爭要年年講、月月講、天天講的極左路線，修正到了以經濟建設為中心的正確路線上。三十年來實行的改革開放政策，讓中國發生了天翻地覆的變化，人民生活水平也有了極大地改善和提高。

但是，當權者對毛澤東的罪行卻諱莫如深，不叫公開揭露和批判；在很多方面仍然繼續推行毛的一套政策。所以，三十多年來，不敢搞政治體制改革，不敢推行民主和自由，主要是怕共產黨會失去既得的利益和政權。當然某些人也在各次黨代會上提到解放思想、實事求是、與時俱進，「實踐是檢驗真理的唯一標準」，但具體到毛澤東身上，就不適用了。其目的就是要曲解歷史，要讓中國的青年一代忘掉毛澤東的極左路線和黑暗年代。歷史是一面鏡子，忘記歷史的民族是可悲的民族，是沒有前途的民族。

我給你告訴自己的這段歷史，其目的就是希望中國不再重演毛澤東的封建法西斯奴隸主專政的黑暗年代！希望中國能夠真正走上民主、法制、和諧的社會，讓人權得到保障，人民安居樂業，國家繁榮富強。

王守夫
二〇〇八年十月七日

蘑菇灘農場走出的陳根良

陳根良
在1957年

我叫陳根良，男，浙江省臨安市於潛鎮人，一九三一年元月出生在浙江省臨安市於潛鎮。出生後還未滿月因家境貧困（兄弟姐妹共九人，陳根良排行第七），我的生父母就將我送給他人去撫養。我的養父叫陳尚忠，江西省萬年縣人，是以手工業竹篾工為生，他十五歲從師學手藝，十八歲出師後一個人來到臨安於潛創業。養父剛開始時給別人打短工，後來手頭有了積蓄便自己開店經營小商小販出售一些自己編製的農田竹器，經過幾十年的拼搏，勤儉節約的勞動，先後建造了兩間樓屋，又添置了兩畝四分水田。我養父家，除我的養父養母外還有一個姐姐，加上我一共有四口人。

土改時，當地政府將我養父一家劃為地主，其理由是我們家的土地是租給別人耕作的，屬剝削階級。將養父家兩畝四分水田沒收後，又分給我們家兩畝一分田。當時我姐姐已於一九四二年出嫁了，土改實際只將我們家每人改了一分田，我們是人均一分田的地主。

我是一九四七年十月在當地讀簡易師範的，未畢業我就去姐夫的部隊當了兵。因為我姐夫是國民黨交警十二總隊少將總隊長，剛去時我當上了上士文書，當時部隊駐紮在河北秦皇島山海關一帶。一九四九年三月我又隨姐夫去四川重慶招兵成立了交警第十總隊，我被任命為少尉譯電員。一九四九年十二月二十六日，我們部隊在四川什邡起義，起義後解放軍的軍事代表讓我整訓學習。

學習了四、五個月，一九五〇年四月，我們部隊奉中央軍委命令調華東地區參加整編，我因體質差，按老弱病殘復員回原籍臨安。一九五〇年五月我回到了老家於潛。

一九五一年初經當地農會批准，讓我去於潛中學讀書學習。讀到第三學期，即一九五二年十月，當時的學校主委程冰清多次派生活指導老師衛和祥找我談話，問我有沒有拿過粉筆在校門外的圍牆上寫過反動標語。我說我絕對沒有做過這種事情，並再三向他申明，國民黨八百萬部隊都被解放軍打垮了，我還會去做這種傻事嗎？可他始終不相信。記得有一天是星期六的下午，他又將我叫去談話，問我坦白不坦白？如果再不坦白，學校領導要對我採取措施了，並說這是給我的最後期限，讓我考慮到下星期一。

當天下午我把衛和祥老師找我談話的內容告訴了我那個班一個女同學，她與我此時正在暗戀，並把我自己的決定告訴了她。我對她說，我準備馬上就離開此地遠奔他鄉，因為我確實沒有做過這種事情。她聽了後馬上表態說她要與我一起走，起初我表示反對不同意，另外我跟她說如果二人一同走，資金路費也成問題。但她還是不肯，堅決要與我共患難。在萬般無奈的情況下，我只好答應她與我一起私逃外奔。第二天早上星期天正好不上課，我們就雙雙外奔了。經過千辛萬苦，我們於春節前夕到達了蘭州。

一九五三年三月，我和愛人，也就是與我一起跑出來的那個同班同學先後考進了中央地質部甘肅省地礦局蘭州中心實驗室當練習生，同年九月轉正升為助理技術員。

一九五五年，反胡風運動和肅反運動一開始，我和愛人就主動找領導把我們從老家學校私奔來蘭州的事情進行了交代。經過將近一年的隔離審查，組織上把我們的情況全部調查清楚了。運動結束時，組織上給我的政治結論是「一般歷史問題，不受任何處分。」但是，大約過了半年時間領導上又把我的政治結論改為「歷史反革命，不受任何處分。」理由是不承認我是起義人員。到了一九五八年四月中旬，即在反右運動階段，又把我的政治結論改為「特務分子，開除公職，送蘑菇灘農場監督勞動改造。」一九五八年五月四日，我忍痛割愛被迫離別了我的妻子和兒女（當時妻子生小孩還未滿月），去了甘肅玉門市蘑菇灘農場。

蘑菇灘農場又叫疏勒河農場，是屬蘭州市的機關幹部農場，當時這裡有下放幹部大約五百至六百人。我們這些有各種問題的人約有一百二十人左右，多是蘭州市各個單位的機關幹部和職工，來後農場領導就將我們單獨編成一個中隊，稱為「立功贖罪隊」，也叫基建隊。這裡主要是兩種人，一種是歷史反革命，另一種是右派分子，另外還有極少數的壞分子。

全隊下轄十個班組，每個班組十一至十二人，每個班組有兩名女同胞，都設有勞動組長和學習組長。

我們剛開始住得是地窩子，窩棚裡有坑道，那就是人行道，晚上睡覺實際就睡在地面上，地面上有一張蘆席，下面填了一些幹的芨芨草。由於那裡的地下水位高，棚內相當潮濕，通風又差，這種地方睡久了很容易得各種風濕疾病。我們的吃糧劃分為三個等級，一級每人每月是三十六斤，二級是三十四斤，三級是三十二斤。我被評為三級，評一級的不多，大多數為二級。至於喝水那困難就更大了。蘑菇灘農場在祁連山腳下，每年從山上融化流下的雪水很多，主流是疏勒河，支流其中一條叫清水河，只有這清水河的水可供飲用。其他地方的水很多，可是含有很高的鹽鹼，人吃了會鬧肚子和致病。可是飲用的水流距我們駐地很遠，根本無法適量供應。我們每人每天早上出工前只分到一茶缸開水，約五百毫升。其他洗臉等用水一概沒有。由於我們在野外勞動，風沙大，氣候乾燥，每個人由於缺水，嘴唇被吹得上翹和開裂。

農場領導經常讓我們「立功贖罪隊」幹一些苦活、累活，晚上還經常派我們搞突擊，進行架橋、鋪路、揹運木料等等。最初我們的主要勞動是打土坯及搞基建，每人每天打土坯都有任務，如果完不成任務，晚上休工吃完飯後要自己找原因挨批評。我的任務是每天須完成大土坯一百二十塊，一個大土坯相當於兩個小土坯，因為我的體質差，基本上每天都完不成任務，所以我就經常要挨批評。

剛開始打土坯，我們大家都忽略了一件事情。由於每天打土坯的泥要提前一天用水拌和好，次日上工時再調和一下，就可以打土坯了。打土坯得用雙手，而和泥的水中含鹼量很高，我們幹了五至六天手上皮膚就開始蝕傷，兩隻手的手指各處多被鹼灼得裂開了口子出血，疼痛難忍。古語說，「十指連心」，我們又得不到保護和治療，後來就像農場醫務室要凡士林藥膏塗抹，可醫務室又沒有那麼多供我們使用，這樣我們只好咬著牙堅持挺著幹，幹了約三個多月，建造場部的土坯夠了，才將我們調到距場部約四至五里路的清水河分站去搞農業生產。

據說清水河分站以前曾有人在那裡開過荒種過地，這時還有十多間矮矮的泥平房。真巧夠我們這一百多個五類分子居住。隊長是場領導指派來的一個下放幹部。住在清水河分站最大一個好處就是離我們喝的水很近，所以，我們喝水用水不成問題。那麼場部為什麼會把這麼好的地方讓我們五類分子居住呢？這不是沒有原因的，首先是我們這批人去農場後，什麼時候可以離場是沒有規定期限的，而下放幹部在農場勞動規定是一年時間，一年滿了他們就可以回蘭州了。如果將這個地方給了下放幹部，他們走了回蘭州去了，還得另外派人接管耕作。另外，農場領導有一個想法，準備讓我們長期留在農場當農工。

冬天地裡的農活少了，場裡就安排我們搞積肥挖泥炭，再把泥炭往地裡運送。運肥用的是大小兩種兩輪車，是用人力來拉的。小車配置三個人，大車配置五個人。另一個農活就是挖排城溝，挖溝的目的是讓地下鹽鹼從溝裡排出，以降低地下水位，減少對地面的蒸發，從而就可以減少鹽鹼質的土壤對農作物生長的危害。在那大躍進的年代，每到晚上只要有月亮光，我們就得出工，一般情況晚上加班幹上二至三個小時是常事。

在大躍進三面紅旗年代時，一切都要按軍事化管理。黎明啟明星一出來，我們就得整隊出工，勞動工具鐵鍬用繩子把兩頭紮起來背在肩上，就像軍人背步槍那樣。出工時先要經隊長點名和訓話，期間還要唱「社會主義好」的歌曲，然後再出工。晚上臨近天黑才允許收工，收工回到站裡後還要經過隊長的點名和訓話，最後由隊長宣佈解散我們才回到宿舍。到了晚上，每個組只有一盞煤油燈，開生活會，搞討論會，或讀報等活動，然後才可以睡覺。我們睡的是泥炕，但冬天從來沒有人去燒過一次炕，因為人們白天幹了一天活，個個累得已沒有力氣去燒熱炕了。再說戈壁灘上除了有遍地的芨芨草外，其他莖桿植物很少，沒有東西來燒炕。幸好我們睡在一起的人比較多，房屋又小，人的體溫聚在一起，晚上睡覺還算不冷。

一九五九年春節過後，我們的糧食供給開始縮減了，一直減到每人每天只有半斤糧，最後每人每天連半斤原糧都吃不上了。領導告訴我們這是毛主席批示的，不能有異議，否則就是對大躍進的不滿、是對糧食統購統銷政策的不滿。說句實話，一個幹重活的年輕人，一餐吃半斤也不算過。為了解決大家饑餓的問題，只好在找代食品上動腦筋。剛開始在麵粉裡摻和些蠶豆莖葉，這還算比較好吃。蠶豆莖葉吃光了，改用向日葵的杆子碾成的粉摻和到麵粉裡讓大家吃，剛開始吃沒有什麼感覺，可是吃了一個星期後就開始肚子痛，大便也成了問題，屙不下來屎。有時嚴重時，我們只好用手指在肛門挖，用小枝椏來掏，痛苦不堪。另外，我們為了解決饑餓問題，常去野外捉蝗蟲拿回來燒著吃，也有人去挖老鼠洞裡的糧食來吃。到了冬天，場裡有一個甜菜製糖車間，甜菜渣就成了好食品，我們除了分到很少一點外，有的人就出錢買，也有人晚上設法去偷，但還是解決不了問題。

到了一九五九年的下半年隊裡就開始死人了，像我們這個班組剛編隊時有十一人，到一九六〇年初就先後死去四人。讓我們最難忘的是我們的學習組長羅克勤，四川瀘州人，原先是蘭州化工學校的老師，畢業於山東大學。他告訴我他在大學讀書時加入了國民黨，解放後沒有向組織交代，肅反時被劃為歷史反革命。他在農場時當我們組的學習組長。我們初到農場時，場領導安排我們全中隊監督勞動者打土坯搞基建。因我歷來體質就較差，加上我日夜思念家裡的愛人和孩子們，每天打土坯的工作任務多完不成，為此經常受到隊幹部的批評，而這位羅克勤難友他始終幫助我開導我。他還經常對我這樣說，我們在這裡勞動摘帽子，就好比煮餃子，煮熟的餃子總是先撈出鍋的。後來由於每天的工作量太大，體力和精力也就消耗太大，再加上每人每天糧食減至半斤，一九五九年底有一天收工後，在回隊的路上他突然摔倒了，當天晚上他就與我們永別了。那時我被調到場部辦的化工廠勞動，當我得知此事後就立刻趕去看他，希望能與他見上最後一面，可是隊裡幹部已派人把放屍體的大門把守著，不准任何人進入，結果我們連最後一面也沒有見到。

再拿我所在的那個組的人員來說吧，全組開始時共編有十一個人，後來就陸續死了四個人。這四個人除羅克勤外，還有一個姓侯的，年紀約五十歲左右，他是東北人，原在蘭州某商業部門當會計，是歷史反革命；另一個姓馬的，他解放前是永登縣汽車站的站長，回族人，因解放前曾加入國民黨也被定為歷史反革命；再一個是姓史的，名叫史義，他是甘肅省皋蘭縣人，據說是因為抗日戰爭時期他曾當過偽鄉保長，後來被定為歷史反革命。

在那個時候，當初死得早的人還能享受幾塊木板釘的棺材，後來死的人一天比一天多了，隊裡沒有那麼多木板了，場裡乾脆就用死者的棉絮被單一包，再用繩子分上中下同時一捆，丟到馬車上再由埋屍體人把屍體拉到荒灘的低窪處一倒，蓋上土就完事了。

其他班組的情況與我們組情況大致相同，先前剛死的人死了還有木板釘的棺材裝上後去掩埋，以後死的人一天比一天多了起來，沒有那麼多木板做的棺材了，隊裡就把死了的人用死人自己的棉被毯子包裹起來，再捆上繩子用大車拉到荒地倒在低窪處用土覆蓋。

更讓人難以相信和難忘的事是，當病死者還沒有完全嚥氣時，在隊幹部的監督下，叫同類人把還未完全死掉的人用棉絮和被單給他打捆好了，放在室外空場地上，收屍人員收了屍，死者的東西凡值錢的多已被隊幹部收去了，不值錢的東西由同類難友們私人瓜分。

我還記得一九六〇年的冬天，由花海農場調來的近六百多個勞教分子，他們死得情況實在太可怕了。我們這個中隊也分配到一百多個勞教分子，自他們來後每天死幾個人是常事，有時一天多時也有四、五個。記得有一次場部醫務室的頭頭要我們隊裡的勞教分子，凡有病的自己去場部醫務室看病。從我們清水河隊到場部大約有四華里左右，僅那一天倒死在路上的就有六、七個人。然而，在那個時候我們的心多已麻木了，對死人在思想上根本沒有一點恐懼感。因為我們都知道，今天是他死，說不定明天夜裡就輪上你我了，生命在那時是那樣輕賤，死一個人好似死了一隻螞蟻。

我真得不明白，一個人的性命在那個時候為什麼就那麼不值錢呢？

我們這個將近一百二十人的「立功隊」，到一九六〇年五月四日離開農場時大概活著的人不會超過八十人，除少數逃跑或已調回蘭州的外，餘者均已埋骨戈壁灘了。

大約是在一九五九年底，由河南來了一批所謂的支邊青年，場部給我們隊分來了約一百多名。這些青年人在農場勞動受不了苦，先後發生了數次三三五五人員集體逃跑。因為他們成分好，場裡的幹部管不了，就把他們調到其他農場裡去了。於是，把附近一個叫花海農場的約有六百人的勞教分子調到我們蘑菇灘農場來，這批勞教分子到我們農場還不到三個月的時間就死掉了二百多人。這個數字原來我是不知道的，因為當時我們隊裡有一個女醫務人員小莊，她是江蘇人，她也是我們南方人，我平時與她比較接近，是她告訴我的。我還問她這些死掉的人得的是什麼病？她說得的是急性心臟病。我說為什麼都得的這種病死的呢？她說這是上面要她這樣說的。沒有多久活著的三百多個勞教分子被調到新疆去了。後來我也調回了蘭州，這批勞教分子情況如何，最後存活多少，我就一無所知了。如果你能對此事關心或者有興趣的話，那就很值得再深入調查和採訪它一下了。

蘑菇灘農場另外還有兩大特點。第一是風又多又大，特別奇怪的是那裡的風來得時間和沒風的時間，與我們上工收工時間很接近；白天早上我們出工了，風接著就呼嘯而至，一直不停地吹到下午我們收工時風就沒了；風大的時候，站在田壟上作業有時也會被風吹下來；一陣陣的風吹後，我們每個人皮膚上會有一層「鹽霜」，原因是我們在勞動時會出汗，汗被風一吹就乾了，此時皮膚外層就會出現一層「鹽霜」；在風中幹活不用說有多費力，同時身體會大量失水，口唇會被吹得翻裂開來。第二大特點是那裡夏天的蚊子相當多，又大又毒，只要人被叮咬過，叮咬過的地方立即會長出一個大膿泡，奇癢又痛，皮膚好的人只要將膿泡擠破排出汙血就沒有多大事了。而皮膚差的人則會長期腐爛，很久治不好。我們每個人都有幾個晚上被輪流派到野地裡通宵值班守護農作物，那時蚊子會瘋狂向你全身襲來，此時我們只有用布塊或衣服等把人體外露部位包裹起來。說也奇怪，那裡的蚊子不進房門不進屋，在我們睡的房子裡就找不到一隻蚊子。

一九五八年四月，我們單位領導宣佈對我們處分時曾說，陳根良去農場後頭六個月的工資由原單位發，六個月後的工資由農場按勞取酬發給。但過了六個月後農場領導雖也多次給我們評定工資，可直到我一九六〇年五月四日離開農場時足足有一年半沒有給我們發工資，只有每人每月十八元的生活費。

回到蘭州後，我拿著省委給的介紹信去原單位報到，報到後領導也不給我安排工作，讓我打掃全室的廁所，清理糞便，每個月只發給我二十元錢的生活費，住的是單位裡的馬棚。後來將我調到了本單位辦的農場勞動改造。前後兩年多時間去了甘肅省榆中縣榆中基地和甘肅省華池縣的子午嶺農場基地開荒勞動。我多次向單位領導要求給我發工資，他們總是不給，後來只是將我二十元的生活費增加為二十二元。那個時候蘭州市的黑市糧票每斤三元，一角錢只能買四粒蠶豆。我每月糧食定量只有二十六斤，自然不夠吃，於是只好買上幾斤黑市糧票貼補。

一九六二年單位決定讓我回老家落戶當農民，臨走時發給我二百元錢的所謂「安置費」。到了老家浙江省臨安縣，當地政府安排我到潛陽公社自由四隊勞動。這裡連個住房都沒有給我安排，我向一家社員租來的一間小屋，面積還沒有十個平方。在生產隊裡，一個全勞力每天是十二個工分，我被評為次級勞力，每天只有九個工分。那時十個工分年終分配能得六角錢多點已很不錯了。由於生產隊沒有錢，這些錢不到年終還不能拿到個人手裡。所以，平時買鹽、買肥皂等的用錢都成了問題。

為了能改善和提高社員低收入的問題，一九六六年我建議生產隊裡能同意我搞蘑菇的栽種。那一年我和幾個社員搞了點小實驗成功了，如要大面積搞建蘑菇房資金隊裡拿不出來。一九六七年，我聽說搞銀耳生產、特別是搞菌種生產收益很高，尤其是銀耳菌種成了各處需求的搶手貨。那一年我就自籌資金搞起了菌種分離的實驗，經過半年多的多次失敗後幸運獲得了成功。一九六八年，我受聘本市西天目鄉武山大隊給他們籌辦食用菌種種場，再在技術上輔導他們栽種和管理，那一年我就給他們大隊創造了三萬多元的高收入。大隊裡給我的工資是每月一百元錢，我除了向自己生產隊每月交納二十元管理費外，自己實際每月只有八十元錢。一九六九年，我又受浙江省車陽縣南溪鄉安什貳村之聘給他們當技術輔導員，每月工資是八十元。

一九七〇年「一打三反」運動中，給了我三條罪名：第一，搞銀耳生產是煽動反革命經濟主義妖風。第二，破壞森林。第三，每個月拿八十至一百元錢的高工資是走資本主義道路。這樣先後對我批鬥兩個多月，我待過灰牛棚，受過多種想不到的刑罰。一九六九年元月二日將我送進公安局看守所，一關就是三百八十六天，接著將我判刑五年，押送金華勞改農場勞動改造。

一九七一年七月，我被送到金華蔣堂勞改農場，這裡的領導發現我會搞微生物生產，於是讓我籌建一個微生物農藥廠。當時我不肯接受，我的理由是我是給集體搞食用菌，是為了幫助大家致富，也經隊裡領導批准，怎麼說我有罪，那我現在怎麼再可以做有罪的事呢？場領導說，那不一樣，現在是給國家搞，搞出成績可以立功，只要立三次功就可以減一年刑期。這樣我就接受了這一工作任務，先後搞過微生物農藥「九二〇」白僵菌、蘇芸金桿菌、菌肥「五四〇六」，以及其他各種食用菌。在不到三年半的時間裡，場部先後給我記了四次功。可是到我刑期滿時，我的刑期一天也沒有減，原因是我是一個「雙料貨」。我問什麼是「雙料貨」？他們說，個人成分是反革命，家庭成分是地主。真是啼笑皆非！

一九八〇年，我蘭州原工作單位給我平了反，才結束了我坎坷的命運。一九八一年根據我的要求調到浙江省金華一中工作，並保留應有工齡。一九八六年我申請退休了。

今日裡那些逝去的亡靈在我的腦海裡總是無法消失。我曾多次想要再去蘑菇灘看望一下那些被埋骨荒野的難友們，雖然我也完全不知道他們被埋在哪塊沙礫下面，但我想只要我能到了那裡即使是仰空對天為他們燒一柱香和燃一對燭，也算是我對他們的真誠悼念吧！

我計畫二〇〇三年五、六月，只要我的身體情況允許，我還是決定要去玉門蘑菇灘農場一趟，以完成我多年來在內心的一種極難忘記的心事。

一個不為人知十七歲小右派渣兒博繩武

1963年的博繩武

一九三七年，北平當時是被日本佔領的初期階段。我是一九三九年出生於北平的，蒙古族，是成吉思汗的後裔，祖先隨滿清入關來到北平，聽老人說，在清朝代代為官。我的祖父在清朝是個好官、清官、有正義感的官。在清朝末期，「鬧義和團」的年代，起初清政府支持義和團打洋人，後來清政府失敗，又與洋人訂了不平等條約，反手又捉拿殺害義和團。當時我祖父在山西大同府做知府，就是因為抗拒朝庭，沒有捉拿「義和團」而被罷官為民的。祖父罷官後回到北平買了所小宅院閒居下來，後來也因禍得福，辛亥革命時沒有受到任何衝擊。辛亥革命後我們家更加敗落。我就出生在這樣一個沒落的家庭裡。我的兩個伯父沒有上過新學，民國以後沒有幹過什麼工作，吃老本，是地地道道的「前清遺老遺少」。我的一個姑姑工詩詞、喜國畫，當時小有名氣。我的父親最小，民國後上的新學，後來考入北京大學文學系，因參與「五四」學運而被當時政府通緝，無奈和幾個同學流亡日本，留學東京帝國大學，在日本工作多年，抗戰時在日本東京（帝國）大學任客座教授。

我生在北平，父親在日本，母親在北平，三歲時父母因長期異地生活而離婚，於是我就被送往日本東京。父親當時隱瞞我說母親已經去世，我當時對此是確信無疑的。

我的幼稚園和小學低年級是在日本東京華人學校上的。

我在中學時代學習上沒有什麼好「成績」，不讀「死」書，也不「死」讀書，瀟瀟灑灑總也混個八九十分。讀了不少課外書，可「好讀書不求甚解」，也說不上得到了什麼收益；倒是因為好玩、好鬧，得了個「淘氣包」的雅號。

上了高中時，一個遠方親戚突然問我，說我為什麼不去看媽媽，並告訴了我詳細情況。當時我就去問了我爸爸。我父親就原原本本地告訴了我。於是，我找了我的姥姥，通過姥姥找見了我的媽媽。我見到我的媽媽是個禮拜天的下午，我看見她時，她什麼也沒說，只是埋怨我說我沒有良心。但我在此之前，確實認為母親已經去世了。後來母親約我，我和她一起看了電影《兩個母親》，這是德國和法國合拍的。這部電影整個故事情節講得都是母愛。我以後就經常去看我的媽媽了。

一九五六年夏天我考入了北京大學物理系，那時我只有十七歲，歲數不大，思想的發育更滯後於年齡，還是一個玩不夠的大男孩。脫離了「家」的束縛，住進了美麗的燕園，步入了大學的生活，未名湖的塔影山色美，朗潤園的野趣更美；我把同學們「泡圖書館」的時間（當然還包括他們聽「黨課」搞「社會活動」的時間）全部交給了美麗的燕園；我的身心、我的學習就溶入在神奇的大自然裡。閒雲野鶴，與世無爭，我滿心打算這樣讀完大學，安分守己地做一個科學工作者了卻一生。

一九五七年五月十九日，北京大學大飯廳牆上開始貼出了大字報，第二天大字報就鋪天蓋地，貼滿了大飯廳的東牆和南牆。「行家看門道，外行看熱鬧」，像我這「不問政治」的「大男孩」當然也圍著看，開始看不懂什麼，倒是張元勳、沈澤宜傳單式的長詩《是時候了》攪動了我平靜的思緒。另外，解放初期共產黨對學生的教育，我朦朧地感到了壓抑，總有一種想得到自由的衝動。譚天榮這時組織了百花學社，貼出了成立「百花學社」的告示，它號稱是純學術組織，是自由的論壇。我抱著學習的目的在「百花學社」的成立大會上簽下了自己的名字，接著又參加了幾次「百花學社」的活動，直到「百花學社」被取締。六月中旬社會上開始了「反右派」運動；在北平大學，號稱「五一九」的民主運動也同時被鎮壓下去了。

大學二年級開學的一九五七年十月十六日，我們物理系宣佈了一些右派分子，其中就有我。我問他們憑什麼劃我為右派分子，他們說百花學社是個反動組織，參加學社就是右派分子。我說我只是簽了個名。

我成為右派就這麼簡單。

一九五八年右派處理時分為四類，我為第三類，留校察看，繼續學習。開始「戴著右派帽子」繼續學習，感覺壓力很大，漸漸地我發現只要是離開了公開場合，大多數同學對我還是一樣的親熱，有些還表示為我憤憤不平。這些人雖然不敢公開但把真誠的一面給了我，把虛假的一面給了黨。我不孤獨了，或許還有點欣然：只要我好好學習，堂堂正正做人，爭取更多人的同情和信任，就是最好的抗議。後來我看到凡戴著右派帽子的畢業生都給轟到大西北去勞動了，他們的境況比「勞動考查」和「勞動教養」的都更慘。我沒有過什麼右派言論，更沒寫過什麼大字報，系裡、班級裡也沒批判過我什麼，怎麼突然間就將我劃成「極右派」了呢？百思不得其解，於是找系裡去問。他們的答覆是：你參加了右派組織「百花學社」，理所當然就應該是右派。就這樣還不滿十八週歲就糊裡糊塗的成了反動派，成了一個不為人知的小右派渣兒。

我成了右派之後，我在同學中的關係相當緊張，碰見了特別積極的同學批判我，受得壓力更大，但出了校門我們還是很好的同學。那時全民大煉鋼鐵，能參加大煉鋼鐵是個榮譽，我們這些右派分子是不能參加的，這樣我們也悠閒自在，但還是耽誤了很多課。

說實話隨著我的年齡的增長，我的壓力就越來越大了。尤其戴著帽子的同學被發配到大西北過著非人的生活，幹得又不是自己的專業，我就非常的悲觀。一九六〇年臨近畢業時我就從學校跑了，我在派出所趁亂將戶口弄到了北京家裡。因為戴著右派帽子，回家後為了糊口打了「臨時工」，什麼苦活、累活我都幹。我刻過蠟板、拉過架子車，只要能掙到錢我什麼都幹，這樣一直幹到了一九六四年。

那個年代幹臨時工的幾乎都是夠不上判刑或勞教的，流落在社會上的「黑五類」。在幹臨時工的日子我結識了一位范老師，也是右派，他是個中學的語文老師，長我十歲。我們常在一起勞動，他一邊幹活一邊像教學生一樣給我講「政治」：什麼是無產階級專政，什麼叫人權，什麼是民主和自由，要如何面對逆境等等……。他愛唱歌，尤其是那一曲美國黑人歌曲《老人河》，渾厚的聲音如泣如訴，可又在悲傷中顯出剛毅。在後來的幾十年裡，每逢遇到難以逾越的逆境時，我耳邊就響起他那渾厚剛毅的歌聲：「……老人河呵，老人河，你總是自由的流過。」一九六六年「文化大革命」中我與范老師失去了聯繫，直到一九七九年我才得知他已慘死在了文化大革命中。

我懷念他，他是我一生中永遠的老師。在那個時候我真是一個不夠格的「右派」。我痛苦，我彷徨，我對當時的一切感到滿頭霧水，什麼「資產階級民主」，什麼「無產階級革命」……一大堆冠冕堂皇又似懂非懂的辭彙，鬧得我頭昏腦漲。可我怎麼也想不通，我既沒說三道四，也沒寫這寫那，就在「百花學社」簽了個名，一個還不滿十八歲的學生就成了「反動派」，還有人成天惡狠狠地叫喊著要「再踏上一隻腳，叫他永世不得翻身」……難道我真的錯了？就是再錯也不至於「永世不得翻身」吧。在范老師的點撥下我開始思考了，好像他喚醒了我埋在心底的朦朧意識。原來我在幼年童年少年時代，就受到潛移默化而不知不覺地接受了博愛、平等、自由、民主的思想，這不就是百年來千百萬熱血青年前仆後繼的追求嗎！這不就是作為一個北大人的「五四」傳統嗎！我的頭腦裡有著先進的思想，有著坦蕩的追求，我何罪之有？想著想著我倒覺得一九五七年五月我在「百花學社」成立大會簽名簿上糊裡糊塗寫上「博繩武」的時候，是我一生中莊嚴的一刻，因為往往糊裡糊塗辦的事比清清楚楚辦的事更天真無邪，而且更為真實。

毛澤東說過「自由民主是手段，不是目的」，這倒真是一語道破了天機，取得政權前他大肆宣揚自由民主、反對專制獨裁、建立憲政，騙取了廣大民眾的支持，取得了政權，這時「民主和自由」是他取得政權的手段，當然不是目的。他的目的是變本加利的專制獨裁，登峰造極的個人崇拜，圓他自已的一個皇帝夢。他是以鼓吹「自由民主」起的家，他最清楚「自由民主」有多大號召力，所以他對有「自由民主」思想的知識分子「恨得要死，怕得要命」，這就是理所當然的了，要個「陽謀」把這些人鎮壓下去更是順理成章的事了。其實反右派耍個「陽謀」算什麼，他取得政權就是個最大的「陽謀」，他做的哪一件事不是「陽謀」呢？他打在我身上的每一拳都很痛，踏在我身上的每一腳都很重，但是我同時也感覺到他的恐懼和顫慄。

到了一九六四年街道辦事處來找我，動員我到北京天堂河去，這是一個由北京公安局治安處管理的勞動改造的地方，實際和勞動教養差不多，所以我就拒絕去。這樣我就去了一個街道工廠——北京市東城區北新橋機箱廠去勞動，一個月十幾塊錢的生活費，一直幹到了一九六六年，差不多有兩年多的時間。

「文化大革命」——紅色恐怖的極致，全國人民的災難，我這個「黑五類」自然也就在劫難逃。一九六六年八月二十八日在「小腳偵緝隊」的指引下，北京二十二中的「紅衛兵」抄了我的家，我被打得遍體鱗傷，穿著短褲背心赤著腳就被「掃地出門」了。其後，廠裡經常給我開批鬥會。我在廠裡被關押的這兩天，我們家又被紅衛兵占領了，八月三十日我被送到了北京東城公安分局拘留所。當時拘留所裡人滿為患，我被關在公安局的大禮堂裡。審問了我幾回，但一直問不出事來，於是我就被一直關著。十二月二十六日突然宣佈讓我「勞動教養」兩年，這樣我就在當天送到了良鄉收容所。北京良鄉收容所是個暫時收容勞教人員的地方，這裡有流氓小偷、有反革命流亡地主、還有所謂的思想反動分子。在我一起分配的組裡有一個右派叫徐光華，他是北京師範大學一年級被打成右派分子的，在學校時就一直被監督勞動改造著，後來這個人與我一起勞動改造了整整十幾年。

一九六七年三月，我被轉到了北京茶澱農場，這裡又叫北京清河農場，這個農場在天津和北京的交接處。這是北京市的一個勞改單位，相當大，有判刑的，有勞動教養的。農場一分場是個勞改隊，三分場是勞教隊。我和徐光華被分到了三分場。當時我不服氣，一直在上訴，後來公安五處專門派了一個幹部與我談話，這個幹部對我說，外邊的形勢你不瞭解，這裡相當於是你的保護地，什麼事情等文革結束後再說。我覺得這個幹部很好，很誠懇，我想我出去後根本沒有活路，還不如待在這裡，這樣我就在這裡一直待到了一九六九年三月被解除勞動教養為止。這次宣佈解除勞動教養的七個全是右派分子。三個女右派裡有張滬（其愛人是著名作家叢維熙，她原是《北平日報》小苗專刊總編）、劉陵（這是個老革命幹部比我們歲數大，據說是《紅岩》中雙槍老太婆的隨從，其愛人也是老幹部。聽說有些流氓欺侮她，被她一個個都給打得趴了下來）。四個男右派裡有一個是金衡，還有劉文祥。

我被解除勞動教養後，因為軍管會換了人，我在北京報不上戶口，我就又回到了北京茶澱農場就業，和我一起就業的還有徐光華。

在北京有個右派最大集中農場叫三余莊農場，這裡都是被送去勞教的右派分子，北京被打成右派的大學生，處理後就直接送到了這裡。三余莊農場是團河農場的一部分。三余莊農場裡的人員，後來全被調到了北京茶澱農場。

一九六九年九月，北京要搞戰備疏散，我們這些右派、反革命、還有所謂的流氓小偷都被送到了山西霍州王莊煤礦，北京去了三百多人，徐光華也去了。就在這一年我父親去世了。

我在山西霍州王莊煤礦直到一九七九年「落實政策」。

我在勞改隊裡生活了十二年。也許人們都知道興凱湖，都知道夾邊溝，但不知道我們生活過的這個人間地獄。其實哪個勞改、勞教隊都是興凱湖，都是夾邊溝，地方不同，名字不同，苦難都是相同的。在勞改隊裡人們都知道不論在什麼逆境中我都是精神飽滿、談笑風生的，難友們就追問我你為什麼就這麼樂觀，我總是付之一笑地回答：我是個臭賴皮。其實我沒做虧心事，我為什麼不高高興興地活著。再看看那個「陽謀」家，他每一個「陽謀」得逞，看似是勝利，他的路就窄了一塊，到他快死的時候就已經是孤家寡人了，沒有一個知己，沒有一個可信賴的人了。「陽謀」家痛苦地閉上眼睛才一個月，他扶持的人，包括他老婆就成了反革命。這一串串故事，哪個看了不得偷偷地樂呢，你還有煩惱嗎？

自一九五七年到一九七九年領導一直認為我不認罪，「表現」不好，沒有給我摘掉「右派帽子」。一九七九年三月北京大學對我的劃右派給予了改正，同時勞動教養也得到了平反。

所謂的政治問題解決了，我又回到了原勞動過的小廠子，做了個小技術幹部，直到退休。上個世紀八十年代黨也曾向我敞開過大門。唉，當我還清白的時候他們說我是反動派，可他們說我不是反動派的時候，我已經跳出了三界外，不在五行中了，人生多少事就讓它盡付笑談中吧。

任衆與筆者手捧遇羅克的遺像合影

一個為信仰而活著的右派分子任衆

我是一九三四年出生在北平的。母親生我時父親還在山西軍官教導團裡任上尉參謀之職，父親是國民黨北伐時的軍官。在我的前面有個比我大兩歲的哥哥，母親和奶奶照看起我們來感到很困難，特別是此時我的一個年僅二十八歲的伯父不幸因煤氣中毒奪去了性命。伯母為了生活不得不改嫁他人，留下了一個比我大四歲的啞巴堂哥，成了家中沉重的包袱。我母親生了哥哥和我，還要照顧我奶奶，父親的薪水養不了家，就開小差回到了北平，所以我出生後父親就不是軍人了。以後父親入了天主教，我也後來加入了天主教，上了中學一次填表，因我填上天主教時，我的命運已註定劃在另冊了。在後來的長期磨難生涯中，從知情人嘴裡得知，那宗教信仰是註定在我身上的原罪，就像穿了囚服的罪人，你無論表現多好也只不過是在服刑，服刑期滿後你所得到的身分也只不過是「勞改釋放犯」，你的所為仍然要在各方面監控之下從事著僅能充當的勞動力。

我們家住在北平東四六條，一九三九年我五歲時進了哥哥上的學校北平惠我小學，我三年級以前都在這個學校裡學習。一九四二年，因家庭越來越貧困，父親帶我們到張家口去做買賣，但由於錢的貶值買賣虧本，我只有失學在河北省張家口地區宣化龍煙鐵礦當了童工。搞衛生，清理路面，給礦井中送礦樣，我們那時光著身子，沒有衣服穿。一九四五年十月，我在礦山參加了八路軍，時間不長又出來回了北平。到了北平後，我陪父親做了些買賣，一九四六年在一個鐵工廠當鐵匠學徒，由於老闆嫌我太小，我被別人介紹到鮑斯高慈幼院裡祈禱、勞動，當教堂唱詩班的領唱，整整待了一年。

一九四七年八月我又回了北平，此時我父親已有了工作，我哥哥也在一個福昌鐵工廠上班，於是我就又考入了北京輔仁大學附小上了四年級，小學畢業時已是十六歲的人了。我是一九五三年在北京輔仁大學附屬中學（後改為北京十三中學）初中畢業的，這樣我就在這年七月五日十九歲時考進了北京市人民公安學校，也相當於在公安系統有了工作。一九五四年八月畢業後我被分配到了北京市公安局五處，也就是現在的北京市監獄管理局。我主要在清河聯合工廠鐵工廠搞計畫統計工作，這是一個勞改工廠。一九五四年冬天這個勞改工廠又和一個軍隊監獄合併，合併過來的犯人都是軍事法院判處的。

我是一個很有追求理想的年輕人，可命運卻讓我不斷受到坎坷。一九五五年開始反胡風，各個單位都在抓胡風分子，大標語寫著：乾淨、徹底、全面肅清一切反革命分子，於是我被以組織反革命小組等罪名成了單位內部的胡風反革命小集團分子。被監督後，吃飯、上廁所都有人押著，我們四個人的批鬥是分開進行的，然後他們各個擊破，讓我們互相檢舉揭發。一九五六年夏，從中央到地方成立了肅反五人核查小組，對運動所觸及的人進行核查。我們廠的政工股的人給我談話說：「你的問題我們五人小組討論過了，今天來了我們兩個跟你說一說。你們的『反革命小組』的事，實際上是幾個人在一起說說牢騷話，怪話，不能隨便說是『反革命小集團』，這也是你們幾個挨鬥的原因，現在我們倆代表五人小組向你賠禮道歉了，以後該怎麼工作就怎麼工作吧……」他們說完話，輕鬆地完成了任務，穿上鞋端起大茶缸走了，進了政工股。

一九五七年六月八日前的幾天，距高考還有一個月的時間，當時彌漫整個社會的一件大事是「和風細雨，幫助共產黨整風」，「歡迎黨外人士給黨提意見」，並承諾「有則改之，無則加勉」「言者無罪，聞者足戒」的信條。可能出於領導的真誠，不願漏掉任何一個意見，所以要求每個人必須在會上發言。我被通知參加「整風座談會」，而且強調必須參加。因復習功課參加高考，我已多日不到單位去了，這天到會感到異常，在每個與會者的臉上都寫著詭譎與冷漠的神情。

「任眾，你來參加開會，有些情況你不知道，這次黨號召群眾參加整風，是要充分地讓每個人發表意見，現在就剩下你的發言了。」副廠長刁某臉上毫無表情地陳述，是在逼我發言。我想起了近些日子報刊裡的內容，基本上是名人座談會上一些不加任何評論的發言摘錄，如五月下旬在「人民日報」上刊登的《光明日報》社社長章伯鈞在統戰部座談會上講了「成立政治設計院」的問題，森林工業部部長羅隆基講了「成立平反委員會」的問題等等，似乎在引導讀者給黨提意見……。這樣我就在眾目睽睽之下被逼著發了言：「我同意章伯鈞的『政治設計院』的意見，我贊成羅隆基的成立『平反委員會』的主張；另外對咱們單位的肅反問題，我認為領導不夠慎重，把我們幾個年輕人當反革命來整，實在是打擊了我們的積極性……」、「還有關於蘇聯出兵匈牙利的事件是不妥當的，我同意南斯拉夫鐵托的觀點，認為出兵匈牙利是傷害匈牙利人民的民族自尊心……」我的發言一氣呵成，實在是為了發言而發言，否則他們不會讓我過關的。

一九五七年的七月中旬是高校統考的日子，我先在北京八中考區參加通考，幾天後又參加了電影學院的考試，這一考試是我最熱衷的。

主考官是常演老太太的胡朋女士。每次放入四個學生，一個一個地過關，先是考官問話，核實材料，面試，然後走上一個低矮的小舞台，開始測試鋼琴伴奏下的音樂節奏感舞蹈，然後朗誦，獨唱，最後是小品，胡朋給我安排了一個劇情是：我參加了「五一」慶祝遊行，又累又渴又餓，回到家裡看見一碗米飯，想加點醬油拌飯，結果倒進了醋，想加點糖又加成了鹽，最後還是把它吃了下去。順利地完成了整個考試，如釋重負。我期待著能早日有結果。考試後，我回單位繼續工作，心裡盼望著大學或電影學院能錄取我，讓我從此就離開這個令人沉悶的環境。八月中旬，單位的通訊員王京兆突然找到我，用手擋住半個嘴貼近我的耳朵悄悄說：「今天頭兒們讓我上電影學院取你的檔案材料，不讓你上學去了，電影學院很不滿意，說正要通知你參加複試，這下他媽的吹了，真可……惜！」這個王京兆平時跟我關係很好，所以能把真情告訴我，我當時就有一種剛爬到井口又被人一腳踹下去的感覺，我知道自己很難再掙扎向上了。開始有了斷線風箏任其飄泊的思想。政治迫害竟會讓你走投無路。我感到了一種莫明其妙的冷漠，這冷漠似乎在預示著有什麼事情將要發生。

九月上旬，我被通知到中山公園音樂堂聽報告。是「關於下放」問題的動員報告。

九月十四日這一天，我被下放到了茶澱農場。

雖然到了農場從事著繁重的勞動，但我卻感到是一種特殊意義的解脫，為了這一解脫我還是感到了快樂。農場當時組織了近四十人的口琴隊，我參加了獨奏演出，我還參與壁報的編繪活動，還常常在門前的小河裡垂釣小魚。……當我寧可受累受罪也不願再回到原單位的夢還沒有作得香甜的時候，農場的氣氛有了一種異常。人們在三三兩兩地悄聲交談，又顯出了人人自危的神情，我才知道一張抓捕「右派」的大網已經高懸……。

午飯剛過，人們無精打采地走向田間，突然後邊有人叫著我和另外兩個人的名字：「任眾、趙連臣、裴恩碩，你們三個到大隊去一下！」已有先例，凡通知去談話的人無一倖免，都是在陰沉中帶著行李返回北京的。經消息靈通人士傳言，凡回去的都被戴上了「右派帽子」。現在輪到我們，我知道已是在劫難逃了。來人是我們單位政工組的老靳，他的任務就是要把我們帶回單位。趙連臣原是西城公安分局的民警，熱情直爽，樂於助人，心靈手巧，多才多藝，他比我大兩歲，這一年二十六歲。裴恩碩比我大一歲，一副憨厚模樣，酷愛乾淨，喜好唱歌，只要他的心情好，總能聽到他的歌聲。我們三個人被一輛吉普車送到茶澱火車站。在吉普車中我們沉默不語，互相凝望著，知道不幸已經來臨，裴恩碩含著淚唱起了《烏克蘭民歌》。這首深沉的蘇聯歌曲正能傾注我們此時壓抑的感情，我們兩個人也跟著哼唱起來。我發現我們三人的臉上都流淌著淚水。

押送我們回到北京後，立即宣佈我們認真檢查，讓我將整風反右期間的一言一行從思想裡面都要檢查出來。這時我已是甕中之鱉，一九五八年四月，處裡群眾大會批判我，胡說八道給我編了很多右派言論，挑動人們揭發我的問題。

一九五八年四月中旬，五處的大禮堂裡寫著標語，畫著漫畫，對我開始批判鬥爭了。辯論的過程中，幾個人過來搶走了我的日記，隔了一個多星期，他們又在我的日記裡挑出了六條定案罪行。其中有一條說我為反革命分子杜茂金喊冤鳴屈。反右運動那年，很多大學生自殺了。有一張報紙登出「反革命分子杜茂金用自製炸彈，謀殺黨委書記曲正。」隔了三天，杜茂金這個二十二歲的北京醫學院的學生就被槍斃了。我的日記寫道：「杜茂金是反右運動中的激進分子，他為什麼不去炸別人，而去炸曲正呢？是因為曲正畢竟做了不可告人的事情，杜茂金有難以容忍的感情。」

緊接著對我的處理下來了。有一天午飯後政工股的人通知我去辦公室，兩個人事幹部毫無表情地指著桌子上的一份《關於任眾定為右派分子的處理決定》讓我簽字，我拿起來通篇看了一遍，簽上了我的名字。

這份「決定」是這樣寫的：

北京市公安局五處新都暖氣機械廠幹部任眾思想一貫反動，工作不安心，曾在肅反運動中被批鬥，更對領導不滿，借幫助黨整風之際猖狂向黨進攻，具體事實如下：

1．贊同羅隆基的「平反委員會」；

2．贊同章伯鈞的「政治設計院」；

3．贊同鐵托關於蘇聯出兵匈牙利的觀點；

4．對肅反不滿，認為領導缺乏人性；

5．同情反革命分子杜茂金；

6．說交工會會費是交「人頭稅」。

根據以上六條定為資產階級極右分子。二類處理，撤銷所有職務和級別，只發生活費，送農村監督勞動改造。

一九五八年四月某日。

懸念落定，我只有去承受命運的安排。

因為好久沒有回家看望家人了，我非常想念他們，我知道此時親人們也在思念我。那個時候，一個小小單位的領導就可以有權剝奪他人的人身自由，用不著行文批示，又是上下一致的行為，這種行為使法律無能，家庭無助，一個弱小的個人又如何能夠自救！這就是當時的政治。

我先是被送到海澱區圓明園北邊的樹村生產隊監督勞動改造，每月十八元，平均每天只有六毛錢的生活費。勞動了一段時間後又到了北京密雲水庫勞動改造，我當時二十四歲，被委任為中隊長，每天除了勞動外，還要領著別人喊操，這裡只有我一個右派，其他人都是農民，我當時感到可笑，不知誰在監督誰在改造。

幹了一個多月，我就被發配到了周口店公安局造林大隊，這是一個勞改場所。沒過多久，我又被分到了造林大隊二中隊，是在山腳下的一個小村，名叫拴馬莊。

隊部設在幾間抹了泥的石頭房子裡，屋裡黑得像山洞，隊員們住在用樹枝搭成的大棚裡，棚泥未乾，人們就睡在裡面的草鋪上，大棚外面幾乎被大字報糊滿了。都是一個內容：「右派分子必須低頭認罪」。只不過冠上了不同的名字，我想：我也將在所難免。我正向隊部裡張望，一個年約五十歲四方大臉的中年人走出辦公室，向我打招呼：「任眾來了，咱們又見面了，不過這裡，沒法釣魚了。」這個人是二中隊的中隊長潘獻計，他在茶澱農場的池塘邊，曾經饒有興味地看過我釣小魚。和他的相見使我感到一些寬慰，因為我給他留下過愉快的回憶。我被分到二小隊，小隊長閻某一副不屑一顧的樣子冷冷地對我說：「今天先在底下睡吧，明天再上去！」他所說的上去是指西南方向山腳下的大西坡。山區的冬日要短於平原，大地很快就被黑暗吞沒了。閻某帶我走進泥棚，指給我一個鋪位：「就睡這吧。」

這一睡我就在這裡整整待了七年。

我是一九六二年由極右分子成了摘帽右派的。我沒戴帽子以前拿著四十三點五元的最低工資，戴帽子後拿十八元的生活費，等摘了帽子後一九六三年重新給我定級成了三十七點五元。一九六五年四月我就轉業到了北京市工業建築工程公司當了建築工人。

一九六五年仍然是階級鬥爭為綱的年代，這一年北京市發生了一起一個中國人在友誼商店砍傷外國人的事件，被槍斃的殺人犯神經病患者楊國慶，是我們公司的職工，我很熟悉他的面孔，是個文質彬彬戴著眼鏡的年輕人。

楊國慶事件發生後，公司展開了階級鬥爭教育活動，常常在大會小會上揭發出一些階級鬥爭的新動向。

一次在全公司的大會上，總經理在發言中突然舉出涉及我的一件事：「一工區有個曾犯過右派錯誤的人，跟一個政治上有問題的臨時工大唱『基督教讚歌』……這個人的表現成問題，我看這樣的人得好好整整……」在他的話後，不少人的腦袋在轉動，眼睛在好奇地看著我。我明白了；這件事除了我自己不清楚之外，別的人早已知道了，不過誰也不會比我更清楚真實的情況：

一天下午我正在推磚，忽然聽到有人哼唱教堂中的拉丁文歌曲，正是我在鮑斯高慈幼院時學唱過的，我隨之走到唱歌人身邊，驚奇地問他：

「師傅，您怎麼會唱這種拉丁文歌曲的？」「咦，您怎麼能聽懂我唱的樂曲呢？」「我童年時在一所教會慈幼院學的。」「噢，怪不得，我是在音樂學院學作曲的，這些樂曲都是我們借鑑的教材。」「那為什麼您不繼續學習了呢？」「就是因為這些教材中存在大、洋、古的問題，我們這個專業被取消，所以來這兒當壯工。」說著他開起了捲揚機，為正在砌築的樓房運輸著水泥，當他把材料提升到位後，又唱起了那支好聽而又渾厚的拉丁文彌撒曲，我也像遇到了知音，和他一起唱著這首歌，此時走來幾個工人好奇地聽著。「請問您一個問題，這樣的音樂作品應起於什麼年代，又是誰的作品呢？」我渴望他能告訴我。「這種音樂應當叫作宗教音樂，起源於中世紀的歐洲，著名的作曲家是德國人巴赫，音樂史稱他為宗教音樂之父。剛才咱們唱的這首樂曲就是巴赫的作品。」唱歌人認真地回答了我的問題，我向他致謝並與他互通了姓名。唱歌人叫吳玉華，音樂學院休學學生，穿著樸素，為人隨和，是建築公司招來的合同工。

就因為我和吳玉華唱了一下古典宗教歌曲，便在公司的大會上被領導點了名，在學習討論時，我就成了被監視的重點。討論會上一位公司的女幹部認真而又詳細地作著記錄，在她翻動筆記本時，一個我再熟悉不過的名字閃過我的眼睛：任眾（摘帽右派），這個括弧中的摘帽右派，實際上是標明著任眾還是右派。我明白了自己的處境：只要你生活在這個國度裡，無論你走到哪裡也是個黑客。政治上壓抑，經濟上的拮据，工作的勞累，讓我感到生活的艱辛與無奈，所以我那時的情緒難以振作起來。

有天上班，一進公司大門，赫然一張勒令從桌上直拖台階下沿，上面寫著：凡混在我公司的地、富、反、壞、右、反動資本家見此通令，必須在下面簽名，限九月七日前滾出建築公司，否則一切後果自負。落款為公司紅衛兵。我看完通令，從容地拿起台階上準備好的筆，簽了名，然後走進一工區勞資辦公室，問工區對這一通令有什麼安排，勞資員回答說「那是公司的事，咱們工區不知道，你們該幹什麼還幹什麼去。」我們能幹什麼呢？工地上大部分出身貧下中農的都參加了革命，那些出身不好的被專了政，剩下些無足輕重的人變成了「逍遙派」。我莫名其妙地竟暫時被歸在「逍遙派」中。

公司的那張勒令猶如春節的門神，只是虛張聲勢。一張大字報吸引了我的注意力，大字標題是：李智包庇右派分子任眾。內容是說公司工會主席李智想物色一名擅長文藝活動的人到工會工作，在公司幾次提名未能通過。這張大字報讓我欣慰，因為曾有人關注過我，我心中感激著那位見我總帶笑容的中年幹部李智，但我們並沒有交談過。

我與遇羅克是北京東四北大街五百十九號的街鄰和朋友。我們一起上班下班，當時的遇羅克，已被推薦到人民機器廠作了學徒工，我作為一個「油工多面手」，也在那一帶的幾個工地上流動，而且中午有時也在人民機器廠設在廠外的大食堂裡吃飯，有時可以見到遇羅克。遇羅克很喜歡游泳，我們一連幾次利用午休的一個小時，吃完飯便去龍潭湖游泳，每次都顯得很高興，但有一次游完泳，他看到西北不遠處北京工藝美術學校大門上方赫然一幅大對聯，凝視不語，帶著若有所思的神情轉身騎車走了。原來那幅對聯就是流毒全國和激發紅衛兵使用暴力的理論基礎：老子英雄兒好漢，老子反動兒混蛋。橫批「基本如此」。

我後來到這所學校當油漆工人，長達近一年的時間裡，只見少數學生出入學校，沒有看到學生們上課，校舍到處破窗爛戶，凌亂冷清，那條醒目的大對聯，高高貼在校門上方。或許只有這幅對聯能告訴人們這裡發生過什麼。

天氣漸漸涼了下來，我們不再去游泳了。但每天早上仍可以聽到遇羅克的說笑聲。有時可以順路一起上班。只是晚上回來後就很少看到他在外面活動了，他總是在院子的東北角的一間只有一米多寬的小屋裡讀書和寫字，我時常回家很晚，有時甚至半夜方歸，但無論回來多晚，總看到遇羅克小屋的燈光。我於是由衷地敬慕他那種好學的精神。

一九六六年的秋天，紅海洋的色調映襯著紅色恐怖。紅色恐怖使得路人個個自危，但他們只要見到了傳單、小報，都要踴躍爭要或購買。在東單郵局前買賣小報和交換小報的人，成了一道風景線。我有時也走進這個人群，購買不同的小報，目的猶如集郵，當時我已有一百多種，成了我生活中的一種樂趣。

六六年十月份，遇羅文和遇羅勉兄弟參加了學生的大串連，他們肩負了哥哥的使命：要瞭解「血統論」在各地的流毒。

一天晚上，遇羅克拿著三張八開紙的油印材料讓我看，並讓我提提意見，這是我第一次看到他的「出身論」。文稿字跡工整，文筆流暢，說服力強，是對「血統論」的迎頭痛擊。讀後感到酣暢與快慰。但當時能有誰敢逆「階級鬥爭」之綱而動呢？我把我的讀後感告訴了遇羅克，他很高興。

我問他為什麼不隨弟弟們去串連，他說他將要迎接這篇「出身論」可能引起的全國性的大辯論，並說這比去串連更重要。當晚他又給我拿過二十份已折疊好的「出身論」，讓我明天路上散發，我欣然答應。

第二天我們一起從東四北大街左轉向東，一路上向步行的成年群眾散發了出去，我留下一份拿到當時正在施工的垂楊柳醫院工地上，一個戴眼鏡的合同工看到我手中的這份「傳單」，說借去看看，過一會兒他找到我，興奮地說：「這份材料您能給我嗎？我要拿回家去把它抄成大字報，讓全村都知道，這裡頭的話說的太對了。我高中畢業三年了，上大學沒我的份兒，幹別的也不讓你去，來這兒當合同工還死說活說才讓來的……」

他看了這份小報，就像找到了答案，就像看到了光明。沒過幾天，羅文、羅勉兄弟大串連回來，他們帶回來關於「出身論」和「血統論」相互抗擊的消息。

遇羅克的小屋時常客滿，是在孕育著一個新的生命。

一九六七年一月十八日《中學文革報》創刊號出版，以家庭出身研究小組署名的長篇論文《出身論》正式問世。除遇氏三兄弟外，我認識的幾個年輕人如郝志、牟志京、王有才、王建復、陶洛誦等人，他們那勇於追求真理的精神讓我敬佩。

創刊號出版後，羅克送給我十張，高興地告訴我「這一張報可以換好幾份其他小報」。我去試了一下，果然如此。小報一共出版七期，僅在第四期上有一個小漫畫，署名一工人，這是在我極感不安時答應畫的，因為不知什麼時候災難就會降臨。遇羅克常向我說，每天都有人跟蹤他，因此我不能更深地介入遇羅克的活動。

遇羅克雖然預感了什麼，但他好像對一切可能發生的和即將發生的都作好了充分的精神準備。他把情緒調整到最佳狀態。一九六七年三月的一個星期天，羅克約了幾個年輕朋友到香山公園去，也邀請了我，一路興高采烈，七八個人比賽般地爬上了香爐峰。我雖只有三十三歲，但在他們當中已是飽經世故了，很少和他們交談。

遇羅克他們此次的春遊是有既定目標的。登上香爐峰以後，他們一齊走進一個破碉堡中，羅克拿出一個日記本，試圖往碉堡頂上的縫隙中藏匿，他塞了幾個地方都沒有成功。還在藏匿的時候我走出了碉堡，我在想：他們約我一起出來玩，並沒告訴我他們今天的計畫，還是回避一下好。東西放好後，我們順原路返回，臨返回時羅文在山頂上照了幾張照片，其中也有我和遇羅克向山下遠望的鏡頭。

一九六七年四月我和徐鍾玲離了婚，獨自搬出了東四北大街五一九號，自此和遇羅克全家失去聯繫。

文化大革命如同惡魔鬧世，鬧得國無寧日。明年二〇一〇年是他遇難四十週年，我準備為他祭奠。

總結我的一生，我是由於家庭的苦難而皈依了宗教，而又因為宗教而使我苦難了一生。但我不悔，因為在苦難中我感受到了很多關心我的人，我也靠著信仰的精神力量讓我堅韌地挺過了血淚的二十二年。二〇〇七年我在美國普林斯頓大學參加了「反右運動五十週年紀念會」，我住在黃萬里兒子黃觀鴻的家裡，心情很舒暢，我感受到了世界愛好自由民主和平的人們的善意。我們這些當過右派的人，都是有良心、有責任感、正直無私的。我成過家也離過婚，一生的坎坷讓我感到祖國的命運與我們每個人的命運息息相關，我們活著就要為國家和民族的繁榮強大和民主自由而抗爭，為人民的權益而奮鬥。劉心武先生以我為主人公創作了《樹與林同在》一書，寓意一棵平凡的樹代表一片民族之林的尊嚴，我非常感謝他！也感謝曾經幫助過我的每一個人！

筆者趙旭2009年8月13日在許良英家中與其合影

為民主自由鼓與呼的著名自然科學史家許良英

「我一直在被監控著，你不怕影響了你嗎？」這是許良英先生對筆者說的第一句話。筆者聽到此話眼睛濕潤了，專制集團你為什麼放不過這麼一位有正義感的老人，他一個將近九十歲的人了能顛覆你武裝到牙齒的集權統治嗎？

我是浙江臨海人，一九二〇年五月三日出生於浙江臨海括蒼山山麓的一個小村鎮張家渡。父親是小地主兼營木炭生意，識字不多，在我四歲時他五十五歲就去世了，留下子女五人由我母親撫養。母親沒有讀過書，心地善良。我五歲上小學，對讀書始終有特別的興趣。一九三一年九一八事變，我害怕做亡國奴，由此養成天天看報關心國家命運的習慣，對蔣介石奉行的「攘外必先安內」和「不抵抗」政策非常憤慨。由於愛讀課外書，又受到科學救國思想的影響，我一度想做愛迪生、法拉第那樣的發明家、科學家，初中二年級開始崇拜愛因斯坦。

由於經濟拮据，我小學和初中畢業兩度升學都遭遇很大困難。高中進的是比較理想的浙大高工，全名是國立浙江大學代辦浙江省立杭州高級工業職業學校電機科。高工沒有自己的校舍和校牌，我們胸前掛的是浙大校徽。教室設在浙大工學院內，教師幾乎全是大學教師兼職的。高工二年級開始用的英文專業教科書也是大學用的。當時浙大文理、工、農三個學院學生總數不過五百四十六人，高工二百四十六人，所有全校性活動我們也都參加。我一九三五年入學後三個月，北平爆發了一二九運動。十二月十一日下午，浙大學生就帶領全市大中學生上街示威遊行，高呼國民黨當局不許喊的抗日口號。這次運動在浙大轉為驅除法西斯校長郭任遠的活動，堅持了兩個多月，終於迎來了正直開明、德高望重的新校長竺可楨。

一九三七年夏天抗日戰爭爆發，十一月，高工隨浙大遷到建德，不久被浙江省教育廳解散了。我當時懷著報國無門的極度沮喪的情緒回到了故鄉。一九三八年三月，我意外地發現新出的《萬有文庫》第二集中有一系列介紹現代物理學的通俗讀物，深入淺出地闡述了相對論和量子力學的一些基本概念，我欣喜若狂，整整半年都沉醉在這種狂熱的喜悅之中。我從初中起就對物理學一直非常感興趣，想不到還有這樣一個奇妙迷人的新領域，我決心要終生在這裡馳騁。與此同時，我精讀了愛因斯坦的文集《我的世界觀》。這本書是一年前買來的，當時看不懂，現在逐字逐句地慢慢咀嚼，慢慢消化。書中許多關於人生和人類事務的精闢論述，使我深受啟迪，使我第一次認真思考人生的意義以及個人與國家的關係問題。隨後又接觸到馬克思主義哲學，對它也產生了好感。

一九三九年二月，我懷著做「當代物理學權威」的夢想進了浙江大學物理系。那年浙大經歷了三次搬遷，落腳到廣西宜山。在我到校前三天，日寇十八架飛機在浙大校舍投下了一百一十八枚炸彈。一九四〇年一月，浙大又搬到貴州遵義。一到遵義，我首先看到的是骨瘦如柴、蓬頭垢面的背煤工人，背上壓著沉重的背簍，步履艱難地蹣跚於街頭。接著又看到一隊被繩子捆著押送的所謂壯丁，身披破爛單袿，光著大腿在寒風中哆嗦。同時又看到一些以路旁的岩窟棲身的赤貧人家。面對這一幅幅觸目驚心的人間慘像，我無法平靜，默默地凝視著。我醒悟到，這些在苦難中掙扎的勞動者是我們的衣食父母，並且用生命來抗擊敵寇，保障我們的安全；而他們過的卻是原始穴居人和古代奴隸的生活。我感到羞愧，覺得對勞動人民負了一身債。同時，我對國民黨當局的腐敗暴戾更是深惡痛絕，深感中國必須經歷一次革命，於是義無反顧地走出物理理論的世外桃源，把主要精力用於閱讀革命的歷史和理論書籍。

像我這種情況劃成右派在全國是很少的，我參加革命是自己讀馬列的書，自己追求革命的，我原來是很左的。一九四一年一月，皖南事變後的白色恐怖，激起我強烈的革命義憤，產生了參加中國共產黨的要求，但覺得當時浙大不像有黨組織，只能靠自己與兩位信得過的同學合作，開展地下革命活動。我們發起組織「質與能自然科學社」，致力於科學真理和革命真理的啟蒙。我是以科學的求真精神、革命的犧牲精神，以及對革命理想和革命領袖絕對虔誠的信仰而投身革命的。經過兩年多的認真學習與思考，反覆思想鬥爭和冒風險的革命實踐，以為自己領悟了純真的科學精神，無畏的革命精神和虔誠的宗教精神的真諦，認為三者融合為一體，是感情與理智的統一，我稱之為「理性」。遺憾的是，它卻鑄成了我對馬克思、列寧、毛澤東的迷信，直至一九七四年才有所覺悟。

一九四二年浙大畢業時，王淦昌先生要留我做他的研究助手。他說，我研究物理很有前途，因為我治學有三個特點：1，honest（誠實）；2，理解力強；3，有creative power（創造力）。由於我急於要找黨的關係，婉言謝絕了。我入學時，志願做一個「當代物理學權威」，畢業時卻立志要做一個「人」，一個真正的人，也就是要做一個職業革命家，一塊普普通通的革命道路的鋪路石。

我的入黨與別人不同，其他人要求民主，而我是看了馬克思的無產階級專政理論，對共產黨迷信、對馬克思迷信，義無反顧去做我要做的事的。一九四二年八月底，我到了桂林，找一位比我進步早的初中同學，我以為他已經入黨，可以幫助我解決入黨問題。他說，他一九四一年在重慶入黨，但目前與黨組織無直接聯繫。這樣我的入黨願望落了空。我在桂林耽誤了兩年，先後在五個中學教化學、物理、數學，同時兼任《科學知識》月刊編輯。一九四四年九月桂林淪陷前後，我在桂黔邊境山區流浪了半年。王淦昌先生在貴陽報紙上登廣告，召我回浙大。

一九四五年二月我回到湄潭任物理系助教。路過遵義時，找到了一九四三年就認識的史地系的呂東明，他介紹我認識了電機系的李振銘（李晨）。我們三人一連暢談了三天。這次交談對我幫助很大，我估計他們與《新華日報》有聯繫。一九四六年九月，我到重慶《新華日報》館解決了多年盼望的入黨問題。

當時浙大的民主運動已走出多年沉悶的低谷，開始蓬勃發展。我在湄潭主要是團結進步同學，開展思想工作，幫助他們分析形勢，出些主意。

一九四七年八月，我任地下黨浙大支部書記，十月浙大學生自治會主席于子三被國民黨政府殺害，引發了全國的反迫害運動。這是國民黨政權崩潰前最後一次全國性學生民主運動，被中共上海局命名為于子三運動。一九四七年十二月，中共杭州工委成立，我任工委委員，兼中學區委書記，負責浙江大學和之江大學以外各大、中學的開闢工作。一九四八年八月至一九四九年五月杭州解放，我分工負責領導浙大總支工作，一九四九年二月以後兼任大專區委書記。

一九四九年五月三日杭州解放，碰巧這一天是我二十九歲生日。在一九四八年十一月以前，我一直以為自己這一生是見不到解放的，以為自己在這個日子來到以前就已經死在了敵人的監獄裡或刑場上。從一九四〇年決心投身革命以後，我始終是作這樣的思想準備的。一九四八年十一月遼沈戰役後，迎接解放提到了我們的議事日程上來，我才意識到自己應該能夠看到革命勝利了。我對革命勝利缺乏思想準備，長期以來都自比魯迅所說的那種肩扛閘門的人，自己扛住沉重的因襲黑暗的閘門，讓下一代人進到光明自由的天地。如今天亮了，大地都光明自由了，肩扛閘門的人已經完成了歷史使命，應該再幹點什麼呢？在此以前，我沒有認真思考過。

五月三日下午，連一聲槍響也沒有聽到，解放軍就進城了。當天晚上我和陳向明碰了頭，決定第二天召開全市學生紀念「五四」、慶祝解放大會。我為大會起草了《告全市同學書》。大會在浙大工學院廣場開，到了全市五所大專院校和三十多所中學學生七千多人。

一九四九年五月中旬，我離開浙大到新成立的中共杭州市青委機關，任黨工科（最初名組織科）科長，負責全市大學和中學的黨務工作。這裡工作頭緒多，十分緊張忙亂，晚上和假日也很少休息。黨的機關裡等級森嚴，領導幹部追逐特權，完全沒有地下黨那種平等與友愛，我感到格格不入。但想起中國有幾千年專制封建傳統，現在是「新民主主義」階段，只好忍著。

一九五〇年三月，學校黨務工作歸市委組織部管，市青委黨工科撤銷，我被任命為市青委學生部部長。由於自己青少年時只愛鑽書本，不愛活動，又拙於口才，不宜做解放後的青年工作，曾打報告請求調到科學或文教戰線，未果。以後獲悉，一九五〇年中國科學院成立後不久曾考慮調我去，被浙江省委卡住了。

一九五二年一月，《人民日報》刊出龔育之長文，批評《科學通報》的「脫離政治脫離實際」的傾向；同時中共中央宣傳部部長陸定一也致信科學院院長郭沫若，批評科學院出版物的政治錯誤。《科學通報》是科學院機關刊物，是當時全國唯一的綜合性科學刊物。面對如此批評，科學院領導，特別是分管出版工作的副院長竺可楨感到惶恐，於是他們決定通過中共中央組織部調我來負責出版物的「政治把關」。

一九五二年六月二十二日我到北京，科學院黨組書記惲子強親自到中央組織部招待所接我。他是中共早期著名活動家惲代英的弟弟，原名代賢，一八九九年生，一九二〇年畢業於南京高等師範化學系，留校任助教，一九二五年入黨，一九四三年到延安，曾任延安自然科學院副院長。他為人憨厚、誠摯，生活十分簡樸。竺可楨在一九四九年九月二十九日日記中，稱他「一身之外無長物」、「可稱共產黨之代表人物」。我慶幸自己一到科學院就接觸到這樣一位值得尊敬的領導人，這同三年前在杭州一所見到的市青委領導人周力行成了鮮明的對照。惲子強告訴我，科學院黨組受到中宣部批評後，決定把工作重點轉移到出版、宣傳方面，他自己已從辦公廳（原任副主任）轉到編譯局（任副局長，局長為古生物學家楊鍾健）。他要我負責科學院全部出版物的政治審查，並具體領導《科學通報》的編輯工作。所謂政治審查，是指審查「立場」、「觀點」、「保密」三方面的問題。立場是指政治上是否「反共」、「反人民」；思想是指是否「反馬克思主義」；保密是指是否洩漏國家機密。

一九五五年反胡風和肅反運動中，我因在杭州時曾介紹胡風集團骨幹方然（朱聲，杭州安徽中學校長）入黨，受到懷疑、批判，停職審查一年。這是我一生受到的第一次政治打擊，雖然審查結果認為我歷史完全清白，所交代的一切全部屬實，但我下決心不再從事行政性工作，而應投身於學術研究。

在停職後期的一九五六年三月，中宣部科學處處長于光遠通知我參加自然科學哲學問題十二年研究規劃的制定工作。

規劃工作兩個月就完成了，我的審幹結論也出來了，我就請求調我到哲學所從事科學哲學研究工作，因為我的性格不適宜搞行政工作，而適宜從事學術研究。開始領導上不同意，說院部正準備成立宣傳局，要我去負責宣傳局工作。於是我給科學院黨組正式寫了一個請求調我去哲學所研究科學哲學的長篇報告，說明我從一九三八年開始就對科學哲學問題感興趣，以後八年內讀過不少這方面的書。

一九五六年六月二十八日我終於離開院部，抱著極大的熱望到新成立的哲學研究所報到，認為這是自己一個「終身職業」的開始。誰能料到，一年多後卻不得不結束這種理想的生活。

一九五六年是中國知識分子的黃金年。它開始於一月召開的知識分子會議。《人民日報》全文刊載了周恩來的報告。報告中說：中國知識分子「絕大部分已經成為國家工作人員」，「已經是工人階級的一部分」；高級知識分子中間，擁護共產黨的占百分之八十左右，計畫到一九六二年吸收三分之一的高級知識分子入黨」。報告中提出制定十二年科學發展遠景規劃任務，並號召「向科學進軍」。四月二十八日毛澤東提出「百花齊放，百家爭鳴」方針。一個月後，陸定一宣佈「有獨立思考的自由」和「有發表自己意見」的自由。我慶幸自己生逢其時，能在這個知識分子黃金年代開始自己的學術生涯，我滿懷希望和信心地踏上這條我所嚮往的道路。

一九五七年二月二十七日毛澤東發表《如何處理人民內部矛盾》（以後改為《關於正確處理人民內部矛盾的問題》）。三天後，我聽到科學院副秘書長杜潤生歷時四小時的詳細傳達，深受鼓舞，因為講話的基本精神與半年前我在《科學和我國社會主義建設》第五章的思路完全一致。當時我強調：「只要不是反革命分子，都應該有憲法上規定的各種自由權。」「人民內部，不可能什麼事都是一致的，特別是思想認識上，不可避免地存在著分歧和矛盾，而解決思想上的矛盾，只能用說理、批評和教育，不能採用行政命令的辦法。因為思想是禁止不了的；相反的，應該讓持有各種思想的人（只要他不是反革命）暢所欲言，在發揚民主和自由爭論的基礎上，來克服這種分歧和矛盾。」

十二天後，我又聽到毛澤東三月十二日在全國宣傳工作會議上的講話錄音，主要是談「雙百」方針問題。他說：「這個方針不但是使科學和藝術發展的好辦法，而且推而廣之，也是我們進行一切工作的好方法。」（可是，七個月後，在十月十三日最高國務會議上，言而無信的毛澤東卻把這個「推而廣之」的賬算到「右派」頭上。）這次講話再三表明，他對於貫徹「雙百」方針的決心是十分堅決的。講話中又提出整風問題，號召黨外人士幫助共產黨改掉主觀主義、官僚主義、宗派主義，要求「一切立志改革的仁人志士」以「捨得一身剮，敢把皇帝拉下馬」的大無畏精神，向共產黨人提批評意見。

為了宣傳他的「鳴放」政策，在宣傳工作會議期間，毛澤東一連召開了四個座談會；會後去杭州，一路上又講了四次。這些講話要點，我大都及時聽到傳達（通過中宣部科學處），每次都感到振奮。三月二十日在上海的講話中，他重申「雙百」方針可以涉及政治領域，「在涉及政治性的是非問題上，只要不屬於反革命一類，也應該讓他們自由說話。」他甚至駁斥電影局王闌西所說的「百花齊放」要鼓勵多放香花，避免放毒草，說，「要避免毒草」本身就是毒草。這句話使我五體投地。

四月七日中共中央發佈開展整風運動指示，號召黨外人士消除顧慮，無保留地向共產黨提批評意見，即所謂的「整風鳴放」。當時要求黨內外之間「拆牆」、「填溝」、「通氣」。毛澤東此前在上海對黨的幹部說：「要跟他們（指黨外人士）講真心話，不要講一半，還留一半在家裡講。」四月三十日他還對各民主黨派負責人說：大學裡如果大家對黨委有意見，可以考慮取消；教授治校，恐怕有道理。（可是一個多月後，凡是發表過同樣意見的人無一不被打成右派！）

在種種極端感人的坦誠的言辭的反覆動員下，素有「天下興亡，匹夫有責」和「士為知己者用」的傳統的中國知識分子，為了報答這個千年不遇的盛世聖主，都毫無顧忌地開懷暢言，使一九五七年五月出現了中國歷史上空前熱鬧的「鳴放」局面。從五月初到六月七日，報上什麼意見都有，甚至連要殺共產黨的話也登上了《人民日報》（以後知道這純屬斷章取義的歪曲捏造）。這個時期，我每天花四個小時讀報，並曾去北大看大字報，企圖分析研究鳴放出來的各種意見，從中找出人民內部矛盾中的基本矛盾和當前的主要矛盾。當我獲悉我以前工作過的中國科學院編譯局（一九五四年改組為科學出版社）有人在鳴放會上罵我，說以前的編譯局是受「許良英王朝的統治」，我並無反感，覺得別人把心裡的怨氣都吐出來總是好事。

由於我長期以來對共產黨和毛澤東的盲從迷信，根本不可能有偏離共產黨的思想。因此，在整風鳴放期間，我不僅沒有「放」過任何所謂「反黨」的言論，相反在聽到這類逆耳的言論時，我都要予以反駁。例如在一次哲學所黨員骨幹座談會上，有個老黨員提出，科學院的主要矛盾是「外行領導內行」，我即表示反對，認為這實際上是否定黨對科學事業的領導，而當前科學院的主要矛盾是「客觀任務大，主觀力量小」。在場的多數黨員都不同意我的意見。我那時每天都要研究報紙五六個小時，恐怕自己的思想跟不上形勢。

就在我沉迷於鳴放的熱潮時，做夢也想不到，六月八日突然變了天。一個多月來天天以大量版面報導各地各界人士對共產黨各種尖銳批評意見的《人民日報》完全變了臉，從社論到第八版，擺開了兇狠的架式，對那些批評進行全面的反擊。社論《這是為什麼？》發出聳人聽聞的危言：「右派分子正在向共產黨和工人階級的領導權挑戰！」這個晴天霹靂對於一年多來由「雙百」方針所帶來的喜悅是一個致命打擊。我怒不可遏，認為這會使黨失信於民，很可能是那些反對鳴放的幹部背著毛澤東幹的，因為毛澤東在二月關於人民內部矛盾的講話中說過：對於「雙百」方針，「高級幹部中十個有九個不贊成，或者半贊成，或者不甚通。」於是我就以「捍衛毛主席路線」的忠誠黨員自居，公開反對反右派鬥爭。

在六月十三日和十四日哲學所兩次黨員骨幹會上，我都是第一個發言，以十分激動的情緒，把心中的不滿全盤倒了出來。認為《人民日報》的突然變臉，既失信於人民，也是不道德的，連起碼的民主也沒有。鳴放是我們反覆動員他們放的，而且反覆聲明「言者無罪，聞者足戒」，怎麼可以言而無信，把提意見的人當作敵人？同時我竭力為那些受圍攻的民主人士辯護，認為他們對民主革命都有過貢獻，是我們生死與共的朋友，怎麼可以對他們無情無義？

會後，我進城找了于光遠，找了院黨委書記郁文，還找了范文瀾、潘梓年。他們告訴我，反右鬥爭是毛澤東親自策劃的。理由是右派利用整風向黨進攻。我對毛澤東非常迷信，既然如此我覺得是自己錯了。隨後讀到一個月前（五月十五日）毛澤東寫的黨內文件《事情正在起變化》，原來在鳴放還沒有達到高潮時，就已經佈置了反右運動。他說右派「欣賞資產階級自由主義」，是「喜歡吃人的鯊魚」。他估計在各單位的知識分子中，右派大約占百分之一到百分之十。

由於我公開反對反右運動，我成了科學院的第一個右派。當時報紙上黨內右派有人民出版社副社長曾彥修，我是黨內第二個右派。八月一日，科學院借用北大禮堂召開全院批判大會。《人民日報》於七月二十九日和八月一日一再刊出批判我的報導。報導中最引人注意的是說我造「中央分裂了」的謠言。事實上這不是我造的謠言，而是聽清華的一個朋友說的。他說：搞反右鬥爭毛澤東是不同意的，是劉少奇、彭真等人一定要搞。我不相信這句話，因為我認為中央最高領導層中不可能有分歧。我不敢把這句話隨便轉告別人，只是在自己交代檢查時向哲學所黨組織彙報。想不到，哲學所「整風領導小組」為了加重我的「反黨罪行」把這句話變成是我說的，並在《人民日報》上發表。

一九五八年三月一日下午，哲學所整風領導小組宣佈對我的處分決定：我被定為「極右分子」，受第二類處分，即開除黨籍，撤銷一切職務，監督勞動，送黑龍江密山國營農場勞動，每月發二十九元生活費。（最重的是第一類處分：開除公職，勞動教養。）我認為自己革命十幾年，只因為幾天的錯誤就真的被當成反革命，思想不通。我說，我勞動很積極，用不著你們監督勞動。當時要送我到東北的農場去，加上我一九四四年起腰部患上嚴重的關節炎，經受不住東北冬天的嚴寒，於是我選擇了「自謀生路」。我回到家裡，愛人王來棣（原浙大地下黨員，一九五二年調近代史研究所）一連哭了兩個晚上。那時她已經懷胎十月，結果孩子死於胎中。在她一個月產假滿了，即以包庇我的罪名被開除黨籍。為了不再連累她和兩個年幼的孩子，我決定回老家從事農業勞動。

一九五八年六月八日，我離開北京，啟程回到故鄉，開始從事體力勞動，用勞動工分來養活自己和年邁的母親。我是懷著認真改造自己的心情回到故鄉的，那時正逢「大躍進」的高潮，到處熱氣騰騰，我也受到感染，情緒因此比較開朗。故鄉的農民對我很寬厚，他們說：「什麼右派，不過說錯一句話！」我到故鄉後兩個月，《人民日報》報導湖北麻城出現「天下第一稻」，早稻畝產三萬六千九百斤，我興奮不已，可是同生產隊的農民不相信，我與他們爭辯：黨報難道還會說假話？何況報上還有四個小孩坐在稻穗上的照片！幾年後知道這是假的，黨已作了批評處理，這又使我相信共產黨知錯必改，容不得半點虛假，對黨的迷信反而更深。

一九六一年三月，我摘了右派帽子，回北京看望妻兒，又找到科學院黨組織。黨委書記郁文告訴我：黨組認為當初對我處分過重，將考慮讓我回科學院工作。目前全國都在精簡下放幹部，科學院要下放上萬人，我只能暫在農村等一等。我回故鄉後，臨海縣政協即邀請我每年列席縣政協和人大的會議。

一九六二年八月，哲學所自然辯證法組（組長仍是于光遠）寄來一份《關於自然科學哲學問題的重要著作選譯擬目（草稿）》，向我徵求意見，並要我參加這項編譯工作。我給這個擬目提了二十七頁修改意見，並表示願意負責編譯愛因斯坦著作選集。他們就同意了。以後瞭解到，當時所以要開展這項工作，是出於政治需要。當時正處於中蘇論戰高潮，毛澤東要取代赫魯雪夫成為全世界共產主義運動的領袖，中國要成為全世界革命理論中心，要批判全世界一切反馬列主義思潮，因此，必須把著名自然科學家的哲學、政治思想言論編譯出來，供批判之用。為了解決我的生活問題，他們把我留在北京的《物理學的基礎》譯稿交商務印書館出版，使我可以用稿費向生產隊購買勞動工分。隨後我去北京住了四個月，帶回十幾種愛因斯坦著作和十來種愛因斯坦傳記，盡全力投入到閱讀和翻譯工作，每天工作十四個小時以上，每夜點著油燈工作到12：30以後。在北京期間，獲悉上海科委秘書李寶恒曾計畫編譯愛因斯坦著作，於是找他合作。但他工作忙，只分擔小部分翻譯工作。到一九六四年十月已完成了原定計劃，選譯了二百多篇文章，五十多萬字。書名《愛因斯坦哲學著作選集》，實際上包括了他的有代表性的科學論文和社會政治思想言論。但由於國內階級鬥爭的氣勢越來越猛，出版進程受阻。利用這段空隙，我寫了一篇九萬字的評論性《編譯後記》，並在此基礎上寫了一部十七萬字的專著《愛因斯坦的世界觀》書稿。

為了試探一下外界反應，我把《後記》和《世界觀》稿中論述哲學思想部分的要點，寫成了一篇二萬五千字的論文《試論愛因斯坦的哲學思想》，經李寶恒略加修改後，聯名寄給哲學所的《自然辯證法研究通訊》（這個刊物是我一九五六年到哲學所後創辦的），發表於一九六五年十一月出版的第四期上。因為我是「摘帽右派」，不准用真名，只好改用筆名。出人意料的是，中宣部長陸定一對此文很讚賞，認為學術批判文章就應該這樣寫，要《紅旗》雜誌轉載。

文化大革命運動開始後不久，我就成了全村主要打擊對象，街上貼滿了攻擊我的大字報，其中最聳人聽聞的是：許良英「譯黑書」、「三上北京接受鄧拓的黑指示」、「帶回大筆反黨活動經費」、「組織反革命集團」。同時有人藉口「除四舊」，要把我家裡的書全燒光。幸虧此時四清工作隊進駐我們村，隊員都是台州地區的幹部。他們從九月住到十二月。我把自己的歷史和當前的處境向他們做了書面和口頭彙報，得到了他們的理解和同情。

隨後，村裡成立造反派。為了響應毛澤東的號召，我以當年參加地下黨的心境支持造反派，幫助他們寫批判走資派的大字報，但盡力勸阻造反派之間的武鬥。

由於往年的地下黨被懷疑為叛徒、特務組織，一九六八年五月，杭州和浙大革命委員會把我押到浙大審查十一個月。開頭五個月住在招待所裡，還有人身自由，主要是寫浙大和杭州地下黨的組織情況，共寫了二十三萬字。同時接待了數以百計的外調人員，寫有關證明材料。十一月中旬，我成了「清理階級隊伍」的對象，被關進行政大樓五樓的監獄。先審查我的個人歷史，我寫了十萬字的自傳。後開了三次批鬥會，把我押到台上低頭聽批判。其中一次是關於于子三慘案的。他們污蔑于子三是「軟骨頭」，而我認為他是烈士，這就成了我的「罪行」。這樣我在杭州被關押了十一個月，後來又在監獄裡關了五個月，在這裡我受盡了隨意的打罵和不斷的侮辱。一九六九年五月二十日，他們宣佈對我審查的結論：一、我個人的歷史全部是清白的，未發現有與一九五六年科學院審幹結論相矛盾的問題。二、整個我們系統的地下黨組織是屬於毛主席的革命路線，是紅線。

一九六九年五月二十五日，我在浙大兩個同志陪同下回到了故鄉。尚未到家，就聽說城西區開全區幹部會議，宣佈我是城西區「反革命總根子」，是「出賣過六個同志的大叛徒」，在杭州已經「關進監獄」。同來的浙大革委會同志深感駭異，當著張家渡公社革委會負責人的面，對此問題進行了澄清。八月二十九日下午，我年邁的奶姆（我從小吃她的奶長大）神色慌張地告訴我，昨晚全大隊貧下中農會議，宣佈明天要開城西區批鬥大會，主要批鬥我。我即去找公社革委會頭頭說理，他聽不進。街上已到處張貼誣衊我的標語。批鬥會定於八月三十日在村東的溪灘上開，號稱萬人。城裡批鬥是掛牌子，而我們這裡按慣例受批鬥者都要五花大綁，雙膝下跪。我從小受台州人硬骨頭精神薰陶，無法忍受這種凌辱，只能以死抗拒。我想，我革命了一生，就那麼一個星期的所謂右派錯誤，為什麼要這樣對我。我也不想活了。在預定開批鬥會前四個小時，我喝了兩小瓶農藥敵敵畏，即失去知覺。經衛生所醫生搶救，十二小時後才活了過來。毛澤東說過，共產黨員要五不怕，即一不怕開除黨籍，二不怕開除公職，三不怕老婆離婚，四不怕坐監獄，五不怕殺頭。我有幸都體驗過了，的確沒有什麼可怕。可悲的是，我並沒有因此而有所醒悟，依然五體投地地迷信毛澤東。

一九七四年我才從毛澤東迷信中猛然覺醒，使我重新審視中國的現實，重新思考中國的出路問題，同時也開始反思自己的人生道路。這是我一生第二個思想轉折。第一個轉折是發生在一九四〇年。一九五七年雖然失足落入深淵，從此在逆境中掙扎，但自己的思想基本上依然未變，依然以共產主義戰士的標準來要求自己，希望儘早回到黨的隊伍。

一九七四年底我被趕回故鄉後不久，中國政治風雲又起變化。一九七五年夏，國務院成立政策研究室，于光遠是主要成員之一。北京有朋友寫信告訴我，政策研究室領導哲學社會科學部的工作，這是我爭取回哲學所工作的好機會。於是，十月我回到北京。這次來，公社不給出行證明，商務也不予接待，不得不作為「黑戶口」借住在趙中立家，一住就將近半年。剛到北京時，恢復工作確實有希望，于光遠在為我盡力。可是，一個月後，風雲驟變，突然出現清華大學的劉冰事件，接著就是一陣批「右傾翻案」風和「批鄧」。于光遠又一次被打倒，一切希望都成了泡影。本來我又得回老家了。在《愛因斯坦文集》第二卷於一九七五年九月交稿後，商務表示第三卷能否出版是個問題，因為這一卷全是社會政治言論。幸虧我剛回到北京時，于光遠通過出版局局長石西民幫助我解決了這個問題。十一月商務通知我：同意我繼續完成第三卷的編譯工作，生活費發到一九七六年年底為止。由於第三卷內容風險大，范岱年考慮到自己家庭負擔重，不便參與。於是我約請老同學張宣三接替他。

據一九七七年九月「中華、商務運動辦公室」正式公佈的材料，一九七六年三月十五日出版局核心組批鄧座談會的記錄中有這樣兩個發言：

金沙（中華、商務臨時黨委書記）：「許良英的問題，我們和出版局是有爭議的，或者說是有鬥爭的。」

都仍（中華、商務臨時黨委副書記）：「許良英前年查戶口送走了，去年我們研究不讓他翻譯了，停止了生活費。後來金沙同志傳達（石西民同志的意見）說，不但可以翻，翻了出版也可以。……我們爭論的分歧點不在一個人，而是我們的翻譯走什麼路子的問題。實踐證明，工農兵是可以翻譯的，不是離不開許良英這樣的人。」

這是那個時代的典型語言，不無歷史價值。

一九七六年三月，商務終於讓我回珠市口招待所住，並在編輯辦公室裡工作。不久就發生震驚全國的天安門事件。我有幸耳聞目睹了事件的始末。因為我每天清晨去上班和晚飯後回招待所都要經過天安門廣場。從三月下旬開始，人民英雄紀念碑四周陸續出現悼念周恩來的花圈、輓聯、詩歌和悲憤的人群。我每天至少要在這裡停留兩三個小時，噙著淚凝視這一切，深深感受到這樣一條真理：人同此心，心同此理；人心不可侮。經受了十年災難，人民已經覺醒了，任何高壓、欺騙都已經不能使歷史回頭。一切都像安徒生童話《國王的新衣》那樣簡單、清楚。到四月初，可容納五、六十萬人的廣場擠滿了人。這是我一生從未見過的最壯觀、最激動人心的場面。這場完全自發的群眾悼念活動，於四月五日清明節晚上遭到血腥鎮壓。緊接著是清查所謂「反革命」、「批鄧」之火也越燒越烈。要不是七月二十八日凌晨的唐山大地震，秋天我一定又要被趕回農村。地震餘波未盡，九月九日毛澤東去世了，大家意識到，國家的災難可望有個盡頭了。果然，不出一個月，大家奔走相告，惡貫滿盈的江青集團於十月六日得到了應有的下場。

萬萬想不到，「四人幫」垮了，我的身體也垮了。真是樂極生悲。就在獲悉「四人幫」垮台那天，我和呂東明、趙中立泛舟昆明湖，受了風寒，咳嗽不止，拖了一個多月，飯也吃不下。十二月七日上午我的孩子許成鋼一定要我去醫院檢查。X射線透視的結果：右肺全部有陰影，中間還有一個直徑二釐米的空洞。醫生診斷為嚴重的肺結核。下午三時，商務一位編輯來電話，說：「告訴你一個特大喜訊！」我冷漠地回答：「有什麼可喜的？我告訴你一個可悲的消息，我得了肺結核！」他說：「對你最重要的莫過於《愛因斯坦文集》的出版，現在第一卷的樣書已到，望即來看。」我懷著喜悅和憂愁的心情去商務辦公樓。路過前門轉車時，突然咳了一口痰，一看竟是血。十分鐘後到了辦公樓，看到了自己這部經歷了十四個寒暑，三次到北京，二次到上海，多災多難的書稿終於印成了書，而今天，它竟成了名副其實的「嘔心瀝血」的產物。

拿到樣書，我百感交集，而病魔也在加緊折磨我。回到招待所後依然咯血不止，第二天半夜一連咯了一個茶杯的血。隨後我被送進北京結核病醫院。奇怪的是，住了兩個月後沒有查到結核病菌，於是醫生懷疑我患的是肺癌，許多朋友以為我活不久了，我泰然處之。可是，最後也沒有查出癌變的跡象。

刊有周培源序言的《愛因斯坦文集》第一卷重印版終於在一九七八年三月出版了。三月十四日，愛因斯坦誕辰九十九週年，《人民日報》第三版全文發表了這篇序。當晚，新華社以《中國出版〈愛因斯坦文集〉》為題，用中文和英文向海內外發佈消息，介紹了周先生序言的主要內容，特別是對愛因斯坦的崇高評價：「他是人類歷史上一顆明亮的巨星。」遺憾的是，這條消息中有一嚴重失實的內容，說《文集》的編譯工作「是由中國著名的物理學家許良英主持」，我感到噁心，立即去信要求更正，嚴正指出：我既不是「物理學家」，更不是什麼著名人物，我不過是一個農民，一個沒有公職的人民公社社員；編譯工作也不是我「主持」的，我們五個編譯者的地位是平等的，都是共患難的同志。

為了解決回科學院工作問題，一九七七年八月我寫了一個報告給科學院黨組，請秘書長郁文轉交。四個月後于光遠告訴我：替我說好話的人已經不少，郭沫若院長，竺可楨、吳有訓副院長，秦力生和郁文都替我說了。問題卡在具體掌管人事權的幹部那裡。實際負責黨組工作的李昌不敢做主，報告給國務院。再過四個月（一九七八年三月下旬），國務院副總理方毅（又是政治局委員）批給國務院政工組，才得以最後解決。方毅批示中，說明這是「重新參加工作」（不算落實政策），工資不少於一百元。四月，科學院通知我回科學院工作，工資一百零三點五元。五個月後，在胡耀邦的推動下，中央做出右派「改正」決定，我的右派問題於一九七九年一月得到「改正」，恢復了一九五二年定的工資級別，也恢復了黨籍。對於右派改正和恢復黨籍我毫無欣喜之情，因為一九五七年我不該被定為右派，而黨五十年代後已經腐敗變質，回到這樣的隊伍，心情十分沉重、鬱悶。

科學院通知我回科學院工作時，要我重操舊業，從事科學哲學（自然辯證法）方面工作，我則希望研究科學史和科學思想史。經過交涉後終於同意我到新成立的自然科學史研究所工作。這個所是一九七五年由中國自然科學史研究室（成立於一九五六年）擴大而成，原來只研究中國古代科學史，我去了以後才開始開展世界近代和現代科學史的研究。

一九七八年六月初，我回故鄉遷戶口，隨後向科學史研究所報到，正式恢復了公職。不久，學化學和生物出身並長期在中宣部科學處工作的李佩珊也調來，她任副所長兼近現代研究室主任。由於房子擠，我們這個研究室就在友誼賓館租住了四年，當時的任務是編寫二十世紀科學技術史。這項工作於一九八三年完成，出版了八十六萬字的《二十世紀科學技術簡史》，參與編寫的共二十四人，由我和李佩珊、張鍾靜負責統稿，全書總結性的結束語由我執筆。此書一九九九年出了增訂本第二版，篇幅擴充為一百二十六萬字。二〇〇四年被收入《中國文庫》第一輯。

一九七九年是愛因斯坦誕辰一百週年，為消除「文革」對愛因顛坦的誣衊玷污，經我倡議，北京舉行了隆重的紀念活動。紀念會上由周培源做主題報告，他要我幫助起草講稿。通過這次活動，愛因斯坦的偉大科學成就和崇高精神境界在中國廣泛為人們瞭解。

一九八〇年二月，中共中央書記處重新設定，胡耀邦任總書記。兩個月後他就找李昌，要他組織科學家為書記處成員和國務院領導人講授科學技術知識。第一講是科學史，由錢三強主講，講稿主要由我和李佩珊執筆。講稿中我著重寫上了這樣一個論斷：「科學和民主是現代社會賴以發展、現代國家賴以生存的內在動力。」這次講座於一九八〇年七月二十四日開講，報刊上發表了講稿全文，引發了一次學習科學史的熱潮。

經歷了以造神為標誌的文化浩劫後，以思想解放和平反冤假錯案為基礎的改革開放，是中國知識分子的黃金年代。但承襲毛澤東衣缽自封為「第二代核心」的鄧小平，卻視有獨立思想的知識分子為洪水猛獸，早在一九八一年九月就發出聳聽的危言：「目前形勢比一九五七年還要嚴重，知識分子要向我們奪權！」顯然，他是想再搞一次反右派運動。可惜時代變了，人心變了，他自知沒有本錢可以發動大規模的整人運動，只能虛張聲勢地每隔一年搞一次小規模的「反對資產階級自由化」或「清除精神污染」運動，卻也遭到胡耀邦、趙紫陽的抵制。

一九八六年十一月，方勵之為加速改革步伐，約我劉賓雁共同發起召開一個「反右運動歷史學術討論會」。我們三人十一月十四日在我家聚會，商定會期定於一九八七年二月三——五日，限於學術性討論，人數三十人左右，聯繫地點設在我家。通知是我發的，劉賓雁此時已退出，說《人民日報》社不讓去。我們發出通知後，除費孝通和錢偉長外都立即回信，且都充滿熱情。給我印象最深的有：袁翰青、黃萬里、鍾惦棐、曾彥修、劉尊棋、徐鑄成、白樺、邵燕祥、曾肯成、陳學昭、孫章祿和陳修良。錢偉長接到我發的通知後，交到了中央統戰部，並在上面簽了話：「方勵之是政治野心家，他自稱是中國的瓦文薩，我的問題還沒有解決，但我與他們是不同的。」鄧小平後來說：「這次錢偉長表現很好，應該重用。」很快錢偉長就被任命為全國政協副主席。

方勵之那天離開我家後就去上海，在幾個大學做了關於民主和改革的講話，反應熱烈。方勵之講話很厲害，他在學生中談到了誰養活誰的問題，是納稅人養活了共產黨。十二月上旬開始，合肥、武漢、上海、杭州、南京、北京相繼出現學生上街要求民主的遊行。十二月三十日上午，鄧小平召胡耀邦、趙紫陽、胡啟立等人講話，責備胡耀邦反自由化和制止學潮不力。當他指責方勵之的自由化言論時，趙紫陽插話：方勵之和劉賓雁、王若望要開紀念反右三十週年大會（把我誤為王若望，把歷史學術討論會誤為紀念大會）。於是鄧說，要把這三人立即開除出黨。

隨後，胡耀邦被迫辭去總書記職務，方、劉、王三人被開除黨籍。按計劃，在三人之後還要開除十人，我是首當其衝。由於我們決定無限期推遲反右歷史討論會的會期，趙紫陽發了慈心，我得以暫時倖免。

胡耀邦因反自由化不力而遭罷黜，使我心中僅存的對共產黨的一線希望和對馬克思主義的一點殘餘信念都徹底破滅了。一九八八年十一月，由幾個民間研究機構聯合召開的全國現代化理論討論會上，我提出：要實現現代化，必須依靠民主與科學。「五四」前夕的一九一九年一月陳獨秀就曾大聲疾呼：只有民主（他稱為「德先生」）與科學（他稱為「賽先生」）「可以救治中國政治上、學術上、思想上一切的黑暗」，「為擁護這兩位先生」，「就是斷頭流血，都不推辭」。第二年，他開始組建共產黨，接受了馬克思的無產階級專政和階級鬥爭理論，於一九二〇年九月發表文章，把民主看作是「資產階級專有物」，予以否定。「五四」的民主啟蒙運動就這樣被啟蒙者親手扼殺了。這是一出令人痛心的歷史悲劇。由此，我認識到：馬克思最大的歷史錯誤是主張專政，反對民主，並認為整個人類歷史是階級鬥爭的歷史；這導致史達林和毛澤東的暴政。中國要實現現代化，必須回到「五四」開展民主啟蒙運動。而這種啟蒙，首先必須啟知識分子自己的蒙。我一九四九年以前所從事的名為民主革命運動，可是只是向國民黨政府要民主，以為只要共產黨掌了權，自然就民主了。因為共產黨是全體人民利益的代表。到一九七四年我才發覺事實並非如此，自己實際上也根本不懂民主的真正意義。我們這一代知識分子大多如此，以後幾代在封閉環境下長大的更不用說了。

一九八九年一月，方勵之寫了一封信給鄧小平，要求釋放魏京生，北島等三十三位作家聯名回應。二月，我與老同學施雅風發起呼籲政治民主化的聯名信，要求政治體制改革，保障公民自由權利，終止因思想定罪的歷史。聯名信請錢臨照、王淦昌兩位老先生領銜，簽名的有四十二人，多數為有成就的自然科學家。科學家群體共同發表政見，在中國歷史上這是第一次，在國內外產生了巨大影響。當時以趙紫陽為總書記的中共中央的反應是比較明智的，他們認為信的內容沒有問題，並指示科學院各級黨組織，不要找簽名者談話，以免他們感到壓力。隨後，統戰部部長閻明復還請我們夫妻和施雅風吃飯，希望充分聽取我們的意見。

從一月到三月，先後有四批共一百一十位知識分子聯名發表公開信，以及當局比較開明的態度營造出早春的民主氣息，為隨後因胡耀邦四月十五日含冤去世而引發的群眾性民主運動作了鋪墊。

學生對胡耀邦的遭遇憤憤不平，自發到天安門廣場悼念，稱他為「中國魂」。這觸怒了鄧小平。鄧小平於四月二十四日對政治局常委頒下諭旨，認定這是一場有計劃的陰謀，是動亂，對它不能手軟，要準備流血，有軍隊可以對付，不怕形象不好，只要經濟上去就行了；要逮捕一些人，要抓黑手。這道聖旨立即普遍傳達，並成為四月二十六日《人民日報》社論的基調。

學生們對這道殺氣騰騰的聖旨並沒有猛烈對抗，而是以一次理性的、和平的和自我克制的遊行，要求當局收回這篇不符合實際情況的、定性錯誤的社論。當局拒不改正這篇社論，學生也不願意在毫無安全保障的情況下復課。於是出現了曠日持久的頂牛局面，最後導致五月十三日開始三千名學生在天安門廣場無限期絕食。如此眾多的青年學生以這種自我犧牲的方式為中國的民主事業而抗爭，激起了全國人民的同情，在北京每天有上百萬人上街遊行，全國各地紛紛響應。多年來為人們深感憂慮的社會風氣的敗壞，這些日子裡竟奇蹟般地驟然削減，人們自動維護社會秩序，長期渙散的人心自然地凝聚在一起，表現了中華民族不愧為偉大的民族。

這樣一次體現中華民族優秀品質的可歌可泣的群眾自發運動，竟以六月三日晚到六月四日血洗十里長安街為結束。這是稍有人性的人都難以想像的，但卻是鄧小平早在四十天前就明白無誤地下了這個狠心，在罷黜了同情學生的總書記趙紫陽以後，親自調動數十萬軍隊包圍北京來實現其意圖。

「六四」屠殺後，被官方誣衊為「黑手」的方勵之第一個被通緝。親友們為我的安全擔憂，勸我躲避一下。我謝絕了。因為我已做過三世人（一九二〇至一九四九；一九四九至一九六九；一九六九－），已經活得夠長了，現在能夠為中國民主事業做一個譚嗣同，當死而無悔！美國之音電話採訪我，我在電話上說，我為了中國的民主，死了也不怕。

後來科學院登記黨員，中央派了兩個幹部來不讓我登記。我的文章不讓發表，只能送到海外去發表。我已經是死過一回的人了，現在什麼也不怕了。

「六四」後，中國政治上出現了大倒退，政治高壓、意識形態控制、假話空話滿天飛，彷彿又回到了「反右」、「文革」。為了重撐改革門面，一九九二年鄧小平發表「南巡講話」，海內外為之歡呼。我卻給他潑冷水，發表短文《沒有政治民主，改革不可能成功》，指出：只談經濟改革而回避政治改革，更諱言民主，這種蹩腳的改革不可能成功。並進一步指出：如果人僅僅是經濟動物，那麼值得稱道的並不是亞洲「四小龍」，而是希特勒當政時的德國，我們應該高呼「希特勒萬歲」了，何況他搞的也是「社會主義」（Nazi，即民族社會主義）！當局對此如臨大敵，認為這是出版界最嚴重的政治事故。

一九九三年，為北京申辦二〇〇〇年奧運會做門面，釋放了王丹、魏京生等政治犯。中奧落了空，一九九四年二月又把這些人抓了起來。為此，我起草了《為改善我國人權狀況呼籲》，共有七人簽名。三月十一日《紐約時報》頭版頭條發表記者對我的採訪，並刊出呼籲書全文。可是，當局不但不考慮我們的呼籲，反而肆無忌憚地侵犯呼籲者的人身自由權利。三月十二日大批警察進入我們宿舍區，並堵住我的家門，把我軟禁了三天。從此以後我們的宿舍樓經常有警察把守，不准外國記者採訪，甚至隨意拘禁來看望我的青年人。至於我家的電話，從一九八九年開始一直被竊聽，有時乾脆被掐斷。

一九九五年為「聯合國寬容年」。五月，我起草一份呼籲書《迎接聯合國寬容年，呼喚實現國內寬容》，先從歷史上論證寬容是人類文明的標誌，而中國自古以來缺乏寬容精神。呼籲書中希望當局不要再把有獨立思想的人當作「敵對分子」，重新評價「六四」事件：釋放所有因思想、言論和信仰問題而被關押的人員。同時希望全社會培育尊重他人的寬容精神，切忌暴力行為。呼籲書請王淦昌先生領銜，他欣然同意，簽名的共有四十五人。發表後在國際社會引起強烈反響，各國一批知名人士共同發起響應這個呼籲書的簽名運動，一個月內共有一千多人簽名，其中十位諾貝爾獎獲得者。出人意料的是，這個寬容呼籲書竟遭到美國公民楊振寧的詆毀。他給王淦昌先生寫恐嚇信，胡說這是「不利於十二億中國人民的事」、是「嚴重的事」、「極為不幸的事」。王先生被他嚇懵了，寫了一封令常人無法理解的信。他如獲至寶，送香港報上發表，嚴重損害了王先生的聲譽。為此，我不得不公開澄清事實真相，揭露楊振寧為虎作倀的無恥行徑。這種行徑，與半個世紀前德國兩個為希特勒賣身的物理學敗類何其相似。

二〇〇五年是愛因斯坦奇蹟年一百週年，聯合國大會通過決議，宣告二〇〇五年為「國際物理年」，理由之一是紀念愛因斯坦。德國政府乾脆將二〇〇五年命名為「愛因斯坦年」。為讓公眾深入瞭解愛因斯坦，我編了一本圖文並重的文集《走近愛因斯坦》。

自從一九七四年從迷信中猛醒以後，逐步認識到民主與科學是現代化之本，必須開展民主啟蒙運動，而首先必須啟自己的蒙。一九八三年完成《二十世紀科學技術簡史》統稿工作後，開始系統學習西方文明發展史，以及民主的歷史和理論，認真閱讀各個歷史時期的代表性著作。我發現自己過去從國內流行的讀物中所瞭解到的歷史是歪曲的，不認真的。如說，古代雅典民主制是奴隸主民主，是貴族政治。盧梭（Rousseau）被認為是近代民主啟蒙思想家的主要代表。法國大革命被認為是近代民主革命的標誌，對殺人如麻的雅各賓專政頂禮膜拜。而不知道雅典民主制雖有缺陷，但本質上體現了真正的民主、自由、寬容和法制精神的。可是，即使在今天，中國從上到下對這些幾乎依然是陌生的。也不知道洛克（Locke），英國「光榮革命」（一六八八至一六八九）和美國民主革命（獨立戰爭）對整個人類歷史的影響，遠遠超過盧梭和法國大革命，更不用說盧梭比洛克晚生八十年，法國革命是直接受美國革命的影響的；而成為二十世紀最大禍害的極權主義，正來源於盧梭和雅各賓專政。我由此認識到有必要在深入研究的基礎上寫一本夾敘夾議的關於民主的歷史和理論的著作。這項工作得到了長期從事中國近代史研究的老伴王來棣的支持和合作。近二十年來，它成了我們的主要工作。由於我們過去對西方的歷史太不熟悉，需要讀的文獻和著作非常多。可是我的視力極差，一九八五年左眼視網膜脫落，手術後視力僅〇・〇二，右眼也只有〇・一，看書要用放大鏡。加上我們的記憶力都在衰退，寫作非常吃力。此外，不時有不可推卸的義務和意外的干擾，寫作時斷時續，進度很慢。但我有信心把它完成。這將是我對中國民主事業所盡的最大一份力量。

許良英先生一生主持編譯的三卷本《愛因斯坦文集》，是迄今最全面的愛因斯坦思想資料，他還是《二十世紀科學技術簡史》的主編之一。由於他一直致力於中國的自由民主進步事業，從事追求自由民主的努力和活動，獲得了二〇〇八年美國物理學會頒發的薩哈洛夫獎。

姜萬里1953年立功照片

右派分子姜萬里的勞教生涯

我的家庭出身和社會關係都複雜。時間跨度很長，這裡只能概略地談一談。

我家祖籍遼寧省遼中縣，祖父升官後，定居瀋陽。祖父早年追隨張作霖，參加過兩次直奉戰與平定郭松齡叛張之戰，憑藉戰功從士兵一直晉升至統兵師長。張學良執掌東北後，被改任「東北保安司令部」少將參事。

日本投降，國民黨地下先遣軍派人登門，委任祖父當「第一路先遣軍司令」，祖父沒給招一兵一卒。

後來共產黨入沈，張作霖的第四兒子張學思出任第一任共產黨領導下的遼寧省省主席，張學思請祖父出任遼寧省參事室參議，林彪還請他參加過東北耆老座談會。張學思退出瀋陽，祖父沒跟著去。

一九四六年國民黨進城，祖父曾會見過「抗戰英雄」馬占山。在東北軍時，祖父曾和馬占山相識。同年六月，國民黨宣佈「戡亂建國」，國民黨瀋陽市政府邀請祖父參加議事會，祖父在會上提出「國共同為中國人，不要骨肉相殘，最好以黃河為界，國共分治」，當場被一位少壯派國民黨人士咆哮斥責，以後再不請他。父親在張作霖時代當過連長。偽滿洲國當過職員。

我的大姐夫在日偽時期，留學日本。在留學期間加入中共滿洲省委。一九四四年畢業回瀋陽，曾組織人放火燒掉偽滿洲國遼中縣棉花倉庫，日本人通緝他，他逃往北滿避難。可是，日本投降後，有一個時期他又搖身一變成為「國民黨的地下工作者」，以致他這段歷史給我帶來嚴重的影響。比如，日本投降後，東北人普遍存在正統思想，認為國民黨才是真正的中央，很多人欽佩敬仰國民黨地下工作者，這時，大姐夫又變成國民黨的地下工作者。我那年十四歲就纏著他，要求他介紹我加入三民主義青年團。後來鎮壓反革命運動審查時，他辯白說自己是受共產黨地下城市工作部派遣打入國民黨的。由於派遣他的那位地下黨上線同志已殉難，他們之間又是單線聯繫，他的辯白找不到證明人，最後政府判他十年徒刑，罪名是「歷史反革命」。他不斷申訴，直到死也沒有結果。我至今也沒弄清他到底是國共哪一邊的。

我出生於一九三一年五月，降生剛過百天即發生「九一八事變」。在十個孩子中，我是第一個男孩，所以受到特別的愛寵。按照週歲，我從七歲上小學，十三歲上中學，十六歲初中畢業。

小時候，家庭富裕，長輩寵愛，我快樂無憂，天不怕地不怕。因為恨日本，在小學時一次罵偽滿的警察是狗，被那警察痛打一頓。在中學還挨過日本老師打。

我小學的首任老師是個反滿抗日地下工作者，被日本人抓入監獄害死。我家鄰居還出過兩位反滿抗日的鬥士。這些都對我的人生觀產生積極影響。

一九四七年秋，初中畢業，家境敗落，我失學了。那時國民黨接收大員們貪污腐敗，戰火遍地，物價飛漲，民不聊生，到一九四八年，國民黨被共產黨軍隊打得節節敗退，其所控制範圍，收縮至以瀋陽為中心、直徑約一百二十公里的孤島範圍內，解放軍四面圍城。那年又逢大旱，國民黨控制區許多農田減產絕收，導致瀋陽城內缺糧，餓死許多老百姓，每天都有政府的「收屍車」穿街過巷運走餓死的「路倒」。我家陷入靠吃豆餅活命境地。在國民黨軍醫院當會計的二姐夫給我在軍醫院裡掛了個「上士護理兵」的名額，每月可領到二十幾斤糧食補助，減輕一點家人的饑餓。這年我十七歲。兩個月後，瀋陽解放。

瀋陽解放時，只父親一人當個小職員，雖有幾十間房屋出租能收得租金補貼家用，但房客多是窮人，收不上多少錢，而我家十三口人，全家糊口都有困難，不得已，就割一些房產典押出去換錢。我強烈意識到必須自立，減輕老人負擔。恰這時東北民主聯軍後勤青年幹部學校招生，要求初中以上學歷。我去報名，面試合格，筆試成績突出，語文、數學、政治常識三科考試，我都交卷最快，考官當堂閱卷，當堂決定我次日就報到入校。那一期共招收六百名學員，在考場當堂錄取的共八男二女，先期入校幫助籌辦建校。這是一九四八年十一月下旬。

我們學校政委兼校長是陳沂，就是反右運動中聞名天下的「右派將軍」。給學員講課的都是部隊的一些老革命，我們還聽過著名記者劉白羽的報告，學過《革命人生觀》、《知識分子的出路和任務》等小冊子。我對革命新知識如饑似渴，抓緊休息時間埋頭閱讀毛澤東著作《新民主主義論》。這些學習幫助我對共產主義理論、革命人生觀、建立獨立自由民主富強新中國的社會理想等有了初步認識。

我從小就羨慕作家，一九四七年讀初中時就在當時的《遼寧日報》發表過一篇諷刺貪官的短文《我的錢》。

一九四九年初，我校進駐天津，《天津日報》為迎接「五四」青年節徵文，我就在每天學習之餘，熬兩個夜晚寫稿，寄給報社，發表在一九四九年五月四日《天津日報》副刊版頭條，題目是

《迎接我們青年自己的節日》。不久又發表一首自由體新詩《誓師》，寫的是一支部隊進軍江南的誓師大會。

寫稿得到一點稿費，就買來東北作家蕭軍的《八月的鄉村》，從中體會到作者赤誠的愛國情懷、深恨日本侵略者，也朦朧學習到作家的社會擔當精神。

我本來文學根底很淺，僅僅少年時半懂半不懂讀過《水滸》、《聊齋》，稍學了一點古文，並沒受過系統的文學訓練。現在剛剛能寫一點通順的短文，卻被學校領導注意，幾個月後把我分配進入第四野戰軍後勤政治部《後勤》報社做見習編輯。那年我剛滿十八歲。現在回想，那是組織上在培養我。

說是「見習編輯」，實際我是當學生。編輯部裡多是從後方來的三十多歲老編輯。而我連修改一篇不長的來稿也不知如何下手。老編輯就手把手教我如何根據當前報導中心選稿，如何把握稿件的主題思想，如何把握語言簡練和修辭。每期報紙出版前編輯部開編前會，出版後開編後會，社長兼主編王冰（全國解放後曾任《解放軍畫報》社長，導演拍過電影《長空比翼》）檢點總結當期報紙各版版面安排經驗教訓，文稿質量高下，甚至連錯別字也逐一挑出。對我教育特別大的是，他一再教育我們記者編輯一定要永遠記住「實事求是」是報紙的靈魂，要堅決反對「客裡空」（「客裡空」是蘇聯一九四二年出版的劇本《前線》中的一個角色——前線特派記者。「客裡空」原文意為「喜歡亂嚷的人」，或「好吹噓的人」、「繞舌者」。在劇本裡，作者用諷刺的筆法，刻畫了客裡空不上前線，不深入部隊，每天待在前線總指揮部裡，信口開河、弄虛作假，「創造」新聞。）王冰主編的教導，使我受益終生。

一九四九年五月武漢解放，報社就從河南省鄭州跟進。當時鄂湘贛浙閩各省戰事正酣。我們後勤領導機關的汽車隊進入武漢時還遇到國民黨飛機空襲。

由於在南下進軍和日常工作中表現突出，進軍途中，小腿因搬運印刷機器壓傷，傷口化膿也不叫苦，默默堅持到武漢。一九五〇年二月組織給我記小功一次，並批准加入中國新民主主義青年團。

一九五一年全國展開鎮壓反革命運動，部隊內展開清查肅反。組織上特別對我這樣的新兵重點審查，號召忠誠老實，向黨交心。我剛參軍時只是概略地交代了自己家庭出身、簡單歷史。此時來了運動，為了向黨忠誠，我把祖父、父親、大姐夫等以及自己複雜的社會關係詳盡地向黨交代。其實，有許多事是只有我知道，我若不說，外人絕不可能知道。我就像虔誠的基督徒向神父懺悔那樣向黨忠誠，凡是我所知道的都詳盡坦白。因為我家庭社會關係極其複雜，我的經歷也不簡單，特別是有些地下黨鬥爭的故事，我越坦白卻引起更多懷疑、更多追問。不論我如何講真實的過去，大家仍不斷懷疑。一個會連著一個會，不斷追問，我苦惱至極。

後又送入「政治教育大隊」審查，八個月後重新分配我到第四汽車學校做文化教員，雖然後來又逐步提升做宣傳助理員，可我心裡明白是把我貶謫了。在挫折下，我還是懷著希望，努力工作。一九五三年六月，因在全軍文化教育中做出成績，又立三等功一次。

朝鮮戰爭結束，一九五四年大裁軍，我被轉業到地方，改做經濟工作。一九五四年九月，我被轉業分配到湖北省江陵縣供銷合作社，任分社經理。當年，荊州地區專員公署、江陵縣黨政機關，都設在荊州古城內。

對我的任用令人匪夷所思。我自幼讀書，參軍後一直從事文化宣傳工作，從沒接觸過做買賣事；對經商一竅不通。如今卻叫我做買賣，而且還做經理，也不知道人事部門是怎麼考慮的。

我所到任的是九店鄉供銷合作分社，全店只有三名營業員，加我經理，一共四個人。我是外來的東北漢，還是個二十三歲青年，既不熟悉當地社會關係、風俗民情，也沒有從商經驗。因此，實際工作中有些還被營業員所左右。業務無法上路。

我到任分社經理半年後，一九五五年春夏之際，調整供銷系統從業人員工資，按照職務對應工資級別原則，什麼職務給什麼級別的工資，分社經理給我定二十三級，比我轉業時降了二級工資。我向領導提出：從軍隊轉業時，領導宣佈：「中央政策規定，軍隊轉業幹部，原級別不降，以後升職漲工資，若職務調降，工資不減。按政策不應降級。」可是領導堅持說：「你講的我們不知道。這次調整政策就是什麼職務拿什麼級別工資。」我質問他：「既然按職務拿工資，那為什麼不按照我原來的工資級別給我安排相應的工作職務？」他還是不聽，硬是給我下降二級工資。我就寫信給《人民日報》反映。一個月後，縣人事局長找我談話，承認基層做錯了，決定把我從基層調上來，到縣供銷社秘書科做理論教員，後又改任秘書。

這場維權雖然我勝了，可是傷了領導的面子，造成了隔閡，埋下了禍種。

一九五四年全國大水，往日有「糧倉」之稱的江漢平原受災，江陵地處湖網，災情較重，而此時國家沒能做好返銷供糧。所以，一九五五年搞「徵購銷」時，農民普遍惜售。上級屢次命令工作組嚴查瞞產私分。我們工作組下去，農民就向我們訴苦。我認為徵購過頭糧會挫傷農民，傷害農業基礎。就在日記裡寫下「國家工業化是正確的，但也要注意農民，不可不顧農村」等語。這件事也埋下了給我帶來災難的隱患。

另一件事，一九五六年九月下旬，領導派我和另一位同事下基層檢查工作。一天晚飯後到附近河邊散步。他是湖北當地人，對東北的風土民俗很好奇。他說，聽說日本投降那年蘇聯紅軍進入東北曾有搶劫民財、強姦婦女等暴行，問我有無此事？我就把自己當年所見講了一番。

第三件，我在軍隊時讀了蘇聯奧斯特洛夫斯基的《鋼鐵是怎樣煉成的》，從此愛上蘇聯文學作品，肖洛霍夫的《被開墾的處女地》、西蒙諾夫的《日日夜夜》等都特別吸引我。轉業後，我訂閱外國文學雙月刊《譯文》，從中讀到莎士比亞的《羅密歐與茱麗葉》等膾炙人口的經典。不知何故，這個刊物後來停刊。我就轉而訂閱《保衛和平》雜誌，這是由蘇聯為首的「世界和平理事會」主辦的國際性月刊。當時中蘇友好，這個刊物在中國公開發行。有一期刊登一篇《介紹南斯拉夫的自治聯合體》，講的是南斯拉夫脫離蘇聯式的管理體制、改行「自治聯合體」制度。這引起我困惑。

早在一九四八年，我從報紙上讀到南斯拉夫共產黨脫離共產黨第三國際的報導。那時我政治幼稚，沒有共產主義運動史的知識，但腦子裡留下疑問：為什麼？參軍後接受革命理論教育，認為共產主義是人類最美好的理想社會。這勾起我一九四八年留在心中的疑問。如今有了介紹南斯拉夫的文章，我就研讀。在我周圍的同事問我看到什麼書？我就介紹我的思考。我的這種狀況引起有人注意，認為我這是懷疑我黨「向蘇聯一邊倒」的政策。

第四件事，探親假問題。我從一九四八年十一月參軍，到一九五七年春節，已經離家八年多。戰爭時期沒有探家條件，可是全國大陸解放，抗美援朝戰爭也已經結束三年半，全國進入和平建設階段，眼看許多同志逢年遇節請假探親，而我多次請假卻總得不到批准，搪塞託詞就是「現在工作忙」。今又到春節，還是不准，我發牢騷，罵有些領導是騙子手。最後勉強批准我探家。顯然，我發牢騷、出言不遜是過分的。

一九五七年二月底，探親假期滿，我返回江陵繼續上班。

五月初某日收到縣委辦公室一張《請柬》，是用粉紅色紙張打字印刷的，內文稱：「姜萬里同志：為了幫助黨整風，縣委定於五月×日在縣委會議室召開各界人士座談會，請您屆時出席。」落款是：「中國共產黨江陵縣委員會」。紙張色彩悅目、格式規範莊重，顯得謙遜恭謹。

我覺得自己一個小幹部，竟受到縣委邀請，好一陣興奮。

座談會那天，到會十多人，我只認得縣藥材公司李經理。宣傳部長主持開會，縣委書記親臨聽取大家發言。依稀記得有二三位記錄員飛筆記錄。

藥材公司李經理提的是，自己原來是黨員，在一次戰鬥中被沖散，失去與黨組織聯繫，至今黨籍得不到承認，希望組織上幫助調查解決。其他人說了些什麼我已忘記。

我說了不少，記得有：一、糧食統購工作有些過火，下鄉中見到不少農民喊缺糧。二、有的農村植樹造林有形式主義作風，只顧栽植、不顧澆水保成活。三、自己離家八年多，請假探親，每一次領導都說工作忙而搪塞，是騙人。四、壓我二級工資的事。

散會前，縣委書記表示，會認真研究大家所提意見，改進工作。

這時各單位也召開鳴放會、貼大字報。有一位剛從高中分配來的青年幹部會美術，畫了一張《審判當代陳世美》，畫面上座是黑臉包公，右手高舉驚堂木，口前用雲狀邊框引出一句話：「爾等拋棄糟糠，另尋新歡，可知罪？」畫面右下方俯首跪地幾個人，身後分別寫上我們縣社幾位進城後就拋棄前妻的領導人的名字。漫畫張貼在機關食堂顯眼處，引得許多人圍觀。被點中的幾位領導人和他們的家屬每天來食堂打飯，都避開和大家照面。也有一張大字報揭發我，就是曾經向我問蘇軍在東北暴行的那位同事，他說我是污蔑蘇聯紅軍。這引起我極大驚詫：本來是聊天閒談你問我，怎麼反口說成我誣衊蘇聯紅軍？

從縣委座談會回來，就明顯感到氣氛不對。首先找藉口把原來由我掌管的公章收去，後又把由我擔負的批轉公文的職能轉交別人。

六月八日，《人民日報》發表社論《這是為什麼？》，接著我們機關由鳴放轉入「辯論」，說是批評者和被批評者雙方平等辯論是非，實際是對前一階段鳴放者的圍攻批判。

比如，我曾抱怨八年多不批准我請假探家。批判者就說：「你家是反動官僚，那麼多反動分子，不讓你回家是為了讓你與反動家庭徹底割斷聯繫，是為了保護你。你倒恩將仇報，是堅持反動立場不改！」他們不承認人與生俱來的親情人性。說：「只有具體的階級性，而沒有抽象的人性。」既然革命，就不准有不分階級的親情。自己的感情首先要服從革命之情，就得和自己出身的反動的家庭劃清界限，割斷聯繫。而實際上，我的祖父、父親雖有歷史問題，但解放後都是擁護共產黨領導的，祖父還被選舉當過二年的區人民代表。若說我的家庭反動，怎麼會在戰火紛飛年代送我參加革命軍呢？

又如，我辯白自己沒有反對糧食統購統銷政策意圖，只是建議黨和政府注意不要苦了農民。還不等我把話說完，小組會上的十多人就一致高舉拳頭、高喊：「你反動！不准繼續放毒！」根本不給我辯白的機會。所謂「辯論」，不是講理，實際是以勢壓人。

我陷入被圍攻初期，一下子不知所措。怎麼也不明白：我是真心革命的，是愛國的，一貫積極工作，我現在還是機關共青團支部副書記，怎麼會反黨呢？回想以前在部隊中同志們之間那樣的親密，平日裡和機關同事們那樣融洽，為何一夜之間卻把我視為仇敵？我痛苦萬分，茶不思、飯不想，臥榻上輾轉反側，越想越委屈，就蒙頭痛哭，哭得眼泡腫。

一日，黨總支書記走進臥室看我。他是一位五十多歲的北方人，山東口音，揭開被子問我怎麼了？我說我真的不反黨。為了表忠心，我把自己從軍隊轉業二年多來的兩本日記呈交給他，請他審查。因為我在日記中記下許多平日工作情況、所思所想，時常抒發一些革命豪情，也有時記下一些對社會現象的思考，比如對糧食統購統銷的想法。我認為，只要仔細看了我的日記，就會明白我不反黨、不反社會主義。

孰料，幾天後縣委宣傳部竟出版油印的批判我的專刊，下發全縣。兩張八開版面，除了歪曲醜化我的家庭出身，還從我的日記裡摘取隻言片語，橫加曲解，牽強上綱，斥責為「惡毒攻擊」。

與此同時，有人還畫了一張約三米高、一點二米寬的漫畫，模仿我的體型，畫成一具骷髏架，旁白寫道：「頭上長瘡，腳下流膿——姜萬里」。

遭受如此蠻橫圍攻，如此醜化誣衊，人格受到極大侮辱。我怒火中燒，熱血往頭上沖。暗想，你們這裡到一九四九年底才解放，一九五二年才完成土地改革。當我追趕打國民黨時，你們這些人還不知躲在何處。我在軍中兩次立功，你們這些人有什麼資格侮辱我！

大約七月下旬一個悶熱的夜晚，來人叫我到會議室開會。

會議室東西長約十五米、南北寬約八米。朝北開門。屋中央擺放一台橫長約八米的條桌。人們圍坐三面，北面一側是留給我的位置。

我隨來人走入會議室，只見批判我的陣勢已經擺好，三十多名平日相處和諧的同事們，如今鴉雀無聲，個個目光像張滿了的弓、弦上的箭，緊盯著我。往日開「辯論會」還允許我坐著，以表示平等。今天卻不准我坐。

我還沒站穩，突然從背後上來兩個人，都是我們機關保衛科的，一左一右，用力把我雙臂反扭，另上來一個，按住我的頭，把一個拴著細麻繩的木牌套在我脖頸上，又快速往我頭頂扣上一頂約一米高的紙糊尖帽。有一隻大手用力往下壓我的頭。我眼睛餘光看清，掛在我胸前的木牌上寫著「右派分子」四個大字。

這一切都是瞬間發生的。只聽唏哩花啦的動作聲，三個兇手也不吭聲，只是狠力扭弄我，就像特務搞綁架的陣勢。整個會場一片驚駭，沒一個人敢喘大氣。

多日來蒙受的冤屈，已使我怒火滿胸膛。如今更加野蠻的侮辱，激發我早已洶湧的熱血一下沖上雲霄。不自由毋寧死，無尊嚴毋寧死！人生誰無死？人生不過一死！我寧願一死，決不忍受小人們的侮辱！那時也不知哪裡來的急勁，掙開被反扭的雙臂，揮起右拳猛地一下把高帽擊落在地，左手一把抓住胸前木牌扯斷麻繩，把那塊「右派分子」木牌奮力一甩，只聽「啪啦啦啦」一串響，飛到不知哪個角落。

我高喊：「反對共產黨！反對共產黨！走！上法院！上法院！」我內心是反對共產黨這種侮辱人格的野蠻做法。我想的是，我喊了反對共產黨，你們就把我槍斃吧！一死拉倒！

我的拼死反抗，出乎組織者意料。有瞬間愕然冷場。那三個兇手反應還算快，又衝上來，重新把我扭住，按我的頭。會場一片驚愕，鴉雀無聲。

冷場。

主持會場的黨總支書記開口了。慢條斯理地說：「大家都看到姜萬里的右派反動嘴臉了。……」

略沉吟。

「今天批判會到此結束。散會！」

實際是他沒有辦法繼續開下去，完全出乎他們原來的計畫。他們原以為我在圍攻之下會跪倒低頭，然後由幾個指定的人發言批判，把我搞臭，最後把我拉下等候統一處理。卻沒料到我會拼命。而他們當時沒有殺死我的權利。假如此事發生在文化大革命時期，我必死無疑。

砸了高帽之後，不再開我的會，命令我悶在自己的臥室反省，除了上食堂取飯，連上街購物，也時刻有人跟蹤監視。原來的同事人人躲著我，就像躲瘟神一樣。我也不願見他們，覺得他們是小人。

不久，秋收雙搶（搶收、搶種）。江陵集中全縣的「準右派」下鄉支農。集中那天，約有四五十人，其中有一位北京籍的女同志，是隨南下工作團來到本縣的，在縣政府某部門工作。她丈夫是我們供銷社機關的孔慶東。我和北京籍的女同志以前在一起演過歌劇。這人大高個，娥眉大眼，粉腮如玉，標準的普通話。此時則神情黯淡，垂眼低眉，我和她相視，無語，很快都把臉扭轉開。

支農地點在江陵城西某村。我們到達後，正是搶插晚稻。在農民指教監督下，早晨天剛放亮上工，除午晚飯時少得休息。有時搶季節，夜晚加班，需過半夜後才能帶著滿身疲乏歸巢。

那年，三面紅旗大躍進，供銷社領導以為販馬可賺大錢，就花很多錢從外地購進一批騾馬，記得一匹大馬是花二千多元買回的。

派來二名雇工領導並監督我們四名「準右派」。這二位雇傭來的民工，當我們的班長，我們「準右派」得服從他們管理。雇工班長和我們「準右派」一樣，每人負責飼養六匹馬。

馬棚安設在荊州古城大北門（古稱「拱極門」）外二里許，每天晨起，各人牽著自己負責的六匹馬引到荊州城內一段內牆城磚毀損處。這段內牆的城磚早已不見，城土坍塌下來，形成一溜緩坡，順坡可上城頭。

一個人牽六匹馬的辦法是，每匹馬籠頭上各有約二米半長的韁繩，先把第二匹馬的韁繩繞在第一匹馬的頸上，結成一個圈圈，這個繩圈必須結成死結，不能讓繩子竄動，防止繩圈因韁繩竄動而收緊勒死馬匹。然後，第三匹如法栓到第二匹的脖頸上，其他依次如法，六匹栓成一串，只要牽著頭馬，其他五匹也就跟著走，一個人就可把六匹牽引到目的地。

到達目的地，解開韁繩圈圈，讓馬匹散開各自吃野草；近午再收攏牽回馬棚休息，我們吃午飯；下午再上城頭，日落收回。除遇大雨，小雨天我們也放牧，衣服澆濕，回來烤烤火，體溫騰一騰。

時間長了，雇工班長知道我的工資稍高些，並且有一百多元存款，就開口向我借錢。我顧慮自己隨時可能調動，和他又是臨時相處，就沒答應。

一次，新買進一匹蒙古矮馬，這馬棗紅毛色，特點是雙眼周圍一圈白色斑點，類似京戲丑角的白花臉，後來知道這叫「弔喪眼」。把這匹馬分給我飼養放牧。

牠被我拴入六匹馬串串牽上城頭，解開韁繩散牧。時近晌午，我們各自收攏自己的馬匹，準備下城回馬棚。我就開始收攏自己負責的馬匹。當我接近這匹「弔喪眼」，只見牠頭稍垂，乜斜著眼瞄我。我一個書呆子，不識馬匹習性，沒注意牠這反常姿態，毫無戒備走上前撿拾拖在地面的韁繩頭。只一瞬間，那「弔喪眼」猛地掉轉身，屁股對我，抬起後蹄，啪的一聲踢在我的襠部，緊貼睾丸，我登時倒地，半晌喘不上氣，幾乎死去。這一切，離我不遠的雇工班長全看在眼裡。好一陣，我緩過氣，抬頭看見班長正望著我。我艱難地朝他呼救。而他什麼也沒說，牽著自己的馬匹走下城去。頓時我醒悟，是我沒「借錢」給他的緣故。他哪裡是借，分明是敲詐，欺我是已被打倒的「準右派」。

許久，我艱難爬起，小心翼翼地收攏馬匹，緩緩牽回馬棚。此時午飯過時，眾人問我為什麼這麼晚才回來，班長躲在一旁不作聲。假如那天我死去，就會成為冤上加冤、不明真相的雙料冤死鬼。

下午我緩過來，就開始教訓「弔喪眼」。我用粗繩把牠牢牢栓在馬棚的木架上，連腿也拴牢。然後掄起皮鞭，狠狠抽打，一鞭下去，牠的皮肉就一哆嗦，想要蹦，卻掙不脫，只見牠四蹄掙扎錯動，逃不脫落鞭，直打得牠周身脹起一條條手指粗的鞭痕，我才解恨。從此，牠再見了我就低首伏耳，老老實實。

我毒打馬匹的事，很快傳到縣社領導耳中。過了兩天，縣社主任召集我們畜牧班開會，主任不指名嚴厲批判我，罵我：「右派想翻天，破壞生產力，該當何罪！」可是，假如我被踢死，那「弔喪眼」可能償我一命？若不施加教訓，牠下次不知還要傷害誰呢！

離開畜牧班，又調我去磚窯燒磚。

磚廠位於荊州古城小北門外十里多的紀南村，此地古稱郢城。我肩挑行李和兩箱書籍（這書籍是我平時讀過收藏的），行約十里至磚廠報到。這裡已先我到了兩位「準右派」。磚廠人手不多，由二位從河南省招聘來的師傅指導，還有幾名農民工，連同我們「準右派」共約七八人。另一位廠長，是湖北當地的老者，負責總監督。

分工是：聘來的師傅負責指導點火升窯、掌握火候等技術活。幾位農民工操作和泥、扣坯、曬坯、裝窯等工序。我們幾個「準右派」負責取土、擔水、搬運磚坯、成品磚、燒柴等。

取土，須下到數米深的坑底挖取，土要選沒有沙粒等雜質的淨土，純粘土不行，含沙過多或沙粒粗的也不行，只能含一定比例的細沙。裝滿兩土筐，一擔擔挑上來、堆入泥場，回去再取，如此往復，直到夠一場之用。

擔水。一是為和泥。當泥場之土約可夠用，我們「準右派」就下到附近池塘挑水上來，按照民工的吩咐倒入土池。農民工們邊用鍬翻、邊用水牛踩踏。這道工序很辛苦，就像蒸饅頭和麵一樣要和勻、醒透。

扣坯。泥巴和好，三位農民工就各把一床磚模，扣磚坯。我們「準右派」就把泥巴擔到各個「磚模」床前，供民工師傅扣坯。我們再把扣出的磚坯一塊塊端到曬場晾曬。供泥，運坯，往返不息。荊州的七八月，悶熱異常。民工師傅扣坯是在遮陽的草棚下，四方通風。我們往返泥場和坯場之間卻是頂著炎炎烈日，汗流如水洗。

遇到雨天，就得用葦席遮蓋磚坯，即便半夜，也得頂風冒雨往外跑。

約經一週，磚坯晾曬至八成乾，再碼成垛，繼續日曬風乾，直至夠一窯之數，就由我們「準右派」一擔擔肩挑入窯。窯室內腔宛如大饅頭，直徑約八米，窯頂最高處有一人半高。裝滿一窯需一天多。

師傅碼窯，圍著窯腔內壁，一圈圈、一層層碼好，留下火焰通道。裝滿，就封窯門。師傅點火，我們要不斷供應所需燒柴。這火要日夜不斷連燒七天。

再說擔水的另一項用途。當年我們燒的是老式青磚。燒制青磚必須不斷地向窯裡注水，讓水滴在窯內受熱變成蒸汽，促使受高熱的磚坯逐漸變成青色。這就是青磚燒製的方法。

向窯內注水，是在約五米多的窯頂上用土圍成一個水池，我們這些「準右派」從數十米外、五六米下的池塘擔水上到平地，再爬到五六米高的窯頂，把水倒入窯頂水池。用木棒在水池中插幾個洞，讓水緩慢滲入窯內。

挑水上窯，幾天日夜不停，要保證窯頂水池經常有水。

取土，挑水、運坯，頂烈日、冒風雨、無分日夜，辛苦異常。

比肉體辛勞更折磨人的是精神愁苦。一方面對自己這一年多來的言行反思：我錯在哪裡？我怎麼就成了反黨反社會主義的反動派？捫心自問，我絕沒有反黨反社會主義的想法，可，現實是那麼多人批判我、譴責我、指斥我。我在會上喊出「反對共產黨」，這筆賬能饒過我？會槍斃我？我今後前途將會怎樣？

在日夜煎熬中，一九五八年九月三十日磚窯廠長通知我：明天帶上行李回縣社機關，到時有人接待。注意：只我一人，不包括其他幾位「準右派」。什麼事？為何單獨我一人？不知道。

十月一日，我挑著擔，一頭行李、一頭書箱，步行十多里，中午回到江陵縣供銷合作社機關。機關院內靜悄悄，其他人員都已回家休國慶日假，只有保衛科的一個人等著我。

他把我引入一間辦公室，陰沉著臉，單刀直入對我說：「根據縣委報請地區批准，決定送你去勞動教養。這是《勞動教養決定書》，你有什麼意見？沒意見就簽字。」

真是鱷魚眼淚！臨要送我上屠宰場，還要我簽字同意，說我是自願接受！這是往我傷口上再加一把鹽，從精神上再折磨我一次！難道我不同意就能免我苦難之旅？

況且我受盡侮辱，難道我還要繼續留在此地跪在這幫兇手膝下求生？我不知道「勞動教養」是怎麼個刑罰，但只要能離開這不講理的地方，就是上刀山下火海我也去！我不看那決定書上寫些什麼，拉過那張賣身契，嘩嘩嘩就簽上自己的名。

前時在會議室反扭我胳臂的就有他，那天我激烈反抗的震懾力可能在他腦海裡還留有餘波。此刻見我對即將走向刑場卻毫無反抗，自己能順利完成任務，顯示自己的工作能力高，就緩了口氣，對我說：「勞動教養沒有期限，看改造程度，改造好了還可以回機關來。去好好改造，早改造好早回來。」

「還回來？」讓我繼續受你們的羞辱？我決不！

他接著說：「今天都放假，機關也沒你住的地方，今晚你先到看守所住一夜，明天有人送你走。」說的很輕鬆，好像是隨便借個住處。

縣公安局位於縣黨政機關大院的西側。看守所又在公安局大院的西跨院，離我們縣供銷社只兩條街巷。我挑著行李擔，保衛幹事在身旁押著，送我進入看守所，與值守獄警辦了交接手續，他回去交差。

此時日已西落，高高院牆遮擋得院內黯淡，鴉雀無聲，囚室更顯陰森。

囚室緊靠西側高牆，坐西朝東磚瓦高屋，實際有三間房的長度，室內拆掉間壁牆，通成一個大屋。原有的窗戶都用磚頭砌死，只在朝院落一面牆壁的北端留一扇門口，安裝一扇用包著鐵皮的厚厚木板門。

獄警打開門鎖，抽出鐵栓，推開沉重的門扇，推我入囚室。

屋內黑漆漆，沉悶無聲。借助開門射進的一線光，見地上順牆壁躺著兩排囚徒，約四十多人，一個緊挨一個。靠前一名囚徒站起，四十歲左右，是牢頭。獄警向他交代：「給擠個地方！」那牢頭就叫靠西牆一排的囚徒：「擠一擠、擠一擠！」囚徒們就像蛆蟲蠕動往裡邊拱，給我騰出一條窄窄空擋，這位置緊挨糞尿桶，臭氣撲鼻。新來的得挨著糞尿桶，是監牢不成文的規矩，我當然得遵守。獄警退出，從外邊鎖住牢門。囚室內霎時昏暗下來。只有一盞小電燈泡發出昏黃的光。

我感到囚徒們都朝我注視著，微微有些耳語聲。牢頭就開腔道：「莫（不要）說話！」是湖北當地口音。

自從在磚廠吃過早餐，到此時入夜我再沒得進食。這期間，從縣供銷社到看守所，各方只是忙著辦收押交接手續，沒人想著我吃飯沒有。我自己也因精神緊張、思這想那，沒有饑餓感，只剩滿腹無助無望。

我躺在牢頭身旁的稻草上，回味保衛幹事說的話：「明天有人送你去勞教所。」心想，勞教所什麼樣？在何處？將怎樣對待我？……思慮著，想像著，朦朧間，忽聽開牢門聲響。獄警進來催我收拾行李，要上路。

出得囚室，抬頭望天，只見滿天星斗，四周漆黑寂靜。院落裡已有三人先我站成一排等候，看樣子也是和我同命運的，其中有一位女士。獄警依次點名驗明正身，向早已在此等候的另外兩位警察移交。隨即我四人在二位警察一前一後看押下，走出看守所大門。

看守所大門前的土馬路上不見其他行人。有一排路燈杆撐起一排昏黃的燈盞發散出昏光，勉強辨得清路徑。馬路兩側的住戶店鋪都在沉睡中。同行的其他三人各自一捲被蓋，只有我麻煩，挑著被蓋卷和兩口書箱，沉甸甸的。現在回想，我何其愚蠢，即將下酒池、穿肉林，還帶著這些惹禍的書，好似趕考場。因為書，使我開眼界；因為書，啟發我思考；因為思考，就要辨別；因為辨別就被懷疑有異心。這些書籍，在後來極其艱苦歲月都捐獻給勞教隊了。

我們一路向東，行至荊州地區專員公署大街往南轉，到達城關長途汽車站。四周依然寂靜漆黑，唯見候車室從玻璃窗透出燈光。室內已有十多位乘客等候。警察買來車票。

過一陣，長途車來，我們一行人登車。此時天色微明。坐定後，我四人才有機會互相探問。只記得那位女士，約近四十歲，中等身材，面色灰暗，愁眉緊鎖。她說自己是汪精衛的乾女兒，在縣文化館當圖書管理員，本來小心翼翼，可能因汪精衛這層關係，被定為極右。她的名字已不記得。其他二位男士的姓名等具體情況我也都忘了。

車向漢口，沿途停車時，有農民提籃透過車窗向車內乘客兜售熟雞蛋。中午在一處渡河，汽車等候擺渡，趁此時機警察和我們在路邊小飯店共進午餐。

抵達漢口長途汽車站時，天色已經落黑。長途汽車站距離火車站不遠。這一帶燈火輝煌，進出火車站的、進出汽車站的，上車下車的，人頭攢動，擠擠叉叉。我們幾人竟被沖散。我找不見他們幾人，好一陣才看到那二位警察，二位警察正一邊看守著其他三名送押犯，一邊東張西望尋找我。我那時身上揣有現金和存款折，假如趁亂潛逃，易如反掌。可是我卻沒產生逃跑之念。後來有人說我傻。也是，我那時依然存有希望，希望通過勞動證明我不反黨不反社會主義。但反過來想，即便逃，又能跑到哪裡、躲避幾時？九百六十萬平方公里，何處不是大監獄？

翌日，乘火車從漢口過長江第一橋，經武昌折轉向東南，行車約二個小時抵達鄂東南的黃石市大冶縣鐵山鎮。

鐵山車站是個小站，只有不大的站房，沒有站台，更無遮雨棚。火車門踏板離路基地面有一尺半高，跨出車門得努力伸長腿才能夠到地面。我們攜帶行李走過一段小路，才踏上西邊公路。公路是南北走向，往南一路下坡，行二三里許，隔著一片收割過的稻田望見東邊坡崗上立著數排長大的草頂工棚。啊，到了，我們將要投入的勞教隊。

警察押著我們四人走下小路，下到一方已收割過的空稻田內等候。一名警察去勞教隊隊部辦理交接。

我們站立的位置是公路東側已經撤了水的低窪水田地，水田東沿是約四尺高的陡坎，陡坎上是工棚。

從此處往東看，是一條連綿的山嶺。遙望二三裡外的山腰，有電力機車牽引著大型運礦車門沿盤山輕便鐵軌穿梭，開到指定位置，車門自動向外側翻轉，車鬥內的礦石就順勢滾落到山下料場。我看了覺得稀奇。

從山腳下一路往上爬坡，在上山路的兩側搭建一排排工棚，自下梯級而上，有三四層，層次錯落。隊部設在山坡高處一排簡易房裡。隊部簡易房與勞教人員的工棚不同之處在於外牆都抹了白灰，在工棚群中很顯眼。伙房設在隊部旁。

不久隊部來人接收。那位同來的女難友被領走另行安排，剩下我們三個男的，被分別插入不同隊組。

我去的工棚位於水田陡坎上第一排。我被安排在進門第二排長鋪中間，勞教組長幫我插好鋪位。剛把我安頓完，只見從工棚門口吵吵嚷嚷又擁進來一群人，幾個勞教扭著一人胳膊、抱著腰，連推帶搡；此人奮力掙扎，高喊：「我不是右派！我不是右派！你們冤枉好人！你們冤枉好人！」還時不時掙脫胳臂朝天揮舞。儘管幾個勞教努力按壓，他還是不服。鬧了一陣，仍沒有辦法，跟來監督的管教員就命令幾個勞教扯起他四肢，托著他腰部，像捉豬般又抬出工棚。聽著他那聲嘶力竭的喊叫聲漸行漸遠，我的心顫抖著往下沉。

此人高身材，著一身藍色中山裝。褐黃色臉龐略顯消瘦，下頜略尖，四十多歲，似江寧一帶口音。

我掃望工棚裡的勞教們，只有靠近撕扯處的幾位年老些的勞教仍有驚魂未定的神色，其他的大多面無表情看熱鬧，好像那喊冤者和自己不是同命運的人。

我不禁想起牛和羊被殺時的不同表現。綿羊被屠宰時一聲不吱，你拿小刀割牠肚皮的時候，把牠的心血管勒斷，牠都一聲不吱，也不反抗，最後慢慢閉上了眼睛。人們說的「老實得像綿羊」和「任人宰割」，是真切的描寫。而山羊則是亂叫一氣的，殺的時候要捂住嘴才行。牛力大無窮，首先要把牠拴起來，不但把前蹄子後蹄子都用繩子緊緊捆綁起來，連嘴都用繩子綁住，以免嚎叫。就跟上了絞刑架一樣動彈不得。這時牛就會流下一滴又一滴的眼淚來，假如不是被捆綁住，牠也會狂吼掙扎、甚至撒開四蹄奔逃。

牛羊們看見同類被屠宰時的表現也不同。其他的羊們只是躲開一些，在遠處觀望同類被屠宰。而牛，若同類被殺則表現出強烈的哀傷和抗議。幾十年後，一位老三屆下鄉女知青記述他們在內蒙所見。她寫道：

> 我們包（蒙古包）殺牛那天晚上，我們幾個女知青一夜都沒有睡好，只聽見外面「哞——」聲響了一夜。大家都挺奇怪，互相說，昨晚牛群怎麼了，為什麼老在咱們包外面轉悠？清晨出去時，還見好多牛裡三層外三層圍在我們的蒙古包周圍仰天長叫，不肯散去。我們大惑不解，後來總算有個人發現牠們是圍著這塊牛肉——牠們死去的同伴哀嚎。想不到牛還如此多情。

而我們人類呢？那幾個撕扭推搡喊冤者的人，難道不是和我們同樣的勞教？這一幕，使我見識了勞教隊。來之前，我決然要離開那侮辱我折磨我的供銷社，以為脫離開那個不講理的地方憑自己努力勞動就可得到尊嚴平等。真是妄想！勞教，勞教，勞動教養。所謂「教養」，就是用暴力強迫人改變成馴服的奴隸啊！

這天是十月三號。下午都沒出工，勞教們以班為單位圍坐鋪位學《毛選》，由一人朗讀《關於正確處理人民內部矛盾問題》。不討論，只是輪流讀這篇經典。我估計，就是叫討論也不會有人發言，剛剛因為言論就打出那麼多右派，前車殷鑑，誰還敢繼續往刀鋒上撞！

工棚區的四周圍繞一圈蒺藜鐵絲網，四角有守衛哨位，由荷槍的軍人把守。在我隊工棚南端鐵絲網外就有一個哨位，我們勞教人員一切活動都在他監視下。入夜後，我們勞教人員走出工棚，都得先站在門口朝外高喊：「報告班長，我要小便！」或者什麼由頭。到半夜，這種報告之聲不時響起，害得大家都睡不踏實。

我們這裡地處空曠山坡。小便就到鐵絲網內順山坡挖的一條溝渠解決。大便則需到北邊一處用葦席圈定的「廁所」完成。

勞教隊編制為：大隊、小隊、分隊、小組，相當於軍隊的營、連、排、班。開大會集中時，我見到有三四百人之眾。

翌日天還沒放亮，工棚外就響起急促的哨聲，嘟嚕，嘟嚕，嘟嘟嘟……。眾勞教急忙忙穿衣起床。已有快捷的勞教拿著碗筷衝出工棚。身旁的同難勞教告訴我：開飯。我就學著樣，拿著餐具跟出。

我們的工棚是水田陡坎上的第一排，順山勢南北走向。工棚門口前留了一條寬約三米多的空場，空場下方就是四尺多高的陡坎。陡坎邊拉著蒺藜網。我們百來人就在這三米多寬的一條場地上活動。

與我們相鄰的各個工棚也都和我們一樣，在各自工棚前的一條窄窄的空地上，開始與我們一樣的活動。

借助工棚門口射出的燈光，看見空場中央早已有兩隻直徑約一米多的大木桶，分別裝滿飯菜。

飯是大米飯（糙米的），另一桶是鹹菜。由勞教炊事員掌勺分配。眾勞教則先到先排，順次捧著碗接飯菜。接了飯菜就各自回棚內吃。

我剛來，碗中的飯還沒吃完，工棚外就又響起急促的哨音。急忙幾口嚥下，跟著往外跑。組長領著我們到工具棚領工具。我領到的工具是一把小手錘，柄長約四十公分，是竹片做的，有彈力，錘頭約一斤重。我心想這麼小的錘子能做何用？組長說是打小塊礦石用的。

眾勞教依中隊分隊班組排好隊伍，一二三四點好人數。然後順著工棚南側鐵絲網內的通道依次爬坡上山。在工棚區東側鐵絲網又有一道鐵網門。勞教犯人的領隊就站在門內立定，朝向鐵絲網之外幾步之遙、手端槍支的武裝哨兵高喊：「報告班長：第×中隊犯人××名，出去上工！」這時哨兵開鎖，拽開蒺藜門，放我們出圍網。

此時天色已亮。才看清我們登上的是山脈的二層階地。這階地比我們工棚水平高出約二十米，寬約三四百米，階地的東邊就是陡立的山嶺，山嶺的坡度一般約六十度，有的達到七十度或更陡，個別地方還有陡崖。

勞教隊伍行約二三裡到達近山腳下一處礦石料場。這料場上方，在約三十米高的半山腰處有一處傾瀉口。山上定時放炮，崩山取礦。有犯人（在這裡有勞改犯，也有勞教人員。不分勞改、勞教，都吃一樣飯、幹一樣活，為敘述方便，我就統稱為犯人，下同）把從山上採下來的礦石運至傾瀉口往山下傾倒。礦石就落到下方的堆料場。

在下方料場，有犯人先掄開十二磅大錘把特大塊的礦石打成稍小可以搬運的，這些礦石的大小一般有一尺立方，四五十斤重。

我們這個小分隊在距離落下礦石稍遠的地方分散開，擺開勞動戰場。

有人把大塊礦石，或夾雜些中小塊的，用土籃挑運過來分配給我們每個人，各個人席地而坐，一人一攤。

礦石呈赭紅色，光澤暗淡，結晶紋路清晰，呈扁菱體面狀。我在中學學過，這是赤鐵礦，化學成分為三氧化二鐵。這種結晶的礦石比較容易砸開分解成小塊。對中塊的，我們用小錘就可砸成直徑一寸大小的小塊，供送入高爐煉鐵。

開始還覺得輕鬆，時間長了胳膊發酸，就左右換手。換來換去，除吃午飯時刻稍歇口氣，其他時間都不休息，而且午飯是由伙房犯人抬到工地來，很快吃完，吃完接著幹，很少喘息時間，所以到晚間就臂膀酸痛。收工前要過磅秤檢斤，晚飯後，公佈各個人完成的數量，少的要挨批評；若連日完成量總是在末尾，就要挨批鬥，說是消極怠工、反改造。

為了早日摘帽，也為了不挨鬥，每個犯人都拼命猛幹。有時供運大礦石不及時，一些人就操起挑擔自己到山腳料場取運，自己取運的好處是可以選些中小塊的，回來砸省力氣。

不久，又分我們一批人上更高的山腰去挑運加工好的成品礦石。

更高處比我們現在砸小塊的場地還要高三十米，沒有往下輸送的設施，就叫我們犯人爬上去往下挑運。

山坡坡度約六十五度多，上去得爬四十多米長的坡。只有一條窄窄小路，路面隨處露出一些礫石，上下拌拌磕磕。空擔往上爬的與重擔往下運的，急忙忙擠在一條窄路上，迎面的空擔就得給重擔避讓。

在上下坡中途，有一名體弱的勞教坐在路旁持紙筆記錄，方法是畫「正」字，紙單上預先寫好參加挑擔的各犯人名字，當一個犯人從上邊挑著一擔礦石下來走過，他就在此人名下劃上一筆。五筆組成一個「正」字，表明此人已挑運五擔。晚間攏好記錄，公佈各人完成數量，還是完成量排在末尾的挨批鬥。因此，每個犯人上山、下山都是拼命快跑。

下山重擔壓肩，催人快步，雖是順坡往下稍省力，但也決不可稍有鬆懈，一不小心就會摔倒。要命的是我肩膀沒經過磨練，挑了幾擔肩頭就火辣辣地疼。隊裡發給墊肩，是用幾層水龍布縫製的。有了墊肩，可減輕疼痛，也減少衣服磨損。我又學會換肩，挑著重擔邊走邊把擔子換到另一個肩頭。

上山徒手若千鈞，那可是六十五度多的陡坡啊！每個犯人都低頭弓腰，挑著空擔拼命往上爬。既是為了早日摘掉那頂鐵帽，也是怕那晚間的批鬥。

這種迫使人拼命幹活的方法比起皮鞭抽打可要文明多了。發明此法的人真聰明。假若你對這樣的辦法接受不了，破罐破摔，或軟磨或硬抗，不怕批判，那麼還有小號禁閉伺候。後邊還有加期、加刑等等措施。

此時我聯想到牛和馬在馭者的皮鞭下那般馴順。我們不也是一樣嗎？

有一天，來人通知我上隊部。到得隊部，已有三人先到，他們也是勞教。隊長對我們訓示：「看了檔案，你們原來都做過文化工作。生產大躍進，文化也要大躍進。隊裡決定組織一個宣傳組，讓你們上工地演唱歌頌大躍進的歌曲小調，鼓舞大家改造。你們幾個商量商量，演唱什麼，明天就開始。張國光當組長，有事向我彙報。」

張國光，也是右派，不到四十歲，高身材，戴一副黑框近視鏡，口才好，開大會領著大家喊口號，代表勞教犯們表態發言。他的特點是總有一隻上門齒露出唇外。是湖北大學中文系老師，可能是副教授吧。其餘二位右派是從哪個單位來的我忘記了。有一位會唱漁鼓調，提議找報紙抄些歌頌大躍進的民歌，配上漁鼓調，來得快，還符合宣傳中心，省力，還不會犯錯誤。

總之都是吹。說來我們幾個靈魂真是墮落了，在壓力之下竟也違心地唱這些荒唐的讚歌。

我們唱了也沒人聽。那些同樣落難的犯人們，只顧拼命地揮錘砸礦石，爭取多出產品，哪有心思聽我們幾個的嚎喪調！大概他們聽著心裡也反感，還恨我們空耍嘴皮子不幹活，把該我們幹的分量加碼到他們頭上。

大約十月下旬，進行評定勞教人員「工資」等級。因為說對我們是「按人民內部矛盾處理」，去年剛公佈的《國務院關於勞動教養問題的決定》又說要把我們改造成為「自食其力」的勞動者，就不能像勞改犯那樣白幹活不給工錢。

對勞教們的工資分為四個等級，劃分等級的依據是看勞動力強弱：體力最強的為甲等，月工資二十四元；以下依次是，乙等二十二元，丙等二十元，丁等十八元。評定方法是：自報公議、領導批准。先以小組為單位，由勞教們自己申報認為自己應該是哪一級，然後由小組的勞教們評議，再把自報和小組評議的結果上報，最後大隊部審定批准。

我那年二十七歲，身體健康，沒有疾病或殘疾。雖然從前沒有從事過體力勞動，比起其他體力強壯的勞教，我比不過，但自從投入勞教我一直都是努力、甚至是拼命地幹。所以，我自報乙級。數日後，批准結果公佈，用一張大紙貼上牆。我心懷忐忑跟著大家去看。望眼欲穿的結果：我是丙級！好失望。

一九五八年各方面都大躍進，決策者佈局在下陸建設一座由湖北省公安廳管理的勞改鋼鐵廠，要蓋鋼鐵廠的辦公樓等設施。還要在廠區附近修建住宅區，蓋一批樓房。這就需要大量紅磚。用火車從外地運來紅磚，停到下陸附近的鐵路線上。我們的任務是把紅磚從車皮上卸下來。

卸磚最苦的是磨手指。一次運來二三節車皮，每節車皮都是五十噸的，有時是六十噸的，每節車皮要裝一萬數千塊紅磚。我們一個分隊（相當於排）包一節，誰先卸完誰先休息。若來的車皮少，就兩個分隊合夥包一個車廂。按班組為單位，從車廂往下拉開成一條條人鏈，像擊鼓傳花的樣子，由站在車皮上的第一人用雙手掐起四塊磚，一掐一掐往下傳。勞教隊發給我們少量的線手套，用不多時就磨穿，手指外露，往往手指肚被磨得幾乎皮破流血，刺痛難受。

若車皮是平板的，比較好卸，可以多拉開幾條人鏈，卸得快些。有時是帶車廂的，就得打開車廂板，靠車廂兩頭廂板打不開，站的人鏈數受限制，卸磚就費力些。最麻煩的是棚車，棚車只有一個車門，只能一排人工作，人多也施展不開。最多只能擠上兩條人鏈，因而用時要拖很長，大家著急得心裡要冒火。

因為火車皮停在鐵路線上，必須隨到隨卸，保證能讓車皮快速騰空拉走。有幾次，我們正在夢中，就被隊長喚醒，排隊急忙趕往停車地點去。卸完磚已近天明，返回工棚倒頭便睡。睡了一上午，下午還得上山繼續砸礦石。

需要指出，每次出外卸磚，都有武裝哨兵看押。夜裡看管更緊。

大約一九五八年底，或一九五九年初，具體日期記不准了。大隊管教幹部宣佈：我們要搬家，搬到下陸去建設鋼鐵廠。

我們匆忙收拾行李，整隊，清點人數，開拔上路。其他犯人行李少，有些「盲流」基本沒什麼行李，都好辦。我則既有被臥卷還有大小倆口書箱，借了一根扁擔挑著勉強弄到目的地。

我們的新工棚設在一座大致呈南北走向的山的低坡，在半坡處有一溜平壩，平壩上順南北走向串聯搭建起兩座工棚。兩座工棚之間由二米多寬的空檔隔開。每座工棚長約三十米，完全用粗竹竿作為骨架，棚頂覆蓋茅草擋雨，四壁也是用竹篾夾茅草做成遮風。工棚的東西兩端各留一個敞口門，有一扇細竹條編織的門頁。進入工棚裡邊，順著往來走人的通道左右兩側搭建通鋪，通鋪是上下兩層。一座工棚可容納二個小隊，約二百多人。

我們第四小隊百來號人住在靠北頭的工棚的北端，也就是說，我們大隊人馬從北山腳爬上山來，迎面的工棚門口就是我們第四小隊的出入門。其他各分隊都得往裡邊走。

我被安排在進入門口左側下鋪。

重新編組，每個小隊設生產小隊長、學習小隊長各一名，叫我做第四分隊的學習小隊長，負責組織每天晚間學習，就是讀報紙或讀毛澤東的《關於正確處理人民內部矛盾問題》，然後討論，各小組由一人記錄發言，我收集各組記錄，定期向大隊彙報大家發言反映出的思想問題。

我們第四小隊的生產小隊長名叫黃德政，也是二十七八的青年人，中等身材，很精神，總是腰板筆直，有軍人氣魄。原是武漢市公安局的警察，好像是因為「壞分子」的罪名發配來勞教。他人很好，對一同勞教的人們從沒有聲色俱厲的呵斥，如果誰慢了或幹活不得要領，他就會站在遠處喊：「×××，怎麼了！」一眾勞教對他都服。他也很會組織生產，每每都超額完成任務。

我們四小隊的任務是挑擔運磚，就是把卸在鐵道線旁的紅磚一擔擔挑運到西邊五百多米開外準備蓋廠房、建高爐的地方。

每人一根竹扁擔，兩塊用鐵絲或麻繩吊起的木托板，這托板剛好能放下四塊側立的磚塊，第二個四塊橫著落在上層，第三個四塊再轉個方向橫著落在第二層上。三百四十二塊，這是擔子的一頭。另一頭如法碼好，成為一擔，一擔二十四塊。我們秤過，沒有著過水的磚，一塊重六斤二兩，二十四塊重將近一百五十斤。若落雨著水則更重。

跟挑運鐵礦石一樣，運磚也要由一名勞教記錄數量。記錄員坐在收磚現場，每來一擔就記下此人此次挑來的數量。收工後攏賬，一天下來多者受表揚，少者要點一下名字。若多日總是落後，就要挨批判。

我只能每擔挑二十四塊。有些身強力大的能挑三十二塊，就是二百斤，往往把竹扁擔壓斷，他就換木扁擔。我比不過大力士，但能堅持每擔挑二十四塊。磨練得肩膀頭的長出大肉疙瘩，扛壓了。

我們小隊有一名年輕的右派，名叫劉荷青，才二十歲，是湖北省仙桃縣的小學教員，家庭地主成分。他身材較瘦弱，尖下頜，猴腮，像孫悟空的模樣。此人嘴甜，對我總是恭維，張口「小隊長」，閉口「姜學委」，時不時跟我嘮家常。因我是東北人，就時常問我怎麼到南方來的，怎麼成右派的，等等。

我對被冤枉成右派總覺委屈，尤其是那樣野蠻地侮辱，一嘮起來就勾起我滿腹牢騷。我認為，毛澤東是卸磨殺驢。我忠誠地跟著黨革命，打倒蔣介石，建立新中國，而全國勝利就把我踢開，弄到這裡當奴隸。這些心裡話傾訴給劉荷青。

想不到，他竟打小報告給管理我們政治思想的一位姓湯的幹事。此湯幹事矮身材，很壯實，臉上有些酒糟坑。湖北人。他對勞教們總是訓斥沒完。

我們四個小隊的學習小隊長每天要向隊裡彙報學習情況。後來一個時期，每次彙報完，湯幹事總挑我毛病，面色嚴峻地批評我，我莫名其妙。又一次，湯幹事突然點出一句話，這句話是我和劉荷青發牢騷說的，「卸磨殺驢」之類，頓時我反映過來：是劉荷青打了小報告。我心裡罵道：「好個兔崽子，你賣我！」

回到工棚我就對劉荷青沒有好臉色。劉荷青也發覺我對他態度的變化，開始戒備我。

一九五九年的春天我們勞教隊的伙食就開始緊張，蔬菜不好買。隊裡佈置我們每天收工後，用休息時間開荒種菜。我們小隊就在工棚附近的坡地開荒，有的用鎬頭刨，有的用鐵鍬挖。

冤家路窄，我與劉荷青同在一塊地，我看著他心裡生氣，就怒目相視；他雖露出怯色，但仍還我以睚眥。我怒火中燒，開口罵他，他還口罵我。「兔崽子！你還敢還口！」我撇下手中鍬，衝過去飛起一腳踢在他襠部。他就勢倒地，弓著腰、捂著襠、滿地打滾，哀嚎：「哎呀我的媽呀，哎呀我的媽呀……」一旁的勞教們立刻把我扭住，有的迅速跑去隊部報告。

片刻，湯幹事來到現場。二話不說，厲聲喝道：「捆起來！」立馬有勞教用繩索反綁我雙臂。湯幹事罵道：「叫你當小隊長，你還跟政府離心離德，反改造！拉回去，批判！」並派人把劉荷青送入醫院治療。

當晚的學習有了活靶子，撤掉我的學習小隊長「職務」，換了別人組織批判我。從此我被監督隨隊挑磚。約一個月後劉荷青出院，回到隊上參加輕勞動，故意當著我的面對其他勞教們說，自己住院期間如何吃細糧、肉菜等，刺激我羨慕嫉妒。也是向眾勞教顯示靠近政府會得到優待。

這一來我更加反感，恨劉荷青小人踩我肩膀而得到犒賞，無恥！也恨湯幹事，昏官亂斷案，你怎麼不問一問我心中的冤屈，只聽小人讒言。

常言道：江山易改，稟性難移。我的最大缺點是愛說，把握不住自己的嘴。討一點好聽的說法，是沒有城府，不會防備有人打自己的主意。這是因我自幼在長輩蔭庇下生活，在蜜糖罐裡長大，受到百般呵護。沒受過人與人之間的陰險狡詐的暗害。

人言：吃一塹長一智。可我卻是吃了塹也不長智。上次已遭受過劉荷青的暗算，卻仍然不長記性。難怪弟弟妹妹們管我叫大傻子。

我後來編入的這個組裡有一位右派，比我大許多，約有三十五六歲，武漢市人，是起義的國民黨軍官，留在某機關工作，鳴放中也落入羅網。他的姓名已忘記。我對他的認識是通過一次暗中出賣識別的！

有一個時期鐵山礦區急需外運礦砂，就是把加工好可以入爐冶煉的小塊鐵礦石裝上車皮，以便外運。大躍進，新建高爐增多，對礦砂的需求量大增。而礦上裝運力量不夠。就調我們去增援裝火車皮。

鐵礦石比重五點五左右，一粒粒比核桃大的礦砂用耙子使力小了扒不動，得使大力才能扒動，加之任務壓身，個個都心急，恨不得快快裝完車皮，拼盡全力往笵箕裡扒。扒滿兩隻笵箕，還得過跳板擔上車皮。一節六十噸的敞篷車皮二三十人裝，快說也得多半天。

一天下午裝車，幹完活已天黑，勞教們急忙忙往五里地之外的工棚趕回。人們疲倦已極，隊伍走的就稀稀拉拉。我和這位起義軍官落在後邊。邊走邊嘮，從我的右派罪狀之一的「誣衊蘇聯紅軍」說起，嘮著嘮著說到南斯拉夫與蘇聯反目。我就說我讀過一本《南斯拉夫共產主義者聯盟綱領草案》。我確實讀過，而且還帶在我身邊，裝在我的書箱裡。

這本書是一九五八年春買的。那時挨過批等候處理，領導派我跟隨幾位下邊的營業員到郝穴區供銷社幫助幹活。

這天夜裡，我對這位起義軍官說了之後，隔一天是星期日休息，勞教們洗衣的洗衣，縫補的縫補，各自在平壩上忙自己的事。我就躺在自己的鋪位上翻看這本《綱領草案》。

自從挨批鬥，就把我的鋪位從下鋪調到上鋪，而且稍靠裡邊。我的眼睛餘光恰好能看到工棚門入口。

我正在讀著，忽然看見湯幹事從工棚門匆匆而入。我相信人有第六感官。我下意識覺得湯幹事之來與我有關，急忙把這本書順手塞進與我鄰鋪一位老年勞教的褥子底下，轉過身裝睡。湯幹事已經騰騰騰爬上我的鋪位，一把揪起我，厲聲道：「書呢？書呢？」我跟他裝糊塗：「什麼書？我的書都在箱子裡呢！」他打開我的書箱翻，沒有他所要找的。就厲聲問：「那本南斯拉夫的書！」我繼續跟他打啞謎：「什麼南斯拉夫？」他推開我，翻我的被臥，褥子，翻了抖，抖了翻，還是沒有他心中的目標。就氣呼呼、悻悻然爬下去。

他走後，我緊張的心鬆弛下來，暗自慶幸自己還算機靈。不然的話，恐怕更大的帽子一定逃不脫。此時才醒悟：是那位起義軍官又暗中捅了我一刀。人啊，人！怎麼都變得這麼陰險卑鄙！想事、思考，這本是人們生而自然的本能，讀書更是人的權利。我讀書，沒糟誰沒惹誰，為什麼竟被像特務一樣對待？

後來我把這本書暗中撕碎，扔進茅廁坑裡，以絕後患。

搜查事件後不久，我被調去採石隊。我住的工棚不變，但上工的場所改變為到山上採石場。採石場位於我們居住的工棚上方山腰。每天上工需要爬一里多轉過山側後。

我跟著採石組同伴進入採石場。只見這是已經開闢多年的石場，從山頂往下劈山二十多米高，由我們腳下山邊向裡已推進約二十五米遠，形成一片小廣場。我們面對的開採工作面，像一面立陡立崖的牆壁，橫寬約六十米，在陽光照耀下呈現出鮮亮的灰色容顏。是石灰岩。

有放炮組已先期炸下一批大石塊，大的有木櫃大小，小的也有升斗般的樣子。我們的任務是掄大錘，把大塊的破成約二十多公分立方的小塊，再由運輸隊用板車運下山去。

我們使用的鐵錘錘頭，通常是十二磅重的，遇到特大塊不易砸開的石塊，就得用十六磅的。錘把是用竹片捆成，四五片竹片攏在一起，韌力強，既有彈力、又不易折斷，掄起來顫悠悠，砸到石頭上又可緩衝反作用力對人們臂膀的震痛。

時已進入夏季，黃石地處江南武漢附近，正是所謂中國三大火爐之一的地帶。我們是在山頂劈山，頭頂沒有任何可以遮陽之物，四周也無樹木或蒿草可以棲身，腳下開闢出的平壩在日光照耀下反射強光灼烤，我們就好比在吊爐烤箱裡，揮汗如雨掄大錘。

稍稍可以得到片刻喘息，是在加工好的石料運完而新的大石頭還沒炸下來之前的間隙。

當我們掄錘砸大石頭時，放炮組的則在山頂選好新的位置開鑿新炮眼，兩個犯人一組，一人扶鋼釬、一人掌鐵錘。這時，我們破石族就可躲進山腰灌木下歇陰。

一次放過炮，硝煙散去，我們砸石組幾個人進入現場破石。剛炸下來的石頭邊緣極不規整，橫的、豎的稜角，一條條邊楞都像銳利的刀鋒。我冒著如火的烈日進入料場，恨不得快快幹完，急匆匆奔向亂石堆，只顧望著石頭，沒注意腳下，在跨過一塊大石頭的當口，左小腿刮到石頭的鋒稜上。我們都是身著挎籃背心、短褲頭，頭上一頂草帽。我的小腿裡側踝骨上方一寸半的位置頓時被割破。

人的肌肉傷口與割破血管不同，血管割破血流會立即噴射，而肌肉剛被割破時，不會立刻見血。我低頭看，只見一寸多長的傷口向外翻著，露出白色的肌肉，稍許才慢慢沁出血來。無法找什麼止血藥或包紮物，我順手抓起現場落地的石粉末敷上。至今，這個傷疤留在我的左小腿。與其相對應的，是我右小腿裡側踝骨上方的一塊傷疤，那是一九四九年六月南下進軍時，在河南漯河車站卸車被印刷機壓破留下的紀念。那時我是英姿勃發的革命軍戰士，傷了右腿，如今我是反動右派罪人，割破左腿。我的理想沒變，而境遇卻天壤之別，真是諷刺！

八月，正在廬山上批判彭德懷的高潮，又調我們開挖蓄水池。

鋼鐵廠建設飛快，一座二十八立方米容積的煉鐵高爐已經拔地而起，需要建配套的蓄水池，蓄水池規劃在廠區南邊的一片農田裡，開口約長寬各十米的方形，要挖深五米多。

為了搶進度，勞教們分為兩班倒，每班挖六小時，中間不休息，到六小時再換下一班。兩班輪換看起來很合理，在二十四小時中，合計幹十二小時、休十二小時。而實際上，第一班上來先吃飯，吃了就睡覺。過了六小時，又被喚醒去接下一班。如此循環，對於組織者來說，好處是把勞教們一天的勞動時間從法定的八小時延長到十二小時，又因為取消了每班的工間休息，最大地延長了勞教們的勞動時間。可是，對於我們勞教來說，則是敲骨吸髓。因為吃飯、往返工棚走路要占去一個小時多，每班實際休息約四個半小時。每每人們剛進入夢鄉不久，還沒緩過疲乏就被喚醒，又得再上工，累得走路時還迷迷糊糊，睜不開眼。

更難挨的是饑餓。自從進入一九五九年，我們的糧食就開始限量，那種一九五八年國慶日時期放開量吃的日子沒有了。以後逐月減少，到我們挖蓄水池的八月，已改為每日三餐都是稀飯。稀飯仍然由炊事員用大木桶抬到工地上來，仍然敞開肚皮放量喝，但那米湯稀薄，米粒可以數得出來，只是撐大了肚皮，幾泡尿就下去了。高強度的勞動，加上稀湯的飯食，人們很快陷入疲乏無力，並出現浮腫。

我寫信向家裡求援。我哪裡知道家裡也正挨餓，瀋陽市每人的定量降至極低。儘管如此，家裡還是給我寄來一些全國糧票。我可以借請假上街之機買一點高價點心。

在這饑餓難挨的日子裡，我目睹三名勞教難友餓死，一名被汽車撞死，一名撐死，三名餓死的，分別叫王子英、宛希先、楊才三。王子英和楊才三是河南省許昌地區的人，宛希先是河南省南陽地區人。他們都是因為忍受不了在家鄉挨餓而跑出來討飯吃的「盲流」，被湖北的公安抓住，送來勞教隊。一九五八年在鐵山挑礦石的時候，曾跟我在一起幹活。

王子英，大高個，圓臉龐，壯實的身板，農民的樸實能幹，挑起擔子比誰都裝的多、跑得快。大約二十六七歲。

楊才三，比王子英歲數大，約四十來歲，身板比王子英粗壯。

宛希先，約四十五六歲，身材略矮些，但也很壯實。他告訴我：他是被逼無奈才逃出來。自己的村子已經餓死四五十口人，不跑出來就沒命了。他跟我說這些話的時候，我還將信將疑。怎麼農村會餓死這麼多人？後來事實表明，是我書呆子不瞭解外邊的實情。

一九五八年國慶日前後，正是放開量吃飯的時候，他們三個都很安心，甚至很滿足，因為可以吃飽飯。所以，幹活非常賣力氣。可是當一九五九年我在石料場再見到他們，各個都消瘦了一大圈，我問他們怎麼變得這樣？他們說，自從糧食減少，吃不飽，他們就又逃跑，沒跑多遠就又被捉回，送到這裡餓得沒辦法，也沒人接濟。他們三人不久先後得浮腫死去。

被汽車撞死的姓尹，武漢市裝卸公司的搬運工，因為抗上，被領導定了「壞分子」送來勞教。四十多歲的漢子，灰黑色臉膛，能幹，也有一定組織能力。叫他當小組長。一九五九年夏天，他老婆來看望他。家裡什麼吃的也沒有，不能給他帶來什麼。到得隊上，也不供勞教家屬飯。要吃飯，得拿糧票來。老婆和他都沒糧票，急得夫妻二人當著大家面流淚，大家也都跟著心酸。他老婆走後不久，他領著幾個勞教開挖公路邊溝，累了，幾個人坐在一個轉彎處的溝邊休息。這時，一輛運建材的大卡車開快車，在轉彎處沒把好方向盤，直衝撞向他們，別人逃開，唯獨把他撞死。老婆再來，哭得死去活來。勞教死了，也沒什麼安撫，不知他老婆後來如何。

撐死的那位是右派，三小隊的，約五十多歲。那天，好像是過五一節，給勞教們改善生活。那時已經糧食緊張，雖然沒到後來天天喝稀飯的程度，但已開始吃不飽，吃飯限量。過節這天吃乾飯，還不限量。我們高興極了，每個人都吃得肚兒圓。他老兄吃多了。吃過飯就喊肚子疼，躺在工棚裡不能上工。下午，他肚子疼得打滾。在那荒僻的工地，也不像劉荷青那樣能因向隊長打小報告而可獲得照顧，滾到晚上就嚥氣了。有人說他是腸梗阻。我想，若是外邊的公民，像他這樣的病，絕不會看著他死。而我們右派，被寬大稱為「人民內部處理」，宣稱右派還有「公民權」，難道就是等死的權利？

以後的日子裡，我和我的家裡人在千萬不要忘記階級鬥爭的歲月裡，受盡了磨難和困苦。他們隨時隨地拉我去批判鬥爭，經常對我謾罵毆打，後來又經過了文化大革命，你可想而知我和我的家

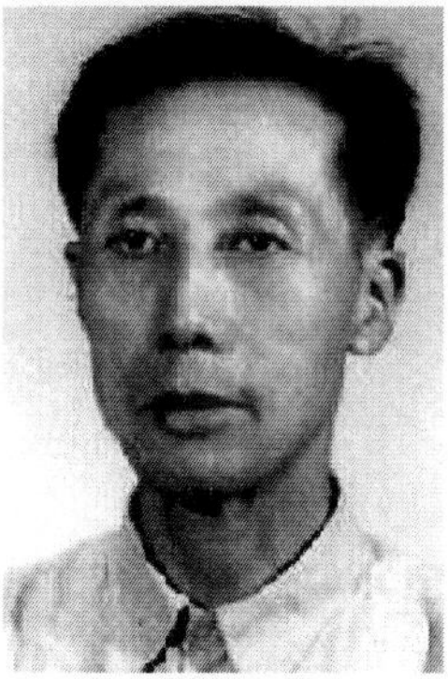

姜萬里
右派改正53歲

裡人是怎麼活過來的。往事真是不堪回首。我在這裡給你說一個屈死的北京右派，你就知道我是怎麼活過來的了。

二〇一〇年春節前夕，二弟提前來給我拜年。

在談到毛澤東時代的荒唐時，二弟講述了一個故事令我十分震驚，十分感慨，兔死狐悲我想將這事告訴你。

這是一個屈死了五十二年而至今仍然背負著「反革命破壞」罪名的右派難友。我的二弟姜萬宇，一九五六年畢業於哈爾濱外國語學校，畢業後分配到石油工業部青海石油勘探局專家工作室做俄語翻譯。第二年，一九五七年，因為受我被打成右派的影響，把他趕出專家工作室，下放到茫崖地區獅子溝探區土方二中隊「勞動鍛煉」。所謂「勞動鍛煉」，實際上是變相「勞動改造」，幹的活計就是從早到晚開山挑土。

打開地圖，茫崖鎮位於青海省的西北角，在柴達木盆地的西端。二弟所屬的土方二中隊工作地點獅子溝探區，在油沙山附近。土方中隊的任務是開山劈石，給鑽井隊架設鑽井開闢場地。

這一帶是一片鹽鹼地，大風起時飛沙走石，冬嚴寒，夏酷暑，生存環境極其嚴酷。

時值一九五八年秋，毛澤東發動「大躍進」，提出「大幹快上，一天等於二十年」的口號。在此前一年反右派運動使人們再也不敢提出不同看法了，於是毛澤東瘋狂了，他掀起了一場史無前例的瘋幹蠻幹的大躍進運動。

正在轟轟烈烈的大幹高潮中，獅子溝探區有一天突然接到上級命令，於是職工們都集中到油沙山探區開大會。這是一場批判大會。批判對象是一名死去的右派分子，罪名是「反革命破壞」。這名不幸的死者叫什麼名字已經記不清了，但記得他是北京來的石油技術幹部，因為被戴上右派分子帽子而發配來油沙山探區鑽井隊跟替打錨井。

原來，油沙山鑽井隊違背操作規程，樹立鑽塔時，四隻鑽塔底腳打基灌水泥不足養生期就投入使用，而且井架上邊又省去「綳繩」（斜拉繩）。為了搶工期，在這樣的情況下指揮者就命令鑽井隊開鑽。

大家都見過，鑽井的井架高三十多米，矗立起來就像一座孤塔，四角若不拉上綳繩，就好像風中的一根筷子，加之地腳灌注的水泥尚未凝固堅實，不能保證穩定。更何況要用一千多馬力的柴油機帶動，轉動起來扭力巨大，不拉綳繩的後果可想而知。

當時這位北京右派因為是技術行家，看出其中的危險，就提醒說這樣恐怕不安全。可是立即遭到左得頭腦發昏的領導的呵斥：你潑冷水怎麼的？嚇得這位已經因為說真話而被打入地獄的右派難友不敢再多說什麼。而其他有些人心裡也是明白的，可是看到了說真話被打成右派人的下場也就噤聲不語了。

這位遭到呵斥的難友可能懷著「你們不怕死，我又何嘗怕死」的心情默默地走上二樓鑽井平台，跟著開始幹活。鑽機開動了，巨大的扭力搖撼著沒有綳繩牽拉的鑽塔，鑽塔開始像喝醉了酒的莽漢隨著鑽機的轉動而開始左搖右晃，不消一刻，那鑽塔轟然倒地。可憐那位右派難友來不及躲閃，也根本無法躲閃，因為他所在的鑽井平台離地而有十米高，他們操作手又早被圈在塔架裡面，好像鐵籠中的豬狗，只能束手待斃。井架倒了，三角鐵刺入他腹部，當即一命嗚呼。

可是事情沒有完。井架倒了，死傷多人，是大事故。瞎指揮的領導人卻不怕，自有他脫身的辦法。那個年代，一切以階級鬥爭為綱，一切功勞成績都是吹牛拍馬之輩極左人士的，一切罪過都是地富反壞右的。出了事故找原因，他們就異口同聲往死去的右派難友身上推，理由是：「他事先就說不安全，他是怎麼知道不安全？不是他破壞是誰？」於是就召開了這場批判大會。可憐這位難友不但自己送了命，還連累家屬也被扣上「反革命家屬」的緊箍咒。此冤案已經過去了五十二年，自從一九七八年的中共十一屆三中全會到現在也已經三十二年了，不知這位難友的冤案得到伸張平反沒有？他在北京的家屬知道不知道自己親人死亡的真相？

2009年8月14日筆者與茅于軾在其家中

敢於說真話的著名經濟學家茅于軾

在中國這塊土地上說真話真難，可偏偏有這麼個不識趣的茅于軾就是要說：「替富人說話，幫窮人辦事」「經濟適用房既沒效率又不公平，原因是違背價值規律！」「我認為一個國家的老百姓有沒有素質，只要看一點，就是懂不懂得照顧別人。不管一個人文化是高是低，學歷是高是低，如果不懂得照顧別人就是沒素質。這一點我經常在思考和觀察，我認為這個結論是經得起考驗的。」「中國必須走市場經濟和民主法治之路，這不但已經為發達國家的經驗所證實，也是理論上可以證明的。」「一個穩定的社會，一定是菁英和大眾的結合，也就是說社會由菁英來治理，但他們考慮的是大眾的利益。」

由於茅于軾是個有很大爭議的人物，於是筆者在二〇〇九年八月專門登門拜訪了這位尊敬的前輩。筆者去之前是有顧慮的，這麼大個經濟學家筆者去後能接待筆者嗎？可是進了門他坐在了筆者的旁邊，而且熱情地給筆者倒了茶，使筆者本來緊張的心情一下放鬆了下來。

我一九二九年一月十四日出生於南京，父親叫茅以新，母親名叫陳景湘，都是一九〇二年出生的，爸爸比媽媽大六個月。爸爸一直活到了一九九〇年，媽媽活到了一九九二年。媽媽生我們四個兄弟姐妹，我是老大，老二叫茅于杭，是清華大學自動化系的教授，老三小妹叫茅于蘭是首都師範大學外國文學系副教授，小弟弟叫茅于海，是清華大學無線電系名教授，後離職去了美國從商。我們四兄妹相隔都是兩歲。

我的父系出了個茅以升，是中國的橋樑專家，是我的二伯父。他修建了錢塘江大橋。大伯父叫茅以南，五十年代初就去世了。他早年留學日本，回國後大部分時間在鐵路和公路供職。我們一共有十九個堂兄弟姐妹，大房有八個，二房有七個，再加我們這房四個。這十九個叔伯兄弟中出了三個右派，比例是遠高於別的家庭。這跟茅家的自由思想有關。我還有一位姑媽，叫茅以純，她很不幸，在抗戰中一九四一年就去世了，活了不到四十歲，她生了兩個兒子，姓戴。

我的祖父叫茅乃登，是清朝時江浙聯軍革命軍總司令部秘書部的副部長。曾著文「江浙聯軍光復南京」記述了一九一一年九月回應武漢的辛亥革命的起義。他死得很早，只活了六十多歲，我很小時候得知他去世，那時候我們在杭州。爸爸特別去南京奔喪。他沒有給我留下什麼印象。但是我的祖母曾經教我寫字，鼓勵我寫好字。每天要寫一張大字，她在上面批圈，每批一個圈給我一個銅板。我今天對書法有興趣，寫的字居然能夠賣錢，得益于我祖母的鼓勵。她在抗戰勝利後在重慶去世。終年七十。她對茅家的興起有很大的貢獻。雖然居家貧困，但是重視子女的教育。她的三個兒子都是留學生。這在當時是極不簡單的事。茅家因為出了茅以升，她大部分時間和茅以升住在一起，生活過得很舒適。

我最早上的學校是杭州獅虎橋小學。那時候我只有五歲多。不會上廁所，要隔壁的姐姐照顧。別的事都不記得了，只記得有一次我犯了錯誤被校長叫上講台受訓，我不服氣，用小腳踩校長的鞋子以解氣。校長倒也沒有認真，哈哈一笑了之。後來父親的工作調動，我就去了蘇州、南京、衡陽等地上學。後來由於抗戰，我們跟隨父親的工作轉輾大後方，從長沙到桂林，到上海，又回柳州，在桂林，全州等地上學，後來到了重慶，最後在重慶南開中學畢業，是四六級的校友。總起來看這十二年的小學、中學一共上了十三個學校。

我在學校的成績很一般，都是勉強及格。但是我對課外讀物有興趣。在小學四年級時就喜歡看科學雜誌，因為好奇心。記得最早看的是關於性方面的文章。在初中一年級的時候我對天文學產生了興趣，和幾個同學談天文學的問題，這幾位同學都是科學家的孩子。我上的這些學校都算不錯，老師都還可以。但是因為頻繁轉學，學習很受影響。我開始對學習感興趣是在中學三四年級。但是對我有終身影響的還是在南開的最後一年。首先是數學老師特別好，他叫伉鐵建，大家叫他伉老二。他教的解析幾何非常清楚。上課聽講，下課做作業，就完全明白了。考試就不害怕了。在南開我喜歡了音樂，體育，培養了我一生的好習慣。

對我影響最大的是在上海交大的四年教育。這四年的特點是老師好，聽得懂。而且專業課全部用英文，做習題，考試都用英文。我的英文主要靠在上海交大這四年培養起來的。後來改革開放，我有機會出國，就能夠用上。在交大學的力學、數學、熱學、機構學（現在叫機械原理）都非常有用，甚至於影響到人生觀。那時候大學生的學習生活很豐富，我們常常去蘭心劇院聽上海交響樂團演奏。我還學了兩年的小提琴，進步很快，能夠拉貝多芬的小夜曲，還試著找人給我鋼琴伴奏。但是沒有成功。

大學畢業後，我自己十分重視學習。那時候沒有人指導，自己瞎摸，天文地理無所不學。現在看起來，大部分的閱讀都是浪費時間。但是有一本關於心理學的書給我的幫助很大。一九五五年我調到了鐵道科學研究院，做研究工作，需要更多的知識。從那以後我堅持自己學習，至今不斷。我看的書中以數學方面的書最多。另外還學了空氣動力學、電腦（我在六十年代初就開始用電腦了，用於給試驗資料加工分析）、燃氣輪機，還學了俄文，都是很難啃的學問。近來看的書都跟經濟學有關，特別是自己感覺歷史方面的知識太缺乏，看了不少歷史書。鐵道科學研究院有很好的學習環境，給研究人員提供系統的課程。我聽數學課至少有四年。但是因為沒有人指導，有些課費了很大的勁，可是沒有用處。該學的數學反倒沒有學。我的數學基礎對後來推導擇優分配原理起了決定性的作用。

改革開放以後有機會去了哈佛大學做訪問學者。在哈佛大學我聽了三四門課，但是沒學到新東西，因為大部分的課我都能講。只有一門講稅務的課，覺得有收穫。那時候國內還沒有稅的觀念。在國外我的主要收穫是瞭解國際上的學術動態，結交了不少大學者，特別是如何將學術研究和政策研究結合起來。世界銀行和國際貨幣基金的出版物是我特別喜歡看的書。

一九九〇年我應聘澳大利亞昆士蘭大學為客座高級講師。這是公開招聘競爭上崗的。我能夠獲得這個職位跟我認識他們經濟系的主任有關。在哈佛大學時，我們在加拿大的一次國際會議上相識，他知道我的經濟學水平，所以請我去。我在那兒講三門課，經濟學專題、經濟計畫、環境經濟學，都是研究生的預科課程。我的月薪按當時的匯率合三千美元，交掉一千美元的稅，還剩下兩千美元。一個中國人，沒有學過正統的經濟學，沒有博士學位，能夠在西方國家的大學裡教主流經濟學，不但在當時是獨一無二的，恐怕至今也是鳳毛麟角。

反右運動是我一生中最大的坎坷。一九五七年夏天，我出差在隴海鐵路做列車阻力試驗。從報上得知共產黨號召整風。大家都很高興。後來就回北京鐵道研究院參加整風，那時反右已經開始了。我當時是整風討論會的小組長，並不懂得為什麼要反右。我很相信共產黨，和黨是一條心的，沒有任何的顧忌。那時我家住在王府井，離單位很遠，騎車要走一小時。每晚整風討論到十點鐘，我因家遠，可以早走一會兒。沒想到早走的一小時構成了我當右派的條件。在我離開討論會之後，有人背後偷偷摸摸地整我的材料。某一天拿出我的發言記錄，都是斷章取義，極度歪曲，但是這些話我確實講過，成為我的右派罪證。據說還有人上廁所的一小會就成了右派。

我說了些什麼呢？豬肉買不著，為什麼不漲價？毛主席要見科學家，是毛主席去見科學家，還是科學家去見毛主席，這一條最要命。還有其他，我都記不清了。這些話無非是我平等自由思想的表現，和對市場的同意。但是我並不懂資本主義和市場經濟，只是表達了我很自然的想法。那時候的共產黨就是要反對平等自由。所以說我是正確地被打成右派，打得很準，並不冤枉。

當時鐵道研究院的黨委書記是岳志堅，他比較實事求是，他曾經在大會上宣佈，茅于軾的問題不是立場問題，是認識問題。但是到一九五八年初，鐵道研究院的右派人數沒夠百分之五。所以把我和商振海補充進去。那時候是由鐵道部派科技局書記柴沫來院裡宣佈的。有趣的是後來柴沫挨整，自殺死了。毛澤東就是這樣整人的。整人的，挨整的，統統都進入他的絞肉機。對我的處理算是輕的，降職降薪兩級，從一百三十三點五元降到一百元。那時候我愛人停薪留職，又生了頭一個孩子，搞得家裡經濟上非常緊張。幸虧有些好心人，把情報所的一些翻譯工作給我做，這樣我就可以有一些外快收入。每次運動，都有人趁機往上爬，也有人儘量保護人。應該說鐵道研究院的歷次運動還算比較溫和的。反右派只有一個人自殺，文革也只有一個人自殺。那時候熱心於反右的有張攸民和吳光勇。不過我不會記他們的仇，我希望他們懂得真正的是和非。

被劃為右派之後，我被調到東郊的環行鐵道做養路工，跟工人打洋鎬，撥鐵軌，幹了近一年。一年後就摘了帽，工資只恢復了一級。後來調級也不給我機會，所以一共欠了我兩級。現在我的收入主要不靠工資，根本不在乎這兩級工資了。當了右派公民權被取消。我出版的書不允許用我的名字，我不得不改用我一歲兒子的名字「為星」。這樣的事改革後還發生過多次，一直到改革開放後的今天也還發生著。明明是我的文章，不得不用「為星」的名字發表。

當了右派，一切公民權都沒有了，我從事科學研究的權利也被剝奪了。我的成果不讓發表，研究課題的領導位置讓給了別人，我只能當下手。但是我的獨特的見解，對解決問題的能力是抹殺不了的。一九六二年鐵道部要解決秦嶺大坡道列車下坡的制動問題，還是用了我的方案。只不過在向領導彙報時不讓我發言。這樣忍氣吞聲地過了二十多年，一直到一九七八年胡耀邦給大家平反。但是我不認為我需要平反，如果當時我是對的，那就是整我的人錯了。到底誰對誰錯還沒有搞清楚。

我自從當了右派以後，每次運動都是運動員，就是階級鬥爭的對象。我儘量謹小慎微，不聲不響，夾著尾巴做人。不論別人怎麼罵我，鬥我，永遠是忍氣吞聲。這種性格使我能夠適應各種環境，不為所動。最近網上有許多線民罵我，有人為我擔心，怕我受不了。其實我毫不在乎。比起反右文革這種罵人算文明多了。不過我為我們的青年一代擔憂，他們怎麼能變成現代社會的一員。當然，這也不怪他們，我們的改革就是一個隻立不破的過程，過去的錯誤根本沒有批判過，是非根本沒有搞清楚。

一九六〇年我因為是右派而被下放到山東滕縣。當然那時候下放的不光是右派，也有一般同志。不過對右派管得特別嚴，受的罪也最多。我們鐵道研究院一起下放的大約有六七十人，我被放到了莊裡東村，住在該村黨支部書記李某的家裡。他家有他的愛人和兩個孩子，大的有三四歲，小的剛週歲。三年災荒時候只有幹部家裡有新生的小孩，一般人根本沒有生育能力。我自己在農村待了整整十個月，根本沒有任何性欲。我們剛到的時候，就知道隔壁的一家四口人中已經餓死了兩個，留下一個戶主和他的大女兒，他的愛人和小女兒都在一九五九年死了。媽媽活著時能夠保護孩子，媽媽一死，孩子就難逃一死了。當地最慘的是一家十二口人，死得僅剩了一個人。當時他十幾歲冬天凍得沒衣服穿。他看上了我一條要淘汰的衛生褲，屁股上已經磨出了洞。我臨走的時候把褲子給了他，他感激不盡。後來知道，看上我這條褲子的人很多。有人埋怨我，說不該把這條褲子給他，因為還有人比他更需要。

我們剛剛到滕縣時，縣裡的領導設宴會招待我們，從北京來的人還沒有挨過餓，而當地百姓已經餓了一整年。我們和當地幹部沒有共同語言，當地的幹部們口口聲聲說百姓有得吃，糧食不是問題，我們聽不懂是什麼意思。那天的宴會說不上有什麼好菜，但是糧食是敞開吃的，我們並不感覺敞開吃有什麼奇怪。到了後來，挨了餓才知道敞開吃有多難得，那時候最難看到的是一個人嘴巴在動，這意味著他在吃東西，這可又怎麼可能呢？我們盼望的就是能夠到縣裡去開會，這樣可以有一頓飽飯吃。這種機會很少，記得我只開過兩次會，每次差不多一個星期。在這一個星期中我每天早中晚三頓飯每頓都吃一斤五個饅頭，一個禮拜吃下來，並沒有解餓，因為解餓要有油吃，沒有油，光吃糧食，肚子裡照樣餓。

人人都有自己的理想，有自己的人生追求。但是又都有一個臭皮囊。在正常情況下，人的理想和人生追求在起作用。人是受意識支配的。但是到了挨餓的時候臭皮囊起了決定性作用。人的意識完全讓位於臭皮囊，人失掉了任何理想，只有一個願望，就是「吃」。這是一段極特殊的人生經歷，一個沒有意識的經歷，人退到了野獸的狀態。

我在藤縣餓得沒辦法，全身浮腫，連鞋都穿不上，彎腰都困難。肚子餓了就喝水填饑餓感，因此那時我的小便特別多，一個晚上要起來七八次。我之所以能挺過來有一個原因，就是夏天和秋天時吃了許多螞蚱。在田野裡有許多螞蚱，抓住一個就放入一個信封口袋裡，等有了七八個，就把信封放到火裡燒。信封燒掉了，螞蚱也燒熟了，放進嘴裡嚼嚼嚥下肚去，螞蚱的消化系統有一股綠色的水，是牠吃草後消化過程中的產物，非常苦，很難嚥，但是餓使人不顧一切。

人都說災年撐死的比餓死的多，這是有道理的。人餓急了，會不顧一切地進食，就有可能撐死。有一位華僑青年，肚子餓得不行。他媽媽從香港寄來一大包食物，他不顧一切地吃，最後活活地撐死了。情況慘不忍睹。他媽媽來領屍體痛不欲生。我從滕縣回北京，當天晚上我太太給我開了一個豬肉罐頭，我還算有節制地吃了一大碗帶豬油的大米飯，到了晚上全吐了。我一生有幾次面臨死亡，一次是進入深水游泳，那時我十一歲，不懂會有淹死的可能。一次是在齊齊哈爾當副司機，冬天，我拎著一桶油追趕前進中的火車頭，差一點被車頭壓死。再就是在滕縣挨餓。如果再在那兒留兩個月，我必死無疑。全國有十幾萬右派就是這樣餓死的，典型的就是甘肅省的夾邊溝。

文革來臨時，毛澤東在天安門城樓上接見紅衛兵，我就知道事情不妙。果然不錯，鐵道研究院也開展運動了。首先被揪出來的就是老運動員。我被集中掛牌，批鬥，勞動。到八月份北京城進入橫掃地富反壞右的瘋狂階段，我住在靠近王府井東安市場，那裡天天都有被打死的小業主從東安市場用板車拉出來。大興縣還活埋了地富反壞右幾百人，連小孩也不放過。二十三日有十來個紅衛兵到了我家，說我是右派分子，要抄我們的家。把我父母親，兩個小孩，我愛人，全都趕到隔壁人家的廁所裡。紅衛兵翻箱倒櫃，想找反動材料。紅衛兵整整抄了一個晚上。幸虧我們沒有什麼材料，只找到我們集郵冊裡有蔣介石的六十誕辰的紀念郵票，算是唯一的反動證據。大多數人並不懂得什麼是抄家。抄家就是要查到每一個角落，甚至掘地三尺。第二天我們回家的時候都不認識自己的家，已經面目全非。接下來把我們的全部衣物封存，一個星期後用三大卡車運走，只剩下身上穿的幾件夏天的衣服。最危險的是八月末的一個早晨，我和我父親被叫出去掃街。一邊掃，一邊有紅衛兵用帶銅頭的褲帶抽打。每打一鞭身上留下一個小洞，血就流下來。我感到非常恐懼，並且意識到，我們很可能要像東安市場的小業主一樣被打死。幸虧早上馬路上的人還不多，沒有多少圍觀的。否則圍觀的人中很可能有別的紅衛兵，一起插手打我們，要不了幾分鐘我們就會沒命了。還是我們命不該絕，那天打我們時忽然來了一位騎自行車的女同志，車上插了一面小旗，上面寫著「要文鬥，不要武鬥」，下款是西城聯動。那些打人的紅衛兵看見聯動來了，立刻一哄而散，這才救了我們一命。

抄家之後紅衛兵給我們每個人每月六塊錢的生活費。全家立刻陷入經濟危機。小孩最難適應這種變化。因為孩子要買江米條，被拒絕了。孩子問我，什麼時候我們才能過上原來的日子。茅以升聽說我們被抄了家，叫保姆給我們送來了兩條被子。起初，我相信被抄的東西會還回來，因為沒有理由侵犯個人財產。可是兩年後有人看見寫著我的名字的計算尺在崇文門拍賣行出賣，我才知道我們的東西永遠不會回來了。落實政策時，把剩下的沒有拍賣價值的東西用三輛板車送回來了。不過存在王府井工商銀行裡的一個首飾盒折價十五元還給我們，裡面的首飾都沒了。裡面本來有我媽和我愛人的嫁妝首飾，現在看來並不值多少錢，還回來時都沒有了。抄家後我們過了一個多月的苦日子，直到九月十五日發工資，我和我父親都拿的原工資，生活才好了一些。

不過經濟的壓力並不可怕，活命才是關鍵。文革我家被抄，掃地出門，愛人被剃了光頭，我被鞭打流血，幸虧鐵道研究院是文人據多數，搞運動還沒有打人的事。整個運動才死了一兩個人。隔壁的鐵道學院學生占多數，就死了許多人，包括自殺的和武鬥被自己的階級兄弟殺死的。偉大領袖號召人鬥人，可也的確有這樣的百姓願意回應他老人家的。如果在美國，估計沒人會理他。清算一個人的錯誤尚且那麼難，要十幾億百姓檢討認識上的錯誤更是談何容易。所以我對中國的前途並不是樂觀的。

到九月下旬，領導突然通知我，去大同機車廠勞動，同去的還有馮登泰、安汝濳。後來瞭解是北京市委書記彭真下令要把北京搞成水晶城，肅清危險分子，各單位要清查危險分子，鐵道研究院一共清查出了十三個危險分子。我的家被抄，人被打，反而說我是危險分子，天理何在。終於，我在九月下旬被趕出北京去了大同。沒想到，到了大同機車廠我們這些危險分子的待遇比在北平好多了。在這裡我們算是一個正常人，國慶期間還讓我們回家過假期。在大同廠先是在車間勞動，以後去農場勞動。也有幾次運動，基本上是走過場。後來鐵道部要上燃氣輪機車，技術人員不夠，不得不把我調上來做技術工作。

最好笑的是林彪出事後，鐵道部的一位總工姓王，他比大家更早知道林彪的事，恰好我也從小道消息獲知此事。王總領著我們設計組去哈爾濱汽輪機廠出差，在很正式的設計組會議上，王總破口大罵林彪，嚇得大家面面相覷，一句話不敢說。那時候罵林彪是要犯死罪的，誰敢闖這個禍。我就暗地裡看笑話。

當文革接近尾聲時，工廠領導照顧我回了鐵道研究院，我也就等於回了家。毛澤東死的那天，我在鐵道部抄資料，聽見走廊裡有人哭，我知道這個人死了。遲早要來到的這一天終於來到了，我感到中國要變了，有希望了。

我在鐵道研究院的運輸經濟研究所從事鐵道經濟研究。在這一段時間裡我推導出擇優分配原理，完成了我一生中最重要的理論成就，那時我正好五十歲。我領導運輸所經濟室的學術工作，很有聲色。我給研究生開數理經濟學的課，給室內同事開概率論的課，去北京經濟學院開數理經濟學的課。雖然還沒有平反，我已經完全確立了自己的學術地位。我的研究領域越來越超出運輸經濟，我希望能調到中國社科院的經濟研究所去，或者數理經濟所去。但是我不被承認，因為我不是學經濟學出身的，都被拒絕了。在這時我認識了楊小凱，我們成為了好朋友。

楊曦光

趙旭啊，你應該瞭解一下楊小凱。楊小凱生於一九四八年十月六日，他是二〇〇四年七月七日去世的，原名楊曦光，乳名楊小凱，澳大利亞籍華裔。世界著名經濟學家，思想家，人權鬥士，當之無愧的「中國的良心」。他出生於中國吉林省敦化，在湖南長沙長大。與妻子吳小娟育有三個孩子。

楊小凱文革期間曾在湖南長沙入獄十年。他是在一九六八年二月，被作為重要「欽犯」而被捕入獄的。當年，他因為寫了洋洋萬言的《中國向何處去》，而被極左的「文革」領導人康生三次點名的。出獄後，他考上中國社科院研究生，美國普林斯頓大學經濟學博士，任哈佛大學客座教授。他有非常傳奇的經歷。

楊小凱入監獄時二十一歲，是長沙市一中的高中生。他在十年監獄生活中完成了大學以上學業。他說自己「找了位教師學英文，找了位電機工程師學電機，找了位機械工程師學機械製圖。還讀《世界通史》，馬克思的《資本論》，和一本叫《毛澤東思想萬歲》的書。」還自學了高等數學。完成了五十多本讀書筆記和一個劇本。可以想像他當時的環境：白天要做工，晚上還要參加政治學習。飯吃不飽。住二十來人的牢房。大部分人都在打牌、下棋和聊女人，可楊小凱一塊架在腿上的木板就是桌子。在監獄，書非常有限，不能說英語。他母親受他的牽連被迫自殺了。他的好友導師含冤被害。他自己又被人監視，隨時可能有滅頂之災。楊小凱並不是個書呆子。他與獄友打賭冬天洗雪浴，和大家分享家中食物，和那些文化少的獄友打成一片。他用微積計算懸鏈曲線，幫助木工師傅設計比傳統更受力的渠道或橋樑，讓大家懂得知識的價值，也贏得了大家的尊敬。楊小凱能夠堅持學習首先是得益於他父親的教誨和家人的支持。從一篇他妻子的回憶能看出，楊小凱父親對他要求是很嚴的。他父親一九三八年參加革命，曾是湖南省委的高幹。楊小凱入獄後，一直與家人保持聯繫。家人時常寄錢寄書給他。其次，他在入獄前是長沙市一中的尖子生。從他獲罪的那篇萬言書《中國向何處去？》已顯露出他過人的天賦。連文革「理論家」康生都說：「我有一個感覺，他的理論，絕不是中學生，甚至不是大學生寫的，他的背後有反革命黑手！」憑著中學扎實的基礎知識和學習方法，他在常人難以忍受的環境中完成了學業。這讓為文憑而學習的人無不汗顏？第三個原因，他希望通過學習知識來認識世間亂象的原委，並找出解決方法。第四個原因便是他過人的意志力。

我與楊小凱相比差得遠了。我原來是學理工的，我所受的基本訓練是在理工方面。我在所學的力學、電學、熱力學、數學都認真地下過功夫，可以說是達到融會貫通的程度。但是作為一個經濟學家，我的基礎很差。許多經典著作我都沒看過，比如《國富論》、《就業利息和貨幣通論》、《資本論》都沒有認真讀過，更不用說洛克、康得、羅素、佛洛伊德、韋伯、柏拉圖、培根、黑格爾的著作。我的國學基礎也只限於《論語》、《古文觀止》中的十幾篇，加上零零碎碎的史記，孟子等。這就是我的全部家當。所以我在文章中極少引經據典。反過來說，我的知識不是抄襲之作，不是食古不化，更不是販賣外國的原著，這些惡名都放不到我的頭上。

我能取得學術成就，很大程度上是和結交的朋友有關。我們互相交流，彼此得益。其中主要有王國鄉、楊小凱、宋國青、張維迎、盛洪等人。

我的學術成就大體上可分為前二十五年和後三十五年。前二十五年主要是在鐵道機械、牽引動力方面；後三十五年則在經濟學、人權、道德、制度方面。

筆者是二〇〇九年八月十四日到茅于軾家採訪的。筆者在採訪接近尾聲時，突然一名便衣、一名警察進來，筆者的採訪被中斷了，原來茅于軾先生和別人聯名要求釋放公盟負責人許志永，而驚動了警察。筆者與茅于軾先生匆匆合了影隨即就離開了他家，沒想到他很快給筆者寄來《茅于軾八十自述》和《茅于軾先生八十壽辰慶賀文集》讓筆者參考選用，後來又看了他的《把毛澤東還原成人——讀〈紅太陽的隕落〉》，才對茅老有了更深入地瞭解。我非常贊成人們對茅老的評價：「不為君王唱讚歌，只為蒼生說人話」，茅于軾是中國的脊樑。

黃埔軍人駱振濱三民主義的忠實信徒

我的原籍是安徽省宣城縣，一九二六年（民國十五年）生於蘭州市五泉山一個小職員家庭。抗日戰爭以前，國內軍閥混戰，我父親在甘肅省景泰縣負責鹽務。當時的景泰活動著兩股土匪，一股是蒙古族土匪巴特爾，另一股是漢族土匪王豪中。景泰縣是個貧窮縣，老百姓沒有什麼可以搶的東西，所以，兩股土匪都瞅準了鹽務局。

有一天土匪又一次到了鹽務局，我的父親和七八個鹽務局的人跑了出來，追上來的土匪一槍打飛了我父親的帽子，將鹽務局的人全部抓住把錢搶了過去，並把他們吊了起來，逼我父親交出槍來。

土匪頭子當時告訴父親和我，說他是個良家子弟，他母親早早去世。所以，這個土匪頭子見了我這個沒有母親的孩子很是同情。我父親於是讓人買了四隻羊，十幾隻雞送給土匪，土匪才將我們放了出來。

民國二十四年至民國二十六年，由於我父親調到了西和縣，我也就隨父親到了西和縣第二小學上學，在鹽官鎮（現為禮縣的地界）。當時紅軍從此地經過，個個穿得破破爛爛，有些人還穿著女人的衣裳。胡宗南第一團的團長張靈甫打紅軍到了我們學校。學校校長派我給張靈甫端上來柿子吃，這是我與張靈甫的第一次見面。沒想到第二天張靈甫又到了西和縣鹽務局，我父親又讓我給張靈甫端上來了柿子。

張靈甫第二次見了我，拍著我的頭對我誇獎說，這個娃娃虎頭虎腦，將來一定是個好軍人。而就是這句不經意的話，讓我奠定了當軍人的決心和埋下了去考黃埔軍校的種子。張靈甫字寫得很好，給我父親題了字：猿嘯風中斷，漁歌月裡聞；閑隨白鷗去，沙上自為群。大漠無兵阻，窮邊邀客遊；但願如此水，長遠向東流。另外，張靈甫軍隊的軍紀很好，平時縣城裡看不到軍人。我對這些軍人很羡慕，有一次我去問一個軍人，軍人告訴我，他們在軍隊裡吃過飯每月軍隊裡還給士兵三元錢，給小官五元錢。這些都給我留下了深刻的印象。

一九四〇年，我考入了蘭州志果中學（現為蘭州二中），校長是趙元貞。一九四五年我在中學畢業時，同時考上了鹽務局和空軍，最後由於家人的反對我選擇去了鹽務局。

我是一九四七年考入黃埔軍校成都本校第二十二期的，一九四九年八月畢業。我們的同學裡有寧家駒、李奉奎（混血兒，母親是俄國人，父親是山東人）、谷少陽、方咸弘、馮展、周峙天、薛林、于俊宏、袁家驊、魏延林、張國棟、盧國啟、張吉仁等，還有台籍的陳德璋、林龍水、林茂修、簡雍等等。

我在黃埔軍校時與雲南省主席盧漢的兒子盧國啟在一個班裡，我們這兩年的軍校生活很充實也是最艱苦的。那個時候，冬練三九，夏練三伏，每天二十四小時腦筋始終不敢放鬆，我就是在這樣一種血與火的磨練中度過了難忘的兩年軍校生活。

黃埔軍校畢業後我到了重慶，進了幹部訓練班。三個月結業後，我被分配到了有一千多人的交警十二縱隊當參謀。一九四九年底，當時大陸大部分地方已經讓共產黨占領了，很多人投降了共產黨，交警十二總隊只剩下了六百多人，改為四川省川南游擊第一軍，我擔任侍衛組長兼營長。我們這個時候缺槍、缺電台，台灣的飛機經常給我們運來。

我們當時主要活動在與雲南、貴州交接處的川南地區。在高縣時，有個大地主嚴東承有次請客，留下我說：「聽說你身上沒有一文錢，我給你三百個銀圓、三百兩大煙，因為共產黨來了我也保不住。」我說，不是我的東西我絕不會要的。

有一天，國民黨兵將兩個賣茶葉的人給抓了起來，進行拷打，說這兩個人是共產黨的密探。這兩人被打得不行，說我們不是探子，我們是倒賣大煙的。這時有個人說，老駱發財的機會來了，把這兩個人洗了，搶了他們的錢和大煙。我指著這個人的鼻子說，你呀！國民黨的事情就是你們這些人給搞壞了。

一九五〇年三月，我們跑到了沐愛縣，此時我們的武器雖然不好，可是殘兵敗將到了一起將近有幾萬人。珙縣的木灘鄉當時被共產黨給占領了，隨後又讓我們給奪了回來。木灘鄉有個姓龔的大地主，他的女兒龔思潤是同濟大學畢業的，她說，她的日記讓一個國民黨的軍官給拿去了，讓我幫她給找一下，我到下面一問，果然有個小軍官看了姑娘的日記在人們跟前吹說，於是我就給她要了回來。

我在一九四九年底時，就給機要參謀樊盡臣建議將部隊拉到邊境上去打游擊，但樊盡臣沒有採納我的意見，果然後來解放軍來後乾脆撤退不及了。

這段時間我們一直與解放軍進行打仗。大隊長郭元宗歸我管。有一天郭元宗要槍斃他手下的一個連長，要讓我給簽字。我瞭解後得知郭元宗與這個連長為一個女人爭風吃醋，都不是好東西。於是，我把這個要槍斃的連長要到了我的跟前，沒有槍斃。

一九五〇年陰曆五月初九的晚上，聽說共產黨的軍隊要打來了，我們每個人都抱著槍，穿著衣裳睡覺。凌晨一點時，離我們四十里路上發現了共軍，到天亮時共軍已離我們只有十里路了。天大亮時，我們與共軍交了火，整整打了半個多小時。

我上了一個山頭，看見解放軍我就用衝鋒槍掃，當時子彈就在我的耳邊飛。我跑到一個山溝裡，我從一根藤條上爬到了一個小洞裡。這個小洞口上藤條遮蔽著，我躲了進去。這裡的路都是懸崖絕壁，躲了些日子後，我又在草叢裡收容了十多個弟兄。這些人都是被共軍打散的，我在草叢裡一拍手，他們就走了出來。

有一天我領著這些弟兄到了一戶人家，一進門主人拉住我的手說道：「恩人到了。」原來此人就是被我救了的那個要槍斃連長的兄弟。

一九五〇年陰曆五月十日，我們與李彌的一個不完整的師會合了。會合後加上地方武裝和七十二軍不投降的總共有七八萬人。七十二軍來了歐陽大光、陳雲鵬幾個營長。

我這一輩子最值得我懷念的是，打了敗仗後，很多人以為我死了，給我燒了紙，我後來看到這種情景覺得很感動。另外，共產黨攻打沐愛時，我們的部隊要轉移，這時老百姓哭著來送我們，說明國民黨雖然當時失敗了，可是抗戰八年，老百姓確實與國民黨軍隊有很深厚的感情，不是像今天這樣宣傳的。老百姓當時給我吃，讓我住，給我看病，讓我體會到了濃濃的魚水之情。

我在報紙上看到共產黨要集中消滅我們這些殘餘武裝了。果然時間不長解放軍就打了過來。我在一個黃沙坡上遭了伏擊，被地雷給炸傷了。當時我流了很多血，傷口也被感染了。和我在一起的是電台台長潘新華，這是一個河南人，南京警官學校畢業的。

我們只有一條毛毯，身上的衣裳比叫花子還破。當時我的傷很厲害，我與潘新華抱頭大哭。這時我們遇見了當地的三個小學教師，他們給我們了三斤糧票。

現在回想起來在我大災大難的時候，遇了很多好人。一天我到了一戶人家，這家房子很好，朱紅的大門，我看有一個老漢走了出來，央求給落個腳。他說，我這裡不是醫院。這話被一個跟前的年輕人聽見了，他說，你給這個人說什麼，問明情況後年輕人就讓我住在了他的家裡。

我記得這是一九五〇年陰曆的七月初七，我到了四川省珙縣洛亥鄉袁家村袁家祠堂。在這裡我又遇了一個好人，他在袁家祠堂門後的地上給我抱來草，鋪上軍毯讓我睡了下來。

我在這裡養病養傷，老百姓和祠堂裡的和尚對我都很好。有一次我休克後，老和尚將我扶到禪房裡住了下來。有個同濟大學醫學系畢業的袁作君給我取出了彈片，給我塗藥治療傷口。在這裡我住了二十多天，臨走時祠堂裡的和尚讓我抽個籤，我本來不想抽。老和尚說，抽個吧。於是我抽了一個下下籤。籤是這麼說的：牡丹本是富貴花，……。大意是說，花是富貴花，但遭到了暴雨襲擊，它是斷了根的牡丹，在泥土裡遭人踐踏。老和尚看了籤後說，你的前途非常兇險。

陰曆七月底，突然有一天解放軍來後將我抓了去，我在解放軍那裡隱瞞了自己的身分，我說自己叫馬賓。解放軍裡有很多西北人，還有一個蘭州人，給我算了投誠，開了介紹信，於是我就到了商洛。一九五〇年十二月，我又被抓進了四川長寧縣管訓隊，這裡認識的人太多，我就交代了自己的歷史問題。這裡關得人很多，少部分去了朝鮮戰場，大部分被槍斃了。

到了一九五一年元月十一日，管訓隊的地主惡霸大部分被槍斃了，我們十一個人被送到了長寧縣看守所。去後頭三天沒有給我們飯吃，說是我們的糧食關係沒有轉過來。這裡真不是人待的地方，四十多個人擠在一個只有十二平方米的房子裡，人們身上爬滿了蝨子，吃喝拉撒都在裡面，四天時間就在這裡死了七個人。我和一個姓田的是這裡的重點人物，將我關進了一個病號房裡。關了不久，我們十一個人裡有七八個可以到外面去勞動了。主要去修建用竹子造紙的造紙廠。過了十多天，我們裡面一個姓陳的被槍斃了。

後來看守所裡人越來越多，衛生很差，我此時發瘧疾，因高燒口渴，我就用飯換水喝。這些日子裡天天死人，據說是牢瘟病。人們身上的蝨子太多，於是縣醫院就讓我們將水銀和清油調到一起，用線在裡面蘸了後，在每人的頭上拴一根，胸部拴一根，腰裡拴一根。這個辦法滅蝨子確實是好辦法。但也有副作用，我們拴了線的頭髮都脫掉了。

後來的日子裡，其他人每天可以到院子裡活動半個小時，但我和那個姓田的只有待在監房裡。我此時覺得我肯定要被槍斃的，但我無怨無悔。這樣的日子真是生不如死，戰場上我沒有死了，槍斃了也可以為黨國盡忠。

我每天早上起來，扣好我的破軍服扣子，把一雙破鞋也準備好，準備隨時赴刑場，同時告誡自己到了刑場絕不能示弱。

看守所裡的獄卒非常兇殘狠毒。有個姓張的滿臉橫肉，眼睛裡是血絲。他們隨便吊打犯人，把犯人捆了吊起，不到半個時辰犯人身上就會起來雞蛋大的水泡。有一次獄卒將一個快七十歲的梁老漢半夜吊了起來，整整吊了兩個多小時才放了下來。

一九五一年陰曆三、四月間，開始大批鎮壓反革命。長寧縣安寧橋有個大地主梁爾安被拉了出去，讓農民一頓亂棒打了個半死，抬到看守所就嚥了氣。另外，有個羅老漢七十多歲，也是個地主，他的兒子是黃埔軍校十三期畢業的，抗日戰爭時戰死在了疆場。羅老漢每天被拉出去鬥爭好幾次，最後一次臨走時給大家招了招手，說，難友們來生再見！果然他這天出去就被槍斃了。

當時有個姓袁的國民黨軍人悄悄對我說道：「我們就不應該放下武器，戰死疆場，也比死到這裡痛快。」此時我們這些軍人都後悔了。姓袁的說了實話，這些日子槍斃的黃埔軍人很多。我的獄友王宗仁告訴我，黃埔軍人最頑固，他說和我同期有個東北瀋陽人孫笏山，原來是個連長。槍斃孫笏山的那天要照相，他出牢房時笑嘻嘻地對獄中人們說：「難友們，來生再見！」獄卒看他還笑，就將他打了一個嘴巴，這樣他發怒了，獄卒趕快給他拍了照片。被槍斃的歐陽大光是黃埔十四期的，七十二軍營長。還有陳雲鵬、陳超都是黃埔軍人，也都是七十二軍營長，都是一直不投降，被槍斃了。還有田動雲，黃埔四期的，交警十二縱隊少將隊長，化妝以後跑到了成都，被叛徒出賣了，關到監獄裡罵不絕口，我們原警務處人事科長鄭萬膺告訴我田動雲被槍斃了。鄭萬膺當過人事科長，他出賣過很多國民黨的幹部。

有一天，有個姓白的和我聊天，說其本家叔叔白××是個窮惡霸被槍斃了。我說，什麼叫窮惡霸？他告訴我，他叔叔是個窮人，過年時寫了一幅對聯：蔣靠美，毛靠蘇，我靠誰？你說他是匪，他說你是匪，到底誰是匪？就因為這幅對聯，他叔叔被冠以「窮惡霸」給槍斃了。

我得了瘧疾天天發高燒，生不如死。有一天高燒後口渴難忍，想要點冷水喝，可獄卒就是不給。到了下午，我的呼吸突然停止，周身好似要爆炸，指甲也似要飛了起來。當時同室室長一個姓梁的要了一杯水，掰開我的嘴給灌了進去。這樣我的命又被救了過來。

這個姓梁的室長，是黃埔十二期畢業的，是國民黨的一個起義團長。他在共產黨的軍事大學學習過，可是他還是沒有免掉坐監獄。

由於不斷槍斃鎮壓，天天有人病死，看守所慢慢也沒有剛來時擁擠了。

當時的法律伸縮性很大。有一天給好幾個人判了刑，其中有個煙毒犯，被判處死刑，立即執行，准予上訴。判刑後給這個煙毒犯戴了手銬，砸了腳鐐。可是，這個煙毒犯上了訴後，改判為有期徒刑兩年。

一九五一年六月初，有一天獄卒讓我去倒尿盆，倒了尿盆後又讓我拿著掃帚去掃看守所的門口。整個過程獄卒提著手槍跟在我的後面。我原先是不能離開監獄房間半步的，我當時想，難道不槍斃我了？果然以後我就可以到戶外，這樣我就可以喝上水了。這以後同室的難友們陸陸續續離開了，包括我的那個室長，由於監舍寬鬆了，我們也就可以睡覺了。

一九五一年六月底我的宣判下來了，我的主要罪名是：第一，抵抗不起義；第二，攻打解放軍；第三，搶過老百姓的糧食；第四，假投降（因我改了自己的姓名）。判刑十五年，戴反革命分子帽子，不准上訴，不發判決。並補充一條，說我是國民黨裡最壞的，最狡猾的，最會麻痹老百姓思想的（因在這半年多的調查中，老百姓沒有一個說我不好的）。一九五一年七月三日，給我們每人發了一雙草鞋，第二天集中讓我們去宜賓市監獄服刑改造。當時去的有三百多人，由解放軍押解。我的關節疼痛，走不成路，連長就讓一個解放軍在後面押我走。

走了一段路，我一下摔倒了，這個解放軍就打起了我。於是，我就罵這個人。我說，你為什麼打我，你槍斃我算了。後來連長讓我喝了點藥，我就再沒有摔倒。

在走的路上，我的腳整個兒打了泡，我是慢慢移到了宜賓市監獄的。原來這裡曾是國民黨傷兵住的地方。

我在監獄裡遇了一個姓楊的天水人，他給了我一萬元（相當於現在的一元錢），讓我給家裡去個信，告訴自己的情況。我的大哥收到信後，給我寄來了二十萬元。勞改科長呂明遠原來是閻錫山的一個團長，早年起義的，他收到錢後對我說，你這個年紀本應該是給家裡寄錢的，家裡給你寄來的錢先放在我這裡，你先拿去五萬元。

我那時身體特別虛弱，有一次在半昏迷時，聽見黃志練指著我說，這個人可能頂多再活三天。我聽了這個話很高興，可是我一直沒有死。

監獄送我到宜賓市仁德醫院去看病，一個女大夫對我說：「你主要是憂鬱病。」果然她給我開了藥後，我就慢慢好了起來。

後來我到了勞改印刷廠，第一個見面的是吳集成，他和我關在一間房子裡。吳集成是共產黨軍事大學畢業的。吳集成原來是長寧縣法庭的庭長，姦污了地主的小老婆，本來是要槍斃的，因他才二十歲左右，就將他判了十年，押解到宜賓市服刑了。

這樣調養了一些日子，有一天我突然想吃東西了。廖銀山的一個獄友用五分錢給我買了一大碗，我那天確實吃得香啊。果然自此以後我的身體就慢慢好了起來。

我在監獄印刷廠裡主要搞校對和雕刻工作，有個叫盧谷農的人字寫得很好，他寫大報頭，我刻小報頭。在印刷廠裡蘇波華、石千仁、黃維一都是大學生。蘇波華原來是一個中學的校長，石千仁和黃維一是中學教師，他們都是因為家庭成分是地主，與家庭劃不清界限，被判了無期徒刑。我與蘇波華、石千仁、黃維一都是搞校對，石千仁校對最好，下來就是我。排字車間有很多黃埔軍人，張英是黃埔十二期的，因抗日戰爭後他所在部隊去了台灣，所以將他判了死緩。倪文銳是幹部訓練班的，也被判了死緩。曾露是黃埔二十一期的，與倪文銳關係密切，有一天突然將這兩個人槍斃了。

有一次印刷時，將人民政府的「府」印成了豆腐的「腐」。最後一校是蘇波華。監獄說蘇波華是有意的，給他加了刑期三年。我看到校對責任這麼大，於是我在校對之外，開始學習排字。就在這期間，印刷廠突然來了個二十一、二歲的女犯人，她是我原部隊搞政工的陳香雲。她一見我說道，營長你怎麼在這裡？我趕快說，這個地方不能這麼叫。我以後很害怕，總害怕暴露了我以前的歷史。

我們印刷廠的廠長叫陳體國，是個共產黨員，見了陳香雲這麼美貌的女子就醜態百出了。每日裡陳香雲走到哪裡，陳體國就跟到哪裡。而陳香雲由於出生在大地主家庭，父母都被共產黨槍斃了，對共產黨有仇恨，她對陳體國很反感。有一天中午吃飯時，陳體國對著陳香雲嬉皮笑臉地笑。陳香雲也在吃飯，她罵陳體國說：「你這個人連個狗都不如。」

有一天勞改科長呂明遠找陳香雲談話，說：「姑娘，你這麼年輕，又是高中畢業生，僅被判了四年刑，好好改造，還可以提前出去。」

陳香雲知道呂明遠原來是國民黨的團長，投降了，她看不起他。她不等呂明遠將話說完，對他說道：「你沒有資格對我說這個。」這下將呂明遠氣壞了，將她改為十年徒刑。後來她還不斷地罵，又將她改為無期徒刑，最後這個年輕漂亮的女人怎麼了，我再沒有聽到她的下落。

現在想起來陳香雲真是一個了不起的女人，我不如她。

我們裡面還有一個女犯，她是大地主的小老婆，其丈夫被槍斃。她的刑期很短，留在了廠裡，名為「釋放分子」。這個女人有兩個孩子，大的十一歲，小的九歲。她是四川筠連縣人。當地有個木工收留她的大兒子跟著學木匠。小兒子經常與陳體國廠長的兒子打架，每次都將陳廠長的兒子打壞。

女犯的大兒子真是窮人的孩子早當家，有一天他將弟弟叫去哭著說，以後再不要給媽媽惹禍了，我聽到這個話很有感慨。

就在這個時候來了一個叫李寒松的女犯人，她是中央警官學校畢業的，她經常到我的跟前來，想與我談戀愛。宋希廉的少將處長施金城曾經當過新疆學院的教授，他被判了死緩。施金城的女人叫王秀生，山西人，有五十歲左右，她提醒我千萬不要忘了自己的身分，絕對不能談戀愛。我聽了她的忠告。

李寒松後來與廠長陳體國發生了關係，別人給我帶話來，陳體國不讓我再與李寒松聯繫。

一九五三年的一天，廠裡牆上突然貼了一張大字報，大字報的題目是「半夜狗叫」。寫大字報的犯人是全廠犯人的大組長，也是警官學校畢業的，臨解放時是宜賓市公安局督察長。大字報的內容是：有些人晚上不好好工作，跑到廠長門上學狗叫。

過了一天，廠長召集全廠開會，廠長陳體國說：「有些人不好好工作，半夜學狗叫，這對你的刑期有什麼好處。」原來陳體國晚上將女犯人叫到廠長辦公室，有些人看女犯不出來，就跑到廠長門上學狗叫。陳體國後來被他姦污了的女犯們揭發後，判了兩年監外執行。

我們那裡有三個革命大學畢業的，一個是原宜賓市糧食公司經理邵不二，另外兩個是宜賓市糧食公司的工作人員佘炎和張學候，他們三人貪污了公司的一百萬元（相當於現在的一萬元）。邵不二被判了十年徒刑，佘炎和張學候各判了七年。佘炎原先在新四軍，他說，我們新四軍當時就坐山看虎鬥，看著國民黨軍隊與日本人打仗。國民黨軍隊敗下來後，我們趕快動員願意留下的人參加新四軍，不願意留下的讓把槍放下，發了路條讓其回家。

在這期間進來了一個原宜賓市共青團的書記潘嵐谷。他主要是不願意幹這個書記了，偷偷往家跑。他跑時在地圖上指西，實際他往東面跑，被抓回來後，罵了人，給判了三年。由於他的文化程度高，放到了排字車間。

潘嵐谷脾氣古怪，經常對我無事生非，由於我的忍讓以後我們關係很好。這個人時間不長就出去了。

一九五四年，成都勞改局勞改讀物印刷廠的廠長史連碧，在我們廠裡抽調技術高的人到他那裡去。因為我勞動積極肯幹，技術比較好，每天能排三萬多個字，所以將我抽了過去。我們抽出來的十一人是一九五四年六月四日到了成都的，當時隨著政治形勢的波動，我們一會成了「勞動大軍」，一會兒又成了犯人，我們的政治待遇和經濟條件也經常起伏不定。

有天中午我們的院子裡挑來了一桶稀飯，麥麩子、豆渣、米各占三成。我們還以為是餵豬的豬食，後來才知道這就是我們的午飯。辦好手續，安置我們到了牢房。飯雖不好可是這裡的牢房卻是我去過的地方最好的。木質地板，人就睡在地板上，地板下面是空的還隔潮氣。

這裡關了很多國民黨當年的大人物。有民社黨的頭子，華西大學校長張靈皋，一九五六年死在了監獄裡。關得還有師長、軍長、省政府的秘書等等。有個叫周德浩的，當過黃埔軍校門衛警衛連連長，我說你被判了刑再死不了了，他說，不一定。果然後來有一天將其提了出去槍斃了。

下午我們到了成都勞改局勞改讀物印刷廠，這裡生活很糟糕。有人給廠裡提意見，領導說，我們這是以其人之道還治其人之身；還說，我們以德報怨，仁至義盡。

三年災害時，監獄裡饑餓的犯人開始自殺。第一個自殺的是個二十二歲左右姓趙的，他在製版房工作，因這裡有劇毒藥品。有一天他餓得不行，到廚房偷吃的，被炊事員抓住了，第二天管教幹部張萬本將他批評了一頓。可是，晚上他又去偷，又被抓住了。有天早上張萬本給我交代，讓我注意姓趙年輕人的動向。早上人們吃完兩小碗清如水的稀飯，大家都到車間去幹活，這時姓趙的年輕人進了他的製版房，往嘴裡投入不知什麼東西，不到十秒鐘他就倒在了地上。我趕快去找醫生，醫生來翻開他的眼睛說，已經沒有救了。又過了沒幾天，吃過早飯我進了廁所，我在廁所門口聽到「噗——，噗——，噗——」的聲響，走進去一看，原來黃老漢割斷了自己的喉管。黃老漢是貴州人，舊社會當過保長。我向管教報告後，很快來了救護車把他救了過來。半個月後黃老漢又回到了廠裡，可是通過這次自殺，他的身體更加虛弱，因他也六七十歲了，就將他放回了家。

緊接著有一個犯人將稀釋的硫酸喝了一碗，救活後放回來瘦成了皮包骨頭，很快這個人就不知下落了。另外有個叫劉培祖的，有一天將三氯化鐵吃了半瓶，發現後吐出來的全是肉串串。送到華西醫院搶救了兩個小時就死了。

也有誤吃東西死的。有個泥水匠吃了藥死的死老鼠中毒死了。還有吃得太多脹死的，我們廠裡有個技術最好的人就是一次吃家中送來的東西太多給脹死了。他的技術好到哪種程度，有一次他用廠裡最古老的圓盤機印出來套七色的芳香糖盒，連外國人都感到震驚。

我們全廠的人此時都浮腫了，我腫的最早。每天早上兩碗清稀飯，中午是豆渣、麥麩和米做的飯。我們廠後來得到了表揚，在三年災害期間減員最少。可見其他監獄死亡人數是非常多的。

一九六三年時，情況逐漸開始好轉，犯人每人每天可以吃一斤糧、一斤菜了。可是到了文化大革命時，有個炊事員說，三年災害時我們廠節餘了一萬多斤糧、幾缸油，然而這些糧油在文革時全給吃光了。

文革時有一次廚房失竊，丟了很多飯菜票，公安來人懷疑上了我。炊事員在會上說，根本不可能是駱振濱，他經常只吃三、五分錢的菜，我們讓他打上半份好菜，然後我們讓勺子長眼睛他都不幹。這些飯菜票只能在這裡用，他不吃拿這些幹什麼。最後果然是廠裡出納李東洋偷的，這是一個共產黨員、轉業軍人，於是將他開除黨籍、開除公職送回了老家勞動。

到了一九六八年我肝硬化了。我有個徒弟叫王學超，成都七中的教師，他的罪名是替彭德懷喊冤叫屈，是個彭德懷分子。他想方設法給我買了糖，讓我補充營養。有一天我到勞改局醫院看病，有個孟醫生給我開了些好藥，醫務室主任就批評孟醫生，說他將高幹用的藥給我開了。他說，我不管高幹、低幹，我只知道治病救人。

我們這個監獄基本都是政治犯，三年災害時送來了一些小偷。我有個徒弟是碩士研究生，就是偷了吃的飯被送到這裡的。

我是一九七四年滿刑期的，一九七四年底放回家我到了蘭州。回到蘭州後我一直沒有工作，朋友介紹我到了西北民族學院，後來民族學院印刷廠沒有成立起來，我就到教材科給老師們刻教材，當時的教材科長叫趙自勝。

後來我又到蘭州市彭家坪印刷廠去上班。那個時候用的幹部都是素質非常低的。有個張興仁，剛解放時強姦了一個地主的姑娘，這個姑娘最後沒有辦法就嫁了一個殘疾人。由於張興仁的弟弟是公社革委會的，張興仁就非常霸道，他在生產隊裡說，我就是搞階級鬥爭的，所以他經常隨意打罵欺壓群眾。還有個姓郝的幹部你說無恥到了什麼程度，鬧房時竟然在新娘子眼前掏出了自己的生殖器。回想起來，在毛澤東時代用的都是這種素質極差的人。

二十世紀八十年代時蘭州市多次讓我當政協委員，我堅決不當。有人勸我參加民革，可我是絕對不到這個叛徒窩子去的。我是個軍人，我不能背叛自己，什麼也動搖不了我的信念。我對我到黃埔軍校的學習至死不悔，我的一生正大光明。我認為蔣介石是個仁德之君，對待張學良就是一個很好的例子。如果毛澤東遇了蔣介石的西安事變，一百個張學良也活不了。馮玉祥、閻錫山、李宗仁與蔣介石打了那麼多年，但沒有像毛澤東那麼狠毒的。我在黃埔軍校吃了那麼多的苦，沒有沾國民黨的一天光。剛畢業國民黨政權就垮了，而且打了仗，負了傷，勞改了二十多年，最後沒有妻子，沒有工作，沒有兒女，但我無怨無悔，因為我對三民主義有高度的信仰。

為祖國前途不斷思考的紀增善

60年代
紀增善

我出生在一個破落地主家庭，家在江蘇省泰縣婁莊鄉子由橋。我的父親是個破落地主，母親非常勤儉經常帶我們下地幹活，農忙時家裡雇些短工，讓短工喝粥，還吃米餅。米餅很好吃，我有時向媽媽要，媽媽說剩下了就給你吃，於是短工就將米餅分一些給我吃。

我有三個哥哥一個姐姐，還有一個妹妹。其中一個哥哥叫紀增覺，他和我同父異母，抗日戰爭時已經在同濟大學土木建築系畢業在上海交通大學當教師，解放後調武漢測繪學院，後來任副院長。其餘的姊妹兄弟都與我是同一個母親。我二哥叫紀增輝，在安徽省安慶大學經濟系讀書，一九四六年參加學生運動，一九四八年被國民黨特務推入江心殺害，後追認為烈士。我三哥紀增華和我都是江蘇省泰州中學初中畢業。三哥上到高一時，一九五一年夏天報名參軍參幹，到東北步兵學校任文化教員。

我一九五〇年考入泰州中學，一九五六年在泰州中學高中畢業，響應黨提出的向科學進軍的號召，進入北京大學化學系學習。到了北大後，傅鷹教授剛從美國回來，教我們普通化學，對我們這一屆學生影響很大。傅鷹教授崇拜英美，瞧不起蘇聯，他說，我們學化學的是搞物質的，天生就是唯物主義，用不著學習唯物主義；還說，蘇聯培養的研究生，只學了些馬列主義，其他知識什麼也不懂。但傅鷹教授影響太大，以後被彭真保了，沒有給他戴右派分子帽子。

一九五七年我寫得大字報不多，給我主要的罪名是我不認為胡風是反革命分子。那是五月二十一日，物理系三年級學生劉奇弟貼了一張《胡風絕不是反革命》的大字報，我看了以後，拿了一支粉筆在跟前寫道「胡風是百家爭鳴的先驅」。在宿舍裡，我們九個同宿舍的同學討論時，我堅持我的意見「胡風不是反革命」。別人問我有何理由？我說，胡風只是在文藝觀點上有不同的看法，根本牽扯不到政治；幾個文藝觀點相同的人通通信，發發牢騷，說說怪話，罵罵人，最多也只是犯有錯誤，絕對不是反革命；寫信也是言論的範疇不違反憲法。由於自己情緒激動，在別人跟前我喊了一聲「胡風萬歲！」我們宿舍有一個年級黨支部委員叫路鴻祺，他聽到我喊胡風萬歲，就說道，胡風既然不是反革命，也不至於胡風萬歲吧。我說，在別人吹拍逢迎時，只有胡風他一個人敢於提出堅持自己的獨立見解，難道不偉大嗎？

這就是我在反右運動中最主要的右派言論。其後，我主要看別人的大字報。

反右運動剛開始的時候，沒有劃我為右派，但有人已對我敲邊鼓，讓我檢查，但我堅持不檢查。一九五七年放了暑假，我沒有回家在學校裡過暑假，與同學聊天時談起蘇聯，我說，現在什麼都是蘇聯發現、發明的，都是俄國人發現、發明的，這不是事實。我說，蘇聯把什麼成果都說是自己的，這是大國沙文主義。這以後也成了我的罪名。另外，一九五七年初學習、討論一九五六年發表的《論無產階級專政的歷史經驗》、《再論無產階級專政的歷史經驗》，這是毛澤東寫的，學習時我發言說人大會上都是百分之百的人投贊成票，這不正常，應該提高人民代表大會成員的文化程度要求。這一條成了反右時我最嚴重的罪行。說我要讓文化程度門檻限制工農代表，讓資產階級分子控制人民代表大會，實現資本主義復辟。這算是一條綱領性的意見。那個時候定極右分子，其標準一條是領頭分子，一條是有綱領性意見的，於是就將我劃為了極右分子。一九五七年底宣佈我情節極其嚴重、態度惡劣，以二類右派處理，保留學籍，勞動察看。

一九五八年三月八日，我就到了北京光華染織廠，與燕遯符分在了同一個車間。當時到北京光華染織廠北京大學的有：蔡一坤（物理系教員）、丁仁志（物理系教員）、燕遯符（物理系五四級學生）、敖瑞伯（物理系五四級學生，文革期間自殺）、鄭光弟（化學系五五級學生，文革期間自殺）、王永生（化學系五五級學生）、紀增善（化學系五六級學生）。北京工業學院的有：王傳明（教師）、劉佛生（教師）、姚青山（俄語教師）、賀守信（職員）、王世棟（五三級學生）、楊治仁（五四級學生）、黃福球（五四級學生）、夏毅然（五四級學生）、吳昌國（五四級學生）、戴銘辛（五四級學生）、劉福生（五四級學生）、顧制敵（五六級學生）。這裡面的王世棟是一九五三年考入北京工業學院的，一九五五年肅反時因他們山東濟南有個三青團頭子也叫王世棟，他們班的團支部書記為了陷害他，說他是三青團頭子王世棟，後來雖然將此事搞清楚了，但又說他有怨氣，不適合在學軍事的北京工業學院學習，讓他到了太原工業學院，可是一九五六年又讓他回到了北京工業學院，回來後一九五七年初提意見，又將他打成了右派分子。在一九六六年文化大革命時將王世棟遣送到了山東濟南老家，他愛人是小學教員由於壓力太大，與他離了婚；他母親在他的影響下壓力也太大，很快就去世了，這樣他一個人帶著孩子在街道幹臨時工，一九七九年落實政策後回到了北京光華染織廠，可他後來因突發心臟病去世了。

我到了北京光華染織廠後，一九五八年底大煉鋼鐵、大躍進、土法上馬正搞得轟轟烈烈，廠裡建立了一個土化工廠，因為我是學化學的，就調入了這個土化工廠。剛開始生產硫酸，用稀硫酸生產三氧化硫，變成濃硫酸。有一次稀硫酸濺到了我的眼睛裡，幸虧是稀硫酸，若是濃硫酸我的眼睛可能就瞎了。我在北京光華染織廠被監督改造期間，除了勞動就是讓我們進行思想彙報，並對我們進行批判鬥爭。

我是一九六六年九月九日被遣返回了老家的，因我老家沒有親屬，我是最後一個被遣返的。我剛去老家時，住在生產大隊長曹志榮的家中，後來安排我到了養牛的牛棚裡，和牛住在一起。睡覺時，與牛相距只有一米，牛拉屎撒尿都會濺到我的臉上；過了些日子又讓我搬到了豬圈裡。我是一九七八年九月二十九日右派改正後回到北京的，在農村整整待了十二年。在這十二年裡，只有一次與地主、富農一起戴著高帽子在地裡轉了一圈。文化大革命時，我們老家主要是曹、朱兩姓之爭，我們只是偶爾加在其中。於是我到了農村相當於到了一個避風港，生產隊裡給我派的活也輕，當然後來我也成了壯勞力。

給我落實政策後，剛開始我在車間裡工作了一年，因我原先是學俄語的，在廠裡又自學了英語，一九七九年十月就調我到了總工程師室，主要翻譯英文資料。在筆譯過程中，我又口譯陪一些外國專家，維修機器。

我們這些右派在苦難裡磨了整整二十多年，大多數都耽誤了青春、耽誤了學業、耽誤了事業，也耽誤了個人的家庭問題。我是一九八〇年才結得婚。

《星火》的刻板和撰稿人向承鑑及「右派反革命案」

1959年10月
向承鑑20歲

我生於一九三八年，江西武寧人，祖籍河南光山。一九五六年考入蘭州大學化學系。

一九五七年五月初，蘭州大學副校長陳時偉到北京參加最高國務會議，親聆了毛澤東《關於正確處理人民內部矛盾問題》的講話，回校後向全校師生作了傳達；接著校黨委書記劉海聲作了「共產黨開門整風」動員報告，他告訴全校師生：毛澤東號召人民幫助共產黨整風，清除官僚主義、宗派主義、教條主義，要求大家提意見。當時教師忙著上課、學生忙著學習，時間很緊，又是黨內的事，沒有人在意。我們大一的學生年齡小，對社會和蘭大的情況不甚瞭解，沒什麼意見。高年級同學和老師也沒有鳴放，除了時間緊張，可能有「井繩」之怕，鳴不起來。於是學校就組織座談會、茶話會，多種形式讓大家提意見。又放出風來：不向黨提意見，就是不願幫黨、與黨缺乏感情，與黨離心離德。這樣，高年級就有人貼出大字報，揭露某些幹部作風霸道，不實事求是等，但都是些雞毛蒜皮小事，不牽扯黨的基本路線。

可是教師、學生提出問題學校領導對群眾反映的情況都不答覆，於是學生越來越不滿意，大字報才逐漸多了起來，而且越來越多，有各種名稱的大字報園地：《號角》、《覺醒》、《論壇》、《先驅報》、《戰鬥報》等，還有一個叫《黑老鴰》，同學們每天一邊吃飯一邊看大字報。那個時候大字報鋪天蓋地，課沒法上了，學校只好停課鳴放。由於學校成天亂糟糟，有人提議成立鳴放委員會領導鳴放，於是各系各班相繼成立了鳴放委員會，我們班選我為鳴放委員會委員。同學們選我不是因為我鳴放積極，而是我在班上各方面比較優秀。但我直到停課，星期天照常到富強路的甘肅省圖書館泡一整天，我沒有參加過一次座談會、沒有發過一次言、沒有寫過一個字的大字報，是最不「積極」的（其實並非不積極，我確實無意見可提）。我與同學們關係好（相處近一年，與任何人沒有發生過大小摩擦），大家對我印象頗好，所以還選我為級刊《紅染缸》編委（還有個編委叫楊明霞）。

反右運動開始後，對我進行殘酷迫害的罪名主要有兩點：

一是我當時看到一張大字報，揭發學校某黨員領導幹部看上一名江浙籍物理系女生，因這個女生不答應，最後被逼跳黃河自殺了。此事發生在我來蘭大之前，大字報有名有姓。我看後非常氣憤，說道，這種人該殺。可是被人揭發說我要殺共產黨，要把共產黨殺光。

二是有人還揭發說我在班上組織了一個以我為首的三人反黨小集團，並開了三次反黨會（這是一個同學在高壓下編的天書，根本沒有這回事情）。

因為這兩點，反右運動開始就把我鬥得死去活來，幾天幾夜不叫合眼，逼得我去派出所要求當犯人；跑到火車站打算臥軌自殺；逼得我寫好遺書隨時準備死，這樣的熬煎長達一年之久。

可是到了給我定罪時，以上兩點「右派結論」上一字未提，而是：

一、贊成教授治校。

二、當鳴放委員組織同學訪問在肅反和歷次運動受打擊迫害的教授，積極收集黑材料，提供向黨進攻的炮彈，將某教授的訪問記整理公之於眾（這張大字報沒有我的一句話）。

三、吹捧資產階級教授，說他們都夠入黨條件。把黨員分成三類：一類為人民服務；一類靠黨混飯吃；一類靠黨整人，並且三三開。
四、轉載流沙河《草木篇》。（此事發生在鳴放前。流沙河是右派，我自然與他臭味相投。）
我不認為這些是錯誤（對教授治校，當時沒有一個同學站出來反對），拒絕在「右派結論」上簽字，受第二類處分。

一九五八年七月上旬，蘭州大學受保留公職或學籍、勞動考察處分的右派師生一行約四十人，由中共甘肅省委統一發配天水地區。後又由天水地委「一分為二」，一半分到天水市的北道埠公社、馬跑泉公社、麥積公社等處生產隊，另一半分到武山縣的城關公社和洛門公社。我被分到了武山縣城關公社聯豐社。

到農村約一個月光景，公社化運動開始了，緊接著「大躍進」、「大煉鋼鐵」、「反右傾」，我不僅耳聞目睹而是親歷了這些無數的荒誕。

一九五九年春節前後，大饑饉籠罩著甘肅、大西北和整個中國，甘肅、安徽、河南、四川……，公共食堂相繼斷炊，農民背井離鄉紛紛出奔乞討，以榆樹皮充饑，有的全村全家餓死殆盡，有的家庭死屍挺在炕上無人掩埋，慘不忍睹！

我們的所謂「右派反革命集團案」正是發生在這樣一個慘絕人寰的歷史背景下。面對這一空前人為浩劫，一群知識熱血青年挺身而出，懷著救民族於危亡的聖潔理想，為民讜言；沒有名稱、綱領、組織、職務，沒有分工，只有彼此間思想溝通，觀點交流。

「右派反革命集團案」是如何發生的，我不知情。後來據有些人說，最早是張春元首先提出創辦刊物、傳播思想的，當時得到物理系研究生顧雁的贊同。他們與在上海的林昭取得聯繫後，決定合作編輯雜誌，取名《星火》。我這裡只談談個人的思想演進脈絡，我想其他人與我大抵相同，只是時間和程度略有不同而已。

顧雁，中國科技大物理博導，原《星火》負責人

我的思想發展大致經過困惑、悲憤、求索三個階段。

一九五九年七月，我和苗慶久調鹽井公社辦「公社綜合化肥廠」。

我與苗慶久原在大學時互不認識，下放勞動期間卻始終在一起。我倆同榻而臥，同鍋而飯，關係融洽，對農民的悲慘處境都心急如焚、悲憤欲絕，我們無話不談，政治觀點彼此心知肚明，不過隔層紙沒有點破。一九五九年十月底或十一月初，譚蟬雪專程到鹽井來看望苗慶久，苗慶久邀我與她相見。譚蟬雪是中文系學生，與苗一樣也是調幹生，反右運動中蘭大左派稱她為「蘭大林希翎」，受我敬重。這次相見，我們談了很多，對時局看法竟完全一致（除絕對麻木者、極端自私者，只要稍微有點人性的人，不可能無動於衷，不可能有另種看法。只是有的人不說出來罷了）。

譚走後不久，苗慶久拿來幾篇文章，說要出個刊物。這些文稿有：刊名《星火》；發刊辭《丟掉幻想，準備戰鬥》，作者：顧雁；《普羅米修士受難之日》，作者：林昭；《右傾機會主義者——赫魯雪夫》，作者：胡曉愚；《論人民公社》，作者：張春元。此四篇文稿除《普羅米修士受難之日》是長詩，篇幅較長，其餘三篇為政論，較短，出一期顯然篇幅不夠，於是我執筆趕寫了兩篇，一篇是《目前形勢和我們的任務》。在這篇文章中，我對毛澤東發動的人民公社、大躍進、大煉鋼鐵、反右傾等運動，作了無情抨擊與徹底否定，指出正是由於這些倒行逆施的運動、禍國殃民的政策，才導致大量餓死人的發生。另一篇為《自白》（這篇文字由我執筆，苗慶久參加了意見，我倆是共同作者）。

《星火》第一期刻印是由苗慶久和我在極端秘密的深夜完成的。刊頭手拿火炬的畫是苗慶久刻畫的。苗慶久刻的蠟版字比我好，我倆字體迥異。用來油印的油印機是原磚瓦廠留下來的，非常簡陋。

《星火》第二期，已征得稿件三篇。一篇是林昭的長詩《海鷗之歌》；一篇是何之明的《再論人民公社》；一篇是我寫的《食母記》。《食母記》的原型是真人真事，有名有姓，它發生在隴西一個偏僻山村：兒子將母親屍體放在洋芋窖裡一點一點吃了，最後只剩下一個頭。公安局在陝西將跑了的兒子抓回來槍斃了，並貼出佈告。動筆時想把它寫成報告文學題材，因為沒有條件前往實地調查，只好寫成短篇小說。一九六〇年七至八月，由於情勢緊迫，第二期《星火》未能見世，稿件被我付之一炬，接著我們一個一個被抓。

我於一九六〇年九月二十九日被逮捕。同一時間在武山遭逮捕的同學還有：苗慶久、何之明、楊賢勇、孫和、陳德根、謝成、田昌文。苗慶久、何之明、孫和、陳德根與我，以及張春元、譚蟬雪都是二年級學生。

武山被捕同學都羈押在武山縣看守所。我關在小三號，苗慶久關小五號，何之明關小七號，田昌文關小一號，其餘關各大號裡。小三號是個完全密封的黑號子，鐵窗糊得嚴嚴實實，不透一絲光線，約有七平米大小，與外界空氣對流惟門檻下面一個貓眼。黑暗、孤獨、饑餓、寒凍，精神與肉體受的荼毒無法形容。我在這個黑號關押了一年另三個月，到一九六二年元月（春節前）才轉押到南號。

張春元獄中照片

一九六二年七月一日在武山縣洛門鎮宣判。我被判十八年，受牽連的有中共武山縣委兩個黨員領導幹部：杜映華和羅守志。

這個所謂的「右派反革命集團」，當時被列為全國第四號大案，共逮捕四十三人，判刑二十五人。從案名一眼可以看出是莫須有的欲加之罪。我們在良知、理性支配下，把生死置之度外，揭露真相，撻伐罪惡，聲討極左路線。林昭、張春元、杜映華是傑出代表，為真理獻出了寶貴生命，其他人也都付出了漫長的青春年華，代價十分慘重。

毛澤東死後，一九七八年全國開始清理平反冤假錯案，經過一年多曲折，於一九八〇年三月，除張春元和我，其他人都已平反。給我的判決是：罪行輕微，決定改判免於刑事處分。我不服，又申訴；一九八一年三月，法院給張春元和我以無罪判決，至此，全案徹底平反。

這一案中我年齡最小，也是活著的人中最後從煉獄走出來的人，從一九五七年劃右計算，為時二十五年。重新工作後，獲得一系列榮譽，曾任蘭州連城鋁廠中學教導主任、副校長、校長等職，擔任行政職務時仍兼著教學任務。

另外，譚禪雪曾告訴我，她一九五七年由於其父親去世，她在奔喪的路上聽人說「國民黨貪污，共產黨貪功」，於是鳴放時她將這個話說了出來。然而，萬萬沒有想到此話被人引申，而且

年輕時的譚蟬雪

張春元

抄了她的日記本。這樣她這個在校大學生在一九五七年六月下旬就被劃為右派分子，上完課就被監督勞動改造。一九五八年六月，她被下放到了甘肅省天水市麥積山公社甘泉大隊勞動改造，同她一起到甘泉大隊勞動改造的還有我們蘭州大學數學系的大四畢業男生丁恒武，這是個陝西人，大個子；數學系的大一男學生周善有，這是個天津人，現在是北京中國科學院研究生院的博導；中文系大二漢本班的男同學孫自筠，這是個四川人。譚蟬雪被派去放鴨子，其他三個男同學去下地勞動。在勞動改造期間，丁恒武勞動回來就在公社水庫學練游泳，他是準備從國境線上游到緬甸去的。後來他果然要走了，走的時候他對她說，也許他這一去就回不來了，如果他被抓住，他就咬掉自己的舌頭。她當時流下了眼淚，多麼好的一個同學，可他沒有辦法，因為他們都很年輕，他們不能就這樣在無休無止的改造中了其一生。他走後她再也沒有聽到他的消息，很有可能在邊境線上被打死了。

譚蟬雪，女，生於一九三四年七月十七日（農曆六月十六日），廣東開平人。一九五六年考入蘭州大學中文系漢語言文學專業，調幹生。一九五七年被打成右派分子，送甘肅省天水地區勞動改造，因《星火》案被判十四年徒刑。一九八〇年平反後分甘肅省酒泉師範學校任教，後調敦煌研究院為研究員，有多本著述問世，現居上海。

張春元是譚蟬雪的男朋友，他是蘭州大學歷史系二年級學生，河南上蔡人，一九三三年生，一點六五米的個子，不胖不瘦，比她稍微高一點。他的特點是眼睛炯炯有神，好像是眉心當中有一顆痣。《星火》案子發以前，譚蟬雪是準備從深圳那裡逃往香港的，蛇頭與她已經聯繫好了，但她還是被抓了回來。

就在一九六〇年四月，右派學生陳幼達已向甘肅省上反映了辦《星火》的情況，同年五月份，鄭廉生、柴志德兩個右派又向甘肅省上反映張春元、向承鑑、譚蟬雪等人組織反革命集團。於是，甘肅省公安廳指示武山縣公安局抓捕了我們這些學生。就在這之前，柴志德曾對苗慶久說：「你用兩斤糧票現在就可以收買一個農民，讓農民成為你們反革命集團的一員。」

經歷就是財富。我們這一代人不管從什麼路上走過來，都是那個時代的經歷者見證者，會銘記那些殘酷荒蠻顛倒的歲月，會深刻反思、總結它。前事不忘，後事之師。只有做到這一點，我們共同的經歷才會變成中華民族的共同財富，使我們的後代吸取教訓，從中受益。

謝成

——一個文學赤子的右派人生

1958年謝成下放甘肅省武山縣勞動改造

我一九五八年下放武山縣勞動改造時的留影，加魯迅的詩句：

運交華蓋欲何求，未敢翻身已碰頭。
破帽遮顏過鬧市，漏船載酒泛中流。
橫眉冷對千夫指，俯首甘為孺子牛。
躲進小樓成一統，管他冬夏與春秋。

我又名謝誠，生於一九三四年四月二十九日（農曆三月十六日），陝西鳳翔縣人。一九五四年七月我以優異的成績考入蘭州大學中文系，九月初我懷著在文學上成名成家的夢想，和一個地主兒子的政治思想抱負在瓜果成熟的季節踏進了蘭州翠英門——蘭州大學舊址，生平第一次品嚐了白蘭瓜的香甜可口和幾分對未來迷茫的苦澀。

人生的所作所為，仔細琢磨不少事來自於好心朋友的關愛。進校門不久，一位萍水相逢比我年長的同窗，對我關懷備至，學習、生活、吃穿待我如同兄長。在寒冷的黃河岸邊我舉目無親，能得到少有的溫情使我心中無比溫暖。一次看完電影回校的路上，他詢問我的家境，我告訴了他我小康人家陷入困頓的悲哀和精神上對未來的迷茫。他真誠地對我說：「你應當把你的思想包袱向組織原原本本地說清楚，再去讀讀毛主席的《放下包袱，開動機器》，只有放下包袱，你才能安心求學。」聽了兄長開誠佈公的一番指點，作為一名共青團員，我想我應當追求進步與剝削階級家庭劃清界限，所以為了表示自己的赤子之心，決定否定舊我，向黨組織交代包庇父親的問題。於是，我就向比我年長的黨員說清了地主分子父親在逃亡期間，我是如何給他送吃穿的經過，當時我父親已被捕在案。那位黨性很強的黨員聽了我的話，當即表示「出身不由己，道路可選擇，組織將根據坦白從寬的政策處理你的問題。」那年十一月我主動交代了誰也不知道的問題，十二月份考試前組織決定給我「留團察看」處分，算是一個了結，時年我二十歲。

一九五四年冬天，四川的一位筆名叫沙鷗的詩人來蘭，在甘肅省圖書館由省文聯組織了一場報告會，講新詩創作的問題，著重介紹了聞一多身前推崇的兩位抗戰時期的年輕詩人艾青和田間的詩作，稱這兩位詩人為時代的鼓手。由此引起了蘭大中文系愛好詩歌者的興趣。不知三四年級哪位老同學當時突發奇想，說是要在中文系成立一個詩社，要在系裡辦的刊物《百草園》內開闢一個新詩專欄專門發表同學們的詩作。此時蘭州已是朔風凜冽，一天下午課後，在一個教室牆壁上貼了幾幅標語，一位講師和幾位三四年級的同學相繼發言，就詩論詩，最後宣佈蘭州大學中文系詩社成立。

剛入學的我出於好奇，沒有意識到有什麼「階級鬥爭」，因為我不具備政治警犬所具有的嗅覺和敏感。當時牆上有一幅標語是馬雅可夫斯基的詩句「詩歌是旗幟和炸彈」。這時由反胡風而起的「肅反運動」開始了。一次系裡召開全系批判「胡風反革命罪行」座談會，一位三年級工農出身的黨員學生激動地發言說：「據我瞭解胡風是胡適的乾兒子，老子是反革命，兒子當然是反革命，警告那些教授先生和學生中有問題的人，凡是胡風分子都要老實交代歷史問題，坦白從寬，抗拒從嚴，如要查出，嚴懲不貸。」

有一天，好像是在一位助教的辦公室裡，黨員學生和部分積極分子正在砸桌子、摔板凳、聲嘶力竭唾沫飛濺地圍鬥一個解放前參加過三青團的老同學。「打倒反革命分子×××！」「坦白從寬，抗拒從嚴！」，口號聲此起彼伏、不絕於耳。這時突然將我叫了進去，讓我站在旁邊陪場。霎時間我成了中文系黨小組重點審查對象，同時剝奪了我的人身自由，吃飯、上廁所都有人管，仿佛我犯了什麼彌天大罪？我想，「胡風集團」與我何干？我真是百思不得其解。

當時我想，這哪裡是什麼文學青年？分明是一些靠整人過日子的黨棍。過了幾個月系黨支部找我談話說我歷史上沒有大的問題。直到一九五五年十二月，我被開除團籍之後，對我的審查才解除，才恢復了我的人生自由。這是我上大學之後第一次受侮辱的經過。讀了《牛虻》我才恍然大悟，我同《牛虻》的主人公類似地把燒灰黨黨人的真實情況懺悔、向主教認罪後，主教利用他的懺悔懲罰了他。我同牛虻不是一樣的迂腐嗎？一九五六年紀念魯迅先生逝世二十週年，為了表示抗議，我寫了一篇《做魯迅最忠實的弟子》散文發表在中文系辦的刊物《百草園》上。

一九五七年九月三十日，中文系黨小組長找我談話說：「明天是國慶日，同學們要上街參加遊行，你就不去了。留在宿舍寫檢查材料，回憶一下你在鳴放中的一系列表現。」我說：「能行。」經過幾天的籌備，反右打手們動用了中文系三年級的全部「筆桿子」，給我辦了一個專欄，貼在飯廳門口北側牆壁上，真可謂：深文周納，上綱上線。貼出的當天下午，我也擠在人群中去欣賞。有「投槍」，有「匕首」，真是磨刀霍霍，大有置我於死地而後快的架勢。這裡有雜文、有漫畫、有儒林內史，什麼「地主階級孝子賢孫的滔天罪行」，什麼「真的猛士」的右派言論，其批判文筆流利尖刻。後來我學習《毛選》第五卷四五一頁，就有最高指示：「給右派分子一點小鞋穿是必要的。」用一位共產黨員的話說：「你不能看他人小（年齡只有二十一歲），人卻很反動。」不知是哪個系的一位同學說：「謝成是哪個？」另一位同學說：「就是那個省委張仲良書記在飯廳作報告時呼喊口號的傢伙。」我忍不住回過頭說道：「就是我。」那兩位同學端詳了一下我，什麼也沒說就走開了。我認真地讀完了專欄裡的全部文章，因為寫檢查材料時必須按慣例湊成「十大罪狀」。如果寫不夠十大罪狀就不能過關，就不能爭取到「懸崖勒馬」「坦白從寬」。上午上課，下午批鬥，課餘就參加由學校總務處組織的生產勞動。當時有一首歌曲：「戴花要戴大紅花，聽話要聽黨的話。」不少解放軍戰士、工人、農民聽了黨的話成了英雄、勞模，可我想不通，我們聽了黨的話卻變成了「右派分子」。甘肅省委書記張仲良在大庭廣眾之中動員師生「鳴放」，中共中央提出整風要你們學生教授從下而上反對主觀主義、官僚主義、宗派主義，幫助共產黨整風云云。我的直覺告訴我，我們的國家有希望了，我記起我曾經背誦過的魏徵《諫太宗十思疏》：「憂懈怠，則思慎始而敬終；慮壅蔽，則思虛心以納下……」英明、偉大、正確這些辭彙像音符一樣在我的心靈裡跳躍著，於是我振臂高呼：「共產黨萬歲！」「毛主席萬歲！」可是後來在批鬥會上卻說：「在黨處於困難之際，你卻呼喊口號施加壓力。」特別是畢業鑑定會上對我也作了同樣的文字敘述，這樣我就拒絕簽字，我說，你們為什麼不寫清楚我喊的什麼口號。但我在這樣一種劍拔弩張的環境裡，只有三緘其口罷了。在這期間我還在枕頭邊寫了一張小字報「真的猛士，敢於直面慘澹的人生」。在反右期間，我聽到看到一些教授出爾反爾傷害別人，我想做人要有自己的骨頭，不能像牆頭草兩邊倒，我們應該學習當時被打成右派分子的蘭大副校長陳時偉，這個有骨氣的化學專家、教授在大會小會上都不承認自己是「右派分子」，而說「我自己是愛國知識分子」。後來我說的「做人要有自己的骨頭」這句話，被摘錄於《蘭大右派言論集》存入檔案。

我記得家父迫不得已外出逃亡期間，大哥在中國人民大學學習，之後又參加了中國人民解放軍；二哥在土改前就關進了縣看守所勞動。家父在外時間長了沒有經濟來源，母親只有叫我去給父親送點吃穿。包庇地主父親這就成了我的一大罪狀，反右前開除了我的團籍，反右中列為地主階級的孝子賢孫加以批鬥。蘭州大學反右鬥爭從六月二十四日批鬥副校長教授陳時偉開始，到九月八日止，共進行了兩個多月，在此期間，成立了四個戰鬥小組，採取了分片包乾的辦法進行批鬥。正如毛選第五卷說的「圍剿」，有的批鬥對象每日要參加大小批鬥會十多次。凡是開會鬥爭的對象，均要承認自己反黨反人民反社會主義，你不論從校園裡哪裡經過，白天晚上都可以聽到「打倒右派分子×××！」「敵人不投降，就叫他滅亡！」「坦白從寬，抗拒從嚴！」「右派分子×××要低頭認罪！」等等。

當蘭大中文系反右派已近尾聲之際，我被中文系黨小組宣佈為「右派分子」。當時劃為右派學生年長的三十歲左右，而大多數和我一樣是二十歲左右的學生。我們班共有三十一名同學，劃了十一個右派分子，占全班人數的百分之三十五點四八。為什麼有這麼大的比例呢？關鍵是我們班有一些極左派，他們無限上綱、檢舉、彙報、揭發了很多自己的同學。被檢舉、彙報、揭發的十一個右派同學是：吳澤堂，男，甘肅省酒泉市人，文革期間為了表示對極左路線的抗爭，學習屈原的愛國精神專程赴汨羅江投水自殺，後被當地漁民救起送交派出所，送回原勞教基地西寧；因太天真幼稚，相信毛主席給其多次寫信，「一打三反」運動中又書寫反對「四人幫」的傳單，被當地公檢法以現行反革命罪判處死刑。康茂椿，男，甘肅省武山縣人，反右運動中被劃為「極右」，送夾邊溝農場勞動教養，一九六〇年在勞教中凍餓而死。唐志剛，筆名雪原、炎炎等，男，陝西省安康縣人，反右運動中被劃為「極右」，文革中被當地紅衛兵非法處死。郗預，男，陝西省西安市人，反右運動後被分配到寧夏回族自治區某山村執教，後在屈辱中因貧病交加而亡。安敬斌，男，陝西人。江城，男，湖南人。呂平，男，山東人。王季平，男。鞏子孝，筆名力青，男，陝西西安市人，現為張掖師專中文系教授。吳正中，男，甘肅省靖遠縣人，現為甘肅省中醫學院教授，代表作《蘭山夜話》。還有我。另外有一位同學對工作兢兢業業，忠誠黨的教育事業，退休時領導找他談話說：「你的工作積極負責，教學質量受到師生及家長好評。我們曾經準備提拔你，但人事處說你的檔案裡將你定為『中右』，因此沒有給予你晉升，請你諒解。」在那個年代真可謂「明槍不好躲，暗箭更難防。」

當時我們這些右派學生見面的地方有兩處，一處是飯廳一樓角落洗碗間，一處是文科樓一樓一間較大的閱覽室。正是「物以類聚，鳥以群分」，在這裡大家才有了笑容。人性各異，有人膽大包天，有人卻膽小如鼠，如鼠者於是向膽大的取經，以便增添自己的信心和力量。我同意希臘古代哲學家赫拉克利圖的觀點：「世界是包括一切的整體，它並不是由任何人造成的。它過去現在和將來都是按照規律燃燒著，按規律熄滅著永恆的活火。」

那時候，被打成右派的老教授們都憂心忡忡，惶惶不可終日。而我們這些被劃為右派的學生，一到飯廳角落或閱覽室，就交流挨批被鬥的經驗，揣摩未來的前程。因為從一九五七年十一月停發右派學生的助學金，這些人的吃飯成了問題，於是有人就給以接濟。我在此時想起了母親對我的教誨：「走到油菜地裡還怕穿黃，天大的事有地大的補丁。怕什麼？」但比我年輕的一位共產黨員學生被劃為右派之後，就受不了批鬥，想不通，於是在中午開飯時站在飯廳的飯桌上高呼：「社會主義萬歲！」之後，用一把從灶房裡拿來的菜刀，把自己的舌頭抹了一刀，滿口鮮血淋漓。以示自己對黨的忠誠。之後大家議論這種行為，我認為任何自戕行為都是弱者的表現。鬥爭你的黨員同學與你在一個架子床上就寢，同窗三四年誰不瞭解誰，你學問的深淺，水平的高低，放屁的聲響，誰不瞭解誰，僅憑這一次運動，就能置我於死地嗎？司馬遷教育我們，死有重於泰山有輕於鴻毛，我偏偏要活著，怎麼能隨隨便便去死，怎麼能拿刀子抹自己的舌頭？在一次批鬥會上，一位和我上下床的共產黨員同學，摩拳擦掌吼著說：「快畢業了，你們的末日也到了，我們準備到北京到上海到最繁華的城市，我們就是要踩著你們的頭顱前進，歌唱著《社會主義好》前進。……」這個發言可謂慷慨激昂，同樣是人，同樣是學生，怎麼他們就要踩著我們這些所謂的右派的頭顱前進，讓人聽了頭皮發麻、毛骨悚然。在一九五七年這個不平常的春天，一會兒風，一會兒雨，我想不出個究竟來。於是，我在理髮店剃了個光頭，穿上了永遠不和我劃清界限母親給我的對襟汗衫。

大約是一個初冬的晚自習，我有幸坐在校史上記載的、蘭大「鳴放委員會」副主任、中文系的赴京代表右派蕭藩的旁邊，他先問我：「還有飯票嗎？」我說：「還有。」「怎麼有的？」我說我賣掉了從家裡帶來的被子。他用雲南普洱方言罵了我一句：「沒得本事！」我愕然了。然後他把一本書中其中一篇文章指給我讀。我一看才知是郁達夫文集中的〈給文學青年的一封信〉。旨意是：文學青年萬一生活沒有著落，可以去偷。那是郁達夫先生寫給三十年代青年的信，可今天是新社會，況且我的求學史上最早讀的三字經上開宗明義「弟子規，聖人訓；首孝悌，次謹信；泛愛眾，而親仁。」求學至今沒有任何人教我去偷。隨隨便便姑妄言之、姑妄聽之。誰能想到之後不到一月光景的一個下午三時，中文系黨支部書記盛智樂通知全系師生到文科樓一樓階梯教室集合。主持會議的盛某喊著：「右派分子站到前邊來。」接著，「打倒右派分子！」「敵人不投降，就叫他滅亡！」的口號聲不絕於耳，然後由一名公安人員宣佈：右派分子蕭藩在鳴放中，攻擊黨的領導，污蔑社會主義制度，參加赴京代表，劃為「右派分子」後，不思悔改。偷竊新華書店書籍達人民幣壹佰元，觸犯刑律構成犯罪，宣佈依法拘留。幾分鐘前，蕭藩還是和我們站在一起的右派分子，幾分鐘後，念了幾句咒語，他就被戴上手銬，押著走向了看守所。從人民內部矛盾到敵我矛盾轉化之迅速，令人驚歎！從有飯吃到沒飯吃，從沒飯吃再到看守所有飯吃，從學生到右派，再到犯人，這是歷史的進步還是歷史的退步……這一夜我久久不能入睡，看來在我們「右派學生」的面前，還會有我們不可捉摸的一條人生拋物線。

過了三十年之後，在一次東去的列車上，我同他邂逅而遇。彼此都認不得了。他抽煙時向我身邊的一位旅客微笑著借了火。我從他的微笑中發覺了，在滿是皺紋的臉龐的後面隱藏著一個我熟悉的青春微笑。「是他！」「請問一下先生貴姓？」「姓王，王……」「你看我是誰？」他愣了半天也沒有說話。「我是謝成。」「你還活著！」這就是當時我們見面時的彼此對話。王……說，你們離校之後關於你們的傳說眾說紛紜，文革之後同學們看過一張佈告，上面有你的名字，有人說是重名重姓，有人說就是你，「到底你怎麼了？」「一言難盡。」「你放心我是人，不是鬼。」之後他說：「你知道嗎？盛智樂死了。」我說：「他怎麼能死呢？」盛智樂是特殊材料鑄成的，我不信。「到目前還沒有任何能戰勝癌症的特殊材料。」「那是老天的報應。」王說：「你知道我是怎麼劃成右派的嗎？」「不是聽說你在一張支持赴京代表的大字報上用俄語簽過名嗎？」王停了一下說道：「那是一個原因，主要原因是該我倒楣。鳴放進入整改階段之後，有一天我上課時忘記了帶講義，進了教室我才發覺，急急忙忙回寢室去取，誰知門一開，展現在眼前的是共產黨員盛某和陝北來的女黨員緊緊地擁抱在一起親吻。一個是有夫之婦，一個是有婦之夫，真不要臉，我拿上講義掉頭就跑。過了些日子，盛某找我談話說，你的簽名我們早就發覺了，只是考慮到你的前途，我有意文過飾非，但現在既然你已經在交心材料中交了出來，組織上考慮你還年輕，只戴帽子不給處分。我聽了他的話，當時狠狠地打了自己一記耳光，說道『我有罪，我有罪！』」

說句老實話，我第一次感受到的「右派」這個詞，確實沒有估計到它的份量。二十二年之後，蕭藩在甘肅河西走廊幾個勞改農場以犯人、就業的右派分子等身分勞動，聽說他的父母在三年大饑餓時期雙雙離世，他孤苦伶仃長期在逆境中跋涉，患了精神分裂症。一九七九年九月，他穿著平反右派同學給他的新裝，來到蘭大落實政策辦公室，拿到平反證明之後，把應領的三百元人民幣扔在地上大罵了一頓工作人員。他質問：我失去的青春年華誰補償？誰負責？之後登上東去的列車返回了他的故鄉普洱，在縣民政局每月領取不多的生活費度日，我只知道他的神經失常了……

我後來又被送到甘肅省天水地區勞動改造。因向承鑑曾約我給《星火》雜誌寫稿，我雖沒有寫，但一九六〇年九月三十日我還是遭逮捕，以包庇反革命罪判刑三年。服刑屆滿後又捲入另一「現行反革命」案，再遭逮捕。但我是幸運的，我同班的同學吳澤堂在文革中被非法判處死刑，在青海省西寧市就義。被打成「極右」的唐志剛同學在漢南安康被紅衛兵亂棍打死。郗預貧病交加死在了寧夏某山村……。康茂椿餓死在了酒泉夾邊溝。

一九八〇年先後兩次平反後，我被分配到天水市第四中學任教，中學高級教師。一九八五年任天水第四中學副校長。後加入民進，一九九一年任天水市民進副主委（同時任秦城區民進主委）、民進天水常委、一九九三年一月任甘肅省第七屆政協委員，一九八五年選為天水市第一屆人大代表，一九九一年被選為天水市政協常委，一九九三年至二〇〇二年任秦城區兩屆政協常委，二〇〇五年六月被天水師範學院聘為隴右文化研究中心特約研究員。

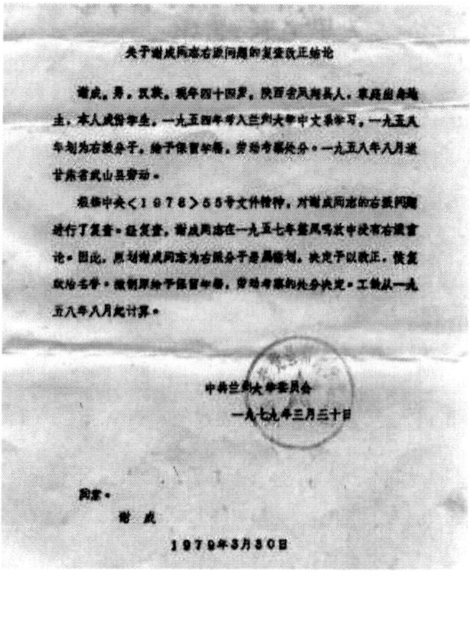
关于谢成同志右派问题的复查改正结论

谢成，男，汉族，现年四十四岁，陕西省凤翔县人，家庭出身地主，本人成份学生。一九五四年考入兰州大学中文系学习，一九五八年划为右派分子，给予保留学籍，劳动考察处分。一九五八年八月送甘肃省武山县劳动。

根据中央〈1978〉55号文件精神，对谢成同志的右派问题进行了复查。经复查，谢成同志在一九五七年整风鸣放中没有右派言论。因此，原划谢成同志为右派分子是属错划，决定予以改正，恢复政治名誉。撤销原给予保留学籍，劳动考察的处分决定。工龄从一九五八年八月起计算。

中共兰州大学委员会

一九七九年三月三十日

同意。

谢成

1979年3月30日

右派命運造就的能人蔣綏敏

我原名為蔣綏敏，落實政策後改名為蔣綏民，一九三四年九月十七日生於浙江省余姚市馬渚鎮。我們家祖孫三代同堂，我是爺爺奶奶帶大的，所以爺爺奶奶的為人性格對我影響很大，我與爺爺奶奶的感情也特別深。爺爺樂於助人，奶奶很勤儉，省吃儉用主要為了撫養我。我父輩中主要是我父親和叔叔，家庭是城市貧民，全家生活主要靠叔叔接濟。

我叔叔蔣炎富，後改名蔣維喬，在上海從學徒奮鬥到了小老闆，有自己的木材行，每個月都給爺爺奶奶錢，這樣也就有了爺爺奶奶對我的撫養。我父親蔣炎林，因家庭窮困，給別人拉木排打工，後在馬渚鎮附近橫河村買了房，從馬渚鎮搬到了橫河村落戶。

浙東那個地方日軍占領比較晚，所以我們那個地方的新四軍三五支隊非常活躍，主要在浙東四明山區打游擊。我們家鄉是新四軍三五支隊、汪精衛的和平軍、日本軍隊三方拉鋸戰的地方，燒殺搶劫非常厲害，民不聊生。我們跟前有個魏家莊，由於不知何人殺了一個日本軍人，日本人整整燒了三天村莊，而且不許救火。

我父親娶了我母親之後，有了我和妹妹，但父親始終不得志，鬱鬱寡歡，所以在年輕時就學會了喝酒。他一會兒在上海打工，一會兒在農村賣力，性格決定一切，有了錢他與朋友吃喝不分家，沒了錢就經常吵嘴打架耍酒瘋。父親自己手裡把不住錢，後來又與叔叔鬧翻了，實在混不下去，就灰溜溜地回了家。他經常借酒罵仇人，耍酒瘋，這種性格和行為使我們家在當地生活非常困難。

我六歲時在橫河村小學上了學，接著在附近黃家、馬渚鎮中心小學都上過學。我們那裡背山面水，山清水秀，航運河邊有個碼頭，我經常和爺爺一同上山砍柴，使我從小養成了砍柴、撿破爛、打草鞋、農忙時節撿稻穗的勤儉習慣。

我父親在橫河時，有天晚上與一同勞動的人爭吵，不小心失手打在了對方的腰部，將人給打死了。打死人後我父親連夜逃跑了。死者與父親過去是朋友，爺爺奶奶也與對方家庭是朋友，所以喪者家要求三天三夜吃飯，供奉死者，大鬧三天，這一切都由我爺爺奶奶承擔了。

由於父親的性格和殺人，我母親就帶著妹妹也離家出走了，於是我就與爺爺奶奶相依為命生活在一起。

有一次三五支隊打死了日本鬼子，鬼子就對我們村子燒殺擄掠，姦淫封鎖，當時連鹽都吃不上，我們於是就在海邊去偷運鹽，可這是非常危險的，一旦被日本人發現是活不了的。

我十二歲那年日本人投降了，我親眼目睹當時連小孩都將撤走時日軍的軍需和武器搶走，而且有些日本人留下的女人都嫁給了中國人。

我從小跟著爺爺奶奶生活，一九四六年上了小學五年級，當時才十三歲就迫不及待地到上海工作了。

我學習很好，本來叔叔答應我到上海後繼續上學，因叔叔沒有孩子，爺爺奶奶也想讓我過繼給叔叔。但我嬸嬸不同意，第二年我就半工半讀了，每天給叔叔的木材行開門、關門，但我一直堅持學習。我那時學習很刻苦，左手打算盤，右手練毛筆字。可是嬸嬸撫養著娘家人，對我比較冷漠，我於是就有一種寄人籬下的感覺。這樣我在叔叔家待的第三年看到報紙上招工啟事，就去應考，進了上海凹版公司（專門印鈔票的）當了印刷學徒工。在這裡我整天洗油墨，接著又轉到了書畫店，每天剪畫、裁紙、練書法。我在錶鏈廠也做過錶鏈，早上稀飯，中午乾飯，晚上稀飯，試用一月不給工資。

一九五一年，我叔叔有一天在報紙上看到了北京永茂建築工程公司設計部的招工廣告，廣告上說要招考錄取三十名練習生，要求高中畢業生。

雖然我只上了小學五年級，可我在叔叔處打工、外面打工時一直在上夜校，所以我想冒充高中生去應考，可我奶奶不同意，她說我才十八歲，在北京舉目無親不放心。

但我決心已定。我在叔叔處借了五十元錢，嬸嬸給我做了衣裳。這時的我決心很大，剛到北京我住在前門外一個旅館裡，考後我天天去看《北京日報》，正在我花完了錢時，報紙上出現了我的名字。我當時那個高興啊！我趕快硬著頭皮搬進了北京永茂建築工程公司設計部，這就是北京市建築設計院的前身。

我到北京後在北京永茂建築工程公司設計部工作，但我在晚上自費讀夜校，開頭補習高中課程，後來又上了北京市業餘建築設計學院。北京永茂建築工程公司設計部後來改為北京市建築設計研究院，因我二胡拉得很好，被選為院工會的文體委員，在這裡我組建了業餘民族樂隊和乒乓球隊。我組建的樂隊、歌隊、舞隊後來擴大到京劇隊、話劇隊、歌舞隊，現在想起來這幾年是我年輕時最愉快的幾年，也是最能發揮我特長的幾年。一九五三年，我參加了北京市工人業餘歌舞團，我們每個週末都要到北京市勞動人民文化宮三大殿排練廳練習節目。我們的樂隊總指揮彭修文是中央人民廣播樂團指揮，還有鄭尋和北京電影製片廠的王範地等，這些人對我們的排練要求非常嚴格。

我們經常在北京公演。那幾年我在設計院是個非常活躍的人物，於是，團支部、黨支部都動員要發展我入團、入黨，但我很自負，我以鄒韜奮為榜樣，鄒韜奮曾經說過，我所作為與黨所作為是一致的，入黨不入黨只是一個形式而已，所以我沒有入黨，這一條在反右中也成了我其中一個罪名。說我無組織無紀律，否定黨的組織。

到了一九五七年設計院將我選拔到莫斯科參加世界青年聯歡節，因為我的二胡拉得好，可是正要走時我被劃為右派分子而被取消了名額。

我被打成右派分子有這樣一些原因：大鳴大放整風運動時，黨委動員大鳴大放大字報，發動各界人士給共產黨送西瓜，也就是建言獻策。因我這個人比較外向，我真正聽信了毛澤東的號召「言者無罪，聞者足戒。」並且堅信共產黨確實會「言者無罪，聞者足戒。」我看了《人民日報》上登載關於南斯拉夫鐵托的評論，他們主張工人自治，工人真正地當家做主人。於是，我在報紙上隨手寫了自己的觀點：「他們的政見可供我國領導人參考。」還有一張報紙上登載關於民主黨派領導人的發言，這裡有章伯鈞的「政治設計院」、「兩院制」，儲安平的「黨天下」等等，報紙上開始公開對其批評。我在報紙上寫道，我認為他們的發言很對，中國的人大和政協與西方的眾參兩院是一樣的。我最嚴重的右派言論是，人們問我國家領導人是選舉的，毛主席能不能改選呢？我說，當然可以改選了。於是給我無限上綱，說我成心想讓偉大領袖毛主席下台。還說我與章伯鈞、羅隆基這些大右派遙相呼應，充當他們的嘍囉。因為我愛看報紙，在報紙上寫得自己的見解很多，我將這些報紙都送給了設計院黨委，想供他們參考，所以可以這樣說，我的右派是自己送上門的。

我原來是北京市建築設計院的人，一九五五年北京市設了一個勘測單位，也就是由北京市建築設計院的鑽探隊派生出的北京市地質地形勘測處。勘測處黨委組織人們在北京市白紙坊禮堂給我們召開了批鬥會，將我們幾個揪出來的右派拉到台上接受群眾批鬥，批鬥時低頭、彎腰、下跪，已有了文革的雛形。當時的我年輕氣盛，拒絕下跪，非常強硬。我還和幾個動手動腳的工人打了起來。我還罵一個跪了下去的楊祖恩沒有骨氣。當時黨委書記張華罵我是老虎，罵楊祖恩是狐狸，都不是好東西。後來鬥爭大會亂了，張華就說，蔣綏敏帶著花崗岩腦袋見上帝去吧，散了會，收了場。於是將我們這些還未定性的人派到勘測處參加野外鑽探勞動，由工人階級監督勞動改造。當時的鑽探沒有機械設備，全是用鑽板夾著鑽杆鬼推磨式鑽地，運輸工具也沒用，全是用架子車人力來拉。我們每天空著肚子天濛濛亮出發上工，八點時送來飯後就在工地現場邊吃邊幹，晚上天黑後才啃些冷饃饃。這時正是大躍進的時候，吃完飯，黨支部書記就組織會讓工人批鬥我。每天在會上只能說自己如何如何壞，不檢查缺點說了自己的優點，就要挨打，或是讓我跪下來挨批。這樣的日子一直持續了將近一年光景。

那是一九五八年的秋天，我們住在野外，一天我正在工地上勞動，單位人事科派的一個吉普車接我回到了勘測處，由人事科長張鐵民給我羅列了十多條罪狀，基本內容就是說我反對毛主席領導、反對共產黨、反對三面紅旗。然後讓我簽字。我當時堅決拒絕簽字。我說這是斷章取義、無限上綱，純粹是陷害。我說我在工作上兢兢業業，把設計院的文體工作搞得非常好，不但本單位組織演出，而且讓北京市歌舞團到我們單位來演出，根本不存在反對毛主席、反對共產黨、反對三面紅旗的事情。人事科長對我說，你不簽字，抗拒到底、頑固不化的話，我們就給你最高的處分，劃為極右分子，送你去勞動教養。我說，我堅決抗議！我原來文化程度低，是國家培養了我，讓我成了第一代勘測技術人才，我感謝國家，我怎麼能反黨呢？你們別說送我勞動教養，就是讓我勞改我也不怕，我問心無愧，我憑什麼簽字。

我和楊祖恩被用吉普車押送到了雍和宮藏經館，這是右派分子的一個臨時收容站。進了收容站，站長是陸定一的秘書石盤，他也是右派分子。這裡的領導還有國家體委的曹建純，也是右派分子。還有商業部的副部長等等。

我們被收容進去剛開始的勞動是拉鞋底。當時的北京寒風刺骨，伸出手一會兒就凍僵了，可給我們一天的定額是拉兩雙鞋底。針碼的要求是橫七豎八，我們的手上彎曲部位都被麻繩拉出了血，每天拉到十一、二點都完不成任務，而且不合格還要拆掉重拉，有時一個通宵都休息不了。

剛進收容站時我們不懂這裡的規矩，石盤對我們說，解了褲帶、交了錢財、一切證件都要沒收。當時一間十五、六平方米的房子裡關押著三十多個人，但沙丁魚式的睡覺你不睡不行。我被關進去的第一天晚上一直沒有睡，只是流眼淚。

後來將我安排到了北京市安定門外辛店村北苑農場翻砂車間監督改造，這是一個勞動強度很大的鑄工車間。這個車間又髒又累且是個高溫車間，一千多度的鐵水就是冬天我們也汗流浹背。但進去後分小組，一個人可以睡一個小窯洞。

我們這個翻砂車間是個勞教單位，事故很多。因為當時援助越南，鑄造了一批大型管件。這裡有兩個勞改留場的釋放犯，一個叫陳伯濤，另一個叫殷成貴。陳伯濤解放前夕被稱為鋼鐵大王，江蘇人，在上海、廣州等地都有他的工廠，曾留學美國，英文很好，非常有才華，我在他跟前學了很多東西，他推薦提拔我當了檢驗員。我當上檢驗員與我的刻苦自學有很大關係，我在這裡自學了《鑄造工藝學》、《機械設計原理》、《鑄工雜誌》。另外，陳伯濤經常給我講鑄造方面的知識，他說一個鑄件要鑄造成功，要有很好的質量，須得益於鐵、碳、矽、錳的比例得當；並且要控制爐溫，爐溫過低容易滯留、缺肉，爐溫過高易造成氣體膨脹，就會炸箱（上模與下模合起為箱）；三是型砂配比及濕度非常重要；再就是澆口和冒口斷面設計也是個關鍵問題；這是鑄件質量構成的幾個要素。由於自已的勤奮學習和不斷摸索，才得到了管教幹部的賞識和提拔讓我任檢驗員的。

作為一個檢驗員，不僅需要懂得鑄件的形成，而且出現問題能夠及時分析得出結論，以杜絕後患。這時正是大躍進期間，人們又乏又困，廢品率大幅增加，我從陳伯濤那裡學到了很多知識和寶貴經驗，我設計了一個質量檢驗本，供管教幹部參考，得到了管教幹部的一致好評。

一九五八年大躍進雖然可以吃飽包穀麵的窩窩頭，但兩三天不讓睡覺，睡眠不足，我有次三天三夜不睡覺，站下都可睡著倒下。一九五九年以菜代糧，在農田裡我們撿回白薯葉、野菜來填肚子，後來連白薯葉子也沒有了，我們就將玉米芯曬乾磨成粉揉到高粱麵裡吃，還是吃不飽。這時的人們大部分都浮腫了，管教幹部就禁止大家吃鹽，因吃鹽對浮腫的人是很危險的。每次分飯將大桶子抬過來，每人一勺稀粥，大部分是野菜葉或白薯葉，分完後人們搶著刮木桶中殘留的稀湯，有時為此打架。每一週食堂通過雙蒸法將饃饃在籠屜上蒸大，改善一次。這個時候大個子、身強力壯的人首先死，這些人死得最快。場裡大量死亡的消息是嚴禁向外透露的，每個月北京地區的勞教人員可讓家屬接見一次，以彌補他們的吃食，像我這樣的外地人看到這種情況非常羨慕。我是檢驗員，每月有三十二元的生活費，別人只有二十四元，於是我節省下錢來，讓和我一起勞教的北京人通過他們的家屬給我買些吃的，寄送到我這裡。

我們北苑農場除我們右派之外，還有流氓、小偷，後來成立了右派食堂，這些流氓小偷就說老右牛起來了。

可是，有一次我給家中寫信要吃的，被管教幹部發現撤銷了我的檢驗員，原因是絕對不能向外透露挨餓消息的。

一九六一年，由於我表現好，給我摘了右派分子帽子，我成了就業人員，這樣又恢復了我的檢驗員，而且多了一些自由，我就可以吃飽了。接著讓我們這些摘帽右派集中學習，準備讓我們回原單位，可不知為什麼又讓我們就地就業，我於是又留在了北苑農場，一直到了一九六四年。

那時北京市市長彭真和公安部部長謝富治要將北京打掃成水晶宮一樣透明，於是將我們右派都集中到了北京南郊黃村團河農場，讓我們在這裡種葡萄、水果，還有部分水稻田。團河農場分許多隊，我被分在了三大隊就業隊就業，這裡糧食定量較高且有工資。另外，沒有摘帽的右派集中在團河農場三余莊。我們每一個人管理一個葡萄床，相當於十六畝地。這裡勞動強度也很大，我在這裡邊勞動邊學習，自學了《葡萄栽培學》，而且通過考試考上了園藝四級工，工資為三十九點八〇元。在三大隊就業隊從一九六四年至一九六六年八月，因我們可以偷吃到葡萄，所以這是我們這些人員的體力恢復期。

一九六六年八月，為了將我們清除出北京，場裡開始甜言蜜語動員我們去支援邊疆，說：「你們通過支邊後可以成為自食其力的勞動者，在政治上再不會受到歧視的。」並給我們放電影、放音樂，這些話、這些宣傳是很有誘惑力的，我不想「敬酒不吃吃罰酒」，自己就報了名準備去新疆。走的時候給我們每人戴了大紅花，高高興興地上了火車。

火車上每一節人都坐得滿滿的，大多數是我們團河農場的人員，幾個隊長也隨我們一同出發。還有天堂河農場的，天堂河農場類似於青少年管教所。在列車上，幹部讓我們自己組織一些文藝節目，有唱的，有伴奏各種樂器的，我給大家拉二胡伴奏。我們當時好像脫離了苦海，看到的車窗外天是那麼清澈湛藍，看到的遠處的地是那麼浩瀚遼闊，個個精神分外爽快。「迎著晨風，迎著朝陽，跨山過海到邊疆，……」我們還唱著《邊疆處處賽江南》，到新疆的火車我們整整坐了四天四夜。這時我們發現最後一節車廂是荷槍實彈的解放軍，他們是押送我們到新疆改造的，個個才如夢初醒，我們上當了！

到了新疆後，先送我們到了吐魯番，維族人叫那裡是大河沿。接著將我們集中到了一個兵站，飽飽地吃了一頓後，就看見新疆建設兵團農三師的大卡車來接我們。我們是被押送到新疆建設兵團農三師所在地南疆麥蓋提縣的，這裡與喀什很近，將我們分到了七、八隊，這是一個勞改隊，裡面已經有了很多盲流。我們暫時住在房子裡，第二天就開始自己搭建地窩子，安營紮寨後我們就住在地窩子裡。

一開始就讓我們開荒造田，引塔里木河水進行澆灌，修大渠水閘。我們兩個人一個獨輪車，給我們的定額是每人每天將七方土送到堤壩上。我被分在八隊，這裡是按勞改隊的編制，每天都是槍押著我們幹活。我記得七隊還有些烏魯木齊的右派，八隊是清一色的北京去的右派。當時精通德文的法學專家、北京政法大學的謝懷栻和我們在一起，我們都尊他為大哥，因他的眼睛高度近視，兵團為了照顧他讓他去餵豬了。

一九六七年八月，新疆建設兵團開始文化大革命，我們摘帽右派貼了大字報，農場的連長、連指導員就對我們進行壓制。我被抓起來關了禁閉，還有些想逃跑的也關了禁閉，我們都是被單獨關押的。

那個時候我們都吃不飽了，我將被子、衣裳都賣光了換東西吃。不到一年功夫，我們已將所帶的東西換完了，於是我就想逃跑。

我當時與北大學生右派王煥波、還有一個學數學的學生右派陸豐年，將我們所有的東西都換了糧票和錢，我們還用肥皂刻了公章，因當時沒有證明將寸步難行。可萬萬沒有想到王煥波出賣了我們，隊裡就將我和陸豐年用手銬銬了關押坐禁閉。第一次逃跑失敗，第二次又因我與陸豐年將東西存放時被人舉報，抓住我們用繩子五花大綁吊在樑上。吊在樑上時胳膊麻木，但放開後骨架好似散了，渾身疼痛難忍。

我們的指導員是河南兵叫雍元昌，他說，你寫檢討也不行，他指令人將我用小梯子放進兩米深的坑裡，並給我戴上手銬，然後將洞口的木門鎖上。每天早上和下午各給我一個窩頭，並給我一壺開水，並讓我早上、下午上到地面去解一次手。因我是用鏈子銬上了手，所以可以自己脫掉褲子。後來又將我與陸豐年銬在一起，我和陸豐年從一九七一年到一九七二年白天、晚上暗無天日地整整被關押了一年。

由於我長期被關在地下，臉白如紙，骨瘦如柴，加上一直餓著我們，到後來我連梯子都上不去了。但雍元昌說，你們的檢查都是假的，他治人的辦法就是讓你餓得走不動路，你就無法逃跑了。我們第二次被放出後，餓得見到垃圾裡的菜葉、菜根就往嘴裡塞。

我和陸豐年第三次為什麼逃跑成功了呢？關鍵是我們有了前兩次的教訓，所以做得比較穩妥。傍晚我們戴著手銬上廁所時，我們順著廁所邊的河沿先滑到河裡游過了河，我們南方人游泳技術很高。警衛發現我們喊著讓我們過來，不過來就要開槍，但我們這時已將生死置之度外，我和陸豐年憋著一股勁拚命先跑進了柳樹林。這時天已快黑，我們鑽進柳林用戈壁灘上的鵝卵石砸開了銬子，待到第二天才出來到維族人家討了飯吃。

我對維族人印象很好，他們善良樸實，給我們傾其家中所有吃的，並給我們帶了很多吃的，還給了我們一個葫蘆。維族人反覆給我們交代，在戈壁灘上走時，不到萬不得已千萬不要喝水葫蘆裡的水，且要白天睡覺晚上走路。我們從麥蓋提縣出來後不敢走公路，為了躲開公路的三岔口，繞進戈壁灘小道走。走了兩天兩夜我們到了一個村子裡，在這裡我們遇見了一輛大卡車，我們將身上的布票給了司機，讓他將我們捎到貨車後面，將我們帶到了阿克蘇。

這次的成功主要是憑我們的毅力。阿克蘇是農一師的地盤，這裡有我同母異父的弟弟諸金生，他是真正的支邊青年。弟弟在飲食班當班長，當天就給我們殺了一頭豬改善伙食。我和陸豐年在這裡待了三天就去了烏魯木齊。在烏魯木齊我們住在陸豐年的親戚處，我們買了十瓶酒，準備背到鄯善倒賣掉攢湊路費。沒想到進到飯館倒賣時，被公安局便衣將我們抓到了收容站。我當時給農三師師部寫信，控告下面要整死我。收容站站長就給農三師發電報讓接我們回去，可能由於這個時候那裡文化大革命運動正在如火如荼，將我們從七月一直關到九月還不見動靜。於是，我和陸豐年又商量繼續逃跑。

關押我們的房子是乾打壘的房子，我們就在牆的斜下方掏挖，白天我們裝死，晚上挖得土就放在睡鋪草的下面。第三天晚上我們從地洞到站長房裡將我們的酒背上，並偷了站長的糧票跑了出來。走了三站路上了火車，當車開出站走在路上時我們看到有馬隊在追我們，我們趕快爬了下來。後來實在渴得不行，我們就喝酒解渴，沒有想到卻流出了鼻血。這時忽然聽見要查票，我們趕快下了火車，在遼敦火車站我們被下面的造反派抓住了。審問後將我們送進了鄯善拘留所，和犯人關在一起。每天上、下午各給我們一大碗稀飯，我當時真想自殺，我一頭撞在了牆上，被人救了過來。等到十二月份農三師還是沒人來接我們，開春後鄯善拘留所就將我們送到烏魯木齊兵團司令部勞改隊。

在勞改隊裡給我們每人發了一碗盒飯，肚子還是餓，一個維族老鄉就將他的盒飯給了我，我當時手捧盒飯感動的熱淚盈眶。有一天掃雪時，我在房上掃，陸豐年在下面掃，掃到門上陸豐年就跑了，但沒跑多遠就被抓了回來，又給砸了腳鐐。警衛班班長陳結巴讓我和陸豐年跪下受銬，給我戴的是狗牙銬，當時監獄裡的人都看不慣，但都敢怒不敢言。將我們往農三師押送的路上，睡覺時陳結巴將我和陸豐年銬在他的床上，不讓我們睡覺。汽車開的時候，我與一個小夥子銬在一起，小夥子說，我們一起跳車，我說這麼快的車跳下去不死也成了殘廢。我們在晚上上廁所時，撿了一個鐵釘，在晚上將我們的狗牙銬打松，第二天天濛濛亮時，從庫車這地方催我們上車時，我們進到廁所裡趕快卸下狗牙銬，跳出廁所就往反方向路跑，就地躲進了跟前的林子裡，等他們車開後，我們終於偷跑了。但是，陸豐年沒有跑掉。

我和這個小夥子大模大樣的地進了兵站，他們以為我們是兵團人也沒有問我們。我們吃了饅頭，喝了稀飯，混著吃了兩天。可是第三天我們吃了飯要多拿饃饃時，引起了他們的懷疑，將我們抓起來送進了收容站。收容站的站長是個維族人，他放了我們，我們第二天就到庫爾勒收容站去，可收容站將我們趕了出來，說這裡又不是飯店、旅館。我於是就找了這裡的革委會的頭頭，他是我上海老鄉，他就將我們送到了庫爾勒收容站，我就以逃難人員在這裡幫著給看門值班。

庫爾勒收容站一九七三年通過州政府給我安排到當地公社勞動，因我事先給家鄉同學寫了信，給我編了一封公函。在這裡勞動，公社對我很信任，讓我帶人到山上炸山，為庫爾勒水泥廠炸水泥石。我掌握了炸藥、雷管後，想去農三師去炸了雍元昌這些農三師的害人蟲，把這些王八蛋全部消滅乾淨。但我寫信給謝懷栻後，謝懷栻趕快給我來信，他說，千萬不要輕舉妄動，留得青山在不怕沒柴燒，你的生命不能與他們劃等號，他們不過是些流氓打手嘍囉，你的莽撞解決不了一點問題。千萬千萬再不要回農三師！這樣我就在這裡一直待到一九七九年四月落實了政策，回復了工作，原回到了北京市勘察設計研究院。陸豐年回到農三師後，被打成現行反革命分子，直到一九七九年回到了江蘇省東台縣工作，後選為縣政協委員。

回顧我的一生，我的家境形成了我的性格，反右運動讓我九死一生，但我倔強、有愛心，而且從小無錢上學，所以我非常同情和我一樣上不起學的年輕人，我要力所能及地去幫助他們上學。我現在搞工程掙了些錢，我已經撫養了三個學生。第一個是叫黃啟林的男生，江西人，父親早早去世，母親改嫁，在北京打工，我收留了他；我是在一次偶然中發現黃啟林切割大理石很靈活，我問後得知他考上大學因困難再沒有上，我很同情他的遭遇，於是我介紹他有了工作，後來他複習考上了北京黃埔大學計算機系；這個孩子很艱苦，學習很用功，畢業後在保險公司當推銷員，後在我的工地上工作，看我的資料，終於考取了北京市市建委發的質量檢驗員，後來又考取了專案經理，現正在考取岩土工程師執照。第二個是叫孟霞的姑娘，也在黃埔大學學電腦，還在外語學院學日語考了四級，現在搞服裝生意。去年東北來了一個十七歲的小夥子李洪任，我幫他學完了初中課程，今年又學了高中課程，我準備讓他學習建築專業。

筆者趙旭2009年8月16日與蔣綬敏在北京合影

我最後想對你說，苦難並不可怕，他可以成為我們的財富，但我想將這筆財富奉獻出來，再不要讓反右運動的悲劇落到下一代的身上。

方正一生的吳正中

我一九三三年十二月十六日生於家鄉甘肅省靖遠縣平堡鄉金峽村。我們家是個書香門第，祖祖輩輩教書、行醫、務農。我的祖太爺吳子述是清朝的貢生，一生在家鄉教書、行醫。我的太爺是當地非常有名的一個中醫。

我上小學是在家鄉的西街小學和靖遠縣平堡鄉中心國民小學。一九四八年小學畢業後考入甘肅省靖遠中學，一九五四年高中畢業。我是靖遠中學團支部書記。一九五四年高中畢業後當年我就考入蘭州大學中文系漢語言文學專業，在這個班上我是團支部宣傳委員。

一九五五年肅反運動時，我們班分了兩個小組，我是其中一個小組的組長，所以我對肅反運動比較瞭解，也就對肅反運動的政策有了看法。今天還是我們朝夕相處親愛的同學，明天怎麼就變成了張牙舞爪的反革命？我怎麼也不能理解。一九五七年大鳴大放開門整風時，我貼了大字報，也談了自己的看法，我認為肅反運動太左。我熱愛自己的祖國，當時對共產黨也是百分之百的信任，但對肅反運動採取的方式憑自己的良心談了自己的看法，對領導也提了自己的意見，當然也有言辭過激之處。

一九五七年六月八日反右運動開始後，在十一月時開始對我進行批判鬥爭，給我專門辦了一個

吳正中1973年戴著右派帽子在蘭州興隆山講課

專欄，也將批判我的文章登在蘭州大學政治處辦的校報上。我的主要罪名是個空洞的結論——反黨反社會主義分子。給我的處分是留校察看。

我們蘭州大學中文系漢語言文學專業五四級班上先劃了七個右派分子：呂平、王季平、唐志剛、吳澤堂、鞏子孝、吳正中、謝成。後來在一九五八年又補了四個右派分子：康茂椿（上大學前是一個小學校長）、郗預、江城、安敬斌。在這十一個同學裡，唐志剛、康茂椿、王季平處分最重，開除學籍，勞動教養；王季平因是肺結核病，就被送回老家進行勞動改造。呂平和謝成這兩個肅反對象，打成右派分子後就被遣送農村勞動考察。留校察看的有：吳澤堂、吳正中、鞏子孝。郗預出身書香門第，古典文學非常好，他母親是日本留學生，是我們班的大才子，反右運動後被分配到寧夏回族自治區某山村執教，後在屈辱中因貧病交加而亡。安敬斌，男，陝西人，下落不明。江城，男，湖南人，下落不明。

我們蘭州大學不算教師，學生中總共劃了三百多個右派分子，絕不是現在蘭州大學校志的一百多人。我們下一級和我同一個漢語言文學專業的一個同學叫孫自筠，是中文系學生黨支部組織委員，他是在批鬥右派的會上為右派同學說了一句公道話而被打成右派分子的。一九五七年將他批鬥時，他咬了自己的舌頭。在農村勞動改造期間，他看到農民大批地被餓死，就以黨員的名義向《紅旗》雜誌寫了農村餓死人的情況，另外，還附了農民罵毛主席的話，於是他後來又被以現行反革命罪逮捕法辦判刑十年，在監獄裡他三次越獄。當時孫自筠的心痛苦至極，不知產生過多少次萬念俱灰的念頭，但一想到自己鍾愛的文學事業尚未開花結果，他又咬緊牙關硬撐著，他安慰自己說：「黑暗只是暫時的，光明最終會到來。」一九七九年，孫自筠的冤案得以澄清，組織上安置他到內江師範高等專科學校執教。那段滄桑的人生經歷讓他對生活的感觸特別深刻，他拿起筆刻意宣揚自己的悲歡苦樂以及對社會的種種複雜情感和體會。一九八七年，他被四川省作家協會吸收為會員。在孫自筠的作品中，《太平公主》是他較為滿意的一部。早在一九八〇年，他就研究了大量有關唐代人物、民風、民俗的史籍。他認為，唐代在中國歷史上非常強盛，文化氛圍極濃，名人也多，很值得深入發掘，一九九五年，中央電視台播放了大型電視連續劇《武則天》，孫自筠對其中的太平公主產生了濃厚的興趣，他覺得太平公主很有個性，在歷史上也有較大的爭議，完全有單獨寫一寫的價值，而古人和今人寫唐代的人物，大多都是從政治和歷史角度去反映，從文化角度反映的甚是鮮見，他決心從後者入手，好好地把太平公主寫一寫。於是，孫自筠立即著手清理思緒，查閱資料，開始創作。為了塑造好太平公主「刁蠻、殘酷、深沉、可憐」的人物形象，孫自筠把全部精力都集中在創作上，經常數日足不出戶。有一天，他妻子叫他吃飯，過了許久也未見動靜，走進書房一看，他正手舞足蹈地喃喃自語。原來，他已進入書中角色。《太平公主》半年後即成功完稿了。有投入就有收穫。一九九七年，《太平公主》由四川省人民出版社出版，北京電影製片廠也根據其內容改編為電視連續劇《大明宮詞》。「我想我這一輩子都不會放棄文學創作的。」說這話的時候，孫自筠又開始構思另一部描寫唐代萬壽公主的長篇歷史小說《唐宮晚照》。

我被打成右派後，處分比較輕，一邊學習上課，一邊勞動改造，但原先享受的助學金被取消了。我們那個階段勞動主要修排洪溝渠道、校內耕田種地、在蘭州山上挖水平溝、大煉鋼鐵，還去幫助建設蘭州煉油廠。

我被打成右派後遇了幾個好人。一個是我們中文系黨總支書記劉竹溪，這是一個從國務院下放來的幹部，他在一九五八年一天叫我和鞏子孝、吳澤堂去談話，他說，你們既不要妄自尊大，但也不要妄自菲薄。還有一個是潘允中老師，這是中山大學的教授，被蘭州大學請來任《中國古代漢語史》，我當時選修了他的課，這個老師知道我的情況後，非要和我見面；有一天，他叫我去後，給我倒水，請我坐下，然後對我說，你一個年輕人遇了坎坷要振作，不要氣餒，矛盾會轉化的。另外，我一九五八年畢業後，與鞏子孝留在了甘肅。我原先是被分到寧夏去的，可是我的同班同學王殿華（後來任甘肅省委宣傳部常務副部長）把我要了回來，將我分配到了天水師範學校，而且在那人人自危、劃清界限的年代先後看了我三次。

我去天水師範學校前，蘭州大學在我的介紹信上寫了三種工作結果：第一種，一邊勞動改造一邊上課；第二種，在學校任課；第三種，不上課，勞動改造。

我是一九五九年元月到天水師範學校的，去後學校不讓我代課，只進行勞動改造，我在這裡和一個農民王友儒一起整整養了一年豬，這是一個秦安縣人。我那時既餵豬又要親自購買飼料，因我餵豬很有成績，由天水市委批准一九六〇年元月十六日摘了我的右派分子帽子，於是我又變成了一個摘帽右派。這樣我就在暑假回了三年沒有去的家鄉，見了我的各位親人。

摘了右派帽子我就可以上課了，我上的是師範二年級的語文課，但學校還是讓我代管飼養場的管理工作。這個飼養場裡有豬、雞、兔，兔子還是我親自選種發展了的。在文化大革命以前我一直教著語文課，但在那階級鬥爭的年代我時時處處都受到監視，特別在一九六四年社教期間，學生彙報了我，學校對我進行批評。我那時每月只有三十二點五〇元的生活費，妻子和孩子住在家鄉，所以我的三個女兒由於家庭困難都沒有念過書，尤其我的妻子由於受我的影響遭了大罪。一九五九、一九六〇、一九六一這三個年頭，妻子和孩子們吃的是穀皮、菜根和野菜，都差點餓死。

文化大革命時，我是天水師範學校第一個被揪出來的。一九六六年八月，我們學校結合全國的形勢，揪出了鄭、丁、吳三家村。鄭是鄭迪，他是我們天水師範學校的教導主任；丁是丁恩培，這是我們天水師範語文教研組的組長；吳就是我這個右派分子。

從此我就離開了我熱愛的講台，再也不能給我的學生上課了。我記得那時給我的衣袖子上戴著右派分子的黑袖章，戴高帽子，批判時將我的頭髮揪起、兩個胳膊被造反派擰到後面坐噴氣式飛機，我的脖子上還掛著寫著打了紅叉「右派分子吳正中」的大鐵牌子，造反派們將我打倒跪在地下。我那時真是受盡了各種凌辱，我想全國的右派分子那時比我好不了多少。

文化大革命剛開始時，天水地委組織部長田樹齊是我們天水師範學校工作組的組長，毛澤東支持學生以後，學生把田樹齊的腿子打壞了，於是造反派在我脖子上掛著「右派分子吳正中」的大牌子，讓我在架子車上拉上田樹齊，因天水地委在天水市的東關，所以讓我一直從西關將田樹齊拉到了東關。

記得我兒子病危時，我請假後經過了十六個造反派組織簽字後才准許我看了這個苦命孩子一眼。我一個文弱書生從來沒有趕過馬車，可是卻讓我去趕馬車。我那時每天去掏全校的男女廁所、耕田種地、放牛放羊、餵豬，學校的所有髒活累活我都幹遍了。這能埋怨誰呢？誰讓我們是毛澤東圈定的反動派右派分子呢？因為這個右派帽子，我敬愛的兩位中學校長都死在了夾邊溝農場，一個是靖遠中學第二任校長劉協，他是調到定西幹校後被劃成右派分子的；還有一個是靖遠中學第三任校長段生旺，他是調到臨洮縣一個中學後被打成右派分子的。

空軍頭號右派李凌

我一九二五年五月出生在廣東省三水縣，父親是小手工業者，家境比較貧寒。我十三歲那年，日本侵略中國家鄉淪陷，我從此開始了流亡生涯。我先是逃到香港，後來輾轉來到大後方雲南昆明，一九四二年考入了聞名全國的抗日民主堡壘——西南聯大。在那裡，我走上了革命道路，參加了中國共產黨，並擔任了地下黨的支部書記。我和愛妻馬如瑛（愛稱小馬，又名黎勤）都是一九四二年考入西南聯大文學院的。一九四三年以後，我們時時同在一個小教室上文學院的專業課，人數不多，相互認識的機會就增多了。兩人認識以後，上課就常坐在一起。當時沒有教科書和講義，一般都是老師在上面講，學生在下面記。她的手快，記得比較完整，課後我們在一起對筆記，討論疑難問題，一起復習。熟悉以後，我們在課外常找一個幽靜的地方坐下聊天，海闊天空，無所不談，談學習，談功課，也談社會，談政治。我發現她愛國心很強，很有正義感和同情心，嫉惡如仇。談到日軍侵略的時候，談到國軍喪師失地的時候，談到貪官污吏的時候，談到貧富懸殊的時候，特別是談到時常在校門前馬路上看到的被捆綁著的成為「病丁」的「壯丁」行列的時候，她感情總是很激動，有時聲帶哽咽。我也有同感，還把我知道和看到的人間種種不平事，以及我的經歷，一一告訴她。

有一天晚上，黎勤悄悄告訴我，她們幾個女同學組織了一個秘密讀書會（有許琤、陳雪君、劉晶雯），讀《新華日報》，讀毛澤東的《新民主主義論》……她們在女生宿舍（聯大南院）辦了一個名叫《南苑》的壁報，有一篇文章批評有些女同學不關心國家和社會，只追求個人享受，甘心當「寄生草」，當「花瓶」。這篇文章在女同學中發生了很大影響。

當年，在昆明，在西南聯大校園內，為了爭取民主自由，各種社團紛紛成立。黎勤是活躍分子，參加了歌詠隊、劇藝社。一九四四年秋，學生自治會改選，擊敗了三青團分子，進步同學取得了勝利，中共地下黨員齊亮被選為學生自治會常務理事，後來被選為昆明學聯主席。女同學中有黎勤和許琤當選為理事，黎勤還當選為自治會風紀部長和女同學會主席。她和共同主持女同學會的同學們腳踏實地、勤勤懇懇為同學謀福利，辦好食堂，組織共同復習功課，等等，受到廣泛的歡迎，擴大了交友的圈子，擴大了進步思想的影響。一九四五年春，中共的週邊組織民主青年同盟（民青）在原有的許多秘密讀書會的基礎上成立。黎勤被選為民青二支部的支委兼小組長。

一九四四年秋冬，日軍打到了湖南、廣西，深入貴州南部。重慶、昆明為之震動，人人關心戰局變化，憂慮國家前途。人民群眾擁護中共提出的主張：立即廢除一黨專政，建立民主聯合政府，充分發動和組織全民力量抗擊日寇。

一九四五年春天，毛澤東在《論聯合政府》中說：「這種聯合政府一經成立，它將轉過來給人民以充分的自由。」「人民的言論、出版、集會、結社、思想、信仰和身體這幾項自由，是最重要的自由。」我們在秘密讀書會讀到這些言論時，心中是多麼興奮。

不久，從地下黨的渠道又傳來新的消息：毛澤東於一九四五年八月到重慶和蔣介石會談的時候，路透社記者問他：「中共對自由民主的中國的要領和解說如何？」毛回答：這個政府「將實現孫中山的三民主義、林肯的民有民治民享的原則和羅斯福的四大自由。」（我至今記得，四大自由是：信仰自由，言論自由，免於恐懼的自由，不虞匱乏的自由）我們認為毛說這些話是出自真心的，在共產黨領導下的新中國必將是一個自由、民主、富強的國家。

抗戰結束後，聯大解散，北上復校，我隨著隊伍進入北大，繼續從事黨的工作。後來，我進入解放區，調入中央青委（即後來的團中央），接受組織分配的任務，到農村參加土改、支援解放戰爭等工作。黎勤是一九四六年去解放區的，我一九四六年底在北平參加抗暴運動（美軍強姦北大女學生，由於我的身分暴露，一九四七年三月到了晉冀魯豫解放區，我與黎勤就是在這裡結婚的）。

一九四九年，我仍在中央青委研究室工作。不久，領導通知我，中國建立空軍，需要大批知識分子人才，要從各單位抽調一批優秀幹部到空軍工作。於是，我作為「優秀幹部」之一，被組織選調到哈爾濱第一航校擔任政治教員，並兼任政治部宣傳科、文化科副科長。那時候我的學生都是空軍。

一九五五年，我被調到軍委空軍政治部《人民空軍》雜誌社，這是由空軍黨委領導的，分軍事組和政治組，我擔任了政治組組長。

一九五七年整風運動開始，空軍司令員劉亞樓作動員報告。他傳達中央整風的精神，號召大家「知無不言，言無不盡；言者無罪，聞者足戒」。他還舉了毛主席的一個例子，大意是說在陝北的時候，有一天打雷，劈死了一頭牛，有一個老太太說為什麼不劈死毛澤東。當時保衛部門就說她是反革命，要把她抓起來。毛主席不同意，並說要瞭解人家為什麼這樣罵我們。經過深入調查才知道：陝北本是一個十分貧窮的地方，如今幹部軍隊幾萬人一來，老百姓公糧負擔太重，所以普遍有怨言。瞭解到這種情況後，黨中央和毛主席決定開展大生產運動，自己動手，豐衣足食，減輕了農民的負擔，軍民關係也大大改善了。劉亞樓司令員用這個事例說明，共產黨要聽取不同意見，哪怕罵自己的難聽的話也要聽，從中可以發現問題，改進工作。他還檢討說，自己脾氣急躁，常常罵人，影響很不好，希望大家，特別是黨員幹部要帶頭，貼大字報，給他提意見，幫助他改正缺點，等等。

當時軍委空軍政治部主任中將王輝球把我們叫去，說空軍黨委要辦一份專門給空軍高級領導幹部看的《整風簡報》，要我們政治組的同志分頭到空軍所屬各機關看大字報，參加座談會，把大家意見收集上報，登在《整風簡報》上。於是我們分頭到各單位瞭解情況。大家普遍反映說，劉司令員的報告態度很誠懇，很受感動，於是他們打破了顧慮，說出了原來不敢說的心裡話。建築部有一位工程師挨過劉司令員的罵，劉說要槍斃他，從此他就很害怕，不敢見劉司令員。因劉亞樓軍人出身，脾氣急躁，動不動就罵人，動不動就說「我要槍斃你。」所以，空軍地方幹部都害怕他，對其意見很大。有不少同志都有類似的經歷和感覺，因此希望劉司令員「如冬日之可愛，不要如夏日之可畏」，等等。

有一天晚上，政治組的同志回來一湊，許多單位都有類似反映，於是大家說，我們應該響應劉司令員的號召，貼大字報，希望能早日引起劉司令員的注意。湊齊的大字報內容就是和風細雨，讓劉司令員改正脾氣，向毛主席學習。把大字報內容湊齊後，誰署名？這些同志大多是清華等名牌大學的學生，當年放棄學業參加了空軍，但過去都因為家庭、歷史等問題挨過整，被鬥怕了，都不敢署，就說：老李，你是組長，是我們的頭，又是老黨員，根子紅，什麼問題也沒有，你署吧！我們支持你！我當時只覺得自己是出於愛護黨的忠心，就署上自己的名字。卻不知由此惹出大禍，使我痛苦終生。

這張大字報題為《向劉司令員吹些和風細雨》，因為前些天《人民日報》有一篇社論，題目為《整風要和風細雨》，我們就跟《人民日報》學，而且內容也真是和風細雨。主要是請劉司令員向毛主席學習，少發脾氣，少罵人，所用的語言也幾乎是劉自己檢討時說過的話，只是多加了建築部那個工程師發言的例子。

我的大字報貼出兩三天後，空政大院內就貼滿了大字報，鋪天蓋地，一致聲討我這個右派，把我先後關在地下室和樓上的一個廢棄了的廁所裡；怕我跳樓自殺，還用木板把廁所的窗子釘死，派衛兵在廁所門口把守，開大小鬥爭會，把我像排球那樣摔來摔去。

先定了性，再找證據。這是過去搞政治運動的一個常用手法。劉亞樓、吳法憲他們從我的家庭出身和歷史方面找不到任何毛病，就從我的「現實表現」中找到兩個「罪證」：其一是資產階級個人主義發展到反黨；其二是有一系列反黨的理論和綱領。

罪證之一：五十年代初期，為了能閱讀列寧、史達林、高爾基的原著，我刻苦攻讀俄文，一九五五、一九五六年我翻譯了兩本俄文書籍並在中國青年出版社出版，書名分別是：《成長中的一代》和《捷克斯洛伐克青年》。為了響應黨中央「向科學進軍」的號召，我寫了《論公私合營企業剩餘價值規律的作用和定息的性質》一文（此文長約八千字，《大公報》一九五六年十二月二十三日發表，《新華半月刊》一九五七年第四期轉載）。

一九五七年初，空政機關評先進工作者，因我工作一貫表現好，且翻譯出版過書，又有政治經濟學論文發表且被《新華半月刊》轉載，是「向科學進軍」的成果。於是把我選為先進工作者，戴大紅花，到中南海懷仁堂，和在抗美援朝戰爭中打下敵機的戰鬥英雄們一起受到毛主席、朱總司令接見。

不想，僅僅過了幾個月，我這個先進工作者卻變成了右派，原來受表揚的先進事蹟也被當作資產階級個人主義之追求名利的「罪證」。在批判我的大會上有人說我因個人名利欲望得不到滿足，就發展到反黨，云云。同一件事，可以翻手為雲，覆手為雨，真是欲加之罪，何患無辭。

罪證之二：劉、吳派人打開我的抽屜，搜出我寫的六篇文章，其中一篇就是前面提到的關於論定息性質的已發表的文章，另外五篇，有一篇是我讀史達林《蘇聯社會主義經濟問題》一書的筆記，其中對史達林認為「社會主義社會的生產關係、人和人之間關係的矛盾不會轉化為對抗」的論點提出質疑。另外四篇是關於社會主義分配問題的，當時中宣部辦的理論刊物《學習》雜誌正在開展這個問題的討論，我寫這些文章，是為了參加爭鳴。

上述五篇文章都是初稿，沒有發表。他們把這些文章搜出來，我心中還暗暗希望，領導上可以瞭解，我是根據馬克思主義關於巴黎公社原則（即官員收入不應高於工人），到共產主義社會工農、城鄉差別應消失，聯繫中國實際研究問題而寫的，不是反黨。可我太天真了！他們把我的這些文章當作抓住了我反黨的罪證，當作我的反黨綱領和理論。批判大會上，說我膽敢對史達林的偉大著作提出質疑，真是膽大狂妄；說我關於分配問題的文章是在挑撥領導幹部和群眾的關係，挑撥工農關係，簡直「罪大惡極」。我的罪名因此升格，從右派升為「極右」，亦即空軍「頭號右派」。

在空政大禮堂，在吳法憲的主持下，召集軍委空軍、北京軍區空軍和南苑空軍部隊所有知識分子共一兩千人，開了整整六天批鬥我的「反黨綱領」的大會，不容我做任何分辯。

比起其他兵種來，空軍知識分子特別多。他們是把我當作資產階級知識分子個人主義發展到反黨的典型來批鬥的，有「殺一儆百」的意思。發言的都是各部隊的宣傳部長、宣傳科長和理論工作者。

有一天，在散會走出會場時，有一位剛在會場上批判過我的宣傳部長迅速地走近我的身旁悄悄對我說：「你的文章都對，是符合馬克思主義的，我們批判你是不得已，是違心的。」說完馬上就跑開，消失在散會的人群中了。這使我感到一絲安慰：到底有瞭解我的人！但我也知道，在當時氣氛下，誰也不敢公開為我說一句公道話，否則，他自己也會被打成右派！

為把我搞臭，劉、吳把我寫的幾篇文章都印了出來，裝訂成十六開雜誌大小，印發全軍。其中一份也裝進了我的文件案袋。在一九七九年為我平反時，我的這些「罪證」也退還給我。這使我在二十二年之後還能回憶起當時的思路，撫摸至今還滴著血的心靈的創傷。

我被定性為空軍頭號右派以後，宣佈開除我的軍籍和黨籍，每月只發生活費二十多元。我心如刀割，天啊！我忠心耿耿為黨工作十多年，如今竟被開除黨籍！

我還從報上知道，我在白區工作時的戰友，時任清華大學校長助理的袁永熙以及清華大學副校長、著名科學家錢偉長都被打成了右派。後來還知道，在校長蔣南翔的主持下，一個清華大學竟打出了四百六十九名右派分子！曾經在國民黨軍隊的槍炮威脅中，大聲呼籲和平民主，反對內戰的四位西南聯大的教授，除一位倖免外，其餘三位，即費孝通、錢端升、潘大逵都被打成了右派分子！

一九五八年春，我被兩名持槍士兵押送，發配北大荒勞教。途經哈爾濱，我的同學、好友李曉（李曦沐）聞訊到哈爾濱火車站來看我。當時我是犯人，不能和一般乘客那樣在火車站候車室，只能在霽虹橋下面鐵路邊上一個約有二三平米的扳道岔工人的小房子裡等。他千方百計找到這裡，我只能對他哭，有持槍士兵在旁邊，不敢多說話。他也只能鼓勵我要好好勞動，改造自己，就痛苦地告別了。他當時是中共黑龍江省委副秘書長。那時，右派像痲瘋病人一樣，人人避之惟恐不及的。以他的身分來看一個右派，是冒著很大的危險的。誠摯的友誼使我終生難忘。

想起一九四九年十二月，我滿懷豪情，到哈爾濱航校擔任政治教員，在此後數年中曾多次帶領即將當飛行員的學生去參觀，經過霽虹橋，萬萬沒想到幾年後卻以「犯人」的身分哭著在這裡和好友告別。

兩個戰士把我押送到北大荒虎林八五〇農場雲山畜牧場第二生產隊。我的身分是被監督勞動的極右分子。中午到達，還沒喘過氣來，隊長就交給我一把鐵鍬，命令我按規定尺寸挖土，挖成一方方的土塊。然後疊起來作牆，木結構，茅草作頂，下雨漏水，這便是我們自已動手蓋起來的「乾打壘」的住房。床是墊上草的人連鋪，每個人所占寬度約四十至五十釐米，睡覺時一個人想平身睡，旁邊兩個人就得打側身。冬天時，幾十個人的房子，只有一個小火爐，四面透風，外面大風大雪，室內溫度接近零度。每天勞動十五六個小時，累得腰酸腿痛，走路也打瞌睡。開始時，玉米高粱飯還能吃得飽，後來糧食越來越少，一個月口糧標準從三十多斤降到十八斤。棒子麵粥稀得照得見人影。午、晚飯就是兩三個小窩頭，就一點鹹菜，根本吃不飽，真是饑寒交迫。最痛苦的是精神上的折磨。隊長、指導員經常訓斥：「你們都是反黨反社會主義的罪人，你們不但要用汗水來洗清自己的罪惡，還要向黨交心，互相監督，用行動來證明對黨的忠誠。」這就是號召互相告密。

我記得有一個夏天的中午，我們班被派去鋤玉米，玉米已經長得一人多高了。當時天氣悶熱，大家光著膀子幹，玉米的大葉片滿是毛刺，把大家弄得很難受，又熱又累。大家請求班長休息一會兒，班長看著望不見邊的玉米地，怕完不成任務，一次又一次請求，他都不肯答應。大概後來他自己也受不了啦，就同意大家歇一會兒。幾個「右派」同坐在一起，有人忽發奇想說：這時要有一瓶冰牛奶喝就好了。有人說，不必牛奶，有瓶汽水就行，有人說有根冰棍就行，有人說有杯水就行……沒說兩句，班長就吆喝：「起來起來，別在這裡精神會餐啦，快起來幹活！」大家掙扎起來又去鋤地。沒想到第二天清早集合時，指導員訓話：「你們應當知道自己的身分，你是反黨的右派分子，有人還夢想喝牛奶、汽水，吃冰棍，不死心，夢想恢復你們失去的天堂，過資產階級生活，休想！」「我們掌握著你們每個人的思想，誰說過什麼話，我都記在本子上，你們能不能摘右派帽子，就憑我們一句話！」這是對我們的最大威脅。我知道，昨天的「精神會餐」被什麼人告密，作為自己向黨交心的立功表現了。

自此以後，我們之間，只有閉嘴，沉默，不管多苦多累，不管內心多痛苦，多委屈，也不敢歎一口氣，即使對最熟的人也不敢說一句真心話。一群人像一群衣衫襤褸的啞巴。當時，我們甚至有點羨慕在附近勞動的其他勞改犯。被判到北大荒勞改的人都是反革命、殺人、強姦犯，判了重刑，但到底有一個期限，而我們何時摘帽，則是遙遙無期……。有一次，派我們去燒炭，這是新活，誰也不會幹。領導就派一個勞改犯當組長監管我們。對著一片水曲柳、山核桃和可以製造軍事裝備的黃鳳梨木，我們問組長，這些都要鋸下來燒炭嗎？太可惜了！這就惹惱了他：「叫你鋸你就鋸，別說三道四。別看你們過去是老革命，我是老反革命，今天你們歸我管！你們能不能摘帽子，就憑我一句話。」這一句話，就像唐僧的緊箍咒，一念起來，使我們人人恐懼。不幾天，大片大片的好林木都被我們鋸倒，燒炭了。

北大荒確實土地肥沃，但勞動起來沒白天沒黑夜。大家每天勞動完回窩棚，滿身的泥巴，穿著髒衣服和爛鞋子，爬進被窩倒頭就睡，在零下二三十度的野外，有時凍醒，寒徹入骨。被窩還沒有焐熱，只躺三四個小時，天不亮就被趕起來幹活。幾個月不洗臉不刷牙，人不像人，鬼不像鬼，一個個活像野獸。

在這種情況下，我只想快死！加上我為了不連累孩子和黎勤，我和黎勤離了婚，所以我多少次想要自殺。

記得那是一九五四年我調回北京後隔了幾個月，黎勤也帶著四個孩子到了北京，在團中央《中國青年》雜誌社當了編輯。一九五七年夏，有一天，黎勤和《中國青年》總編輯邢方群一起去軍委總政宣傳部瞭解部隊青年思想和反右情況，對方頭一句話就是：「我們空軍抓出一個反黨的大右派李凌。」這句話對她簡直是五雷轟頂，她不相信。十多年互相瞭解，李凌是窮學生出身，一向對人民對黨無比熱愛，明知在白區參加共產黨就要冒生命危險，還是義無反顧，這樣的人怎麼會成為反黨的右派呢？但是總政宣傳部的同志的話、空政的判決，又是鐵的事實，她痛苦極了。在政治壓力下，她的靈魂被撕裂了，扭曲了，無可奈何地與我離婚。這能怪她嗎？

一九五九年底農場要辦黨校，需要政治教員，他們看了我的檔案就給我和陳瑞金等第一批摘了右派帽子，把我留在八五〇農場黨校（後改為機械化學校）當政治教員。這樣我一方面給黨員上課，一方面繼續參加生產勞動，當然比當右派時好了很多。我當時就把摘了右派帽子的好消息告訴了黎勤，她自然十分高興。我們當即復婚了。這才是她的真心實意。

一九五七年「反右派」以後，接著是「大躍進」、「反右傾」，使原來「左」的政策更「左」，全國大饑荒。因為《中國青年》雜誌是胡耀邦領導的，所以黎勤還能正常工作。但黎勤除了背著「右派老婆」的沉重包袱以外，還要負擔四個孩子的生活，十分艱難。人家夫妻二人的口糧定量，補貼一個孩子，已感困難；她一個人的口糧指標，要補貼四個孩子，困難就更大，只能自己少吃或不吃，千方百計讓孩子少受苦。鄰居有同志出差，家有孩子沒人帶，黎勤就讓鄰居的孩子住到自己家裡，一起吃飯。她有幾個弟弟妹妹在雲南，都很困難，她還經常寄些錢和糧票去。有一個妹妹在農村當小學教員，學校連鍾都沒有，只能看太陽來定上下課時間；黎勤知道後，就把自己的手錶寄去。她還有一個表妹遭遇不幸，帶著兩個孩子，生活十分困難，黎勤也經常給她寄點錢去。她是《中國青年》雜誌編輯兼記者，經常出差，工作繁重，而且不能不按照上面規定的「左」的口徑寫稿，思想極其矛盾、苦惱，生活又如此困難，營養不足，透支了她的生命，嚴重摧折了健康。

青年團的工作，不能作為終身職業，年紀大了，就要「畢業」，一九六四年，黎勤從團中央調到高教部政治部任宣傳部負責人，不久就被調去搞四清，任延慶縣一個公社四清工作團的黨委書記。一九六二年，我從北大荒調回，在通縣麥莊公社勞動兼當秘書和統計。有一次我們回家見面，談起在農村所見所聞。她說：農村的貧困超出我的想像。有的生產隊一個勞動日只有一兩毛錢，畝產只有百十來斤，生產隊分的糧食根本不夠吃，常年靠吃野菜；有的家庭四、五口人只有兩床破棉絮算是被窩；有的家連炕席都沒有，晚上就直接睡在土炕上。搞四清，按上級佈置，先是紮根串連，訪貧問苦，然後組織訴苦會，以發動群眾對地主、富農和「四不清」幹部進行鬥爭。但一開起訴苦會來，貧農不是訴地富的苦，而是訴「大躍進」、人民公社的苦：砸了現成的鍋去煉鋼，把山上的樹都砍光去煉鐵，糧食沒收成還要交公糧，餓死了不知多少人。有的餓死了親人的，訴起苦來聲淚俱下。幾乎許多村都有這種情況。後來上級說，訴苦會就不要開了。黎勤說，原來我們以為土改以後實現耕者有其田，農民的生活會好起來，但十幾年過去，許多農村比我們在土改時看到的還窮得多。她說：在這種情況下，我們下去，想先抓一下生產，但不行，上級說要搞階級鬥爭。幾乎連年搞運動，一個接一個，帽子滿天飛，什麼「漏網地主」、「地主階級的孝子賢孫」、「三反分子」等等，七鬥八鬥，鬥得幹部群眾人人害怕，心都散了。

我們的家也被弄得五零四散。大女兒被分到雲南建設兵團，二兒子分到山西農村插隊，三女兒去我老家廣東三水種地，小女兒在北京街道工廠勞動，我仍在通縣。我被打成右派後，母親因在抗美援朝時去世，我不能照顧在農村孤苦伶仃的父親，三年災害時讓父親在廣東老家吃了很多苦。我的四個孩子反右、文革一直受到我的牽連，成了右派狗崽子，不僅在升學、招工、參軍、入黨等方面受了大的影響，還要遭受同學們的歧視。

一九七八年夏，我被調到中國社科院編《未定稿》。一九七九年春，我被錯劃為右派的冤案得以改正。組織上把我檔案中關於我的「罪狀」的材料發還給我，其中有我寫的大字報和我的幾篇文章。黎勤看了這些材料以後對我說：「以前只知道你因為貼了批評劉亞樓的大字報被打成右派，還聽說你有什麼反黨的理論，內容不知道。原來就是這幾篇文章。你在那個時候就能提出在分配上領導幹部不要過多，工農差別不應擴大，而應逐漸縮小。現在證明這些觀點都是正確的，如果當時就注意這些問題，採取有效措施，今天的社會情況就會好得多，你卻因此被打成『極右』，受盡折磨，我想起來，心都碎了。」黎勤一邊說一邊撫摸我的頭安慰我。

我編的《未定稿》在當時的解放思想運動中有頗大的影響，發行量不斷增加，黎勤對此也很高興。有重要的稿子，特別是關於農村問題的稿子，我總要和她商量。拿到關於安徽肥西縣包產到戶增產的調查報告，我給黎勤看，她可高興啦，說到底找到了農民增產的道路啦。她說，農業的特點就是要使勞動者和勞動的結果——產量、收入密切結合起來才能增產，自留地莊稼總比集體莊稼長得好的道理就在這裡。她鼓勵我把這些材料趕緊發表。不料這個調查報告被當時社科院一位副院長發現了，對我嚴厲批評，說這篇文章是分裂黨中央，不許發表。我把此事告訴黎勤，她鼓勵我力爭，即使少印一些，也要把這文章發出去。於是，我以已經付印為理由，爭取到作為「特稿」只印少數發給有關領導和學術界。即使這樣，也起到積極的作用，如甘肅省委原來準備下令取消農民自發搞起來的包產到戶，接到本期《未定稿》後改變了主意，同意作為試驗搞下去。一九八〇年秋，陸學藝和王小強赴甘肅調查，發現凡是搞包產到戶的比不搞的產量都高得多。全國各地都有這種情況，爾後得以普遍推廣。

改革開放以後，社會生產力有很大的解放，國力有很大的增強，但是以往積累下來的農村貧困，仍然是今天許多社會問題的直接間接的根源。我年紀大了，希望你們年輕一代繼續關心農民問題，看看發達國家是怎樣縮小城鄉差別的。

李焰平1979年平反後

一位共產黨自己培養的知識分子李焰平

李焰平，甘肅省委黨校教授。

我一九三四年二月十五日大年初一出生在家鄉湖南洞口一個普通農家。剛滿三歲那年，父親李廷軒離家從軍，一九四〇年在國民黨軍醫學校畢業，此後在國民黨軍隊任軍醫。一九四六年退役，父親與他的一個同行在邵陽市開辦一家私人診所。一九四七年我們全家人開始團聚。我的母親胡青英初識文字，出生在一個破落的書香門第，外祖父是清朝末年的舉人，但解放前已家破人亡、徹底衰落。

在共和國誕生前夕的一九四九年八月，我十五歲高中肄業參加了中國人民解放軍。隨後兩年在湖南省軍區軍政幹部學校學習訓練，一九五一年參加新民主主義青年團，一九五三年入西北師範學院中文系，一九五五年八月大學畢業轉業到甘肅省委黨校任教。我是一九五六年在黨校第一批入黨的，晉級提職由行政二十一級提到行政十九級，下半年評為語文教研組副組長，是年二十二歲。

一九五七年五月，我在《隴花》月刊發表一首《霎那間我釘在路旁》的小詩；七月，在《延河》月刊發了一篇「社會主義社會也有陰暗面，社會主義文學也應反映陰暗面」觀點的文章；於是，在一九五七年的十月我的小詩和文章定性為反黨反社會主義的「大毒草」，十二月將我打為反黨反社會主義的右派分子。

一九五八年四月，我戴著右派帽子被遣送到甘肅敦煌棉花農場勞動改造。從此，我這個生在舊中國，長在紅旗下，第一代的紅色知識分子，人生歷程飽遭摧折開始了漫漫長夜整整二十二年。當時，甘肅省委黨校學生、教職工六百多人，劃了右派的學生、教職工達六十一人；到酒泉夾邊溝去了童玉書（蘭州當時有名的七才子之一）、程時雨、王炳壽等十一名右派分子，都是開除公職、開除黨籍、送夾邊溝勞動教養，只活著出來了程時雨一個人。還有送到武威黃羊鎮農場十幾個右派分子。也有送回原籍去的。我是被開除黨籍，撤銷語文教研組副組長，由行政十九級降為行政二十二級，保留公職到敦煌棉花農場勞動改造去的。

在甘肅敦煌棉花農場，從中央駐蘭州科研單位的科研人員，到甘肅省直機關的處長和一般幹部；從高校、黨校的教師、職員，到電台、報社的記者、編輯；年齡大的五十一歲，小的二十二歲；有「三八式」行政十三級的老幹部，有共和國成立後培養的第一代大學生，真可謂「右派濟濟」。

甘肅敦煌棉花農場只有場部的幾排土磚平房，沒有右派們的住處。右派們用了十二天的時間挖了數十個地窩子，每個地窩子寬六米，長十二米，深二點五米，東西兩排連成五個地鋪，每個地鋪長二米，寬一米，一個地窩子住十人為一個小組。全排編成四個右派隊，每隊若干個小組。地窩子頂上僅用蘆葦稈和紅柳枝封蓋著，每當風狂沙飛時節，睡鋪上的細沙能抖落一飯盒；每當風停朗夜之時，你可睜大眼睛從蘆葦稈縫隙間欣賞鉤月。我的右鋪是中科院蘭州分院的小鄭，我的左鋪是蘭州衛校的語文教師小戴。小戴叫戴春波，是陝西渭南人，二十六歲，一點八米高個子，體格壯實，一九五五年蘭州大學中文系畢業後在甘肅省衛校任教兩年被劃為右派。他死後是我將他的屍體捲在破舊的被子裡掩埋在離地窩子二百米的沙灘上的。我從一九五八年四月至一九六〇年十二月，每天按指標進行強體力勞動，到了一九六〇時每月每人只供應十五斤原糧，饑餓時時威脅著我們的生命，小戴就是一九六〇年十月連凍帶餓死在這裡的，當時每天都有從地窩子裡抬出來與小戴做伴的同伴。直到西北局會議發出「搶救令」之後，一九六〇年十月至十二月，才將河西走廊活著的右派分三批接回蘭州單位，我是其中之一，一點八米的個子，此時體重已下降到四十五公斤，但畢竟死裡逃生出來了。

我們甘肅省委黨校到敦煌棉花農場去了十七個右派分子，鄭崇信就死在了那裡。

反右派鬥爭打開了政治鬥爭的潘朵拉盒子，使其幽靈盤旋於中國大地二十年，歷史在它的身軀上刻下斑斑的創傷。

文化大革命時，我這個在一九六一年三月被摘掉右派帽子的摘帽右派，一九六三年從甘肅省委黨校到了蘭州市二十中學任語文教員，此時又被揪了出來。而且狹路相逢遇到了在黨校劃我為右派分子時積極批鬥我的何世番。何世番在黨校任文教處組織科長，我是文教處語文教研組副組長；現在他又以工作組組長名義進駐蘭州二十中學，帶著結巴的語氣找我談話說：「咱——八年前，打——打過交道，想不到——八年後又打交道啦！」談話後的第二天，工作組召開全校師生動員大會，橫幅標語是「橫掃一切牛鬼蛇神」。動員畢，何世番代表工作組宣佈：「李焰平是一九五七年的老右派，從今天起停職反省，交代問題。」

我被停職反省交代問題，寫了四次檢查未能通過，何世番認為我沒有挖出反動思想的根子。隨著運動的發展，群眾專政的形式花樣越來越多，逐步在全國推廣，蘭州市第二十中學也不例外。這裡對被揪鬥出來的牛鬼蛇神實行群眾專政，教室當牛棚。我們一邊勞動打土坯，一邊遊街、陪鬥、挨批判。大會批鬥，坐「噴氣式飛機」，彎腰九十度，兩腿並齊，不准抬頭，不准挪腳，兩眼直勾勾盯住地面，即使汗水淋淋，不敢用手擦拭，聽任汗水從頭到額順著臉頰一滴一滴自然滾落；我們的脖子上掛著上課作為教具的小黑板當作牌子，上面寫著各自的罪名：「老右派」、「階級異己分子」、「漏網特務」、「牛鬼蛇神」等等。小會批鬥時，也花樣翻新：跪下，頂臉盆，如果站著批，用圍攻的陣勢，連推帶搡，加上拳腳，倘若外出勞動拉車，衣服的胸前別塊白布條，寫著「老右派」、「牛鬼蛇神」……的字樣。校園各處，只要能貼大字報的地方，通篇是侮辱人格的「砸爛狗頭」之類穢言惡語。

在群眾專政下，我因為不堪坐「噴氣式飛機」、跪磚頭、頂臉盆等殘酷批鬥，於是我與徐德新一起逃到了肅北牧區尋找「世外桃源」，過了十一天流浪生活，因此，抓回來後罪名升級為「企圖投敵叛國」。徐德新，安徽人，一九五六年畢業於北京地質學院，畢業實習曾隨蘇聯專家去野外勘探，去過克拉瑪依、肅北地區、貴州叢林。懂英文，會俄語，博得蘇聯專家賞識。他是因為在實習期間同蘇聯專家相處關係較好，反右時，徐德新自己向組織交心交出了問題，補劃為右派分子。

一九六九年十一月的一天下午，高原金城陰沈的天空落著灰濛濛的煙塵，在一片「打倒」的口號聲中，一輛吉普車駛進蘭州二十中學的批鬥會場，「紅色政權保衛部」將我投入監獄，判刑十年。一九六九年十一月二十一日上午十時，我和徐德新從蘭州西果園看守所被押送到了甘肅省第二監獄服刑。這所監獄是制配客車的勞改工廠，在蘭州市郊區大砂坪。廠裡有三種不同成分的人，第一種人是青年工人，簡稱青工，是文化大革命期間畢業的中學生安排到廠裡的，年齡大都在十八九歲，有男青年，也有女青年。他們雖然同犯人一起在車間勞動，階級界限分明，有監督犯人勞改的責任和權利拿等級工資。第二種人就是就業人員，又叫就業工人，即刑滿釋放後留廠就業的；這些人員都有一技之長，關鍵性的技術難題靠這些人員處理、解決，按技術等級拿工資，但在政治上不能與青工平起平坐。第三種人就是我們這些在押犯人，分政治犯和刑事犯，政治犯統稱反革命犯。我入獄後在三車間勞動改造，徐德新在五車間勞動改造。

我入獄時三十出頭，入獄剃光頭，穿上勞改服，三百五十度近視眼鏡。前三年做過鑽工、鉗工、總裝工。隨著大牆外面「批林批孔」浪潮的掀起，一九七四年七月，獄中召開全監獄犯人大會，動員犯人積極參加「批林批孔」。會前，管教科長指定我在全監批判會上發言，我說道：「我是犯人，不會批林批孔」。管教科長聽了我的話拍桌指鼻罵道：「你這個反改造尖子！」當晚給我戴上手銬關了禁閉。禁閉室是獄中之獄，共十間，我被關在九號室。這是一間四方形的小黑屋，長寬大約四米，房間亮著一盞十五瓦的燈泡，昏暗的光影搖曳著土色牆壁，那扇只能擠進人身的牢門，開了一個12×16釐米的小洞，用來窺視被囚禁的人犯。門的右角置放著一個馬桶，馬桶旁邊貼牆僅能擺個鋪位，被褥直接鋪在水泥地面上。我們被投進禁閉室，好似投進了一個物件，無人理會，開始，每天學習《毛主席語錄》，隨後允許學《毛選》，讀完《毛選》四卷，又讀了《馬恩選集》四卷。實在說，當時讀毛選、讀馬列，是唯一的一種精神寄託，解脫孤獨，驅散邪念，出獄重新工作後，實感在獄中之獄戴著手銬讀經典之奇特，而且集中在九百多個灰暗的日子裡，實在是特殊的地點、特殊的時間、特殊的條件下點亮了我生命煉獄中最熾烈的火焰。

有一次因管教科長巡視九號禁閉室，我背靠左側看《馬恩選集》，未能及時起立，科長呵斥道：「反革命分子讀什麼馬列！」中午吃完窩窩頭，看守給我換成背銬，自然斷了我看書的欲望。從戴上背銬起，歷時一百零九個日日夜夜，每天兩個窩窩頭，也給兩勺湯菜，而兩勺湯菜裡混入了汽油，刺鼻辣喉不能入口。

一九七四年八月十一日，由於盧早的揭發，說我與王魏、田康、封勇毅幾個組織反革命小集團，將我又關在了禁閉室。八月十二日下午兩點三刻，在禁閉室的外間對我進行刑訊。這次提審很特別，既沒有陪審員，也沒有書記員，監獄教導員卻帶來了三車間在押的兩名犯人作為打手。

王魏畢業於蘭州鐵道學院橋樑工程專業，捕前任機車廠技術員；田康南京化工學院有機化學專業畢業，捕前任蘭州市化工廠助理工程師；封勇毅東北師範大學物理系畢業，捕前任蘭州市第十中學高中物理教師，他們和我都是政治犯，也就是反革命犯。

「李焰平，你是主動交代，還是頑抗到底？」

「不是頑抗，我不知道交代什麼問題。」

「不知道交代什麼問題？交代你們小集團的越獄計畫！」

「我不明白你們的意思。」

「哼哼，還裝什麼糊塗！告訴你，交代你們幾個——封勇毅、王魏、田康的具體越獄計畫！」

「這是無中生有，純屬誣陷。」

「好大的膽子！說政府污蔑！」

兩個打手將我壓倒在地上，一個人按住我的後腦勺，動彈不得，另一個人用麻繩將我雙手反綁，麻繩繞雙臂一圈，穿過雙臂，拉成死套，套住身子，五花大綁後將麻繩一端掠過房上的一根木樑，一個打手將麻繩往下一拉，將我的身體倒懸起來。「哇」的一聲慘叫，我的身子升起，悠悠晃蕩，嘴裡吐著泡沫，「哎喲」聲不斷。然後將繩子忽地落下，並沒有著地，一上一下將我的身體在燈光下晃動。我的面色時而血紅，時而發青，時而變紫，豆大的汗珠一滴一滴從我的額頭直接滾落在地面上。

我昏暈過去了。等我甦醒過來時，已是十點零五分。雖然甦醒了，但我沒有清醒。頭暈眼花，胸悶心慌，身子還是五花大綁在地上。麻木的身子不覺疼痛，像植物人一樣，不能自主挪動身子。

到了深夜十二點三十五分。他們又對我進行審訊。

「交代不交代？」

「不交代！好！好！」

兩個打手將我從地上駕起來，解開五花大綁，然後雙手斜著反銬，綁在椅子上，把電話線一根捆在手指上，另一根捆在腳趾上，還有兩根分別插在嘴裡和肛門裡。整個一套酷刑程式完成後，一個打手站在電話機旁，另一個打手持電棒立在我身邊，他們都等待著監獄教導員的指令。

這個監獄教導員的左腳從板凳上放下來，甩掉煙頭，發出陰冷的訊問：「招，還是不招？」

我沒有吭聲。

「不信你不招！給我上！」

一個打手抓住電話機手把，嘰裡嘰拉搖了起來，搖過一輪，我大聲喊道：「救命！殺人啦！」我的喊叫既是一種本能，也是一種自救，因為，在文革中很多人就是被造反派打死，而做了假現場而說是自殺的。

監獄教導員順手將桌上的抹布塞進我的嘴裡，另一個打手的電棒對準我的生殖器，霎時，我渾身頻頻顫抖；瞬間我戰戰抽筋，嘶喊發不出真聲，只聽得嗚裡哇啦的慘痛聲。

我眼前天地旋轉，在冥冥之中掙扎著……

現在我不願意想這些，想到這一切，我今天還不斷做著噩夢。我給自己總結了，少年、青年、中年、老年，我由一個學生到軍人，從軍人到幹部，從幹部到黨員，從黨員到右派，從右派到反革命，從反革命到平反。我從二十二歲被打成右派分子，四十二歲才得以平反。我的一生只有青年的開端，但沒有青年的過程。沒有青年的芳露，沒有青年的浪漫，也沒有青年的瀟灑。但我沒有死，我沒有瘋，我也沒有傻，平反後又為國家工作了這麼多年。

作為一個飽經二十二年苦難歲月的知識分子，滿懷苦楚和喜悅，我終於迎來了新時代。我在此引出一個真正共產黨人胡耀邦的話：「我很幸運地能夠活下來，並且同你們一道，看到了那些顯赫一時專門為個人權勢作惡的傢伙一個一個地倒下去，變成了一堆堆臭狗屎；而那些為祖國為人民利益一往直前地奮鬥的同志，卻在人民群眾心靈深處生根開花，這是值得記取的一件根本大事。」

陳星

記漫漫上訪維權路上艱難跋涉的著名畫家陳星

我一九七九年一月十九日收到甘肅省高級法院一〇二號判決書：「一、撤銷卓尼縣人民法院（五九）法刑字第一〇三二號刑事判決書，宣告無罪，予以徹底糾正。二、撤銷甘肅省甘南藏族自治州保衛部和中國人民解放軍甘南藏族自治州公安機關軍事管制委員會（七二）州保刑字第〇三號刑事判決書，以投機倒把罪判處陳星有期徒刑五年。」這個判決書雖然徹底糾正了一九五九年卓尼縣人民法院對我的判決，但對我二十年刑期留了一條五年刑期的尾巴，然後我拖著這個尾巴整整奔走了二十多年，在二〇〇四年二月十六日，才宣判無罪，徹底平反。然而我一身中的四次平反，經濟上沒有一次落實，還使我丟了一條腿。此時我欲哭無淚，感到身心疲倦，難道這就是我要的結果？難道這就是對我一生摧殘的交代？「囹圄二十載，含冤五十年，手捧無罪書，相視淚為泉。」

我是西安藍田人，一九二五年十一月二日出生在一個以燒木炭為生的人家。我上學後，每年寒假都幫大哥燒一冬的木炭。

我上學父兄本來是想讓我認識幾個字，能識別紙幣面值，代人寫個契約什麼的就行了。沒想到我學習很有靈性，十七歲時在西安後宰門力行中學拿到了高中畢業證書，而且入了中華藝專進行學畫。中華藝專是個私立學校，學校設在城南嘉善寺，是畫聖吳道子作過畫的地方；學校馮玉祥任理事長，李烈鈞、張伯英、梁梅九任理事，李丁隴任校長。

李丁隴先生也出身寒門，苦學成名，他以《黃泛區寫實》為抗日義展，是第一個赴敦煌探寶臨摹壁畫者，並在西安、重慶展出，贏得人民的尊敬，是一位有進步思想的畫家，尤其是他憐貧惜才助人就學的作風曾博得師生們的敬愛。我在該校就讀時，就一直受到免費的優待。抗戰時期，許多著名畫家都在半壁河山的中國搞個人展覽，改善生活條件，而李丁隴和夫人鄭墨軍熱衷於辦學，給我們提供了學習美術的機遇，如著名畫馬名家韋江凡和以畫驢出名的黃胄都曾在此學習過。著名畫家張大千、葉淺予、趙望雲等也在此講過學。我在此環境中潛心學習，各方面得到了很大提高。一九四四年，我在中華藝專畢業，接著又入西北農學院就讀。一九四四年底，我在大學裡投筆從戎，奔赴抗日前線任連指導員，浴血奮戰。然而就是我抗日戰爭時的這段經歷，也是一個青年學生報效祖國時所走的道路，卻給我以後的歲月乃至一生帶來了深重的災難。

我是一九五〇年冬到達洮河林場的，它在甘肅省卓尼縣境內，以森林工業為主要任務，以撫育更新為輔助，擔負著採伐和運輸的雙重任務。

「洮河流珠」是洮河八景之一。在這裡每到冬季從上游起就漂浮著一粒粒晶瑩透亮的、進而連結在一起形成各種幾何圖形，透過濛濛白霧看去好像朵朵白色睡蓮浮在水面；兩岸紅柳絲條隨風搖擺，河中野鴨拍翅嘻戲，玻璃般的冰床上時有漁人鑿冰捕魚，使這個寂靜的銀色世界分外好看。由於我被囚禁在場裡，靠河的一面沒有圍牆，我才能欣賞到如此風光。

一九五五年肅反運動中，我被揪了出來，檢查長同志金說：「陳星不是一般的反革命，他既是歷史反革命又是現行反革命，而且是個美蔣特務。他雖然在工作中做了一些成績，那是敵人慣用的伎倆，他要以此欺騙組織取得信任，以達到他反革命的目的，大家要擦亮眼睛，磨快武器，打一場你死我活的殲滅戰……。」

我記得那些日子裡，當整我的那些人一無所獲時，便召集中型鬥爭會，發揮他們的分析天才，用那純屬捏造的罪名把我說成地地道道的特務。每天要讓我站十多個小時，站得我兩條腿腫得像蠟棒，有一次我因腦供血不足倒在了地上，他們一擁而上，你踢我拖。同檢查長和汪仲舉書記坐在沙發上品茗、抽煙，得意地欣賞著「與人鬥」的「其樂無窮」。

我因常常忙於工作，妻子對我沒回家過春節並不感到意外。但一個時期由於她一直沒有收到我的信，妻子就著急了，她便從百裡外的岷縣背著三歲小女孩跋山涉水步行來看我。妻子來後經過一天的懇求，才由汪書記的女秘書帶領，在王懷曾的監督下，讓我去另一房間與妻女見面。當時剛滿三歲的小秦認不出我是她的爸爸，她母親擦著眼淚說：「快叫爸爸！」她才喊了聲「爸爸」向我跑來。我剛要伸手抱她，積極分子王懷曾一把阻斷了女兒，差點把孩子推倒。小秦用袖頭捂住臉哭著奔回她母親的懷裡。我們相視落淚卻不敢靠近一步！帶來的一包點心也被王懷曾揉得粉碎。由於沒有發現什麼罪證，才又重新包好。

按照「肅反」政策是國民黨軍隊連級、憲兵排級、行政鄉級以上就能稱作歷史反革命。而郭希賢是鹽務局的譯電員，當然不算歷史反革命，而我是連裡的指導員，自然要算個連級，歷史反革命帽子就戴定了。在農村有些地方，把保長也算到歷史反革命裡，於是我只能低頭認罪。但是後來由於他們對我沒有取得一點戰果，在岷縣抄了我的家也沒有發現任何罪證，在監獄裡關押也沒有任何進展，於是就以一般歷史問題，沒有給我任何處分。大約是一九五七年六月，縣委審幹辦公室幹部吳國梁叫我去看了「歷史結論」，最後的結語是：「經查證：本人交待老實，屬於一般歷史問題，不給任何處分。」這當然是經過縣委決定的。吳國梁問我有什麼意見，我說：「感謝黨的英明偉大。」吳又說：「為了落實你的問題我們在西安見了西安市市委書記趙伯平和陳子敬等同志；在昆明找到汽車十五團政工室主任李熚；在貴陽見到了你的好友錢大星和羅文玉；在廣州找到了秋盡；在長沙和許德生、范明燦談過話；在上海政協見了周伯敏，還有你的一些老同事。不容易呀，我們三個跑了半年多，總算落實了你的問題，以後好好工作。」最後他拉著我的手幽默地說：「多謝你呀，我們幾個幹部要逛這許多大城市，開開海陸空的眼界是辦不到的喲。」黨為了搞清幹部歷史，花錢是在所不惜的。

後來我們林場場長胡宗彥被調往河西，任酒泉地區檢察長，汪仲舉黨總支書記代理了場長。這時黨內整風已逐漸在報上公開化，一再闡明是和風細雨的，不搞急風暴雨式的鬥爭；不強迫黨外人士參加，但歡迎他們自願地幫助黨內整風，要「知無不言，言無不盡」地對黨的各項政策、方針，各級組織和領導提出批評意見和建議，黨員則以「言者無罪，聞者足戒；有則改之，無則加勉」的態度認真聽取並加以改進。

一九五七年五月間，幾家全國性的大報，刊出了章伯鈞、羅隆基、儲安平等黨外知名人士的發言，編者加了按語，表示讚賞和歡迎，過了幾天只見原文不見按語，不久便有反擊文章出現。可是在我們這裡依然沒有黨外人士發言，汪書記便引證了毛主席的「如果沒有言者無罪這一條，並且是真的，不是假的，就不可能收到知無不言，言無不盡的效果」。他進一步強調：「難道你們連毛主席的話也不相信嗎？」果然，有幾個初生牛犢不怕虎的年輕人對汪書記進行幫助，何耀明仗著他是共青團員，以一身正氣揭露汪在工作中的獨斷專行；陳文海觸及到汪的一些作風問題，汪紅著臉向他們保證「有則改之，無則加勉，決不報復」。

一九五七年十月，內地已是反右運動的高潮，可是甘南地區才動員給黨提意見。汪仲舉書記把所有的黨外人士一個不漏地請進會議室，一再啟發大家幫助共產黨整風，然而這些人的嘴像是被萬能膠給粘住了，黨員不得不帶頭，如王丕動、包含理、賀發心等大膽地、尖銳地給黨的政策、方針提出批評，讚揚章伯鈞、羅隆基、儲安平的觀點，同意「黨天下」的論點。後來有幾個初生牛犢的年輕人也對汪仲舉書記進行幫助。於是，紛紛落進了陽謀的圈套。我當然也在「知無不言，言無不盡」的幫助共產黨開門整風中被揪了出來。

緊接著到來的的反右運動比肅反運動來得更為兇猛，揭發批判的大字報鋪天蓋地。給汪書記提了意見的何耀明被「揪右戰鬥組」正式命名為右派分子；陳文海因是以工代幹就成了壞分子。不幾天張春華、郭希賢也被押了回來。卓尼縣和洮河林場的右派分子和壞分子很快就被誘出和挖出了一大批。

這裡我主要說幾個右派分子。

王耀華，甘肅省武山縣人，洮河林場獸醫。王耀華是個二十多歲的青年，剛分配來就在野狐峽工作，像個沒出過門的大姑娘，連談戀愛也不會，我們好不容易給他介紹了個農村大姑娘，雖不識字倒也品貌端莊通情知理，他們相親相愛地生活著。汪仲舉書記場長對王不能說不關心，讓他把媳婦留在場裡去基層當獸醫，家裡的事由他照顧，王耀華畢竟不是傻子，根據汪的作風他也能猜出個十之八九，何況媳婦經常向他哭訴，但王敢怒不敢言。有次，他給驢看病，竟然脫口而出罵了聲：「老不死的汪驢。」這「汪驢」二字竟也飛進汪書記的耳裡。當然也怪王耀華死心眼。他若像女秘書的丈夫那樣，把兩隻眼全閉起來，雙雙入黨，跟著汪書記高升，豈不一生太平。王耀華被調回來不讓回家，便在院裡看大字報，看著看著，好像得了神經病，時而大罵，時而痛哭，時而狂笑，還向「戰鬥組」成員的簽名上吐口水，他回到集體宿舍，手舞足蹈，以蔑視一切的樣子指桑罵槐。媳婦抱著剛滿月的孩子給他送來一缸子麵條，他既不看媳婦也不抱孩子，把缸子扔了出去。晚上不睡，坐在窗口只是喝水，自言自語地罵個不停，他狠狠地在桌子上擊了一下，睜大雙眼：「這還像個人生存的世界嗎？」似乎根本沒有考慮明天的鬥爭大會怎麼過。早晨按照規定位置站了隊，跑了幾圈早操天才微亮，睡在王耀華左右的兩個積極分子忽然發現王未上早操，便向帶隊領導賀發心耳語了幾句一齊跑進宿舍，王還躺在自己的被窩裡，賀氣得直喊：「他媽的，叫你來交代問題，不是叫你來睡大覺的……」見王耀華不理，兩個積極分子跳上床，一摸王的頭冰涼，鼻口沒氣，只是兩眼圓睜，牙齒緊咬，口角出血。連忙去向汪書記彙報，汪書記則非常冷靜地回答：「不要管，一切照常進行。」

對於王耀華的死，人人心照不宣，所以院裡的鬥爭會鬥得沒勁，積極分子忙著換標語，貼的是「批判現行反革命分子王耀華大會」。同志金檢察長在汪仲舉書記的陪同下，酒醉飯飽之後，流覽了一下大字報，便十分嚴肅地站在講桌後面，臉上殺氣騰騰，汪書記破例地把煙嘴拿下來，手從馬褲兜裡取出，調整了一下嗓門，強調了大會的嚴肅性後，積極分子便把臨時拼湊起的批判稿念了起來。同檢察長是被請來驗屍的，他開門見山地說：「有人擔心王耀華的死會給反右鬥爭帶來不利，這是多餘的考慮，恰恰相反，它會使我們擦亮眼睛識別反革命分子的真面目，激勵大家的鬥志。右派分子認為王耀華一死，反右鬥爭就會鬆口氣，這是做白日夢。」「王耀華不僅是個地地道道的右派分子，而且是個貨真價實的反革命分子，因為右派就是反動派，反動派就是反革命派，不要說死了一個王耀華，就是死他十個百個也等於死條狗。」這時我偷偷地看了一下王懷曾等，他們面露得意之色；再看那群右派似乎都有些吃驚。同檢察長繼續說：「汪書記說不要給棺材，給條竹席，要我說，席也不給，就那樣光著身子拉到上河灘餵狗。」這時我想，同檢察長可能還不知道王耀華昨晚就沒脫衣服，不然還得扒掉。我正在想，忽聽同志金又喊：「賀發心，為什麼不動，拖到上河灘去。」賀發心等跑進大宿舍，王耀華的媳婦把孩子擱在王的身邊，趴在丈夫身上正哭得死去活來，提來的飯倒了一地，幾個人抬起王耀華，她還死死地拽住不放，哭得天昏地暗，她不是在哭，是在向蒼天控訴，是在向大地呼救。她流的不是淚，是從心尖上噴出的血。是從膽囊中淌出的苦水……到了上河灘本想丟下就走，賀發心發現土坎上有個洞，那是一塚古墳，農民取土時挖出來的，人們嫌那裡的土不吉利便沒人再去動它，於是七手八腳刨出殘骨朽木把王耀華的屍體塞了進去，這也算是賀發心的良心發現，做了一件人應該做的事情。回來到處找遺書，什麼也沒找見，只有桌上剩下的半杯沉澱藥粉告訴他們，王耀華是它毒死的，與世界上任何人無關。一個風華正茂活生生的人就這樣死了。

王耀華來到人間僅僅二十六個春秋，來也匆匆，去也匆匆，只是給這個世界留下了無依無靠的孤兒寡母，帶走的則是尚未噴出的滿腔仇恨。

王耀華死去的當天晚上，我一直沒能入睡，我並不是為他的不幸而悲痛，而是在思索同志金今天講得一段話：「你們洮河林場的反右鬥爭，搞得很不徹底，眼前真正的右派還沒揪出來。」他向我瞟來一眼，接著說：「汪書記說還沒找到右派言論，這是機械唯物主義者的論點。要知道，右派是客觀存在的，主觀決定的。他說，說話也是右派，不說話，也是右派。不要看他……（他又看了我一眼）會寫兩個臭字，會畫兩筆醜畫把你們迷糊住了。他沒有在會上說，就在會下找；口裡沒有就在日記上找；如果還沒有可以在檔案裡找……」他說得憤怒了，那對狼眼珠似乎要暴出來。我和同志金每每四眼相遇，身上就起雞皮疙瘩。一種不詳之兆湧上了我的心頭。

場裡向東的一面大牆是揪右戰鬥組貼大字報的專用地方。早晨跑了幾圈，我便模糊地看出那裡貼出了一張新的大字報，又跑了兩圈，便認出：「堅決揪出老奸巨猾的右派分子——陳星」。「陳星」二字寫得特別大，還用紅筆圈了又打上兩個「×」。罩在心頭的濃霧終於散了，我在反右鬥爭中再也不是旁觀者了。於是，一塊石頭終於落了地，我的心裡反而覺得踏實了許多。我只挨了一天鬥，他們就開始逼我交代右派言論，我說：「同檢察長指示得清清楚楚，說，也是右派，不說，也是右派，這就等於有交代也是右派，沒交代也是右派，既然是個客觀存在的右派，你們何必費這麼大的勁？誰想出出氣，我可以把這個不值錢的生命毫不憐惜地奉獻。」我擺了個挨打的姿式。怪，竟沒人動手，他們可能疲勞了。現在已經到了反右運動的後期，場裡又來了個「向黨交心」運動。「交心」沒有搞那種雷厲風行的鬥爭，而是「一幫一」的個別「幫助」。說白了就是公安人員的逼供、誘供。幫助我的是財務科長謝宗芳，他讓我這個沒有「右派」言論的右派分子在《右派分子言論彙編》（甘肅出版的）裡挑。為了讓他好交差，我便挑了幾條作為與右派分子「內心共鳴」。我落淚了，然而流淚也是不滿社會主義、不滿反右鬥爭的表現。

有一天，我妻子領著兒女在積極分子和林警的監視下來探望我，見我被折磨得不像人樣，妻子就泣不成聲了。我也想哭，但我忍住了。因為眼淚是弱者的流露，也是絕望路上的產物。它流在狼的面前，能鼓兇殘；淌在善良人的面前會增加他們的痛苦。我把眼淚化作苦水和仇恨一口口嚥了下去。

馬天同，甘肅省武山縣人，卓尼縣柳林小學教師。一九五七年被打成右派分子，被判勞動教養後與甘南的右派一起送到了瑪曲縣。這些右派就在瑪曲縣的山上拾牛糞，但個個餓得走不動路。那是個冬天，下午他拾了牛糞往回趕去喝每天的飯食稀糊糊，但他一晚上沒有回來，第二天早上去找才知他已成了狼的飯食。

一九五八年三月十三日，在能容納六七百人的大禮堂坐滿了黨、政、軍各級幹部和人民團體代表。同志金代表檢察院接受了副縣長楊景華的建議，宣佈了事先寫好的三十多份逮捕證和勞動教養的決定。執行人員蜂擁而上，我們被押出會場，送進了卓尼縣看守所。這裡被捕的右派我認識的有：原法院院長陸聚賢，他是蘭州大學法律系畢業，解放前曾為洮岷起義奔走，懷揣王震將軍的信，擔驚受怕與卓尼和洮岷司令楊復興接洽過起義事宜，後來當了法院院長，這所監獄還是他自己修的。還有姚天驥，兩輩人都是楊土司的高參，楊土司起義時也有他的功勞，現已年逾半百。有銀行行長梁東升，這是個二十多歲的共產黨員，不知為何也被繩之以法。丁物華是我們右派中的唯一女性，大學畢業後偏要來這偏僻小縣奉獻青春，成了夫妻右派。幸運的是王恕三，山西人，山西醫科大學畢業，是當時全甘肅省十一個高級知識分子之一；他是卓尼縣衛生院院長，在醫學方面是很有造詣的，當時被單位揪出送到卓尼縣集中管制，因他醫療技術高超，戴了右派分子帽子後，地方領導保了他在單位監督勞動改造，給人繼續看病；可是文革時，他又被送進卓尼縣看守所關押，由於被打罵誣陷，因監視很嚴，於是他將自己的眼鏡片打碎，用破眼鏡片割斷自己的動脈血管自殺身亡了。

此時我想，解放前我不滿蔣介石統治的那個腐敗無能的政府，我恨過它，罵過它，在貴陽和長沙都蹲過短暫的監獄；解放後，我熱愛共產黨和黨所領導的人民政府，我擁護她，歌頌她，並且為她忠實地工作著，卻也免不了牢獄之苦。莫非應了古人的預言：「忠臣沒有好下場！」儘管看守所的中院連褲帶、鞋帶、手絹都被搜去，但進號子時還得學日本人把鞋脫掉。我們順牆摸著，老犯人的一隻隻手把我們往後撥，直到被馬桶擋住了去路。我們便在馬桶邊坐了下來，一股惡臭使人發嘔。這樣我在監獄裡一直蹲到了一九七九年。

回顧往事，一九五五年在肅反運動中我被洮河林業局誣為歷史反革命、現行反革命、潛伏特務，殘酷鬥爭和軟禁一年，期間派出專案人員調查來的結論是：「本人交代老實，屬一般歷史問題。」並讓誣陷者向我陪情道歉。反右鬥爭中又毫無根據地定我為右派分子，並再次將一般歷史問題升級為歷史反革命分子。一九五九年元月至三月，以（五九）法刑字一〇三一號判決處刑我十年。判決書上雖印有「審判員鍾毓麟、人民陪審員方拉目」，但我不知他們是男是女，也未給我上訴權。

一九七二年甘南自治州保衛部（七二）州革保刑字第〇三號判決在「右派」「反革命」罪的基礎上又以「投機倒把」罪再次判我重刑二十年。事實是，我自肅反運動以來屢受迫害，入獄後家人更受株連，兄長被逼自縊，老母哭瞎雙眼，子女升學不准，參軍不要，招工不收，統統打入另冊。我這個「勞改釋放犯」謀職無門，處境極為艱險。造反派一日數次逼我去農村落戶，我只得投奔陝西咸陽陳馬村堂兄陳煥新處，村長提出：把甘南良馬拉一車來代替人拉犁，方能落戶。友人丁尕哥為我墊款得馬七匹，歷經磨難運至陳馬村，村民見馬大喜，不料事為鄰村造反派所嫉，誣指「右派盜馬」。

我在這裡給你再說說我所知道的甘南藏族叛亂的事情。

對於藏區當年的叛亂，現在看來與當時的極左路線有很大的關係。一九五一年時，森林還歸地方群眾所有，雙岔地區有座原始森林，被當地群眾奉為神林，歷來沒有人敢進去拔一根草，許多木商出高價也未能買到一棵樹，洮河林場派我做農林廳代表前去和當地土司阿彩談判，要開採這一林區。阿彩是個心直口快有遠見卓識的土司，他召集頭人商談多日，毫不猶豫地把原始森林以每棵六塊大洋的價格賣給了洮河林場，支援了社會主義建設。阿彩後來成了我的莫逆之交，曾去晉見了毛主席。另外，臨潭縣有個伊斯蘭新教派——西道堂，人稱新教。他們早在上個世紀末就打破了學生只念經不讀書的傳統清規，開始投資教育設立學堂。在解放前又創辦了女子學校，接納各族子弟入學，這在伊斯蘭教中是罕見的。他們的集體商業遍佈全國各地，在藏區擁有數萬頃森林所有權，當木材實行統購統銷時，該教立即主動將林權移交給洮河林場，他們還大力協助政府開展少數民族地區工作。然而在一九五七年的大辯論中，他們的集體財產被沒收，房屋和清真寺改為監獄，許多人還被判了重刑。

一九五八年三月十三日將三十多名右派逮捕勞教之後，藏區形勢陡然緊張。我那時就關在卓尼的「禪定寺」裡。「禪定寺」三個字是一七一〇年康熙皇帝召見活佛禪靈時御筆題賜的。後由禪靈捐款擴建，大小建築有一百七十二處，大經堂可容四百多喇嘛念經，僧眾多達三千，到民國時至少也有七百多人。供奉的是文殊菩薩和黃教創始人宗喀巴。規模宏偉，藏經豐富。美國人洛克曾於一九二七年在此印了全套《甘加》和《單加》運往美國收藏。然而這一宏偉建築，被軍閥馬仲英縱火燒毀。現在的建築是前土司楊吉慶於一九三二年重建，雖不及原來宏偉也不相上下，然而我關在這裡時一片淒涼景象。不見紅衣喇嘛，他們因涉嫌叛亂被攆出祖祖輩輩的僧房。僧官楊丹珠在甘南被軟禁；木耳當活佛前一年經內蒙去了西藏，倖免於難；伊力倉活佛被誣參匪與雷兆祥副縣長一同被槍決。稍有威望的喇嘛均被帶上「念咒經」的帽子而被關押。大管家吉巴、塔讓死於獄中。最可憐的還是那些未成年的幼小喇嘛，他們的師傅被捕，房屋被燒毀、沒收，家人死於叛亂戰爭，家裡不要說牛羊連狗也沒有，他們只能淪為乞丐。寺院裡的貴重文物已蕩然無存，只有倖免入爐被煉的幾口大鍋為犯人服務。

原來國家對甘南藏區，不搞土改，不分不鬥不劃成分。一九五七年卓尼縣開過一次政協會，我擔任會議記錄，縣委書記曹文尉一再重申黨在少數民族地區「不劃階級，不分不鬥，牧工牧主兩利」的政策。但是自從開始大辯論，評定一、二、三等戶。牧區、農村的上層人士有些動盪。接著隨大辯論的深入，反宗教特權的開展，這種動盪形勢逐步升級。進而對右派的處理相應從嚴。凡是來自舊社會的右派都定為反革命。此時在藏區已有明顯的對抗情緒。

我們右派被捕前後，在卓尼縣車巴溝一帶就有對政府不滿的流言，接著尼壩鄉的一位黨支書被人用繩索套走，不知去向。民兵司令部政委趙生鵬和副縣長楊景華於一九五八年三月二十日前往尼壩鄉處理，捕了拉馬若娃、香巴江措等四人，由工作組雷振聲、趙天吉等看管，拉馬若娃等立即與工作組展開搏鬥，村裡藏民也鳴槍救援，擊斃了工作組幹部趙天吉、趙生鵬和副縣長楊景華帶了幾個人與頭人阿巴張尼家中交涉。

楊景華身材魁梧，個性開朗，常常帶著一串串笑聲走遍牧區，是原楊復興司令的得力團長之一，在這一帶頗有威望，並與阿巴張尼親如手足，故只帶警衛員蒙發榮一人前往。他一如往常談笑風生地來到阿巴張尼家中，剛一落座，阿巴張尼即忿忿而出，把楊景華等人鎖於房中，並立即從天窗向屋裡的楊景華等人射擊，並將點燃了的乾柴投入房裡。藏民房屋是內不見土，全用木板裝修的，並以油漆作了表面處理，霎時烈焰沖天，楊、蒙二人葬身火海。這是一九五八年三月二十二日，也是藏民公開叛亂的開始。第二天，上、下迭部一帶相繼叛亂，於是一場殘酷的鬥爭遍及甘南各縣。據說在迭部一帶工作的黨、政、工、商幹部及其家屬，凡未能及時撤離者均遭開腸破肚的殺害。如卓尼師範趙文俊、公安局趙文煜等包括戰士、工人約一百三十多人。

叛亂是殘忍的，平叛難免玉石俱焚。甘南的寺院幾乎全部被燒毀。阿木去乎寺院被圍困甚久，被炮彈炸成一片廢墟以前，有位名叫旦巴牙告的壯年漢子又糾集了近千人率眾逃出，在尕海又打了幾仗。敗退至瑪曲縣，在瑪曲黃河裡被打過來打過去死傷慘重，僅剩十餘人，最後自殺身亡。躲到迭部森林裡的被燃燒彈連森林一起全部燒死，大片森林被燃燒彈燒成枯嶺禿山。四川阿壩的森林平叛時被燒，改革開放後有人大量地販賣這裡的火燒木。車巴溝有弟兄兩人，公安局長到他們家裡來抓他們，他們藏在門後面，一進門他們將公安局長殺了。這兩個人文革以後釋放後現在還在卓尼車巴溝。

甘南發生叛亂的地區，無論老少幾乎全部入獄，可以說是村無炊煙。而這些吃慣酥油、奶茶、牛羊肉的肉肚子藏民，在饑餓時不如我們這些吃慣菜蔬的菜肚子漢民，肉肚子藏民大量病餓而死。而沒有發生叛亂的回、漢雜居地區對那些所謂的「一等戶」、「二等戶」的主要成員也大都收入獄中。群眾被捕的差不多了，在州委謝占儒書記的「可捕可不捕，一律要捕」的指示下，又向機關幹部大開殺戒。這一指示當然得到同志金等的積極擁護和執行，許多藏族青年幹部、黨員、積極分子也鋃鐺入獄，如藏族黨員幹部梁崇文、楊志新等等。平叛後的甘南牧區有些地方幾乎沒有了青壯年男性，於是又從河南招來大批青年，補充大躍進的人力不足。

從一九五五年肅反運動開始，二十多年來我一直在浪裡、風裡、雨裡、淚裡滾打摸爬，可後來僅僅得到了「宣告無罪」四個字，而且每次平反都要給我留一條尾巴。這樣我在一生中四次平反，但都沒有在經濟和其他方面給以落實、補償。一次是一九五七年七月給以肅反平反，並給我賠情道歉；二次是一九六一年西北局蘭州會議之後將我釋放，但到單位後，單位不落實政策不安排我；三次是一九七九年三中全會以後，雖然撤銷了對我二十年的判決，但仍然留了一個「以投機倒把罪處陳星有期徒刑五年」的尾巴；四次是二〇〇四年二月十六日，甘肅省高級人民法院宣佈我徹底無罪。我拿到宣佈我徹底無罪的判決書欲哭無淚，感到身心疲倦，早知如此，何必折騰這麼多年。從一九七九年釋放我以後我開始上訪，三上北京，丟了一條腿，讓我一個殘疾身體至今還苟活人世。但就這麼一個空頭判決，沒有道歉，沒有落實，沒有賠償，耗盡了我的所有精力。但我不後悔，對我坐監獄不感到是個恥辱，我不坐監獄誰坐監獄，時代需要我們這些人坐監獄，苦難的中華民族需要我們這些苦難的人做出犧牲。

不關心政治的大學生右派呂綏生

我的家庭出身是貧農，但由於父親的歷史問題對我的命運產生了致命的影響。我的原籍是山西省臨汾縣，我是一九三六年六月十五日出生在綏遠的。我的父親一九三五年在北方軍官學校畢業，這個學校是傅作義和閻錫山合辦的，畢業後他就在傅作義的炮兵團任少尉排長，而且是國民黨員。一九三七年父親參加沂口戰役，與日軍作戰負了傷，後退守太原，太原失陷後，由於部隊潰散父親回原籍帶家眷到臨汾西山煤礦避難。後因生活無著投奔閻錫山部隊任幹訓團中校教官。抗戰勝利後退伍，以退伍金為本錢做煤炭生意。

由於家庭貧困，所以我在上太原師範附小期間，白天除上課之外就賣冰棍，晚上賣報紙、賣雞蛋。一九五一年小學畢業後我考入山西省太原三中（成成中學）學習。當時我是太原三中德、智、體全面發展的典型，因為我是男高音，能唱歌、能唱戲、能拉小提琴，而且體操全能第二名，學習成績又優秀。而且我從小喜歡讀《三國演義》、《七俠五義》等書籍，所以我從小很講義氣，愛結交朋友。一九五六年，我以全校第二名的成績高中畢業考入蘭州大學化學系。蘭州大學一九五五年時已為全國重點大學，發展高、精、尖學科，我當時的人生理想就是要當一名科學家，所以蘭大是我當時的人生理想大學。可是來後，蘭大比我想像的要差多了。當時的蘭大在翠英門跟前，也就是現在蘭州大學第二附屬醫院那個位置，全國各地的菁英在這裡來得很多，來後都和我一樣非常後悔。然而，我所上的化學系卻有朱子清、陳時偉、左宗杞等這樣一些優秀教師，這樣讓我心裡也有了一些溫暖。

一九五七年一開始反覆動員人們幫助共產黨整風鳴放，告訴人們要知無不言、言者無罪。我們當時上大學的第一目的就是留學蘇聯，所以我寫了入團申請，其目的就是為了今後留學蘇聯。我平時不大關心政治，整天忙於學習，對開門整風這些政治運動沒有興趣。可是，我們年級團支部宣傳委員、上海人覃德秀，這是我的入團介紹人，她說，你不能一天只是學習、體操鍛煉，而應積極投入到整風運動中來，這是你入團的好機會。因覃德秀此時和我談戀愛，所以她的話對我影響太大了。於是，我就響應黨和毛主席的號召開始投入到政治運動中，跟著班上北京、上海來的同學動員學校裡的教授給黨提意見。一九五七年六月一日，我參加了翠英門學校鳴放會，我是廣播員，在廣播上動員大家趕快行動起來參加鳴放。另外，在這個鳴放會以前，數學系系主任周慕溪教授發表受排擠出走上海的言論（周慕溪以後被劃為極右分子），他說數學系有兩個講師王長士和馬元鵬要晉升副教授，他認為這兩個人水平達不到，沒有同意。而他沒有同意的話卻讓學校教務長陸潤林給他們透露出去了，這兩個人於是晚上到他家裡對他進行威脅恐嚇。數學系副主任劉古傑也出走河南（以後也被劃為極右分子）。周慕溪教授的事情尤其對我觸動很大，我認為在一個高等學校宗派主義太嚴重了，竟然出現了這樣一些地痞流氓。我們學生當時都很衝動，要求蘭州大學和北京大學合併。我因此事在宿舍裡說，全國光明，就是蘭大黑暗，宗派主義、地方主義在蘭大最嚴重。我還針對蘭大校址選在鬧市區，沒有選到蘭州雁灘那麼大的地方，說我們蘭大校長林迪生適合當地委書記，不適合當蘭大校長。另外，學生們反映蘭大宗派主義嚴重，要求蘭大和北大併系併校的事情鬧得很大。當時，甘肅省委副書記強自修也到蘭大來，但是也解決不了問題。於是學校組織了一個赴京代表團要到高教部直接反映蘭大的問題。學校一共去了十幾個人，蘭大副校長陳時偉教授是副團長，正團長是個學生，這都是由

呂綏生1958年元月打成右派前夕照片

全校師生選舉出來的。代表團走到西安就被擋回來了一部分，只去了一部分。可是緊接著六月八日《這是為什麼？》一發表就開始了反右運動，這時候很多人馬上就轉向了，可是我卻旗幟鮮明地貼出大字報為赴京代表團辯護，認為赴京代表團是全校師生民主選舉出來的，並經學校黨委和甘肅省委同意的，並不是向黨中央示威，也沒有施加壓力，更沒有取消黨的領導向黨進攻這一說。由於以上行動和言論我就成了右派分子，對我的處理是戴右派分子帽子，留校察看。當然劃我為右派分子有多方面的原因，一是我們這個班是化學系的尖子班，學術氣氛濃厚；二是我又是這個班北方學生中學習最刻苦的，又是班上的尖子，這就引起了南方學生的嫉妒。當時我們化學系六班一共有二十六個同學，劃了八個右派分子。這八個人是：李家慶、查明、周德、呂綏生、劉福民、劉文治、王利生、史美堂。劉福民、史美堂為極右，開除學籍，勞動教養。劉福民此後下落不明，史美堂越獄被打死（史美堂原是志願軍的坦克兵）。

蘭大學生中的右派分子大多數是學生中最優秀的，例如，物理系的閻樹堂在我們同屆高考中數、理、化都是一百分的滿分，數學系在我們同屆高考第一名的周善有，還有我們化學系的學習尖子王亮。閻樹堂被打成右派分子後，一面在學校學習一面進行勞動改造，由於太困難沒錢買書，偷了新華書店的書後被學校開除，落實政策後進蘭州科學院附屬中學任物理教師兼教導主任。周善有被送到甘肅省天水地區勞動教養，勞動教養後複學，我一九六一年畢業時他才上大學二年級，大學畢業後分到一個街道辦的天津變壓器廠工作，後來考到中國科學院數學研究所數學研究生，畢業後留任中國科技大學研究生院教授。而我們系學習最好的王亮，打成右派分子後在學校學習並勞動改造；記得他餓得不行塗改飯票，被積極分子押到三層高的桌子上批鬥，然後同年級的同學對他拳打腳踢，畢業時他繼續戴著右派分子的帽子被分到了甘肅省永登縣第二中學任教；文化大革命時，由於他母親看他來說過「三面紅旗是三面黑旗」，成了他的罪名，加上他又是一個右派分子，被判刑七年到監獄勞改。王亮他的母親是江蘇女詩人及著名畫家。可就是這個監獄在那個打死無數人的文化大革命既保護了他，又讓他學習了德、法語，加上他有英、俄語的底子，成了永登縣的才子；出獄後他在永登縣研製成殺滅燕麥的農藥「燕麥畏」，比捷克斯洛伐克的這種農藥的效果還好；一九七八年落實政策後，王亮考入北京大學物理化學系研究生，後公費留學美國，現定居在美國。

我被打成右派分子後，一面在學校接受群眾監督勞動改造，一面繼續進行學習。當時我在課餘時間，打掃宿舍樓、清理廁所衛生、掏化糞池。學校冬季運煤，我晚上去卸煤；三年災害生活緊張時，我就去種甜菜糖蘿蔔；還去參加蘭州水廠和蘭州煉油廠的基礎建設，挖土方，大煉鋼鐵，所以上課學習根本沒有保證。記得有一次在蘭大昆侖堂舞台對我進行批判鬥爭，由於有個同學將喝的鹽水潑到地上，將電線短路，電線發著聲音引燃了，人們還以為我放了爆炸物要與他們同歸於盡，統統跑了開來。

我們學生右派被拉到蘭州煉油廠勞動改造的時候，積極分子讓右派們將石頭裝到筐子裡，進行車輪戰。一個筐子裝滿後上面再摞兩個裝滿的筐子，我在前面抬，筐子在扁擔偏前方，所以經常砸我的腳後跟。積極分子感覺這樣才可以表現出他們對階級敵人的無比仇恨。

一九五八年的暑假，蘭大土法上馬小工廠，不讓我們回家。當時給我們限定每天打土坯不得少於八百塊。於是我們自己在水泥池中泡泥，再將泥挖出來和泥，打土坯。那個時候什麼活最累、最髒、最危險，就讓我們右派去幹，好在我的身體結實，不然根本扛不下來。

白天勞動，晚上還要對我們進行批判鬥爭。批鬥我的時候，說我是國民黨反動派的殘渣餘孽、孝子賢孫；說我對教授佩服得五體投地，反對黨的領導；說我同意教授治校。

這些日子裡，我的戀人和入團介紹人覃德秀沒有批判說過我一句話，說明這個大家閨秀的正直。沒有她，我不會主動積極鳴放，可她是善意的。她後來在一九五九年被學校拔了白旗，成了眾矢之的，雖然我們再也無法接觸，可我當時心裡非常難受。以後覃德秀嫁了一個北大研究生，留了校，一九七四年修戰備公路時，車翻後扣到裡面給捂死了。

因為我愛聯絡人，講義氣，在右派中相互協調，相互維護，所以我在我們學生右派中影響比較大。當時吃飯吃不飽，我是學化學的，我在早、中、晚飯票上消去字，進行改動去打飯，屢屢得手。可我幫助數學系學生右派陳詩增改動飯票後，他打飯時被發現了，於是我將責任全部承擔了下來，這件事讓右派同學們對我都很相信。我知道的物理系一年級學生楊建業，一九五六年考入蘭州大學，被打成右派分子後送到了酒泉夾邊溝農場，第一次逃跑時被抓回，第二次逃跑時想自殘，躺在火車軌道上，但火車過來後他猶豫了一下將腿伸回，這樣將半個腳壓掉了，從夾邊溝回來後進了湖北師範學院，現是一位科普作家。

我是一九六〇年四月摘掉右派帽子的，於一九六一年在蘭州大學化學系畢業後分配到蘭州市西固的蘭州市第六中學打雜勞役，這個期間我真是受盡了摧殘。文化大革命時我被關進了牛棚，遭毒打，遍體鱗傷，致雙眼玻璃體混濁。我的妻子孩子也都被趕到農村，備受歧視磨難，達二十年之久。一九九一年我在甘肅省中醫學院被評為正教授。

我的父親至死也不知道我是一個右派分子。

實事求是的幹部林永萬

章詒和曾經說過：「千萬別小看這些『碎片』和『粉末』，它們是珍貴的原材，每一片、每一粒都粘肉帶血。」還說：「我們必須把個人記憶納入一個公共空間。這個空間裡，個人記憶得以聚合，得以交流。更重要的是在這個公共空間裡，個人記憶才有可能轉化為共同記憶，『粉末』與『碎片』才有可能糅合成一個完整的事件。」我受章詒和老師的啟迪，願意將我這一粒「粉末」納入到整個公共空間去，讓她和眾多的「粉末」、「碎片」相糅合，糅出一個完整的、真實的歷史事件來。

歷史是過去了的事實，不論哪一個政黨、國家或個人，他們自己的歷史都是用自己的行為寫出來的。而事實又是存在於客觀，客觀是不以主觀意志為轉移的，誰也不能在自己或他人的歷史上添上或抹掉一筆。即便權力可以任意增減、修飾、回避、淡化，但畢竟是暫時的，到頭來必定要還其本來面目。這就是貨真價實的辯證唯物主義。

我姓林，名永萬，女，一九三〇年十一月出生，漢族，雲南省鶴慶縣人，離休幹部，是一個名不見經傳的小人物，是五十五萬右派滄海中的一粟。

林永萬1954年照片

我是一九四八年十二月參加中共週邊組織——中國民主青年聯盟（ＭＣ），一九四九年三月加入中國共產黨的。一九四九年十二月雲南解放後任中共鶴慶縣城鎮第二街黨支部書記，後任中國新民主主義青年團鶴慶縣委委員兼青年團鶴慶縣第一區區委書記、小學教師聯誼會主任。後又任鶴慶縣商業局工會宣教委員。一九五七年十一月我被打成資產階級右派分子，受開除黨籍、開除公職、勞動教養的處分。一九七九年四月改正，恢復黨籍、恢復公職安排在鶴慶縣商業局做一般工作，一九九〇年離休，隨女兒定居於雲南省大理市下關鎮的。

一九五七年開門整風運動中，縣委反覆動員我們給黨和領導提意見，反對官僚主義、宗派主義、主觀主義。我想我是一名共產黨員，應該積極投入到運動當中，整掉黨內存在的歪風邪氣，維護黨的純潔性。我針對中共鶴慶縣縣委書記陳幹及縣委的工作，在整風中座談會上和大字報裡提了五條批評意見：

一、我針對縣委書記陳幹婚外與秘書袁某、區委書記張某有多次的姦情，提出了他生活作風不好，有損中共黨員形象和黨的威望的批評意見，希望他能夠改正，因為他是我們全縣人民的楷模。

二、我針對縣委組織部長李江，我也寫了大字報，說他有宗派主義和大民族主義思想，沒有執行黨的德才兼備的幹部政策。說他不提拔任用有知識、有能力、有覺悟的知識分子，而是提拔任用那些雖然苦大仇深但沒有文化、沒有工作能力的貧雇農以及一些只會溜鬚拍馬、阿諛奉承、唯唯諾諾、看風使舵的小人。我舉了例如縣委委員婦聯主任兼一區區委書記李潤開水平低、能力差不稱職。二區區委書記道德品質不好。認為不符合黨的「德才兼備」的幹部政策，希望他予以改正，把德才都能的知識分子選拔上來。

三、針對縣委在糧食統購統銷的「三定」工作中，不根據農田的實際產量，把徵購公餘糧的指標定得過高，迫使農民把口糧和飼料都按公、餘糧交售了，青黃不接時農民只能餓肚子的事實提了出來。要求按產量定徵公糧數額，讓農民留足口糧、飼料後確定收購餘糧，確保農民有飯吃。

四、我還針對各鄉鎮組織大批小學生及社員到田間敲鑼打鼓趕麻雀的行為提出批評，認為這是耽誤學習、勞民傷財、得不償失的錯誤舉措，要求改正。

五、我針對有的鄉鎮黨委組織農民在田邊挖井蓄水的做法提出了批評。認為他們硬性的叫農民挖井，結果出了很多勞動力，在每個田角裡挖上一口大井，等待下雨蓄水，可是這樣恰恰是把田裡的肥水沖到井裡去了。天晴後，大井水落乾了，井裡有水田裡旱，得不償失。建議把井填掉。

我提了這些建議和意見之後，得到了很多與會者的支持，來參加座談會的縣委整風辦公室的同志也當場表示贊同，認為提得好，都是事實，應該改正。我當時也暗自高興，認為我親愛的黨開展整風運動太及時了，真是一個偉大、光榮、正確、英明的黨。

然而使我萬萬沒有想到的是，半個月後縣委翻臉了，過去謙恭、誠懇要求我們發言提意見的笑臉沒有了，而是板起面孔聲嘶力竭地說我的發言是典型的反黨反社會主義的右派言論，還組織全縣幹部在大會小會上對我這個右派典型進行無休無止的批判鬥爭。他們對我無限上綱，不談縣委書記陳幹這個有婦之夫婚外與多人通姦的事實，說：「陳幹是縣委書記，是鶴慶縣的黨的領導，黨的領導就是黨，批評黨的領導就是醜化黨、攻擊黨、反對黨，所以林永萬就是反黨反社會主義的。」

另外，他們避開「農民交售公糧指標究竟高不高？」「農民是不是把大部分口糧和飼料都充公糧交售了？」「青黃不接的農民到底餓肚子了沒有？」等問題。而是說：「林永萬反對統購統銷政策，統購統銷政策是社會主義計劃經濟的重要組成部分，反對統購統銷就是反對社會主義。」他們還說：「林永萬所謂的『德才兼備』的『德』是以地主、資產階級的標準為標準，林永萬反對任用貧雇農，就是反對黨的『依靠貧農』的階級路線，是攻擊我國『以工人階級為領導，工農聯盟為基礎』的國家性質。」他們也不談趕麻雀、挖大井的實際效果，卻說：「趕雀、挖大井是廣大農民建設社會主義的積極性，林永萬說這種積極性是錯誤，就是打擊廣大農民建設社會主義的熱情，就是打擊社會主義，目的是要破壞社會主義建設，讓我們的社會主義建設永遠搞不成。」

天啊！我聽到這些信口雌黃的污蔑整個兒蒙了。我不知哭過多少次，我的眼淚只有往肚裡流。鬥爭會開得如火如荼，發言者慷慨激昂，「堅決把隱藏在黨內的資產階級右派分子林永萬揪出來！」「打倒右派分子林永萬！」的口號聲此起彼伏，使人好像又回到了四年前土改時鬥爭地主的氣氛當中。

會後縣委找我談話，要我低頭認罪，爭取坦白從寬。我不買賬。我對他們說：「毛主席說：『我們是馬克思主義者，馬克思主義叫我們看問題不要從抽象的定義出發，而要從客觀存在的事實出發，從分析這些事實中找出方針、政策、方法來。』毛主席說的話算數不算數？你們避開我說的事實不談，盡拿些大帽子來壓我，你們怎麼向毛主席交代？什麼『低頭認罪』『坦白從寬』，告訴你：我林永萬這一輩子都不服，你們想咋個整就咋個整。」說完後我拔腿就走，頭也不回。

大概是因為我的腦袋「花崗岩」，大概是我「強詞奪理」「死不低頭認罪」，縣委就對我按最高處分處理：開除黨籍、開除公職、戴上右派分子帽子送勞教所勞動教養。處分決定宣佈後，因當時我有一個才六個月的女兒需要我哺乳，縣委最後沒有將我送勞教所，而是把我送到本縣「城鎮手工業聯合社」勞動改造，直接由工人階級對我勞動教養，這一教養就是整整二十一個年頭。就是這個縣委書記陳幹後來因他的作風問題也被州上來人撤職反省戴上了壞分子的帽子。

我們雲南省鶴慶縣共劃了右派分子一百零幾人，有的留用，有的送回北方老家，有的送回農村原籍，有的送到了手工業社，而大多數則被送到江營農場勞動教養。而我大字報中提到的幾名優秀知識分子中有五人成了右派分子。

戴帽、雙開除、送勞動教養那是對右派的極頂處分了，可是那些人還不解恨，他們又拆散了我的家庭。

我的前夫李黨治是一個轉業軍人，中共黨員，在鶴慶縣委組織部工作。我們自由戀愛，於一九五六年結婚，並有了一個六個月的女兒，那個時候真是家庭美滿幸福、愛情甜甜蜜蜜。

李黨治的身上有一股濃濃的軍人氣質，他支持我的五條意見，對我被打成右派不平，並表示不管今後浪有多湧、風有多急，都和我始終在一起。但是，縣委組織部長李江不准，他對我恨之入骨，以「劃清敵我界限」為由，逼著李黨治一定要與我離婚，否則就給予黨紀處分、並調離組織部門。

縣委的這一招他沒有對我說，是我從另一個渠道聽到的。我深信在強權統治下，毛主席說的話都不算數，還有什麼道理可講，縣委是說到做到的。面對殘酷的環境，為了他年輕的政治生命，為了不要把他的政治前途葬送在我的身上，我主動提出與他離婚。男兒有淚不輕彈，我此言一出，這個堂堂七尺男子漢竟哭成了淚人兒。他堅決不同意。我們夫妻抱頭痛哭，我的母親在側也淚如雨下，哭得幾乎休克。最後我們採取折衷的辦法假離婚，待我回到人民的懷抱裡以後再重婚。於是我們辦理了離婚手續。

可我們還像以前一樣來來往往的生活，假離婚被縣委某些人識破了，於是我的丈夫遭到了嚴厲的批評。他們為了徹底隔斷我們的關係，強迫他和一個貧農的女兒結婚，理由是「愛情是有階級性的」。我的丈夫拒絕了他們的好意。

此時我陷入了萬般痛苦的矛盾之中。我想到，我們重新結合的前提是我摘掉右派分子的帽子，但摘帽的前提是要「認罪」，可我沒有罪，我怎麼能夠認罪呢？所以摘帽是不可能的，勞改犯服刑是有期限的，當右派可是遙遙無期的，所以，我最後支持他和這位貧農的女兒結婚。於是，我們這對幸福的同宿同飛的燕子，就是這樣在劃清敵我界限的鐵棒下，在痛苦的淚水中各飛東西了。母親自此憂傷成疾，不說不笑如癡呆人一樣，不久也離開了人世。

若干年後，我與現在的丈夫結合了。他祖籍是鶴慶縣人，自小隨父客居山東。一九四八年參加中國人民解放軍，一九五二年自朝鮮戰場回來後，轉業在雲南宣威汽車運輸公司任汽車駕駛員。因領導對他的評級不公，他在整風運動中要求領導給以說明，被定為右派分子，開除公職回鶴慶縣原籍監督勞動改造。因為同病相憐，我們相互間都有一股資產階級右派的那股派氣，所以我們結合了。「寒窯雖冷能避雨，夫妻恩愛苦也甜。」我們就是在政治的寒窯裡相濡以沫走過了那段暗無天日的歲月。

在那伸手不見五指的日子裡，我不僅要受到人們的打罵和侮辱，還要受到那些當年土改、鎮反運動中被我組織鬥爭過的地主、反革命的奚落。因為，土改、鎮反時我在城鎮工作，我曾組織群眾鬥爭過若干個地主分子和反革命分子，沒收了他們的財產，剝奪了他們的自由，當時我是專政者，他們對我目不敢正視。四年後的今天我也成了專政對象，和他們一起接受訓話、改造，一起掃街勞動。他們不時向我投來奚落的目光，似乎在說：「你林永萬也有今天！」我實在受不了，有時我竟懷疑這是不是上帝有意識安排的報應。多少個日日夜夜裡，我真想一死了之，只有死才能解脫我思想上的痛苦，眼看身邊熟睡的可憐小女孩，想來想去猛然間想起了《白毛女》的插曲：我不死我要活。想死這個念頭於是一閃而過，我要活……，我要堅強地活下去……。

那是一九五八年大躍進時，全鎮身強力壯的都到山上去大煉鋼鐵，只有拖著吃奶娃娃的派到農業海尾河去栽秧，我母親幫我帶孩子也跟著去了。那個時候大放衛星三個晚上不准回家睡覺，晚上點著火把在地裡栽秧。集中起來的很多吃奶的娃娃，個個渴奶哭個不停，把老人們急得團團轉，都說這些娃娃太可憐太慘了。那個時候流傳著一段順口溜：好像望鄉台上望一望，望見大兒小女哭斷腸。大戰了二十多天，我們個個腳腫臉腫，還沒有喘過氣來在家養好傷，又要將海尾河改造良田，河裡的龍骨石把所有人的腳都給刺破了。又苦又累還要趕時間，打飯吃不飽，大家都病了。鎮上的廠社又來派人去西山墳地去挖死人，要將墳地變良田，我也被派去了。挖出的死人腦殼和死人骨頭很嚇人。民兵們挨家挨戶搜查，發現有年輕人在家，就揪出去幹活，整整挖了兩個多月，平了幾十畝地，然後就種上了包穀。大辦伙食團的時候，我們的購糧本都被收交了。伙食團響應毛主席的號召，臨下鍋前節約一把米，瓜瓜菜菜也能當口糧。糧食被伙食團節約了下來，飯打得又軟又少，大家都吃不飽，每去打飯還要背毛主席語錄，抽到哪個背不一定。有一次偏偏抽到了我，我背出來了。但是，抽到的阿堂娘她只背了一句就背不出來了，於是食堂就說不給她打飯，又餓又累的她一急，當時就昏倒跌到了地上。大家把她扶起來才給她打了飯。大家親眼看到這一幕，很怕打不到飯吃，背毛主席語錄於是就成風了。大多數不識字的，你教我，我教你，一面生產一面背毛主席語錄，這樣打飯時大多數都能背出來了。

我在布鞋廠改造了一段時間，後來因原料布匹缺乏，布鞋廠停產了，我所在的縫紉機打鞋幫做小童鞋車間也隨著停了產。社上就借給我們每人一架縫紉機，每月每人給社裡上交八元錢。我們就到街上擺攤，給人補破衣服、破褲子，這樣我每天可掙一元錢，每月可以掙四五十元，做了幾個月我正高興生活有著落了，不料市管會的人來沒收了我們的縫紉機，罵我們年年輕輕的走資本主義道路，我哭著給他們告饒，說這台縫紉機是社裡借給我的，他們最後才饒了我。我回家後大哭一場，想今後的生活怎麼辦？於是我就在家裡做小童鞋去賣，每天幹到晚上一兩點鐘，可是就這樣又被他們沒收了小童鞋，罵我年年輕輕的不務正業，專門走資本主義道路。可是人們需要我做的鞋，只要我賣他們就買，幾位老人經常幫我賣，我就是這樣為生活奔忙著，在打罵侮辱中過著每一天。後來城鎮農業社讓我下田勞動，我體力弱，每天只能掙六七分，每年只分得到別人的一半糧食，我受盡了身體上的苦痛和思想上的折磨，雖然我當時年紀很輕，但終日昏頭眼花變成了骨瘦如柴的一個病秧子。

想想這二十一年啊！血淚的二十一年啊！我們這些下等賤民人格的被侮辱，人權被踐踏，自由被剝奪，眼裡流著淚，心裡滴著血，過著奴隸般的日子。我經常想，在中國的歷史進入二十世紀五、六、七十年代的時期，曾經發生這樣一些黑白混淆、是非顛倒的令人難以置信的怪事。怪就怪在民主共和國的國度裡，竟然冒出了一個不穿龍袍的皇帝。在他的皇權下，民主被追殺、自由被剝奪、人權被踐踏，人與人之間只有仇恨和戒備。在這些怪事裡，有幾百萬中華兒女家破人亡、妻離子散淪為奴隸，九百六十萬平方公里上空的雲裡、霧裡，旋繞著幾千萬迄今無處訴說的冤魂。這就是歷史，這就是那個不穿龍袍的偉人所說的：一個階級推翻一個階級的文明史。一九七九年，太陽從東方第二次升起，我們夫妻終於由鬼變成了人。但對我來說，我始終認為對我是完全錯了，不應該給我們這些右派留一條尾巴，完全錯了就不應該叫改正，而應該叫平反！

反右運動中被誣陷、迫害、冤獄二十年的程志勤

我今天已到了古稀之年，可在這短短的幾十年裡，禍從天降我被一些人強加了各種離奇的莫須有的罪名被判重刑，命運讓我經歷了五七年的反右、五八年的大躍進和禍國殃民的十年文革；還讓我經歷了三年災害時家家戴白孝、雞犬之聲不聞的鬼門關，奴隸般的生活讓我度過了整整二十年冤獄生涯。到了晚年我有幸趕上了改革開放的好時代，如今我在酒泉石油基地安居，每當空閒的時候，五十年前噩夢般的陰影總在我腦海中遊動徘徊，視覺中的恐怖不斷浮現，不時地刺痛我傷痕累累的心靈。

我一九三五年十二月出生在甘肅酒泉一戶貧民家庭。我的祖上祖祖輩輩都是以種田為生的農民，可因一次災害家中死去了幾個人，父親程積福於是十五歲就離開高台縣農村，逃出在酒泉縣城打工當店員，自食其力創業成家，落戶定居於酒泉縣。然而這時我們家無一間房、一畝地，常常家無隔夜糧，一家人一直過著十分貧窮的生活。一九四八年母親因病早逝，父親即當爹又當娘，艱辛地撫育著我們兄妹四人。

由於家庭生活的壓力，我在十五歲時便退學走了自謀生計之路，先後在私人店鋪當過勤雜工，玉門建築工地幹過苦力，一九五一年八月應考試被招工玉門油礦水電廠機修車間，試用期滿後成為國家正式工人。那個時候的我非常珍惜難得的好機遇，不怕髒、不怕累，勤奮工作鑽研技術。一九五四年八月，我又被組織推薦，經考試合格到了四川西南財經學院上學，一九五六年九月大專畢業後返回玉門油礦水電廠分配到了廠技術科當了統計員。這個時候的我勁頭百倍，身上有使不完的力氣，多麼想為國家做出更大的貢獻。另外，有了工資收入後我也開始資助家庭，幫父親分愁解憂。清貧的家庭環境和家風影響，使我從小養成了自立自強、勤奮節儉的習慣和善良、剛直、正派的人品。

一九五七年四月二十七日中央發出《關於開展整風運動的指示》，接著六月八日《這是為什麼之後？》的社論發表之後，反右派運動在全國轟轟烈烈地開始了，春風變成了雷鳴，笑臉換成了惡煞，「極左」之風霎時讓中國大地群魔起舞、天昏地暗，拉開了中國政治運動持續達二十年的序幕。

作為中國石油工業搖籃的玉門油礦和全國一樣也毫無例外地颳起了反右運動的風暴，每週兩次業務技術學習被天天的政治學習取代，隨著運動的步步升級，廠內出現了小字報、大字報和天天的開批判會，後來逐步又演變為批鬥會。那時的我和很多青年人一樣腦子一片空白，不知道運動的內幕，根本不清楚整風到底整什麼風？不知道為什麼要搞反右運動？那時我總認為搞政治運動是領導的事與我們普通群眾無關，因而抱著事不關己的態度，當時心想這些運動與我們普通職工有何關係？

當時酒泉有一個生活基地，名叫石油新村，當時的制度是工人五級工以上、幹部工資相當於工人五級的，發有一個小本乘車證，每週可以乘車回酒泉一次。一九五七年十二月二十八日，這是一個星期六的下午，我持乘車證按例行的週末休假，準備回酒泉看望酒泉中學上學的弟弟、妹妹，因為玉門市飲服公司北坪食堂工作的父親每月二十八元工資僅夠維持自己生活，弟妹的生活學習重擔全落在我的肩上。那天我剛乘坐在礦區班車上，就被保衛部長曹培伸派的水電廠材料庫保管員楊國泰叫下車，楊說保衛科曹培伸科長有事讓我回廠，於是我趕快到了廠保衛科，一進門曹培伸什麼話也沒說，就把我關押到了禁閉室裡面。那天晚上玉門北坪食堂父親的單身宿舍和食堂營業櫃檯也被抄查。一九五七年十二月三十日（星期一）上午，這位曹科長又親自乘吉普車到酒泉抄查了專署街五號院弟弟住的租房，兩次抄家拿走了我放在酒泉家中的一個帆布小箱（裡面只有一件我自費做的皮大衣）和兩本自費複印的粉紅色「玉門水電廠用箋」。當時的我還蒙在鼓裡，不清楚這些誘捕、關押、抄家全部由曹培伸帶人操作，沒有公檢法人員、也沒有任何抓捕、抄家、扣壓私人物品的法律手續，其作法和文革中隨便抓人、關押、抄家一模一樣。後來我才知道當天誘捕關押的還有水電廠財務科科員梁貴興和工人劉永禧，我們三人的辦公室、工作間、宿舍也在同一天被抄被查，到底抄查拿走了什麼至今不知。

一九五八年元旦後一上班，曹培伸便到各科室、車間遊說造輿論：「梁貴興、程志勤、劉永禧企圖叛國投敵、偷越國境，出逃時被抓了回來！」他並且很快向油礦局黨委請功報告，這一消息很快傳遍全廠、全礦，成為當時玉門的一大新聞。現在看來這一殘害無辜的政治事件，實際是保衛科長曹培伸夥同大大小小的政治流氓，密策、合謀、上下配合導演的殘害我們這些普通老百姓，製造階級鬥爭，殺雞給猴看的「雙簧劇」。至於中國的國界在什麼地方？我根本就不知道。當時我持廠裡發的乘車證，乘坐廠裡統一發往酒泉的班車，況且班車還未起動，兩腳還踏在玉門油礦的土地上，怎麼是偷越國境呢？

欲加之罪何患無辭，造謠汙陷是那個特殊年代政治流氓陷害人的慣用手段，「叛國投敵」、「偷越國境」一向為「罪大惡極！」用這樣的罪名汙陷人，最能矇騙群眾，在社會上確實起到了轟動效應。

一九五八年元月十七日，我被非法關押的第二十天，玉門市人民法院開庭審理了我們這個所謂的「叛國投敵案」。審理沒有公開，沒有當事人的律師，也沒有當事人的親屬，沒有出示任何人證、物證，審理只有法方單方面宣讀曹培伸捏造、編造的所謂「罪證」，也根本不聽當事人的陳述、辯解，草草審理了半個多小時就結束了。

一九五八年元月二十一日玉門市人民法院第二次開庭，向當事人宣讀（五八）法刑字第四七號判決書：劉永禧以「反革命叛國投敵罪」判處有期徒刑十五年，程志勤以「反革命叛國投敵罪」判處有期徒刑二十年，梁貴興以「反革命叛國投敵罪」，判處死刑。《判決書》宣讀後，三名當事人均表示不服，提出上訴。

在那個年代，從中央到地方唯恐找不到階級敵人，都執行一條侵犯人權、任意殘害無辜的極左路線，司法、行政、教育、文藝等等統統是為封建的獨裁專制服務的，誰能為貧民百姓主持個公道、正義呢？一九五八年四月二日甘肅省高級人民法院駁回該案上訴，維持原判。

為什麼這些人要以「反革命叛國投敵案」陷害我們三個青年人呢？

當年梁貴興、劉永禧和我是水電廠志趣相投的年輕人，我們同住在廠內的一間單身職工宿舍裡，而且是玉門油礦石油工會活動的積極分子。我們能拉會唱、能寫會畫、多才多藝，經常業餘參加石油工人俱樂部的各項活動。特別是梁貴興寫作能力很強，是一個非常有天賦的人才。他經常為報刊寫稿，他創作的歌曲《高高的祁連山》，以美妙的詞曲歌頌石油工人戰天鬥地的生活，歌頌中國石油工業的發展，這首歌當年曾登在甘肅音樂刊物《祁連歌聲》上，在石油工人中廣泛傳唱。至今我還記得歌中唱道：「祁連山喲高又高，祁連山中有無數的寶，井架立在半山腰，山狼野兔都嚇跑……」被害前的梁貴興當時正在創作以玉門油田開發為題材的電影劇本。

在那個專門整知識分子的年代，我們這些才華橫溢、不巴結領導的人自然成了那些政治流氓的眼中釘、肉中刺。水電廠的整風反右運動開始後，曹培伸私下找我，動員我揭發梁貴興的問題，我聽後直接對他說：「我和梁貴興是同志朋友關係，我沒有發現、也沒有聽到梁貴興有反黨反社會主義的言行，我也不會憑空造謠害人。」當年我的思想很單純，我既不會捏造，也不會誣告別人，可我沒有料到我揭發不出來別人，就成了小集團成員，於是很快我就遭到了曹培伸和玉門油礦管理局保衛部長焦萬海一夥政治流氓的陷害，他們給我編造出我是資產階級出身、三反五反運動中被鬥，對黨心懷不滿，乘黨整風之際猖狂向黨進攻，組成反革命小集團企圖投靠美帝國主義，顛覆我人民政權，偷越國境等神話。曹培伸經常說：「只有哦想不到的，沒有哦做不到的。」他曾經在會上罵工人：「要是在延安整風時代，早把你們這些狗日的砸扁了……」當年水電廠黨委書記是李傳真，畢業於清華大學，後來換了一個畢業於交通大學的鄭宣真，這兩個人因為是知識分子都吃不開，最終被曹培伸取而代之了。那個年代就是壞人橫行的天下。

一九五八年四月二十日上午，玉門市人民法院在玉門油礦石油工人俱樂部廣場召開公判大會，向與會的數萬玉門市民宣讀此案《判決書》，大會首先由市政府領導講話，並不斷地領市民高呼：「千萬不忘階級鬥爭！」「堅決鎮壓反革命！」等口號，並通過高音喇叭擴音，氣氛異常肅殺恐怖。《判決書》宣讀後，梁貴興被押赴刑場執行了槍決，我和劉永禧當即被押送到甘肅省公安廳的勞改企業酒泉新生機械廠（後改名酒泉電機廠）勞改。

我們三個人被誣陷後，為了把反右派鬥爭引向深入，為了顯示玉門油礦及水電廠取得的反右鬥爭「偉大勝利」，在曹培伸的奔波下與局保衛部的同夥密謀策劃後，於一九五八年五月中旬以玉門油礦管理局的名義在石油工人俱樂部大廳舉辦了《梁貴興、程志勤、劉永禧反革命叛國投敵集團案》大型展覽，讓所有玉門油礦、市政機關、企事業組織幹部、職工、家屬、學生前往參觀。後來我三叔程積壽說：展覽內容主要有：一、毛主席關於反右鬥爭的指示、文件、各種報刊社論和文章、圖片。二、玉門油礦機關及下屬企事業單位開展反右鬥爭的圖片。三、這起所謂「反革命叛國投敵案的實物罪證、判決書、公判大會現場照片。這個展覽看起來造勢很大，十分氣派壯觀，也確實起到了蒙蔽廣大幹部群眾的作用。再經過玉門《石油工人報》刊登擴大宣傳，也彰顯了當年的玉門礦務局反右鬥爭的偉大成果。但今天看來，廣大善良的石油工人、幹部和家屬都被這個無恥的政治流氓欺騙了、忽悠了。因為這起案件歷史已經證明，純粹子虛烏有，是地地道道的冤案、錯案、假案。展覽上的叛國罪證完全是假的，有些罪證實物根本與編造的案情無關，如帆布箱子，捨不得穿的勞保翻毛皮鞋、皮帽子和私人出錢印製的信箋，外出聯繫工作公事包、空白介紹信，三人的被捕當天用的玉門——酒泉乘車證，根本不知道的「叛國經費」一萬一千六百一十九點一〇元現金（當年展出的叛國經費在一九八一年甘肅省高院的改判書中又改稱是梁貴興的貪污款，梁貴興已被殺害，已死無對證）。

梁貴興，甘肅山丹縣人，其父一九五一年到玉門油礦參加工作，一直是油礦糧管部門、礦區醫院門衛。梁貴興受害後其父從門衛調做勤雜工，打掃醫院樓道和院落衛生。梁貴興的妻子因為沒有工作，梁貴興受害後失去生活依靠，在玉門無法待下去，將梁貴興三歲的大兒子送給梁貴興的二弟收養。她自己抱著不滿一歲的二兒子逃荒新疆，改嫁落戶，至今不知音訊。

劉永禧，甘肅張掖縣人，一直未婚。其父一九五一年到玉門油礦參加工作，是油礦運輸處汽車司機。劉永禧判刑後，其家為「反革命家屬」受到歧視牽連，他的父母精神上受到很大打擊，其父一九六〇年調到大慶油田工作。反右派運動後，甘肅河西走廊成了政治犯的流放地，大大小小有三十多個勞改勞教農場，關押勞改、勞教犯人達二十多萬。大饑餓的一九五九年，很多犯人一批批地被轉送到新疆。劉永禧也從酒泉新生機械廠押送到新疆塔里木戈壁的玉田勞改農場，因饑餓和疾病被折磨死亡。

由於曹培伸等一夥政治流氓製造的法西斯冤案，過了些日子，曹果然達到了踩著被害人的生命、血淚向上爬的目標，不久被提拔為水電廠黨委書記。

那個時候就是這樣。曹培伸原來是水電廠的外線電工，為了實現政治野心，處處事事愛出頭，表現自己政治覺悟高、思想好，一貫溜鬚拍馬，深得領導信任，從工人到保衛幹事，又從保衛科長到廠黨委記，陷害別人，左的發紫，迎合了當時的政治形勢，終於讓他實現了政治上掌權當官的目標。

然而，假的就是假的，一切壞蛋都逃脫不了因果報應的規律。曹培伸幹的壞事太多了，民憤太大了，「文革」中被群眾以「國民黨特務、區分部書記」罪名揪出，進行勞動監管、批鬥，被憤怒的群眾打斷了一條腿和六根肋骨，他也親身品嚐了整人害人的滋味。文革後雖然給他落實了政策，本來他可以享受領導幹部的優厚待遇，但因他聲名狼藉，無顏在玉門待下去，只得帶著恥辱和失落，背著血淚債回了他的陝北老家。

自一九五八年四月二十日曹培伸對我陷害後，在極端的政治壓抑、人格遭辱、心靈委屈中，我於一九五八年五月到了勞改隊開始了長達二十年的牢獄生涯。我被判刑後即被送往離我原工作單位玉門油田八十多公里的酒泉電機廠，這是一個勞改工廠。從一九五七年的反右和一九五八年的大躍

疯狂年代蒙冤受害的程志勤
冤狱中的程志勤
“文革”中装到弟弟档案中的
被捏造的整人害人黑材料
当年整人单位公开认错的文件
两年多艰难的上访之路

進裡，我們酒泉電機廠一批一批地送進來從各處押來的犯人，留下一些犯人後，大批的犯人又被送往農場、礦山等地。到了一九五九年和一九六〇年大批餓死人時，又一批一批地將犯人送往新疆。我到了這裡以後，由於身心創傷太重，加上營養極度缺乏，僅僅五六年時間我已鬢髮斑白，且因供血供氧不足，眼底也發病了，至今還留有殘疾。

酒泉的北郊有一個城郊農場，這是一個勞改農場。每到農忙季節，我們就要到那裡支援夏收。雖然管得很嚴，但我們從田埂走過兩邊的麥穗頭都給掐光了。人們都餓極了，撈到什麼吃什麼，好像蝗蟲飛過一樣。下午收工以後，收穫的莊稼一半已經進了我們的肚子，可也奇怪那時竟然沒有一個人吃壞肚子生病，主要都是年輕人消化能力特強。勞教人員管得比我們鬆一些，特別是女勞教人員到了半夜還可偷吃些牲口飼料。因為牲口不餵好些是不肯幹活的，我們就是這樣過著牛馬不如的生活。我從一九五八年始十六年間沒有吃過一個雞蛋。由於勞累和饑餓，這裡發生水腫非常普遍，死亡的第一步是先被送進病號室，犯人死亡後是怎樣被抬出去的，由於隔離很嚴，我們是看不見的。然而，工廠比農場各方面條件好一些，死的人相對少一些。

酒泉這個地方是已有上千年歷史的河西走廊城市，國民黨時期只有縣政府旁邊一個小小的看守所，裡面關押著幾個殺人、販毒的。解放後，不過短短幾年時間包括玉門、安西地區都成了蘇聯西伯利亞式的流放政治犯的流放地，這裡勞改、勞教農場和勞改工廠、礦山星羅棋佈。僅小小的酒泉城內就有電機廠、被服廠、鞋廠、勞改醫院，還有專門的勞改局，郊區有勞改、勞教農場，離城約二十公里就是有名的夾邊溝農場，還有下河清農場、邊灣農場等等。在玉門西、安西這裡更是有數不清的勞改、勞教農場，這些農場裡死亡率是很高的，在官方的檔案裡肯定有具體數位，但至今仍然是保密的，老百姓當然更是不知道的。另外，我們的宣傳是為政治服務的，把大量由於人禍餓死人說是自然災害，但老百姓都清楚這幾年都是風調雨順的。那個時候土地荒蕪、民不聊生、生靈塗炭，正如一位地委書記當時從農村視察回來說：「家家戴白孝，雞犬聲不聞。」「白骨露於野，千里無雞鳴。」

在一九六九年至一九七〇年間，因當時蘇聯屯兵中蒙邊界，戰備緊張。酒泉地區此時全民皆兵，軍管時期勞改隊此時也是軍管，還成功試製出了五六式衝鋒槍。由於備戰緊張，掀起一輪一輪的嚴打政治運動，每個人都繃著階級鬥爭的弦，睡覺時都要睜一隻眼閉一隻眼地盯著我們，嚴防我們這些階級敵人的破壞。一位玉門油田的女大學生技術員柴秀蘭，她是一位兩個孩子的母親，就因言論獲罪，在一九七〇年的一打三反運動中被判處死刑，從背部插入鋼釬到內臟，然後再被槍殺的（此人文革後是第一個被平反的，對其殘忍程度不亞於東北的張志新，至今想起仍然讓我禁不住淚水嘩嘩直流）。據說蘇聯的機械化部隊半小時就可進入酒泉地區的金塔縣，所以大批工廠東遷，我們酒泉起重機廠除留下少數職工外，大多數勞改勞教人員被遷往蘭州以東貧瘠的定西縣。於是我們又白手起家，好在勞改勞教人員中有大批的技術人員和技術工人，自己設計生產設備和機床再生產機電產品。

我經常想，一個人一生有幾個二十年，可我人生最寶貴的青壯年歲月葬送在了新中國的冤獄中。在監禁中的我那時饑寒交迫，穿著不夠尺寸式樣最能醜化人的囚服，吃的是爛菜、野菜、樹葉拌雜糧的「豬狗食」。每天超過十小時的苦活累活，無償地創造著可觀的經濟價值。而住的破房、土炕、通鋪，每人棲身的鋪位只有六十公分寬。精神上更是苦不堪言，每天晚上都開會，強迫我們「犯人」自責、懺悔，用最難聽的話自己臭罵自己，讓我們這些社會主義的「犯人」認罪服法，感恩政府的「寬大」、「挽救」了自己的生命，要不然早就槍斃了等等。

一九六九年後方的大西北成了反修前沿，酒泉電機廠整體搬遷到定西，改名為定西起重機廠，定西歷來是全國最貧窮的地區，那個年代老百姓都忍饑挨餓，犯人們的生存之苦就不言而語了，到了定西趕上文革的狂熱階段，精神更是苦不堪言，每天兩次向領袖像彎腰致敬、請罪、早請示、晚彙報、背語錄、唱讚歌。除了逼著「犯人」臭罵自己，還開批鬥會挑動「犯人」互相打罵，那時的「犯人」進了勞改隊真是進了「人間地獄」。

一九七六年十月，在天怒人怨的霹靂聲中禍國殃民的「四人幫」垮台了，在監獄中的我聞到了春天的氣息，看到了希望和光明。一九七八年元月，我二十年的冤獄生涯終於熬到了頭。可家在哪裡？二十年前酒泉的家早已家破人亡，不復存在。大饑餓年代，一九六一年初弟弟逼迫「走西口」，落腳到了新疆；不到二十歲的妹妹帶著對我和父親的思念和憂傷遠嫁到了陝西農村，二十四歲時就憂鬱病亡；另外，自我受害後，玉門市工作的父親由國營單位職工變成了「反革命家屬」，處處受岐視，精神長期處在苦悶之中，但他始終堅信自己的兒子不會幹反革命的事，曾多次到酒泉和蘭州口頭、書面申訴，為兒子的我要討個清白，然而他不但一次次受到法院、信訪部門幹部的訓斥，而且被視為思想落後，劃不清敵我界限，一九五九年底父親被從北坪食堂營業員的工作崗位上送到了玉門市商業農場勞動改造，每月只發十五元生活費、十五斤糧票，剛剛一年時間的精神折磨和饑餓，父親就全身浮腫無法站立，領導才批准他回酒泉養病。一九七〇年雙目幾乎失明的父親被弟弟接到新疆生活養老。二十年來，一個接一個的政治運動的折騰，山河荒蕪，人心破碎，整個社會彌漫著極左的氣氛，二叔和三叔都是一九四九年前參加工作的玉門油礦老工人，在我受害關押後，為了保住各自的飯碗，中斷了和我們家的親情關係，多年來已不與我家往來。

一九七七年十二月中旬，胡耀邦上任，組織全國開展「真理」問題大討論，抓意識形態領域的撥亂反正，怒斥「極左」、「兩個凡是」，衝破重重障礙，大刀闊斧糾正平反數以千萬的冤假錯案，把兩億多公民從封建專制的枷鎖中解救了出來。在這樣逐步「解凍」的大環境下，我為了討還清白，洗刷被強加的「恥辱」和「罪名」，走上了長達兩年多的申冤上訪之路，先後多次到蘭州、北京上訪，常常徹夜排隊等候，餓了啃口乾糧，渴了喝口白水，睏了就地爬臥，也棲身於橋樑涵洞，我不停地寫，不斷地寄，上訪信、申訴書一封一封地投向玉門、酒泉、蘭州、北京的各個信訪部門。在不可抗拒的歷史潮流和強大的社會輿論壓力下，曾忠實地執行「極左」路線，不執行《中華人民共和國憲法》，利用手中掌握的權力充當打手，殘酷迫害中國公民的原玉門油礦水電廠黨委、玉門油礦黨委、玉門市人民法院、甘肅省高等法院，先後行文改正錯誤，公開承認當年定的《反革命投敵叛國案》是冤假錯案，承認梁貴興屬錯殺，對劉永禧做了「改正」「免刑」的決定，（劉永禧五九年轉送到新疆玉田勞改農場，因饑餓和折磨死亡，他們兩個家庭同樣遭遇家破人亡的厄運），對我也做了「改正」「免刑」的決定。

一九七八年元月我被解除勞動改造、恢復了「自由」，但頭上仍然頂著「右派、反革命」兩頂帽子，而且又增加一個「勞改釋放犯」的帽子。像我這樣的身分，按當時的政策，回到玉門、回到酒泉，甚至到任何地方，都落不上戶口，沒有任何單位能接受我就業，於是我只有留在勞改企業定西起重機廠就業。

後來由於我的繼續上告，並因為有關部門對左的行為的改正，對我徹底平反，一九八一年十月十五日，我告別了定西起重機廠的挽留，回到了二十三年前的工作單位——玉門油礦水電廠，分配到動力科上班；一九九一年十二月，我又到新疆支援吐哈油田的開發建設；一九九四年十二月我在玉門油礦水電廠退休。

甘肅省高級人民法院刑事判決書

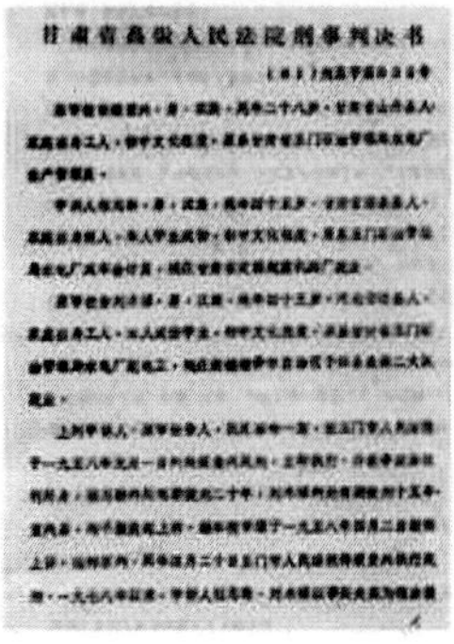
甘肃省高级人民法院刑事判决书

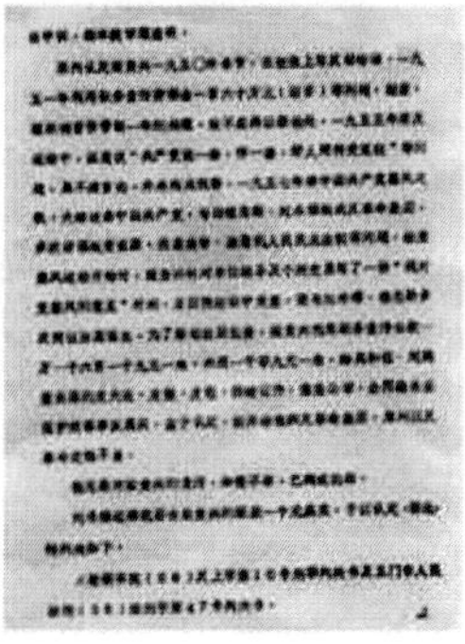

大難不死的科學強人周電輝

一九三二年我出生在家鄉河南省長葛縣石象鎮斧頭村，原名周榮祿。十歲那年正是我們和日本軍隊打得最激烈的時候，每天都可在家中清晰地聽見日本飛機和大炮的轟鳴。另外，這年家鄉蝗蟲氾濫，我們弟兄五個又要出三個兵，不然每個兵要上交八百塊錢。我們家是交不起這些錢的，於是我和哥哥周榮祖離開了父母，到設在河南省鞏縣的國民黨鄭行師管區報名參了軍。當時我是部隊裡年齡最小的一個，將我分配到連裡任勤務兵，專門侍候連長太太。接著我們部隊開始往西行軍，每天要走六十多里路，當時我穿得棉襖裡棉花蛋蛋全包著蝨子，每次吃飯搶著吃，快的人可吃三碗，慢的人只能吃一碗。由於條件太艱苦，這時部隊裡軍人開始大量地病倒死亡。步行了一年，我們到達了蘭州白塔山，在這裡我病倒了，多虧連長太太和我哥哥的照顧才慢慢痊癒。於是，我又跟隨部隊到了甘肅武威縣，整修了一月後由於我哥哥在武威生了病，這樣我就一個人去了新疆。

我們這個部隊到了新疆後編到了盛世才的部隊。因我沒有三八式步槍高，各連隊都不要我，我就給一個華連長當了乾兒子，華連長主要讓我監視他的太太，他的太太作風不好，這樣我就活了下來。

然而我太想學習了，一九四四年我就離開了部隊進了新疆烏魯木齊市小學，我在這裡給學校打鈴、生火、掃院子、送信件，學校就免了我的學費，有時還給我管飯吃，基本上是半工半讀。

一九四七年我又考入了烏魯木齊市第一師範學校學習，這是個全公費的學校，這樣我就不發愁吃飯穿衣，在一九四九年七月畢了業。

一九五〇年三月一日，我報考新疆烏魯木齊市第一中學時改名為周電化，這是因為列寧有一句話：共產主義＝蘇維埃政權＋電氣化，但因「電化」不好聽，又改為周電輝。這次我考入了新疆烏魯木齊市第一中學高中。念了一年半後我響應祖國號召參加了新疆建設兵團水利局，主要在戈壁灘上搞測量、搞水利施工。在這裡我一直幹到了一九五四年。一九五四年我又回到烏魯木齊第一中學高中，復習了一個半月於九月考進了蘭州大學物理系理論物理專業。

因我從小受國民黨部隊的欺壓，吃盡了苦，所以解放後我對共產黨、社會主義充滿著希望。進了蘭州大學我如魚得水，在知識的海洋裡遨遊，刻苦學習，不斷探索，使我打下了堅實的基礎。臨近畢業時，我的論文指導導師是段一士教授。當時段一士選的三個指導學生是楊亞天（後為蘭州大學核子物理系主任）、安吉慶（後為新疆石油學院教授）和我。我在導師段一士教授的耐心指導下，完成了有關楊振寧學說的兩篇論文，得到了老師的好評，因當時要劃我為右派所以未能及時發表，且這兩篇文章在文革抄家中丟失。

蘭州大學大鳴大放開門整風是從一九五七年五月開始的，六月初達到了高潮。當時大字報、漫畫到處都是。鳴放期間十一個由師生選出的代表到北京去上訪，副校長陳時偉帶隊。我們班的李毓生也去了，後來這些代表全成了右派。有個歷史系的學生代表就將自己的舌頭咬了下來，再也不說話了。

反右運動開始後，首先批判數學系教授、主任段子美，接著批判物理系的王定伯等著名教授。

在大鳴大放、開門整風期間，因為我是學校文體部副部長，為同學服務多，熱情高，很得大家的愛戴，因為我的威望高，所以在校黨委動員大家向黨提意見沒有回應時，黨委給我下的任務是讓我動員同學和老師們積極發言，給黨多提意見。

因為我在國民黨部隊裡受了許多苦，我親眼看到了國民黨的腐敗，我盼望共產黨能夠解救廣大勞動人民。所以，我對共產黨太忠實、對毛澤東太崇拜，我相信毛主席共產黨說話肯定算話。這是我當上右派的主要原因。

我那時帶頭積極發言：

第一、我認為黨內生活不民主；

第二、黨內有裙帶關係；

第三、因我一九五五年回河南老家時，發現人們太陽出來還不起床，變工組太陽老高了才吹哨子上工。我回到學校對同學們說，我小的時候天不亮就起來拾糞，變工組後農民怎麼變懶了？一九五六年我又回家，回來後我又給同學們說，合作社後人們不好好勞動了。這都是平時隨便說的話，可是反右運動時說我一貫反對三面紅旗。

另外，我們班有個同學叫馮明，是個調幹生，年齡超過我們班同學們十多歲，功課又門門不及格，但此人反右派時特別積極，辦法和點子也多，後被蘭州大學黨委書記劉海聲看中調到物理系專門劃右派分子，是主要負責人之一。我們班劃右派的負責人是班黨支部書記劉興芬。開始時，我也是班反右運動領導小組五人之一。當時要將我們班的團支部書記毛叔琪劃為右派分子，我瞭解毛叔琪，他是很忠於共產黨的，我不同意，因為我是班團支部宣教委員，於是就將我從五人小組中取消了。

一九五八年四月五日，向黨交心運動裡，馮明給我談了話讓我交心。於是，我就說了以下主要兩點：一、地理系一個同學畫了一幅「一手遮天，一手遮地」的漫畫，我們班的張繼武、張開錫由於點了一下頭，都被當時安插在那裡的人揭發，劃成了右派分子。我說，當時我沒有表態的原因是，我當時正在動員別人鳴放，我表態不利於別人向黨提意見。二、我父親一九四八年曾當過偽保長。

我們那個時候就那麼愚蠢呀！有誰會知道我父親當了那麼幾天的保長呢？有誰會問我沒有表態呢？我們太相信共產黨了！我所以成為右派分子，就是上了耍陽謀人的當。

向黨交完心，一九五八年七月八日就開始批鬥我。我不服，就與他們辯論。但那些極左分子怎能叫我講話呢？此後我就成了右派分子，按三類處理，保留學籍，監督勞動改造。

初劃右派時，我徹底絕望了。我多次在黃河岸邊徘徊，想受這種冤屈不如一死了之。但最後我還是苟活了下來。

當時我們班共有四十八名同學，劃了十二個右派分子：張開錫、張繼武、王國政、蘭易昌、劉春茂、曹德述、李毓生、孟祥宇、周遜選、毛叔琪、周電輝、俞顯安。還拔了十一個白旗。完全純潔的只有三個同學：劉興芬、馬興隆和業治國。朱昌銘表面上沒有劃右派，但檔案裡是中右，分配到黃河北面一個學校一直沒有被重用。

一九五八年十一月，蘭州大學派了一個行政幹部帶領十六個右派學生到甘肅武威黃羊河農場勞動改造，我是右派學生負責人。這十六個右派學生是化學系的閻國蕃、袁錦堯和胡天非，歷史系的史進忠，生物系的魯興仁，物理系的李慶林、許邦軍、劉春茂、蘭易昌、周電輝、江先國和楊建業等，其中有個生物系的女同學。後來回來了八個同學，劉春茂和魯興仁死到了農場。史進忠逃跑了。楊建業一九五九年逃跑回了蘭州大學，蘭州大學要將其再送到農場，他為了不去農場勞動，於是他將腳趾伸到車軌被火車輪軋了腳趾，後來整個腳潰爛後完全殘廢了。

李慶林的父親是甘肅省皋蘭縣委農墾部部長。我們去農場的那天，李慶林的父親專程到火車站來送李慶林。當時跟前人很多，他沒法給兒子交代，我記得他只給李慶林送了一個口罩。這意思很清楚，就是讓這口罩擋住李慶林的嘴，讓他再不要說話了。由此你可想一九五七年的反右運動多麼的慘烈！其後果是多麼的可怕！

劉春茂本來是不劃右派的，可他在一九五八年反右運動後期時發了個感歎說：「右派劃得太多了。」就這麼一句話他也成了右派分子。到農場後人們每天只吃著些吊命飯，劉春茂、江先國和閻國蕃三個人被分配養豬，有個豬娃子死了埋後，晚上被他們挖出後煮著吃，由於劉春茂吃後拉肚子，第二天發的飯他沒有吃，讓別人給偷吃了，他於是給餓死了，死後還開批判大會說他是反黨到底了。

魯興仁因是一個廣東人，在河西走廊受不了冬天零下二三十度的寒冷，逃跑了。一九五九年夏天將他從廣東抓回來後，這年冬天由於寒冷他又逃跑了，可是一九六〇年冬天他又被抓了回來。抓回來後他偷著告訴我，他活不回去了，我給他出主意，晚上讓他到馬棚裡去睡覺取暖，還將我的皮衣借給了他，讓他天亮後出工前原還給我。因為我白天還要挖坑打井。第二天我們去打井，其中也有魯興仁，當我從井下上來時魯興仁已被凍死了。農場有十一個生產站和一個蔬菜果樹站，每到冬季各站都要在戈壁灘上打井，各站打得井數不一，但至少有一口井。井口直徑三米，深度不等，要打到出水為止，有的站還打到深度近百米也未見一滴水而終止。我們站只打了一口井，下面挖井每次都少不了我，可井下挖井稍偏一點或上面拉石子、沙子的人不小心，石頭和沙子就會掉到井下，而且很容易塌方。農場打了兩年井連一滴水也未打出，可是打井的很多人卻被塌方活埋，可我多次都死裡逃生了！

我當上右派分子，關鍵是對黨太忠誠、對毛澤東太迷信，其原因是我在舊社會吃過太多太多的苦，在國民黨軍隊裡受過太多太多的罪。我親眼目睹了國民黨軍隊和舊社會的腐敗，我盼望共產黨能夠把中國的事情辦好。

解放前，烏魯木齊有個鴻雁池，我利用寒假到那裡勞動掙些錢，由於那時勞累太過度了，我走路的時候都在打盹。有一天，當我抬著重物打盹掉進了路邊的開口下面一個爐子裡，爐子將我的皮衣燒破了，但我活了出來。還有一次，我跑進電影院看電影《千里送金娘》，電影院著火門被封死，跟前的油庫爆炸，幸虧我們從房頂逃了出來，不然也早死了。那時候我受苦受累，饑寒不保，被人侮辱，還親眼看到很多很多為活命而掙扎的窮人的慘狀，貧富不均的事情比比皆是。當我進入烏魯木齊市第一師範學校讀書時，就聽說共產黨是為受壓迫的人民戰鬥的，是中國的大救星。我那時連做夢都盼望共產黨早些來救我們這些受壓迫的人們，所以共產黨來後我特別興奮、格外積極，上高中時我就帶頭參加水利建設，加入了中國新民主主義青年團，後來通過考試又上了大學。我雖然看不慣共產黨的官僚作風，但我怎麼會反黨呢？

在農場我和一個支邊青年趙慶雲關係密切，他也是一個河南人。趙慶雲原來是個小偷，有次偷了我的鋼筆，我問他，他說他不偷手就癢癢。我有一次和趙慶雲打井，我挖，他用鐵鍬鏟，突然上面沙土落了下來，但把我們沒有完全埋住，我還是活著出來了。一九五九年冬天，我們在黃羊河農場澆灌冬水，不小心掉進了冰窟窿，多虧在全身進入水洞前被別人將我用鐵鍬拽了出來。一九五九年十二月二十九日夜，我和趙慶雲到甜菜窖偷甜菜，被抓，關到了一個小土房子裡，那時正是天寒地凍的時候，不是趙慶雲給我偷偷送饃饃，不是他解救我，可能我早就沒有命了。一九五九年十二月三十一日，場裡給我和劉春茂開全場批鬥大會，決定把我送到武威縣監獄。現在回想起來，我為什麼沒有死呢？一是我的體質好，別人不敢過分欺侮；二是場裡的河南老鄉不斷幫助我，尤其一些河南女老鄉偷偷保護我。那時割麥子每天要割一畝半，不是她們的幫忙我是完不成的。還有趙慶雲這個朋友幫我、保護我。三是新疆的親戚給我寄了九次吃的，雖然我只收到過一次，但對我精神鼓舞很大。我的命大老天爺不讓我死，在農場馬車上摞草，草沒捆緊，我從草垛上栽了下來，頭著地當時昏了過去也沒死。我們看護黃羊河水利渠道的六個人，跑的跑，調走的調走，最後只剩下了我和趙慶雲，他三十歲，我二十七歲。我們那時護渠道用的火主要是點著的草繩，這草繩我們隨身帶著，用時使勁吹它就會燃起來。可是有一天晚上我們的火種滅了，我就到跟前的一個村莊去點火，讓趙慶雲在水渠邊等我，村裡大多數人已經餓死了，我好不容易點了火回來，卻看見一個狼正在舔趙慶雲的脖子，我於是喊了一聲，這狼見了我，與我對視片刻後走了。

這也算我救了趙慶雲一命吧，從此我與他成了生死之交的兄弟。當然這樣與狼打交道的事情在那個年代多了，記得一九六〇年十一月的一個晚上，天快亮時我與趙慶雲從黃羊河渠道的渠首查尋到離住戶集中區不遠的地方，當時我們疲乏之極，覺得這個地段較為安全。於是我倆就睡在了我們平時在渠道邊搭的窩棚裡，剛要睡覺，就聽到一隻狼慢慢走到了我們窩棚跟前。狼小心地用爪子抓棚子，我倆同時翻了起來，手裡握著各自的鐵鍁準備廝殺。我先從窩棚出來，狼藍色的眼睛直盯著我，這時我拿鐵鍁準備戳狼，不料趙慶雲在我背後用鍋猛碰鍁背，「噹」的一聲嚇得狼後退了幾步。因我們是兩個人膽子大，而狼只好躲了開來。那時在農場周圍，特別是黃羊河渠道兩側，時常可以看到被狼吃掉死人的爛衣服、骨頭，也有未被狼吃掉咬死的死人。當時在農場周圍到處都是死人，有些大娘領著女兒，見了我們說，給我一個饃饃你把我女兒領走。可我們那時都自身難保，哪能再添活口呢？只有對她們表示同情，灑淚而別了！

我們農場場長顧慶春是個非常左的人，他對我們說，誰要將場裡的情況向外面洩露，沒有你們的好果子吃。所以，場裡的情況當時是絕對保密的。由於場長左，下面的隊長也就更左。一九六〇年初，本來大家這時餓得肚子整天咕嚕咕嚕叫，連走路都氣喘，而且此時冰天雪地，一出門就感到冷。當大田裡的農活幹完之後，本應休整才對，但那些極左分子卻叫我們這些右派到戶外掏籽瓜。可是籽瓜凍久了結成了冰，然而這項工作是不能戴手套完成的，只有用手去掏。我們的五指凍得像紅蘿蔔，實在凍得忍不住了，就用嘴拼命哈氣。而那些左派們在戶內烤著火齜牙咧嘴恥笑我們的狼狽相，還不停地大叫「快些掏！快些掏！」這種呵斥聲深深地刺痛著我們的心，可我們的淚水只能往肚裡流。好不容易掏完了籽瓜，他們又讓我們到林帶裡去剪樹枝。冬季剪枝不似春秋兩季，加上北風呼嘯，渾身刺骨的痛，一不小心當手接觸到剪刀時，一層肉皮就會被粘掉。如果剪得不夠那些人滿意時，還要遭斥責、受罰。到了灌溉冬水時，場裡專派我去。祁連山上流下的水都是冰雪消融的水，夏季時這水都是冰冷滲骨。澆灌冬水必須下到水裡，一下水刺骨的寒冷是無法言表的，可我們是右派分子，這樣的苦我們去給誰說呢？

那年隊長讓我們背著鍋、行李、水、糧食到很遠很遠的山上去砍柴，八個右派，二個農工，加上隊長共十一個人。天發亮時我們就出發了，一路上都是上坡，我們背著重物個個累得滿身大汗，但稍微休息片刻渾身又寒冷成冰，這樣很容易感冒，我們就不停地朝山上走。大約走到晚上十點左右，我們選了一片較平的沙灘。隊長和兩個農工急著挖沙窩，而叫我們八個右派四處摸黑去砍蒿子等燒柴。我們割來蒿草，隊長和二個農工鋪在燒熱的沙窩子裡睡覺，讓我們八個右派待在零下三十度左右的野地裡，當時我們都傻眼了，呆呆地站在他們跟前，好久沒有移步，而他們都心安理得地睡下了，我們則整整凍了一個晚上。你知道那時有多冷嗎？零下二三十度的天氣，滴水成冰，我們幾個人只有互相抱著腳取暖，誰讓我們是右派分子呢？天亮前山裡下了一點雪，雪的厚度薄的能看到沙子。因為還沒有見到木柴的影子，準備還要朝山頂方向走，隊長怕水供應不上，就叫我們掃雪用雪水做飯。但因雪太少，我們八個人掃了一個多小時，還沒有化成幾碗水，根本不夠做一頓飯，只好用我們帶來很少的水做了幾碗麵條讓他們三人吃了，而我們八個右派則用很少的水煮了八根面棒子。這八根面棒子僅僅是表面有水氣，裡面全是生的。由於這次帶的水支持不了我們繼續打柴，兩天後只好草草收兵了。回去後年三十晚上場裡的豬又丟了，我們晚上冒著嚴寒去找，第二天照樣得去勞動。

我們在這裡改造不僅要受場裡幹部的欺侮，還要受場裡那些歷史反革命分子的欺壓。因為這些歷史反革命分子仇視知識分子，加之當時的政策對右派分子特別嚴厲，所以他們對我們比場裡工人對我們還要可惡。我們在農場除遭到當地隊長、工人的百般侮辱、打罵之外，更主要的是饑寒交迫，我們的口糧每天只有十六兩一斤的十兩，而這十兩有一半是用紅蘿蔔、洋芋代替的，我當時實在餓得慌只有偷著吃生菜根、壞蘿蔔、苜蓿籽、馬料，凡能吃的都偷，一冷一熱使我一個二十多歲人牙齒全掉完了。

一九五九年十二月二十八日夜裡，我和趙慶雲到甜菜窖偷甜菜，不幸被抓，當夜除挨了幾棒子打外，還將我們關進一間土屋裡。這時是農場最冷的天氣，房內什麼都沒有，且牆壁尚存冰碴子，地面也沒有什麼鋪墊。在這種不能靠、不能坐，只能站一站、走一走、蹲一蹲的冰庫裡，一旦睡著了就會被凍死，這一夜受的罪是我一生難以忘記的。現在有些別有用心的人為他們的罪行辯解說：「共產黨劃右派就像老子打了一下兒子，這也不必計較云云等。」我想應該讓這些人受受二十二年暗無天日的日子，不要說二十二年就讓他們受上二年這樣奴隸般的折磨，他們也是挺不下來的。這比牢獄苦萬倍千倍的冰窨，就是像那些人說的老子打兒子那麼輕鬆嗎？多虧趙慶雲和農場的一些支青弄來一點吃的，不然我那晚就會凍餓而死了！一九五九年十二月三十一日農場又專門開了一個批鬥周電輝、劉春茂（因偷吃已埋掉的小豬）大會，並宣佈送我到武威監獄勞改。我們當時都希望被抓去勞改，在監獄裡起碼能有個正常生活，可因為這些人沒有這麼大權力所以沒有送我去成。

一九六一年元月一日，我們終於離開了農場到了蘭州大學，住在了蘭大文科樓的地下室。

一九六一年十一月，我在蘭大摘了右派帽子被分配到了蘭州八中去教俄語，我沒有去，於是蘭大就讓我在圖書館搞編目，刻講義，這樣我每月可以拿到三十二元錢的工資。

1963的周電輝

一九六五年十月，我被調到甘肅省定西地區農科所下屬半工半讀學校去教書。由於這個學校師資缺乏，所以數、理、化課程全由我來教。

一九六六年文化大革命開始，我因為經過反右運動，當初確實認為毛澤東發動文化大革命是他對反右運動的反思和否定，所以認為毛澤東是正確的。

一九六八年我妻子要生孩子了，我們住進了我學生康紹琴的家。康紹琴家的牆上貼著一張用釘子固定的毛主席畫像，釘子在毛主席畫像的頭頂，平時上面掛著一個破草帽遮住了，根本看不出來，我們也從來沒有往心裡去想。有一天，石大夫和另外一個男幹部與姚延茹這個女幹部，他們三人來到我家，說了幾句話後，我就取了草帽出去給他們買吃的。這樣他們就看見了我家中釘在毛主席頭上的釘子。我買東西回來後他們問我，我說你們不說我還沒有注意，這是我住前就有的。但我還是慌了，因為我知道定西地區黨校教師張進東，別人誣陷他在毛主席像上潑了水，打成現行反革命後，被鬥得死去活來。

因為這件事我就由右派分子變成了右派加現行反革命分子的雙料貨。我被關進牛棚後白天勞動晚上挨批鬥，而且造反派對我無休止地輪流批判鬥爭。他們還從兄弟單位調來幾十個人來批鬥我這個現行反革命，批鬥會上這些人將我搡東推西，拳打腳踢，揪頭髮擰耳朵，弄得我暈頭轉向。這樣的摧殘他們還不過癮，一次粗野無比的工人高萬祥為了表示他對毛澤東的忠誠，趁我九十度彎腰時，猛地一拳頭砸到我的背上，我被打倒後口吐鮮血趴倒在地，再也起不來了。那時由於白天黑夜對我輪流鬥爭，我只有站著睡覺。甘肅省委書記王鋒到定西被批判時，我也陪王鋒上過鬥爭會。我的胸前掛的是「翻案右派、現行反革命分子周電輝」，他們給我架飛機、棒子打、還給我們畫了百醜圖。記得就在鬥爭汪鋒會後回單位的路上，我被學生李國讓一棒子給打昏了，當時把我架回牛棚我都不知道。這時候我又想到了死，但又是妻子和剛出生孩子的思念把我從地獄裡喚了回來。

一九六八年十月，我們四十多個幹部分坐兩輛卡車被下放到甘肅會寧縣新原公社勞動，帶隊的是定西地區農科所副所長秦鳳鳴和農科所辦公室主任王亞群。當時農村的社員不知右派是幹了什麼壞事的，對我們既有戒心又有一種好奇的感覺。我就住在了生產隊長家裡。

一九七二年，農科所又派我去養豬，養了的豬我從一百公里外的定西趕到蘭州去上交，這些豬在路上遇到汽車驚嚇得到處亂跑，使我吃盡了苦頭，三四天才能趕到蘭州來。這年，我的學生邵有錦從山區給我送來了一斤清油；當時的情況是一個人一年分不到二兩油，他卻給了我一斤。還有一個學生一九七七年在我一家沒有飯吃、生活最困難的時候，偷偷給我送來了三麻袋糧食，足有五百斤，這個情意我真是永生難忘。

我在農科所研究玉米也是從一九七二年開始的。農科所有一個農大畢業的學生任惠芳進行了幾年的農藥實驗沒有成功，我看了她研究的資料，找出了錯誤原因，她就給領導推薦我去搞玉米實驗。當時農科所管畜牧的副主任白彥士讓我研究青桿玉米，這種玉米成熟後桿是青的，由於桿香甜可口牲畜很愛吃。我通過雜交後成功完成了領導交給我的任務。

一九七四年我種了二十畝雜交玉米又取得了成功。我除了搞玉米實驗外，我還搞了角鋼溫室試驗，這種實驗增加了溫室的採光百分之五十，而且折光率小，能節約鋼材百分之五十。另外，在平整土地時，我用水平儀解決了平整土地的問題，節約了大量的勞力。我的這些成就讓那些左派給我沒有戴上現行反革命的帽子，也為我文革結束後能夠直接去搞科學研究工作奠定了基礎。

一九六八年時，因為在毛主席像上釘釘子的事情，劃我為現行反革命，當時高萬祥將我一頓暴打，打得我三天起不來床。可原是這個高萬祥，他在一九七四年觀察了我一個月後，在會上對人們說，周電輝白天勞動、晚上繪圖畫圖到凌晨三點才睡覺，我對不起他。我當時聽到原先視我為右派分子、反革命，今日改變了對我的態度的話，我止不住淚水哽咽地說不出話來。

一九七六年，農科所讓我到定西農學院水利系教水利、測量等課程，當時水利系主任顏文給學生說我是右派分子。剛開始學生不上我的課，可是後來由於我理論和實際聯繫緊密的授課越來越吸引學生，學生對我越來越佩服，不但沒有發生無辜不上課的事情，而且學生經常給我送來燒煤和吃的東西。學生後來對我說，上面派他們在課堂上監督我這個右派分子的講課，看我有沒有散佈反動思想。就在這一年，我帶水利系三十九個學生到甘肅會寧縣實習，我四歲的女兒被另外一個造反派的八歲女孩給推搡進了一點三米深的石灰池，撈出來後滿嘴的石灰，人早已斷了氣。我趕回來後給縣公安局去告狀。公安局的人說：「你是什麼身分？」我不知說什麼好。公安局的人又說：「你原先在李家堡，你的家屬怎麼跑到西寨來了？」並且說：「人家一個八歲娃娃把你一個四歲娃娃搡進了石灰池，如果這個八歲娃娃出問題就是你的問題。」我聽到這個話無言以對，我們這種身分的人有什麼權利告狀？沒人給我們評理，所以我就退了出來。我老婆哭得眼睛紅腫，精神受到很大刺激從此神經失常了。我想，文革和反右對我來說是連續的，反右主要對我精神上摧殘，文革主要對我肉體進行迫害。我在每個運動裡都是運動員，政治上的重壓和經濟上的清貧，使得我心神交困，差點被活活整死。我在那時害怕運動，害怕開會，害怕填表，害怕暴風雨般的口號聲。

一九七七年二月，我的右派問題終於得到了徹底改正，一九七八年我被調到了甘肅省科學院生物所。我知道這是我的又一次人生轉捩點，我暗暗下定決心一定要把耽誤了的二十年的時光爭回來，在科研工作中發揮自己的才能。所以那些日子裡，我幾乎是日以繼夜、忘我工作。一九八〇年十月，我完善了著名草原專家、院士任繼周的「綜合順序草原分類法」的四十八個類型的相互關係。提出了七個基本論點。據此導出了「草原類型指數的分佈函數」，即：

$$z_i = e^{-\lambda_i \rho_i} + f_i(\rho_i)$$

為了修正一些誤差，相應地也導出了九十六個修正公式：

$$f_i(\rho_i) = m\rho_i \pm n\rho_i^2$$

簡稱草原類型指數法。

通過以上公式計算，回答了各草原類型之間相互過渡的數量關係，並為草原培育的類型學關係及預測動植物引種的可能性提供了依據。

一九八一年八月，我申請專案「甘肅省乾旱、半乾旱地區氣象因數與作物產量相關性研究」，未被領導批准。但我並未停止對這一課題的研究，於一九八二年十月就完成了「甘肅省定西地區氣象因數對春小麥產量影響的數學模型」，並在十月十日到新疆烏魯木齊市以列席代表參加了「全國乾旱、半乾旱地區生態學術討論會」。當我在大會上用二十分鐘的時間說明了論文要點和重要性後，得到了與會專家學者的熱烈掌聲，會後各報刊的記者爭先恐後的要我的稿子，都答應將我的論文馬上登出，一九八三年七月此論文就刊登在《植物生態學與植物學叢刊》。

一九八三年，我向國家自然科學基金委員會申請「甘肅中部乾旱、半乾旱地區氣象因數與草樹種引種成功率及作物產量相關性研究」，一九八四年被批准。這是一個多學科的課題，必須各個擊破。自一九八三年至一九八七年，我根據這個課題在國際、國內重要刊物上發表了七篇文章。一九八七年評定職稱時，中央文件規定：在國家一級刊物發表兩篇論文或有兩項成果可評副研究員。在國家一級刊物發表四篇論文或有四項成果可評正研究員。而我報了七篇在一級刊物上發表的論文，並在評議會上有幾位專家提議，可以破格評為正研究員，但又遭到一些人的否決。

一九九〇年在日本橫濱召開的「國際生態學術討論會」上，我撰寫的「W－M」模型被委員會所採納，並多次來信通知我前往參加會議。當時西北地方只有我和任繼周教授被邀請。然而，當科學院將日本來的會議通知報到甘肅省科委，上面的回答是：周電輝是個瘋子，怎麼能代表我國參加會議？生物所的秘書說，如果他是瘋子，怎麼黨委會批准他當我們甘肅省科學院生物研究所的所長呢？當反對者實在無理阻撓時，最後只好批准我參加了這次會議。在這次會議上我感受到了外國人的熱情，他們對我的「W－M」模型很感興趣。特別是日本人，他們勸我留到日本共研一些課題，並給我設法如何留到日本想了很多辦法。但我想，我是一個中國人，我還要為中國的農民做更多有益的工作，這樣我就謝絕了他們的好意。回國後，一九九二年我又在中國數學生態學會召開的「生態數學學術討論會」上，發表了「W－M」模型的許多應用實例。專家們問我，「W－M」模型是誰研製出來的？我說，這是我多年的實踐得出來的。當時中國科學院數學所的陳蘭蓀研究員笑著說，以後就以你的名字代替「W－M」模型好了！當我回到單位後，《甘肅科學》出版社要刊登以「周電輝模型」的論文，沒想到院領導對「周電輝」三個字非常不滿，說，他又不是牛頓，為什麼

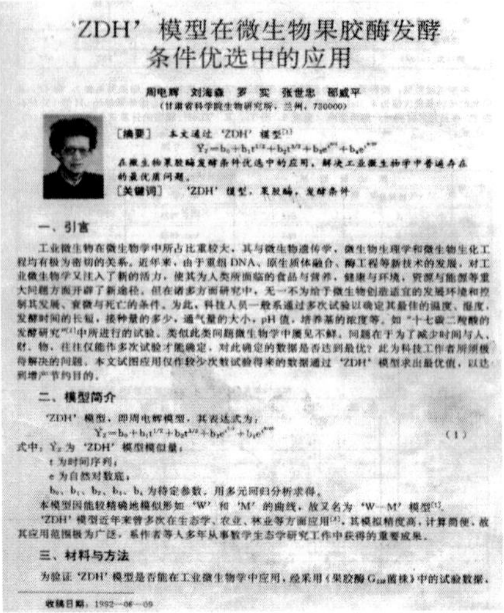

'ZDH' 模型在微生物果胶酶发酵条件优选中的应用

周电辉　刘海森　罗　实　张世忠　祁威平
（甘肃省科学院生物研究所，兰州，730000）

［摘要］　本文通过 'ZDH' 模型[1]

$$\hat{Y}_Z = b_0 + b_1 t^{1/2} + b_2 t^{3/2} + b_3 e^{[illegible]} + b_4 e^{[illegible]}$$

在微生物果胶酶发酵条件优选中的应用，解决工业微生物学中普遍存在的最优质问题。

［关键词］　'ZDH' 模型，果胶酶，发酵条件

一、引言

工业微生物在微生物学中所占比重较大，其与微生物遗传学，微生物生理学和微生物生化工程均有极为密切的关系。近年来，由于重组 DNA、原生质体融合、酶工程等新技术的发展，对工业微生物学又注入了新的活力，使其为人类所面临的食品与营养，健康与环境，资源与能源等重大问题方面开辟了新途径。但在诸多方面研究中，无一不为给予微生物创造适宜的发展环境和控制其发展、衰微与死亡的条件。为此，科技人员一般系通过多次试验以确定其最佳的温度、湿度，发酵时间的长短，接种量的多少，通气量的大小，pH 值，培养基的浓度等。如"十七碳二羧酸的发酵研究"[2]中所进行的试验。类似此类问题微生物学中屡见不鲜。问题在于为了减少时间与人、财、物，往往仅能作多次试验才能确定，对此确定的数据是否达到最优？此为科技工作者所亟待解决的问题。本文试图应用仅作较少次数试验得来的数据通过 'ZDH' 模型求出最优值，以达到增产节约目的。

二、模型简介

'ZDH' 模型，即周电辉模型，其表达式为：

$$\hat{Y}_Z = b_0 + b_1 t^{1/2} + b_2 t^{3/2} + b_3 e^{[illegible]} + b_4 e^{[illegible]} \quad (1)$$

式中：$\hat{Y}_Z$ 为 'ZDH' 模型模似量；

t 为时间序列；

e 为自然对数底；

b_0、b_1、b_2、b_3、b_4 为待定参数，用多元回归分析求得。

本模型因能较精确地模似形如 'W' 和 'M' 的曲线，故又名为 'W—M' 模型[1]。

'ZDH' 模型近年来曾多次在生态学、农业、林业等方面应用[3]，其模拟精度高，计算简便，故其应用范围极为广泛，系作者等人多年从事数学生态学研究工作中获得的重要成果。

三、材料与方法

为验证 'ZDH' 模型是否能在工业微生物学中应用，经采用《果胶酶 G[illegible] 菌株》中的试验数据，

收稿日期：1992—06—09

要登出他的名字？

根據當時院部規定，凡是得到省級三等獎以上的科技人員，前五名都可以享受政府補貼，然而我這樣一個省級一等獎的第三名獲得者、成果為國際領先的摘帽右派不但沒有政府補貼，且由於妻子在女兒文革時被人搡進石灰池成了精神分裂症，我退休後連基本的生活都無法維持，其原因還是我曾經是一個「右派」，看來這個右派的陰影要伴我一生。

年輕時的馮志軒

與華夏國土同步患難的馮志軒

我一九三二年十一月十八日生於黑龍江省肇源縣，祖籍山東省臨沂縣，原籍長春。我出生時正是滿洲國建國前夕。我的祖父在至善堂診所行醫，小有名氣。我生在詩書人家，粗知仁義；父叔一代，教書育人。家境尚可溫飽。我是於一九三九年入滿洲國國民優級小學念書的。這個學校數學、體育一般都是由日本人任教，所以學校裡日語非常重要。一九四四年八月我小學畢業後考入滿洲國國民高等學校，相當於英美制的初高中，念了一年一九四五年光復後，蘇軍佔領東北。一九四六年春，共產黨派了十萬人槍占領東北，叫東北民主聯軍。國民黨後來去後沒有過了松花江，我們肇源縣就在松花江北邊。我們中學生當時參加共產黨的各種社會活動。當時最殘酷的是土地改革運動，雖然我才十四歲但積極參加土改運動。共產黨為「鞏固東北根據地」，緊急「放手發動群眾」，進行「土改」，以擴兵源，但從一九四六年到一九四七年東北地區土改時打死了很多人，我們那裡是一九四七年秋天搞土地改革的。我們家被劃為地主後，父親被戴了地主分子的帽子給活活打死了。所以我的檔案裡有一條，地主家庭出身，有殺父之仇。但我自幼讀書，深知救助貧苦伸張正義的道理。

我一九四八年開始參加鄉政府工作，投身土改，主要收公糧，給農民分錢財分土地，發土地證，並參與村政府財經工作。這年冬天，我的同學從部隊回來，路過長春時，正好住在我姑父家，瞭解了我家的情況；他到了我家，說我堂兄馮仁軒（化名沈越。一九三七年在燕京大學讀書，先參加了武漢抗日，後去了延安，抗戰時在山西抗日，抗日勝利後回到了吉林。一九四九年前夕任牡丹江地區專員，一九四九年二月後任吉林市市長）在吉林市當市長。他告訴了我這個情況後，我就從鄉下出來先到了長春姑姑家。一九四九年二月，我考入長春市公安幹部學校，受訓半年在本年十月就職長春公安局當了警察，所以我現在享受離休待遇。

由於家庭環境的影響，我總是喜歡發表自己的一些看法。參加工作後，我說新民主主義青年團為什麼總是監視青年。被別人檢舉彙報後，公安局單位審查了我的文件案，知道我家是地主，父親被打死。一九五〇年春天在《長春日報》上登出：「馮志軒在我局工作期間，煽動不滿情緒，挑撥同志關係……污蔑團的工作，開除公職，以儆效尤，該人一切行為我局概不負責。」開除之後，將我的警服和槍沒收，發給便衣，被革命隊伍清洗了出來，回到了姑父家。過了兩三個月，瀋陽財經專科學校在長春招生，我參加了報考，被錄取到了統計系。一九五二年六月畢業後，我被分配到了東北人民政府工業部機械局，八月又調入部屬大連市第十九廠任計畫科幹部。這段時間參加企業調查，工廠管理。經常在《機械工業通訊》發表翻譯文章。一九五五年二月，我又因議論統購統銷、口糧定量、韓戰等時事，被疑為敵特，成肅反對象。當時支部設公堂，批鬥逼供我達三個多月。我只有招供說自己圖謀「推翻共和國」，這樣才甘休，但又派人調查我的歷史，可是農民和村政府卻如實對我好評，農民反映我積極參加土改運動，這樣中共大連沙河口區黨委給我做出歷史清白的結論。一九五六年七月一日，我被調到中央第一機械工業部第二機械管理局工作，由於自己工作成績顯著，工資一次被提升兩級。這段時間我在北京安定門外六鋪炕工作，在這裡我一直工作到了一九五七年五月。

一九五七年五月，我響應開門整風的號召，提出如下意見：

一、作為愛國者，我希望黨健全法制依法治國，不要搞運動，搞運動容易發生亂打亂殺的事情。例如，土改形成亂打亂殺，侵犯中農利益；肅反亂批亂鬥，侵犯人權。運動傷及無數無辜的人，這不是治國安民的辦法。

二、幹部政策應該「招賢納士，任人唯賢」，不能「任人唯黨」。只要在政治上不反對現政權，都應大膽使用。

三、應該取消檔案政策，這個制度不好。

就是這三條意見，我被定為極右分子，從一九五七年八月一直批判到了一九五七年十月，連續批鬥三個多月。當然那時批判比較文明，還讓我坐著。

一九五八年二月十四日，對我按照第一類處理：開除公職，勞動教養。我是從機關直接押送到了北京市東城分局，按了手印，然後送到了北京市半步橋第一監獄。當時我想自謀生路，但第一類處理都不許自謀生路。

一九五八年二月二十六日，我又被轉到了北京市公安系統的勞改農場清河農場，一直到一九七九年八月才從河北省保定一監釋放。現在看來我就是這短短的三小時發言，讓我歷經十一個勞改場所，獲得了二十二年監禁的。在這二十二年中，我挖河、造堤、種稻子，大躍進、三年災害時場裡餓死了很多人，我全身浮腫，但我因飯量小沒有餓死。清河農場餓死的那些人我們叫五八六。因我們這裡有五八一、五八二、五八三、五八四、五八五農場，誰要是死了，我們就說到五八六農場去了，人們就知道那些人進了荒草淒淒的埋死人的荒地去了。一九六一年春節時，我們清河農場的幹家嶺分場我們那個組裡就死得剩下了我一個人。除夕之夜，沉寂的大房子裡我一個人睡在炕上，感到格外的空蕩。一九六一年八月送我到了二分場，這是一個嚴管分場，在這裡我一直待到了一九六二年三月才到了於家嶺分場。一九六二年五月，我調到了北京南郊的團河農場，當時有甄別平反的意思。一九六八年十月我又回到了清河農場三場，在這裡又改造了一年。

當時有第一類一百多人，送到山西晉城王莊煤礦，這裡有摘帽的，也有沒有摘帽的。第二類表現好些的一些人，原留在清河農場。第三類剩下的三十多人，作為社會危險分子既不解除勞教，也不摘帽，轉送到河北省公安廳繼續關押。我就是第三類中的一員，到了河北省沙河縣沙河農場繼續監督勞動改造。一九七一年春天，將我們這第三類危險分子，又交給河北省晉冀魯豫清河縣的群眾，由群眾監督勞動改造。由於我和農民在一起，我就自己出來自謀生路，可在一九七一年三月北京市公安局將我逮捕由清河縣法院判我八年徒刑，罪名是投機倒把、不服從改造。因我是學習企業經濟管理的，且有管理經驗，河北省第一監獄就讓我組織生產。

一九七八年十一月召開的黨的十一屆三中全會後，我給中央機械部和河北省高級人民法院分別寫了申訴材料，後來兩個問題都解決了。一九七九年八月二十四日我從河北省第一監獄出來，回到了機械部機床局報到，安排我到北京市機床研究所工作，恢復了我十九級幹部，任職部屬研究所總經濟師，研究和製造金屬切削機床。其後我在《科研管理》、《工業會計》、《機床》等刊物發表若干研究論文和翻譯文章。參與日本發那科株式會社合資談判，引進技術，負責經濟法律事務。一九九三年六月離休。

總結我的一生，由於自己生性率直，嫉惡如仇，加上自己的家庭出身，遭遇了反右派運動，使自己顛沛坎坷一生。杜高、叢維熙、吳宏達等都和我曾經勞動過。雖然由於家庭出生那時的人們認為我思想反動，但我的妻子邢逸萍不似別人一樣與我離婚而始終與我相愛如初；我的女兒馮淳之由於我的影響，被視為狗崽子在升學、工作等方面遭到歧視，並在文革期間被揪出批鬥，和她母親一起掃廁所，但她們始終想著我，所以說，我沒有家破，也沒有人亡，從這一點我比起別人又是幸運的。

甘肅天水蕭氏教育世家的血淚經歷

我名叫蕭慶祜，西安醫學院（現西安交通大學醫學院）醫療系本科畢業，一九六〇年畢業後我被分到陝南勉縣醫院工作。我家在秦州城西關的華嚴前街（解放路）石頭巷（三星巷），巷裡的蕭家崖住著我們蕭家，這裡從教者達二十餘人，傳承三代以上，然而蕭家雖然在天水教育界頗有影響，因都是靠教書為生經濟上一點也不殷實，據蕭慶餘講我家地租收入占家庭收入不到百分之十。我的祖上是清朝同治年間由原籍安徽省鳳陽縣背井離鄉、跋山涉水隻身來到了甘肅秦州的。他就是蕭氏家族遷徙到甘肅省天水市的第一代祖宗。我的曾祖父蕭立本，字務齋，出身寒門，初識文字，以賣大蒜為生，人稱蕭大蒜，可他經營有方、省吃儉用、積少成多、娶妻立業，置下了立足的產業；他雖然文化低，但深明養家教子的道理，不遺餘力地將兩個兒子送到私塾學習，攻讀四書五經。我的祖父蕭如玉（一八七一至一九三五），字潤生，因曾祖父教子有方，自幼就有遠大志向，十八歲考入地方官辦學堂，因成績優異，特給以公費待遇；後因參加地方鄉試落榜，從此便放棄了讀書做官的念頭，自己設館教書，以傳授知識為己任，當時被在陝西渭南縣官座上卸任歸裡、興辦天水第一座私立亦謂學校（亦謂學校是天水第一所用現代知識教學的學校，已有百年歷史，現改為「解放路第一小學」）的校董張育生聘為教席，並為張倡辦的地方自治盡力，積極革除時弊，

蕭祖貽

為民出力；一九一二年回應辛亥革命，積極參加以黃鉞領導的「秦州起義」，並擔任過在天水成立的甘肅臨時軍政府財政司副司長之職；在陰平（今文縣碧口）任稅務局長時剷除時弊，稅額倍增，成績突出；一九一六、一九二二年分別被選為省議員和北平國會眾議院議員；因清正廉潔曾獲兩枚勳章；早年和中共地下黨員葛霽雲關係甚密，開始接受新思想、新文化初步建立革命世界觀；祖父酷愛字畫，收集到的古代名人作品多達百餘幅，古籍多部，後在文革中被查抄，毀於一旦；祖父生有三子祖蔭、祖蔚、祖華和小女毓皋，他一生著有《愛吾廬詩文集》。我的父親蕭祖蔭，字茂堂，青年時代參軍，在西北軍孫蔚如部下服役，二十世紀三十年代曾任陝西鳳縣縣長；曾任天水中學總務主任兼書法教師；抗戰時期，他用微薄的工資接濟在天水中學上學的流亡學生，支持車漢瑛等學生繼續深造；因其為人厚道，有「茂爺」之譽；解放後他被解職並打成歷史反革命分子，在那階級鬥爭的年月裡，忍痛割愛靠變賣衣物、傢俱、家藏書籍支撐著八口之家，全家受盡了艱辛和磨難。

上個世紀五、六十年代，中國大陸政治運動一個連著一個，我們蕭家和全國其他知識分子家庭一樣，受到的衝擊難以訴說，現將其中幾位介紹如下：

我的四叔蕭祖貽（一九一四至一九七〇），字轂蓀，係我早逝的二祖父的遺腹子，由寡母及伯父等族人撫養成人；一九三五年與蕭祖華、蕭慶余叔侄三人同年考入齊魯大學，蕭祖貽、蕭慶餘攻讀化學專業，蕭祖華攻讀生物專業；一九三七年抗日戰爭爆發被迫輟學，回到天水被天水師範學校聘為教導主任兼化學教師，後又籌建天水縣立中學並被任命為該校第一任校長，開創了天水原只有一所普通中學的教育新局面；中華人民共和國成立後，天水縣中併入天水中學，他為專職化學教員，在業務上精益求精，並達到爐火純青的地步，他所帶班級每年高考成績都是名列全省全市前列，甚至力拔全省頭籌，因此被師生譽為蕭化學；一九五七年反右鬥爭後期，他在既無所謂反黨言論又無所謂反黨行為的情況下，被劃為右派分子，而且次年又以莫須有的「黨團合併問題」，戴上歷史反革命帽子，被判刑三年（緩刑三年），命其戴罪立功繼續授課；兩年內被扣了兩頂帽子成了雙料貨；一九六一年，由於其表現良好被任命為理化教研組長；一九六五年，突然宣佈撤銷其教研組長職務，重新戴上歷史反革命分子帽子，繼續監督改造，並被冠以學閥、學霸的帽子；一九六八年，在甘肅省天水市「全市清理階級隊伍，批判公檢法走資派大會」上，被揪出陪鬥遊街示眾；返校後再次宣佈專政，勒令交代現行反革命罪行，慘遭拷打、審問，致使尿血昏迷，清醒後要求喝一口漿水也被無情拒絕，後送醫院搶救，然而，他還未痊癒又被繼續專政關押；後來身體每況愈下。另外，他無子女，他內弟的兒子金宜成三歲時被其抱養，爺倆感情甚篤，是其苦難中的精神支柱；他被專政時，年已六歲的孩子經常到學校牛棚給他送食品、衣物，且可和他多待一會，是其唯一精神寄託和心靈安慰；一九六九年金宜成在城牆跟前玩耍，不幸被垮塌的城牆壓死，自此他萬念俱滅面部癡呆，次年「一打三反」運動中，又將其抓起來實行第三次專政，這次他已做好了死的準備；一九七〇年五月的一天，蕭祖貽理了髮，整裝出了校門，見一奔馳而來的汽車迎頭撞去，在急剎車時他的身體已緊觸車頭，激怒的司機抽出車上的鐵棍，猛擊其腰部，兩根肋骨被當場打斷，但專政組又將他拖進陰暗潮濕的牛棚；接著又對其實行專政，造反派讓他回家取鋪蓋的時候，他再次下了死的決心，他陪著相濡以沫的三十

蕭慶余

多年的老伴作最後的訣別，因未見到親如己出的侄女蕭慶婉，他故意磨蹭時間，直至會面後才淒然離去。他沒有眼淚，沒有囑託，他的心像平靜的小溪潺潺流淌著血水，他只有一個念頭儘快脫離這群魔亂舞的世界。在路上他趁沒有人在，鼓足渾身氣力忍著劇痛，用割麥子的鐮刀拼命往自己頭上、臉上、脖頸上瘋狂砍去，最後活活將自己砍死於亂刀之下。他的臉上、脖子上血肉模糊，慘不忍睹。四叔慘死後，校方通知家屬前往，一進校門「蕭祖貽畏罪自殺，死有餘辜」的大字報赫然映入人們的眼簾；四嬸金蘭芬原是小學教師，後調天水一中教導處當職員，一九五七年反右運動中因她沒有與四叔劃清界限而將其辭退，今日裡當四嬸見到四叔的慘狀後，大叫一聲「天啦！」即刻昏厥在地，不省人事；在場的好心人偷偷地流著眼淚，他們看到譽滿隴上的「蕭化學」就這樣慘烈地與世長辭了，他才五十三歲呀！

我的長兄蕭慶余，字銘九，齊魯大學化學系肄業，抗日戰爭爆發回到天水後被聘為天水中學的物理、化學專職教師，他在業務上成績顯著，深受學生的歡迎，與其叔蕭祖貽雙雙被譽為「蕭化學」，是天水一中又一中流砥柱；他一生清白，兩袖清風，循規蹈矩，遵紀守法，過去上學未參加任何黨團組織；他平時喜歡閱讀報紙，從報紙上看到當時的波蘭國防部長是一位蘇聯人，感覺好奇，與人進行了談論，在反右運動後期以惡毒攻擊堅如磐石的社會主義

蕭祖華在1953年

陣營的罪名被打成右派分子；文革中由於蕭祖貽被殘酷逼供、嚴刑拷打，被迫說了些違心的話，以致牽連到其侄蕭慶余，將蕭慶余關進牛棚、交代問題，實行專政，於是叔侄兩人之間產生了隔閡，四叔蕭祖貽對這件事至死都感到內疚；我的大嫂萬惠貞，小學文化程度，但能寫一筆娟麗清秀的楷書，她與我大哥蕭慶余成婚後，感情甚篤，相依為命，一九五七年大哥被打成右派分子後，大嫂由於與大哥劃不清界限，被北道埠五金站藉口精減了她的營業員工作，以後她日夜擔驚受怕、憂慮成疾，於一九七〇年病故時大哥正關在牛棚裡，大哥草草料理完喪事又被關進了牛棚，日後的大哥孤身一人好不淒涼！文革結束後，大哥的右派得以改正，曾被評為中學高級講師、選為天水市政協委員。

我的五叔父蕭祖華（一九一七至一九六〇），字幼石，他自小聰慧好學，中學時學習優秀，尤以寫作見長，多次參加省市作文比賽；至今蕭慶頤妹妹還珍藏著他在全省作文比賽中榮獲第一名的獎品一個大銅墨盒，上面刻有姓名、名次、日期等等；一九三五年五叔與四叔蕭祖貽和大哥蕭慶余上京赴考，因路上延誤時日，被迫改道山東考取了齊魯大學生物系。按當時封建傳統習俗要遠行先成家，這樣我五嬸張慕娥才進入頗有聲望的蕭家大院；叔侄三人年齡相差無幾，一個家庭同年考取三個大學生，在兩個月內先後為蕭家娶進三位新媳婦，一時轟動秦州，傳為佳話；一九三七年盧溝橋事變爆發，日寇鐵蹄和槍炮將學子們的求學美夢霎時變成了泡影，然而五叔求學心切，再次北上住在北平公寓裡，常去聽老舍等著名作家教授的文學課；可是當時國難當頭，北平已無一處安靜的校園，偌大的華北大地已放不下一張寧靜的課桌；在征得家中同意後，他隻身一人南下成都考取了華西大學中文系，終於圓了他的文學夢；他先後上了兩所著名的高等學府，先後讀大學達七年之久，一九四二年在華西大學中文系畢業返回故里後躊躇滿志，準備報效國家教育事業；畢業不久他即被甘肅學院（蘭大前身）附中，聘為國文教員；由於他學業深厚，知識淵博、口才出眾，尤其能流利講一口標準的普通話，在當時同齡中尚屬少數，且教學質量又數上乘，深受學生們熱愛和尊重，因此蘭州大學有意將其聘為中文系副教授；一九四七年，甘肅省教育廳要委任一名天水中學校長，他被認定為最理想人選；他原籍天水，年齡適中，資歷深厚，教學嚴謹，為人沉穩，且具有領導組織能力，最後被任命為省立天水中學校長；他上任後大開新風，整頓校務，聘請了張建行、王新春等一批高學歷、高水準的教師任課，大大提高了天水中學的教學質量；一九四八年天水鬧學潮時，他領導的學校始終站在學生一邊，和反動軍警鬥爭，維護了學校和學生的利益。一九四九年後他由校長降為工友，隨之劃為三青團骨幹分子，被開除公職；一九五二年，由於他優異的教學成績，他被蘭州師範學校聘用，這段時間因為他功底扎實、教學認真、且有較好的天賦，所以他講課聲情並茂、幽默風趣，學生們聽他的課猶如藝術享受、興趣盎然，可是，一九五九年他又受到所謂的「黨團合併」虛假案件的牽連，在天水被隔離審查，同時以隱瞞歷史反革命罪行，給予「保留公職，監督勞動」處分；為了生活，他在艱苦的困境中，僅以三十幾元工資維持著近十口之家的生活；一九六〇年蘭州修建黃河南岸濱河路，五叔蕭祖華在修建濱河路中被監督勞動改造，一九六〇年元月十八日，五叔因感冒嚴重在工棚內休息，被監工頭以裝病為由毒打一頓後繼續勞動，終因勞累過度，又被毆打侮辱，致使氣血攻心暈倒在廁所內，後被工友發現送至醫院，醫院又以歷史反革命分子身分不予積極治療，當其妻趕到醫院時，他已處於深度昏迷，一位潛心教書育人的優秀知識分子，帶著對國家的無限熱愛，帶著滿腹的冤屈，帶著對妻兒的眷戀，帶著他淵博的知識，同時也帶著他滿身的傷痕和心中的苦痛次日凌晨即撒手人寰，終年四十三歲；五叔含冤去世後，他的兩個未成年的孩子兒子蕭慶復和女兒蕭慶頤抬著一塊重達五十多公斤的石碑，歇歇走走，走走停停，步行了十多公里，終於將石碑抬到了高山，立在了他們父親的墓前，以慰冤魂之靈；感謝蒼天，一九七八年五叔的冤案終於得到了平反昭雪，五嬸熱淚盈眶地說：「感謝鄧小平，感謝胡耀邦，終於搬掉了壓在我們頭上的大山！」

蕭慶祺是我的二姐，她是一九四七年考入西北師範學院家政系的，一九四九年因家庭經濟拮据而被迫輟學，後在甘肅省甘谷縣甘谷中學工作一段時期，調至天水市解放路第二小學當教師，並升任校長；她出身於蕭氏教育世家，工作能力強而為人和善，是當時該校少有的受過高等教育的教師；一九五七年由於她家庭成分高且遭人嫉妒，以莫須有的罪名被劃為右派分子，並被開除教師隊伍，發配到距家四十多里外的某化工廠從事體力勞動，當時她的孩子幼小，有的還在繈褓之中，數年後才調至天水市被服廠做工，使家庭得以團聚。文革結束後，二姐被落實了政策，恢復了教職，擔任了天水市解放路第一小學副校長；多年的不幸遭遇，過度的生活重擔，使其身心憔悴而徹底病倒，不久便離開了人世。

回顧過去，蕭氏的家史是書香門第的教育世家，是右派和歷史反革命之家，是苦難和辛酸含冤之家。

李振翼在1959年

窮而後工的考古、美術學家李振翼

我姓名為李振翼，字羽之，號雙松館人，一九三三年生，甘肅省天水市人。一九三三年十月我出生在隴東南人文彙聚、經濟貿易比較發達的秦州（即今天水市）城內、有著儒商傳統的中等人家。兩歲時因體弱多病，加之母親病故，小弟又因瘟疫蔓延而夭折。祖父、父親每日早出晚歸，忙於生計，致使我生活常常面臨無人照管的境地。再加上我體質因先天不足和後天失調，造成消化系統紊亂，各種疾病叢生，計有痞疾、小兒癆、痔漏、脫肛、便血和大小便失禁等，一個時期還出現了夜盲。於是在我心靈裡從小就深深打上了痛苦的烙印。但養成孤僻性格的同時我卻喜愛上了臨摹畫冊和皮影的習慣。在上小學期間，我總覺得處處都不如人，總在自卑自歎中度過，有時甚至達到了痛不欲生的地步！在我幼小的心靈裡常常現出老中醫向我家人訴說的話：「這娃娃不成啊！先慢慢箍攏（即掐活、暫時維持）著。」我在小學期間就動過三次手術，因而造成多次休學。吃中藥，每天三頓，成了我的家常便飯，就這樣一直維持到了考上初中。然而我在上天水省立師範附屬小學時，因學校有郭克（後在西南師範學院上學並當上了教授）、蒲憲章（善山水、老虎畫，後去了延安，解放初為北京東城區商業局長）和張世祿（後調入天水師專）都給我上過課，他們使我更加熱愛繪畫藝術、也喜愛秦腔皮影戲、對歷史地理課程也更產生了興趣，於是我在小學歷史、地理和圖畫比賽上都是名列前茅，在小學三四年級還舉辦了有四十餘幅畫的個人畫展。

一九四九年八月三日天水解放，十月我以第五名的成績考入了天水中學（即現天水一中），此間我又動了一次手術。給我班教「動物學」、「植物學」和「生理衛生」的是一位和藹可親的張在民先生，他使我學到了大自然許多活生生的生活知識，特別是「生理衛生」課程，使我受益終生，在人體消化系統中關於如何培養良好生活習慣和把好「病從口入」這一關作了詳細闡述。這裡不僅僅是指有害的東西，許多有益的食物用之過量或搭配不對也會變成壞事。當然與此同時還要加強鍛煉身體，養成良好的衛生習慣，身體弱的人更加需要加倍注意。自從聽了張先生的課，我便下定決心來改變我的自由散漫和不注意飲食衛生習慣的舊習氣。由於我注意身體鍛煉，身體逐漸變好自信心也慢慢增強。我在中學裡歷史學得特別好，受到老師和家長的好評，這樣更加激發了我學習歷史的興趣，致使我將學習歷史和研究歷史成為我終生的事業。一九五二年夏天我考入了天水中學高中部。但家中越來越困難，我家最困難時達十口人，買不起一天八分錢的煤油。一九五五年我高中畢業後，因家中生活困難要讓我就業，因我自己堅持考入了蘭州大學歷史系，並享受三級助學金。大學裡開設「中國史」、「世界史」、「蒙古史」、「西藏史」、「考古史」和「考古學」等課程，讓我瞭解了不同民族的歷史，讓我感受到歷史學的博大精深。我的畢業論文《新石器時代的彩陶文化》就得到了導師的讚揚。

一九五七年初蘭州大學林迪生校長參加高教會議歸來，向全校師生傳達「百花齊放，百家爭鳴」的會議精神，並以向科學進軍的口號動員全校師生。這個時候正是學校教學、科研和生活達到解放以來最高的水平，老師和學生滿腔熱情積極發言，幫助共產黨開門整風。蘭州大學和各大專院校一樣全面響應中央號召，學校開始停課，各系各班都在成立鳴放委員會。我當時對什麼停課鬧革命想不通，學生就是念書來的，幫助共產黨整風我們學生知道個啥，於是自己便跑到圖書館閱覽室去讀書。然而學校卻將圖書館閱覽室統統關閉了。因為宿舍內、班上都在組織鳴放活動，於是我們幾個同學便跑出學校到雁灘公社柳蔭下去學習，為此班委會和班鳴放委員會組成的班聯合會開會批鬥我，說要讓我轉變思想，為此還鬧了很大的風波。我說我沒有任何意見和建議，我給黨提什麼意見呀？班委會於是答應讓其他人起草稿，由我代筆寫成大字報，再讓他人貼出來，所畫漫畫也是集體起稿由我代筆去畫。最後我答應代筆為班上抄寫大字報。

在鳴放會上，班上負責人趙瑩、李榮和張某某讓我畫一幅拉倒一座大廈大柱子的漫畫，期間趙瑩、李榮還擬出四句打油詩，標明要將西北民族學院兩位教授黃奮生（民族史專家）、謝再善拉到蘭州大學是要拉倒西北民族學院大廈。另一張將鳴放的雞捏住脖子不讓鳴放的高年級同學已分配了好的工作，這也由趙瑩、李榮與張某某編了打油詩標在期間。還有一張是讓我畫了一幅警察樣子的人手持大棒的模樣，趙瑩也給題了一首打油詩，其意是阻撓不讓鳴放，並由一位同學將筆帽蘸上墨汁在畫上戳上圈，成了一個麻警察，恰好影射了系上一個反對派成員。結果鳴放結束，進入反右批鬥階段，人人自危，個個喪膽，這一切統統扣到了我的頭上。而趙瑩、李榮等人竊取了班上領導權，一手遮天到系上彙報，不但將我和班上許多同學打成右派分子，剩下的都劃成黑旗、灰旗、黃旗等各種名堂，全部趕出人民隊伍。

我是一九五七年十二月二十八日被突然抓出來的右派分子。此後便開始人人過關，在我們班剩下的只有兩個半人沒有問題，半個人還得挨批判過關。就連原陝西富平縣團委書記，我系黨支部主要成員張孟蛟也被劃為黨支部內的陳獨秀，因個人不服又被劃為極右分子，最後被逼得成了神經病，瘋了。而曾幾何時趙瑩、李榮為了入黨，曾為張孟蛟打掃床鋪、送飯，此時卻反目為仇將他置於死地而後快。一九五八年後蘭州大學又補劃了兩批右派分子。據說這次反右運動使蘭州大學右派分子在教師中達百分之四十以上，高年級學生右派分子達到百分之二十五。就連校長林迪生也被劃成了「蘭大黨內的陳獨秀」了！我們班上只有趙瑩、李榮兩個小爬蟲竊取了入黨的好結果，成了我們全班唯獨的左派，事後的既得利益者。

蘭州大學的老師學生凡提大小意見者紛紛陷入泥潭之中，自春至秋先後在師生中劃了四批右派分子，還有劃了現行、歷史反革命的。

我被劃成右派後，沒有參加任何活動的權利，每天只有勞動，助學金由十七元降到八元錢的生活費，生活降到只能填飽肚子的程度。但每天還要做重體力勞動，打土坯、出窯、裝窯、燒磚等等。一九五八年，蘭州大學劃完了第六批右派之後，開始大煉鋼鐵，在校內大搞起了土法勤工儉學，學校到處是小爐煉鐵、小磚瓦廠，全校師生在大批判之餘大煉鋼鐵。而我們這些右派分子，則整日勞動去幹最髒最苦的活。

一九五九年，我回到蘭州大學文科樓，因歷史系合併到了西北師範學院，這裡沒有要求寫畢業論文，所以我們班沒有任何課程與實習任務。蘭州大學我敬重的趙儷生先生也被打成了右派分子，此時在蘭大批鬥，因索要他的交代材料，左派怕染了黑不去，於是常讓我與另一位右派去索送材料，長此以往我便與趙儷生先生結下了師生之誼，加上我酷愛字畫，便經常藉故多次造訪，致使此師生之誼長達數十年從未間斷。我被分到甘南州工作前，老師全家品茶相送，使我第一次體會到中華茶道之深邃，也通曉了一些西方、日本茶道知識。在臨潭一中我還為趙儷生先生翻譯英國唯美主義作家王爾德的小說《道廉・格累的畫像》，抄寫了副本材料。另外，我家中還存有趙儷生先生所讀書畫通訊多篇。

西北師範學院分到甘南藏族自治州有十餘人，我是一九五九年初秋被分配到了甘南州臨潭縣臨潭第一中學工作的。在臨潭一中由於我是右派分子，我沒有中教正式工資，僅給三十二元的生活費，另外，我這個學歷史的不能教政治、歷史、語言之類課程，只能教點美術、手工之類課程，還要管理圖書館以及某些雜務勞動。逢年過節時，我還要為黨支部、工會和一些班級繪製壁報頭和標題插畫等，學校排演話劇、秦腔也由我繪製佈景並兼及後台管理秦腔衣帽箱。到了暑假我就為學校在黨家溝學校牧場裡放牧犛牛。一九六一年我與幾位右派又被下放到臨潭縣日紮幹部農場參加鍛煉有半年之久，當時正逢三年災害時期，人們都在挨餓，我去時農場正在收割打碾。之後又讓我們去柏林開荒種地，一下子全校跑回家了五六百學生，只剩了一百零幾人，卓尼中學也剩不到一百人。這時我看見臨潭縣一中所在新城裡，路上經常有農民暈倒死在街上。一九六二年，我們這些階級敵人被集中在縣黨校，據說是要給右派分子摘帽子，可是到那裡幾個月什麼也未做就各自回了原單位；我與宋奇榮同時回到臨潭一中後，在學校作評定改造情況後，我被摘了右派帽子成了摘帽右派，工資評為九級，比一般剛畢業的大學生低一級以示懲罰。在這個暑假全州教師學習會議上我被調到了卓尼中學，依舊教美術課程，次年初在省教育領導部門「充實各級學校，中學均要本科畢業生，初中要專科畢業生，完全小學要中專高師生，初小用初師生」，但我這個摘帽右派卻被下放到了當地的柳林小學主要教繪畫課，但也教點語文、歷史。我被摘了右派分子帽子後，大小的運動中每年兩個假期都要被佔用，搞什麼集訓活動、檢查思想、最後還要搞典型批判，每次我們這些死老虎從頭到尾都是開刀的對象。

一九六六年文化大革命開始了，文教部門首當其衝，學校與社會亂成一片，就連一個小小的小學竟然縣委派工作組進駐，要搞思想戰線的新動向；初期把一切矛頭指向全縣教師，政府部門人員進駐學校發動整教書匠，我們這些死老虎便成了打開運動的缺口的對象。我的書籍和書畫全部被查抄，我的集郵也全部查抄成了反黨變天的罪證，因為我有三張大龍，一張是木刻版的，兩張小龍，乃至民國元年紀念票，民國時期系列郵票（一九一一至一九四九），新中國時期（一九四九至一九六六）郵票共計五百餘套，零散郵品一千餘枚以上，其中一九四五年以前郵品均係「天水永順橋」超載行藏品則為兩代人之藏品。還有外國的「世界風光」「世界油畫」的整套票，世界名人油畫作品一套，二十餘枚，另有零散副票數百張，還有中國自戰國至民國之歷代銅質貨幣、大清王朝的整套貨幣共計五十袋全部不翼而飛。我數十年的學習筆記也成了反革命罪證，全被上交公安部門。在學校裡我整天被批鬥和勞動，每日裡還要交兩份書面交代材料。新的學校領導不僅每天讓我寫三份檢查材料，另外為了整垮我甚至命令我將水井裡的水打幹。我在這些日子裡，戴高帽子、架噴氣式飛機、遊街打罵，不僅觸及靈魂還觸及肉體。我的主要罪名是讀封、資、修的書，書寫黑字畫，作黑詩等等，這時我才突然明白摘了右派帽子的右派仍然是右派分子。造反派將全縣的黑幫集中到縣多壩電站工地勞動改造等待處理，忽然批判鬥爭矛頭又指向了縣、社各級領導，接著造反派與保皇派開始了武鬥，直到全省颳來的「一打三反」風，每天都有人被搜被打被投入監獄，我本來已寫好了被解放的檢查材料，可由於一份國外通信，被懷疑者在全州達數十人，我與卓尼縣醫藥公司一個姓蔣的被作為重點懷疑對象。皆因信中落款為「永紅」，因我們學校此時改名為「永紅小學」，又因我是摘帽右派故甘肅省公安機關將我投入卓尼縣監獄，但因是莫須有的罪名，我根本對此不知道，所以我被關在監獄裡乾脆沒有人管，直到兩派鬥爭日盛，將所有歷史上有問題與掌權者中主要人物都抓進監獄時，監獄已是人滿為患，這樣就在監獄院子裡搭起了帳篷監獄。這段時間妻子和孩子常遭壞人欺辱、打罵。我被關押一年被甘南州公安機關釋放後，縣上卻用虛假材料給我重新戴上了右派分子的帽子，並將我開除公職，送原籍監督勞動改造。這樣我們五口之家就回到了天水老家，由於天水城市人口沒有去向下放為由，我們一家便成了天水市的黑人黑戶。無奈中我只得冒名頂替在天水市去做小工，後被發現連小工都無法做了。由於全家生活沒有著落，我於是在煤油燈下寫了大中小三套申訴材料，每月分別向中央、省、州有關部門投遞反映，妻子張桂蘭也帶著幼子上省、州不斷上訪陳述，直到一九七三年初才得到撤銷原處分、恢復工作的決定，全家人的戶口也直到三年後才在天水市報上，這樣就解決了我們一家口糧的供應問題。

一九七三年至一九七六年，我一直在卓尼縣阿子灘七年制學校教書，在此我依然要為公社、學校搞大量的宣傳美術工作。即使這樣暑假年關還是不讓我回家探親。有一次校長見我從來沒有假期，就私自放我回家探親，回來後就讓我在公社大會上進行檢查交代，甚至大年初一還要我去拾糞過革命化的年。

我在被專政和教學的空間始終沒有忘記甘南是歷史悠久、文化底蘊深、有眾多古建築和古寺院的地方，我被這裡的古文明震撼了，所以我曾走幾十里路找古城遺址，在古建築遺址上拾那古老的碎瓦片，並將這些古瓦片編了號，以備考察這些古瓦片的年代。一九七六年我被調到了甘南州展覽館新成立的文化中心工作，任文物專幹專搞文物工作，於是讓我如魚得水、厚積薄發，我帶來了牛頭城及點將台的全部文物標本、唐李將軍碑及明洮州衛城的部分資料。一九七六年五月十七日，文物組從甘南州群藝館分離出來，由於我考古方面成績出色，我被調到甘南藏族自治州創建了甘南博物館，並任館長，在這裡整整工作了十七年。這些日子裡我下迭部達拉溝、去寺院、採訪臘子口紅軍長征舊址、穿越原始森林，得了第一手資料，出了專著《甘南簡史》、《甘南藏區考古文物集萃》，合著多部，並發表論文四十餘篇，詩作二百餘首，為博物館徵集收購文物三千餘件，為博物、研究、教學和公安部門鑑定書畫、文物五千餘件。由於我的努力，我曾獲「甘肅省保護文物優異成果獎」、「甘肅省文物普查先進工作者」、「世界藝術名家」稱號。我的《菊圖》還獲「江蘇省藝術博覽會銀獎」，書法獲「劉邦杯二等獎」，《松柏圖》獲九九年國際老年節「世紀名家創作獎」等等。回顧過去，我雖然坎坷一生，但我越挫越堅、窮而後工，現被中國當代藝術協會推選為終生名譽主席和中國藝術聯合會副主席等職。

李乾棣父親李松泉

與遠征軍一同蒙冤的李乾棣

我是一九二二年十二月五日出生在上海的，祖籍浙江省寧波市。五歲開始在上海中西女塾幼稚園上學，一九三四年十二歲畢業於上海民智中學附小考入上海清心中學初中，一九三六年初三沒有上直接跳入上海建國中學高中一年級，並在一九三七年七、八月初參加了上海市第三屆集中軍訓，總隊長為國民黨八七師師長王敬久（黃埔一期中將，八一滬戰發生後王升任七十一軍軍長）。一九三七年滬戰發生後的第三天，我在報上見到一則廣告，號召受過訓的學生在八月十九日到滬西徐彙中學報到，參加「上海市學生模範大隊」作戰地服務工作。我當時感到日本人已經打到了我們家門來了，有一股愛國激情，於是瞞著家人，拿著一條毯子就跑去參加了。這個上海市學生模範大隊後來改名為「七十一軍戰地服務團」，團長為羅克侖（黃埔四期，上校，原軍訓總隊的總隊副）。團內設有三個組，一個交通組、一個宣傳組、一個救護組，還有一個女生隊。每人發有一身軍裝、一支步槍、一百發子彈和一頂鋼盔，我被編在宣傳組。曾去醫院慰問傷病及去街道宣傳抗日。因怕日機空襲，我也參加了在晚上乘車摸黑去前線七一軍軍部向王敬久軍長敬獻寶劍的活動。十一月大場失守，日軍在金山灣登陸。我隨團撤離上海經嘉興到杭州後又轉至浙江龍遊參加浙江省保安處幹部訓練班，接受連排級轉業軍事訓練。班主任為宣鐵吾（黃埔一期，中將），教育長為吳琅（上校，陸大畢業），中隊長為徐樹人（黃埔六期，中校）。一九三八年三月，在武漢的父親從繼母那裡得知我已由上海撤離至龍遊的消息後派人來到龍遊訓練班，拿著父親的照片和航委會的介紹信替我辦了請長假的手續，經南昌、九江去了武漢，和父親見面後讓我跟一個姓張的人到重慶復學上高中二年級。一九四〇年高中畢業後，我考入了在成都的南京金陵大學汽車專修科，後轉入電機工程系。一九四一年十二月日本襲擊美國珍珠港後，美國對日宣戰，成為中國對日作戰的同盟國，美國制定了一項援助中國的計畫，那就是Ｘ—Ｙ—Ｚ計畫，Ｘ代表的是印緬戰區，Ｙ代表的是中國戰區，Ｚ代表的是美軍在中國南方沿海港口登陸作戰的部隊。內容包括由中國成立遠征軍，由美英配合重新打通一條滇緬公路並隨公路敷設一條輸油管道，用以增強在中國戰區空軍的用油量，在強大空軍的支援下，中國戰區向廣西雷州半島地區進攻，而美軍在這一地區登陸後可從海上運送大量重武器裝備供應中國軍隊並配合作戰展開反攻。

為了實現這一計畫，美國方面答應先裝備中國六十個師，後來實際上減為十二個軍也即三十六個師，並在印度蘭姆加和中國昆明設立訓練班訓練中國的中下級軍官，當時在昆明設有步兵訓練中心（ＩＴＣ）和野戰炮兵訓練中心（ＦＡＴＣ），這方面就需要大量的翻譯人員。

一九四二年底由國民黨軍事委員會同教育部去各大學招考翻譯人員，當時說去印度工作兩年，文憑照發。一九四三年二月發榜我被錄取。當時金陵大學錄取的共有二十多人，由學校派車送往重慶，出發時有老師同學們歡送。到重慶後暫住南岸黃角椏，後由軍委會外事局發了一套軍裝和軍委會的工作證，並由局長商震上將接見講話後，坐美軍飛機至雲南昆明。我被分配到美軍步兵訓練中心戰術組Infantry Training Center Tactics Section擔任翻譯。這個訓練班除戰術組外尚有武器組、通信組、醫療組。我翻譯的課程有班攻擊、班防禦、排攻擊、排防禦、連攻擊、連防禦、村落戰，展開前衛等，我在那兒還見到了史迪威將軍。當時的美軍班主任為勃蘭特上校，此人後來被派往延安擔任美軍駐延安的聯絡處處長。美方在一九四四年開始對中國共產黨和八路軍特別感興趣，他們開始閱讀斯諾寫的英文版「紅星照耀中國」（也即「西行漫記」），並說八路軍消滅日軍比國民黨軍多，並主張凡在中國抗擊日軍的部隊都應得到美國提供的援助。

我參加遠征軍父親是極力支持我的，他不僅自己參加抗戰，他也對自己的兒子參加抗戰而感到特別的高興。我在昆明美軍步兵訓練中心工作期間，我的父親應軍委會戰地服務團團長黃仁霖的邀請為慰問美軍到昆明來表演魔術。我父親李松泉一八八六年生於上海，早年就讀於南洋公學，後考入天津北洋大學堂，一九〇三年至一九〇九年赴美國哈佛大學攻讀電機工程碩士學位。我父親不是職業魔術師，他是土木工程師。父親不嗜煙酒，在美國求學期間他是個很活躍的人，不但喜歡集郵、照相，而且還在空餘時間學習了西方魔術；在體育方面參加了校足球隊和跳高比賽，都曾取得過好的成績。一九〇九年至一九一一年在美國大眾電氣公司任副工程師。一九一二年回國後曾在上海交通大學、復旦大學任教，此間將「Magic」採音譯、譯之為「魔術」，嗣後乃有西洋魔術與中國戲法之分野。一九一三年娶了比他小兩歲的母親鎮江人陳玉寶為妻，母親陳玉寶為上海中西女塾高中畢業生，一九一四年生下哥哥李乾龍，一九二一年生下了我，一九二八年母親因肺病去世。「五四」運動後，韓秉乾魔術團在北平演出了新創巨型魔術團節目「變驢」，轟動一時，我父親李松泉回上海演出，極受觀眾嘉獎。一九一四年至一九三五年父親任上海利利汽車公司總經理。

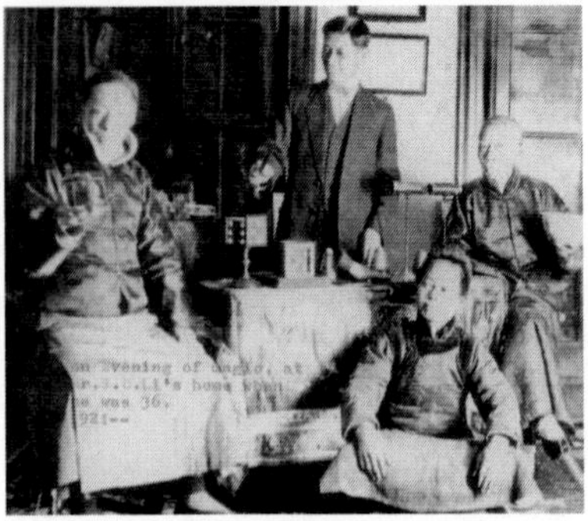

穿西裝變魔術者為李松泉

一九三一年父親與比他小八歲的留美學醫的女士張梅影結婚，張梅影一九二八年在美國賓西法尼亞大學醫科畢業，一九三二年生下李增榮。一九三七年前凡國民黨在南京開會，黃仁霖都邀請父親去表演魔術。一九三七年至一九四五年，父親在國民黨空軍中任少校工程師，在潢川、西昌、安康、長汀等地修築機場。

一九四五年初，父親在福建長汀修抗戰飛機場後返回重慶，當時有兩架飛機回重慶，我父親坐的飛機在湖南上空被日本人擊中，上面五人全部跳傘，當時已五十九歲的父親跳傘後落到了敵佔區，因為他的重要物品和行裝放在另一架飛機上，於是他脫下軍裝，扒下他自己用全金打造的領章帽徽變賣掉，化妝成一個和尚，穿過游擊區和淪陷區，經過三個月的艱難跋涉才回到了部隊，此傳奇色彩的事情曾登在一九四五年上半年的《旅遊》雜誌上。一九四五年抗戰勝利後，父親升任空軍中校工程師，曾擔任北平西郊機場擴建工程處副處長。一九四八年秋父親去了台灣。這時國民黨軍中有李松泉、竺翊漢、張喬齡、高欣伯，同稱為魔術界四大元老，台灣民間魔術先輩有邵來發、徐彼得，而後又有海軍校官退役之劉凱演出中國「滿漢全席」而享譽中外。一九六四年繼母張梅影因患腦溢血死於台北，享年七十歲。一九七六年父親患腸穿孔死於台北，享年九十歲。

一九四三年我應招到遠征軍昆明美軍步兵訓練中心後，為三級英語譯員，上尉軍銜。一九四五年升為二級英語譯員，少校軍銜，同年五月又被提升為中校，在軍部給軍長當英文秘書。

我的英文程度好，關鍵是家庭的教育。我六歲時生母就去世，九歲上我就開始學習英語，因我的父親和繼母都是美國留學生，所以我在高中時就用英文給父母寫信。

陳納德少將是美國十四航空隊的司令，十四航空隊下轄兩個聯隊，即六八聯隊和六九聯隊，還有一個中美混合大隊。它的前身在珍珠港事件以前是美國援華志願空軍隊，俗稱飛虎隊。我愛人的兩個哥哥黃衡一、黃啟宇在一九四〇年初即去飛虎隊當過英語翻譯。在現代戰爭中，一個國家沒有制空權是要挨打的，八一三滬戰時我看到上空出現中國自己的飛機時特別高興，後來一九三八年在武漢見到蘇聯援華空軍與來襲的日本飛機搏鬥，擊落多架敵機時也感到高興，但越到後來一九三九年日機對重慶的連續大轟炸，一九四〇年我在成都上大學時，一有空襲警報，成都飛機場的大飛機也向西北方跑警報，就感到很失望。自從飛虎隊來到中國後情況大有好轉，尤其是在一九四二年以後就看不見來空襲的日本飛機了。

一九四三年底，我正在野外場地替美軍教官翻譯「村落戰」課程給學員講課時，來了幾個中國的高級將領，其中有參謀總長白崇禧和幾位美國高級軍官，共七八個人來視察觀摩教學情況。由於我早年受過特殊的軍事訓練，對軍事用語比較熟悉，對課程翻譯得較好。那天下午有一個美軍上校叫馬瑞樂（英文名George B. McReynolds）的找我說，上午他也隨那些中國高級將領聽課去了，他們都誇我翻譯得最好，中國遠征軍長官司令部要成立一個美軍聯絡處，由他擔任處長，他要物色一個翻譯跟隨他去擔任聯絡處的首席翻譯，問我願不願去？我說，願意。這樣我就隨那位上校去了在雲南楚雄的中國遠征軍長官司令部，由司令部的參謀長蕭毅肅宴請和接待了我們。當時遠征軍的司令長官為衛立煌上將、副司令長官為黃琪翔中將，共轄四個集團軍，每個集團軍各轄兩個軍。其中十一集團軍司令為宋希濂，駐地在雲南大理；二十集團軍司令為霍揆彰，駐地在雲南彌渡；九集團軍司令為關麟征駐地在雲南硯山；五集團軍司令為杜聿明駐地在雲南昆明。

在印度的兩個軍分別是新一軍和新六軍，新一軍的軍長為孫立人，孫立人畢業於美國佛吉尼亞軍事學院，新六軍軍長為廖耀湘曾留學法國。這兩個軍歸史迪威將軍直接指揮，副總指揮為中國將軍鄭洞國，稱為中國駐印軍。

我和馬瑞樂上校最初是住在楚雄美國空軍住的招待所內，後來由長官司令部安排到西山的一處住所，還派了憲兵警衛，由專設的西餐廚師做飯，房子也進行了改造，增建了廁所和淋浴設施，還安裝了電話和電燈，寢室裡還有新做的木床、大立櫃、五斗櫥、寫字台，生活比較舒適。聯絡處後來又來了七八個美軍的軍官和十來個士兵，軍官中有空軍聯絡官、有負責情報的、有負責作戰訓練的、有負責後勤補給的，另外還有一個無線電通信組負責與昆明的美軍總部聯繫，還調來了七八個翻譯人員。

我再給你說說我參加反攻怒江戰役的重大軍事會議，跟隨進到長官部的前進指揮所的情況：一九四四年四月中旬，原在昆明的美軍地面部隊司令竇爾恩將軍和他的參謀長突然來到了楚雄，第二天由馬瑞樂上校和我陪同他們去了長官司令部，由參謀長蕭毅肅中將接待召開了反攻怒江戰役的重要會議，會議最後決定：一、在雲南大理洱海進行部隊渡江的訓練；二、渡江的先頭部隊由二十集團軍屬下的五十四軍兩個師擔任，配合有中國和美國的工兵部隊；三、渡江的橡皮艇等器材由美方負責準備，並由美國教官教導使用；四、長官司令部的前進指揮所設在保山；五、總攻日期定在五月十一日。參謀長蕭毅肅中將在會上還特別叮囑我要注意保密，晚上由衛立煌在長官部設宴招待我們。隔了十多天，竇爾恩將軍和他的參謀長以及昆明美軍總部的十幾位軍官又來到了楚雄，加上馬瑞樂上校和我都在第二天跟隨著衛立煌和參謀長蕭毅肅的車隊浩浩蕩蕩地出發了。到了保山後我們發現幾個集團軍的總司令，各軍的軍長也都先後到了那兒。長官部直屬的一五五重炮團也開到了那兒，十四航空隊支援地面部隊作戰的飛機也都進入待命狀態，工兵和渡江器材都已進入各預定的渡口位置，準備渡江的先頭部隊六個團也已進入各渡口的出發攻擊位置。衛長官一聲令下，五月十日晚趁著天黑，還下著雨在六個渡口的六個團都準時渡江出發了。真是奇蹟，雖然在過江後在克松山、龍陵、騰衝時有過激烈的戰鬥，但那次渡江，由於日軍在怒江西岸沿江沒有防禦設施準備，我們的先頭部隊在破曉前全部安全地渡過了江。由於有先頭部隊占領陣地進行警戒，後續部隊也都在十一日黃昏前過了江。這時馬瑞樂上校突然通知我說，咱們趕緊回楚雄去，有新的任務。回到楚雄後才得知美軍已派了一個叫白爾司的上校來接替他擔任聯絡處的處長，還帶了一個叫陳嘯虎的翻譯。要求馬瑞樂上校立刻到雲南驛空軍第六十九聯隊報到，負責陸空聯絡任務事宜。後來得知經過浴血奮戰，中國駐印部隊新一軍、新六軍從雷多出發，節節勝利，八月攻克了緬北重鎮密支那，一九四五年一月二十八日中國駐印軍和中國遠征軍滇西部隊勝利在緬甸邊陲的芒友鎮會師，中印公路也正式打通。

最後我談談我在雲南驛開辦陸空聯絡訓練班的事情：到達雲南驛以後，我們住在雲南驛空軍招待所內，離飛機場很近，我們的辦公地點就設在飛機場內。這裡有很多各種各樣的飛機，有轟炸機、運輸機、驅逐機、聯絡機、偵察機等。我在那兒看到最多的是P51型驅逐機，它是P40、P50驅逐機的改進型，飛機有裝甲保護，機首是齜牙咧嘴的老虎頭，還是原來飛虎隊飛機的標誌。駕駛員一按按鈕，飛機上的六挺機槍即可同時發射。在飛機場上見到的十多架驅逐機的機身邊側上都漆有每一架飛機擊落日本陸軍和海軍航空隊飛機的架數記錄，少則四、五架，多則八、九架，真是痛快！由於怒江反攻戰役擴展，空軍對地面部隊提供支援的任務，越來越多而且越來越重要，因此馬瑞樂上校就專門負責與雲南驛空軍方面聯繫合作，派出專職教官成立陸空聯絡訓練班，由我擔任翻譯。前線參戰部隊派出軍官來接受學習，我記得一共辦了七、八期，每期一週。內容為敵我雙方飛機型號的識別，L5型聯絡機如何從低空飛越，來拾取地面部隊的信件，地面部隊又需要做哪些準備將信件懸掛起來以便於聯絡機拾取；地面部隊對於空中要求怎樣支援；在地面上用白布擺成什麼樣的圖案以表示需要補充彈藥，需要補充給養，需要向前方敵陣進行掃射；方向如何？距離多少？需要向前方敵陣進行轟炸；方向如何？距離多少？需要拾取信件等等。在雲南驛辦完訓練班，我又跟隨馬瑞樂上校坐L5型聯絡機轉至雲南個舊、硯山、文山等地辦陸空聯絡訓練班。這種小型聯絡機是由一個美國駕駛員在前座坐著駕駛，我則背上降落傘在後面坐著，出事時只要把胸前的紅色環一拉，人就會被彈跳出來，傘就會自動打開。

一九四五年初，由於滇緬路已被打通，駐印軍和遠征軍的任務都已完成，當下的任務是要向廣西進發，在雷州半島地區攻下一個出海口，以迎接美國的登陸部隊即Z部隊的到來。這時在中國戰區的廣西南寧地區成立了第二方面軍，司令為張發奎，在貴州的貴陽地區成立了第三方面軍，司令為湯恩伯。原在雲南保山的遠征軍部隊七十一軍也調歸湯恩伯指揮，還有就是湯恩伯的嫡系部隊十三軍。十三軍軍長為石覺，下轄二個師，即第四師和八十九師。十三軍也是美械裝備的部隊，那時軍、師、團各級都有美軍的聯絡人員。第三方面軍方面的聯絡處長為博意準將，參謀長為佛裡南上校。馬瑞樂上校為十三軍聯絡處處長，部隊處於整訓狀態。四月份馬瑞樂上校突然通知我說，為了實施Z計畫，現在需要選一批優秀的翻譯人員去美國工作，待遇從優，每月三百美元（相當於現在的五千美元），是去美國跟隨登陸Z部隊去當翻譯。當時要我去貴陽美軍總部報到，聽候考試選拔，經過口試，我和其他兩名翻譯從數十名應試人員中被選中。然後被送往昆明美軍總部，那兒還有從別處選拔來的優秀翻譯人員和我們一共二十多名，集中在這裡由美國軍官教我們唱英文歌，練美式操，並稱呼我們為專家，準備去美國的護照一辦下來就坐飛機出發。就在這時由於我父親李松泉從福建長汀修飛機場後坐飛機回重慶時飛機被日本人擊中，當時下落不明，我只得請假坐飛機趕回重慶，後來又忙於結婚，只得放棄了這次出國工作的機會。我回到貴陽後，十三軍軍長石覺聘請我到軍部擔任中校英文秘書，並給重慶軍委會外事局發了請調報告。我與石覺軍長多次參加第三方面軍的軍事會議，在七月份貴陽美軍總部還見到了魏特邁將軍，他是繼史迪威將軍任美軍駐中國戰區的最高司令官。七月份部隊奉命向廣西出發，這時第二方面軍已攻下廣西柳州，我跟隨軍長坐船沿西江向梧州方向進發。部隊八月初攻下南丹，八月中攻下梧州。這時從美軍炮兵部隊的報話兩用機中得知日本已宣佈接受無條件投降。

抗戰勝利後十三軍到了北方，當時我們從廣州到了秦皇島，開赴東北對日軍受降。我一九四六年在遼東、熱河去打內戰，從秦皇島登陸，主要戰鬥在山海關一帶。十一月，到了山海關，又去北平，再到了熱河城，一直當翻譯。一九四八年底部隊主動撤退到了北平，我們十三軍軍長石覺提升為第九兵團司令、防務北平東城。我當時具體在司令部辦公室任中校秘書。一九四九年一月二十七日，我突然接到一個電話，副官處處長通知我馬上到司令部來。副官處處長對我說，傅作義同意兵團司令回南京，有兩架飛機要走，其中有我。我聽到這個消息後上了鐵甲車，車將我拉到崇文門一個小學。我趕快給我愛人黃振殷打了電話，讓她馬上過來我們商量，在這裡我決定不走了，我們兩人相親相愛要永遠在一起，於是我就留了下來。

北平和平解放後，上面讓我們學習整訓，願意從軍就從軍，願意轉業就轉業，於是我就轉業考到了華北公用企業訓練班，也就是重工業部工作人員訓練班。一九四九年五月，我考入中央重工業部幹部學校，原來說是學習培訓五個月，但實際待了八個月。在這裡一方面交代檢查個人歷史，一方面學習社會發展史、新民主主義論，主要學習政治。校長是何長工。

一九五〇年三月訓練班畢業後，我被分配到了察哈爾省宣化龍煙鐵礦任實習技術員。由於我是學技術的，到了機械廠主要搞擴建計畫工作。因為我對手搖電腦比較熟練，所以總工程師將我調到了總工程師辦公室負責礦山計畫工作。

一九五一年二月底我在察哈爾省宣化龍煙鐵礦工作將近一年後突然下來通知將我和總工程師調到了北京，讓我到重工業部鋼鐵工業局報到。人事科的人給我談了話，問我願意不願意到漢冶萍去。我說，我家就在北京。談話後我等了一個月，三月二十一日星期三上午九時許，我在家中接到鋼鐵局送來的一份通知要我當日下午三時去局內談工作分配問題。我按時到了局裡，由局人事部門的一位女同志接待了我，談到我在龍煙鐵礦期間的工作表現還不錯，問我願不願意去大冶鐵礦工作？我說我的家在北京，希望在北平附近工作。正在人事科的人給我談話時，突然一個黑大漢領著兩個人走了進來，說：「李乾棣你被捕了。」我聽到這話愣了一下，他們沒有給我逮捕證。接著後面上來的兩個便衣給我戴上了手銬，押上在局門口停放的一輛大巴。上了大巴一看在車上還有兩個戴著手銬的人，一個姓俞，另一個姓康，他們也都是在重工業幹部學校畢業後分配到龍煙鐵礦工作又和我同一批調回北平鋼鐵局重新分配工作的。後來那個姓俞的不久在勞改隊因患肺結核去世，而那個姓康的由於解放前曾擔任河北省寶坻縣警察局的局長，有血債，押回寶坻縣後被槍斃了。

大巴一直開到前門火車站後上了去宣化的火車，到宣化後我被押往宣化市公安局看守所，搜走了我身上所有的東西和褲帶，換上了一付土銬子。由於我的手腕既細又小，在晚上我可以悄悄地把手抽出來，但怕被發覺後惹大麻煩，只好又悄悄的把手放回到銬子裡去，這一戴就是整整八個月。看守所內是一間小號子，面積約為4米×6米，內有一張土炕。我進去時炕上已有五、六個人，後來又進來幾個擠成一團。陽曆三月下旬的北方，天氣依然很冷，晚上也沒有被子蓋，幸好人多，擠著睡也就過去了。伙食吃的是窩頭鹹菜，頭兩天我是什麼都不想吃，後來實在餓得不行了，才開始吃東西。那時候社會上正開展鎮壓反革命的運動，時時傳來外邊群眾集會高呼鎮壓反革命的

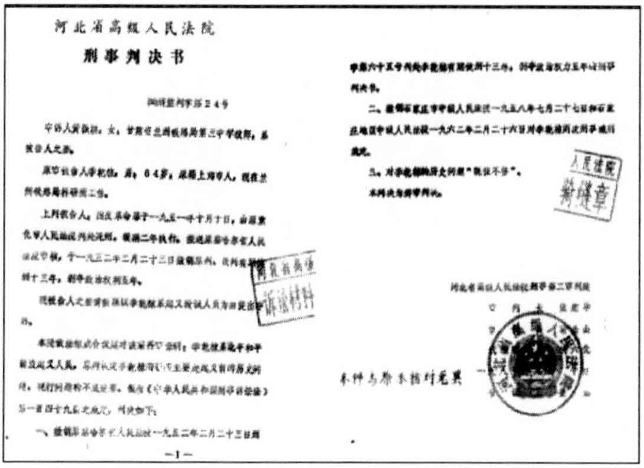
河北省高级人民法院

刑事判决书

—1—

河北省高級人民法院關於李乾棣革命罪的刑事判決書

口號。在看守所的號內也常常聽到一批批帶著腳鐐的犯人被押往會場公審。當時我自己也思緒萬千，有時覺得自己是經過學習的，不會被判刑；有時又覺得自己比起當時在宣化看守所在押的犯人來級別都要高些，可能會判個重刑，一切也只好聽之任之了。

後來對自己的問題過了三次堂，第一次是龍煙鐵礦保衛科、第二次是宣化市公安局、第三次是宣化市法院。內容都相同，一是拿著我在重工業幹校學習時寫的自傳，問我歷史上有哪些反革命的罪行？二是問我在抗美援朝期間有人揭發我曾說過的一些怪話，要我老實交代。我說自傳上所寫的都是事實，至於在抗美援朝期間說過哪些怪話？我自認為是沒有，不過要是別人有什麼揭發，只要是我說過的話，我一定會承認的。當時那個姓李的說：「你不是說戰爭的勝負決定於武器嗎？」

我說：「我說的是在戰爭中武器沒有人使用是死東西，但光有人沒有武器和有精良武器的敵人作戰也會吃虧。」我說我是起義人員，他說對起義人員、老老實實是既往不咎，亂說亂動則舊賬新賬一起算。

在看守所時我愛人黃振穎曾由北京給我送來一次被子，由於當時尚未宣判，不能和她見面。

一九五一年十一月份判決書下來了，宣化市法院原判我為死緩，經報察哈爾省高院審批改判我有期徒刑十三年。判決書中除列舉我在解放前所犯歷史罪行如接收運送美械軍品供應內戰，翻譯反動文件等等外，說我在解放後混入革命陣營，在抗美援朝運動中造謠破壞，幻想美蔣捲土重來，恢復其統治勢力。解放後與逃往台灣的反動分子繼續通信。但該犯反動職務雖高、具體罪行尚少，原判死緩顯係過重，然而該犯思想反動色彩比較濃厚，需予以長期勞動改造以觀後效，故改判有期徒刑十三年。

判決書下來後，我被去掉手銬改釘腳鐐，由號內提出參加納鞋底子勞動。一九五二年二月份去掉了我的腳鐐，由看守所轉至宣化市勞改隊勞動。這期間我參加過運石頭，由山上向山下背，上山是空手，下山我每次能背六十斤，上下山一次十里地，每天要背五次，也就是五十里地。還種過稻子和幹過砸鐵礦石等勞動。後來又讓我和一個老農去測量河灘地的面積、繪製簡單的地圖、上面還要規劃溝渠的系統、做一個勞改隊五年的農業發展規劃，簡直把我當成一個萬能的人。這段時間讓我參加半天體力勞動，還讓我給公安戰士上課、又管藥箱，又讓我設計和平整隊上的曬稻子場，我做了一個土制的水平儀和尺規，把地分成很多個方塊，量出它們的高低，然後確定該挖的挖、該填的填、還留了百分之三的坡度以便洩水，我對自己的這一成就非常滿意，這是我無意中觀察父兄們在修建機場和公路工程中學到的。

在勞改隊從事體力勞動，雖然有些累，但那時還年輕才三十歲，經過鍛煉我的體力有所增強，扛起自己的行李轉移住地時感到輕鬆得很。那時勞改隊監管我們勞動的隊長叫于則林，他對各個犯人的勞動表現，根據每人的具體情況進行考核，對我也認為是盡了自己的力氣給以表揚，在砸鐵礦石勞動時，有好幾次我和別人抬著裝滿鐵礦石的大筐上坡時，由於我體力不行上不去，于隊長就上來接替我，這些都使我深為感動。

這一年的夏天我愛人黃振穎從北京到宣化市勞改隊來看我，她帶了些食品給我，問我要判決書看，由於判決書已交隊上保管，我向隊上要，隊長說：「你給她說說就行了。」我說：「我被判了十三年。」當時她說知道我會被判刑的，但不知道我會被判這麼多年，我說宣化市法院原判我為死緩，經報察哈爾省高院審批改判我有期徒刑十三年。她也就什麼都不說了，勉勵我好好改造。

一九五二年的秋天，包括我和馮玉清在內的一批犯人由宣化市勞改隊管教幹事帶領乘火車轉往河北省第一監獄。當時由第一監獄的管教股的楊幹事問：「有沒有會演戲的？」當時我和馮玉清由於害怕幹體力勞動，我們就說：「我們演過戲。」楊幹事說：「你們兩個就去戲劇組。」後來到戲劇組一看，人家都是唱京戲和平劇的，我們根本不會，我和馮玉清說我們演過戲，是指上學時我們演過話劇。後來根據我們的專長，馮玉清分配到了土建組，我則分配到了文化組。

這個文化組是幹什麼的呢？那是給監獄裡幹部上文化課的，分高小和初中，課程設有語文和數學，每天早晨上班前給幹部上一小時的課。裡面負責的犯人是原來石家莊女中姓李的校長，犯了暴虐女學生罪，判了十五年。我去後她問我能不能教代數，我說能，這樣給我出了幾道代數題，我一下子就做出來了，他們說這新來的李乾棣行！這樣他們就讓我當上了數學組的組長，另外語文組的組長是一個叫王西雲的。這個文化組除每天上一小時課外，其餘都是備課時間，每週開大會時佈置會場，幫忙作些搬動桌椅板凳，打掃衛生等輕微勞動。

我從看守所到一監獄以後，生活環境也大為改進，不但兩週可以洗一次澡，而且用六六六粉消滅了我衣服和身體上所有的蝨子（在看守所時我身上每天可抓三百多個蝨子）。在情緒上也掃除了判刑後的消極悲觀思想，我讓愛人黃振穎把在家中的英文科技書都給我寄來，同時讓乾龍哥寄給我一個計算尺。當時我在備課空餘時間把在大學學的高等數學微積分的習題從頭到尾做了一遍。當時在土建設計組的耿承（某大學的教授，因參加過中統特務組織而被判刑），當時因設計某項土建工程而需要用微積分計算時曾向我討教過，而引起土建設計組和文化組的人大為轟動。

雖然負責全面幹部教育工作的領導席九如副獄長一再強調「你們下課是犯人，上課是老師，對工作要認真負責，對學員不好好學習，考試時作假的，要如實向我彙報」，事實上讓犯人教幹部，要求嚴是不可能的。

一九五三年夏天由保定市某中學的老師來接替了文化組的工作。這時生產科一位姓馮的隊長領導成立了一個技術革新組，一共有三個人，則由我擔任組長，其他兩人一個姓劉、一個姓牛，都是中專生。任務是改進和完成生產中的各項合理化建議。

當時監獄縫紉機廠用由離心開關啟動的單相電動機經常燒壞，由我改成了三相，大大提高了生產效率。後來馮隊長交給我一項根本違背科學原理永遠無法實現的課題：不用外界輸入能量而能自己永遠運轉的永動機的研究。我覺得無聊之極，向領導提出將我調至監獄電工組勞動。

到電工組以後有兩件事需要提一下，一件是認識了工程隊的一名電工施工組長叫侯瑞增的，這人才十八歲以偷盜住家戶的電度錶被判的刑，這人特別能幹聰敏，他打聽到我是專門學電的，經常向我討教一些電工上的理論問題，還讓我編寫了一本電工講義，由他給施工隊的電工們授課。同時我從他那兒也學到些電動機維修方面的實用知識。

再一件是由於監獄用電設備的增加，原有的變壓器和供電線路的容量需要擴充，一是維持原有的低壓供電系統，二是改為高壓供電。根據我的估計，高壓供電不但對將來發展有利，而且對當前的電力擴建投資也較省，因此我向監獄當局提出了將原有的低壓供電系統改為高壓供電的建議。這一建議被採納執行。由我進行了高壓供電系統的設計和指導施工，最後順利投入運行。

一九五三年的秋冬，河北省要在石家莊二監獄新建一個機械廠，內有五個車間：即機工車間、鍛壓車間、鉚工車間、鑄工車間、鉗工車間。有各類車床、刨床、銑齒機、剪衝機、衝床等數十台。電力部分包括配電系統、照明設施由我負責設計。由侯瑞增帶領監獄工程隊的電工負責施工。

一九五四年春由於施工中發生一些困難問題，由建廠負責幹部劉雲清廠長帶領把我從一獄調往石家莊二監獄。到石家莊二監獄後由我和侯瑞增帶領工程隊的電工施工，把原來變壓器集中供電方式改為向各車間分開供電的方式。並對各車間設備上的電動機進行烘乾試車。安裝完成後由石家莊供電局進行核查，包括供電高低壓線路和車間地線接地電阻等全部合格。

安裝工程完成後，工程隊的電工全部撤離，由我負責全廠電力設備的維修工作，後來又增加了幾名電工如李明泰、趙得漢、高玉貴等，成立了電工組由我擔任組長。

一九五五年河北省勞改局在石家莊北郊增設了一個機制磚廠，在正式開工試車時發現有一台新的電動機發熱，影響全面試車。由第二監獄的王獄長帶領我去檢查，經檢查我發現是電動機內部出線端接線錯誤所致，經我改正後消除了發熱現象、運行正常。磚廠的兩位電工覺得完全是全新的電動機為什麼會出現這種情況無法理解，這使我在王獄長心中產生了技術過硬的認識。

一九五六年機械廠又增加了水壓機、帶十三個交直電機的龍門鞭心五噸橋式吊車。電氣部分由我負責安裝。這些年在過去已掌握的電工知識的基基礎上通過看書自學和在實踐中摸索鍛煉，使我在技術上長進不少，能夠在工作上應付自如，受到過監獄領導的表揚和獎賞。

一九五七年監獄實行新的管理辦法，對過去判決認為不合理的，可以提出上訴。

當時有一些人如軍犯張國政（他是抗大畢業後在解放軍中任營長，後隨軍分區司令員投敵叛變，被處刑十五年）等，串通一起提起上訴，在後來反擊右派翻案風時，張國政不但沒有得到減刑，反而以不認罪不服法改判為無期。另外在我同宿舍裡有一個姓范的，在反右運動中，他在宿舍裡說了一些報上發表的右派言論，後來在反擊右派翻案風時，也由有期十五年改判為無期。我因為吃過言論上的虧，一直在言論上保持謹慎，也沒有提起上訴，因此躲過了這一劫。

另外，一九五七年有兩個月監獄還對犯人的勞動給以一定的假定工資的報酬，我那時被評定為工程技術人員，假定工資較高，還給家裡寄過三十多元。

一九五八年迎來了大躍進和大煉鋼鐵運動，由監獄的陳書記帶領我們幾個有技術的人員去北京參觀了一次展覽會，回來後大搞技術革新，我那時搞成了一台多頭電焊機和電火花鋸床等，被評為技術革新能手。受到大會表揚和獎勵。後來又完成了石家莊市第一台電弧煉鋼爐的安裝和試車，受到減刑一年的獎勵。

一九五八至一九六二年這幾年過得越來越順當，五八年起通知我不用在大號裡住了，可以搬遷到設備科院內單獨的一個小屋和技術室另一個有技術的犯人住在一起。伙食也不必吃犯人伙房的飯而可以到職工食堂買飯吃。每月還發給我十元技術補貼，甚至還通知我可以寫信讓家屬來石家莊監獄和我團聚。當時我愛人比較明智，因為我還是一個犯人，她來監獄和我同居顯然不合適，所以沒有來。但她覺得我能得此特殊待遇，表示我在改造過程中作出了大的成績，得到領導的信任和重用，她也是高興的。

一九六〇年鬧饑荒、低指標、瓜菜代的年月，監獄中不少人得了浮腫病，而我的身體尚好，在革新上我又搞成了一台無人操作的程式控制車床，後來又有幹部韓明輔約請獄外搞無線電技術的人將啟動方式改為無線控制，這台機床後來被送往天津工業交通展覽會上展出，照片還登錄在一九六〇年某期《機械工人》雜誌封面。

一九六〇年由於撤走了蘇聯專家，中國科學院有不少英美法日的技術資料需要翻譯，中國科學院就和監獄設備科的王昭成主任取得了聯繫，臨時在設備科附設了一個翻譯組，由別處調來了幾個懂外語的人如毛韶青、劉憲昌、李棉輔等，由王主任指定讓我擔任組長。毛韶青我過去就認識，他曾留學法國，學的是機械工程，擔任過原熱河省建設廳的廳長，和石覺也熟悉，他還是原熱河省三青團籌備處的負責人，解放後在重慶大學擔任教授，鎮反時被捕。劉憲昌是留美的原空軍中尉機械士，解放後被打成右派。李棉輔是曾留學日本，日偽時期在北平市政府工作的人員。

翻譯工作主要是將外文科技資料全文翻譯成中文，並作一個摘要說明。有一次有一篇有關熱力學方面的法文資料，王主任讓毛韶青翻譯後，讓我校核。我只有勉為其難，查著法文辭典，一個字一個字的翻看。最後在文章的結尾處，有一段譯文，我卻根據英文語法的規律，得出與毛相反的結論。當時毛很不服氣，認為我沒有學過法文，怎麼能否定他的譯文？後來王主任表態說把我們兩人的譯文同時上報科學院，由人家定奪。經過一夜的反思，毛在第二天對王主任說我的譯文是對的，他的不對不要上報了，這使我出了一次大風頭。後來我憑藉辭典還翻譯過俄文質譜儀的說明書，德文計算尺的說明書。

這一時期，我是特別的忙，不但要搞翻譯，還要管廠內重點電氣設備的維修，早晨還要給幹部上數學、英語課。可以說這一輩子我還沒有這樣努力過。那時我感覺自己是精力充沛，盼望能早日得到提前釋放，回家團聚。

一九六二年十月我被宣佈提前釋放。

愛人黃振穎帶著兩個孩子，一九六三年和六四年二月春節期間都到我釋放後的石家莊工作單位探親和我相聚。第一次去時，設備科于主任和王主任都特別熱情，把設備科的兩間庫房騰出來給我們當臥室。六四年去擠住在職工宿舍一間小屋裡。

一九六六年文化大革命開始後，愛人黃振穎給我來信說：「今後不要來信，不要寄錢，不要寄東西。」從此我們中斷了很長時間的來往。

我的命運那時始終與國家政治形勢連在一起。一九六七年秋至一九六九年秋我被牽連上了莫須有的現行反革命暴亂集團一假案，隔離審查兩年多，工資全免，每月光發十五元生活費。他們把我關在一個屋子裡，晚上睡覺不准解手，打呼時就要用大棒子打我。把我吊起來用鋼絲鞭抽打，要我交代所參加的反革命暴亂集團的名稱、綱領和暴亂行動計畫。說不上來就打，實在說不上來，就有人悄悄告訴我，當時二獄管這一專案的審訊幹部劉英一邊洗著腳，一邊用紅筆將我編寫的材料對不上口的地方改好了，讓我照抄。然後用火把他用紅筆改的那份給燒了。

這樣經過多次刑訊逼供，授意改供，劉英終於完成了這一牽連獄內上百人的假案資料。他讓我在審訊材料的正本副本上按上了手印，並且對我說：「通過反省有很大的進步，現在材料都對上口了，千萬不要翻供，翻供對你不利。」想不到入獄以來，十多年拼死拼活的幹，想的是釋放後能早日回到社會，與家人團聚。而今卻又無端被牽連上了這麼個假案，只等著將我重新逮捕法辦，判個無期或死緩，這一輩子也就完了。

正在我萬分絕望之時，大概在一九六九年十月由二獄公安派出所所長劉彩召集我們這些被隔離審查的人員宣佈：「問題暫不作結論，準備結束反省，恢復工作，參加勞動。」這一嚴重摧殘身心的假案就這樣不了了之。一直到十年後的一九七九年三月，我已調至蘭州鐵路局工作，才由石家莊二獄公安派出所給蘭州鐵路局發來公函說：「李乾棣在文化大革命期間所牽連的現行反革命暴亂集團一案是個假案，各種不實的材料，早已從其個人檔案中抽走，但當時受左的路線干擾，善後工作做得不夠，今決定將其被隔離審查兩年多期間所扣發的工資一千六百餘元予以補發，讓其來石家莊二獄領取。」謝天謝地，這事終算有了個明確的結局。

一九六九年冬為了執行林彪下達的「把四類分子一律清除出城市，下放到農村去勞動」的指示，二獄的刑滿釋放就業人員都下放到了石家莊地區所屬周邊縣的農村去接受貧下中農的監督改造，十二月由二獄派一輛卡車把我們三十多人送到了正定縣公安局，再由那兒分配至各公社的鄉村，當時給下放的人員每人發生活費六十元，其中我和一個女的，因個人存款較多沒有給。我、張炳墊、趙陰民三人被分配至平安村大隊。

張炳龔是七十多歲的老人，行伍出身，曾當過山東某軍閥的警衛旅旅長。趙陰民，三十多歲，是偷盜公家漆包線的刑滿釋放人員，會唱京戲，演旦角，有公民權。

由大隊的民兵連長吳喜祿趕著一輛架子車把我們由正定縣接到了平安村大隊。生活安排在村西頭地主婆李月姐的家中，我和老張睡在西廂房的炕上，小趙自己搭個床。勞動分配到第二生產隊。

到村子的第一天傍晚，村裡沒有賣吃的，我和小趙步行五里地到西頭的曲陽橋公社買些吃的，還給老張捎上些吃的，我還化了七十元買了一個半導體收音機。還買了些在農村的勞動和生活用具。

由於老張年老體弱、沒有什麼勞動力，隊上分配他擔任拾糞的勞動。我和小趙則在每天早晨聽到生產隊上工的鐘聲後到隊上報到，聽候分配當天的勞動任務。那時我大部分的時間是跟隨治保主任吳玉春的父親四大伯幹鍘草的工作。

生產隊根據每個人的體力強弱，要評定工分等級。小趙被評為九分，我則被評為七分。作為四類分子，村上有一些規定，我也不能例外。每天一早上工前得到村裡指定的路段進行掃街，每天晚上得到生產隊進行思想彙報，離村外出趕集或辦其他事，得向治保副主任楊小喜請假，村上去公社的大路被雨水沖壞後，得在下工後傍晚去修，每個人的手臂上都要戴上一個袖套，上寫「地主分子某某」、「反革命分子某某」。

由於我的經濟狀況較好，在農村的頭兩年問題不大，後來慢慢就開始緊張了。對於老張我在生活和經濟上，在可能的範圍內曾給以照顧，如過年過節我吃什麼，也給他吃什麼。每個月也給他一些零花錢。後來他在農村實在混不下去了，由我向治保主任建議將他送回二監獄，由我把他送到了石家莊，請他吃了飯，洗了個澡，留了些錢給他。但他後來又跑回村子說：監獄不接受他。老張還說監獄門外有不少孩子還用石頭打他，他只好回來了。這樣又過了幾個月，他就不吃不喝，病死在了村子裡。

雖然我在隊上每年年底可以分到三十多元錢，但在第三個年頭上，我的經濟就緊張起來了。我開始靠賣東西過日子了，自行車賣了，毛毯賣了，座鐘賣了，皮箱賣了，繪圖儀器賣了，最後連蚊帳、毛衣都賣了。因為我不賣東西就吃不飽。這樣晚上我連屋子裡點亮的燈油都買不起，只好每晚摸黑上床。

說句心裡話，在農村雖然經濟上困難些，生活上艱苦些，但我能感覺到農民的樸實和勤勞，他們對我這樣一個不是本鄉本土的歷史反革命分子根本恨不起來，而且當我在農村做出些有利於村子和老鄉的好事時，群眾的眼睛還是雪亮的。這些年我在村子裡無論是大隊或生產隊的領導，還是普通的群眾對我還是挺照顧的。如收麥子的時候他們知道我割麥子不行，就讓我去溜一匹病馬，當我牽著馬到一處長著豐滿草的溝渠裡讓馬吃草時，老鄉們就對我說：「老李，這裡的草是灑了農藥的，馬不能吃，吃了要出問題的！」當我一九七二年冬去了一次蘭州探親而無功折返農村後，在經濟上極端困難的時候，大隊知道我過去在經濟上接濟過老張，就給了我三十多元，當我過冬無錢買煤取暖時，讓我搬到大隊部去睡覺。

在村子裡的四年，我在技術上也有所長進，原來我對電子管收音機和播音擴大機是不熟悉的，在農村因大隊經常找我修理隊上的播音擴大機等，後來通過看書和摸索，使我對這些設備瞭若指掌，修理起來毫不費勁，後來附近的村子播音擴大機壞了或不好用都找我去修理。

我還給村裡修過好幾台電動機。有一次經我修理過的一台電動機，在地裡抽水澆地時電死了人，經縣農電局來人到現場檢查，打開電動機一看，見電動機線包發黑，就貿然斷定是電動機燒壞了，使電動機外殼帶電而電死了人，那我這修理過這台電動機的人責任就大了，是我沒修好這台電動機而電死了人。但憑我的經驗，這台電動機的線包發黑是用髒了的黃油濺上去造成的，電動機根本沒有燒，絕緣也是良好的。我讓大隊派人和我一起把這台電動機送到縣農電局，用搖錶一檢查果然絕緣良好，一通電電動機完好地轉起來了。原來那個被電死的人是聽說村裡要給他戴上富農分子的帽子而摸電自殺的。

一九七五年春，河北省三監獄來了一個姓高的幹部，拿著河北省公安廳長的親批介紹信到支隊來，將我調往在河北深縣的河北省三監獄。這個河北省三監獄對外稱三七四廠。因那兒正在建一個三十五千伏的高壓變電所，需要高素質的電工技術人員。我被調到那兒後一直在變電所工作，歸一個姓何的隊長領導。三獄的鄭獄長對我較重視，讓變電所給我買設計繪圖用的東西，如計算尺、丁字尺、三角板、繪圖儀器等。

一九七五年十二月我得到通知，要我放下一切工作，說有好事去石家莊二獄集中。到了二獄後才得知是對原國民黨中的縣團級人員，無論是在押服刑的或已刑滿釋放的原國民黨縣團級人員一律獲赦給以公民權，讓他們回家。還給每個人發了一百元錢和一套藍色的制服，十二月十二日召開會議，由二獄的袁書記給我們發了河北省公安廳簽署的有公民權的證書，還約請石家莊市的黨政領導幹部宴請了我們一次。

我特赦後因我愛人在蘭州鐵路局工作，由甘肅省委統戰部和蘭州鐵路局聯繫將我安置在鐵路局工作。經研究於一九七六年三月分配我至蘭鐵電務修製廠材料室擔任一級材料工，試用期三個月，工資四十一元。三個月後晉升為二級材料工，工資四十八元。由於我在電務修制廠工作出色，除完成材料室本職工作外，還搞成了電焊機節電裝置。一九七八年底我被授予廠「工業學大慶先進個人」獎狀。

一九七九年初我被調入蘭州鐵路局科研所搞技術工作。四月份去石家莊二獄領取文化大革命期間因假案所整被停發兩年多的工資時，瞭解到在監獄工作的就業技術人員已都恢復原有的技術職稱和工資時，回來向科研所領導彙報後，經鐵路局向石家莊二獄聯繫，將我的職稱恢復為技術員，工資提高為八十四元。後分別晉升為助理工程師和工程師。八三年參加高工考試，英語我得了一百零五分，為參加考試人員的第一名。

在科研所我搞成了多項科研成果如交流與直流電焊機的節電裝置、車站照明燈的自動控制、PC1500袖珍計算器的漢字輸入列印功能等等。由於工作需要在我將到六十歲時，科研所領導徵求我的意見希望我多幹五年再退休。

經過長達六年的調查，河北省高級人民法院於一九八五年五月給以（八五）刑監判字第二四號作出終審判決。一、確定我為北京和平解放起義人員。二、確定我在解放後沒有犯罪活動。三、對我的歷史問題根據政策既往不咎。並撤銷原察哈爾省人民法院一九五二年二月二十三日刑字第六五號判處我有期徒刑十三年，剝奪政治權力五年的刑事判決書。

此對我作出平反的終審判決書送達科研所後由所長當眾宣佈李乾棣過去的案子是個錯案，法院現作出平反的終審判決。

一九八七年一月一日起我光榮的離休了，享有副處級待遇。我參加工作的時間為一九四九年一月三十一日，我的工齡也從那時算起。平反後由於國家還沒有頒佈賠償法，冤案十三年僅得到經濟補償七千餘元。

至此我的牢獄之災總算是告了一個段落。當然我身心所受到的摧殘和我家庭及孩子為我所受到的牽連，就遠不止此了。我主要在文化大革命時受盡了打罵折磨。我們這些遠征軍人在抗戰時為了國家的命運與日本軍國主義浴血奮戰，可是解放後大多數都被打成了歷史反革命槍斃、判刑、勞動改造，在歷次運動中都被拉出來鬥爭批判，妻離子散，家破人亡，像我這樣能活下來的不多。我主要沾了有技術、有文化的光，而監獄裡就需要這樣的人，所以我沒有被整死。

李乾棣在2007年

畫家左勇文的一九五七

我一九二六年生於陝西省長安一個窮人家庭，現居甘肅省蘭州市安寧區。

一九三八年我小學畢業後，上不起中學，因為國民黨的師範學校不收學雜費，還有生活補助，於是我即考入陝西省戶縣師範學校就讀。學習期間我吃不起學校食堂，每星期六下午上完最後一節課後，我趕快步行五十多華里回家去取下一個星期的食物。到了家顧不得路途的疲勞，不停地幫著父母幹農活和家務，星期日下午背上媽媽烙好的一面袋雜糧餅子步行回到學校。由於西安地區夏季特別炎熱，三天後我帶到學校的餅子開始發黴，掰開能拉一尺多長的絲。於是課餘休息我就邊曬餅子邊看書，螞蟻、小蟲子鑽人餅子的隙縫，還是捨不得丟掉。

我們學校原在西安市，抗日戰爭為躲避日軍轟炸，遷到了戶縣終南山北麓華陽廟。我當時就住在廟裡神像腳下，晚上睡麥草通鋪，與神像作伴，白天用土台子代替桌凳上課學習。最煩人的是老鼠，饃袋子無處存放，用被褥包住不管用，就用繩子吊在房樑上，可是老鼠卻順著繩子溜下來吃。我那時將老鼠咬過的殘饃一塊也不剩的吃進了肚裡。

戶縣師範學校學制四年，而在第三年一九四一年暑假我有幸考入了國立第十中學高師部，這個學校校址在甘肅省清水縣，是國民黨為戰區失學兒童創辦的，這裡收容戰區失學者，生活、學費國家全包。日本投降的那一天我們新生五十多人，由西安坐火車到寶雞，然後步行三日到達清水縣。

抗日戰爭勝利後的第二年，學校遷到了河南省新鄉縣，不久劉、鄧大軍出太行山，新鄉臨戰，學校遷到了河南鄭州北郊農村。淮海戰役即將打響時，國民黨害怕師生被赤化，就強迫師生南下，大約百十人編成一隊，便衣、特務隨隊同行，因鄭州到信陽的鐵路全被破壞，我們步行三十四天才到達了河南信陽。在路途中我們每人每天只能領到約一斤重的大餅一個，然而經常還是領不到吃的，大家就三五成群向村舍、路人、商店討要吃的。接著我們由河南信陽乘車經武漢到了南京，去找國民黨教育部。此時國民黨正忙著逃亡重慶，無暇顧及逃亡學生，匆匆把我們送到了江西省吉安縣郊區青原山大廟內暫安了家。吉安解放的前三天夜裡，千餘名師生逃往桂林，最後去了台灣。

我沒有跟學校繼續逃，主要是美術老師秦嶺雲，他多次告訴我們國民黨完了，不能再跟著他們跑，於是我們就在吉安等待解放，等待期間沒有生活來源，我們就跑到城外去擔菜，秦老師夫婦在城裡擺攤賣，晚上我們就睡在廊簷下。

一九四九年五月，吉安解放的第二天秦老師和我們十二個同學全部加入了革命隊伍，當時主要做接管機關單位、學校工作，後又參加入宣傳隊、創建日報社等工作。慶祝吉安解放的大會會場上沒有毛主席像，我協助秦嶺雲老師趕製畫了一幅約兩米高的巨像，當時會場讚聲一片。

一九四九年十二月，我調回了長安縣，任小學教師、校長、土改宣傳隊演員、西北總工會文工團藝術股長等職，在此期間我先後創作、出版了兩個中、小戲曲劇本《張春霞》和《一把鐮刀》，演出後很受觀眾歡迎。

左勇文和妻子張鳳雲在1953年

一九四九年西北區撤銷，區屬文工團被分散到西安市各文藝院團，我和愛人張鳳雲分到了西北煤管局。一九五五年甘肅山丹建礦，我又被借調到了甘肅省山丹煤礦籌建處，擔任工會主席。

那個時候，我在各個工作崗位上都總想把工作做到最好，當工會主席期間我每天和工人們在一起，利用班前會親自給工人讀報紙，讀《把一切獻給黨》等，鼓勵工人向吳運鐸學習，收到了很好的效果。工人向工會反映食堂的饃饃分量不夠，我就在食堂放了一桿秤，工人們可以隨時自已稱，這樣做的結果使饃饃分量夠了、大小均勻了，工人的意見也沒有了，可是這一切卻在反右運動期間批鬥我時成了我拉攏工人給個人造勢力的罪名。他們對我無限上綱，說我有意製造職工之間的互不信任、煽動工人鬧事等。

我參加工作後，時時聽黨和毛主席的話，事事照著毛主席的指示辦事，沒白天沒黑夜沒有假期，那時的我月月受表揚、年年當先進，幼稚而虔誠的我視毛主席為神靈，可是一九五七年我被毛澤東的極左路線打成了反黨、反人民、反社會主義的右派分子，而且是極右，送進了監牢。

實際上我在一九五七年反右運動期間根本沒有發過言，只是運動前畫了一幅漫畫。我畫的是總務科長劉青，這個人除了溜鬚拍馬、別無它能，對領導點頭哈腰，細聲細語令人肉麻，專拍山丹煤礦籌建處處長鄭占勝的屁股，可他對其他非領導人員卻是另一幅嘴臉。我實在看不慣，就畫了這個劉青科長，畫題是《如此科長》，結果被整風辦公室改成了《上行下效》。於是，一九五七年十二月三十日，我在甘肅省山丹縣煤礦籌建處被打成極右分子。在沒有任何罪名材料的情況下，我被五花大綁強行送進了甘肅省山丹縣看守所。五花大綁後，四五個人對我拳打腳踢，邊推邊搡，這時的我眼前直冒金星，頭腦嗡嗡響。我躺在看守所的麥草上兩天兩夜昏迷不醒，第三天我又被戴上手銬送到了法庭。當時的山丹縣劉逢浩任縣委書記，是甘肅省委書記張仲良最寵信的一位縣委書記，反右運動中超額完成反右指標，大躍進中虛報浮誇，山丹縣還被評為「紅旗縣」，反右傾中一大批幹部被他整得家破人亡，三年災害中山丹縣幾乎家家戶戶都餓死了人，很多家庭餓得絕了戶。當時山丹煤礦籌建處共有幹部一千人左右，打了二百多名右派分子，當時就自殺了兩人，一人自殺在了廁所裡。

據當時的會議記載：

張掖專員公署，一九五七年十二月十六日，謝鴻恩：定為反革命分子，判有期徒刑三年；朱秉階：定為反革命分子，判有期徒刑三年；丁延勳：定為反革命分子，判有期徒刑三年；丁蘭漢，定為反革命分子，判無期徒刑；龐思山，定為特務分子，判有期徒刑三年；張公德，定為特務分子，判有期徒刑三年。

張掖地委批准的，極右派分子：閔兆風、陳國倫、金家俊、闞屹龍等四名應予法辦。右派分子：左勇文、王九海、李殿軍、楊鍾麟、李勝頤、曾慶餘等六名應予法辦。右派分子：陳廷璋、帥冰魯、陶端培、郭大余、文世榮等五人以勞動教養。壞分子：修國章、鄧繼良、高萬朋、王金俊等四人應予法辦。壞分子：土建隊馬啟民，機修廠玄仁聲二人以勞動教養。副業廠邢九叢定反革命分子，送勞動教養；二建井吳崇山定反革命分子，送勞動教養。

張掖專員公署一九五八年元月三日，丁月清，王子卿定為反革命分子（法辦了）；二月十日，二號礦壞分子吳克停，在十二月三十日法辦了（縣法院）。壞分子：潘安民、惠子清、趙泰瑞、杜俊耀、劉學坤五人應予逮捕法辦；周國斌、張炳有、劉進傑、馬洪昌、施麗君五人送勞動教養，除周國斌不開除廠籍外，其餘均開除；金洪貴開除，王順成開除。孫楦庭、李子蕎、張培儉、宋錫貴、劉紹光、韓貴、鄧學良、孫明仁、孫湏九人給行政處分，不予勞教。羅俊亮不予勞動教養，建議法律機關審查處理。共二十三名。

工程局閆松山八日下午晚飯後，在長家巷廁所自縊已死。機修廠童大庸，重點懷疑對象。

右派分子：郭大余、李斌、李堅頤、梁景文、陳國倫、李殿軍、金家俊、閔兆風、杜文貴、楊鍾林、刑書議、曾慶余、董大來、李順義、師維新、關屹龍、文世榮、劉克斌、成信、陳廷章、王九海、帥冰魯、丁月清、（反）王子卿、孫惠芳、賈國權、周本賙、石家語、崔占玉、黃准生、左勇文、陶端培、共三十二名。

壞分子：李國柱、高鳴海、王晉昌；反革命：陳建珠、施麗君、李清員、（清洗）王偉、王仲明、郭海英、（回家）何家語、吳維俊。

我被送到法庭後，法官問我：左勇文，你認罪嗎？

我說：我沒有罪，談不上認不認。

法官：死不改悔的反革命，判刑五年。然後又對押我的兩個民警說：告訴張所長，左勇文如果不老老實實改造，五年改成七年，拉下去。

天哪！既沒有逮捕證，又沒有判決書，他們的嘴就是法律，想說多少年就是多少年。

我們這些右派勞教人員去後和勞改犯們關在一起，我年輕力壯被分到了磚坯組，每天給我的定額二千塊磚坯，少完成一百塊扣我們二兩吃糧，少二百塊扣半斤，我開始時由於技術不熟練，常被扣糧，有病時就完不成任務也被扣罰口糧。

製磚坯是特重體力勞動，前一天下午挖土、放水泡土，第二天早晨和泥，一大堆泥反覆翻動四五遍然後製坯、收坯、上架。二千塊磚坯就需彎腰（大家叫磕頭）二千三百多次。白天重體力勞動，晚上我們還要開會互評、批鬥、寫認罪材料等，好容易睡下後，成群結隊的蝨子、臭蟲就蜂擁而至拼命地在我們身上吸血。在看守所得了病無醫無藥，管教會說你裝病、逃避勞動。不少犯人病後管教人員拉到工地上，實在無力勞動，就讓其躺在太陽下面曬著，不給飯吃。

隨著反右運動的深入，看守所進來的人與日俱增，睡覺越來越擠，最後每人不足六十釐米寬的狹窄空間，為睡覺吵鬧、甚至打架的事時有發生，管教人員聽見後就把吵架、打罵的人被子揭開，撕著耳朵拉到門外光著身子罰站。

我同室的一位叫汪世忠的右派是個中學教師，六十多歲，個子又小又瘦，有嚴重的胃病，經常鬧肚子。雖然室內門後邊放著尿桶，有時汪老師來不及起身就拉在褲子或被子裡，同室人總是你一句他一句的辱罵，管教人員強迫汪老師雙手端著屎褲子站在門外，直到早晨開飯。

看守所沒有條件換洗衣服，也沒有時間抓蝨子，蝨子、臭蟲成隊成串隨處可見。我們在勞動間隙撿來幹柴草生堆火，雙手撐開衣服，蝨子受熱就會掉進火裡叭叭直響，效果極佳。右派和勞改犯混在一起勞動，但吃糧卻有區別，勞改犯人每月比我要多吃兩斤口糧，另外勞改人員都有刑期，可我們勞教人員遙遙無期等於被判了無期徒刑。一九五八年時還可以勉強吃飽，可一九五九年就吃不飽了，以後一減再減，最後每月只有十八斤原糧，包穀麵、青稞麵、霉紅薯乾、羊鬍子草、蘿蔔菜葉等，而且管教幹部動不動就藉故扣罰我們的飯食，實際上能吃到犯人嘴裡的遠遠不夠十八斤。

有一次排隊打飯，前邊一個犯人打好一碗糊糊，猛一回頭不小心碰在了我的身上，飯全倒了，他再去打飯，民警不准，非要讓我賠，將我的飯一半倒給那個人。有一位叫呂四喜的年輕人，出工遲到了幾分鐘，王隊長罵道：「我看你爸媽也不是個好『熊』，造出了你這個壞種。」呂四喜嘟囔著回了一句，這下犯了王法。王隊長立即命令犯人把呂四喜捆了起來，每人一鞭輪流抽打，還扣了呂四喜的一頓飯。有一次我打了一碗菜湯、一把霉紅薯乾，我一邊搖著頭一邊將霉紅薯乾往菜湯碗裡泡，被王隊長看見後他拍了一下我的肩膀說：「不好吃，是吧？想吃好的回家去呀！這裡是勞改隊，有好吃的也不能給你們吃，怕你們吃肥了再去反黨反人民……。」

進入深秋，天氣變冷，我們改成了做雜活。這時的犯人體質一天不如一天，眼睛腫成了一條細縫，全身浮腫，皮膚透明發亮，手指壓下去一個深坑，鞋也穿不上。不小心將皮膚弄破一點，流出來的全是黃水，傷口很長時間不能癒合。由於長期吃不到油水，不少人大便拉不下來，灌腸都不頂用，無奈，兩個人用筷子換著從肛門一點一點的掏。這個時候已經開始死人了，人人都到了朝不保夕的死亡邊緣，勞動幾乎完全停止，管教們弄來約指頭蛋大的黑丸藥，每天每人兩丸，這才初步解決了浮腫問題。

一九五九年十一月，我們數十人轉移到了山丹縣四壩灘勞改農場，仍住在高牆內，只是睡覺寬鬆了許多。每月十八斤原糧不變，管教的眼裡我們犯人都不是人，仍很嚴格。高牆內有一塊用水泥抹成的黑板，我奉命辦了幾期黑板報，有文字，有繪畫，正巧范場長十歲左右的兒子放假來場，范場長命令我給他兒子教繪畫。雖然范場長沒有把我當老師看待，但他總多少給了我一點笑臉。接著春節到了，場裡組織犯人開聯歡會，會上我自編了一個小小眉戶劇《探監》，這是一個妻子到農場探望丈夫的故事，其中有一段妻子的唱詞：

我為你長夜難眠，雙眼苦淚全流乾。
我為你女幹男活，春種秋收，常常累倒在地頭田間。
我為你侍候二老，縫縫補補，洗洗涮涮，管吃又管穿。
我為你摟著孩子說謊話，我說你出外掙錢路途遙遠。
我為你不敢塗脂抹粉，怕人家說我懷有二心和別人有了牽連。
我為你不敢在人前立站，怕人家指著我罵你的祖先。

觀眾動了情，流著淚，受到了很好的教育，沒想到我因此而改變了改造命運。一九六一年三月，我享受到了每個改造人員都嚮往的待遇，我成了自由犯，晚上睡在高牆內，白天可以自由出入高牆，兩個月後，範大場長又把洋芋窖的鑰匙交給了我，讓我負責檢查洋芋的徽變情況和向家屬銷售洋芋。從此家屬們對我也有了笑臉。他們買五十斤，要求我記三十斤或者更少的賬。每天我進窖一、二次，說實話檢查是一個方面，我主要為了能吃幾個生洋芋。

我從一九五八年十二月三十日被抓算起，勞動改造了整整四年四個月零十四天，這個期間我沒有一分錢的工資，一九六一年五月我被送回原單位山丹平坡礦，保衛科長對我說：右派帽子不動，繼續管制勞動改造。我被分配到煤礦井下推煤車。我想管制也罷，推車也好，反正比勞改隊要強多了，我暗暗下決心：好好表現，爭取早日摘掉右派分子的帽子、回到人民隊伍中來。於是我早上班、遲下班，班上的生火爐、打開水、掃地等雜活全讓我包了。我還自費買了一套理髮工具，為工人義務理髮。

我受苦因我是另類的右派分子，本來就沒有人把右派當過人，使我最為痛心的是株連九族的封建政策。我愛人張風雲在礦務局小學教書，是有口皆碑的好老師，班上學生的成績年年名列前茅，所以窯街礦務局大小頭頭的娃娃都爭著往她的班裡塞，學生數每年都比其他班級多。有一次礦務局黨委書記周生發的小兒子多次不交家庭作業，我愛人張風雲就批評了這個學生，周生發的小兒子回家後哭著告訴了他爸爸，這位周書記乘著小車到了學校，當著眾多教師的面氣勢洶洶地指著我愛人罵道：「你知不知道你是右派分子的老婆？告訴你，老實點！」我的小兒子要加入少先隊，班主任報到校長處後，班主任老師挨了校長的訓斥，理由是右派子女參加少先隊有辱少先隊的名聲。在礦上一批批的子女招工、頂替，可是我這個右派分子的兒女始終被排斥在外。上山下鄉的眾多礦務局子女都陸續回到了礦上，而我的大女兒卻始終不予分配。我的幾個孩子，在入團、入黨、參軍、上高中也都因政審不合格而遭到了不少麻煩。那個年代右派分子的妻子和兒女們受盡屈辱，他們在封建專制的影響下，根本沒有任何政治和經濟的地位。

一九六五年五月山丹煤礦下馬，我和愛人均調到了窯街礦務局，我在勞動改造期間發生過兩次人身事故。一次是一九七一年八月，我在窯街礦務局二礦運輸隊小木工房電鋸上解一塊板子，我拉上鋸，另一名姓馮的拉下鋸，姓馮的一鬆手，板子甩過來打斷了我的腸子，我被送進醫院，手術截去了腸子兩米多；另外一次是一九七三年七月，我給二礦運輸隊修建臨時房子，從三米高的牆上掉到了鉗工工作台上，兩根肋骨當場摔斷了，因我是右派分子，沒資格報工傷、自己負責，至今也沒有領到一分錢的公傷補助費。

文化大革命時，以破四舊為名，造反派把我的一大箱多年的速寫畫稿和七百多首詩稿、四本反映礦山生活的中、小戲曲劇本初稿，化為灰燼。有一次，造反派讓我給牆上寫標語，因我少寫了一個「大」字，造反派批鬥我說：「反革命本性不改，繼續與人民為敵，……」當我找出原稿後，原稿上根本沒有「大」字，他們又說：「少了一個字，你一定早就看出來了，反動本性不改故意不說，繼續鬥。」我父親在西安老家去世後，家裡打電報催我回去送葬，可是請假不准，保衛科的理由很簡單：管制分子，不許亂說亂動。放你回去出了問題誰負責？

總之，在我二十多年的右派生涯裡，被人說打就打，想罵就罵，吃苦頭，遭凌辱，受了數不盡的傷痛，挨了說不完的打罵，老老實實勞動，戰戰兢兢活人，見人低三分，幸運的是沒有死在毛澤東的屠刀下，比那些妻離子散，死無葬身之地的孤魂冤鬼要好了萬分。

一九八九年我離休後，為了爭口氣把被毛澤東剝奪了的損失彌補回來，於是我重整筆硯，四處求師拜藝，現已出版花鳥畫集四冊。凡是對社會有益的活動我都積極參加，為國內外重大災害捐畫、義賣。

1957年前夕的後永年

實事求是的後永年

我叫後永年，男，一九三五年七月十四日生，漢族，祖藉雲南省思茅市，出生地雲南省昆明市。祖父後雨蒼是思茅市區裡的一位私塾教師，生活中等偏下。父親後晉修無黨派，畢業於上海東南醫科大學本科；解放前任雲南大學醫學院教授，雲南軍醫學校教官，雲南虐疾防治研究所秘書長，雲南防空司令部救護大隊大隊長等職，是李根源（雲貴綏靖公署專員）赴保山前線視察時的隨行醫生。一九四二年因保山地區被日機轟炸，父親率隊赴保山救護。在保山接省民政廳廳長李培天（賓川藉）電令：「賓川發現霍亂病例，令後晉修率全隊赴賓川防治。」父親目睹保山傷員遍地並伴霍亂流行而抗命，歸來即被撤職，閑賦在家以開茶館謀生。一九四四年至一九四九年任私立大理喜洲醫院院長。中華人民共和國成立後任雲南虐疾防治研究所所長。一九五七年整風運動中，因提了個「外行在業務上不要干擾內行」的意見，被劃為資產階級右派分子，降職降薪留單位使用。文革中被當作反動學術權威批判鬥爭。一九七〇年戴著右派帽子逝世，享年六十五歲。

我一九五〇年七月初中畢業於昆明天南中學，同年八月為支援大理地區徵糧工作，參加大理地委徵糧工作隊任隊員，一九五一年三月加入中國新民主主義青年團，六月調蒙化（現今巍山）縣公安局任偵查員，其間參加土改、鎮反運動，任蒙化縣第六區鎮反工作隊隊長。一九五四年調大理專員公署公安處（現大理州公安局）任偵查員。一九五七年被劃為資產階級右派分子。一九五八年至一九七九年在太和農場被監督勞動改造，其間一九六五年又被打成新生反革命分子（一九六七年九月平反）。一九七九年八月至一九八三年十二月任大理州林業局林政科員。一九八四年一月至一九九二年十月任大理醫學院保衛科長，一九八五年至一九八九年兼任大理醫學院法制課教師、大理州律師事務所兼職律師。一九八六年加入中國共產黨。一九九二年至二〇〇三年任蒼洱律師事務所律師。

講真話是共產黨員的政治生活的準則，實事求是是黨的思想路線，也是共產黨員應有的世界觀和方法論。我信真了，把它作為我做人做事的準則並實實在在地付諸行動。實踐證明，在毛澤東一人專制時期，在政治生活中，凡是按這個理念做人做事的人，都要付出血和淚乃至生命的代價。從我以下的介紹你就知道我和我的父親都是其中之一，付出了難以想像的血的代價。

一、我從小接受家庭「己所不欲，勿施於人」的教育。小學畢業於一個基督教會學校，初中的最後一個學期也是在一個基督教會學校畢業的。儒家和宗教的教育，給我在少年時的思想上注入了善良、誠實、守信、正直、愛一切人和自然的價值觀。

雲南一九四九年十二月和平解放，我於一九五〇年八月唱著「走！跟著毛澤東走！……和平、民主、自由、幸福的光明就在我們的前頭。」的歌，參加了革命，從昆明來到大理。

革命給我上的第一堂課是參加巍山縣第一屆農代會。會上聽了代表們對地主惡霸的控訴，會議期間又觀看了歌劇《白毛女》。「舊社會把人逼成鬼」，農民的眼淚，使我原來愛一切的價值觀變為恨地主階級及一切壓迫、剝削人的人；「新社會把鬼變成人」，我把愛一切變為只愛共產黨、毛主席，聽話要聽黨（書記）的話的價值觀。

帶著這個價值觀，我在徵糧、減退、清匪反霸的運動中，對地主施加了種種酷刑下，繳獲了許多浮財及一支雲南河西土造的「拉七」手槍，六粒子彈，得到了「立場堅定，組織紀律性強，工作積極」的鑑定。一九五一年三月入團，六月調巍山縣公安局任偵查員。

二、冤者的血，使我從聽話要聽黨的話的迷信中走出來，樹立了不迷信、實事求是的世界觀和方法論。

我參加了巍山縣的三批土改，沒有學過《土地改革法》，我身為鎮反工作隊隊長，沒有學過《鎮壓反革命條例》，都是按領導人的講話和會議精神去工作。帶著對敵對階級的恨和對共產黨的愛，秉著按領導講話、會議精神辦事的習慣，在運動結束後我回局機關做正常的公安偵查工作。

在此期間，我經手了曾參與辦的和我領銜辦的兩起錯案，兩個錯案都冤死了人。是冤者的血使我的價值觀發生了變化。

一起是我曾參與了現場勘查的楊應龍被殺案。

楊應龍，男，約三十歲，巍山縣第二區土改工作組組長，一九五二年五月×日夜，被殺於巍山縣西城牆上的一個掩體坑中。身中十三刀，現場有搏鬥痕跡和血跡，和一枚小學教師常佩帶的、市場能買到的「學習」胸徽。經現場分析，把犯罪嫌疑人圈定在兩個條件上：一、身分是小學教師。二、衣服上有血跡。在偵查過程中，發現小學教師趙舉於案發次日清晨在溝邊洗衣服，衣服在一棵桐子樹上曬乾後，發現衣服上有類似血被洗後留下的痕跡。此情向縣委彙報後縣委確認趙是兇手，即將衣服提取為據，逮捕、死刑報批。當時公安局長郭漢忠提出將血衣送公安廳鑑定，縣委認為多餘而未採納，案經地委批准執行。在執行時趙喊冤，無效，三聲槍響剝奪了趙舉的生命。爾後複查，將血衣送省公安廳鑑定，結論是非動物血跡，是植物桐子果分泌的液體。趙舉死得冤枉。

一是我領銜主辦的侯樹才自殺案。

侯樹才，男，三十六歲，山東省人，轉業軍人，巍山縣第七區武裝部長，區人民代表。一九五四年三月，侯參加巍山縣召開的第一屆人民代表大會，會議期間的×日夜，接第七區公安特派員王琪報案稱：夜熟睡中聞遠處槍聲數響，全宿舍的人先後起床問究竟，唯侯樹才不起，呼之不應，估計已死亡。接報案後，公安局長郭漢忠指定我承辦此案。我即率預審員舒焜、偵查員李熙同趕赴現場。經四個小時的勘查，筆錄記載：現場位於城內地主趙和俺家的東廂樓上，七區代表二十餘人均地鋪分兩行宿於此樓。現場樓梯、窗戶、過道及侯樹才地鋪周圍無可疑痕跡。侯鋪側壁釘上，掛著侯的外上衣及侯佩帶的駁殼槍的槍殼。侯平躺在地鋪上，被子蒙頭平蓋，被面上無任何可疑痕跡。當我掀開侯的被子時，聞到了一股強烈的火藥味。侯上身著軍用淺草綠色長袖棉絨衫，下身著軍褲，皮褲帶繫之正常，衣著整齊。侯身左側有侯佩帶的駁殼槍，槍身斜靠在侯屍左腹部邊上，發射鈕撥在快發鍵，槍把握於侯的左手中，拇指貼於發射板機上，身側有四粒駁殼槍的子彈殼。侯的胸骨末端軟組織處有一彈孔，周圍有三個彈孔，身下有大灘血泊。再查，樓下的門檻側發現一駁殼槍彈的彈頭，彈頭落處與侯胸骨末端的槍孔呈九十度垂直線。

現場勘查完畢，郭局長和我向縣委彙報。我明確表示：現場證明，侯之死純屬自殺，若果是他殺，絕對不可能呈現出這樣的現場狀況。我的意見當即受到縣委書記林澤民的批評：一、批評我不懂什麼叫因果關係。侯樹才，赤貧出身，一九四八年參軍，累建戰功，火線入黨，現任區武裝部長，人民代表，不存在自殺的原因，何來自殺的結果？二、批評我沒有政治警惕性。土改剛結束，階級敵人亡我之心不死，有意破壞本次人代會。縣委決定不許再提「自殺」，按他殺的方向繼續偵查，限期在人代會結束前破案。在我和郭局長從縣委會回來的路上，我向郭表示對縣委的決定有異議，但郭局長說：意見可以保留，必須按縣委的決定辦。我當即聲明保留意見。

全案置於縣委直接領導下進行。在繼續偵查中得知七區區委書記李如岑，組織幹事向德全歷史上參加過三青團，民政幹事王嘉晉參加過黑殺隊。報到當天是向和王約侯睡在一起，向睡於侯的左側，王睡於侯的右側，李睡在侯的對面。當晚最先聽見槍聲的是睡在西北角的一位五十四歲的老鄉長，據其陳述：聽到槍聲後不久就聽到油布磨擦樓板的聲音，起身看，見向德全俯身睡下去，緊接著大家紛紛起來問究竟，公安特派員王琪點亮了油燈。此時唯侯不動，李大呼侯名，仍不動，就起身欲掀侯的被子被王琪一把抓住說：「保護現場。」並警告：「誰也不許破壞現場。」即到公安局報案。

當我把上述情況向縣委彙報後，縣委認定李、向、王是一個暗藏的反革命集團。李是主謀，向是兇手，王是幫兇，殺害侯的目的是破壞人代會，即決定將該三人逮捕。經審訊，該三人均「供認不諱」，所供內容與縣委分析完全一致。

該三人供的當時我就十分驚異，我一不刑、二不誘、三不逼，只是像和尚念「阿彌陀佛」一樣念了幾句「坦白從寬，抗拒從嚴」，為什麼不是你們幹的你們要承認？但我又不能不按程序如實記錄，核對，簽字，手印，如實彙報。以口供為據，縣委決定偵查終結報批。擬處李、向死刑，王處死緩。一個月後，州公安局批示：「證據不足，發回再偵。」接批示後，我再提審三人，一一翻供，案件陷入僵局。

同年七月，州公安局政保科長張洪，大理軍分區保衛科長鍾明到巍山縣插手此案，我向張、鍾二人重申了我的保留意見，九月省公安廳作出自殺結論，李、向、王三人無罪釋放。但王在釋放前夕死於獄中。李、向補發了工資，給王的家屬五百元的撫恤費。十月我調州公安局政保科。

兩起案子，兩條人命，兩灘冤血。誠然，區區二命對戰爭中從成千上萬的屍體裡走過來的軍人來說，真不是回事。但對我這個曾經受過基督教育，從未見過戰爭的人來說，自感有一份不可推卸的責任，在這兩灘血的面前，我刻骨銘心。我自覺地意識到，作為一名公安偵查員，打擊犯罪是手段，其目的是在於保護人民。在履職的過程中，稍有大意，就有可能變成屠殺人民的劊子手，關鍵就在兩個字：真、假。公安偵查員啊，擔重千鈞。是這個想法，使我清醒地從對縣委的迷信中走了出來。是的，在此案結束後我確實說過「縣委書記的屁不一定是香的，偵查員在求未知的時候，一定要從已知的事實出發，不迷信，要有獨立思考的能力。」在兩灘冤血中，我樹立了不迷信、實事求是的世界觀和方法論的理念。

三、不迷信、實事求是助我成功。

實踐不迷信、實事求是的理念，一九五六年我參與做了三件事：

（一）、在副局長張洪的領導下，頂住州委常委、州政法黨組書記、副州長兼州公安局長張茂林「不要大驚小怪」的錯誤思想，成功地偵破了大理、洱源、漾濞三縣結合部彝族頭人魯扁達、傈粟族頭人海金龍聯合武裝暴動案。避免了一場大規模的流血事件。案破後我也的確說過：「老處長（張茂林）的屁也不一定是香的。」

（二）、在政保科長陳開榜的領導下，頂住祥雲縣委書記楊化的錯誤決定，頂住州公安局局長張茂林對我們「不服從縣委領導」的批評，在公安廳的鼓勵和支持下，在祥雲縣劉廠鄉大波那村一貫道氾濫的案子上，成功地爭取了廣大的一貫道徒，挖出了潛伏很深的道首陳積善，從此，一貫道活動在劉廠鄉絕跡。擴大戰果，偵破了巍山縣的兩起一貫道案。案破後我也的確說過「楊化只會作報告，在公安業務上臭水平。」

（三）、在副局長張洪的領導下，沿著鄧川縣公安局長牛青海「有根有據」的「擔保」，否定和撤銷了鄧川縣十四起美、蔣特務案。這些案都是根據海外通信郵檢立案。其中一案的案情是：

海外來信中有「兄弟鬩牆」一詞。立案人把「鬩」字誤看作「閱」字，又把「閱」字解釋為「越」字，當然「牆」字就成了「國境」。於是就以海外特務暗示接信人倆兄弟偷越國境之嫌，立案偵查。卷宗閱完，我啼笑皆非，大筆一揮：「撤銷！」不容商量。

一九五七年四月，我被評為大理州州級機關的先進工作者。

四、不迷信、實事求是，使我淪為毛澤東的敵人。

不迷信，實事求是的理念適用於辦案，領導人一般不持異議。但適用於政治生活，就沒有一個不碰壁。

我的悲劇的根源就在這裡。我多年申請入黨，支部從來不過問，整風前恰恰發展了兩個黨員，一個是局機關的收發員李正剛，一個是勞改科的打字員朱遠芳，二人都是一九五五年參加工作的年輕人，她倆最聽書記的話，從來沒有自己的主見，什麼叫公安工作都不知道。我認為發展這樣的人入黨，對我這個曾寫好遺書潛入敵內作武裝行動的內應的人來說，是迷惘，是打擊，我憤憤不平。與我持同觀點的陳瑛、楊銘偉、楊光明等，曾相約於一九五七年三月的一個星期天，就黨員八項標準和德才兼備的幹部政策在大理州公安局直接對局黨支部書記、副局長張克讓提出批評。張表示意見正確。

一九五七年七月下旬，州級機關的整風運動開始了。聽了整風的動員報告後，我很興奮，認為局機關存在的問題只有通過運動才可能解決，只有把這些問題解決了，才可能調動廣大公安幹部的極枳性，有效地打擊敵人，保護人民，鞏固人民民主專政。於是在鳴放會上，我針對局黨支部副書記、政治處副主任汪小淼的奴才行為提出批評。我說：「汪副主任的缺點是不動腦筋，唯張副局長（張克讓）之命是從。例如去年局務會上討論張副局長起草的《大理州公安局一九五七年工作計畫》時，稿擬以清案為主，我提出異議，我認為要以破案為主，打擊現行，保護人民。公安局不破案還叫什麼公安局？肅反遺留的幾個死老虎，擺上十年八年也翻不起浪，抽幾個人去搞就行了，何必擺在主要的位置上，財力、物力、精力都向它傾斜。我還沒有說完，你就批評我說：『公安廳都叫以清案為主，你後永年標新立異，為什麼不聽公安廳的，要以破案為主？』我說：『你把公安廳的文件讀完了沒有？後面還有一句話：各地根據各地的實際決定。』此時老處長（張茂林）說：『小後的意見是對的，應當以破案為主。』這時張克讓說：『對對對，應當以破案為主，把稿子重改。』你緊跟著皮笑肉不笑，既點頭又哈腰地說：『對對對，應當以破案為主。』其實，為什麼要以清案為主你不知道，為什麼又要以破案為主你也不知道，你除了只知道看領導的臉色行事外，什麼都不知道。如果把你擺在第一線去搞案子，准要出錯案。」說了不過癮，以《草》為題把上述這番話寫成大字報貼在牆上。還不過癮，又畫了一隻題為《應聲蟲》的癩蛤蟆的漫畫，上書「汪小淼，汪小淼，你是張克讓的大寶寶」十五個大字貼到牆上。同科的曾文學、姚子勝在漫畫上簽了名。

這一文一畫在州級機關還算新鮮，看的人很多，州黨委、州人委、州委黨校的都來看，看的人中大多是笑笑不表態，與我臭味相投的誇我寫得好，重量型，罵得痛快，我還自以為得意。

奇怪的是汪小淼本人對此未提出異議，一個星期後倒是勞改科的傅季濤和韋敏麟兩位女士聯名貼出了一張題為《不容醜化黨的領導》的大字報對我批評，其內容對《草》所列舉的事實隻字不提，僅針對漫畫說我把黨支部副書記喻為動物是醜化黨的領導。（當時還沒有上升到反黨）

看了後我和姚子勝一道（曾文字表示退出）馬上回來寫反駁文章。此時，剛從北平公安學院學習歸來的副局長張洪到我辦公室來了。他明確表示支持我們，和我們一道起草了《答傅、韋二同志》。內容有三：一、「醜化」不成立，「俯首甘為孺子牛」，難道魯迅在醜化自己？二、汪小淼就是黨支部副書記是事實，只有當他履行副書記職責時才能稱黨的領導，當他有缺點時，汪小淼就是汪小淼，不能把人和職務混為一談；三、漫畫是《草》的抽象，辯論的聚焦點應當是汪小淼本人有沒有《草》文所述的不動腦筋，唯上是從的行為表現？這種行為是對？還是錯？若是對的，根據是什麼？若是錯的，該不該改？怎麼改？離開具體事實說抽象不是實事求是的態度。

我的《答》文貼出後，沒有看到一篇像樣或不像樣的駁斥我的文章，州公安局的牆上非常平靜。使我發生了錯覺，認為對方無力接招，又得意起來了。正當我在自我得意的時候，我漸漸感到大家都不敢和我接近了，我有了被孤立的感覺。七天後批判我的大大小小的會開始了。此時我才意識到這種平靜不是我後永年的文章了不起，人家不敢接招，而是激戰前的可怕的平靜。

批我的觀點是：黨的領導不是抽象的路線、方針、政策的領導，是具體的組織領導，抽象領導的觀點是右派觀點，其目的是把黨架空取而代之，架空黨就是反黨。既然黨的領導是組織領導，汪是這個組織的領導人，醜化汪就是醜化黨，醜化黨就是反黨。服從黨的領導就是「德」的標準。要忠於黨無疑，問題是怎麼才叫「忠」？「忠」的標準就是服從、聽話才是忠，和黨對著幹不是忠？是反黨。批的同時，羅列了一大堆我和祥雲、劍川、鄧川乃至州委張茂林頂著幹的和平時對某書記、某黨員的牢騷二話。

苦於我當時的水平太低，不知道有一個叫「實踐是檢驗真理的唯一標準」的真理，心中雖然不服，但拿不出理論來駁斥，啞了。批我的聲浪越來越高，使我非常被動。

正當我想求助於張洪拿出一套理論來解圍的時候，出現了一個我根本沒有想到的事件。即：張洪的女友趙劍琴（局機關打字員）在整風前曾把局裡存在的問題寫信告訴在北京學習的張洪，張洪回信說：「看來要等我回來收拾這個殘局。」趙把張洪的原信交出來。於是張洪被揪出來了，批判的鋒芒從我轉向了張洪。

別人怎麼批判張洪我不在乎，我是集中精力到報紙上去撈「稻草」，結果一根也撈不到，相反看到：一、《人民日報》所有批右的文章都有一個共同點，就是右派否定黨的成績，妄圖取而代之；二、我的偶像：《在橋樑工地上》、《組織部來的青年人》的作者劉賓雁、王蒙被劃為右派，這一部報告文學和一部小說被批判。這兩篇作品的主人公和具體情節我現在記不起了，但都是《拖拉機站長和總農藝師》中的娜斯嘉一樣的人物，我曾把他們當作我做人和做事的榜樣，現在《人民日報》說他們是右派，那我當然也是右派了；三、《中國青年報》長篇累牘地肯定黨的領導是組織領導，號召青年要做黨的馴服工具。於是我就把張洪信中的「殘局」和「收拾」這兩個詞，把平時我們共同對娜斯嘉讚賞的言論聯起來思考，七聯八聯，使我對張洪我們之間關係的正確性發生了動搖，產生了「難道我們錯了」的想法。到後來我才發現，我的「不迷信」是局限的，只限於對縣委、州委的不迷信，對毛澤東、黨中央、團中央我迷信得不得了。我把毛的話、《人民日報》、《中國青年報》的文章當作「聖經」。毛說：「必須重申黨的紀律：（一）個人服從組織；（二）少數服從多數；（三）下級服從上級；（四）全黨服從中央。誰破壞了這些紀律，誰就破壞了黨的統一。」「破壞了黨的統一」這七個字對我來說是七枚原子彈，把我原來的理念炸得血肉橫飛。

此時，州委整風辦公室的蘇子才找我談話，向我瞭解張洪和我的關係。錯了就錯了，漢子人，我擔著。講真話，是父親和基督教給予我的本能，對黨忠誠，是七年來黨對我教育的結果。據此，我自覺地、心甘情願地扮演了「牛虻」的角色，我把三年來和張洪之間的言行，毫無保留也無任何添油加醋地向黨如實陳述。蘇要求我在州級機關批判張洪的大會上就這些事實作個發言，我承諾了，也登台發言了。結果，根據我的發言，州委在大理州公安局揪出了一個「以張洪為首，陳開榜（政保科長）為骨幹，後永年為急先鋒的右派反黨小集團」（批判陳的會我從來也沒有參加，怎麼列入一個集團我不知道，我只知道陳和縣委因案子頂著幹比我還厲害，很多場合都是他唱主角，我搖旗吶喊）。張、陳二人受到戴上右派分子帽子開除黨籍撤銷職務監督生產的處分。我因檢舉張洪有功，將功折罪從寬處理：劃為右派，不戴右派帽子，開除團籍免予行政處分下放勞動緞煉。以上處理的結論，都是張克讓以黨的名義在全局大會上宣佈的。

處分宣佈後至一九五八年二月十六日，州級機關有三十四名右派要送到太和農場監督勞動生產，就向州公安局要人押送。正好我被下放到該場勞動鍛煉，張克讓說不專門派人了，後永年要去，就叫後永年帶下去就是了。但是在州委整風辦公室的介紹信上，竟寫成「後永年等三十五名右派分子」。一個「等」字，就把我「等」成了戴帽右派。政保工作的經驗告訴我，我本來就是右派，明的暗的都是一樣，認了，不申訴，當就當唄。於是，我以右派分子的身分在這個農場改造了二十二年。和其他右派一樣，享受了資產階級右派分子、摘了帽子的資產階級右派分子、改正了的資產階級右派分子，反過來倒過去都是資產階級右派分子的政治待遇。

細思之，就我來說，資產階級右派分子這頂帽子不戴反而不好，如果不戴，九泉之下見到我的爺爺，他會責罵我：「路見不平不敢吼，叫什麼後氏子孫，孬種！」屆時我將羞對祖宗。所以，這頂帽子戴在我的頭上我不後悔。

監獄代號是「七九三」的畜牧專家劉禮義

劉禮義劃為右派前夕照片

一九三七年七月，我出生在中華大地秦巴山區漢水之濱一個善良的蠟工家庭。

我一生受母親的影響最深，母親吃齋念佛，常做善事。認為這是積陰德，修來世，死後可去西天極樂世界，不再回到人間受罪。聽母親說，我兩歲多的時候曾死過一次，準備抱出去掩埋時，卻發現又活了。這是否預示著我今生今世不經過幾場大災難，就不能了此一生。

一九四九年家鄉解放，十二歲的我手持小紅旗，夾雜在遊行隊伍中歡慶解放，有時也跑到郊外觀看鬥爭地主的場面。誰能料到，僅僅相隔八年，不滿二十歲的我也像「地主」一樣被鬥爭。一九五〇年小學畢業前夕，我看到重病在床的父親和家境的艱難，覺得這個學實在上不下去了。開學了，一位姓馬的校長見我未去報名來到家中對母親講：「孩子是個好苗苗，考前三名，讓孩子繼續升學將來有大用。」母親是個明白人，對校長說：「感謝學校領導的關懷，我們砸鍋賣鐵也要供孩子上學。」

母親是全家的主心骨。父親因承受不了病痛和一家六口的生活重壓，枕頭下邊經常放一根繩索，隨時準備自縊。繩索被母親收藏後，父親又用褲帶自縊。一天，又揭不開鍋了，黃昏時分，母親去後壩劉娘家借米麵，為我翌日參加全縣小學作文比賽準備乾糧。灰暗燈光下習文的我，忽聽得父親呼吸急促，我趕忙來到父親床前，發現父親的脖子緊緊勒著一條細布帶，我竭盡全力，把布帶鬆開，收藏起來，跑出房門，爬上牆頭，聲嘶力竭、失魂落魄地呼喊母親趕快回家。從那以後，母親再沒讓我獨自一人在家復習功課。

翌日，我驚魂未消，帶著母親用白麵中加著麩皮制做的「金銀卷」走進了考場，並取得了第二名的好成績，給母親憔悴的臉上增添了一絲笑容。同年，我又以優異成績考入安康中學，母親看到了寄託在兒子身上的曙光。

升入初中，是喜也是憂。飯都吃不上，這個學怎麼上？當年，二哥在師範學校讀書。家中為供我上學，借債買了一盤石磨和幾斗包穀，開了一個人工磨坊，以賺點加工費和糠麩糊口。我與二哥白天上學，晚上推磨，節假日全天推磨。母親為了給兒子騰出時間溫習功課，常抓住磨杠就不鬆手，不讓我們替換，磨盤邊經常出現母子爭奪磨杠的動人情景。夜靜更深，常人已進入甜蜜的夢鄉，石磨轉動的聲音似乎還在哽咽，還在哭泣。現半個世紀過去，每回憶起這段往事，我的心中依然悲淒不已。

少年時代是人一生中可塑性最強的時候。高強度的體力勞動、低劣的營養條件和繁重的學習任務，錘煉了我的童年意志。我常用匡衡鑿壁借光學習的精神，激勵自己，買不起課本，就向高年級同學借書上課，沒有錢買作業本，就用廢紙和邊材代替，但學習成績不落人後。重病臥床的父親，因不堪忍受生活的折磨，一天夜裡，趁我們卸磨後勞累熟睡之際，終於從那條路上離開了人世。

安葬完父親，二哥失學，報考了陝西省農業幹部培訓班，結業後分配在陝北工作。母親、大嫂和我繼續抱著磨杠推磨。待我上完初中，家中能變錢的東西已經全部賣光，足見母親為供我上學付出的艱辛。在此山窮水盡的時候，初中畢業我理應報考中專，但我報考了安康中學。

高中階段，母親去二姐家領外孫，大嫂帶著兒子去幫人，親人們竭盡全力支持我在學校食堂搭夥。生活來源主要靠二哥支持。二姐、大姐有時也接濟一些。後來每月連七元錢的伙食費都交不起的時候，我便回到家裡過著吃了上頓愁下頓的日子。有時放學空著肚子步行五裡多路回到家裡，看到廚房冰鍋冷灶和母親的愁容，知道又無米下鍋了。母子相對而坐，默默無語。我休息片刻，又空著肚子背著書包上學而去。這時，我分明知道母親的心在滴血，卻沒有勇氣回眸母親一眼，生怕給母親帶來更大的辛酸。

艱難困苦與頑強性格是一對孿兄弟。後來，我在大災大難中戰勝一個又一個艱難險阻，少年礪志不能不是一個重要原因。然而，在我逐步走向成熟的時候，生活中升起了一顆紅色信號彈，卻沒有引起我的警覺。

一九五五年冬，我已是高中三年級學生，學校團委組織學生參加社會主義工商業公私合營社會實踐，並指派我擔任安康縣協盛瑞大藥店「公私合營」清產核資小組組長，被我拒絕。這本來不是什麼大不了的事情，但在當年就是「大逆不道」，對我進行了持續一週時間的批判。批判我入團動機不純，目無組織領導，對社會主義改造有嚴重抵觸情緒等，並受到團內嚴重警告處分。

回到學校，已臨近高考，校團委又指派我擔任校刊《前進報》編輯。前事不忘，後事之師，我因處分在身而再不敢推辭。於是，在其他同學夜以繼日備考的時候，我卻集組稿、寫稿、改稿、審稿、排版、繕寫、美工、張貼等於一身，幾乎占去了我全部的寶貴時間。《前進報》雖然每週按時出版了，並獲得了好評，但我為此付出的代價太大了，太慘重了！所以，在決定人生命運的高考中，我落於人後，被西北畜牧獸醫醫學院（現甘肅農業大學）錄取。

儘管考取的學校不夠理想，家中還是皆大歡喜，因為劉家畢竟有了第一代大學生。尤其是母親的心情更是溢於言表。誰知，眼看到手的莊稼，等待母親的卻是一場無情的黑霜。

窮孩子上大學實乃不易，本應安心學習，但我以為自己的高考成績雖不夠理想，但也不至於考這類學校，因此，心灰意冷，情緒低落。一九五七年六月八日，《人民日報》發表評論員文章《這是為什麼？》之後，整風運動急轉直下，變為殘酷地批鬥所謂右派的時候，我心裡更想不通。別人不提意見，動員人家提意見，群眾剛發動起來，矛盾剛揭出來，就坐不住了，勃然大怒了，算什麼「大公無私」、「襟懷坦白」。所幸的是在複雜的事物面前，我保持了冷靜，各種鳴放會議沒說一句話，沒寫一張大字報，甚至有些同學寫好大字報讓我簽名，也被我拒絕了。學生會主席動員我到工廠訪貧問苦寫報導，幸被拒絕，不然，鬧的亂子更大。反右運動開始後，在那人妖顛倒、是非混淆的政治氛圍中，人們為了保全自己，昧著良心說假話，人與人之間演變到互相用嘴咬，以維繫生存的時候，我保持了沉默，批鬥會上一言不發，沒寫一張批鬥右派的大字報。雖然我表面上沉默，但內心裡思想鬥爭很激烈，心中存在一個永遠解不開的結：這是為什麼？

思想上有了問題，年僅十九歲的我，純潔得像一張白紙，首先想到的是要為我的入團介紹人負責。大約在一九五七年六月二十二日晚上，我敞開心扉、毫不保留的以書信的形式，把自己的思想向在西北大學中文系讀書的周永財同學和盤而出。信中列舉了社會的一些陰暗面之後，斗膽寫道：「我懷疑共產黨是否完全忠於人民？是否有比馬列主義更好的學說、比共產黨更好的黨能解決中國的上述問題。」信是在一種激憤的狀態下寫的，言辭偏激，猛擊時弊。信寫好仔細一讀，覺得許多地方出了格。所以，信我決定不發。

當一個人思想有問題時，黨的教導是向組織談出來，以求得組織的教育幫助。就在我渴求得到組織的幫助並準備找組織談思想的時候，黨員李朗來到了我的身邊。

一九五七年六月下旬的一天傍晚，雖然我已躲過了「陽謀」的暗算，卻又陷入了自投羅網的深淵。那天晚上李朗約我談話，我們來到了學校氣象站，朦朧的月光把一切都染上了深灰色，連同我們的臉。他說：「鳴放以來，你一言未發，也沒寫一張大字報。反右鬥爭開始後，又沉默不語，悶悶不樂，思想上有什麼疙瘩可以談出來，組織上幫你解決。」我答：「現在我心亂如麻，不知從何說起。」他說：「有話慢慢說，我們細細談。」我答：「我給西北大學中文系周永財同學寫有一信。待會給你看看這封信就知道我想些什麼了。」

現半個世紀過去，回過頭來權衡這件事情，如果我稍有頭腦，將信付之一炬，何來右派鐵帽一頂，那我將是另外一種人生。但我蠢的像一頭豬，傻的像一個白癡。由於對黨組織的一片赤誠，談話完畢，我即回宿舍開鎖取信交給了李朗君。

這一「交」，分明我大難臨頭，我卻如釋重負，自以為忠誠老實，就會得到組織的理解和幫助。當晚，我睡了一個好覺。沒料，一覺醒來發現「把暗藏的右派分子劉禮義揪出來」的大字報鋪天蓋地時，還不知道是怎麼回事。待我以無可名狀的心情看完大字報的內容時，猶如五雷轟頂，幾乎暈倒。原來，當我昨晚進入夢鄉的時候，屠刀已經架在了我的喉頭，待我感到劇痛時，一切都晚了，一切都完了。嗚呼，李朗君，你聲稱把我當親兄弟看待，為何要置我於死地也。

從此，我被打入另冊，陷入右派深淵，長達二十二年之久。運動中過著「挨批鬥，寫檢討，思罪過」一日「三部曲」惶惶不可終日的生活。

一日三部曲中，母親的笑容經常浮現在我的眼前。我好不容易上了大學，母親猶如饑荒中的農夫盼來了收穫的季節。沒料，一場黑霜，眼看到手的莊稼一夜之間化為烏有，這是何等的無情與殘酷。我遭難是自作自受，連累母親比撕心裂肺還痛苦。

整風和反右，鬧騰了近一年的時間，一九五八年春末，總算告一段落。有的難友發配到玉門花海農場和酒泉夾邊溝農場勞動教養。據難友孫樞提供的資料，死去的恩師有王霽光老師、趙煥之老師，死去的同學有李惠生、蕭德武、覃永秀、楊肇康。我有幸留校監督勞動，受到開除團籍、留校察看的處分。一日三部曲的生活結束了，但半天上課、半天勞動的繩索又套在了脖子上，一直到一九六〇年畢業。

遷校勞動中，架子車隊裡不乏海外歸國的專家教授和國內著名的學者。我與廖延熊教授同拉一輛車。廖老師二十八歲在美國獲得微生物學教授頭銜，整風運動中因反對遷校黃羊鎮而劃為右派。學校距火車站往返一次約二十來里路程，學校規定，男右派一天三趟，女右派一天兩趟。年輕小夥子一天負重跑七、八十里路，一咬牙就過去了，唯獨苦壞了老教授們。為了少挨批鬥，恩師們不得不拉著沉重的架子車，氣喘吁吁，汗流浹背地邁著沉重的腳步。想當初，恩師們為了報效祖國，告別了優越，謝絕了高薪，而今幹著連癡聾傻啞都能幹的簡單勞動，他們心中的滋味有誰知曉呢？又能向誰傾訴呢？

大煉鋼鐵中，對右派師生提出的口號是：「投入到煉鐵的熔爐，脫胎換骨。」媽呀，僅僅這個口號就足以讓右派們心驚肉跳。百日煉鐵中，哪裡的活最苦、最累、最髒、沒人幹，哪裡就有右派師生的身影。煉鐵兵團所在地，交通閉塞，羊腸小徑。背煤、背礦石、背糧、背水、背柴等活，翻山越嶺，最苦最累，背斗就沒離開過右派師生的肩和背。背煤夜戰中，我背著背斗站在原地睡著了，被高音喇叭驚醒；夜戰守煉鐵爐時，吃飯碗從手上跌到地上，還不知道是怎麼一回事。可見當年勞動強度之大和困乏的程度。

尤其是我班生活委員李維智在監督右派勞動中的精彩表演，令人終生難忘。李君大一就申請入黨，大四還是個非黨。為了撈取一張「黨票」，他搜腸刮肚給右派穿小鞋，以在黨員學生面前顯示他愛恨分明、階級覺悟高。數九寒天，他勒令右派們開挖開水房門前的冰溜子，洋鎬落地，僅挖出個小白點，震得雙手發麻，不一會鮮血便染紅了鎬把，他借機在黨員學生面前講：「這就叫脫胎換骨。」

一九五九年冬，全國性的饑荒波及到高校。

當年，我在甘肅農業大學讀大四。學生飯廳多次發生騷亂，開飯前幾個大門都用鐵絲捆綁著，上了鎖。飯廳本是享樂的園地，此時變成了陰森可怕的怪物，要不是饑腸轆轆，用餐者看到這種景象，早已退避三舍。但饑餓者為求得一口飯吃，開飯前仍把飯廳門口擠得水泄不通，待鐵鎖哐當一響，蜂擁而入，一個個像衝鋒陷陣的戰士，橫衝直撞，被撞倒者叫苦不迭。好一個高等學府，你怎麼了。

口糧供應標準是多少，誰也不敢問津，若有半點怨言，政治帽子不翼而來。用餐按班級編桌，八人一桌。開飯前，炊事員給每桌放一盆稀糊糊，八個小饅頭，一碟鹹菜。開飯時由桌長掌勺，把稀糊糊均勻分給大家。最後，每人可分到一碗稀糊糊。現五十一年過去了，仍忘不掉那分飯時饑餓者的眼神，飯勺的圓心成為十六條視線注目的焦點。當年，我們都是二十出頭的小夥子，正是吃飯不知道飽，幹活不知道乏的時候。一個連水分不到二兩重的饅頭，還沒有嚐出味道來就沒有了。一碗稀糊糊和一口鹹菜，撒一泡尿就沒有了。飯後，由於胃動力學原理，反而更餓了。

一九五九年初冬的一天，我來到武威縣黃羊鎮一個遠離學校的獨莊農戶，但見兩位老者一男一女蜷曲著身軀在牆根曬太陽，我前去搭話，兩雙呆滯的眼睛死盯著我不語。我貓身問道：「二老吃晌午飯沒有？」二位老人毫無反應。我俯身又問，老人只是搖了搖頭。我走進莊門仔細察看，但見屋內空空，冰鍋冷灶，寂靜冷清得怕人。我走出莊門來到另一家莊戶尋求幫助，他們回答：「二老的兒女、媳婦帶著孩子逃荒去了，兩個老人在家無人管，斷頓幾天了。」我祈求道：「你們能否行個好，想點辦法接濟一下。」答：「秋上的糧食都交了公糧，眼下家家揭不開鍋，誰能幫誰呀！」求助無望，我又來到二老面前，將身上僅有的五斤糧票和十元錢遞到老人手上，並扶二老進屋上炕，感動得老人痛哭流涕，說好人有好報，託老天爺給我消災。

回校後，老人瘦骨嶙峋、目光呆滯的眼神，不時浮現在我的眼前。良知促使我放心不下老人的死活。大約過了一週時間，我再次來到二老居住的地方，但見門敞著，屋空著，寂靜清冷得怕人。我來到另一莊戶打問情況，答：「上次你走後沒幾天，二老就上西天了，死了也好，免得受罪。」我頓時熱淚盈眶，不知說什麼好。

良知迫使我置個人前途於不顧，為了替饑餓者講實情，為了替被鬥者討公道，為了抨擊浮誇歪風，我義無反顧地站了出來，決計將自己胸中的怒火和對時局的困惑寫在一張飯票上。

一九五九年年底的一天，我像一個殉道者來到一間平時除了上課很少有人光顧的高層教室，取出隨身攜帶的一張飯票，以極小的字跡寫下了以下既斷送我前程，又是廣大饑民想說又不敢說的話：

——我要向世界公正的人們呼籲，中國的大學生失去了最起碼的人權，他們連肚子也吃不飽；

——為了多囤積一點糧食，絲毫不顧政治影響之壞，你們打錯了算盤，狐狸作了蠢事；

——你們整天掙破肚皮地高喊要提高人民生活水平，但我們前天吃乾的，昨天吃稀的，今天連稀的也吃不飽。你們的話鬼也不聽，你們的報鬼也不看。

第二天早晨，我趁打飯擁擠之機，將這張冒死殉道的飯票丟進了盛飯票的盤子，立即離開了飯廳。

一九六〇年春，學校保衛部找我談話，我自知東窗事發。學校當局採用法西斯的審訊手段和「打草驚蛇」的方法，迫使我主動做了交代。

一九六〇年七月二十三日，大學畢業即將分配工作前夕，也是我永生難忘的蒙難日。這天下午，班主任李振武老師謊稱學校保衛部有事找我。我一進門，部長遞了個眼色，兩名全副武裝的民警向我撲來，控制了我的雙手。工作人員宣讀了逮捕證，摘掉了我胸前的校牌，一雙冰冷的手銬鎖住了我的雙手。

我帶著行李被押上一輛吉普，向深淵駛去。

吉普車在筆直的公路上奔馳，兩邊的鑽天楊迅速地向後邊退去。七月的河西走廊，天高氣爽，秋風習習，車內沒有一點悶熱的感覺，有的倒是輕鬆與豪爽。如果不打開車門看看裡面的乘員，人們還以為是什麼高級首長的專車在行進。車內的我實現了二十三歲年華的三個第一：第一次坐小車；第一次戴手銬；第一次有警衛護送。

監所接管我的是一位女看守，名叫賈蓮琴，三十開外，據聞是武威某縣長的夫人。她已略知我的案情，交接手續時看到一個風華正茂、氣度不凡、面無懼色的學生模樣的囚犯來到眼前，她不像一般看守人員那樣嚴厲，慈祥而又惋惜地說：「大學生怎麼幹糊塗事，飯票上怎能胡寫字。來這裡，不要胡思亂想，安心等待處理。」

入監後，我的姓名消失，代號為「七九三」。監所號子有門無窗，前牆上只有一個碗口大的通風孔。一間號子大約十平方米，關十來個人，最多時關過十五個人。炕占去了三分之二，下剩三分之一是放置尿桶和供犯人活動的地方。炕上鋪一草席，與我同關一間號子的其他八個犯人都沒有行李，常常晝夜和衣而睡。

入監後第一頓「佳餚」是喝菜湯粥。開飯前，發一沙罐子，高約二十公分，口徑約十三公分，底部約十四公分，能盛二公斤水。第一次打飯我以好奇的心情，抱著沙罐子隨打飯的隊伍來到飯桶邊。只聽「咕咚」一聲，一瓢「飯」倒進了我的沙灌子。呀！與豬食別無二致，甚至還不如豬食。所謂的「粥」，主要是水分，飄了幾片菜葉，拌了點穀子麵，清亮得可以照見人影。刺鼻的惡水味道令人發嘔，根本無法入口。第一頓飯就這樣倒給了其他犯人。第二天，我的胃基本排空，饑餓迫使我一口氣喝了半罐子，下剩半罐子說啥也喝不下去了。待到第三天，我再也嗅不到惡水味道了，一口氣喝完了一大沙灌子豬狗不食的菜湯粥。

監所的饃，俗稱「刀把子」，用連殼帶皮的穀子麵做成，連水分約二兩重，每天中午一個犯人發一個。因為是一天中「含金量」最高的一餐，所以開飯前一個多小時犯人就像嬰兒盼乳汁一樣，從觀察孔細聽距小號子門幾十米開外的大號子門前有無炊事犯人的腳步聲，一旦聽見聲音就雀躍起來。發饃時，犯人列隊前去領饃，年輕犯人饃一到手，邊走邊吃，不等回到號子，饃就下了肚子。老年犯人，一個饃可以嚼半個多小時，他們看到年輕犯人呆滯地望著自己嚼動著的嘴巴，覺得怪可憐的，就掐給一指甲蓋大小的饃遞給年輕犯人。雖然一指甲蓋饃不夠塞牙縫，但在那特殊環境中，也算作是一種境界。

入監不到一週時間，我便與犯人們混熟了。監所規定嚴禁交談案情，這實際上是自欺欺人。因為人長嘴是說話的，長腦袋是想問題的，看守不可能跟在犯人屁股後面，犯人也不可能不交談案情。很快我便獲悉同號子的九名犯人除一名是小偷外，其他八名皆是饑荒的犧牲品。一位姓陳的原中共大隊書記，看到社員家中斷了炊，把隊裡的糧食分給社員度饑荒，被指控為私分公購糧，破壞統購統銷政策，判刑七年；還有一位生產隊長看到社員快餓死了，為搶救人命宰了生產隊裡的牲口，被指控為破壞農業生產，判刑四年。其他幾個犯人皆因為幾個饅頭或幾斤炒麵，誤傷了過路行人而被定為搶劫罪。由此聯想到自己在飯票上所寫的話語，雖然身陷囹圄，但能為饑民說幾句公道話，也算是一種慰藉。

犯人關押期間能否出去勞動，關係到犯人的健康和生死。在對我的審訊結束之後，那位姓賈的女看守即把我帶進了犯人伙房參加勞動，這在當年算是最實惠的照顧了，至今我仍牢記這女看守的恩德。沒料到「好景不長」，一天下午收工時，這位女看守把我帶到號子門口，滿臉不高興地命令道：「進去，明天不要出來勞動了！」我疑惑不解，不知道是怎麼回事，也不敢問。後來才知道是獄頭和伙房大組長串通一氣，告了我的黑狀，誣告我偷吃了伙房的東西，並帶進了號子。監所幹部不作調查，就輕信了這彌天大謊。獄頭為什麼告黑狀，因為他在我身上沒得到好處，這太難為我這個異鄉窮學生了。同時，也怪我心眼太死，只知道老實勞動，遵守監規制度，不知道給獄頭「進貢」。

秋收時節，我來到監所下屬的一個農場勞動。這個農場名曰「牛家花園」，實則是犯人的「死地」。

農場距縣城二十來里路，過去是某大地主的莊園，四周有高大厚實的三合土圍牆，牆體四角有炮樓，儼然像一個古堡。過去，用於防範土匪；現在，用來關押犯人。近百名犯人耕種著近千畝大田作物、數百畝菜地和果園。

這裡，勞動不光是為社會創造物質財富，對於幾乎餓瘋的人來說，還是一種求生的手段。就連一些老弱殘廢，也不甘示弱，爭相出工勞動，以借勞動之機尋覓一點可食之物。勞動中，一種生物的本能，迫使一雙雙饑餓的眼睛形同雞蛋，一邊勞動，一邊機警地搜尋著「獵物」。一旦發現有什麼可食之物，如漏挖的塊根塊莖，或者殘留的菜葉、菜根、跌果等，避開民警的視線，抓到手裡不管上面有泥無泥，就往嘴裡填。有時幾雙眼睛同時發現一個「獵物」，常常爆發一場混戰，甚至流血爭鬥。有一次，一個骨瘦嶙峋的犯人，趁民警不注意，拔了一個蘿蔔連泥帶皮就往嘴裡填，正狼吞虎嚥地吃著，被民警發現，挨了兩槍托不算，還叫來另一個犯人拔了一個最大的蘿蔔，硬塞進這名犯人的嘴裡，整個口腔被脹得圓圓的，直流口水，不准犯人移動一步，直到犯人暈倒在地才收場。民警還惡狠地罵道：「我看你狗娘養的今後還偷吃不偷吃！」這分明是持槍者喪盡了天良，豬狗不如，還罵饑餓者是狗娘養的。

民警公開虐待犯人，只要多加注意就可以防範，唯有犯人整犯人防不勝防。這裡的獄頭是一個因姦淫良家婦女而犯罪的原中共公社書記，名叫王森生。他軍人出身，中等身材，能說會道，心狠手辣，常穿一身舊軍裝，以顯示自己的光榮歷史，很得主子的賞識。有一次，我出工稍遲了點，沒有按照軍事化的嚴格要求列隊，被他發現。他立即在看守面前誣告我躲藏在廁所柱頂石上抗拒勞動。看守陳某出於對政治犯的偏見，不容我爭辯，即發出指令：「把現行反革命分子劉禮義好好教育教育。」獄頭有了尚方寶劍就可以為所欲為、肆無忌憚地整治犯人了。那天，正在收穫胡蘿蔔，老弱殘廢二人抬一筐，年輕犯人擔兩筐，唯獨罰我筐上摞筐，每次擔四筐。當年，雖然我的身體已經很虛弱，但畢竟是二十三歲的小夥子，一咬牙，一肩擔四筐還能勉強堅持。獄頭看把我壓不倒，又筐上摞筐，迫使我一肩擔六筐，壓得我行走搖搖晃晃，才沒繼續摞筐。重量加足了，筐上沒法再摞筐了，獄頭還不善罷甘休，又在速度上難為我。他緊跟在我的屁股後面，寸步不離，催我多擔快跑，累得我難以向前移步，獄頭就在後面用腳踢。最後，我終於跌倒了，獄頭用腳把我踢起來。為了少挨幾腳，我爬起來一瘸一瘸地向前移動，我又一次跌倒了，又被踢起來，直到再踢不起來了，獄頭才收場。收工後回到號子，同犯們看到我渾身青一塊紫一塊，敢怒不敢言。

獄頭施過淫威還不過癮。一天，收穫甜菜時，我饑餓難耐拿回一個甜菜藏在枕頭下面準備充饑，被「同類」發現，彙報給獄頭，獄頭如獲至寶，反映給看守陳某。甜菜是飼料，不能生食，即便煮熟，也不能多吃，否則，就會嚴重腹瀉。但餓急了的人也顧不得這些了，能生食一個甜菜也算一次難得的享受。晚飯過後，那位姓陳的看守，手提一副馬牙手銬來到大院交給獄頭說道：「把破壞農業生產的現行反革命分子劉禮義銬起來。」獄頭接過手銬又纏上了麻繩，鎖住了我的雙手，疼得我直咬牙，但我沒吭一聲。這下，激怒了獄頭，他喪心病狂地端來一盆水潑到手銬上。麻繩見水急驟地膨脹，疼得我大汗淋漓，當即昏了過去。昏迷中的我，隱約聽到這位原中共公社書記的狂吠：「頑固不化的劉禮義，我看是你的骨頭硬，還是共產黨的銬子硬。」待我甦醒過來，準備回敬他幾句，你這個狗娘養的衣冠禽獸書記，決沒有好下場。但由於劇疼和嚴重失水，喉嚨乾得直冒火，一個字也吐不出來。四個多小時的酷刑，銬壞了我的雙手，麻繩陷進了皮肉，整個手臂淤血發紫。醫生給我塗了點紅藥水，算是崇高的人道主義了。

就在我身心備受摧殘的時候，真是「福無雙至，禍不單行」。一九六〇年十月，武威縣法院對我的刑事判決，不是預審時預審員預計的教育釋放或半年徒刑，而是十年重刑。這晴天霹靂擊碎了我最後一個黃粱美夢。

社會饑荒不斷加劇，獄中伙食越來越糟。原先獄中能照見人影的清湯，喝到最後還能發現一些糧食的糟粕，現在連糧食的影子也找不到了。嚴冬時節，我們仍睡在潮濕的地鋪上，被窩裡的軀體，渾身透涼，整夜都暖不熱。每日從「瓜菜代」中攝取的能量，非常非常有限，根本無法維持正常的體溫。長期的能量代謝負平衡，使犯人們的身體每況愈下，一天不如一天。此時的我，一點七八米的個頭，體重不足三十五公斤，不到我正常體重的一半。據醫學稱，當一個人的體重下降到正常體重的一半，即宣告生命的結束。當年的我，體重已不到正常體重的一半，為什麼居然還能活著？是什麼力量在支撐著我？

在這距死亡只有一步之遙的時刻，我仍頑強地掙扎著。一次，我與一個老年犯人搖搖晃晃來到打麥場上，準備抬一筐充其量不足三公斤的麥草給老病號煨炕。他起來，我起不來；我起來，他起不來，反覆數次，才勉強抬起來，踉踉蹌蹌抬回了號子。其時，我正當二十三歲年華，身體已衰竭到連一沙罐子飯也端不動了。饑餓到了極限便接近死亡。接近死亡，是一種什麼樣的情景呢？一次打飯返回途中，我終於倒下去了，「飯」流得滿地，地面上除了幾片可憐的菜葉，什麼也捧不起來，水分全滲進了地面。我想勇敢地站起來，但努力了幾次都失敗了。同犯們把我扶起來攙回了號子，並要求伙房給我補打一份，但遭到拒絕。伙房的負責人冷冷地說：「糧食定量供應是黨的英明政策。誰叫他跌倒把飯倒了，怪他不小心，活該。」是呀！如果憐憫了犯人，看守、獄頭、伙房犯人及高田犯人怎麼能吃得肥頭大耳！

翌日，那位毒若蛇蠍的陳看守手持一根柴棍，身後跟著兩個民警來到了院子，厲聲喊道：「劉禮義，出來，回看守所去！」我聽到喊聲，扶著牆壁來到看守面前，看到他手中的柴棍，把我驚了一跳，以為又要挨打了。他把柴棍往地上一甩，命令我拾起來拄上。在我氣息奄奄的時候，強大的無產階級專政並沒有忘掉給我戴手銬。天呀！現在即就是放開讓我逃跑，我也不能自主地走動了，為何還要對我這般？我雙手戴著手銬，拄著一根柴棍，一步一步地挪動著雙腳，來到一輛馬車前，艱難地上了車。

監所接管我的還是那位女看守，因為她與我的大姐年齡相當，我可否在心中稱其為賈大姐。其時的我，早已脫了人形，人不像人，鬼不像鬼。她已認不出來戴著手銬、靠在牆根的我，就是四個月前風華正茂、氣度不凡、面無懼色的劉禮義。賈大姐雙目望著我愣了許久，疑惑不解地說道：「劉禮義，你怎麼成了這個樣子？」她似乎不相信自己的眼睛。

賈大姐沒有讓我進普通號子，如果進普通號子當夜必死無疑，而是特意把我安排在老年犯人重病號子。監所的三名犯人醫生都住在這裡，生活條件也比普通號子相對好一點。這時，賈大姐也查清了四個月前的一次誣告是怎麼回事。原來，我到牛家花園不久，大號子負責人黨世理與伙房大組長于恨三串通一氣，倒賣犯人口糧的罪惡行徑東窗事發。審訊中，問他們還幹過什麼壞事，二人供認曾誣告過劉禮義。這次我能進老年犯人重病號子，也算是賈大姐對自己錯怪一個聖潔心靈的一次心理補償吧。

賈大姐安排我住好後，即責令醫生對我進行搶救。現半個世紀過去，當年三個醫生輪番給我扎針的情形仍歷歷在目。醫生對我進行常規檢查後，向賈大姐彙報說：「劉禮義的內臟系統沒有發現任何疾病，就是極度虛弱，需要立即輸液。」賈大姐回答道：「把最好的藥用上，儘量想辦法別出問題。」我記得第一次給我扎針的醫生姓馮，長著一雙金魚眼睛。我靜靜地躺在炕上任憑他們擺佈，大約十分鐘過後，馮醫生喪氣地說：「我行醫幾十年，還沒見過二十三歲的小夥子針管不回血。」於是，第二個醫生又上場了。至今，我仍清楚地記得他給我扎針前說的一句話：「我不相信二十三歲的小夥子輸不成液。」但他除了在我的左臂上留下了十來個針孔外，別無所獲，也不得不敗下陣來。在一旁觀察的醫務室負責醫生，眼看進針處腫脹起來，他調整了一下進針部位後，抱著「死馬當著活馬醫」的心態，成為第三個給我輸液的醫生。幾經努力，均因為不回血而告終。令人遺憾的是輸液不成，倒給我左臂撓靜脈竇上留下了一個比核桃還大的血腫。

靜靜躺著的我，此時雖然命在旦夕，但頭腦還很清醒。我隱隱約約聽到三個醫生在竊竊私語：「這個大學生如能熬過半夜，就算是命大的。熬不過半夜，明早就準備收屍吧！」聽到這近乎絕命的宣判，我並不感到恐懼，心裡倒是十分地坦然。為人民大眾坐牢，我死而無憾。過了一段時間，我聽到大號子門開鎖的聲音，伙房炊事人員端著一碗小米稀粥來到了我面前，說是賈主任特意讓他們給我做的。我抓住炊事員手中的碗，發瘋似的把飯往嘴裡填，嚇得炊事員連忙阻擋說：

「不要急，別噎壞了，噎壞了我向賈主任不好交代。」不到一分鐘，還沒嚐出是什麼味道，一碗小米稀粥便下了肚子。吃完這一碗救命粥，冰冷的身體才慢慢熱了起來，我似乎聽到了血液重新流動的聲音。在細細品味小米稀粥甜蜜的餘味中進入了夢鄉。夢中，我還在吃小米稀粥，一連吃了幾大碗，好香好甜啊。吃完飯，夢見醫生還在給我輸液，但就是不回血。待從門縫裡透進一束微弱的亮光來，我才知道天已經亮了。我推了一下右側的難友王尚華，告訴他天亮了，但毫無反應，我又推了一下，還是沒有反應。我艱難地爬起來，把手掌搭在他的鼻子上，發現氣息廢絕，斷氣很長時間了。我立即又推了一下左側的難友李俊德，也是渾身冰涼，氣息全無，不知道昨夜裡什麼時候斷氣的。他們就這樣連一句話都沒有留下就離開了人間。我立即向號子負責人報告死了兩名犯人，他手示我不要聲張，並向我耳語道，他身邊也有一個難友於昨晚撒手人寰。

大約過了一個多小時，賈大姐領了三個醫生來查號子。走在最面前的醫生首先發問：「劉禮義咋樣了。」號子負責人答道：「劉禮義尚好。另有三名囚犯於昨夜死亡。」今早，他們本來是收我的屍體的，結果我還活著。「代我而去」的三名難友，一個是老頭，兩個是中年。我當年是二十三歲的童男。或許正因為如此，佛菩薩才救我一命，讓我繼續磨練人性，苦度餘生。我感歎生命力之強大，更信奉信念之不可催。賈大姐離開號子時，我的視線與賈大姐投來的目光撞在了一起。那會心的一笑，笑出了人間的多少真善美與血和淚，我只能在內心裡感激我的救命恩人，不能有任何外在表示。現半個世紀過去了，那會心的一笑還在我心中，永在我心中。賈大姐如果得知我現在兒孫滿堂，晚年幸福，還當上了縣級領導和全國先進，她該有多高興呀！

一九六一年燈節過後，我隨勞改大軍來到了武威磚瓦廠。這裡，對人們威脅最大的仍是苦役和饑餓。

「土工，土工，一天吃五頓，不吃五頓，何談土工」。由此可見「黃土搬家」體力消耗之巨大。而我們，怎敢奢望吃五頓，高強度勞動下，連一頓飽飯也沒有吃過。當時，口糧標準名日四十五市斤，由於層層「剝皮」，吃到我們嘴裡有多少，只有天知道。況且，沒有任何油水和副食。當年，我二十四歲，在托坯組幹活，極眼明手快腳勤之能事，把吃奶的勁都使出來了，仍完不成每日五百塊磚坯的任務，而被貶到雜工組，口糧標準也隨之降到三十五市斤。

一天，我在勞動中偶爾發現了一座平房的窗口有人影閃進閃出，而且人影閃出窗口時，腋下夾的包包都是鼓鼓囊囊的。我趁民警與民警聊天的空子也迅速潛入平房。原來，這平房是冬季用來儲存蔬菜的庫房，地面上遺失了一些發黑、發黴、發黃的菜幫和枯葉，方知同犯們是為覓食而光顧這裡。我如獲至寶似地也揀了一些別人挑剩下的菜幫和枯葉，避開民警的視線，像猴兒一樣從窗口跳出。下午收工回到號子，發現同犯們一改往日的愁眉苦臉，個個笑顏逐開。原來大家今天都不約而同地發現了「寶藏」，揀了一大包菜幫和菜葉。沒有揀到菜葉的同犯，伙房大師傅恩典給了一些餵豬剩下的甜菜渣，準備晚飯過後煮熟美餐一頓。

揀到了「寶貝」，對饑餓的人群來說，固然是可喜的，但問題也接踵而來。因為號子裡面住了二十來個人，大家都迫不及待地想把這「美味佳餚」先吃到自己嘴裡，但火爐只有一個。為了不致於因搶火爐引發矛盾，傷了和氣，我主動出來當和事佬。我說：「大家都是難中人，今天我們可不可以尊老愛幼，讓老年人和年紀最小的先煮。」我話音剛落就有人起來反對：「你最年輕，是不是讓你先煮。」我趕忙解釋道：「大家別誤會，我不是這個意思，待大家煮完了我最後煮。」我的話還挺管用的，大家接受了我的建議，烹飪「美味佳餚」便有條不紊地開始了。

在我等待別人煮菜的時刻，冥冥長夜，我也沒有讓時光白白溜掉。在與同犯們閒聊中，我刻意做了一點社會調查。結果驚奇地發現同號子二十來名囚犯中，家庭成分是貧下中農者竟有十七、八人。對此，我當時很納悶。心想，不論是教科書或各類文件，都齊稱貧下中農是革命的基本群眾和依靠力量，為什麼他們卻變成了罪犯的主體？革命理論與社會現實的反差為什麼如此之大？他們都幹了些什麼危害國家和人民的事情呢？我進一步調查瞭解到，這些貧下中農在饑荒中不是殺了牛，就是宰了羊，或者「偷」分了隊裡的糧食，被指控為破壞集體經濟和黨的糧食統購統銷政策。有的因饑餓誤傷了過路行人，被定為搶劫罪，判了重刑。

待輪到我煮菜葉時，東方已現魚肚白。當年，為了這頓「美味佳餚」，儘管我徹夜未眠，付出了很大的代價，但收穫頗豐，不僅美食了一頓爛菜葉，還開闊了眼界，豐富了社會閱歷和社會知識。

在與饑餓做鬥爭中，我結識了一位老者，也是一位智者和慧者。他的名字叫馮國福。老者馮國福早年畢業於華西醫科大學，在一家大醫院謀職。因參加過國民黨的三青團，解放後被清理回家。家庭成分是地主，又不會來事，得罪了地方幹部，誣告他寫「變天帳」，判刑二十年。

我來到磚瓦廠與馮國福同組。他年過半百，長期「病號」。老者面部清瘦，濃眉大眼，身體單薄，背駝。說話不緊不慢，神態自若泰然，表情冷漠平淡，平時很少與同犯答言。看來他在勞改隊已經蹲了很長時間，與環境和諧相處得非常自然。因為是老「病號」，休息就是他的工作，他的工作也就是休息，很是悠然自得。每天大隊出工以後，只要是風和日麗的天氣，他都要把自己的行李捲：一床補得五顏六色的被子，一條補丁摞補丁的褥子，一個用面袋製作的油光光的枕頭，搬到戲台上，靠牆鋪得平平展展，仰臥其上，架著二郎腿，眼睛睜得圓圓的，一邊觀賞著藍天白雲，一邊細細咀嚼著屬於自己的一個比雞蛋大不了多少的饅頭，或者一勺一勺地品嚐著屬於自己的一碗稀糊糊。勞改隊吃飯多是迫不及待、狼吞虎嚥的，馮國福一個饅頭或一碗稀糊糊足可以吃一個多小時，不能不是一個奇聞。

馮國福說：「我經歷了三個磚瓦廠，現在是第四個。托坯、背坯、裝窯、燒窯、出窯等活都幹過。你的感受給我的理論提供了依據。我算過，托坯的同犯每生產一塊合格的磚坯，從挖土到磚坯上架，最少要彎二、三十次腰，磕十幾個頭，跑五、六十公尺路，雙臂、腰部、頸部等部位的肌肉要緊張無數次。你算算，每天生產五百塊磚坯，要彎多少次腰，磕多少個頭，跑多少公尺路，肌肉緊張收縮多少次，就不言而喻了。如此頻繁的動作，又是在烈日下操作，所消耗的熱量是驚人的。但只補充半斤糧，是得不償失呀！背坯的同犯更辛苦。每次負重五十多公斤，每天要在十五度以上的斜坡上往返百餘次，往返一次大約走一百公尺路，每天消耗的體力和熱量更是驚人的。」聽罷馮國福的論述，我驚歎道：「你不愧蹲過四個磚瓦廠，你觀察細緻入微，道出了磚瓦工的苦衷，我自歎不如呀！」他說：「你過獎了。今天與你暢談，我是經過觀察和慎重思考的。我看你這個小夥子可靠，正直，正派，才向你說心裡話的。如果不瞅準對象，彙報給看守，我非挨批鬥不可。」我答：「你算看準了，我不是那種人，我也是替民眾說了幾句公道話而遭難的。如果我是那種人，不僅背叛了朋友，也背叛了自己，那是我永遠做不出來的事情。」他說：「原來你是一位心中裝著民眾的青年人，怪不得我感到你這個小夥子氣宇軒昂，一身正氣。」

近半個世紀過去，我忘不了這個老難友。如果這位老者、弱者、智者、慧者高壽現在，我們再在一塊笑談風雲變幻和時代進步，那該多好呀！

飯桶邊差一點發生了一場「流血戰鬥」。

我們開飯時由炊事人員把飯抬進大號子院中，按組打飯，一組一大桶，可供幾十人食用。當年，我們每天吃的是小米稀粥，每打完飯，飯桶裡邊還殘存一些飯跡。炊事人員圖省事，把清理飯桶的工作留給犯人處理。饑餓的人們把刮一次飯桶當作一次難得的機遇，大約每半個月可以輪到一次。為了避免因爭搶刮飯桶發生「武裝衝突」，甚至流血事件，組長決定「輪流坐樁」。刮飯桶也存在關係學。刮飯秩序排有名單，個人都知道什麼時候輪到自己。於是，在這一天來到之前，給炊事人員送一包煙或什麼的，飯桶裡邊殘存的飯跡便多一些。或者平時與炊事人員相處不錯，也可以享受到類似的待遇。但與炊事人員關係平平或者較差者，飯桶收拾得跟狗舔的一樣。

有一次，我等待了半個月，終於輪到了我刮飯桶了，高興得頭一天晚上連覺都睡不著。待炊事員打完飯，我迫不及待地拿起飯勺剛開始刮飯，突然從我身後伸出一隻手來，搶去飯勺埋頭刮將起來。我定睛一看，原來是與我來自同一所農業大學畜牧系一年級學生李翔忠。眼看到嘴的半碗小米稀粥被別人搶去，我氣急敗壞，怒火中燒，恨不得在飯桶邊與其決戰，把搶去的飯勺奪回來。但冷靜一想，他現在手持鐵飯勺，如果我不相讓而發生衝突，打起架來飯勺將成為他手中的武器，為一口飯而流血大可不必。這絕不是危言聳聽，製造緊張氣氛，而是鐵的事實。我的這位「同學」就是因搶劫行兇犯罪的。據他親口給我講：有一天，他在學校餓得心裡發慌，到校外去散步，路過一家農戶，門敞開著，發現桌上放有幾個饅頭，趁屋內暫時無人，溜進屋裡把饅頭裝入自己的衣服口袋，還沒有出門，就被主人發現，堵在了門裡邊。廝打中他看到桌上放有一把剪刀，拿起來向對方刺去，反被房主奪回就擒，送往當地公安部門。起訴後以搶劫行兇罪判處有期徒刑十二年。現在，他舊病復發，又一次喪失理智，把自己變成了一隻兇殘的「動物」。此情此境，人能與「動物」決鬥嗎？那是有危險的，甚至要付出血的代價。如果我也喪失理智，與其爭鬥，豈不有損人的尊嚴，把自己也降為「動物」了嗎？那將上演一出「狗咬狗」的鬧劇，值得嗎？

正當我一籌莫展、束手無策之際，只聽得耳後「嗖」的一聲，一位彪形大漢從天而降，來到了飯桶邊。說時遲，那時快，大漢飛起一腳，只見搶勺者倒栽蔥進了飯桶。他還不知道是怎麼回事，大漢按住搶勺者的頭部撞擊飯桶。待搶勺者從飯桶裡邊爬出來，全院子數百名用餐者像看猴戲一樣，捧腹大笑，直不起腰來，有的竟然樂得擊掌。大家何以如此失笑，因為犯人李翔忠變成了一個名副其實的「飯人」了。渾身無處不是飯，鼻子、眼睛、眉毛、額頭、頭髮、耳朵、雙肩……等處都粘滿了飯粒，滑稽可笑極了。本來，飯桶裡邊沒殘留多少飯，經他這麼一涮，飯桶如洗了一般，再也刮不到一點飯粒了，我望桶興歎，他狼狽不堪。

事後，我反覆思忖，饑餓把一代大學生逼成強盜，已經夠淒慘了，為什麼還要把自己變成一隻「動物」呢？強盜儘管可惡，不可饒恕，畢竟還是人，但動物則是另類了。大學生淪為強盜，進而又變成一隻「動物」，這其中的人文哲理和政治含義，又有誰能夠說得清楚呢？

後來，我們有幸調到同一個勞改農場。我在畜牧隊餵奶牛，生活條件相對好一些，他在大號子農業隊勞動，條件很差。我因後來調到農場尖山牧場搞綿羊改良，便推薦他來接替我的工作。他在學校是一年級學生，尚未接觸專業知識，管理奶牛一竅不通，而我已是畜牧系四年級畢業生。我憐憫他「男餓三天成盜」，不記前嫌，在我離開工作崗位前，仍手把手地教他學會了擠奶和如何調製飼料，以及如何與奶牛和諧相處，以提高產奶量等。儘管他搶過我的飯勺，置我於饑餓當中，但這個賬不能記在他的身上。我們畢竟是同學和難友。

一九六二年冬的一天，農場黨委書記兼場長范忠元來到三中隊檢查指導工作。說來也巧，翌日，魏隊長在大號子門口操著濃重的山東口音喊道：「劉禮義，準備好行李，調你到場部畜牧隊勞動。」

調畜牧隊勞動，是我勞改生涯的一個大轉折，從此，我才有機會接觸畜牧專業技術。或許范場長和魏隊長是我「轉折」的大貴人，而我的誠實勞動則是促使事物轉化的內因。

畜牧隊有四名獸醫。其中兩名中獸醫，一位叫楊盡美，五十開外，一位叫柯繼緒，四十多歲。兩名西獸醫，一位叫王友德，一九五三年畢業與北京農業大學，三十來歲；一位叫張世俊，一九五七年畢業於西北畜牧獸醫學院，年近三十。他們的臨床經驗都很豐富，醫術在當地小有名氣。我雖大學畢業，具有扎實的理論基礎，但僅有書本知識而無臨床經驗是不行的，二者結合起來，專業知識才能轉化為專業技能。何況我是學畜牧專業的，在校僅學過《獸醫大意》，而畜牧專業綜合性很強，與生產實踐結合尚需一定的條件。勞改農場條件甚差，難有「用武之地」。唯有獸醫專業，可以「吹糠見米」、「立竿見影」，哪裡有牲畜，哪裡就有疾病，獸醫就能派上用場。

在畜牧隊，起初，我的工作是「打補丁」，哪裡缺人哪裡補。飼養員外出，就去餵牲口；兔子沒菜吃，就去挖野菜；紡車無人攬，就替代盲人攬紡車……尤其是門診上來了病畜，我主動找事做，找活幹。腳、手、眼、腦齊開動，忙個不停，甘當一名合格的助手。獸醫們診斷，施術、開方、用藥，我勤思考，勤觀察，勤動手，勤跑腿，勤請教，不懂就問，深得獸醫們的好評。

此間，一件小事令我終身難忘。一天傍晚，學長張世俊來到我住的土屋，土屋充其量六平方米。他遞給我一個用廢報紙包的小包，我打開一層又一層，裡面是一個黑面小饅頭。學長說：「這是我節省下來的，你放心吃吧！」一句話，說得我熱淚盈眶。

學長張世俊因他所在的種羊場出現「反標」而入獄。他年輕時參加過國民黨三青團，成為懷疑對象。三年後，查出了「反標」書寫者，他才獲釋，但妻子離婚，孩子也被帶走。

畜牧隊原有兩名飼養員，一位叫張忠，四十來歲，一位叫張紀元，甘肅工業學校學生，比我年輕，平時無語，與誰也不說話。二位與我同類，也是「反」字型大小人物。張紀元是個「有趣」人物。勞改隊發的囚服，穿在他身上不到一個月就成了片片，露出了屁股，迫使管教幹部不得不再發一套。但使管教幹部料及不到的是，不到一個月衣服褲子又成了片片，批判鬥爭，他不說話。氣得管教幹部直咬牙，講：「你身上該沒有長牙吧！為什麼衣服一上你的身就成了片片，露出屁股你不害羞嗎？」一向不說話的張紀元冒出了一句人們想不到的話：「當現行反革命都不怕羞，露出了屁股算什麼。」管教幹部無奈，只有把死囚犯人留下的衣服發給張紀元。即使是這樣，張紀元身上的衣服仍然是掉片片，不論走到哪裡，都成為注目的對象。

畜牧隊餵有種公馬、種公牛、種公驢，還有推磨的騾和驢。為了搞好懷孕母馬的後期管理和加強幼畜培育，我建議把懷孕母馬和斷奶後的幼畜集中到畜牧隊統一管理，大大提高母馬的分娩安全和幼畜培育水平。

當年，我二十六歲，年富力強，工作超負荷運轉，每天除了拉草、鍘草、餵牲口、值夜班外，主要工作是放牧。

這裡的兩頭「大頭羊」，一頭是蘇聯高加索美利奴細毛羊，一頭是國產新疆美利奴細毛羊。如何護送種公羊進山，意見分歧很大。畜牧隊長聽信了羊倌的意見，準備以放牧的方式驅趕種公羊進山，我與王友德持反對意見，建議通過火車運輸護送種公羊進山。通過耐心解釋，我們的建議被採納。

護送種公羊進山的任務落在了我的肩上。

大約在一九六五年的初秋，我同種公羊乘坐一輛卡車，來到了甘肅省永昌縣河西堡火車站。經過交涉，買好了車票，我與種公羊相依相伴，被關進了一輛悶罐子車廂。車廂裡碼滿了貨物，僅剩下一塊不足三平方米的地方，就是我與種公羊的生活空間。平時放牧狀態下，種公羊身上的膻味和油汗味還不是那麼熏人，但在封閉的環境裡，膻味和油汗味令人窒息。途中，餓了，羊吃草料，我啃乾饃；渴了，與羊同飲一桶水；困了，與羊同睡一張「床」。當年，我啃的饃不是現在的什麼蒸饃、燒餅、油酥饃等，而是用胡豆或豌豆、青稞或粟米連殼帶皮蒸出來的麵團子，堅硬的能把狗打得汪汪叫，現代人不說是吃，就是看一眼、嗅一下也會發嘔的。悶罐車走走停停，停停走走，我與種公羊「同床共枕」了十幾個小時，才到達尖山火車站。羊場場部設在尖山車站以北五百米開外的一個山彎裡。此前，王友德提前到達這裡。

放牧生活隨水而居，種公羊隨羊群而動，母羊群搬到哪裡，種公羊就搬到哪裡，異常辛苦。綿羊人工授精工作鋪開後，王友德業務熟、資格老，負總責。我一人集種公羊管理、試情公羊放牧、采精、輸精、器械消毒與清洗於一身，整天忙得焦頭爛額。母羊發情高峰期更是忙得喘不過氣來。勞累、饑餓、孤獨、寂寞一齊向我襲來。尤其是想到年邁的母親和悄然離去的小芳，我的精神近乎崩潰。一天，我獨自一人在空曠的山坳抱著「大頭羊」的脖子嚎啕大哭：深陷囹圄的我，有家不能歸，有冤不能申，有苦無處言。我的心在流血，我的淚已哭幹，有誰知曉，有誰與我分擔。

工作雖苦，收穫頗豐。當年綿羊人工授精受胎率達到百分之九十以上，創當地最高，提高了羊毛品質和產毛量，大幅度地增加了經濟收入。整個產羔季節，我們徹夜守護在母羊和羊羔身旁，保證了母羊的安全和羔羊全活全壯。為我後來的養羊學和產科學及人工授精教學奠定了實踐基礎。

配種季節，浪跡天涯，一月搬兩次「家」。金秋，也是狼群的「黃金季節」，羊群搬到哪，狼群跟到哪。我們的「家」，非常原始，一頂帳篷，一套炊具，各人一個行李捲，一套人工授精器械，還有一隻牧犬，就是我們的全部家產。用駱駝馱至新址後，砌一圈面積一百來平方米的石頭牆和一個土爐，就是我們的「別墅」。夜間，我守護著種公羊，牧犬守護著我。當年的我，已完全被「異化」為一個地道的西部羊倌，列車上乘客把我當「稀有」觀看。我的氣質、風度、言談、舉止，分明是一個學生，但我奇特的裝飾和黝黑的面容卻像一個典型的羊把式。我頭戴「牛吃水」，身披白氈衣，肩挎放羊包，腳穿牛皮窩。當乘客們把奇異的目光投向我時，我侃侃而談「牛吃水」、白氈衣、牛皮窩的優越性和製作工藝、人工授精的微觀世界，以及準確把握排卵期，把精液輸入那個神秘的部位，乘客們像聽奇談怪論一樣饒有興趣。

綿羊改良工作結束，我的牧群裡增加了五十多隻山羊。綿羊、山羊雖然都是羊，但放牧行為和食草選擇迥然有別。放牧中，經常發生兩條「路線」的鬥爭，弄得我顧此失彼，狼狽不堪。後來，我利用山羊馴化程度高、接受能力強的特點，運用巴甫洛夫條件反射原理，訓練出一套相對穩定的放牧行為，使其形成相對穩定的放牧路線，按時歸牧，主要精力放在兩頭種公羊身上。這段放牧實踐，為我後來在教學中編寫山羊學講義和發表《山羊的生物學特性及其在生產實踐上的意義》學術論文奠定了豐富的實踐基礎。

一天，夕陽西下，不見山羊歸，我拿著一個破臉盆來到放牧地發出信號，仍不見山羊群的蹤影，頓感情況不妙。我抄小路奮力爬上山頂，四處眺望，仍不見山羊的蹤跡，渾身的熱汗頓作陣陣冷汗。心想，明年即將刑滿釋放，今晚如果發生狼害，不知道要加幾年刑。儘管時值深秋，山風嗖嗖，我身著的單薄囚服仍可擰出水來。夜幕降臨後，我被嚇癱在地，再也無力前進一步了。於是，我索性坐在山頭，清理頭腦，思考對策。

專業知識提示我，山羊有登高喜燥的生活習性，今晚會不會竄到更高的地帶去歇息，我決計向尖山主峰衝擊。夜走懸崖，無異於向死亡挑戰。但為了找到丟失的山羊，我豁出命來了。找呀，找呀，忽見前方不遠處，一塊巨大岩石前面，有一大片發白之物。走進細瞧，正是我要尋找的羊群。山羊發現有「異類」逼近，「炸」群而散，又迅速聚集。這一炸一聚，是山羊禦敵的生物學反應，使平時與主人和諧相處的羊群，一反常態，變得非常刁鑽和狡猾，不認主人，不聽口令，哪裡險峻就朝哪裡攀登。深夜，目標忽而消失，忽而又被重新發現。夜半，寒氣逼人，我仍汗濕淋淋。白天不到一個小時的路程，我竟然抹黑了四個多小時才把羊群趕回圈裡。我回到隊部，去山裡找我的犯人還沒有轉回。

這十三年間，我像一個沒長尾巴的牲口，哪裡艱苦就驅趕到哪裡；我又像一件會說話的生產工具，哪裡用的著就用在哪裡；我更像一個被屈死的幽靈，哪裡鬥爭最殘酷，就遊蕩在哪裡。十三年間，我漂泊了十八個勞改場所。它們是：永昌縣紅光園藝場、頭壩河水利工地、二中隊、畜牧隊、尖山牧場、石鳳山羊場、大青羊口羊場、小青羊口羊場、狐狸溝羊場、基建隊、武威監獄、靖遠縣五大坪農場、紅會煤礦建井大隊基建隊、料石廠、臘子口岷代公路運輸隊、築路隊、臨夏縣大西灘農場夾灘分場、總場等。由此可見，人生最寶貴的中年時代，我是在漂泊中度過的。浪跡天涯是什麼滋味，我有首席話語權。

在我刑滿釋放前夕，農場從武威炮校買進了兩頭奶牛。殊不知，炮校為了甩包袱賣給農場兩頭淘汰牛。奶牛本是擠奶的，但這兩頭奶牛的乳頭不讓人觸摸，一觸摸就踢人，或者用尾巴打人，擠奶成為一大難事。農場領導說：「本想改善職工的生活，沒想到幾千塊錢買回兩個淘氣包。」繩捆索綁，強制擠奶，結果奶牛暴跳如雷，人仰桶翻，一敗塗地。於是，把我從尖山牧場調回場部接管奶牛。農場領導徵求我們的意見時，我說：「奶牛拒絕擠奶是育成和調教期間暴打了奶牛，而形成的惡性條件反射，使牛與人之間處於對抗狀態之中。解決的唯一辦法是人與牛和諧相處，多給良性刺激，再不能強制擠奶和暴打奶牛。」領導採納了我的意見，說：「只要能擠出奶，辦法由你定。」

這樣，大約經過了一個多月耐心的調教，當農場領導來到牛舍觀看我擠奶時，發現淘氣包變成了寶貝蛋，深有感觸地說：「沒想到擠奶還有學問。」我又一次感到自身存在的價值。

正當產奶量直線上升，全場幹部和家屬子女笑逐顏開的時候，毛澤東發動的文革「狂飆」席捲農場，政治犯成為攻擊的重點對象。一九六七年秋，永昌縣頭壩河水利工地急需一批強壯勞力，我人高馬大，正當壯年，被驅趕到水利工地賣命。不到半個月的時間，政治高壓、超強度勞動、潮濕和饑餓的聯合攻擊，使我患上了嚴重的痢疾，不到三天，人就脫了形。帶隊的是一位從部隊轉業的營級幹部王興慶，一副猴相，俗稱幹猴隊長，毒若蛇蠍。醫生批准我臥床休息，他卻逼我出工。勞改隊幹部的指示猶如「聖旨」，我不敢有違。在他的威逼下，我拖著衰弱的病軀，勉強來到工地。經他批准，我不再在谷底挖沙石、撂沙石，讓我拉車跑運輸。我拉著滿載沙石的架子車在渠沿上艱難地行進，突然眼前一黑，連車帶人翻入四、五米深的渠底。同事們下渠搶救，被王興慶阻止，還說：「反革命分子的花樣就是多。」一個因流氓犯罪的就業人員張德錄接著隊長的話茬說：「劉禮義是有意跌下去的，想逃避勞動。」天啊，人的良心叫狗吃了！

待王興慶揚長而去，同事們下到渠底，把滿臉是血的我抬到了工地醫務所，所幸的是經醫生診斷，左手腕骨折、脫臼，頭部僅擦傷了幾處皮膚，沒有內傷。

頭壩河水利工地告一段落，我們來到紅光園藝農場二中隊平田整地，修理地球。管理我們的仍然是那個幹猴隊長王興慶，高強度勞動和饑餓威脅著我們。正當我犯愁第二輪饑餓是否又要來到時，場部發來了指示，調我重返牛舍，管理奶牛。原來那個有後門的人接手我的工作之後，鮮奶歡歡供應了幾天，奶牛就「故伎重演」，奶量直線下降，幹部家屬怨聲載道。最後，又不得不把我這個「雙料貨」請了回來。

正當我發揮專業優勢，彰顯人生價值的時候，尖山告急，調我放牧大頭羊，李翔忠接替了我的工作。

原來，在我刑滿釋放前夕，為了強化對罪犯的改造，我調回場部在基建隊拉磚，兩隻大頭羊和五十多隻山羊交由他人放牧管理。放牧中，大頭羊不甘寂寞，為尋找異性而逃跑是常有之事。在我放牧時，一旦走失，我亡命似的尋找，不找回大頭羊誓不甘休。我自知不及時找回的嚴重後果，不敢有絲毫地怠慢。但他們丟失大頭羊後，一時找不回來，往往第二天才去尋找，結果，只找到了「高加索」，新疆「美利奴」被狼吃掉了。兩頭大頭羊只剩下一頭「高加索」了，一頭羊沒有夥伴，無法管理，決定把「高加索」送回場部。但在護送方式上，決策者忘記了三年前我們的建議，沒有採用火車運送，而是放牧驅趕護送。結果「高加索」活活累死在數百里的放牧途中。

兩頭種公羊全部報銷，但綿羊改良工作不能停頓。於是，又花血本購回兩頭德國美利奴肉毛兼用半細毛羊。但種公羊接回後，叫誰誰不放，隊長傷透了腦筋。這便是場部調我重返尖山的原因。

我愉快地接受了這個看似尋常而又不尋常的任務。

牧羊人性格豁達，待人坦誠。閒暇時，他們也向我吐露心機。一位曾告我黑狀的牧羊人說：「以前對你放大頭羊，我看不慣，認為一個小夥子才放兩頭羊，太清閒，建議隊長給你增加了五十多隻山羊。你回場部，我接手你的工作之後，才知道不是那回事。放兩頭羊，看起來清閒，實際上責任太大，太難放了。大頭羊看起來很笨，實際上一點也不笨，太奸了，你注意牠，牠乖乖的，你稍有疏忽，牠就跑得無影無蹤。那次丟失後，我翻了幾架山，人腿都跑成狗腿了，還是找不到。我累得實在走不動了，第二天再找吧。結果，第二天在老鄉羊群裡找到了『高加索』，在山溝裡找到被狼吃剩下的幾塊新疆羊的碎皮塊，給我加了半年刑。現在，刀子架在脖子上，我再也不放大頭羊了。」聽完牧羊人的講述，我表示理解和同情。

這段放牧實踐豐富了我後來教學崗位上的養羊學內容。在我向學生講授國外羊品種特性時，同學們深有感觸地問道：「劉老師，你是否放過羊？」一句話問得我熱淚盈眶，因為這些教科書沒有的知識是我用生命換來的呀！

一九六九年二月「珍寶島事件」之後，勞改隊的政治空氣驟然緊張起來，昔日流放政治犯的河西走廊似乎馬上就要成為硝煙瀰漫的戰場。當年分佈在這裡的勞改農場和工廠，紛紛東遷。我隨這股人流先到靖遠縣五大坪農場修理地球，又到紅會煤礦建井大隊挖窯洞、建地窩、開煤井、打料石。繼而，又到天險臘子口修公路，「貼耳岩」上搞運輸，築路工地排啞炮，白龍江心撈木料。歷盡艱辛，九死一生，於一九七二年深秋，來到我勞改生涯的第十七個驛站，也是倒數第二個驛站——甘肅省皋蘭縣臨夏縣大西灘農場夾灘分場。這是我勞改生涯的第二次大轉折。從此，我成為一名專職獸醫。轉折的兩個關鍵人物，一個是原中共地下交通員、革委會主任王建國，另一個是抗日戰爭時期的老班長張場長（遺憾的是我不知其姓名）。他們在我蒙難期間曾經給我多方面的關照。

夾灘農場是一個廢棄的知青農場，幾千畝肥沃的土地養活不了幾十名知識青年而甩給了勞改單位。初來農場，這裡殘垣斷壁，一片狼藉。勉強能住人的幾間瓦屋，住著管理我們的幹部和家屬。幾十名就業人員住在帳篷裡。我有幸住進一間曾圈過羊的土屋。我將土屋一分為二，裡間住人，外間辦公。自己動手在裡間砌了一個土炕，外間砌了一個土爐，就是我的別墅。

來到夾灘，不知何因，張場長每次給我分派工作時，從不直呼其名，而稱我「一班長」。一天，他來到馬號大院，把我叫到跟前，指著千瘡百孔、掛滿蜘蛛網的圈舍說道：「一班長，你看這些房子成啥樣子了，丟人死了，還辦什麼農場。過幾天，總場要給我們調一百多隻羊，幾十頭豬，十幾頭大牲口和幾頭奶牛。牲口來了，沒有圈咋辦？你給咱帶一幫人，限你一個星期，把羊圈、豬圈、牛圈、馬圈都給我收拾好。牲口來了，沒住的，拿你是問。」在臘子口修公路時，我就知道這位老領導說一不二，脾氣倔，心腸好。因此，我像戰士接受任務一樣答到：「保證完成任務。」場長又說：「你要什麼條件？」我認為機會來了，直截了當地說：「人員由我挑選。」場長答：「成，只要能按時完成任務，人員由你挑。」於是，我挑選了十幾名勞動踏實、善於合作的就業人員，組建了一個精幹的畜牧生產小組，為後來分場畜牧生產的蓬勃發展奠定了人員基礎。

隨著各類牲畜的調入和農牧業生產的運作，我一人兼獸醫、放牧管理、奶牛管理、學習記錄、壁報宣傳於一身，有時，還被喊去幫灶。一年三百六十五天，晝夜連軸轉，沒輕鬆過一天。大年三十，正月初一仍處於工作狀態。總場獸醫外出，我經常在深更半夜行進在陡峭的山樑上，病情就是命令，我不敢有違。

大約在一九七五年的秋天，夾灘農場接收了三百多頭犛牛，犛牛號稱「高原之舟」，常年生活在海拔三千多公尺以上的高寒地帶，違背這一生態學特徵，將給畜牧生產帶來巨大損失。新犛牛圈海拔高度提高了一千多公尺，距農場三十多公里。那年地方業務部門要求我們在一個星期內完成三百多頭犛牛的三種疫苗和菌苗的防疫注射任務。給犛牛打防疫針，不像一般家畜，工作非常艱辛和艱險。

一九七九年平反時，我已四十二歲，青春逝去遙遠，時光不會倒轉。留校後，與我同期畢業的同學專業上幹了二十年，我卻剛剛起步，差距之大不言而喻。在此決定人生命運的嚴峻時刻，要麼自暴自棄，甘心落後，當個懦夫；要麼奮發有為，迎頭趕上，爭當強者，必須做出涇渭分明的抉擇。性格和經歷註定我「天行健，君子以自強不息；地勢坤，君子以厚德載物。」當年，我暗下決心，要在比別人遲起跑二十年的情況下，趕上和超過前邊的人群。一個大寫的人，僅有政治上的結論是不夠的，還必須在事業上用成就來證明自己。

現將自己蒙難二十多年間，幫助和鼓勵過我的人，按出場先後為序，名列如下。儘管有些人已不在人世，但我仍記著他們的名字：

楊蒲生（同學）、鄒木蘭（同學，已故）、賈蓮琴（女警）、謝錚銘（難友）、趙德（難友）、張裕民（難友）、魏隊長（幹部）、李志清（難友）、范忠元（場長）、張維德（隊長）、王友德（難友）、張世俊（難友）、郝小芳（女友）、楊盡美（難友）、梁森渭（難友）、王奎武（難友）、張忠（難友）、張靖宇（股長）、范伯水（難友）、張福（難友）、王建國（場長）、張場長（幹部）、薛股長（幹部）、陳正興（指導員）、王梅蘭（女友）、紅梅（女友）、趙老師（朋友）。

一九八三年六月二十五日，我應農牧漁業部成人教育司邀請，參加了全國統編教材《畜牧學基礎知識》審稿工作。

幾年間，共給農民回信三百多封，無償郵寄技術資料六十多份。郵資、信封、信紙都是自己開

左側英國劍橋大學國際名人、著名育種學家、甘肅農業大學博士生導師劉孟洲教授和右側劉禮義

支，沒花國家一分錢。用專業戶和學生提供的資料發表的文章，稿酬如數轉給他們。這樣處理稿酬，對他們是一種激勵，對我是一次陶冶。

回報社會取得了較好的社會經濟效益。據不完全統計，中國人民解放軍三五四一廠職工承包的五百多隻蛋雞，日平均產蛋率從四十四％高到六十八％；新疆克拉瑪依輸油處一職工承包的八百七十六隻蛋雞，日平均產蛋率從二十五％提高到六十八％；山東省陶縣的返鄉知青飼養的三百多隻產蛋雞，日平均產蛋率從五十％提高到七十％……等。此不一一列舉。

一九八三年，我在經濟收入十分拮据的情況下，自籌資金，開展家庭科學小實驗，總結出兩篇論文。一篇發表在《飼料研究》雜誌，一篇發表在《安康農業科技》雜誌上。填補了地區在育雛成本核算和探討雛雞生長發育特徵方面的空白。

人本來只能死一次，因為生命屬於人只有一次。而我，似乎有點「荒誕」，曾五次面對死亡，但又活了過來。五七風暴摧毀了無數個幸福的家庭，製造了百萬計的冤假錯案，給中華民族帶來了深重的災難，就連封建帝王也會為之自慚形穢的，如不留點記述，讓世人從中吸取應有的教訓，將來氣候一旦適合，還會有人發瘋，幹出同樣殘酷的事情來，這是多麼可怕的事情啊！

一個不是右派分子的右派分子張遂卿

1958年時的漏網右派張遂卿

我是北京人，生於一九四一年二月四日。毛澤東時代我幾度在階級鬥爭魔影下按右派分子批判鬥爭、監督勞動改造。可是，戴了二十一年右派帽子，到一九七九年右派改正時才知道我根本沒有右派分子帽子，一切都是假的。我仰望蒼天欲哭無淚，因為在那個無法無天的歲月裡，冤假錯案如山，無數家庭家破人亡，有多少無辜的人蒙冤受屈卻再也見不到天日了。

小時候我的爺爺在北京市順義縣沿河鄉吳莊當佃戶，冬天農閒去北平叫賣五香爛蠶豆。父親張鈺銘年青時沿街挑擔子焊洋鐵壺。奶奶給人當老媽子，特別勤勞、乾淨、善廚。後來父親在奶奶東家處學會了開汽車。日寇占領北平時，我們全家逃難，從河南輾轉落戶到了西安。我從記事起，父親給西安市東一路車行開西安來往潼關的商車。剛解放時，父親被吸收進陝西高陵縣通遠坊西北軍區療養院工作，五五年改制陝西省地方病防治研究所後他被調去開了一輩子汽車。

一九四九年我進入西安市東羊市小學上學。一九五二年考入西安市的陝西省工人子弟中學讀書，一九五五年初中畢業，即考入成都氣象幹部學校無線電專業班，一九五六年八月中專畢業後我被分配到蘭州民航氣象台任電報員。因民航單位條件好，半軍事化管理，我那時才十五歲，年輕好學，勁頭很足，經常受到獎勵和表彰。

蘭州民航由兩航起義人員、中蘇民航轉過來的人員、軍隊轉業人員、還有我這樣的學校畢業分配來的學生組成。

一九五七年幫助共產黨開門整風提意見時，我們單位很平靜，沒有搞大鳴大放。蘭州民航港是西北、西南航線中轉站，軍民兩用飛機場。整風運動時屬於正面教育單位。儘管當時社會上政治風雨交加，嚴格警衛下的民航機場依舊嚴謹認真地運行著。

那是一九五七年八月中旬的一天，天高氣爽，風和日麗。在蘭州東崗飛機場，飛行調度、通訊、氣象工作人員忙碌著，因為今天除了正常航班外，中蘇聯合勘測大隊的一架伊爾——十二型專業飛機，從蘭州起飛，在青海柴達木盆地執行航拍航測任務。

「ＳＯＳ，ＳＯＳ，蘭州，蘭州，五〇二呼叫，五〇二呼叫」十一點剛過，突然調度室通訊機響起了急促的報警聲，調度員李宏揆是兩航起義功臣，聽到飛行中飛機的ＳＯＳ緊急代碼，知道此呼叫非同小可，立即回答：「五洞兩，五洞兩，蘭州回答，蘭州回答」電波中傳來斷斷續續的呼叫：「五洞兩，單發停車，五洞兩，單發停車，高度下降，準備迫降，準備迫降！」李宏揆心頭一驚，柴達木地區比蘭州海拔高出千米，空氣稀薄，靠螺旋槳單發動機爬升飛回來不太可能，而要迫降，柴達木地勢複雜有沒有小塊合適地點呢？他在一九四四年抗日戰爭時，飛過雲南西藏邊陲的駝峰航線，明白陌生地區迫降存在很大的風險。他不禁倒吸一口冷氣，一方面迅速報告蘭州航空港吳仰玉站長和歸航台，一方面命令：「五洞兩，五洞兩，抛出機艙載重，爬高盤旋尋找合適迫降地點！」但五〇二無線電回波卻越來越斷斷續續聲音微弱，定向員顏本青滿頭大汗，不放過任何一丁點信號捕捉飛機位置。幾分鐘後吳站長趕來，一進門就急著問五〇二怎麼樣了。李調度手握話筒說，三分鐘前回答抛出機倉物品，減輕自重，在找迫降點。大家一聽更緊張的不得了，把聯絡機音量調到最大，不停呼叫，生怕漏掉任何回音……。十一點三十五分，終於盼到了一個急促回音：「蘭州，蘭州，五〇二迫降，方位東徑××××，北緯××××，飛機……」看來蓄電瓶已經沒電了，連完整的報告也沒能傳回來。吳站長把記錄紙拿起來看著，李調度告訴他成功迫降飛機受損肯定很小，因為伊爾系列飛機的蓄電瓶是在機身肚子底下，能發短時間信號說明飛機完整，蓄電瓶都好著呢。正在此時，定向台也報告同時收到五〇二的迫降方位經緯度，人們的心情才稍微踏實了一些。於是吳站長著筆向烏魯木齊西北民航局轉中國民航總局寫了電報。李調度命令蘭州民航收報電台張臣、金鼎、徐道榮長守監聽五〇二的信號、命令發報台薛之康、陳丁才嚴格保證發訊機的暢通，隨時準備與五〇二溝通聯絡。

發出特急電報，吳站長立即乘車到甘肅省委彙報，辦公廳召來甘肅省公安廳長研究後，快步報告省委書記張仲良，讓蘭州科學院地礦局電台通知在柴達木工作的地質勘探隊，抽調隨隊武裝人員立即趕到飛機迫降點，看護好飛機，保障機組人員安全；抽調蘭州衛戍部隊警衛團部分幹部戰士，與民航有關同志一起連夜出發到現場，一部分戰士負責警戒，一部分參與尋找抛倉物資。

當晚，蘭州民航組建了流動電台、流動發電機，帳篷房，汽車帶足了後勤物資，一個油罐車裝滿航油。記得有電報員金鼎、油機員李生榮、天線員瓦洛佳（蘇僑）、場務員老王等十多個人，第二天凌晨出發去了迫降場。

然而誰也沒有想到，這些中華民族的赤子們，在默默緊張工作的時候頭頂上此時正盤旋著「陽謀」的大棒。我們蘭州民航港和諧穩定、一絲不苟保障著飛行安全，正面教育，既未鳴也未放，按省委佈置學習文件。報上怎麼說我們就怎麼信，感到右派分子真是罪大惡極、十惡不赦。「反擊右派分子猖狂向黨進攻」我們深信不疑！我當時是地勤氣象電報員，此時剛滿十七歲正在實習期滿，稚氣未脫的雛毛雛雞，調皮活潑，老同志喊我「小鬼」。

國慶前後，在柴達木迫降場，青海民工修了臨時跑道，五〇二飛機更換了發動機和全新起落架，找回拋倉物，安全返回了蘭州。吳站長向省委彙報，先感謝省委的正確領導，處置果斷，使飛行機械事故特別圓滿安全的搶救成功。甘肅省委書記張仲良被奉承著，高興地合不攏嘴：「國務院表揚你們了吧。」吳站長說莫斯科都來了慰問電。張仲良喝了一口陝青茶，臉色猛變，轉問吳仰玉站長：「吳站長，你們那裡反右運動進行的怎麼樣了，揪出了幾個右派？」吳仰玉笑了笑說：「張書記，我們的任務是保障飛行絕對安全，你今年幾次去北京也看到了我們飛的多好，有首長專機我們全員加強值班。機場是軍民兩用，在中蘇民航基礎上，加上軍轉幹部、兩航起義的愛國人士和航校分來的學生。誰能和右派分子一樣反黨反社會主義，我那裡怎麼會有右派啊！」張仲良聽到此話將臉一沉：「民航技術結構高，你那裡全是知識分子，毛主席說百分之五是右派，你們那裡就沒有右派啦？」

蘭州民航是雙重領導，當時西北民航管理局遠在烏魯木齊，父母官是甘肅省委工業交通部，航站政委張建濤一直掌握正面教育給我們整風反右，他也想不出來該把誰打成右派。

吳仰玉站長回來轉告張建濤張仲良的話，民航完不成右派指標受了批評。二百多人的單位，按指標起碼要抓十個右派分子。於是，先在一九四九年中國航空與中央航空起義人員中抓了無線電機務員薛之康和定向員顏本青，大概他們有舊社會經歷吧，就該是天生的右派。兩航起義時，除駕機飛回來的空勤成員外，包括香港、留守大陸各機場的二千多名員工同時通電宣佈起義，薛之康和顏本青就是他們中的一員。

我記得在批判會上，有人這樣罵道：「薛之康這傢伙哥哥在美國，家裡有香港帶回來的美國留聲機，德國照像機……」「顏本青起義後思想沒改造好，不愛吃面，自己煮大米飯，做菜放白糖，……」這是我在批判他們的會上所聽到的所謂「罪行」。至今我也回憶不出他們有什麼反黨言論。顏本青生就靦腆，與人來往不多，愛好做飛機模型，當年剛三十歲出頭，還未結婚，挨批後更不敢出門了，大米飯也不敢做了，偷著買幾斤點心、白糖，喝杯茶當飯，為的是少去人多大食堂。惡棍秦惠芳說顏本青是資產階級分子，太會自由享受了。

蘭州民航港當時只有兩位女黨員，氣象台小秘書名叫秦惠芳，是個愛張揚竄跳的人物。她此時是蘭州民航支部的宣傳委員，這人不拘小節，生活邋遢，圾拉著鞋，破襪子，矮個子翻嘴唇，宣教講話時滔滔不絕，口沫橫飛，不可一世。一九五七年就是這個女人往返省委工交部，王八走鱉運，執行著民航一定得揪出右派的重任。

繼後的右派分子就是預報員周家奎，他是上海人，當時二十三歲，總參謀部氣象幹部培訓班畢業分來蘭州的。錢其琛外長在上海做地下活動中學的學生，周參加了學生運動，但他的父親是紡織業小股東，公私合營拿定息，周家奎是剝削階級子女，儘管把自己批的狗血噴頭，最後仍然戴上了右派分子的桂冠。

秦惠芳負責蘭州民航整風反右，上報材料由她寫，她在此時搞了很多政治陷害。接著薛之康、顏本青、周家奎三人被超速劃成「極右分子」，看在兩航起義的份上，按人民內部矛盾處理，從輕發落，薛之康和周家奎被送到河西老寺廟農場勞動。顏本青送黃羊鎮農場。

一九五七年冬天，蘭州民航又把顏本青拉回來進行批判鬥爭，整整開了兩個晚上的鬥爭會。顏本青當時站在地中央穿著棉猴凍得不停地流清鼻涕，這個時候秦惠芳噘著厚嘴唇信口雌黃和一些人胡說八道。我當時就坐在顏本青的對面。

然而蘭州民航的右派指標仍然沒有完成，於是又補充了個無線電高級工程師陳丁才。因為陳丁才的技術水平太高，烏魯木齊航站要了去，由他們「監督勞動改造」。

兩航起義人員解放初奠定了新中國民航事業基礎，可是蘭州民航即使沒劃右派的，以後絕大多數都調離了民航系統。李洪揆英語好，被蘭州石油化工機械所要去了，中蘇民航合併來的商務何專員、飛行員吳敬義被弄到了劉家峽水庫。

轉眼一九五八年到了，開始了轟轟烈烈的大躍進。知識界在一九五七年被嚇暈，對大躍進中混沌現象不敢再提真知灼見了。全民被超英趕美「跑步進入共產主義」的幻想所振奮。甘肅省緊跟瞎折騰，蘭州民航怎能不跟著發高燒，當時規劃要在火車站、省委、醫院、各縣委大院建直升機坪，各市、縣修飛機場，甘肅還要組裝飛機……等等。

我出身工人家庭，從記事起就喊著萬歲，唱著紅領巾讚歌念完了中、小學，單純如水。成都氣象幹部學校無線電通信班畢業後，黨的需要就是我的志願，豪情滿懷地來到了蘭州，蘭州民航實習期滿我才十六歲。我那時工作認真，活潑好動，反黨反社會主義是什麼概念根本不清楚，對祖國的誠心忠心沒有一點蒙塵。那個時候領導說啥信啥，五八年全民大躍進，民航事業也躍進在自己的高技術領域，航班特忙，蘭州航班航線擔負國家重任，我們沒日沒夜的工作著，拉薩試航、地礦航測航拍、空投救災等，所有航行都要加強氣象保障，航空報從一小時一次多到二十分鐘一次。

一九五八年夏末，來了個全民「向黨交心運動」。那個時候赤子們盡顯衷腸，解剖自己的靈魂。去引洮工地的同志回來說農民積極性特別高，到處是食堂，隨便到那裡想吃就吃，農民也發工資了，老老少少都有人民公社管，學生去上課，老的去敬老院，年青的深翻土地大煉鋼，村裡見不到人。再看看工廠，一天等於二十年，發明創造，技術革新，蘭州造出了汽車……。我們不出機場大門都能感受到鼓足幹勁的群眾熱情，軍區每週來演電影。天啊！新聞簡報看著畝產十萬斤糧食，毛主席坐上國產紅旗轎車，國產萬噸輪船下水，……多少次為祖國的強盛而熱淚盈眶。西北民航烏魯木齊局下來了個政委，開場白特別風趣：「我是陝西人，一九三八年參加紅軍的，沒上過學，文書給我報名，我說姓田，老人死的早，也不知道我家是姓錢還是姓田，沒文化我也能當政委，又紅又專，有人說了毛主席只紅不專，他不會開飛機，我說毛主席領導革命的技術比誰都專……。」

八月底，向黨交心運動忽的變成了「整風補課」，按毛澤東百分之五指標，甘肅省又掀起抓右派高潮，這回更好找罪證：交心的日記、剖心的發言，劃右派的格式。省委工交部點名蘭州民航二百多職工，右派比例仍然不夠。發報台三個，收報台還沒有揪出來右派分子！揪誰呢，撒網兜住了金鼎，天津航校畢業生，工作積極，愛寫寫畫畫，畫了個「動物媽媽比本事」小人書投稿，此時給他上綱上線罪行是用動物影射黨，可憐剛參加工作不久的二十二歲河南青年金鼎有口難辨，稀裡糊塗變成了右派分子，送到張掖老寺廟勞動期間餓了個半死，一九六〇年十二月西北局蘭州搶救會議後回到蘭州，民航不要，遣送到寧夏的一個農場，一九七五年為救落入水庫的兒童，戴著右派帽子壯烈犧牲了。

一九五八年九月份，蘭州民航挖漏網右派分子指標還不夠，我被秦慧芳點了名，小本本記有哪年哪月哪天我放過毒「黨是偉大的，黨員可不一定」。我說那是罵她的，她說不行，黨是高樓大廈，黨員是磚頭瓦塊，毛主席說過黨員是特殊材料做成的，個個偉光正，罵黨員就是撬動黨的根基，是反黨。於是我就按這種混蛋邏輯抄寫報紙，加胡謅亂編的完成了大作《關於我反黨反社會主義的交代材料》，把自己罵了個狗血噴頭。和同事玩笑，學電影裡「米西米西的來吃飯」，此時也成了崇拜小日本。

我想寫了檢討就沒事了，沒想到一九五八年九月二十六日吃午飯時，食堂登記國慶會餐，秦惠芳叫我去她辦公室，楊河清也在。秦露出了奸笑，態度堅決地說：「省委劃你為右派分子，下午楊河清送你到甘肅農具廠監督勞動，收拾一下，走吧。」

我問楊河清：「憑什麼打我右派？」楊河清安慰我說道：「為了黨的事業，我們個人受點委屈算得了什麼呢。」我聽到此話愣了一下，尚不知正確與否，楊河清的這句話讓我整整記了一輩子。

就這樣我被打入了另冊，成了一個不服改造的小右派。

甘肅農具廠上上下下都不相信我是右派，黨辦秘書魏列桂暗示怎麼不申訴啊。我也覺察出來右派不好當，民航醫藥費都不給報，一起來的同學不再跟我說話。甘肅省不講理，我要到北京毛主席那裡告狀去。一九五九年春節後，我先請病假回西安家中，正值三月份，已有陝北、河南農民沿街討飯，親眼見過哀嚎痛哭的農民述說老家人民公社食堂根本沒糧食開飯啦。

一九五九年五一勞動節前，我想著去北京告狀。先跑到京郊東壩鄉駒子房村舅舅家，幼稚可笑的我以為北京市能管蘭州，到東交民巷北京市公安局，被告訴右派問題應該去找中共中央統戰部，跑到府右街統戰部接待處，見排隊告狀的人擠滿了大門口內廂房，登記名字那位胖胖女幹部問我：「你這麼小的年紀也是右派嗎？」我說：「我是漏網右派。」周圍人聽了哈哈大笑。

人民公社一天五頓飯的牛皮剛吹出，公社食堂就沒有了客飯供應，多一口人吃飯，舅媽把她領回來的窩頭掰碎，摻些雜草煮煮分我一碗。當了一個多月泥水小工。東壩派出所把我揪去，連夜送到朝陽公安分局，關了二三天，集中到一個像工廠平房的院子，四周站崗，我被關進二十多人的房間裡，不許出門。院子裡幾個勞動號卷開厚厚的帆布，有人在帆布上劃線，勞動號用針錐麻線縫做帳篷、車用篷布。晚上勞動號和我們關在一起，他們也不敢多言。幾間房子漸漸關滿人，大約一個星期後，中午被集中到院子裡蹲下。一個陝北口音的警官訓話「社會主義國家不該有你們這些人……」原來這裡是北京市公安局收容站。北京市民政局收容站是人民內部的，待遇寬鬆，行動不自由，伙食好，一般勞動，所得報酬夠買一張火車票時，就由管理人員押上火車送回原籍。但凡右派上訪的、不說真實籍貫的、沒有選民證的（當時沒有身分證）、被認為是逃亡地主的，都由公安部門收容站關押，除了不帶銬子，和犯人一樣。幾輛大卡車把我們押送到門頭溝區大灰廠公安工地，分配進住到三十多人大通鋪的號子。

這裡有上訪的右派、大學裡的所謂反動學生、犯錯誤的機關幹部、挑擔做生意、修鍋釘碗的、盲流、逃亡地主等等，都是敵我性質，見了就抓，等著原單位原縣鄉來領。大灰廠公安工地近二千人，每天由民警押著刨山皮、開山炸石灰石，運下山燒石灰。石灰窯是大型鐵殼千噸級，三四層樓高。

我到這裡不幾天就與大家混熟了，一個陝西小學教師說來三個月多了，是右派，罵公安工地不解決問題，寫的材料都不給轉。一位東北漢子不知為何出語君子報仇十年不晚；一位河南老頭說他老家農村吃食堂，稀糊糊一頓飯一人一勺，這裡真好，玉米麵窩頭隨便吃，還寫信叫孩子們都來，他想問問民警收女的不收，老婆女孩都來。一個南方口音大學生半神經狀態，口裡念念叨叨我思想反動，天天自動的跳下旱坑掏大糞，倒在鐵絲網邊上任蒼蠅下蛆滿院子惡臭，以致號子裡不許他上床，就在牆邊地下睡覺。公安工地關押了很多知識分子，我們號長用五線譜提琴曲之類書本當枕頭，他那本《世界名歌》讓我學會了幾十首。

一九五九年國慶前，一車車的人又送來了。使得每監號擠滿四十到五十個。不過很少有原籍領人的，我見過有民警拿著原籍的介紹信而放出幾個。四周鐵絲網通著電，探照燈轉來轉去。身強力壯的勞動號協警，在院內替民警晝夜巡邏，逃跑很難。出工扒山皮有人順山溝爬著逃跑，大都被追回來了，不打不罵，院子裡民警訓誡後立正思過，凍一夜。我記得最清楚是一九六〇年春節輪休的民警回來，唉聲歎氣，給我們幾個說，河北老家農村公社食堂每人一天二兩糧食，玉米芯子生石灰水泡酥，井邊上清水洗乾淨，摻和進面裡蒸窩頭，還不管飽，拉的屎風一吹就散。公安工地玉米麵窩頭你們還不知足。此話不出一個月，公安工地就運來紅薯和紅薯乾代替一半糧食，放走了一些老弱病殘。五九年國慶後送來過幾個北京年輕人，是支援大西北，柴達木冷湖石油運輸隊跑回來的。只要戶口沒遷回來就送公安工地，有戶口的送到東郊北平焦化廠第七生產大隊算就業，抬煤、卸車、挖大溝，有工資。公安工地放出來後我去看過，想讓那裡給我報北京戶口，沒有成功。

一九六〇年五一勞動節過後，公安工地民警頭子叫我去辦公室，把蘭州的來信和戶口遷移證給我，說蘭州把你開除啦，你也別想在北京報上戶口。「真可惜呀，那麼好的工作丟掉啦。」公安工地給我到北京市公交車費三塊錢，戶口遷移證。我又賴在北京二個多月，考上了農機學院，白紙坊小學當過勤雜，公交公司六路電車賣過票，只要填履歷表立刻清退，誰讓我自小對黨忠誠不說假話呢，中央處理右派決定中，有「自謀職業」一條，根本不可能，到處不要你，如北京落戶得有勞教釋放證，還必須是原來北京遷出去的，我不具資格，只能回西安父母那裡。

到了西安，首先迎接我的是難忘大饑餓。一九六〇年起城市居民糧食定量二十六斤，四兩油，半斤豆腐票，半斤肉票，其他副食幾乎沒有，我很久報不上戶口，不給糧食，啃食爸媽兄弟的，吃遍野菜與樹葉，有次槐花吃光了，麵糊糊裡下了槐樹葉，全家中毒連吐帶瀉折騰一夜；兩個弟弟為搶著洗鍋打架，原因是洗鍋水能喝進肚子。媽媽用舊油簍子打上十來斤醋，買短途火車票去三原縣換回來大捆蘿蔔纓子，剁碎加鹽揉團沾上點玉米麵蒸成菜團子。

費了半年多時間我才報上戶口，有了戶口糧食關係。東郊紡織廠招工、西郊肉聯廠招工，儘管文化考試我都是高分，可照樣進不去。只有去街道的私人小鋼磨坊打工，混口飯吃。

一九六三年九月饑餓稍有緩解，大學、中專又開始招生。西安無線電技校招考，我考進了這個學校的「無線電裝配」專業，這次報名我的履歷如實填寫，只是「受過何種獎勵與處分」項空著；

由於我學習努力，活潑熱情，老老實實，當班幹部課代表。第一學期放假時，人事保衛科叫我去，他們按履歷建立學生檔案，收到蘭州的《漏網右派格式合同》文件，雖然我在校表現優秀，學校沒有義務替我甄別，認定我不適合繼續學習。很客氣地說，下學期開學你就不要來啦。

只有失業者知道失業的痛苦。那個年代擺茶攤都違法，賣烤紅薯都要抓，社會主義國家不承認有失業，把我們叫做城市遊民，只有農村落戶，去農場一條路。

一九六四年春節剛過，蘭州軍區農建十一師西安招農墾兵去河西，我找到總負責人問右派要不要。他說，來吧，年青人不怕犯錯誤，好好勞動我們給你摘帽子。一身簡易軍裝，一個書包加搪瓷口杯，還真像個解放軍戰士。我是首批到達師部的少數知識分子，立即分配十一師師部勘察隊，扛著經緯儀、標杆做農田、水利、渠道規劃。每天跑十多個小時，測量、定位、放線、打木橛子。心情特別暢快，不知乏累。原酒泉黃花農場、玉門鎮蘑菇灘農場改編為一團、二團，條田和灌水渠排水溝都是我們勘察隊規劃製圖。放線要滿地跑，走著走著就看到被風沙吹露出的死屍白骨，骯髒的片片裹屍布，越近河床邊沙溝，死屍越多。沒見過一個棺材，附近老百姓說都是農場餓死的右派。黃花農場和夾邊溝右派勞教農場比鄰，夾邊溝農場未編進十一師，沒有去勘察。

一九六四年底，我正在玉門鎮二團農場放線。團部來了一大批現役軍人搞社教，不久認為我的身分在勘測隊不適合，下令立刻放到連隊去。我去了四連當軍墾戰士，挖排鹼溝，和來自天津、平涼、武威的青年同吃同住同勞動、同遊戲。

文化大革命時連隊亂的一塌糊塗，沒人上工。想回老家的抬腳就走，火車白坐。玩煩了回來住些日子再走。工程連二派武鬥炸藥包炸死炸傷好幾個，園林隊鬥爭上海移民，有個叫邵蓮的帶著兩個女兒上吊自殺了，左派打死五連回民知青楊鵬。這些真人真事連隊全知道，居住分散，逍遙派多。武鬥就那些團部附近活躍分子，全國都有，見怪不怪。我西安、蘭州路過看到過造反派的洋

1965年，作為右派分子的張遂卿在農建11師2團穿著軍裝留影

相，回連隊後上廁所，軍墾戰士沒錢買手紙，擦屁股用報紙，每張報紙都有「四個偉大」和「永遠健康」。俺愛毛主席，只用報紙空白邊出恭。軍墾戰士說不得了，大便都糊到毛主席臉上啦，這是糟蹋毛主席的反革命幹的。小青年們也會嬉笑嘲諷，撈出來一堆夾著糞便的報紙，還把沾屎主席像亮的很明顯，跑到團部各派造反指揮部要求追查反革命，臭烘烘的一堆，放到頭頭們辦公桌，扔不敢扔，罵不敢罵。青年們這麼做事出有因，割麥子時太陽火辣辣。有個武威青年說了句「太陽真毒！」被造反派揪出。掛了個牌子「惡毒攻擊我們最紅最紅紅太陽現行反革命分子」。學習班關了三個月。青年們以更加「革命」的幽默方式反抗，表示極度厭煩文化大革命。

幸運的是我一直按照犯過錯誤知青在連隊，一樣跟著逍遙。再加我文化相對高知識面廣，還誤傳我會開飛機，頗受人尊敬。半導體三極管開始流行，我從西安帶回來套散件，拼湊收音機，外接幾個舌簧喇叭，我們一排三間房子都能聽廣播啦。當時流行三管再生式收音機，調台時發出唧唧吱吱響聲，被人告發我架設電台給蘇修台灣發報，政治部夜晚偷聽後知道底細，沒有干涉過。

一九六八年底，二團要建立配槍民兵連，各連隊所有政治不可靠者集中到疏勒河邊老職工連，也就是農十一師二團成立前的蘑菇灘農場舊址。破舊老房子、地窩子、牲口圈，老老少少五六百。有上海趕出來的全家移民，被貶下來的白旗幹部，摘帽右派，歷史反革命，男女壞分子。夾邊溝撤銷後，戴帽右派被單位開除沒地方安置的也到了這裡。我屬戴帽人員當然趕進一窩。集中時被訓話「有前途，好好改造，爭取早點摘了帽子。」二團楊副團長是原先蘑菇灘農場場長，分管老職工連，卻說：「摘帽！等毬毛白了吧，毛主席就是要把人分成三六九等。」這位據說是省裡的高級幹部，犯了什麼錯誤罰下來掛職的，外號楊瘋子，根本不把兵團幹部放在眼裡，基本不管事，家在蘭州，半年不回場。

在老職工連，六七十歲白髮者也要勞動，當然僅僅是拾糞集肥。

難得有不少中年五類分子，國之菁英，原工作崗位五花八門，耳聞目染使我懂得了很多政治知識，懂得了反右社會背景與人生真諦，大大開闊了我的眼界。高等法院開除就業的右派法官、右派律師，使我明白了毛澤東封建帝王強權統治，藐視法制，解放後有的是時間完成立法，可是一直沒有《民法》、《刑法》、《刑事訴訟法》。《憲法》一改再改，說明國家不穩。怪胎甘肅省革命委員會政法部，包攬公安、檢察、法院一切權利，人類罕見。律師在甘肅反右中被污蔑替罪犯說話，全部被打成了右派分子。蘭州七四三七廠有個名叫彭發林的高級技工，挨餓時受不了，罵罵咧咧，被打成右派開除送到蘑菇灘農場就業，四清時發覺工人不打右派，就地改為壞分子。有一個月發工資全是冒著油墨味嶄新的新票子，玉門市農業銀行歷史反革命加右派董煒說：「不好，我們這裡是社會最底層，能發給剛印出來的錢。說明國家經濟特別困難，靠大量印鈔支撐啦。」他是隨傅作義起義的少校軍需官，起義後整編到寧夏河套地區農墾，甘、寧合省時一步步招進農業銀行的。

一九六九年冬天，沒有農閒，按照一號通令要求，挖地道防蘇修北邊進攻。

一九七〇年正月初二，戰備需要，玉門鎮靠邊境，老職工連全部後撤。我們十多個單身光棍都去十五團。這個團團部在甘谷，幾個營分別在岷縣、武都、張家川。一營有農業連和牧業連，由洛

門鎮進山八十里，甘谷、武山、禮縣交界梁分水嶺有幾十萬畝高山草甸，放牧著幾百匹馬、牛。

春播以後，挑選身體好的去牧業連，我和韓福友、吳政銘、董煒幾個戴帽子分子，及王明權、陳永吉、李樹森幾個青年開始放馬。每群一百匹左右，六個人分二班，每班三人帶著乾糧水壺，三天上山不回來，跟著馬群轉，夜晚光板皮大衣隨身一裹，走那睡那。下班後青年們除了開會學習，自由活動去農業連會女朋友。我們有帽子的要種菜、砍柴、掃院、割草，看護病馬。

放馬下班的三天，我則要扛著腳蹬維修電話線，附近人民公社大隊看到兵團有能人，紛紛來找營長、教導員請我去給他們維修電話、廣播、柴油機，以致我在生產隊比場長、指導員名聲大。

一九七〇年六月份場裡讓我到蘭州給柴油機買缸套。辦完後順便到省人民醫院看望我的中學同學劉淑英，她是小兒科住院部主任。上次過蘭州帶去我們中學張靜寧老師的問候，共同念張老師的贈詩：「捫心自問夜靜時，紅心塗炭黨可知……」這次去她和她們一群醫護都變成啞巴似的很少說話，眼神凝重，我覺得沒趣，幾句客套便下樓回去，猛見樓道偏左牆上貼著一張死刑佈告，第一位就是「甘肅省人民醫院技術副院長、外科主任、主治醫師李樹華，利用給臯蘭縣農民做手術，階級報復、故意殺害「紅五類」，以反革命罪判處死刑執行槍決。」立刻我全身顫抖，麻木地回到牧場，心靈受到很大震動，用階級鬥爭理論殺人這麼容易，悲憤難平。我寫這些是想說毛澤東的階級鬥爭論，能把人變成嗜血的野獸。我接觸的王明權就是這樣一個。

農建十一師有個政策，想當軍墾戰士可以進來，不願當的可以出去。一九七一年後兵團有了招工、招兵、推薦上各類學校指標。一營來了個薛玉蘭，臨洮農民，三十歲過了，已婚有個小女孩，她因為是師部獸醫參謀曾建召小姨子，不去連隊勞動，在一營當了個經常沒人吃飯食堂的管理員，號稱大姑娘，青年們看不起送了個外號「小窯姐」。三個月左右，被推薦到蘭州上大學去了。毛澤東時代的共和國荒謬事真多，推薦上大學就是一例。

一營不知從啥地方調來了個指導員鮮潤成，到任後巡視全場，馬上認定一營的文化革命太右，群眾沒有發動起來，階級鬥爭沒有行動。各連都得跑十幾里路來場部開職工大會，還煞有介事的找來幾個苦大仇深貧下中農訴苦，團部熬了一大鍋憶苦飯，吃過後聽憶苦報告，貧下中農代表一把鼻涕一把淚的，講著全家一盆稀糊糊，餓死幾口人，成了控訴共產黨控訴大躍進，逗得職工你看我我看你暗笑。鮮潤成一聽是哭訴一九六〇年，趕忙停止訴苦，他開始作報告，什麼資本主義復辟，二茬罪，國家亡，劉少奇上台他們都得死，他的水平只能做低級政治口號式報告。臨結束號召青年們不要再唱《在那遙遠的地方》、《劉三姐》之類黃色歌曲，要睜大眼睛看著本場五類分子的一舉一動。

有次天下大雪，一個年輕犏牛下了牛犢不會餵奶跑了，小牛站不起來，我為了表現，脫下大衣包好，抱著回到宿舍找獸醫，不料被蔣獸醫一頓臭罵：「牛就是野性的牲口，每個牛犢子身上的味氣不一樣，你把牛娃子抱回來沾到人的味氣。母牛更不認了，非餓死不可，你真是破壞生產。」

又一次我拉著馬去甘穀馱菜，到前山公路，看到一個年輕女人抱著孩子。背著大包小包，十分艱難走著。我想表現一下幫助貧下中農，把她包袱放到馬背上捎到甘穀。回來剛放下菜，鮮書記眼盯著罵我，說是社員看見我拐跑了個女的。晚上開會要我老實交代，幾個積極分子還拿著繩子說是不老實就捆起來送公安局，折騰半夜，弄明白我連女的姓名，那裡人都不知道，才算完。確實在那個時候人民群眾眼睛盯著我們的一舉一動。

鮮書記把我作為右派翻案活典型，動員全體知青、老職工、幹部、家屬準備火力停產開鬥爭會，專門清理出來一間大倉庫，掛好標語，坐滿屋子人後，勒令：「把不服改造的右派分子拉進來！」震耳口號聲中，我為首加上幾個陪鬥的，連推帶搡被拽上台筆直站立，按下頭低著。鮮書記講話：右派敢給毛主席寫信，翻案，沒改造好，不服專政……階級鬥爭是長期的……諸如此類大小書記們那個年代最時髦高腔。整個上、下午輪流批鬥發言，我連聽不帶聽的站著。快晚飯了，一個女積極分子拿了條麻繩上來，說乾脆送勞改去算了，又有幾個男青年把我撂倒，一隻腳踩我背上擺了個武松打虎的姿勢，喊著打倒在地，永世不得翻身。全天批鬥，個個發言，大家都累了，要我下去寫檢查，看認識情況再批鬥。那一晚，我哭了許久，想不通我沒說過一句黨不好，怎麼有如此大的罪孽，門框上栓好繩扣，明天給你個吊死鬼看。拿著筆給父母與農建十一師師長寫絕別信，寫了幾句怎麼也寫不下去了，我有何罪，為啥要死，死了能摘帽子嗎。不由得筆下生風，寫的反而是「下定決心，不怕犧牲，排除萬難去爭取勝利。」

監督著掃了幾天廁所。老鮮叫去交材料，我說沒寫。他奇怪有人敢頂撞他，我突然鼓起莫大的勇氣，想了幾天的話暴發出來：「我給台灣寫信了嗎？我給美帝寫信了嗎？我給蘇修寫信了嗎？給毛主席寫信是相信黨，我冤的很，給黨中央寫申訴就有罪啦！」老鮮愣了一分鐘，不知該如何對付我，猛地好像清醒了，提高八度放聲說，就是不准寫，干擾毛主席的偉大戰略部署，我看你是翻了天啦。我也沒客氣，扭頭回宿舍等著他把我捆了送勞改隊，卻再沒聲息了，當然年終五類分子評審我是得分最低的。

一個鬥批改接著一個鬥批改，越搞越激烈。

重整階級隊伍，在場部開批鬥大會。王明權休假。也在批鬥會上列席。我們幾個「階級敵人」一排站在台前當活靶子，我是從來不低頭，也不聽槍手口號式發言。鮮潤成說部隊王明權回娘家要講幾句。王明權上台先說我們本質就是黑的，靈魂沒有改造，說我們天天想著舊社會回來，想著復辟，想著把所有貧下中農人頭落地，大家就是要把他們打翻在地，再踏上一隻腳，永世不能翻身。看起來真是革命勇士，立刻將前排最邊上站著的老地主季九如一把揪倒在地，一隻腳踩著老人脖子，一隻手抓著老人的左手腕，季九如臉貼著地像挨宰的羊大口喘著粗氣，不哼一聲。全場驚呆了，約有幾秒鐘，突然爆發出一聲怒吼，妖魔坪的多數職工連男帶女站起來，手指著王明權：「你是幹啥的，你想要老頭的命！他犯法是犯國家的法，他犯法是犯毛主席的法，犯你的法了嘛，你是個啥球東西，輪不到你欺枉他……」蠻子灣也有幾個人幫腔：「太不像話了，要文鬥不要武鬥……」知青們靜悄悄左看看右看看，沒人出聲，王小子被憤怒群眾喝住，呆呆地，鬆開手腳，退回一步，滿臉通紅。鮮潤成討了個狼狽，宣佈散會，讓我們扶起季九如洗洗臉回去吧。從此王明權再沒有來過，復原後安排到甘肅東邊最大的一個火車站，公安室當鐵路警察，我還見過他執勤。文革結束不久，穿著警服別著槍進城幫他的哥們一塊打群架，被判刑。罪有應得。

說起季九如劃成地主成份很荒唐可笑，他爺爺輩解放前是酒泉郵差，有錢就買地，河西乾旱缺水，風沙大，畝產一百斤就算大豐收。到解放他家有了三十多畝地，土改他爹劃為富農，不久病死。季九如解放前在酒泉上過中學，以後一直在玉門縣當郵遞員。四清時他老家村裡沒有地富活靶子，有人想起了季家還有個兒子，工作組查明季九如上學是季家供應養活的，認定參與了剝削，把他劃為地主分子，郵局開除後老家沒人沒房，就送到蘑菇灘農場。六十多歲和我們一塊後撤到十五團一營，種菜。文革後糾正錯劃成份不久病死。

我遇到過幾位夾邊溝倖存者，聽他們說過臭名遠揚夾邊溝的地獄生活。

跟我住在單身宿舍的韓福友、董煒，一直戴帽未摘，夾邊溝轉來就業，工資每月三十塊錢。通過這些人口述親身經歷，我漸漸地知道了夾邊溝。

韓福友，天津人，個子不高肌肉豐滿，會打籃球。一九五六年天津衛生學校醫士班畢業時十八歲，是天津首批支邊青年，分配玉門市醫院。小夥子有個天津人「我你媽」口頭語，據說給院長起過「老土」外號。五七年不知說了些什麼被打成「極右分子」送夾邊溝勞動教養。這位老兄總是沉默不語，似有重重心事壓懷，第一次看見他祭奠什麼人，是冬天平整土地，我和他抬一個柳條筐運土，低窪地北邊幾十米是荒灘，風沙吹起露出累累白骨，我們大小便都不敢去那邊。中間休息時，老韓點著二支香煙，朝北邊，他扒攏了一小堆沙土，把一根香煙插到中間，如同燃起一炷香火，看青煙裊裊，吸著另一隻，不說一句話。

後撤到十五團一營，在牧場我們住一個宿舍，逐漸對我們講了他痛苦經歷：「我送夾邊溝一批是十一個人，在公安局院裡集中的，有一個人我記得特別清楚，戴眼鏡，四五十歲，穿著整潔，氣宇軒昂，精神卻很萎靡，眉頭緊鎖。提著一個皮箱，街道大喇叭放著『社會主義好，社會主義好，右派分子想反也反不了』的歌曲。兩個民警押著我們坐在大卡車堆貨上邊，四角四個民警，沿途小孩子喊叫：『看犯人啊。』送到酒泉公安處，和另外地方來的人一塊乘卡車到夾邊溝場部，檢查隨身物品時，我看到一起來的『眼鏡』皮箱裡一半是厚厚的硬皮精裝外文書，中國地圖、辭典、化工手冊。同宿舍還有一位是地質工程師，二人年齡相仿，又都在西南聯大讀過，地質師拿起『眼鏡』的外文專業書，讀起來朗朗如流水，原來那是國外有關石油冶煉技術方面的，『眼鏡』說他留學專業是石油冶煉，新中國成立，他想祖國經濟建設多麼需要石油，回國後滿懷壯志的來到中國第一個石油基地玉門老君廟煉油廠為祖國煉石油，他對工藝技術特別認真，對有些工人的違章毫不留情，書記是上邊派來的，出過瞎點子，他也頂回去，得罪了一些人。反右最大的一條罪狀就是工人們好奇，時時問他國外的人怎樣工作，怎樣生活，老兄講過國外見聞被告密。毛澤東一直吹噓他的子民如同在蜜罐裡生活著，國外人民水深火熱，所以極右言論成立，補劃成極右分子，又被懷疑是回國特務，稀裡糊塗還不明白自己到底是什麼分子，就送到夾邊溝了。那些書一直珍藏在皮箱裡，幻想著摘掉帽子還要為國家的石油工業做貢獻。

「地質師有次派去馬鬃山煤礦拉煤，帶回一口袋沙子土，他說發現寶貝了，是在飲馬農場歇腳，尿尿時沖開浮土發現的亮晶晶顆粒。卸完煤，找了個盆子在井邊一桶一桶的提水沖洗沙土，最後淘得一缸子紫紅色小米粒。他高興的像個小孩，端著缸子看見走過來的管教：『這是石榴子石，寶石的一種，是國家建設需要的研磨料，還能賣到國外賺外匯。』不料這個管教回潑了一頭糞水『你是個啥東西，就你行，你只有低頭好好改造，國家事有的是人操心。』

「和毛澤東一樣對科技無知！我們這些圍觀右派們心靈上被狠狠戳了一刀，我心裡到今天都滴著血。人死不及心死，使我們對前途對摘帽失去信心。

「一九六〇年春節後糧食定量一減再減，油腥不見，副食絕少，右派們挨著餓仍舊挖排鹼溝，打地埂，平整土地，走路晃晃悠悠。有天，地質師用一個破搪瓷茶缸，三塊磚支起來煮著什麼。一屋子怪怪的臭味，我過去一看大驚，煮得是一條撕成幾瓣的沙漠壁虎，老百姓叫馬蛇，跟城市老房子吃蟲子的壁虎一模一樣，看著都讓人發怵，起雞皮疙瘩。我是醫生明白吃了會中毒，一腳給他踢翻，扔到門外，他也不生氣，靜靜地歎氣，『眼鏡』餓得皮包骨，喊冷。我吃驚地看著他拿起珍愛的書，一張張撕扯添進餘灰燃起火苗，一個屋子的人呆呆看著他燒，誰也明白他是燒掉了赤子報國心，燒掉了知識分子的自尊，燒掉了祖國菁英們的忠誠，燒掉了摘帽希望，燒掉了再走進建設隊伍建設我們祖國的願望。他在給毛澤東的罪惡燒紙錢，他在燒罪惡的反右派鬥爭。這一幕我想在場的人永遠不會忘記吧。」

老韓說：「我可惡，我對不起他們，夾邊溝冬春風大，右派們精神折磨，身體摧殘，饑餓，勞累，個個身體虛弱。年歲稍大的受寒咳嗽，哮喘。學過醫的右派有的抽到衛生所幫忙。我還在勞動隊，給了個小藥箱兼當衛生員，也就只有紅藥水、碘酒、膠布、阿司匹林、索密痛，最寶貴的藥是麻黃素，小小白藥片，能有效止咳，緩解哮喘。咳嗽哮喘病人多，場部不多給。六〇年夾邊溝勞教右派糧食定量減到每人每月十八斤，管教、管教家屬、做飯的都會克扣，勞教人員餓得比鬼難看，起床穿衣力氣都沒有，別說瓜菜代，荒漠沙灘連草根吃都找不著，右派食堂每天三頓稀糊糊，出工的才給一個黑饅頭。『眼鏡』南方人，身體單薄，又咳又喘，實在受不了啦。老韓，再給我幾片麻黃素，我沒有啥謝你，給你這個，他把拳頭大黑饃饃給我掰了棗子大的一塊。我也是饑餓的鬼，饑餓使我喪良心接過來吃了，以後其他人也有的這樣，拿他們的懸命口糧給我拇指頭大的一塊，求我給他幾片麻黃素。地獄裡的難友啊，饑餓逼迫我喪失了理智，沒有了道德，我對不起你們，饑餓讓我永遠內疚，永遠懺悔。

「我沒有餓死是因為當時才二十二歲，身體有底，但我看著餓死的，我參加埋葬的難友記不清多少啦，總之十一個人只活著回來三個。」

我終於明白老韓內心承受了多大的哀痛，所以總是那樣的沉默。

一九七九年老韓的右派改正後，他回了天津。八二年我到北京學習去天津看望過他，在火車站後邊小巷子住。九三年路過天津不想城市改造，搬家搬到何處找不著了。二〇〇〇年，我見到和老韓一起就業的極右分子陳九徑（平涼人，一九四七年入民盟。蘭州大學物理系畢業，玉門油礦工程師，民盟玉門石油管理局總支主委），他已退休住到蘭州石油大廈，任民盟省委委員。他說老韓所講都是事實，過去的不要再提啦。以後他在民盟《肝膽相照　繼往開來》上發表文章，對反右、文革總是只寫一句話：「那段歷史說不清，不提了。」年齡過頭，沒當上政協委員就去世了。

董煒活下來了，隨傅作義北平起義，換防寧夏河套地區農墾，他學會了趕馬車。夾邊溝利用了他的特長，趕著小驢車來往場部作業站。他發現坍陷了的舊菜窖邊上，倒出來的廢菜葉、廢菜根不知多少年了，乾燥的氣候變成蔬菜木乃伊，很髒卻不腐爛，夾雜著蟲蛆乾屍，他挖出一些，洗淨慢火煮幾個小時，加點鹽，開始幾天吃的嘔吐、肚子疼，漸漸成了美味，補充食堂稀糊糊，苟活下來。

一九七九年春節前二天，我們場部招待所來了二位女幹部，玉門市委落實政策辦公室的，找右派分子韓富友，韓比我年齡大一點，經常站一排挨鬥，為了表現有時相互咬對方。他趕來招待所，沒一會兒招待所傳出了一個男人哭聲，我們跑去看究竟，那位五十左右大姐說，韓富友是玉門市醫院錯劃右派，現在改正了，我們來接他回玉門恢復工作，老韓說與他一塊去夾邊溝勞動教養的十幾個右派多一半死了，想著難受。記得韓富友回玉門不久，因他父親是天津儲運公司工傷去世，只有老母親一人寡居，轉回天津工作了。

我感覺好運將至，問那二位女幹部我能平反嗎，她們叫我拿來申訴材料看了一看，連連大笑，說你那也叫右派呀，快給蘭州飛機場寫信吧。我馬上把現成的申訴抄一份，請她們下山回玉門時代我郵出。

一九七九年三月十二日，一封《中國民用航空蘭州管理局》的函件郵寄到手，看著收信人名字後有震撼的「同志」兩個字，我雙手抖擻著快快地拆開：「張遂卿同志，來信收到，我們也在到處找你，有關你對被劃為右派的申訴，我們正在調查落實，請見信速來我局政治部。」文革期間民航

張遂卿右派改正後離開了民航與通信台長留影

由空軍接管，西北管理處駐蘭州，屬省級，政治部與省委工交部平級。

三月十七日一大早，我到了蘭州盤旋路民航蘭州管理局政治部。

政治部主任對我說「我們查遍了甘肅省檔案局，西北民航和甘肅省氣象局所有劃右派檔案，就是找不到你的右派批文。這裡只有甘肅省氣象局的一份民航台站報告，說你是一九五八年九月當的右派。給你看看！你到底是不是右派？」

「張遂卿，男，籍貫北京，家庭出身工人，本人成分學生，出生日期：一九四一年二月四日，一九五六年成都氣象幹部學校畢業分配蘭州民航氣象台任電報員。

「該員自參加工作以來，一貫消極怠工，思想反動，乘整風之機向黨進攻，書寫反動標語。被省委工業交通部劃為反黨、反社會主義右派分子。送甘肅農具廠勞動。該員抗拒改造，私自跑回北京舅舅家中。請求省局予以開除。」

這份秦惠芳寫的不到二百個字的存檔文件，一直如鬼影暗暗跟著我，找工作不成、上學無望、結婚成家更是妄想。究其不解，原來如此！氣得我大哭特罵：「五八年初我還是先進工作者去北京參加全國收發報比賽；五八年寫反標不槍斃也得十年勞改；五七年整風我剛參加工作，乳臭未乾，況且民航是重點國

西北區域氣象中心通訊工程師張遂卿

安機構，整風僅僅正面教育，沒有鳴放，何乘整風之機？沒有註冊批文，二十年右派白當啦。」主任說：「你還是當右派吧，好多人都來找我們硬說自己是右派呢。右派按五十五號文件可以改正，恢復工作，你不當右派我們還沒有文件為你平反呢。」我立刻破涕為笑：「當！當！當！我是右派！」逗得辦公室人全都笑啦，主任說寫這個文件的女人很壞，告她的人多，早就雙開，八裡窯勞改去了。你來看看我們給你做的改正結論。我看到那是政治部的文稿，前半部分掃了一眼，急急忙忙看結論「……查無實據……應予改正。」好像怕一分鐘後會變卦，趕緊拿筆在本人意見欄寫上「感謝黨中央，感謝華主席，努力工作，報答祖國！」民航軍管會職權和省級平行，獨立改正，不到半小時政治部打好正式文件。我在五份上均簽了名，給我留下一份。又得到五百元補助。好不快樂，馬上跑到西口電信局給爸媽發電報報喜。心裡美滋滋的，因為有毛主席的知識分子百分之五是右派，俺這個中專生劃歸知識分子階層，您說能不高興嗎。

民航當時編入空軍，不能接受改正右派復職，調我回氣象局。

大家都來看小右派，驚呼我是那麼的年青。我卻急著問秦惠芳還在不在，提起此人罵聲一片，局辦公室曾廣貴說，塗改檔案，挑撥離間，貪污黨費、四清時候就到八里窯勞改去了。

民航改正右派薛之康去七里河蔬菜公司。最悲哀是顏本青，在黃羊鎮農場角落，連右派改正都不知道，一九八〇年春節回上海探親，路過蘭州李宏揆碰到了他，發現顏已有點神情恍惚，兩眼呆滯，喃喃自語「我是右派，我有錯……」李宏揆已回到民航，領著他去政治處，顏本青是蘭州民航最後一個改正的，年老體差孤身一人返回上海養老，不論誰去看望，他弟弟家總回答一句話：「請您讓我們安靜幾天吧！」拒絕見面。顏本青一輩子沒有結婚。近來聽人說他死在養老院裡。

失去過工作的人，才更知工作著是多麼可貴。我又重回歸了技術崗位，分配到西北區域氣象中心發訊台，這時我有使不完的勁，加倍努力地開始工作。後來給我分了房結了婚，再不壓抑，過著幸福愉快的生活。

老共產黨員鍾沛璋的右派生涯

我是一九二四年生於上海的，浙江鎮海人，在上海租界工部局小學和格致公學讀的小學和中學。父親是洋行的跑街，當時家境十分貧寒。我六歲時在上海剛進小學的時候，老師就告訴我們，日本侵略者發動九一八事變，中國軍隊沒放一槍，就丟失了東北大片好河山。再不起來抗日，我們都要做亡國奴。接著，日本侵略者果然在上海發動一二八事變，我跟母親向鄉下逃難。一九三七年，我小學剛畢業，日本侵略者就發動七七事變，接著就在上海發動八一三淞滬戰爭。我又逃難到租界。在國難當頭的茫茫歲月，我逐漸懂得了一個道理，要救亡，就要有一個堅強的、有明確奮鬥目標的領導。一首《你是燈塔》的歌吸引了我：

你是燈塔，照耀著黎明前的海洋；
你是舵手，掌握著航行的方向；
年輕的中國共產黨，你就是舵手，你就是方向，
我們永遠跟著你走，
中國一定解放。

一九三九年，我初中二年級時，那時我十五歲由高一的同學吳學謙的介紹，加入了中國共產黨。當時我入黨的理想就是先取得抗日和民主革命的勝利，為最終實現共產主義而奮鬥。後來我在學校接替了吳學謙的黨支部書記，接著又擔任中學區委委員，領導其他中學的黨組織。一九四二年八月我與吳學謙一起進入新四軍二師抗日民主根據地學習、接引一批同志進入到了根據地，之後因日軍掃蕩，就在邊區打游擊。一九四三年我奉命到日偽統治的中心南京開闢工作。我考入南京中央大學，在那裡我做了三年秘密工作，團結同學，傳播抗日和進步思想，發展新黨員，積極積蓄力量，直到抗戰勝利。由於抗戰後國民黨不承認敵佔區學歷，稱我們是偽學生，要進行甄審考試。我發動同學們奮起進行了反甄審鬥爭，此次運動很快在全國蔓延成了抗戰勝利後第一場大規模學生運動。此後，我就轉入了上海交通大學化工系。在地下工作八年，我曾先後在上海、南京、杭州參加領導愛國革命學生運動，作為第二條戰線，為推翻國民黨專制統治盡了自己的一點力量。

我和二姐鍾雯娟、弟弟鍾信耀都是在抗日戰爭時期入的黨。在抗戰勝利後不久的一九四六年，我和弟弟在共產黨的領導下，一面在校讀書，一面辦起了公開的火紅一時的中聯廣播電台，配合學生運動的宣傳，後遭國民黨的封閉。中聯廣播電台是由我父親的商界朋友集資，弟弟的同學安裝，借國民黨文化運動委員會的名義創辦的公開電台，工作人員幾乎都是共產黨派的。電台宣傳進步文化和學生運動，並發佈解放區的消息。當時陳敏奉黨派遣來電台當播音員，我與陳敏相識。陳敏一九二八年三月生於上海，搞過工人運動，在日本人辦的上海電信局裡當話務工人，發動抗日的罷工鬥爭。她小我四歲，也是十五歲加入中國共產黨的。我們在電台的共同工作中相愛。一九四八年她赴解放區進行學習，並準備迎接解放的工作。

鍾沛璋與陳敏1955年在北京

一九四七年我與劉鑑農等籌畫辦起了《學生報》，我並主編公開發行的《青年知識》半月刊。《學生報》和《青年知識》都成為第二條戰線的強大號角。一九四八年國民黨特務搜查到我家。我奉命轉移到杭州工作，我還曾考入國民黨CC系主辦的《東南日報》資料室當資料員，在報紙副刊上編寫《每週軍事述評》，將遼沈、淮海、平津三大戰役國民黨潰敗情況，以《揮淚別東北》、《八面風雨會徐州》、《雨過天未晴》之類的標題透露出來。

一九四九年二月，我在杭州奉命調回上海迎接上海解放的宣傳。一到上海我就緊張地投入了工作。上海解放的第一面大紅旗，是我姐夫從他工作的綢緞莊抱回整匹紅綢，由我母親、大姐等人連夜縫製的。在國共雙方交戰的槍炮聲還異常激烈中，位於上海市中心的跑馬廳鐘樓掛出了象徵自由民主的解放紅旗，又在上海最大的百貨大樓外掛起了毛澤東、朱德的巨幅畫像。一九四九年六月十日，我積極參加籌辦的上海《青年報》創刊，並任總編輯。這份報紙說的是青年關心的事，講的是青年想說的話，高舉新民主主義的大旗，發行量達三十多萬份。

一九五〇年我與陳敏結婚。

那個時候我們對祖國的前途充滿了信心，反對國民黨的一黨獨裁，反對國民黨的貪污腐敗，對高舉民主自由大旗的共產黨從內心裡敬仰崇拜，因為我們相信只有中國共產黨才可以把中國人民帶到

1947年鐘沛璋與陳敏在上海

自由、民主、法制、富強的新中國。

一九五四年開始社會主義改造，我寫了一篇激情洋溢的《社會主義就在你身邊》數千字的文章，被人民日報轉載後，引起了時為團中央書記胡耀邦的注意，一九五四年把我和陳敏先後都調入北京《中國青年報》。當時張黎群任總編，我任副總編，主管文教和思想理論宣傳，並辦起了揭露和批判社會不良現象的「辣椒」副刊，大受讀者歡迎，但也為以後我被打成右派埋下了伏筆。

我和陳敏到《中國青年報》後，我一方面按照胡耀邦的指示將《中國青年報》辦成青年的良師益友，且儘量辦得生動活潑。另外，我還給團中央起草團代會報告。所以，我的工作是深受大家肯定的。

一九五七年，共產黨發動開門整風，號召大鳴大放，提意見。我到北京大學看了大字報後覺得這樣無政府狀態的亂放不好，應該加以引導。回來向時任團中央書記的胡耀邦報告，當時他沒有表態。我為報紙寫了一篇題為《在討論的基礎上達到新的團結》，企圖把無政府狀態的大字報引向團結。

人民日報反右的社論《這是為什麼？》發表後，又傳達毛主席的指示說，這是引蛇出洞，要反右。我就按照黨的指示，連續寫了幾篇反右的社論，有批判林希翎的《黨愛護青年，但不憐憫害群之馬》。《中國青年報》社長、總編張黎群已經開始被批判，因為他在反右開始前的北京新聞座談會上說，我們的報紙不能成為佈告板、傳聲筒。領導上讓他寫檢討，當時他的思想很亂，於是我替張黎群寫了《我的資產階級新聞觀》，這樣他就過了關。我又寫了《整風以來我報的初步檢查》，這樣報紙也就過了關。在反右中，報社許多骨幹如劉賓雁等都被打成了右派分子，還包括也是從小就參加革命的另一位副總編陳模。在報社討論到我時，全社幹部討論投票，絕大多數同志都反對把我劃為右派。但我還是受了一個黨內警告處分，帶隊到山東莒南農村下放勞動，在山東幾個地方，前後我勞動了三年。到一九五八年反右運動已告結束時，我忽然被通知回北京參加團的三中全會，說要檢查青年團對接受黨的領導問題。那時劉瀾濤負責分管中央工、青、婦工作，他提出要檢查一下工會、青年團、婦聯對黨的態度。毛澤東當時有個思想，青年團不能躺在黨的懷裡，應該有自己的作為。我個人也認為青年團在革命中有衝擊作用，青年人應該走在革命的前列，例如五四運動就推動了中國社會的發展。一九五六年即反右運動前一年，團中央的一些領導在籌備召開團代會時，我和項南（後任福建省委書記）、梁步庭（後任山東省委書記）曾說青年團要有獨立性，要有青年化、群眾化、民主化，後來認為這是右派反黨言論，將我補為右派分子，項南和梁步庭兩人也受到嚴重處分，撤了職。當時對我的處分是開除黨籍、工資降三級、撤銷《中國青年報》副總編職務。我當時想不通，我是革命的，怎麼忽然是反對革命的反黨反社會主義分子呢？但是既然反右是毛主席親自發動的，劃為右派是黨組織決定的，我只能不斷做檢討，深挖根源。

我愛人陳敏一九五五年以調幹生進入新成立的中國人民大學新聞系，因為參加革命早，學習好，她是四個班一百零五人的大班長。一九五七年，他們新聞系的總支書記章南舍跟別的系比賽誰劃得右派多，當時陳敏還是新聞系反右運動領導小組成員之一，給她的主要罪名是說她包庇右派分子。說她包庇的右派分子，有林昭的情人甘粹，甘粹在她班上年齡最小，當時陳敏他們這些調幹生都拿工資，而甘粹只拿獎學金十九元，所以甘粹有時說些俏皮話。陳敏在討論會上就說，甘粹可能有些不滿情緒，但不是反黨。另外一個說她包庇的是原國民黨駐新加坡大使英文教授許孟雄，許孟雄的右派言論是說他兒子參軍了，應該像個解放軍的樣子，一個解放軍怎麼還在街上吃糖葫蘆；還說，中國人民大學是大學的牌子，中學的課程，小學的教學方法，幼稚園的管理；陳敏在討論時說，這個老頭好心說了壞話。這個許孟雄英文水平很高，用英文翻譯了周立波的《暴風驟雨》。再就是經濟系講師章奇順說，資本主義的政治經濟學是馬克思經過對資本主義的調查研究後寫的，社會主義的政治經濟學還沒有總結出來，蘇聯的政治經濟學沒有研究社會主義的經濟發展規律，是套了馬克思的政治經濟學原理編出來的，應對其翻個個兒，我要自己通過對社會主義經濟規律加以研究自己寫出社會主義的政治經濟學教材；當時別人說章奇順要將社會主義翻個個兒；陳敏就說，他的話不是這麼說的，他的意思是要給學生著重講好馬克思的政治經濟學。另外，陳敏的姑姑陳學昭曾是《大公報》派往法國的特約記者，法國文學博士，回國後三上延安，創作過著名的小說《工作著是美麗的》，反右中竟也被劃了大右派，於是人們說陳敏的思想就不是偶然的了。陳敏是工人出身，組織上要她當右派，只好改了她的出身和成分。

我們夫妻倆對中國共產黨有無比深厚的感情，卻被雙雙打成了右派分子，這段時間我一方面勞動，但殘酷的現實讓我屈辱、憤懣，促使我開始對一些問題進行反思。

我是一九六一年摘了右派分子帽子後調回《中國青年報》做普通編輯的，後任報社知識部主任，編一些增長人們知識的副刊。

胡耀邦反右時在國外，團中央打了很多右派，項南被貶到了一個公社當書記去了，我被補劃為右派，他感到很傷心。改革開放後，胡耀邦一直認為沒有保護好我們，給我們反覆道歉。一九六四年想讓我重新入黨又沒有成功。文革時，造反派把我、陳模、劉賓雁等進行批判鬥爭。批判三家村時，報社將我、陳模和我愛人陳敏作為報社三家村進行批判，說我是老右派、牛鬼蛇神，我成了報社的專政對象。此時胡耀邦也挨整了，後來讓我到河南信陽地區五七幹校勞動，前前後後勞動了八年。這段時間我不斷檢查、挨批判。造反派對我說，你必須規規矩矩、老老實實進行改造，帽子在我們手裡，隨時可以戴到你的頭上。

由於我們夫妻是右派分子，株連最大的是我們的子女。文革時，大兒子初中畢業去了東北兵團。有一次兵團的食堂著火，他趕快去救火，卻被誣為縱火犯。當時的邏輯是，父母都是右派，兒子肯定不會是好人。那時黑龍江的冬天，零下四十多度，我兒子被關在一間帳篷裡進行反省交代，忍饑挨餓，靠朋友扔塊豆餅、酒糟活著，凍得兩腿都萎縮了。可是他沒有辦法通知我們，於是他就把毛衣拆了夾進一個紙條捲成線團，託人寄了回來。胡耀邦當時非常常關心我們一家。當他得知我兒子的事後，就讓陳敏將情況寫下來，交給他的連襟——當時任瀋陽軍區副司令員的楊勇將軍（黑龍江兵團歸瀋陽軍區管）。為了到黑龍江救兒子，我向幹校請假。可是我此時被專政著，「帽子」拿在人家手裡，不得不忍辱在寫著不實之詞的結論上簽字，才得以准假成行。

一九七七年我從幹校回來，沒處去了，經朋友介紹我到北京市朝陽區委黨校講毛選五卷，講毛澤東的極左理論無產階級專政下繼續革命。一直到改革開放，胡耀邦重新出來工作，一九七八年又要召開中國共產主義青年團第十屆代表大會，又請我起草「在新的形勢下進行新的長征」的團代會報告。前前後後我起草了幾次團代會報告。一九八二年當時我五十八歲，我被調到中宣部新聞局任局長，此時正是文化環境走向寬鬆，思想逐步解放的時期。

我十四歲參加革命，十五歲入黨，一直跟著共產黨走的，一九五八年稀裡糊塗成了反黨反社會主義的右派分子。艱難困苦的生活和誣陷誹謗的批鬥，並沒有摧垮我的精神，卻使我再不盲目迷信，讓我開始進行反思，但促使我完全清醒的是胡耀邦發動關於真理標準的大討論、關於黨的若干歷史問題決議的討論，在討論中我逐步認識了毛澤東的錯誤和罪惡，看清了專制體制給黨和人民帶來的災難。

但我對中國左禍卻有個認識過程。我們這一代人經過八年抗戰、三年解放戰爭、新中國的誕生，從聽到毛主席宣佈：中國人民站起來了！到二〇〇八年北京成功舉辦奧運，八十多個國家元首雲集北京參加開幕式。我感到中國人民已經可以昂然站立於世界之林了。這一部分理想終於實現了。這是中國人民在中國共產黨領導下，以艱苦卓絕的鬥爭取得的。但是，「革命尚未成功」還要繼續進行政治體制改革，實現民主憲政。現今卻還有人否認普世價值，拒絕承認民主憲政和自由民主平等博愛是人類文明的共同財富。絕對的權力，必然造成絕對的腐敗，我看到現時的國家腐敗成風、貧富差距不斷擴大，權貴壟斷、民不聊生，中國仍然是延續兩千二百多年的根深蒂固的專制主義，人們普遍以謊言欺騙自己和別人，青山綠水正在變成窮山惡水，這難道就是我夢寐以求的新社會、新中國嗎？目前的狀況已使反對改革的左派和支持改革的民主派都感到極大的不安。左派作家魏巍在去世前留下遺文：《重建共產黨》，呼籲高舉毛澤東繼續革命的旗幟。民主派著名經濟學家吳敬璉則呼籲：加快政治體制改革，我們已無退路！

二〇〇七年六月，美國普林斯頓大學「國際反右鬥爭研討會」上，我送去了一篇題為《中國知識分子的歷史大劫》的文章，論述了這場歷史大劫對中華民族造成的深重災難。但是歷代專制統治者，為了把自己說成是開天闢地的「千古一帝」，說自己是如何「偉大光榮正確」，將永世「萬歲」，總是要掩蓋歷史的真相，特別害怕人們去揭他們身上的瘡疤，也不讓人民瞭解世界文明。這就是為什麼秦始皇要焚書坑儒。為什麼記錄清兵大肆屠殺的《揚州十日記》，成為清朝的一大禁書。為什麼備受尊崇的巴金老人，他鄭重建議設立「文革博物館」，幾十年來至今不予理睬。因此，有民族良知的知識分子，特別是繼承中國史學光榮的史學家，有責任讓人民知道中華民族真實的歷史。告訴人民什麼是我們應該發揚的光榮傳統，什麼是我們必須牢記的慘痛教訓；什麼是尊嚴，什麼是恥辱。告訴人民我們從哪裡來，中國正在向何處去。我始終在思考，我們黨在打天下時能夠吸引廣大人民群眾的口號就是要建設一個民主自由的新中國，無數革命先烈就是在「生命誠寶貴，愛情價更高；若為自由故，二者皆可拋！」的感召下拋頭顱灑熱血的，可是我們今天為什麼一提起民主和自由就視為洪水猛獸呢？

我認為當前最根本的是兩條：還政於民和還富於民。還政於民，就是堅定地推進政治體制改革，讓人民真正當家做主人，實行民主憲政。作為民主憲政的要素，三權分立和新聞自由是反對權力壟斷和腐敗的制度保證，因為它能對執政者實行廣泛而有效的客觀監督。在二十一世紀的今天，我們再不能自欺欺人、指鹿為馬，我們必須承認資本主義創造的物質文明和精神文明，自由、民主、平等、博愛和三權分立不是資本主義的專利，它是全人類共同的財富。我們要發展社會主義，就要借鑑人類共同的財富，用人民手中的選票和宣傳輿論制衡過度氾濫的權利。我們在經濟體制改革開放的時候，不是一些人攻擊我們走資本主義道路嗎？但是，我們向西方學習後取得了巨大的成功。同樣我們在政治體制改革的時候，肯定有風險也有壓力。但是我們必須清楚地認識到，前蘇聯輸入我們的政治體制模式中有很大的弊病，這已經在毛澤東時代的反右、大躍進和文化大革命中有了充分的證明，而現今的腐敗氾濫、權貴橫行，更進一步地說明我們的體制缺乏對權力有效的制衡。好的體制下，壞人也會變成好人；但是壞的體制，好人也會變成壞人。我們每一個共產黨人必須清醒地認識到，不改革就會滅亡！

還富於民，就是農者有其田，業者有其產。要按照社會主義造福人民的根本原則，使全體人民能掌握全國人民的財產，使人民認識到只有改革開放，才能富民強國。實現還政於民和還富於民，將極大地振奮全國人民的偉大創造精神，使百業昌盛，在經濟上將變依賴出口為滿足內需，消除貧困，使全體人民都能過上富裕的小康生活。目前國內、國際的形勢對我們比較有利，我們完全能夠平穩地做到還政於民和還富於民。機不可失，時不宜待。能不能做到還政於民和還富於民，我們黨和國家領導人面臨兩個考驗：為公還是為私，是否有膽有識。只要我們以人民的利益為最高利益，我們共產黨人就能克服一切困難，就能取得更大的勝利。

筆者與鐘沛璋2009年8月12日在其家中合影

敘議篇

血寫的歷史

——記文革中槍斃教授張師亮

我很長時間已經不想回憶那些令人心酸的往事了，可是，今天《文匯報》上的一篇《每個人生命都有其尊嚴》，卻讓我思緒萬千，不得已再一次去觸摸那鮮血淋漓的創口。《每個人生命都有其尊嚴》寫的是第二次世界大戰期間，在波蘭維爾那集中營裡，一個名叫大衛．柏格的猶太人，在被納粹殺害之前的最後一封信裡寫道：「我希望有人記得，一個名叫大衛．柏格的人，曾經活在這個世界上。」大衛．柏格在寫這段話的時候他沒有想到，人們果然在事過不久，於一九五三年在以色列大屠殺紀念館建成伊始，馬上在全世界範圍內，致力搜集在大屠殺中每一位死難者的資料。其後又在二〇〇四年十一月二十二日將「猶太人大屠殺遇難者姓名中央資料庫」建成。今天，全世界的人都可以通過互聯網，借助這個資料庫查詢到三百萬左右死於納粹屠殺的遇難者的姓名和相關的個人資料，於是，我們也就可以知道大衛．柏格的名字。

由此，我突發奇想，我們這個多災多難的民族能不能趕快搶救資料，收回我們半個多世紀來被專制者所殘害的那些無辜的冤魂。記得那是文化大革命時期一九七〇年三月二十二日的清晨，寒冷的蘭州街道格外靜謐，人們和往常一樣匆匆行走在塵土飛揚的馬路上，突然，一輛架著機關槍的卡車拉著長長的警笛，「嗚——，嗚——，嗚——」，刺耳的嘯叫時起時伏，霎時間劃破了蘭州天空的寧靜，緊隨其後是全副武裝的軍人在卡車上押著一個個死刑犯。每輛卡車上四個反革命分子，他們被五花大綁後背插著亡命牌，脖子上都掛著一個在其姓名上打著紅叉的大牌子。這些死刑犯的周圍擁著幾個膀大腰圓的軍人，後面有一個戴著白手套的軍人抓著細鐵絲將反革命分子的頭顱高高拉起。死刑犯們個個被勒得紫紅著臉，眼睛暴突，街道兩邊的人們看到此情此景都站了下來，屏聲靜氣地揚著頭，在肅殺的氣氛裡木然地望著眼前的一切。在這二十多個死刑犯裡，有一個就是我們尊敬的甘肅師範大學歷史系教授張師亮，他是被誣為現行反革命在蘭州被判處死刑準備執行槍決的。同時，押往刑場的還有原抗美援朝坦克兵、神槍手，後在蘭州大學歷史系上學時被劃為右派，在天水北道區馬跑泉公社勞動改造中，與北京大學新聞系的右派學生林昭等蘭大志同道合的青年一起辦地下《星火》刊物而被逮捕的張春元。還有因同情辦《星火》地下刊物的年輕人，為彭德懷鳴不平，對大量餓死人的現象極為不滿而被打成反革命逮捕入獄的原中共地下黨員、甘肅省漳縣原縣委副書記、中共武山縣委常委兼城關公社第一書記（大躍進時漳縣、甘谷縣、武山縣合併為武山縣）的杜映華。

事隔三十六年的今天，沒想到《每個人生命都有其尊嚴》讓我又將這痛苦的一段記憶翻了開來，使我想起當年被槍斃後的佈告上近距離用槍擊碎死刑犯頭顱的照片。

張師亮，河北省淶水縣人。曾留學日本東京文理科大學，在抗日戰爭中期，張師亮與范文瀾、稽文甫在開封市河南大學一起任教，關係密切。抗日戰爭時創辦了抗日游擊戰爭訓練班，讀訓練班的不少學員畢業後都參加了八路軍、新四軍和其他抗日隊伍。後來，張師亮到了豫南，把訓練班的四個學員推薦給了彭雪楓領導的設在竹溝的八路軍辦事處，所以，他和范文瀾、稽文甫被稱為進步三教授。其後范文瀾去了延安，稽文甫仍在河南大學任教。抗戰勝利後，河南大學名教授清史專家蕭一山被北平行轅主任李宗仁聘為秘書，張師亮隨同蕭一山到北平行轅任軍需處長，專管軍隊總務工作。當蔣介石發動內戰時，各大城市先後發起了「反饑餓，反壓迫，反內戰」的學生運動，昆明發生了鎮壓學生運動的慘案，激起了更大的遊行示威。張師亮對李宗仁說：「鎮壓學生運動是最愚蠢的事，你放開來讓學生去遊行，遊行完了就沒事了，不會動搖你的行轅主任的。」所以北平沒有發生鎮壓學生運動的事。此時，他在豫南推薦給竹溝八路軍辦事處四個學員之一的一位姓李的解放軍找到他，請他協助辦兩件事：一是搜集國民黨華北剿總方面的有關情報；二是採購一批軍需醫藥用品；張師亮都一一照辦了。後來北平城內形勢緊張，不便再活動，張師亮又把解放軍方面的李同志秘密安全送出城外。一九四八年李宗仁當選副總統，北平行轅的事由傅作義主持。接著，在北平解放前夕，共產黨的地下工作者徐冰（解放後任中共中央統戰部副部長），要求張師亮一是提供「華北剿總」的有關情報；二是防止國民黨破壞中南海建築；張師亮慷慨應承都作了力所能及的工作。後來張師亮隨傅作義部隊起義，被當時的北京市長葉劍英表揚。北京解放後他進入北平革命大學學習培訓，此時范文瀾就是革大的校長，舊友重逢，格外欣喜。一九五〇年暑假，西北師範學院（西北師範大學前身）院長李化方到北京去給西北師院聘請教師，秋季開學請來了革大學習完的十幾位教授。李化方也是河北人，他請來的有歷史系的金少英，北大哲學系畢業，是范文瀾的同班好友；金寶祥，西南聯大畢業，原是北大歷史系學生，抗戰時合併為西南聯大；兩人都是浙江人，叔侄關係。以後陸續來的有許重遠，河北饒陽人，有名學者；薩師炯，福建人，英國留學生。張師亮這次也被聘請到了西北師範學院，任校辦公室主任、政治課教師，主講政治經濟學。據西北師範大學歷史系總支書記宋仲福介紹，張師亮是一位給共產黨作出很大貢獻的民主人士。一九五八年，甘肅省委書記張仲良主張將西北師範學院改為甘肅師範大學，由甘肅省委直接領導。審幹中張師亮被當時的甘肅師範大學人事處長樊湛江、人事處幹事于松明等人擅自內定為「歷史反革命」，控制使用。於是又調歷史系任教世界近代史，五級教授。張師亮是一個曾用馬克思的《資本論》講授政治經濟學和歷史學的教授，在該系世界近代史學術討論會上認為毛澤東的「階級鬥爭，一些階級勝利了，一些階級消滅了。這就是歷史，這就是幾千年的文明史」的說法不妥當，不全面。並且認為階級鬥爭的學說不能解決歷史問題，不要光喊階級鬥爭。他從經濟基礎決定上層建築的理論出發，講到上層建築阻礙經濟發展而不能前進時，才會發生激烈的階級鬥爭，階級鬥爭是有規律的，階級鬥爭不是萬能的。文革初期當時代理歷史系總支書記工作的積極分子張培德在教研室說「張師亮要批階級鬥爭萬能論」，張師亮被惹怒了於是在會上搶先發言，工作組長徐修明兩次阻止他說下去，他說：「你們不讓我講完，我到後面核桃樹下喊毛主席萬歲去。」因文科樓外邊有棵大核桃樹，他這次講了兩個多小時。於是，工作組長徐修明指示學生貼出大字報並大喊大叫，將他關到學生樓一個房間裡。說其要破階級鬥爭萬能論，是反對我們偉大的領袖毛主席，反對毛澤東思想，所以文化大革命一開始張師亮就被打成了現行反革命。

在打罵逼供下，對他進行車輪戰。問：「你是不是從基層黨組織反到黨中央。」張師亮被打被逼沒有辦法，只得說：「我反黨，從歷史系黨支部反到西北師範學院黨委，從甘肅省委反到黨中央。」其後又勒令他徹底交代，逼鬥了兩三天後，他在一個晚上寫下：「徹底交代：我想著要上北京殺害毛主席。這樣說總算徹底了吧。」這個條子放在家裡的桌上，然後，造反派讓他按了手印。第二天早上，由歷史系造反派學生詹發智帶領幾個人把他寫得交代材料拿走，將他一個人關在學校北二樓一間房中。三天後在露天劇場開全校大會。把張師亮拉到現場，甘肅師大宣傳部長蘇創夫宣佈：「張師亮為現行反革命。」批鬥完畢，由蘭州市公安局正式逮捕關押進監獄。一九六六年暑假過後，蘭州市公安局派幹部瞭解對張師亮有無逼供、打罵的事情，準備釋放他，後因當時正值砸爛公、檢、法，公、檢、法裡原來的幹部都被下放勞動，此事就不了了之。一九六八年學校軍宣隊的頭頭和學校造反派頭頭私設公堂整理材料上報。一九七〇年「一打三反」運動中，經以蘭州軍區政委兼甘肅省革命委員會主任冼恒漢為首的甘肅省革命委員會批准執行了槍決。

張師亮槍斃後不長的日子裡，四月十四日清晨，蘭州農校教師，甘肅酒泉夾邊溝農場死裡逃生回來的毛應星（她是毛應斗先生的小妹），因為口誅筆伐林彪等人，在甘肅省靜寧縣城西八裡橋畔被槍決。四月二十八日清晨，甘肅省人民醫院技術副院長、外科主任，著名外科專家、主任醫師李樹華被誣陷為階級報復、故意殺害「紅五類」，以反革命殺人犯在蘭州判處死刑執行槍決。在槍斃李樹華的這一天，由於刑車要經過蘭州市郊東崗坡下的五裡鋪大橋，蘭州市衛生系統部分單位的造反派將揪出來的牛鬼蛇神排隊在橋頭邊上列隊觀看接受教育。熊如岩、李志橋、王繼光等回到牛棚後，嚇得精神錯亂，其後一個個先後自殺失蹤，後來只找到了熊如岩的屍體。

短短的十年史無前例的文化大革命，上至國家主席，下到平民百姓，被槍殺、被打死、被嚇死、被掏了心肺下酒、被誣陷後死的冤魂兒不計其數。一九七八年十二月十三日，葉劍英在中央工作會議上宣佈：文革死了二千萬人，整了一億人，占全國人口的九分之一。我突然想到《每個人生命都有其尊嚴》中說的「『直到每個人都有名字』，它的意義，不僅在於記住一段歷史、記住一個教訓、記住一個人曾作為人在這個世界上活過，而且還更在於記住每個生命都不容忽視，每個生命都不可踐踏，每個生命都有其尊嚴」的話來。

席玉瑚和齊岳

「胡風分子」齊岳和「右派女人」席玉瑚的坎坷愛情

席玉瑚，甘肅教育學院中文系教授，
原蘭州亞細亞中學董事長兼校長。

對於席玉瑚我是早有耳聞，她是我母親蘭州女中初中時的同學，其父又是我父親在蘭州一中的生物老師，所以我們兩家也可說是世交了。後來，我又看了《王克雍詩文集》中《對蘭州一中文革初期的回憶》，其中談到「席玉瑚：青年女教師。因所謂特嫌問題，被單獨關在一間黑房子裡。批鬥後，被拉到圖書館閱覽室裡，昏死在地，刺骨寒天，僵屍般躺在水泥地，衣服半裸，派謝問明、鄭克剛和我用架子車拉到她家，一路仍不省人事。」

我就是帶著強烈的同情心與席玉瑚在他們家蘭州市雁灘天慶花園十一號樓一單元五〇一室相見的。閒聊幾句後，她告訴我：「我是甘肅省甘谷縣人，於一九三一年七月出生在蘭州市一個知識分子家庭。我的父親二十年代中期畢業於北京大學生物專業，名叫席敬亭，曾任過甘肅省永靖縣和玉門縣的縣長，為人清廉，教書育人，在民間有很好的口碑。母親出身貧寒，人長得俊俏，在我七歲那年冬天因病去世了。由於繼母的進門，哥哥姐姐相繼離開了家庭。姐姐在十七歲時被包辦婚姻，嫁給了一個大她十多歲不認識的姓胡的男人，出嫁前哭哭啼啼整整哭了一個晚上。一九四八年姐姐隨姐夫胡漢川去了台灣，生下三男二女。現在姐姐的子女個個受過良好教育，都已成器成才，其中在美國讀完博士又就職於美國一家跨國電氣公司任總工程師的長子和在港台、東南亞及大陸曾紅極一時的電影明星小女兒胡慧中，更是令姐姐自豪不已。」

席玉瑚說，她在上小學、讀中學的時候在學校裡不僅學習出眾，而且由於在文娛體育方面出類拔萃，在學校裡很受老師和同學們的喜愛。後在蘭州市志果中學讀高中時，她的思想是很進步的，她曾經讀過高爾基的《母親》、狄更斯的《雙城記》、岡察洛夫的《懸崖》、列夫．托爾斯泰的《復活》、趙樹理的《小二黑結婚》、艾思奇的《大眾哲學》，以及艾青的長詩《火把》。一九四九年五月蘭州臨近解放時，當時高二年級的她和其同學丁乃芬、劉筱坤三個女同學在蘭州市南城門的「萬里金湯」大廳裡，朗誦了艾青的長詩《火把》。

席玉瑚是在一九五〇年考入蘭州大學漢語言文學專業的。大學四年不僅讓她系統地學習了古今中外的文學知識，參加了土改運動，而且在文體方面繼續發展，還認識了她的愛人從西安藝術學院中文系合併到蘭州大學中文系低她一個年級的齊岳。

一九五四年她大學畢業，被選拔到了甘肅省領導機關甘肅省辦公廳。本來她憑自己的學識和人品可以在這裡大幹一番的，可她在這裡首先碰到的是一個四十開外、家有妻室兒女的頂頭上司甘肅省政府辦公廳主任李軍，還有一位四十開外部隊轉業到甘肅省政府辦公廳任人事處處長兼黨支部書記的孫英南。席玉瑚年輕時人長得漂亮，人事處長孫英南是一個東北人他通知要和她跳舞，她拒絕了，說家裡有事出不來，舞會不能參加。辦公廳主任李軍更是肆無忌憚赤裸裸地對其糾纏。為了保護自己，她只有儘快結婚，於是她與她高中時敬重的地理劉老師的兒子、她大學同系比她低一級才華橫溢的同學齊岳在一九五四年十月二十三日閃電結婚了。一九五五年悄悄來臨了。陽春三月，蘭州大學開學了，本來齊岳就要在這個學期畢業了，可剛上了一個月的課，他突然患了一種通身乏力各關節疼痛的病症，實在沒有辦法他於是就休學了。回到家他除了養病之外，大部分時間用來看書寫作。而且在四月的一天，他突然收到東北一個雜誌《處女地》給他的回信，他的長詩《草屋》登在了當月的期刊，並隨後寄來了刊物和稿費。這對於一個在文學上發展的年輕人真是一個天大的好事。雖然以前他曾發表過不少作品，也對席玉瑚每日一詩相贈，但從來沒有今日的快樂、溫馨。這是他倆結婚後愛情的結晶，齊岳寫、席玉瑚謄清的抒情長詩。從此他更加勤奮努力，功夫不負有心人，一些文藝評論和詩作源源不斷地在甘肅的報刊上陸續發表。人們感到一個年輕的文藝理論家和詩人正在甘肅蘭州這塊土地上誕生了。可誰會料到，此時一場暴風雨正以迅雷不及掩耳之勢震撼著中國的文壇。全國著名理論家、詩人胡風給毛澤東上了萬言書，提出了文學藝術的意見和建議，沒想到這個中肯的意見和建議後來導致「胡風反革命集團」案，竟然發展到在全國抓胡風分子，在全國範圍內開展一場聲勢浩大的「肅清反革命運動」。

一九五五年八月二十六日，齊岳被以所謂的「胡風反革命分子」的罪名逮捕。一個青年學生被莫須有的罪名戴上了手銬，頭上戴上黑布套子，關進了共產黨的監獄。其後對他的家庭進行了抄家。席玉瑚眼看著自己的丈夫、一個青年學生被莫須有的罪名稀裡糊塗地關進了監獄，她想，作為妻子，我能為他洗刷罪名嗎？我能盡我的力量救他出獄嗎？在抄他們家時，這些人並對席玉瑚進行搜身。席玉瑚告訴他們，齊岳只是一個青年學生，他只是在學校學習過胡風的作品，從未和什麼胡風及所謂的集團分子有過任何往來，他根本沒有資格成為他們的成員，什麼反動綱領？什麼行動計畫？什麼來往密信？根本沒有的事情。可有誰會聽他們的解釋和辯解呢？

齊岳在監獄裡住著大通鋪，寫交代材料只有在泥盤的炕上趴著寫。這個時候甘肅省政府辦公廳的領導開始分別找席玉瑚談話。過去的日子裡他們總有一點顧忌，可是到了這個時候席玉瑚的愛人齊岳已經被抓進了監獄，他們可以肆無忌憚地對席玉瑚動之以「情」，曉之以「理」了，軟硬兼施讓席玉瑚就範。上午甘肅省政府辦公廳主任李軍找她，下午甘肅省政府秘書長陸為公對其幫助，一個年輕美貌的女人此時對他們有那麼大的吸引力。一天下午，陸為公對席玉瑚說：「你愛人是哪裡人？」席玉瑚答道：「河北人，北京長大的。」陸為公說：「外省人？他老家有大老婆，你知道嗎？」席玉瑚聽了這個話感到太荒唐可笑。她說：「秘書長你弄錯了，我倆既是同學也是同歲。他們家是『盧溝橋事變』抗戰以後才從北平逃難來到大西北的。當時他只有六、七歲，還是個娃娃，難道他六、七歲就結婚了嗎？」陸為公被她一席話說得噎在那裡半天說不出話來。

談話還在繼續，對於一個女人她感到這些人面領導正像一群野獸向她步步緊逼，但席玉瑚此時一直維護著自己的尊嚴。有一次，這位秘書長大人陸為公實在迫不及待了，赤裸裸地提出要讓席玉瑚與齊岳辦理離婚手續，他說：「你看你愛人多狡猾，連你也不知道他參加反革命組織的事，你要憎恨他，和他劃清界限。」並危言聳聽地說：「據我們瞭解，齊岳要判十年以上的徒刑，不要再傻了吧？」席玉瑚不容考慮地衝出一句話：「判十年我等十年。」這一句話刺得這位秘書長大人說不出話來。回到辦公室她想到最近的一切又氣又悲傷，眼前一黑，暈倒了。而就是這句話，也為她一九五七年的命運埋下了深深的伏筆。

一九五六年的春天，甘肅省政府辦公廳人事處長兼黨支部書記的孫英南將席玉瑚叫到自己的宿舍談話，這位掌著她生死大權的領導拿出一塊海藍色的毛料子往她身上比了比，然後說道：「你看這毛嗶嘰顏色好嗎？你穿上更好看了，這是我送你的。」聽說要送她如此貴重的衣料，她立馬覺得這事不對頭，突然覺得心跳得突突響，臉上火辣辣的，沒容多想，她本能地一把推開了這個惡魔的手，邊跑邊說：「我不要，我不要。」她沒有想到，一個反革命家屬的如此不識抬舉，為她一九五七年後的悲慘命運種下了一顆苦果。辦公廳主任李軍更是直截了當，他借辦公廳一些人員武漢參觀時大家都去看電影之機，突然闖進了席玉瑚住宿的房間，一進門就擰上了門鎖，並以一個老布爾什維克的語氣說道：「別看我現在只是個地級幹部，省辦公廳主任，可我還年輕，前途不可限量，將來我雖說當不了出國大使，但當一名參贊，還是沒有問題的。到那時，我的老基本（即妻子）怎麼能帶呢？只能帶像你這樣的夫人才行。」他一邊說一邊朝她坐的椅子走來，同時還伸出兩臂，做出擁抱的架勢。因她早對這個主任有所戒備，馬上閃電般躲開了他的無禮舉動，並說道：「主任，請你放尊重些。我一向都很敬重你，你是我的領導，請你尊重我的人格，你是有妻室的人，這樣做是不道德的。」說著她走過去把門鎖扭開，並大大地敞開了房門。同時說道：「請你走吧，電影、舞會也就要散場了，我也要休息了。」

這以後她為了救自己深愛的丈夫，冒著與階級敵人劃不清界限、冒著也被打成胡風反革命分子的危險，去看守所探望齊岳，直接去找省長為丈夫辯解，直到一九五六年的深秋，在她剛生下大女兒不久齊岳在坐了一年多的監獄後才被無罪釋放了出來。當時她見到自己的丈夫齊岳時，浮腫的臉、木訥的表情、遲疑的語調，她想，這就是被蘭州大學林校長器重看好英俊瀟灑的才子齊岳嗎？這還是那個一談起文學就眉飛色舞的文學青年嗎？

一九五六年底齊岳被無罪釋放後，分配到了甘肅省廣播電台當了一名記者。緊接著一九五七年轟轟烈烈的開門整風運動開始了，「知無不言，言無不盡，言者無罪，聞者足戒」，從上到下動員人們給黨提意見，幫助黨進行整風。

席玉瑚被引蛇出洞的動員反覆引誘，她相信了。於是她針對自己的家庭和個人談了兩條：「第一，我是個剛畢業的大學生，分配到辦公廳首先接觸的頂頭上司是我的處長，不知為什麼，這位處長每天綳著臉，冷冰冰的，讓我們新分來的年輕人，非常怕他。由於害怕，上班都變成了負擔。我以為作為一個共產黨的領導幹部，無論什麼緣故，都不應該對剛踏上工作崗位的年輕學生持一付冷漠態度。第二，解放初期，國家雖然尚無完善的法律法規，但當時已有了國家的根本大法憲法。憲法上明確規定了對於觸犯法律的人，一定要證據確鑿，才能予以逮捕。可是一九五五年『反胡風運動』開始，一個學漢語言文學的學生，僅按教育部的規定讀過胡風及其集團成員的一些文章，竟然也被作為『胡風反革命集團』分子關押進了監牢。這就是我的丈夫齊岳。我們中國是個大國，一定要依法治國，千萬不能亂捕人，齊岳的冤獄給一個家庭造成的痛苦太大了。」

誰能料到，就是這兩條意見，當然主要是那些權勢顯赫的頂頭上司沒有沾上她的便宜，被她得罪了，於是她就成了所謂的罪惡累累的右派分子。這時她正在懷孕，政治上一竅不通的她，幼稚又傻氣，她怎麼也想不通劃為右派的緣由，精神上的折磨真是讓她痛不欲生。批鬥大會上，那個在齊岳被關押監獄期間曾經在他單身宿舍給她毛嗶嘰料子的人事處長孫英南，由於個人獸欲沒有發洩對她早已懷恨在心，此時對她又是批判又是謾罵，並點名叫人對她批判。在這疾風暴雨的反右運動中，知識分子人人自危，突然被莫須有的罪名打成右派分子的很多人自殺離世的、家破人亡的，但她回到家裡因為有齊岳的陪伴和理解、有孩子的活潑可愛的笑臉她艱難地挺到了一九五八年。

一九五八年二月初是她的預產期，下肢浮腫醫生說早該休息了。可她已成了敵人，受人嚴格監管，已經沒有了做人的起碼資格。接著生下了她的第二個女兒。

一九五九年她被調到了蘭州市郊區的甘肅師範專科學校，被安排到學校圖書館改造。因為晚上不能回家，這個學校的人事幹部、認她老鄉的汪俊峰在一天晚飯後進了她的宿舍，不安分的他本想打她的主意，可被她巧妙地趕了出去。於是這個汪俊峰在單位給饑餓浮腫的人發罐頭時不讓給她這個浮腫最厲害的右派分子進行發放。另外，由於她懷孕嘔吐厲害開證明買了一次掛麵，說她不吃雜糧、破壞糧食政策；她由於初次接觸圖書工作，不熟悉工作編錯了兩本書，說她破壞圖書館工作；因這兩件事情汪俊峰將她告到了蘭州市安寧區法院。而這個區法院竟以她認罪態度比較好，判決剝奪了她當時人大代表的選舉權。

一九六〇年七月她的兒子降生了。這時正是全國由於大躍進、人民公社等極左路線使得全國經濟上最困難的時期，也是全國階級鬥爭弦繃得更緊的階段。席玉瑚面對工作環境的殘酷和自己的命運掌握在那些生、殺、欲、奪之權的人事幹部之手，工作更加小心謹慎，並整日裡提心吊膽。她把吃的東西儘量給孩子和家人吃，而自己受著饑餓的煎熬。她的乾糧被別人偷走，挨餓兩天而不得人知。當孩子生病後她抱著孩子到處求人。冰冷的世界裡，有誰會對一個階級敵人伸出憐憫的手呢？只有自己最親的親人丈夫齊岳。

文化大革命時，她和千千萬萬的右派分子一樣，被抄家、批鬥、打罵。當時，大學不招生，中學「停課鬧革命」。那些在政治上單純無知的學生被毛澤東煽動起來，被利用起來，每個人都以「保衛紅色政權」、「保衛毛主席」這樣崇高而神聖的使命為榮！右派分子是社會的敵人，也就是他們的敵人，他們愛憎分明，對他們這些階級敵人的老師恨之入骨，恨不能踩上一萬隻腳，叫他們永世不得翻身。尤其是在打人方面，開創了許多新花樣、新手段，架「噴氣式」飛機；左右開弓打耳光；踹你，專踹你要命的地方；跪在批鬥場上，脖子上吊一塊用鐵絲串起的大牌子，時間一長，鐵絲就深深嵌入肉內……。正因為這非人的折磨，蘭州一中的一位副校長和另外一位老師，以跳河自殺結束了自己的生命。當時蘭州一中的作法和其他單位大同小異，只要你歷史上有過一點問題，必須「既往要咎」，重新說清楚。如「三青團」、「國民黨」，哪怕剛解放就向組織交代了，此時也都得揪出來重新批鬥。

這時，調到蘭州一中的席玉瑚又被編造了「中統特務」的故事。驚雷乍起，她不知道什麼是

「中統特務」？腦子裡只是一片空白，只是張著嘴，「我……我……」說不出話來。被驚呆了的齊岳，稍稍定了定神，說道：「解放二十年了，從未聽說過她是中統特務。我和她又是同學，共同生活也十幾年了，我是瞭解她的，她絕不是什麼『特務』。解放時，她才十七歲，怎麼會是特務？再說她從小思想進步，看不慣國民黨的所作所為……」還未等齊岳把話說完，一個叫何平的學生吼道：「行了，別說了，她一個反黨反社會主義的反革命分子，會有什麼進步的思想。現在我們要她交代的是她參加中統特務的問題，誰讓她又交代『右派』的事。」

另一個長著一對賊眼睛，個子較高叫汪孟友的學生把皮鞭往桌上使勁一抽，罵道：「你交代不交代？」

這時她清醒了，有氣無力地說道：「我沒有參加過什麼中統特務組織，我說的是實話，你們又不信。」

「你還嘴硬，看我們怎麼收拾你，」何平惡狠狠地說：「你不說，我把你兒子扔到黃河裡去。」說著就到廚房抱起已經被嚇得臉色發白的兒子往外走，兒子又哭又喊：「媽媽呀！爸爸呀！救我呀！」

對於這種沒有人性，豬狗不如的一群混蛋，她實在忍無可忍，跌跌絆絆，往前走了幾步，怒不可遏地喊道：「你們不能對一個小孩子這樣，要殺要剮，你們來吧，孩子有什麼錯？」

何平聽到此話放下了孩子，氣急敗壞地跑過來，揮起鞭子狠狠地抽到她身上。立時，她眼前一片黑暗，跌倒在地，什麼也不知道了。不知過了多長時間，隱隱約約，聽到齊岳的爭辯聲，還有孩子們的啼哭聲，她只覺得自己從肩膀到後背，還有左側的臉一陣火辣辣的疼痛，不能摸也不能碰。只聽得他們罵道：「一個老右派，又是個大特務，還敢對我嘴硬，要不是革委會王主任說她病重，誰打死誰負責的話，早就給她點顏色看了。……」「她不可能是特務，你們說她是特務，有證據嗎？你們去調查麼，要是調查清楚，她確實參加過特務組織，槍斃她都行。」齊岳看到這些造反派對妻子不依不饒，沒好氣地反駁道。

她慢慢睜開雙眼，發現兩個孩子已經被他們的姐姐領到另一間屋子，孩子們不願意目睹他們的母親經受的苦難，他們鑽進了被窩，用被子蒙住頭，雙手捂住耳朵。但房間裡不時傳來陣陣呵斥聲和媽媽的慘叫聲。

這一夜好長好長，好黑好黑。這夥慘無人道的強盜們罵夠了，打夠了，才摔門揚長而去。

夜深人靜。齊岳悲憤地走到她的床前，說道：「這些學生怎麼這樣沒有人性，簡直是吃人的魔王。沒有事的，別怕，明天我帶你先去醫院看病。」

難得的安靜。今天真是把孩子們嚇壞了，三個孩子也不知睡著了沒有？她和齊岳這一對患難夫妻，此時靠在床頭，一邊哭，一邊相擁在一起，一直坐到了天亮。

去醫院看病，醫生讓她趕快住院治療。他們深知不通過那些「造反派」學生，她是不能住院的。只好說還有些事，需要安排一下，下午再來。果然，當她愛人齊岳去蘭州一中找到那些混世魔王，遞上住院證明時，他們不但撕碎了住院證，同時口出惡言罵道：「什麼大夫，給右派、反革命能開住院證的醫生，他本身就是壞×。問題沒交代清楚，住什麼醫院，是逃避交代問題吧？」不讓住醫院他們哪敢住呢？令人氣憤的是，這一夥十多人，帶著兇器，竟然到醫院找到為她開出住院證的那位內科大夫，劈頭蓋臉一頓打。後來這位醫道高明，醫德高尚的大夫，一氣之下，去了香港。時至今日，「文革」已經過去了四十多年，她一直覺得對不起這位為她挨了打的醫生。人海茫茫，無法向他道一聲「對不起」。

從此這些「革命無罪，造反有理」的「打、砸、搶」分子，每當夜幕降臨時，總來她家折騰一陣。不是拿走孩子們的「連環畫」冊，就是順手牽去點什麼。總之，心安理得地往自己口袋裡一裝，或是往軍大衣裡一裹，就據為己有了。後來才知道，正因為她參加了地下黨組織的詩朗誦會，加上他們又朗誦了解放區艾青的進步作品，而被特務盯上，並上了黑名單。不是馬家軍敗得快，她早就被關進專門關押政治犯的監獄——蘭州河北沙溝裡了。

徹夜未眠，苦思冥想，席玉瑚把自己從小學到高中的經歷前前後後仔仔細細地篦了一遍，看看到底哪點沒做好。她思來想去，「中統特務」的罪名根本無法成立，她參加的活動都是積極的進步的，她上了馬家軍的黑名單，若不是解放的快她也早成了烈士。

她橫下一條心，再熱一次「剩飯」，把一九五七年「右派」的事情重新再寫一遍。晚上那一群「打、砸、搶」分子又來了，看了看她寫的還是五七年「右派」之事，一下子怒氣衝天，立馬把她寫的材料撕了個粉碎，摔到她臉上罵道：「不交代是吧，好，你就等著坐監獄吧！」說完，一溜煙走了。

一九六八年的她真像屠夫砧板上的一塊肉，任由「造反派」宰割，審查整整進行了三個月。此時正是大地回春的季節，她住的樓下花園裡盛開著美麗的鮮花。她本是一個極愛鮮花的女人，但是，此時的她由於心情的緣故，好像變成了一個色盲，自然界所有的美好景色統統都進入不了她的視線，街上的綠樹紅花，在她眼裡全是一片灰色，她的心仍然停留在白雪飄飄的嚴冬。

一天中午，兩個「造反派」小將，闖進門來，殺氣騰騰地對臥病在床的她說道：「今天下午兩點，你按時到學校來，有事。」她愛人齊岳向他們說明近來她的病情更嚴重了，不能走路也不能站立，請假行不？他倆厲聲斷喝道：「不行。」

一家人誰還有心思吃下這桌上的飯菜？只愁下午又會發生什麼事情。她倒是橫下一條心。大不了就是個「死」麼，死了反而超脫了。

時鐘指向一點，大女兒小明帶著急救葡萄糖針劑和飲用水，扶著她緩慢地向蘭州一中走去。

進了學校，時間還有點早。大女兒扶著她在操場的一個台階上坐下。看來這是一場精心策劃的全校性的批鬥大會，操場四周貼著「打倒一切牛鬼蛇神」、「打倒走資派」、「革命無罪，造反有理」的標語，火藥味很濃。不大會兒，學生們湧進操場，主持大會的「紅衛兵」，帶著紅袖章，一身草綠色的軍裝，站在了主席台以及操場的周圍。整個會場氣氛嚴肅、緊張。忽然從操場的一邊，十多個所謂的「牛鬼蛇神」，被架著「噴氣式」、艱難地走進了會場，彎腰低頭站在台下。「打倒一切反動派」、「打倒一切牛鬼蛇神」的口號聲響徹雲霄。當她被指定站在被打倒的行列時，「打倒『右派』分子席玉瑚」的口號聲也一聲高過一聲。會場秩序有點亂了，因為幾千學生爭相目睹這個「女反革命」、「右派」的容顏。她在女兒的攙扶下，心靜如水，既不懼怕，也不覺得丟人，昂著那顆倔強的頭顱。批鬥大會開始了，主持人除了幾個「造反派」學生以外，也有一些趁火打劫、極「左」的老師。

被學生押進會場的是一些蘭州一中各科的名教師。該校之所以被譽為全省最好的中學，不就是因為擁有這樣一批優秀的教師嗎？是他們的辛勤勞動，教書育人，才使得蘭州一中有了輝煌的業績。可是今天他們一個個都被五花大綁，掛著沉重的牌子，以「階下囚」的身分站在被「審判」台上，最可悲的就是批鬥凌辱他們的正是自己一手教出來的學生。

思緒正在紛亂中走著，忽然一陣斷喝聲：「席玉瑚必須老實交代，低頭認罪。」她還沒反應過來，幾個小夥子，帶著紅袖章，氣勢洶洶地來到她面前，雨點似的拳頭，落在她的身上，更可氣的是一個鬍子麻茬的壯漢，從背後踹了她幾腳。虛弱的她，哪裡經得起幾個年青人的拳打腳踢。一時間她跌倒在了操場上，失去了意識。就在這個時候，只聽天空中雷聲隆隆，電光閃閃，大雨瓢潑了下來，這突然而至的大雨攪散了會場，也澆透了她和大女兒席明。

人們都散去了，操場上只剩下了她們母女倆，她躺在雨水中，任憑雨水打在自己的身上，孩子人小力單，扶不起她，只好將小小的身體覆在媽媽的身上。

淒淒慘慘的家，驚魂未定的家人。齊岳一臉的愁雲，三個孩子垂淚站在他身邊。見她被抬進來扔到床上，齊岳無法克制憤怒，大聲吼道：「你們每次把人打個半死就送回來了，叫我怎麼辦？她究竟犯了什麼罪？你們乾脆把她槍斃了，今天我無法接納她，你們把她再抬走，看你們愛咋辦就咋辦，反正我今天下午五點鐘的火車，要走了，三個孩子我也管不了了。」

大約是她當時的情況很慘，他們也怕整出人命來，只聽一起來的工宣隊的人說：「同志，你不要發火，這席玉瑚確實身體很危險。這樣吧，學校以後不再叫她去批鬥了。」說完，他們走了。

這時齊岳和孩子開始給她脫鞋。啊呀好疼呀，鞋脫不下，只要一碰她的腳就鑽心地疼。原來是鞋後跟似乎和腳粘在什麼上了，輕拔不下來，狠拔又怕她疼，後來只有用藥棉蘸上熱水，把鞋後跟浸濕，才慢慢把鞋脫了下來。只見她的腳後跟流的血把襪子、鞋子全粘住了，鞋裡邊全是血。齊岳心痛地搖了搖頭。他們又用同樣的辦法，脫下被血粘住了的襪子。兩個腳後跟上的肉全磨爛了，血還在往下滴……親人們見了這情景，皺著眉頭，心痛不已。

除了身體上的痛苦，最讓她揪心的是齊岳一走，何年何月才能回來？她死不足惜，但三個幼小的孩子怎麼辦？齊岳安慰她說：「咱們總得活下去，為了三個孩子，再難也得挺住。我去一段時間，想法子回來一趟，兩個女兒已經很懂事了，家務事也都能幹，她們會照顧你的。剛才工宣隊長不是說不會再揪鬥你了，這我就放心了。」然後他又向三個孩子一一交代了家裡的事，囑咐一定要照顧好媽媽等等。

時針指向四時，齊岳不得不背起行李往外走，孩子們緊隨其後，淚眼相送。

自齊岳走後，席玉瑚和孩子們謹慎度日，日子雖然過得提心吊膽，清貧艱辛，但學校確實沒再揪鬥和叫她去陪鬥。

眼看春節快到了，他們的日子越加艱難了，四口之家只有四十來元錢過日子，因為在家養病不勞動，學校停發了她四十元的生活費，四個人的生活僅靠她丈夫那一點微薄的工資來養活。

「現在想起這些，那個年代真不知是怎麼過來的。大女兒席明小時候戴不上紅領巾，大了入不了團。我的孩子們那時在學校裡學習都是數一數二，文藝、體育個個都好，可他們都受盡了歧視與磨難。反右運動開始前千方百計讓人們提意見，後來又將知識分子一網打盡，這不是錯誤，而是罪過。」席玉瑚說完這個話後繼續說道：「做女人難，做一個容貌不俗的女人更難，做一個『右派』女人更是難上加難！」

兩位不尋常的女性
——記和鳳鳴和鄒世敏

和鳳鳴，西北民族大學副教授。
鄒世敏，蘭州大學醫學專業內科副主任醫師、副教授。

中國歷來關於孟姜女哭長城的傳說，驚天地，泣鬼神，感動了一代又一代渴望仁政、反對專制暴政的人們。曾幾何時，極少數別有用心的人為了施展他們的反動暴行，為了他們封建法西斯專政的需要，秦始皇這樣一個充滿血腥的統治者又成了「梁效」等人鼓吹的法家優秀代表人物。

德國詩人海涅曾經說過：「文學史是一所碩大無朋的殯儀館。人人都在那裡尋找自己親愛的死者，或亡故的親友。」孟姜女的傳說寄託了無數個失去親人的人們的哀思，而在大西北的蘭州，當今也有這樣兩位女性，她們就是《經歷——我的一九五七年》的作者和鳳鳴與《追尋》的作者李蘊暉。

泣血何人知，
腸斷有誰憐！
茫茫瀚海無語，
與我共悲潸。
冤未平人已去，

此情痛煞淒絕，
驚破戈壁天！
同蹈苦和難，
良人不回還。

聲喑噎，
心破碎，
恨綿綿。
滄桑巨變，
萬般痛楚未稍減。
血淚往昔忍顧，
明水一別卅載，
屍骨未能見，
荒塚無覓處，
長哭問蒼天！

當我讀到這發自肺腑的詞篇，我震撼了！我再也控制不住滂沱的淚水，任它盡情地流淌。在那個「引蛇出洞」的年月裡，多少熱血青年，多少思想的先驅，抱著對祖國的一片赤子之情，為了中華民族的早日振興，提出了很多治國安邦、發展民主自由的真知灼見，然而，專制者早已布下了天羅地網，和鳳鳴進入了圈套，李蘊暉掉入了陷阱。一夜之間，風雲突變，假惺惺大鳴大放微笑的

1950年秋和鳳鳴與王景超合影

鄒世敏

鼓動，突然間變成了青面獠牙的鬼神長劍在握的一聲斷喝：「這是為什麼？」於是乎，三百多萬知識分子被戴上了「右派分子」、「反馬克思主義分子」、「壞分子」等的大帽子。從此，一個思想禁錮定於一尊的時代開始了。和鳳鳴和她的愛人王景超離開了他們熱愛的《甘肅日報》社，分別到了河西走廊的安西十工農場和酒泉夾邊溝農場。《追尋》的作者李蘊暉剛剛大學畢業也被扣上了一頂右派分子的帽子，開始了她漫長的精神和肉體的熬煉。

李蘊暉本名鄒世敏，湖北武漢市人，少年時曾就讀於漢口市立第一女子中學、武昌省立第一女子中學，一九五〇年三月考入中國醫科大學醫療系，在這所全國有名的醫療重點大學，她本應自由發展暢遊於知識的海洋，可是，在那個極左的年代裡，她目睹了繼反胡風之後肅反運動的嚴酷，親眼看到了與自己朝夕相處的同學被一些莫須有的罪名在班上被其他同學辱罵批鬥。於是，在一九五七年她臨近畢業前夕的開門整風運動中，她對這些錯誤的做法提出了質疑，就是因為這些真話，一頂千斤重的右派分子的帽子落到了她這樣一個弱女子的頭上。然而，她是有可能不戴這個帽子的，只要她低個頭，承認個錯誤，或者說聲自己一時糊塗，也許結局會好一點，可她偏要認定一個死裡說她講得就是千真萬確的事實嘛，而且，把這個勁較了整整二十二年，始終不承認自己是右派分子。

《追尋》中有一段這樣的記述：快過陽曆年時，衛生所要宰一頭豬來改善伙食。當她看到豬被繩子捆綁四肢，側臥在地上，一把尖刀扎進豬的心臟，豬慢慢死去的情景時，她的心中一陣隱痛。「我作為一個人，命運卻如此這般與牠相近。家不成家，上不能養老，下不能顧小，長年累月動盪不安，成天破衣爛衫，踽踽而行。周圍的人一個勁地冷落你、孤立你、刻薄你，但又要使用你，讓你發出比常人更大的能量，讓你無希望無樂趣地活著，直到消耗殆盡。殺豬時，人們圍觀是想吃牠的肉。但是，我的肉是沒有人吃的，是不必圍觀的。」鄒世敏的自傳《追尋》就記述了自己從肅反、反右到文革結束一段親身的經歷和感受。使我們看到了一位堅強的女性昂著頭，不在強權下違心苟活的感人形象。當我從書中看到這個女性的堅強和她的坦誠，自己有一種說不出來的羞愧，我們這些堂堂鬚眉在那個特定的年代裡，為了苟活在這個世界上，見風駛舵，卑躬屈膝，完全失去了一個人做人的起碼底線。由此，也使我更深刻地體會到，在那個充滿血腥的歲月裡，人性被扭曲，良知被異化，根本沒有法制，受害人被冤屈從來沒有道理可講，親眼目睹了「夫妻本是同命鳥，大難臨頭各自飛」的事實。

我是一九八五年為了搞清夾邊溝的真相，在一個簡陋的家庭裡採訪和鳳鳴的。和鳳鳴筆名和桑，甘肅省會寧縣人，一九三二年生於蘭州市，一九四九年她放棄了已考入蘭州大學外語系就讀的機會，以滿腔的熱情進入甘肅日報社，從事編輯記者工作。一九五七年她和丈夫王景超雙雙被打成右派分子，王景超被押送夾邊溝勞教農場慘死戈壁荒漠，而她則被發配到甘肅河西走廊的安西十工農場勞動教養。我到她家的那天蘭州的天灰濛濛的，我在那低矮破舊的房間裡感到她和很多改正了的右派一樣，以一種謹慎的話語和提防的眼神接待了我。我在別人的口裡知道她也在寫著那段可怕的歷史。我當時就有一種感覺，我採訪對了人，她就是我要瞭解的那一代最正直最無私的知識分子。

我在很小的時候，就經常聽一些同學聲嘶力竭地大聲唱：「右派右派，是個老妖怪！」的歌曲。我當時並不明白右派到底是什麼，後來才慢慢瞭解到原來這是些說了實話的知識分子。多少年過去了，我從自己親身經歷中深切地知道這個株連九族的政策是多麼的殘酷與可怕，所以，當我在《經歷——我的一九五七》裡讀到下面一段話時我的心開始顫抖。「反右鬥爭將我們雙雙打倒在地，這真是我們來到人世間遭受的最冤屈最折磨人也最難以承受的苦難，我們的靈魂被撕扯得流血不止，血跡斑斑，而兩個受難的靈魂融合在了一起，又成為一種強大的凝聚力，我們的情更深，愛更堅。用血和淚澆灌的愛情之花芳香美麗，它開放在我們被痛苦屈辱碾壓過的心田，又使我們勇敢地共同肩起了苦難。」

我不知道愛情是什麼，可我從孟姜女的傳說故事與和鳳鳴、王景超的生死之情中，看到了老一輩人給我們樹立的榜樣。現在的年輕人不知道那些專制者製造的帽子的分量，不瞭解在他們生活的這塊土地上還發生過摧殘人心靈和肉體的封建法西斯的罪惡。過去的血統論政策可以使親朋反目，夫妻分離，在世人眼裡把戴帽子的人看成另類。

親情、友情、愛情是我們中華民族之魂，而專制者在那個年代最卑鄙的莫過於要將人們的情意完全割斷，他們要讓你最親最親的人將你完全置於死地。那個時候，一個帽子下面起碼有十多個人過著受人奴役、任人打罵、社會上處於最下等的命運，而這些親情把社會對自己的不公、怨氣，又轉移到戴帽子人的身上。我為我的民族而哭泣，專制者通過一次又一次的政治運動已經破壞了人世間最起碼的同情心，閹割了一個雄性中華民族的正義之感、陽剛之氣。時間已經過去了將近半個世紀，無數個破碎的家庭又重新開始了新的生活，但那上百萬人的命運已完全改變，那些創痕累累的家庭陰雲始終不散，苦痛將伴隨他們終身。正如《追尋》中說的：「總之，右派在

自左向右為陳星、趙旭、水天長、和鳳鳴、鄒世敏

心理上、感情上、家庭上、事業上、經濟上、健康上都留下了那個時代難以磨滅的後遺症，而且無聲地影響著後代。」

時光隨著人們的腳步在匆匆流逝，在人們變得越來越市儈，越來越自私，尤其時代的脊樑知識分子也在喪失責任感和憂患意識的今天，我為我的故鄉蘭州有這樣兩位偉大的女性而感到驕傲。於是，我想到我們確實不能忘記過去，更應該反思造成那一個個悲劇的原因，去認識我們現實體制中的弊端。現在，人們越來越清醒地認識到專制是過去千百萬個家庭苦難的根源，專制是貪污腐敗的溫床，改革開放則是破除兩千多年專制體制最強有力的破冰船，而民主和自由則能夠制衡絕對的權利，成為專制和腐敗最大的剋星。今天，和鳳鳴和鄒世敏把自己的血淚經歷寫了下來，給我們留下了最有價值的篇章，它啟示我們要像愚公移山一樣進行政治體制改革，去挖封建專制體制的大山。一代代，一年年，鍥而不捨，大膽探索，奮勇努力，不斷改革，借鑑全人類創造實踐的各種精華，讓民主自由之花儘快綻放在中國九百六十萬平方公里的大地上。

文革中被槍斃的中共縣委副書記杜映華

杜映華

一

一九七〇年三月二十二日（農曆二月十五日）清晨，原甘肅省武山縣委書記處副書記杜映華，因現行反革命罪被原天水地區革命委員會保衛部叛處死刑，在蘭州遊街示眾後，與西北師範大學歷史系教授張師亮和蘭州大學歷史系學生張春元在蘭州焦家灣南面紅山根的山溝裡槍斃殺害，這是繼北京大學新聞系右派學生林昭一九六八年槍斃後，《星火》刊物案被殺害的第三人。

此事已經過去三十七個年頭了，然而對於杜映華的死因以及他生平的情況卻沒有留下任何文字。

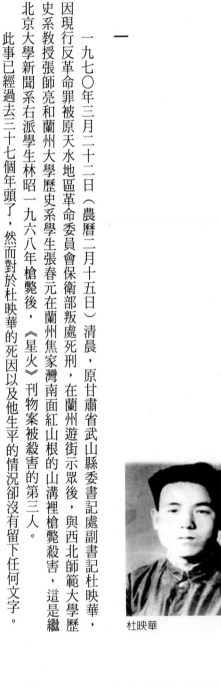

二

杜映華，甘肅省隴西縣文峰區土店子村人，一九二七年生於隴西縣鞏昌鎮南面的偏僻山村王家溝一個農民家庭。中華人民共和國成立前在隴西地區念私塾、上小學，一九四八年畢業於隴西師範學校，同年七月在隴西師範學校由當時甘肅共產黨地下領導人萬良才介紹加入中共甘肅省隴右地下黨組織。入黨後的他公開身分是菜子小學、紫來小學教師，秘密工作是在隴右工委領導下從事地下游擊活動。解放甘肅岷縣時他是隴右游擊隊中調的先遣成員。中華人民共和國成立後，他在岷縣地委宣傳部工作。後調往甘肅省漳縣，擔任中共甘肅省漳縣縣委組織部幹事、三岔區委書記、貴清區委書記，在此期間，參與領導了漳縣的剿匪、鎮反、減租反霸、抗美援朝和土地改革運動。一九五一年十月至十二月，漳縣第一批土改在新寺區的六個鄉、三十個行政村、七十二個自然村進行，他擔任河東鄉（後稱新寺鄉）土改工作隊副隊長。後來他又擔任漳縣代理宣傳部長，漳縣農業合作部副部長、部長、縣委秘書，漳縣農業口黨組書記、縣委副書記兼縣委常委。一九五八年四月，漳縣、甘谷縣、武山縣合併為武山縣後，擔任中共甘肅省武山縣縣委常委、書記處副書記兼中共甘肅省武山縣城關公社黨委書記。

一九五七年農村開展的兩條道路的大辯論中，很多地方發生了捆綁、打人的違法亂紀行為，可是有人卻為此辯護說：「群眾在氣頭上打了人也算不了什麼問題。」但是杜映華對此堅決制止，他負責的木林、張坪、武當、新寺等鄉卻沒有出現一例打人、捆人的事件，因此許多人說他「右」了，可是他卻不以為然。一九五八年他兼任武山縣城關公社書記後，為了很快熟悉情況、認識幹部，他在很短的時間裡跑遍了東起東順，西到山丹，北至馬河、榆盤，南至灘歌、清水、龍台等十四個管理區，並在北山、南山和沿川分別確定了有代表性的三個大隊為重點，由公社領導幹部分頭駐點，以點帶面，指導工作。那個時候到處是「檢查團」、「促進團」，動不動就「拔白旗」，整基層幹部，逼得下面說假話、吹牛皮，颳起了「浮誇風」。但他此時卻直接到農民家裡進行體察，反覆叮囑基層幹部要說實話、講真情，還讓基層領導要把勞動力組織好，把好搶收關，千萬不能讓到手的糧食爛在地裡。由於他當官不像官，沒有一點架子，老百姓都說他是老百姓的貼心人。一九五九年階級鬥爭的弦越繃越緊，他深感由於大躍進、吃食堂、大煉鋼鐵、虛報浮誇，造成農民生活困苦萬分，於是悄悄發放救濟糧救災渡荒，並讓大隊、生產隊按實際畝產上報產量，他的這種做法與其他公社開鬥爭會逼迫基層領導、強征公購糧形成了鮮明的對比，使得城關公社農民的家裡都偷偷留了點口糧，也讓當地老百姓永遠地記住了這個優秀共產黨的領導幹部。

然而，一九五九年反右傾期間，杜映華和全國三百八十萬說實話、幹實事的幹部一樣被打成了右傾機會主義分子，並且被開除黨籍下放到東順化肥廠勞動改造。在此期間，他由於更加貼近農民群眾，瞭解到農民由於饑餓、啃樹皮、吃觀音土、大量餓死人的情況，心急如焚，與下放勞動改造右派學生一起談論過一些真實的想法，並且認為蘭州大學一些下放勞動改造右派師生辦的《星火》刊物，說的都是實話，於是，他也被牽扯進全國第四大案「右派反革命案」中。一九六一年三月，杜映華剛剛被甄別平反了右傾機會主義分子，調至甘肅省天水地區工會主席，但還未到任既被逮捕。並在一九六二年十一月二十三日被武山縣人民法院判處有期徒刑五年，送交甘肅省第三監獄服刑勞動改造。同時，牽進這個案子的還有原中共甘肅省武山縣委委員，縣委農村工作部部長羅守志，也在其先後被判刑。羅守志一九八〇年平反後，任武山四門中學校長，武山縣人大常委會秘書長等職。

三

杜映華被牽扯進去的「右派反革命案」，實際上是一些蘭州大學下放右派師生和北京大學右派學生林昭等人辦了《星火》刊物。

一九五八年六月底，蘭州大學第二類處分（保留公職或學籍，勞動考察）的右派師生四十人（其中右派大學生三十六人，右派研究生二人，還有化學系右派講師胡曉愚，經濟系日本留學歸來的右派副教授管照微），由中共甘肅省委統一發配天水地區，後由天水地委「一分為二」，一半分到天水市，另一半分到武山縣。在天水市的蘭大右派師生分到北道埠公社、馬跑泉公社、麥積公社的一些生產隊；在武山縣的蘭大右派學生分到城關公社和洛門公社的一些生產隊；都是下放監督勞動改造。

一九五八年正逢轟轟烈烈的大躍進運動，全國上下牛皮衝天，這些師生親眼目睹並親自參加了這種荒唐的運動，雖然不敢說，但心裡都有自己的想法。在一九五九年春節前後，大饑謹已開始籠罩甘肅大地，公共食堂相繼斷炊，農民們冒著被民兵抓回來的危險，紛紛背井離鄉出外乞討要飯。而沒有跑了的農民則以榆樹皮充饑，用觀音土為食，有些人家死屍挺在炕上無人掩埋，還有很多人家由於沒有吃食全家餓死殆盡。這些右派師生看了這樣的慘境，心如刀割，然而他們是被監督勞動改造的右派分子，根本無法將實情向上級反映。張春元、顧雁、向承鑑、譚蟬雪等這些熱血右派青年於是與上海養病的北大右派學生林昭聯繫後，冒著生命危險出了刊物《星火》，表達自己的思想，用事實揭露當時的黑暗，然後在他們中間傳閱。其後，他們以彭德懷的冤情、大躍進帶來的災難、南斯拉夫成功經驗撰文上書中央有關領導和《紅旗》雜誌。《星火》刊物只出了一期，第二期不待出來，此案既被告破。在《星火》刊物的第二期裡，其中就有蘭大化學系右派學生向承鑑的一篇《食母記》，這是他聽到甘肅省隴西縣一個兒子的母親去世後，兒子將母親屍體放在洋芋窖裡偷偷吃得只剩下了頭骨，後被人揭發，將其逮捕槍斃並發佈了公告的消息後寫出的。他當時聽到這件事情，悲憤萬分，激情寫了這篇文章，但此文不待發表他就被抓了起來，後被判了有期徒刑十八年。

在這些蘭大右派學生被下放到武山縣的日子裡，作為縣委副書記的杜映華，非常尊重這些有知識的學生。他讓這些右派學生充分發揮其特長，讓他們為農民教識字，並辦了公社綜合化肥廠。向承鑑這些蘭大化學系學生，也被抽去辦化肥廠。杜映華還親自下隊與這些人住在一起。在與這些年輕人的交往中，他慢慢地感到這些學生不僅有知識，而且富有正義感，所以，他開始同情這些人。至今，當年的右派學生向承鑑提起杜映華和他住在一起，為他打洗腳水的情景，仍然感慨萬分，對其為人讚不絕口。向承鑑說，這主要是杜書記和我們這些大學生和老師都感覺到當時的政策確實是錯誤的，他們對當地挨餓受饑的農民都有一種共同的憐憫之情，所以，杜書記與師生們的思想產生了強烈的共鳴。杜映華被打成右傾機會主義分子後，學生們對他更加同情和崇敬，並且與他交流過思想，他們對農村形勢的看法比較一致。因此杜映華被牽連，也被逮捕。但是，杜映華由於「右派反革命案」被牽連判刑，在甘肅省第三監獄服刑期滿留場後，他又被以向服刑的「密謀暴動越獄」反革命犯、蘭大右派學生張春元傳遞信件而被槍斃。

四

杜映華的案子是當時瘋狂年代的一個縮影。雖然，事隔十年之久，在一九八〇年五月十八日，由甘肅省天水地區中級人民法院宣告其無罪，並徹底平反，但此事反映出在那個年代中國人說句真話的艱難。

杜映華被抓被殺後，他的親戚朋友都被株連。他的妻子董淑桂和三個幼小的孩子既被趕到農村自謀生路，由於沒有住房，他們就將南山腳下放羊娃避雨的洞穴修理成窯洞住了下來，沒有吃的，他們就挖野菜來填補充饑。那個年月，董淑桂一個寡婦帶著三個幼小的娃娃，受盡了別人的打罵和

杜映華在天安門城樓下面留影

歧視。在漫長的十四年的歲月裡，她由於吃野菜餓肚子，勞累成疾，得了胃病將胃切除三分之一，並且求親告友做手術負債累累，但她還是歷盡辛酸以女性的堅韌將孩子撫養成人。

時間匆匆已過去將近半個世紀了，但血淋淋的歷史告訴我們，過去那顆罪惡的子彈，打碎的不僅是一個剛直不阿、實事求是的頭腦，它擊碎的是善良、誠實、法制和正義。今天我們回顧歷史，就是要讓年輕的一代知道我們中華民族為建立自由、民主、平等、博愛的美好社會付出了多麼昂貴的學費；就是希望人們不要忘記歷史，在中國這塊封建古老的土地上不斷進行政治體制、經濟體制改革，讓那種一個人、一個集團翻手為雲，覆手為雨的歷史再不要重演。

筆者趙旭2009年8月9日與甘粹在其北京家中

暴風雨夜甘粹與林昭的愛情

在暴風雨的夜裡，我懷念著您。窗外是夜，怒吼的風。淋漓的雨滴。但是我的心啊，飛出去尋找您。我對著虛空呼喚：「您在哪裡？」「您在哪裡？」為什麼我找不到您？您是被放逐在遼闊的荒原？還是沉埋在冰冷的獄底？兄弟！兄弟！我的心靈為您流血，我的呼聲追尋著您！您在哪裡？您在哪裡？

白髮蒼蒼的老人甘粹唱著林昭作詞作曲寫的《呼喚》之時，神情凝重，眼裡充滿了淚水，他說：「這是林昭寫的歌，是她教會我唱的，我在那群魔亂舞的年代之所以能夠活過來，就是這首歌給了我力量。現在看來她是寫給我的。」

我與林昭從相識到分別只有整整一年時間。一九五八年六月北京大學中文系新聞專業並到中國人民大學新聞系，林昭也從北京大學到了中國人民大學。北京大學新聞系主任羅列到人大新聞系來後是副主任，正主任是安崗。林昭是被打成右派分子後由羅列帶過來的，她是北大第一批右派分子。

人大新聞系在學生中劃了二十多個右派分子，在當時學生中占百分之十五。我們這些右派被集中起來在校園裡打掃衛生，撿西瓜皮。人大老師中有個右派叫楊纖如，此人後來寫了一本小說叫《傘》。我們這些學生右派就與楊纖如一同勞動改造，有一天我看見有個瘦弱的女學生過來與我們一起打掃衛生、撿西瓜皮，一問才知是北大過來的才女林昭。那時我對林昭的情況不是很瞭解，只知道她也是以調幹生考入北大的，也聽說人們批判張元勳時她為其在北大台上進行辯護成了右派分子的。

我們中國人民大學一百零五名新聞系學生全是調幹生，我一二年級時非常用功，門門課程都是五分。到了三年級一九五七年時，反右運動前我就知道要反右的，因為我們班有個同學趙培蘭，她愛人李莊是《人民日報》的副總編，曾陪周恩來總理以中國記者代表團在日內瓦開過會。有個星期日我與同學張起良到李莊家裡去玩，李莊當時回來給他的小孩帶了幾個玩具汽車，有個玩具汽車走到玻璃桌邊掉了下去。李莊當時對我們說，你不要看現在報紙上寫得很熱鬧，馬上要反他們的，社論已經寫好了。其後才知這個社論就是《這是為什麼？》。所以我得知這個消息後在人民大學不說話、不提意見、也不貼大字報。一九五七年反右時，人民大學在老師、學生中打了兩百多個右派分子，但給人民大學的右派指標是四百名，我就是被補充進去的。補我進去的原因很簡單，就是同情、支持右派分子林希翎。

我們新聞系有個教授叫汪金丁寫了一篇論文，他準備通過這篇論文轉為正教授；林希翎有天路過佈告欄看到汪金丁副教授論文宣讀會的通知後就參加了；宣讀會那天，會場第一二排坐的全是一些專家教授，宣讀會由一個講師主持；汪金丁將自己的論文提綱挈領地宣讀後，前排的專家教授正在互相推讓誰去評講時，一個女學生在後面舉手說：「我可以發言嗎？」主持人無奈地就讓這個女孩上去發言，沒想到女孩上去將此論文批得狗血噴頭，此女孩就是林希翎，真名叫程海果，參過軍，去過朝鮮戰場，曾被當時擔任共青團中央書記的胡耀邦譽為「最勇敢最有才華的女青年」，所以我打內心佩服這個小女孩。這個林希翎鳴放時在人民大學的鳴放、反右會上講得意見非常尖銳。我當時是人民大學學生會城裡片的秘書長，學校當時組織辯論會，黨團員不出面，辯論會由我組織；辯論會上左派們一個一個對林希翎進行批判，此時林希翎問我：「我有沒有發言權？」我就安排她第七個進行發言，但她一發言左派們就吹口哨，並搶了林希翎的麥克風；林希翎當時因和胡耀邦的秘書談戀愛，所以她手裡拿著一封赫魯雪夫的秘密報告；因這個報告當時還在絕對保密，此時人民大學副校長聶真在幕後說，千萬不能讓她念此秘密報告；於是左派們就上台來搶；我當時實在看不過眼說道，你們搶麥克風，還把人家推下台，你們還講不講民主。就是這句話，一九五八年二月十四日我就被打成了右派分子，開除黨籍，免於處分，繼續留校學習。

我認識林昭是在一九五八年六月以後。第二學期開學，別的同學此時都到報社去實習了，將我放到人大資料室去勞動改造。這時資料室裡三個人，我和林昭兩個是被監督勞動改造的，劉少奇的前妻王前是我們的領導，她此時已嫁給了聶真。我和林昭每天上班到新聞系圖書館翻查報紙，主要任務是翻國民黨的報紙，寫卡片，為編寫中共報刊史收集資料。林昭是一九三二年生於蘇州的，一九四九年蘇州解放後，當時只有十七歲的林昭就參加了革命，到蘇南新聞專科學校學習，被分配到《蘇州民報》做記者、編輯工作，一九五四年考到北京大學中文系的。

在人民大學圖書館資料室時林昭身體很不好，而且不斷咳嗽。王前說，你是個男同志要多照顧一下林昭。這樣林昭有了病，我是第一個知道的，我就去給她打水、燒飯。冬天到了，林昭房裡沒有暖氣，我就幫她在學校總務處領了爐子，並安裝在她的房間裡，每天還給她把火生起來。

我記得林昭那時喜歡看明清的線裝筆記小說。她在這段時間完成了兩首詩，一首是《普羅米修士受難的一日》，另一首是《海鷗之歌》。她寫了後反覆修改，改了就讓我看並且念給我聽。林昭當時還將魯迅的小說《傷逝》改編成了電影劇本。

那個時候學生食堂裡吃的是包穀麵窩窩頭，加一些鹹菜。她每次吃包穀麵窩窩頭實在吃不下去，我就給她買來肉絲炒白菜。我們是調幹生，我的助學金每月二十九元，林昭的助學金每月二十五元，每月我們用七八元生活費就可以了。有一段時間她的病很久不好，我就給她到北京東四那裡去買廣東飯館裡的廣東肉絲讓她吃。由於生活上的照顧，加上我們在思想上並不是反黨反社會主義，只是認為社會主義也有陰暗面，共同的遭遇，共同的心聲，慢慢將我們拉到了一起。白天我們在一起做卡片，晚上我倆就坐在一起談各自的一些想法和經歷，真是同病相憐，苦中作樂。每個星期六、日，我們還到公園去，在那裡我們談各自的家庭、談我們對社會的認識、談人生、談理想，當然我們這個時候還沒有認識到毛澤東比秦始皇還要秦始皇的反動面目。

我一九三二年出生於湖北漢口，與林昭同歲，祖籍浙江紹興。我有兩個哥哥、一個妹妹，兄妹共四人。大哥甘大穎是東吳大學法律系畢業的。二哥甘大頤高中畢業後在外國洋行當職員，解放後在長江航務局工作，曾到青島海運學院受培訓。我妹妹甘大欣是浙江農業大學畢業的，畢業後在北京農業部農業出版社工作。現在只有我和二哥還在世。我母親是個家庭婦女，我父親從小當學徒，後來到中國銀行漢口分行任襄理（第三把手），我們家是比較富裕的家庭。

抗日戰爭爆發後，我們全家從漢口逃難到了重慶，父親留在漢口將銀行移交給日本人後，往重慶走時病死在了貴陽，這樣我們家就開始沒落了，全家的擔子也就落到了大哥的肩上。大哥高中畢業後，在重慶中國保險公司任職員。一九四三年我剛高小畢業，考入了國立九中讀書。這裡吃飯、住宿、學費全免，培養了很多人才。我讀到初二時，抗日戰爭勝利。此時我妹妹年齡小，母親就隨大哥、保險公司到了上海。因國立九中是從安徽省遷來的，國家就發遣返費，往安徽去的發五萬五千元，我們浙江的發八萬五千元，相當於現在的八百五十元錢。我和二哥就是靠遣返費回的家。

到了武漢後，我們住在一個廠房裡，我們到救濟總署登了記，過了一個星期，救濟總署用美國送的登陸艇用三天時間送我們到了南京，然後轉乘火車八個小時到了上海。可我和二哥又跑到安徽宿縣省立宿縣中學繼續讀書了，這是原國立九中的分支。我們為啥到這裡來學習呢？因為這裡讀書不要錢，還免費住宿、吃飯，加上我們原來就是這個學校的學生。

在宿縣中學我讀到了初中畢業。此時國共打得很厲害，我就回到了上海，在上海我讀的高中，這個學校叫上海市立師範專科學校附屬中學，讀了一年後一九四九年五月二十八日上海解放。上海解放後，我於六月份參加了中國人民解放軍第二野戰軍西南服務團，這個團大部分是學生，在南京集中學習了三個月然後開始進軍西南。

我們在南京浦口坐悶罐子火車到了武漢，休息了兩天繼續坐火車到了汨羅江下車，徒步進了四川，整整走了兩千五百公里。我記得很清楚，第一天我們走了三十華里，以後每天走七八十華里，還爬了白馬山。爬白馬山的那天，我們一共走了一百三十華里。白馬山山下是夏天，再往上走是秋天，到了山頂就是冬天了。在白馬山解放軍與國民黨打了一仗。我們西南服務團不打仗，跟著打仗的部隊走。路上到處是死屍很恐怖。

涪陵那裡有一條河，我們西南服務團九中隊一百多人就到了川東萬縣，接管了國民黨政府，建立了共產黨政權。當時分配我在萬縣地委工作。我們當時主要是下鄉徵糧剿匪，因為這時國民黨的散兵遊勇和土匪很多，所以犧牲了很多人。當時奉節縣殺了一百多人，派去的副縣長也被殺了，丁佑君這個女同志就被大刀會殘酷殺害了。

我除了下鄉徵糧剿匪以外，軍隊宣傳科接管了國民黨的報紙，組織上就派我們兩女三男五個人去辦共產黨的報紙，我又當記者又當編輯。因為我讀書時不喜歡國文，喜歡數學，所以對這個工作不感興趣，但為了工作還是看了很多書，補習了自己文化上的缺陷。我看了《卓婭與舒拉的故事》、《勇敢》、《鋼鐵是怎樣煉成的》等蘇聯作品，還看了趙樹理的小說。

我是一九五〇年入團、一九五四年入黨、一九五五年中國人民大學新聞系成立以調幹生在兩百多名保送生中脫穎而出考入的。我的個性是不拍馬屁，所以入黨比較遲。

我與林昭從相識到互相依戀、互相愛慕，是反右運動將我們這兩個年輕右派的心連到一起的。林昭有個同學叫倪竞雄，這個人還活著在上海，他是個編劇，他從上海到北京開會來看我們。他給我和林昭兩張話劇票，我們就一起去看話劇。就是這個倪竞雄將林昭介紹給了我，挑開了我倆心中的秘密。

這時正在大煉鋼鐵，人民大學也燒起了高爐，我們右派分子都被安排在晚上值班。消滅四害，打麻雀，全北京的人都瘋了。

後來每到禮拜天，林昭就帶我到北京燈市口基督教堂去做禮拜，文革時這個教堂被紅衛兵拆了。去教堂做禮拜，我才知道了基督禮拜的過程。一進門給每人發兩本書，一本是《聖經》，一本是《讚美詩》，然後由牧師主持，全體起立由唱詩班和牧師帶著大家唱讚美詩，那種氣氛很美好，在那苦悶的日子裡把我們帶到了一種完全超脫的境地。

我原先以為教堂裡可能都是老頭老太太們帶孩子們去，沒想到這裡大多數是年輕人。這說明人們已經遇到了各種各樣的苦難去到那裡尋找精神上的寄託。林昭的思想有些偏執，我說你不要去硬碰，這是雞蛋碰石頭，可林昭不聽，林昭說：「我就是要去碰，我相信成千上億個雞蛋去撞擊，這頑石最終也會被擊碎的。」

我們兩個右派分子的相愛，引起了很多人的不舒服，系上就給我打招呼，說我們談戀愛是給無產階級專政示威。我將這話告訴了林昭。林昭問我：「你害怕不害怕！」我說：「我怕什麼！」她說：「好。」於是她與我手挽著手，在眾目睽睽之下在人大的校園裡走進走出，故意讓人們看。由此你就可以看出林昭的性格。

一九五九年八月，我給新聞系領導談我要與林昭結婚，當時在場的有新聞系黨總支書記章南舍和一個女的。我給系上談我與林昭結婚的主要目的是希望能將我和林昭分配到一起。章南舍說：「你一個右派還結什麼婚呢？」因為事前我與林昭談戀愛他給我們打過招呼，我們沒有聽他的，所以認為我們是抗拒改造，不予我們結婚。並且這時到分配我們這些應屆畢業生了，他就故意將我分配到了新疆，九月一日前讓我離校。

那是一九五九年九月二十六日，我被迫要發配到遙遠的西北——新疆，在北京火車站我們心中積滿了陰霾，長久地凝立在月台上，離別的苦痛撕裂著我們的胸懷，灼燙著我們的臉頰。

「阿三，我愛你，是我害了你。我早就說過，他們會這樣來整我們的，把你分配到最遠的邊區去的。」

「不，別這樣說了，我不怕他們！我們總有一天會相聚在一起的！」

「不，我怕，我怕你回不來了！」

我沒有，從來也沒有見過她一對這樣顫抖和痙攣的眼睛，看著她那寒慄悚懼的神情，我突然覺得整座月台裡其他一切全都死滅僵凝了。儘管四周營營擾擾，人來人往川流不息，擠滿了上車和送客的人群，但所有這些對我已全不存在，我緊緊握著她那急不可待的手，激動地說道：「會的，會有一天會回來的！」

「太殘酷了，太殘酷了呀！」林昭極度悲傷，兩眼含著淚水，瞧著我嘶啞地說道：「一切就都完了……」

「什麼一切都完了呢？我們只不過是暫時的分離，怎麼能說一切都完了呢？無論怎樣，我們的心不是已經緊緊地連接在一起了嗎！」我激動地現出要把內心所積壓的一切全部吐露出來。

「你有回來的可能嗎？」

「會有的，我一定會回來，一定要回來的……你一定要等著那個時候。」說著，我流下了眼淚。林昭也流著眼淚，我們臉貼著臉，緊緊地擁抱在一起，兩人的淚水融合在一起，沾濕了我們的衣襟。

車站上的鈴聲響了，這鈴聲好像箭一樣刺穿我倆的心房，我們緊緊擁抱在一起，生怕要被人拆散開來。

她不停地說道：「我們不能分離，阿三，你不能走啊！」生性倔強的她，從不落淚的她，這時熾熱的淚水撲簌而出。

這是我一生，第一次也是最後一次看見她的淚水。我更加緊緊地抱住她，啜泣地說道：「你別哭！你別哭！」其實，我的淚水也奪眶而涕下了，我也在哭啊！

火車的轟鳴將我們從悲痛中喚醒了過來，我不得不離開了她的懷抱，踏上了車廂門的踏板。她追隨著緩緩啟動的列車，搖曳著手中已被淚水濕透的手絹，發狂地喊道：「我等著你，我等著你，你一定要回來呀！」

這時，我真想不顧一切跳下車去，可是，已經不可能了，列車越來越快了，奔馳飛出了車站。她那纖弱細小的身影，在我充滿淚珠的眼眶中，漸漸地模糊到完全消失了……

其後不久林昭的母親許憲民來北京找了著名的七君子之一史良，史良給人民大學校長吳玉章打了招呼，學校就批准林昭回了上海養病。

我坐火車到了甘肅與新疆交界處尾亞，又轉汽車坐了三天到了烏魯木齊，到了烏魯木齊的第二天就是一九五九年的國慶日。到了新疆將我分到了在焉耆的新疆建設兵團農二師。在焉耆招待所我聽到很多從農場跑出來的人說，農場裡暗無天日苦得不得了。我聽到這個話害怕了！我掉頭回了烏魯木齊，在烏魯木齊賣掉了我過冬的棉衣和行李，又坐汽車回到了尾亞，再坐火車回到了上海。

我住在大哥家裡。有一天我到上海茂名南路一五九弄十一號去找林昭。她住在二樓一間房裡，當時她母親和她妹妹都在，但她母親對我很冷淡。坦率地說，她母親對我們倆的戀愛是不同意的，原因就是她不能讓右派的女兒再嫁一個右派分子。

那些日子林昭每天都陪我在上海的外灘逛馬路、轉黃浦公園，我們坐在椅子上交談，星期天我們還去了上海烏魯木齊教堂做了禮拜。然而上海之大，卻沒有我甘粹的立錐之地，這樣我只有再回新疆。在上海待了一個星期後，我大哥給我置辦了行李，我就又回到了新疆。

新疆建設兵團農二師是塔里木河邊上的一個勞改農場，我去後將我分到了管制隊，這裡面全是被監督勞動的地富反壞右分子，我們每天被用槍押著勞動。我們當時幹最髒最累的活，每天從天不亮上工，一直幹到月亮出來才收工。這裡十天一個大禮拜休息一天，在這一天中還要搞義務勞動，到戈壁灘上去挖柴禾或挖甘草，只有五一、國慶日才有個整天休息的時候。我剛去時還可吃到四十六斤定量，可是後來就減到了十八斤，但三扣兩扣根本吃不到十八斤了，出工後我們就去挖野菜吃。三年災害時我們管制隊餓死了有兩三百人。那時的人們，先浮腫然後引發其他病死去，有些隊差不多全部死光了。但隊長和炊事員不會死。我沒有餓死多虧了我的哥哥和妹妹。我哥哥那時在上海，給我寄來水果、糖和餅乾；我妹妹那時在雲南，還給我寄過豬肉罐頭，但我收到後沒有走到宿舍就給吃完了。後來我哥哥和妹妹兩三個月給我寄一次全國糧票，這樣我用全國糧票每天可以多吃一個饅頭。

我在這些日子裡，每到星期天就給中共中央組織部寫申訴書，說我的右派是冤枉的。並且每個星期至少給林昭寫一封信，但到了一九六〇年就沒有她的音訊了，我給她媽媽和妹妹寫信也不回信，現在才知她是在蘭州大學右派師生辦的地下刊物《星火》上寫文章被逮捕了。

後來我們連隊有個上海學生去上海探親，我就託他到茂名路一五九弄十一號去打聽林昭的消息，這個上海學生再沒有回來，但他給我回信說，林昭病重住院一時出不來，此信我是看懂的，她凶多吉少可能被逮捕了。

一九六八年五月一日，我做了一個夢，我夢見林昭穿著白衣、戴著白孝、扶著棺材朝我走來。我當時很奇怪，林昭的面容怎麼那麼清晰，她好像要對我告訴什麼。我就去問一個和我一同改造的四川峨眉山老和尚。這個老和尚是因為在統購統銷時給他母親買了五斗穀子，被抓住判了刑，刑期滿後留場的。老和尚說，人的夢是反的，林昭結婚了。我聽後非常傷心，後來才知林昭是一九六八年四月二十九日被槍斃了，她是來給我道別的。

我和楊運沖在一九六九年三月十七日從農場逃跑了。我們事先做了準備，買了一斤餅乾、一斤伊拉克蜜棗，那天收工後我們躲在沙包後面，等到天黑跑的。當時警衛管教追我們時，實際上我們就在他們跟前。我們為了不被渴死，一直沿著塔里木河走，戈壁灘上每隔五公里有一個地質測繪用的三角架，我們就順著三角架走了五十公里到了尉犁縣城，在縣城裡吃了點東西，休息到天黑又從尉犁縣到了庫爾勒。在庫爾勒我們看見了追我們來的警衛，但警衛沒有發現我們。我們從庫爾勒坐上汽車到了焉耆，然後從焉耆到了烏魯木齊，又從烏魯木齊坐火車到了北京。

到了北京我住在國務院招待所進行上訪。這裡的程式是登記、排隊，然後約你。我告狀說，我於一九六八年以前已經摘了右派分子的帽子，可是還一直將我關押在勞改隊裡。但給我的答覆是，讓當地解決。他們給了我一張火車票。可當地能解決我的問題嗎？於是我就在烏魯木齊當了盲流，以照相為生。

我買了個假證明「烏魯木齊市沙依巴克區工農兵照相館」，到農村照相掙錢。我照一張相收一元錢，別人一個膠捲照十六張，我能照十七、八張。剛開始還提心吊膽，後來我的膽子越來越大，我照到了國防公路邊上，主要在內心想探一下這裡的虛實，準備逃到蘇聯去。

在這裡我被抓了。那些人吊起我來打，說我是蘇修特務，我被打得實在沒法就承認自己是蘇修特務。那些人將我押到新疆建設兵團師部，在這裡我說我是被屈打成招的，我說的全是假的。他們開頭不相信，我就拉起衣裳，讓他們看我傷痕累累的身體，並說我是四川萬縣的盲流，名叫陳永清，陳是我母親的姓，永清表明我永遠清白。可他們到萬縣調查，沒有這麼個人，我又說我是四川奉節縣的，他們又調查還是查無此人，於是就將我長期關押不放。實在沒有辦法，我就說我是農二師的牛鬼蛇神。我被押回農二師管制隊後他們並沒有整我、打我，因為勞改隊最怕犯人逃跑，他們就以我為活生生的教材讓我在大會上做檢討，說甘粹這麼有本事、這麼聰敏的人，都走投無路，被碰得頭破血流，你們其他人逃跑到外面去只有死路一條。

我後來有個體會，雖然我出去後自由了，但我精神上並不自由。每天住店二元錢，三頓飯、買包煙、買膠捲，每天開支差不多需十元錢。這樣我就在這管制隊一直待到了一九七九年。

胡耀邦上台，平反冤假錯案。我同班同學陳敏是《人民日報》的高級記者，她的丈夫就是原中共中央宣傳部新聞局局長鍾沛璋，她給我來信說中央五十一號文件給右派平反，讓我趕快到北平來。

我是一九七九年二月到了北京的，我就住在陳敏家裡。中國人民大學對我的處理是三恢復，恢復工作、恢復工資、恢復黨籍，但工作要自己找。於是，我就託鍾沛璋將我介紹到了中國社會科學院院報，當了編輯。幹了兩年我就進了中國社會科學院文學研究所，當了資料室主任，一直幹到一九九二年離休。

我右派改正回到北京後，我就到北京大學中文系有關部門打聽林昭的消息，北平大學中文系的一位負責此事的人說，林昭的右派屬於錯劃，改正是沒有問題的，但後來她又被上海市人民法院因反革命罪判了刑，這得由上海市人民法院甄別處理。

文學研究所副所長是許覺民，他的愛人張木蘭是我人民大學的同班同學。一九八〇年的一天我在張木蘭家裡碰見了林昭的妹妹彭令范，這時我才知道許覺民是林昭的堂舅舅，也知道林昭在文化大革命中被槍殺了。

我剛聽到林昭被槍殺的消息時不敢相信自己的耳朵，這簡直是晴天霹靂！我雖然對林昭的死早有預感，但我還是止不住眼淚汩汩地流了出來。

在那個晚上彭令範又給我講述了她姐姐的情況，並拿出一份法院的判決書，上面打印著：

上海市高級人民法院刑事判決書

（八〇）滬高刑複字第四三五號

林昭，又名彭令昭、許萍，女，一九三二年生，江蘇蘇州市人，原北京大學學生。

林昭於一九六五年五月上海市靜安區人民法院以反革命罪判處有期徒刑二十年。一九六八年四月二十九日又由中國人民解放軍上海市公檢法軍事管制委員會以反革命罪判處死刑，立即執行。現經本院復查查明：林昭在一九五八年被錯劃為「右派分子」後因精神上受到刺激，一九五九年八月開始患精神病。嗣後，曾以寫長詩、文章等表示不滿，並非犯罪行為。一九六五年對林昭以反

甘粹1982年攝於中國社會科學院文學所

革命罪判處徒刑顯屬不當，應予糾正。林昭被錯判服刑後，精神病復發，又曾用寫血書、詩歌、日記以及呼喊口號等表示不服，一九六八年將林昭在病發期間的行為又以反革命處以極刑，顯屬錯誤，應予糾正，據此本院特重新判決如下：

撤銷上海市靜安區人民法院一九六二年度靜刑字第一七一號和中國人民解放軍上海市公檢法軍事管制委員會一九六七年度滬中刑（一）字第一六號兩次判決。

對林昭宣告無罪。

上海市高級人民法院

一九八〇年八月二十二日

我手捧這封判決書，心想這世界難道容不下這麼一個弱女子，她才三十六歲呀！我好似聽到林昭那充滿義憤的詩歌《啊，大地》：

啊，大地，祖國的大地
你的苦難，可有盡期？
在無聲的夜裡，
我聽見你沈鬱的歎息。

你為什麼這樣衰弱，
為什麼這樣缺乏生機？
為什麼你血流成河？
為什麼你常遭亂離？
難道說一個真實、美好的黎明
竟永遠不能在你的上面升起？

林昭曾經說過：「血流到體外，比向內心深處流容易忍受。」她用鮮血凝成的詩明白地昭示：將這一滴血注入祖國的血液裡，將這一滴血向摯愛的自由獻祭。揩吧！擦吧！洗吧！這是血呢！殉難者的血跡，誰能抹得去？

林昭北大的同學中國新聞社的王謹希（女）和新華社的陸佛為這對夫妻一九八〇年十二月十一日在北京市北新橋東三條胡同中國新聞社北京分社找了個小會議室給林昭開了第一次追悼會，參加的有：原中國人民大學副校長、現全國政協秘書長聶真；人民大學新聞系主任羅列；北京市政協副主任羅青；中國社科院文學研究所副所長許覺民；有林昭的教師北京大學中文系主任楊晦、楊佰俊、樂黛雲、于效謙、張隆棟、伍棲強；有林昭的同學林斤瀾、倪竟雄、金易東、張玲、鄧蔭柯、王謹希、張元勳、陸佛為、劉紹棠等八十多人參加了悼念活動。悼念籌備組收到上海、蘇州、常州、無錫、南京、杭州、廣州、梅縣、長沙、蘭州、哈爾濱、長春、成都、烏魯木齊、太原、銀川、鹽池等地發來的唁電唁函三十餘份。輓聯和輓詩三十餘幅（首）。北京大學教授張谷若、上海解放日報翳子衡、江蘇作家協會高曉聲、陳椿年等都寫出了輓聯。香港還報導了《不尋常的追悼會》。後來林昭北大的同學和蘇州新聞專科學校的同學在蘇州靈岩山給林昭修了墓，放了林昭的頭髮和過去的東西。林昭的骨灰是《女籃五號》的導演劉群的女兒收起來的，放在上海嘉定華亭息園公墓裡。劉群的女兒把此秘密告訴了彭令范的好友許宛雲後，許宛雲在息園設法領出了林昭和她母親的骨灰，才正式地在蘇州靈岩山落葬。

這是我和林昭在一九五八年攝於北京景山公園的照片。我在新疆逃跑時燒了我所有的照片，惟獨這張照片我寄給了四川萬縣的老戰友杜之祥，一九七九年落實政策後，他又將這張照片寄給了我。林昭在接到判處死刑的判決書時，曾留下最後一封血寫的遺書：《歷史將宣告我無罪》，我和林昭的這張照片就送給你。

我和一九八八年結婚的夫人周萍萍參加了林昭骨灰的落葬儀式，在儀式上我彷彿又聽到了那首深沉的歌曲：在暴風雨的夜裡，我懷念著您。……我的心靈為您流血，我的呼聲追尋著您！您在哪裡！您在哪裡？

為悼念王佩英烈士給張大中先生、張可心女士的一封信

大中先生、可心女士，您們好！

我是在胡傑處得知他最近拍得紀錄片《我的母親王佩英》的，後經網上索要，幾經周折終於獲得了這盤珍貴的光碟和郭宇寬的《王佩英評傳》。

十二月十日是我的生日、也是我的母親祭日，那天郵遞員送來了一個包裹，打開後是一個精緻的包裝盒，上面題有「為真理與正義獻身的精神永垂不朽——紀念母親王佩英就義四十週年」。我撫摸著這血寫的字跡，遲遲不敢打了開來，因為我看到的血與火太多了，張志新被割喉，林昭被槍殺，毛應星和柴秀蘭被殘害，李九蓮被割乳房和陰部，……。中華大地上一個個剛烈女性為堅持真理、呼喚民主自由，付出了她們年輕寶貴的生命。

隨著低緩深沉的樂曲，一個慈祥的母親進入了我的眼簾，這就是你們七個孩子的媽媽王佩英。但不知為什麼，螢屏上你們的母親，卻不時又成了我親愛的媽媽，那慈祥的面容，那俊秀的笑臉，

她們那麼年輕朝我笑著，我不知這是夢中還是現實，淚水已整個兒模糊了我的眼睛。我母親雖然沒有被那些人整死，可是我母親在文革時也曾被關進牛棚，受到莫須有誣陷和難以置信的磨難。我想，假如她們還活著，該多好啊！有母親在是我們當兒女的一生中最大幸福和光榮。

從郭宇寬的《王佩英評傳》得知，王佩英一九一五年生於河南開封，十六歲考進中國教育史上赫赫有名的靜宜女子中學，一九三四年與北平朝陽大學法律系學生、後來的中共地下黨員、你們的父親張以成結婚，一九五〇年加入中國共產黨，從這些經歷來看她本可以在那個又紅又專的年代一帆風順安享天年的。可毛澤東當上無冕的皇帝以後，飛揚跋扈，殘酷鬥爭，橫徵暴斂，運動絞肉。大煉鋼鐵，急躁冒進，大躍進的狂熱讓中華大地赤地千里易子相食，強徵硬購讓九百六十萬平方公里的原野上餓殍滿地哀鴻遍野，饑餓的災民們叫天天不應呼地地不靈，就連到外面討要一口飯也要被民兵拉回吃盡了草根的茅舍之中，以致我三千八百多萬中華同胞被活活餓死在期盼與無奈之中。大中先生和可心女士，你們的家鄉河南和我們甘肅在大躍進時口號喊得最為響亮，所以是比較嚴重的重災區，很多人家死得絕了戶，吃人肉的事更是司空見慣。像甘肅省通渭縣，不僅很多人家絕了戶，還有絕了村的，一個三四百戶的村莊僅剩下不多的幾戶人家比比皆是。最可悲的是封建社會發生災荒時還有朝廷和大戶賑救災民，可是那個年代只要看到誰家的煙筒裡有炊煙冒出，立刻會被幹部登門入戶進行搜查，挖地三尺也不能讓百姓家裡有一顆糧食。所以說，扣飯罰食也就成了那個年代最為有效的懲罰手段。多虧後來劉少奇被推到了前台實行「三自一包」等相對比較寬鬆的政策，才使人們的肚子裡慢慢有了點麵食。我們這一代人是經過那個年代的，所以我非常理解你們媽媽王佩英認為劉少奇是對的，毛澤東應該引咎辭職，「毛主席應該退出歷史舞台，不然他以後沒有退路」、「領導共產黨變質的就是毛澤東，赫魯雪夫說得對」。

而當其後你們媽媽看到毛澤東不但不認識自己的錯誤和罪行，反倒嫁禍於人倒打一耙，打倒為民請命說了實話的彭德懷，繼而為了鞏固他個人的權力，不惜煽動不諳世事的青少年去毀壞整個國家時，她以一個真正有膽識有良心的中國人說出「陳獨秀是好人，應該永遠紀念他」、「彭德懷、劉少奇都是我黨的優秀領導」、「敬愛的周總理，千辛萬苦作外交，一心一意為人民」。並喊出了振聾發聵的驚天口號「劉少奇萬歲，打倒毛澤東」。這在當時是要有多麼大的勇氣，因為那個年代人們瘋狂了，幾億人被毛澤東玩於股掌之中，統統成了毛澤東和四人幫的幫兇，就是有誰看清了這些法西斯的本質，有誰會去敢冒天下之大不韙呢？

你們的媽媽是偉大的，她在全民瘋狂的年代，清醒地說出了被歷史證明千真萬確的真理。您們的媽媽是勇敢的，她的呼喊讓虛弱的封建專制者暴跳如雷、渾身發抖。她被捆綁、毒打，戴上牲口嚼子押往北京市各城區遊鬥，她的嘴裡被造反派塞進沙石，下頜生掰脫臼。那些人面畜生當然不會顧及王佩英是七個孩子的母親，他們根本不會想到孩子們還在等待他們唯一的母親能夠回到家中給他們帶來一點溫暖。

你們的媽媽被殺害已將近半個世紀了，自改革開放以來國家確實有了明顯的進步，說句實在話，現在最窮的人也比那個連養一隻羊也要被定為走資本主義道路年代的人過得好，因為他們起碼可以憑自己的勞動吃飽肚子了。可那些跟著毛澤東造反、殺人的造反派有幾個真正認識到了他們給國家和無數家庭造成的災難？毛澤東時代的既得利益者和一些沒有經過那個年代的年輕人抓住因政治體制改革滯後出現的種種問題，借屍還魂還想再讓當年的紅色恐怖在中國大地重演；而現實的既得利益者，為了保住自己的既得利益，也想讓人們忘記過去的苦難，這兩股勢力忽開忽合、撲朔迷離，讓人們有了更多的心驚膽戰。

文化大革命給我們的反思太多了，中國人民解放軍本是國家的長城、是保護人民的，可在那個年代判決王佩英的卻是「中國人民解放軍北京市公法軍事管制委員會」。毛澤東和「四人幫」就是利用軍隊翻手為雲覆手為雨的，不然在一個有憲法的國家，他們連國家主席都可以置於死地而後快。在那個年代國家的各種機器被法西斯所利用，黑白顛倒，魚目混珠，明明民不聊生，我們的報紙卻天天吹噓形勢一片大好；明明是「四人幫」之流奸人當道，人民解放軍卻要誓死捍衛所謂的無產階級專政。所以說，在那樣一種體制下人們只能在希望和失望中盼望明君的出現。當年毛澤東發動一次次的整人運動和今天的貧富越來越懸殊及腐敗氾濫，充分說明沒有一個弱勢群體對強權制衡的政治機制，中國的發展很有可能導致封建法西斯主義。能不能有一天，國家的機器就是保護人民的，人們可以自由思想、自由發表自己的各種主張，去制衡強勢的統治者，而不被權勢者隨意生殺予奪呢？我想會有這麼一天的，那就是未來的民主和自由。中國走上民主自由的康莊大道後，不僅權勢者怕人民，人民本身則會煥發出百倍千倍的聰敏和才智去爭取平等公正和富裕自由，而且台灣回歸人民安康自然就成了順理成章的事情了。

今天的話就說到此吧，文化大革命整死了兩千萬無辜，它給國家和人民帶來的災難是永遠也說不完的。

順問近安！並祝您們全家幸福！並代問劉少奇主席的女兒劉婷婷好！

友：趙旭

二〇一〇年十二月十六日

為搶救人命而被殺害的「甘肅第一把刀」外科醫生李樹華

李樹華

李樹華一九一七年出生在一個中農家庭，河北省正定縣人。其父李遇春，原名為李梅亭，開著一個織布小廠維持生計，屬小手工業者。李樹華一九三一年在河北省正定縣首善小學畢業，而後在河北省正定縣第七中學學習，於一九三七年高中畢業。當時盧溝橋事變爆發，國難當頭，李樹華熱血沸騰再也坐不住了，他約同鄉同學劉英奇從家鄉跑出去參軍，準備用自己的生命去保衛自己的國家。他們從河北省正定縣乘車到達江蘇南京，正趕上軍醫學校招生就毅然報名。接著他與這批軍醫學校二十九期的同學一起轉移學習於廣州、桂林大圩、南昌、長沙、湖北沙市彌陀寺。在彌陀寺學生由軍醫學校、軍需學校、海軍學校組成，按軍隊編制，連長王夢卜、排長楊子余，李樹華擔任班長。他們這些學生除了學習醫學業務知識以外，還參加抗日救亡宣傳的演戲，李樹華演過街頭戲捉漢奸。一九三九年，他在班上集體參加了國民黨。因在抗戰期間，他們一邊學習，一邊實際參加治療，在學校期間就有了一定實際治療病人的經驗。後來李樹華他們又流動到貴州省安順軍醫學校繼續學習，直至一九四二年二月畢業。畢業時他們全班僅剩十六個同學，這些同學有河北人鮑啟坤，北京陸軍總院內科消化系大夫；河北省正定縣人李英奇，河北省石家莊河北醫學院第一附屬醫院眼科大夫；河北省劉奇聲；山東人李玉純，上海軍醫大學附屬同仁醫院眼科大夫；河南人張樹遠，無錫天堂醫療所大夫；河南人韓冠瀛，北京永外醫院大夫；山西人梁萬年，廣州藥品檢驗所大夫；北京人祝昭儀，在國外從醫；江蘇的儲銘善、徐福坤、史永龍、劉青彰；還有江蘇人李琛，上海黃浦區醫院外科大夫等等。

一九四二年李樹華畢業後被分配到湖南祁陽西南幹訓班任上尉軍醫，後到浙江升為少校軍醫。一九四三年元月李樹華被調到浙江碧湖三十二集團軍司令部檢診所任少校軍醫，代理診所主任，後升為中校軍醫。一九四四年四月，李樹華調到桂林繼續從事軍醫工作。這段時間李樹華主要從事軍事醫療工作，用自己高超的醫療技術為國家的抗戰事業做出了自己應有的貢獻。一九四五年三月，李樹華經同學祝鴻儀（西北療養院院長）介紹來蘭州進入西北療養院（這是一所基督教安息福利日會的教會醫院）任大夫，一九四八年祝鴻儀去美國後李樹華任西北療養院代理院長、院長。

中華人民共和國成立後，西北療養院與甘肅省多個醫院合併為甘肅省綜合醫院，後改名為甘肅省人民醫院，李樹華任主治醫生、外科主任、甘肅省人民醫院副院長等職。並被選為甘肅省第二屆政協委員。由於他業務精湛，被群眾稱為「甘肅第一把刀」。一九六〇年榮獲甘肅省人民醫院「政治理論標兵」。

然而甘肅當時的醫療條件太差，很多情況下李樹華是將危重病人死馬當活馬醫，風險太大，所以他在一九六〇年至一九六五年期間曾發生過一例技術性醫療事故及一些醫療差錯，文化大革命中，卻因此被定為「披著醫生外衣殘殺工人、貧下中農、共產黨員，進行反革命報復」的反革命殺人犯，於一九七〇年三月正式逮捕，在「四人幫」甘肅的代理人冼恒漢指示下，蘭州市公安機關軍事管制委員會以「反革命殺人罪」將李樹華於一九七〇年四月二十八日處死，享年五十四歲。李樹華被冤殺後，這個駭人聽聞的慘案連帶他的子女們成了反革命殺人犯的狗崽子，上學、招工、參軍、入團、入黨都政審不合格。其妻陳冬芬溫州人，家在上海，原為甘肅省人民醫院外科護士長、護理副主任，一九七一年五月被下放到甘肅省平涼地區華亭縣下關衛生院，他的親屬自此都不敢公開與其家人接觸，他的所有親屬及家人在那恐怖的年月都受盡了歧視與迫害。

文化大革命結束後，經過甘肅省衛生局、甘肅省人民醫院復查，由甘肅省醫療事故鑑定委員會鑑定原判認定的所謂「四人手術致死，二人手術致成不良嚴重後果」結論錯誤，鑑定結果是：除一例心包部分切除術屬技術性醫療事故外，其餘五例都不屬醫療事故，且患者大都是病情嚴重，李樹華積極手術治療，搶救人命的行為是正確的。鑑定認為患心肌炎的張玉香病情危急，在剝離心包手術中患者發生死亡，責任不應當由李樹華承擔。蘭州市中級人民法院根據甘肅省醫療事故鑑定委員會的鑑定，認為對李樹華按反革命殺人罪處刑是錯判，撤銷一九七〇年四月二十日蘭州市公安機關軍事管制委員會的刑事判決書，一九八〇年四月宣告李樹華無罪，給與平反昭雪。一九八〇年四月二十八日《中共甘肅省人民醫院委員會關於李樹華同志問題的平反昭雪決定的報告》中說道：「李樹華同志刻苦鑽研業務技術，積極開展技術革新和科研活動；在醫療工作中以身作則，對病人態度親切，視病人如親人，經常受到病人的表揚。對工作勤勤懇懇，踏實認真，大膽果斷，勇於負責，團結同志，待人誠懇，曾於一九五九年光榮地出席了甘肅省衛生廳第一屆先進生產者代表大會。李樹華同志以自己的醫療技術和辛勤勞動，治好了數以千計的傷病員，挽救了很多革命同志的生命，為人民做了大量有益的工作。」並於同日在甘肅醫療系統給李樹華開了追悼會。

有感《煦園春秋——水梓和他的家世》

翻開《煦園春秋》，我被一個長髯飄逸、目光如炬的老者所吸引，他神態自若，端坐窗下，手裡拿著一本書，看著我和我的家人。往事如煙，百感交集，他那慈祥的面容，讓我忽然想起多年前曾在外祖父鄧春膏的相夾裡見過的水梓先生。

水家和我們趙家以及母親鄧家，是多年的世交關係了。據我的祖父趙吉堂告訴我，他當年在甘肅法政專門學校讀書時，曾聆聽過水梓先生法律方面的課程。而外祖父兄弟兩人留學美國以前也曾受教於水梓先生。水梓先生還與母親的祖父鄧宗在甘肅文高等學堂是同窗好友，他還是我的姑奶奶鄧春蘭和早期共產黨員蔡曉舟的媒人。另外，鄧宗當年在北平京師大學堂參加孫中山的同盟會也與水梓一起積極活動。民國元年，水梓、鄧宗、王之佐和慕少堂等人，在甘肅法政學堂集會，不顧保皇勢力迎合帝制的阻撓，冒死促請陝甘總督長庚通電宣佈擁護共和，成為一時佳話。

光陰荏苒，時勢變遷，水鄧兩家同為甘肅乃至蘭州的教育世家，籌學堂，建學校，相攜共進，通過幾十年的努力為甘肅的進步和教育事業做出了卓越的貢獻。記得外祖父鄧春膏曾說，他當年任甘肅學院（蘭州大學前身）院長時，就曾經得到水梓先生的教誨與幫助。然而，一九五七年的夏天，水鄧兩家成了反右重災區，水梓先生和外祖父鄧春膏都被劃為右派分子，水梓的兒子北京外國語學院教授、翻譯家水天同、女兒水天長和其弟甘肅理工大學的奠基人水楠也都被打成了右派分子，鄧家及其親屬更是多人被打成右派分子，從此，雖然兩家同在蘭州，然而天各一方，兩家人再也不敢互相來往了。

可是，沒有想到由於我自一九八五年起瞭解夾邊溝的事情，在寫《夾邊溝慘案訪談錄》的過程中，人們告訴我，西北師範大學的水天長老師也是從夾邊溝出來的，於是我又到了西北師大採訪了水天長老師。水天長老師是我母親和三姨娘蘭州師範時的同學，我到她們家裡，一下就感到了別處從來沒有過的熱情。當時蘭州雖然有很多夾邊溝的倖存者，可是他們還不敢公開談論夾邊溝的事情，也不願回憶那段血淚的往事。水天長老師告訴我她去的是丁家壩農場，而不是夾邊溝農場，可她鼓勵我一定要把這段可怕的歷史寫出來，教育後人，讓歷史再也不要重演。我在那段時間，正遇到上面極力限制、下面無人理解的困難採訪境地，聽到她這些溫暖的話語，我的眼睛濕潤了，不知是由於兩家往日的情誼，還是我們共同的遭遇，總之，我從她的家裡出來後，更加堅定了我寫作這段歷史的責任和信念。

上個世紀五十年代的反右運動，是中國歷史上知識分子空前絕後的一次大災難。「言者無罪，聞者足戒。」多麼好聽的話語，多麼誘人的鼓動，以天下為己任的知識分子，怎能抵住這麼大的誘惑，他們慷慨陳辭、指點江山，恨不得一夜之間讓國家富強、人民幸福，讓自由民主的花兒開遍祖國的山山水水。然而，他們太天真了，他們不知道一張大網早已拉了開來。「引蛇出洞」的陽謀讓水梓及其他的子女多人被打成了右派分子，這和我們家竟然如此相同。

母親，這個滲透到我們血脈裡的字眼，不是用簡單的語言就可以形容她的偉大，她平時默默為自己的孩子洗衣做飯，而當孩子們在危難的時候，她的身上就會爆發出常人從來沒有過的能量和光輝。水天長老師在她《記憶中的母親》中詳細介紹了自己母親的偉大，雖然語言平實沒有任何渲染，可是字裡行間流露出她對其母親的真摯的感情。她寫道：「……我常常想，當我身陷逆境的日子裡，一如既往地關愛、牽念我的人也只有我的父親、母親和兄弟妹妹了。特別是我的母親，她以極其深厚的母愛、大無畏的精神，不顧自身安危，隻身兩上酒泉，想以她微薄之力援救她危難中的女兒。每當我想起這段難以忘記的經歷時，總是抑制不住自己感恩的淚水。」在那個人人自危的年代裡，階級鬥爭劃出了人與人之間的距離，就是夫妻之間也不敢有共同的語言。那時候，一個家裡的人到了一起也不能說個真心話，戴了帽子的人死後，家裡人都不敢大聲痛哭。雖然，水天長老師那時才是一個二十多歲的女人，可她是戴了帽子的右派分子，右派分子是被打入另冊的階級敵人，而當時改造流放這些右派分子的勞教農場光酒泉地區就有十一個，有誰還把一個右派分子的命當命呢？冰冷的世界裡，右派分子這個巨石壓得她抬不起頭來，沒有人理她，沒有人問她，她踽踽獨行，忍受著精神上的摧殘和每天二兩麵糊糊的饑餓，此時她像一根無助的小草，多麼希望能夠看到一個笑臉和得到微薄的一點幫助。就在這個時候，是她的母親冒著生命危險挺身而出，隻身一人兩次去了酒泉，她不顧天氣的嚴寒和饑荒造成的河西走廊的恐怖，給女兒送去了一點吃食，更重要的是她把偉大的母愛帶給了絕望中的孩子，是她把一個骨瘦如柴的女兒從生命的盡頭拉回到了這個世界上。

《大鳴大放和反右派運動》篇章裡，我又重讀了水梓先生在被邀請座談會上的發言，它讓我想起曾在書攤上見過的一本右派言論集，那裡所搜集的右派言論都是一些知識分子發自肺腑的一些話語，這是作為甘肅當時右派言論的反面教材，其中就有水梓先生關於中國法制建設的很多設想和建議的發言。那個年代，統治者的目的就是為了誘虎下山、揪出反黨反社會主義的右派分子，而讓這些人暢所欲言的，可是今天看來，假若當年統治者聽了這些右派言論，還會有其後的大躍進和大饑荒嗎？國家和人民還會有像文化大革命這樣的大災難嗎？無怪乎，有人想收集當年右派的言論，來申請世界諾貝爾獎給那些當年的右派分子呢。

文化大革命時北京紅衛兵到蘭州來，首先抄的就是外祖父的家。那天大約晚上十二點左右，紅衛兵們開著大卡車來到外祖父家的門外，他們從牆上翻過來，各負其責把住每一個房門和路口。然後，砸開屋門，把外祖父和外祖母從房里拉出來，用鋼鞭沒頭沒臉地向他們抽去，當這些革命小將從搜出的相夾裡發現外祖父與楊虎城將軍的合影，以及外祖父他們這些當年參加五四運動、燒了趙家樓被放出來的北大學生的照片後，才算是只搶了東西而沒有繼續抽打兩位老人。但是，外祖父最後還是早早地被文化大革命奪去了性命。所以，當我看到水天中寫的《我的妹妹》時，眼裡流著淚水，我是用心去讀那段用血寫成的歷史。甘肅省臨洮縣在文化大革命時是「左」中之「左」，當年甘肅的紅海洋、「忠」字台就是從這裡開始的，記得那時我們坐車到臨洮縣參觀，沿途每個樹上綁得都是劉少奇、鄧小平和王光美的泥塑像。就是在這裡，身為人民教師的水天光被迫害致死了。當我看到水天光那年輕的照片，看到《關於水天光死亡事件的複查報告》，我憤怒了！一個人竟能一手遮天，煽起人與人之間的仇恨，讓一個無辜的生靈被批鬥、打罵與造謠污蔑最後推向死亡。此時，我想到了一九七八年十二月十三日，葉劍英在中央工作會議上的宣佈：文革死了二千萬人，整了一億人，占全國人口的九分之一。《我的妹妹》中寫道「我一直在想，是什麼把妹妹的命運推向悲劇的終點。直到閱讀漢娜·阿倫特的著作時，原先籠罩著陰暗迷霧的一切，才開始變得明晰起來。這位現代思想史上最勇敢的女性思想家在研究極權主義的本質時，注意到了極權主義統治與恐怖的關係。……妹妹的死是二十世紀六十至七十年代中國社會運行的某種必然，是意識形態和文化、心理索套穿插、編織而成的一個死結。而她對獨立自由人格的堅守和她的勇氣，註定了她成為被『清除』、被『犧牲』的個體。」

《煦園春秋》是從水梓子女們的記憶中搜尋的殘片，它不僅讓我們看到了二十世紀一個知識分子家庭的變遷，更重要的是書中折射出了中國現當代中華民族的不屈不撓與痛苦悲哀，但強權的偉人只能瘋狂一時，他卻改變不了人民的信仰與中華文化的積澱，煦園已去，可春秋永存，水梓的教育思想和他法制民主的理念，將作為我們的啟示和燭照，激勵我們頑強而執著地求索前進！

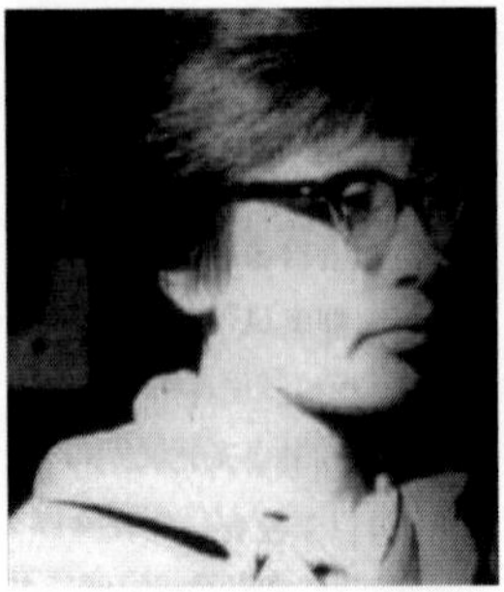

1974年的水天光

街頭賣藝的下崗教師陳平福

街頭賣藝的下崗教師陳平福

我是在甘肅省蘭州市中級法院於二〇一二年九月四日開庭以煽動顛覆國家政權案審理了下崗教師陳平福後，於九月十日教師節同蘭州大學副教授鄒世敏老師一同，在蘭州市安寧區棗林路二八四號豐寧德尚小區二號樓三B—二〇二室看望了這個在街頭長期賣藝的數學教師的。

去後與其相聊才知陳平福是甘肅省平涼市崆峒區四十裡鋪鄉人。陳平福出生於一九五七年三月一日，小學、初中他是在村中念的書，高中在平涼市三中學習。那個時候小學五年、初中二年、高中二年，雖然他在念書時經常幫家裡幹農活，在生產隊裡勞動，但一九七八年二十一歲的他還是以優異的成績考入了西北師範大學數學專業秋季班。當時給他們上過課的有丁傳松等老師。

一九八二年畢業後，陳平福先是被分配到了平涼師範學校任數學教師，這是一個中等專業學校。由於他的妻子宋濤在平涼首鋼勝利機械廠職工醫院當大夫，一九八四年他調入勝利機械廠教育培訓中心電大工作站。在這裡他任高等數學、大學物理、理論力學、材料力學、自動控制原理等課程的教學和答疑教師。

二〇〇〇年，首鋼勝利機械廠搬遷到了甘肅省皋蘭縣，他也隨廠到了皋蘭縣繼續在電大工作站工作，同時兼任首鋼勝利機械廠技工學校教師，任數學、物理、理論力學、材料力學、電工基礎等課程。由於學校規模小，教師少，所以他任課一直比較雜亂。

二〇〇五年這是陳平福人生發生轉折的一年。五月一日剛過，陳平福突發急性心肌梗塞，被送進了醫院。這時他一個月的工資只有三百元，得了心臟病沒有醫保，住進醫院一個星期就花了五千多元，還沒有正式治病。當時他的父親還在世，他的小妹從平涼家鄉過來到醫院專門看他。家裡的積蓄整個兒花完了，可他還躺在病房裡等待治療。他妻子問甘肅省人民醫院，醫院說需七萬元才可搭心臟支架。於是他們到蘭州大學第一附屬醫院去打聽，這個醫院告訴他們用五萬元就可治療搭心臟支架。家裡一商量，他們就四處借錢給他準備治病，一個月後終於在蘭州大學第一附屬醫院給他心臟搭了支架，並且手術取得了成功。

治病的時候全家人想的是救他的命，可是命救了後他們在親戚朋友處卻欠了一屁股的債。怎麼還？如何面對今後的生活？陳平福憑低微的工資他是一輩子也還不清債的，於是他在二〇〇五年秋天開始在蘭州市街頭賣藝。二〇〇六年他上班後，一邊上班，一邊利用雙休日在蘭州市大街小巷拉小提琴乞討。現在看來是這場突如其來的大病將他逼上了街頭的。

陳平福告訴我，蘭州市民心地善良，他每日都或多或少能要一些錢。但是，城管、保安、警察會抓他，會打罵他，這樣他只能經常換地方。

二〇〇六年七月一日建黨節那天，他剛在蘭州市酒泉路悅賓樓跟前將小提琴拿出拉了一個曲子，突然幾個便衣警察走了過來。警察說：「你跟我們走吧，我們想瞭解一些情況。」可他跟警察剛進了一個小巷，警察突然變了臉，將他摁倒在地。接著將他連推帶搡往蘭州市公安局流管辦（流浪乞討人員管制辦公室）那面推，這個流管辦在蘭州市公安局的後面平房裡。進了這裡的平房，套間裡面的人員正在看電視的看電視，打撲克的打撲克，警察拉他站在外間的地中間，讓一個小孩看著他。他瞅機會跑，可他的舉動被警察發現了，他被抓回來後遭到一頓毒打。人們對他又是罵又是打。恐嚇、侮辱、打罵、罰站，警察們完全兇相畢露了，他感到在這裡從來沒有過的恐怖。

這次被抓放出來後，他歇了幾天，但欠的債他必須要還，於是他又重新從家裡走了出去，這次他換了個地方。還是三天兩頭不是被城管抓住，就是被警察打罵。可天無絕人之路，沒想到他的境況被甘肅衛視和《西部商報》的記者採訪到了，甘肅衛視和《西部商報》將他的情況以「陳平福訪談錄」的形式報導後，引起了社會的強烈關注，也引起了更多的蘭州市民對他的同情，這樣他就可以掙點錢了。北京一個老總聽到他的消息後給他捐了五千元，北京一個退休幹部王寶忠也給他捐了三千元，但他們都不留名，王寶忠還是他以後才打聽到的。

二〇〇八年底，此時陳平福已是五十一歲的人了，由於企業破產重組，學校招不了生，他被一次性以六萬元買斷從此沒了工作，但他還清了五萬元的欠款。也就是在這一年，劉曉波的《零八憲章》出籠後他簽了名，這樣使他的處境更如雪上加霜艱難了。

沒了工作四處賣藝乞討的他，在二〇一一年正月十五日在雲南省蒙自縣一個私立學校好不容易找了個教師工作，這是他們原首鋼勝利機械廠技工學校的一個教師辦的私立中學，他在這裡被聘任為初中數學、物理、化學教師。當他重新拿上粉筆的那一刻，他百感交集，是那樣的興奮，他終於又可以走上講台為孩子們講課了。重新走上講台的那天晚上他興奮的一晚上沒有睡著覺。可是，去

左起作者趙旭、陳平福、鄒世敏

上課不到一個星期，一天他突然接到原首鋼勝利機械廠勞人處段文清來的電話，問他在哪裡？他也沒多想就將雲南省蒙自縣私立學校的地址告訴了段文清。原來段文清是甘肅省皋蘭縣公安局讓其打聽的，皋蘭縣公安局得知他的下落後，馬上與雲南省公安系統聯繫後很快就通知這個私立學校不許陳平福代課。

這意味著陳平福已不能當代課教師了，他只能到大街上去賣藝，而大街上到處都有城管、警察，他太怕這些人了！只要在大街上見到這些人他就會渾身哆嗦。徹底絕望的他將多年來自己所受的屈辱、打罵和悲憤寫成文章發到了網上。他說：「我要打工吃飯，這幫畜生砸了我的飯碗，我連代課掙點糊口錢他們都不允許。他們警告我一次，我就到網上去寫，把人逼得真是沒法活了，我也不想活了。」沒想到他在網上的言論讓有關人員盯上了，並且多次警告他不許再寫。並且皋蘭縣公安局自二〇一二年三月開始對他在網上發表的文章調查取證。

二〇一二年五月，皋蘭縣公安局便衣警察將他從家裡帶走，可萬萬沒想到走到半路他就心慌胸悶。那天天氣寒冷，他穿的衣裳單薄，不知是疼還是冷，總之他直打著哆嗦。臉色發白的陳平福對抓他的警察說：「我的心臟病犯了。」警察一看不好趕快將他就近送到蘭州市安寧區蘭空醫院做了心電圖，醫生檢查完後對警察說：「這個人必須立即住院治療。」警察說：「不讓你寫，你不聽話，這下好吧。」他說：「我說的都是實話。」警察說：「實話就能胡寫嗎？」警察於是又將他送回了家，並且將他交給了他的老婆和兒子。

警察在他的房間裡轉來轉去，臨走又要拿走他家裡的電腦。他的兒子說：「電腦是我的，你們不能拿走。」

他則對那些警察說：「乾脆你們把我弄死算了，我的兒子還要上網，這電腦你們不能拿走。」

二〇一二年八月，蘭州市檢察院對他進行了公訴，蘭州市中級人民法院九月四日對他的案子進行了開庭審理。

甘肅省皋蘭縣蘭州市人民檢察院起訴書

蘭檢公訴一訴【二〇一二】一二〇號

被告人陳平福，男，漢族，出生於一九五七年三月一日，身分證號碼：六二二七二五一九五七〇三〇一一一四一五，大學文化程度，戶籍所在地：皋蘭縣石洞鎮新興路三〇一號一〇一，住蘭州市安寧區棗林路二八四號豐寧德尚小區二號樓三B－二〇二室。二〇一二年六月二十七日因涉嫌煽動顛覆國家政權罪，經皋蘭縣公安局決定對其監視居住。

本案經皋蘭縣公安局偵查終結，由皋蘭縣人民檢察院報送本院審查起訴。經依法審查查明：二〇〇七年七月至二〇一二年三月，被告人陳平福先後在網易、百度、搜狐、時光網、新浪、天涯等網站註冊名為陳平福的博客或微博，發表、轉載了標題為《這是一場心靈歸宿的正邪大戰》、《黃鼠狼為雞服務》、《對抗野蠻，追求文明》、《搶劫？執法？》、《依法治國豈能只顧捆綁普通百姓》、《不屈的靈魂永遠無法被征服！》、《向埃及人民學習，我們不想再忍受花言巧語的愚弄》、《我無法默默地忍受屈辱》、《社會主義挺著，艱難的日子忍著，戴著鐐銬的舞跳著》、《不當奴化教育的幫兇》、《推翻獨裁者的號角已經吹響》、《一切黨派退出學校》、《專制刀下的鬼—送給王立軍》、《不要忽悠我，地球人都知道》、《活著的人，醒來吧！》、《偉大領袖出現在哪裡，那裡的人民必定遭殃！》、《用明亮的燈光照亮現實，用迷人的琴聲感動社會》、《企圖阻擋民主潮流，就是抗拒上帝的旨意》、《專制制度以官權為中心，民主制度以民權為中心》、《中國特色—領導創造思想》、《政府不許非法謀生，突尼西亞人將阿里趕下台》、《真理具有力量，真話具有能量》、《抗拒民主和法制，全民族都是輸家》、《十天內從大西北到大西南打工掙錢，又被迫返回原地，一場噩夢》、《人類對自由與尊嚴的追求正在達成共識》、《憤怒抗議有關部門剝奪我打工掙錢謀生的權利！》、《我被逼無奈，只好接著走這追求自由和尊嚴的不歸之路》、《要自由、要尊嚴，我要像正常人一樣生活》、《真的好可怕啊，權力這個老虎》、《我在自己的祖國被自己的僕人欺負》、《被禁錮思想的國家是沒有希望的》、《有這樣的一個政治制度》、《我們這個年代最大的敵人》等三十四篇文章，表達了馬列主義、毛澤東思想、鄧小平理論、三個代表和科學發展觀對社會和人民沒有任何好處。共產黨執政只知道欺壓百姓，不讓百姓謀生；現行制度不夠民主，應該實行民主憲政等煽動性的觀點。

認定上述犯罪事實有：書證、物證、被告人供述等證據予以證實。

本院認為，被告人陳平福無視國法，在互聯網上針對不特定的線民散佈攻擊黨和政府的言論，詆毀、誣衊國家政權與社會主義制度，其行為觸犯了《中華人民共和國刑法》第一百零五條第二款之規定，犯罪事實清楚，證據確實、充分，應當以煽動顛覆國家政權罪追究其刑事責任。依照《中華人民共和國刑事訴訟法》第一百四十一條之規定，特提起訴訟，請依法判處。

此致

甘肅省蘭州市中級人民法院

代理檢察員：王海龍

二零一二年八月二日

附：證據目錄及主要證據複印件

甘肅榮慶律師事務所何輝新律師為陳平福當庭做了無罪辯護。何輝新律師認為，首先中國《憲法》第三十五條規定公民「有言論、出版、集會、結社、遊行、示威的自由」。陳平福在互聯網發表文章，有的是根據自己的遭遇撰寫的，有的是轉載的，其目的不過是為了表達「對現狀不滿，發洩心中的不快」，沒有「造謠、誹謗」的內容，是在履行《憲法》賦予一個公民對政府的監督權，如

陳平福和何輝新律師

何能被視為「煽動顛覆國家政權、推翻社會主義制度」？其次，政府不等於國家，公民批評政府工作人員、乃至批評政府，不等於要顛覆國家政權。

其後，廣大線民在國內外網站為陳平福鳴冤呼救，包正忠、馬勒戈壁、蘭州板磚二世等人並帶去廣大線民捐款一萬四千八百元。知名學者艾曉明和研究員王書瑤等人在網上發起「支持陳平福，反對文字獄」，截止二〇一二年十月十四日簽名者已達一千一百五十六人。王書瑤並以七十六歲高齡專程來蘭州看望了陳平福，並當面對陳平福表示慰問和支援，同時與蘭州政法系統有關部門直接溝通。我和蘭州大學副教授鄒世敏懷著氣憤的心情在六天之後教師節看望了灰白色頭髮的陳平福老師。

二〇一二年十二月十四日十一時三十分甘肅省蘭州市中級人民法院開庭，我與鄒世敏老師早上十點就候在法院門口等候消息，直到十一時四十分才等來結果，全場歡呼，並在門前合影。

二〇一三年四月十六日，下崗教師陳平福被安排到皋蘭縣朱家井學校開始上班。

附件：

甘肅省蘭州市中級人民法院　　刑事裁定書

【二〇一二】蘭法刑一初字第一六〇號

公訴機關甘肅省蘭州市人民檢察院。

被告人陳平福，男，漢族，生於一九五七年三月一日，身分證號碼六二二七二五一九五七〇三〇一一四一五，大學文化，戶籍所在地：甘肅省皋蘭縣石洞鎮新興路三〇一號一〇一，無業，住蘭州市安寧區東林路二八四號豐寧德尚小區二號樓三B－二〇二室。二〇一二年六月二十七日因涉嫌犯煽動顛覆國家政權罪被蘭州市皋蘭縣公安局依法監視居住。

辯護人何輝新，甘肅榮慶律師事務所律師。

甘肅省蘭州市人民檢察院指控被告人陳平福犯煽動顛覆國家政權罪，於二〇一二年八月十四日以蘭檢公訴一訴【二〇一二】一二〇號起訴書向本院提起公訴。本院受理後，依法組成合議庭，於九月四日公開開庭進行了審理。在審理過程中，因法定事由在審限內無法審結，遂報請延長審理期限。甘肅省高級人民法院於二〇一二年九月二十七日批准延長審理期限1個月。後公訴機關分別於二〇一二年十月二十四日、十一月二十二日提出延期審理。二〇一二年十二月十三日甘肅省蘭州市人民檢察院以蘭檢公訴一撤訴【二〇一二】三號撤回起訴決定書，決定撤回對被告人陳平福煽動顛覆國家政權一案的起訴。

本院認為，甘肅省蘭州市人民檢察院撤回起訴的決定符合法律規定。依照《最高人民法院關於執行〈中華人民共和國刑事訴訟法〉若干問題的解釋》第一百七十七條之規定，裁定如下：

准許甘肅省蘭州市人民檢察院撤回起訴。

審判長　高發奮
審判員　張　林
代理審判員　邴健鋒
二〇一二年十二月十四日
書記員　劉曉春
蓋章：甘肅省蘭州市中級人民法院

附錄篇

水天長

附錄一

我的右派苦難經歷（節選）水天長

水天長，西北師範大學教授。
原西北師範大學歷史系主任，甘肅省文史館副館長。

光陰飛逝，人生苦短，轉瞬間昔日少年稚氣的我已步入兩鬢染霜的古稀之年，臉上的皺紋記載著我的年輪，也記載著我所經歷過的歡樂和溫馨，坎坷和艱辛。心理學家們說：「當一個人不斷回憶陳年往事時，是這個人已步入老年最明顯的心理特徵。」這話講得不錯，近些年來我的思緒活動中對童年及青少年時代的回憶，對已故親人的思念可以說是與日俱增，午夜夢魂牽繞中反覆出現的常常是童年時代的景色，夢中的煦園依然綠樹成蔭，繁花似錦；夢中的父母親都還不太年老，音容笑貌栩栩如生；夢中的兄弟妹妹個個風華年少，活潑健康……午夜夢迴，這一切都早已成為陳年往事，近三十年間父親、母親、天光妹妹、天同大哥，天明二哥都相繼永遠地離我而去，留給我們的只能是無盡的思念和哀痛……。

我們小時候生活在煦園，就近在蘭州師範附小、蘭州一中、蘭州女中上學，但我們的家庭教育則是我們所受教育中最為重要的一環，它在相當大的程度上影響到我們一生的興趣愛好，甚至以後上大學專業的選擇。

……

一九五六年夏天，二十歲出頭的我從校址在蘭州市安寧區十裡店的西北師範學院（今西北師範大學）歷史系畢業，由於我的學業成績優秀，受到我的老師古文字學家、系主任金少英教授及五十年代初從英國歸國的世界史專家薩師炯教授等人的器重，經他們的極力推薦，把我留在歷史系給年事已高的世界古代史專業的許重遠教授擔任助教。系上準備送我去東北師大讀完研究生後，在歷史系開設世界古代史及相關課程。許重遠教授是河北唐山人，早年去英、美留學，足跡遍及歐美各國，三十年代父親擔任甘肅省教育廳廳長時，他也是河北省教育廳廳長，對父親早有所聞，十分敬重。所以系上留我給他作助教，他十分高興，對我的學習外語，專業進修抓得很緊，那時我對自己的前途充滿了美好的憧憬。

但時間不長就風雲突變，一九五七年春夏之交那場「引蛇出洞」的「陽謀」運動中，我的家庭遭受到前所未有的滅頂之災。「鳴放」時期先是一向心懷坦蕩，談笑風生，當時擔任著省民革副主委、省政協常委的父親在中共甘肅省委召開的「政法座談會」上，以一個科班出身的法律專家的遠見卓識（民國元年父親畢業於京師法政學堂政治經濟本科，民國時期曾參與「制憲」工作）。強調國家應加強各類法律條文的制定嚴格進行法治建設，父親還對當時「人事制度」的種種弊端提出了一些正確的批評意見。為此，甘肅省當局在「反右派運動」開始不久就劃父親為甘肅省最大的「右派」。緊接著早年畢業於清華大學後又在美國哈佛大學研究英國文學，歸國後在山東大學等名校任教，五十年代後在北京外國語學院任教授的大哥水天同（他當時還擔任北京市海澱區人民代表）也因言致罪，被劃為右派。

隨著「反右」運動的戰果不斷擴大，在師大歷史系的一次全體會議上，主持會議的人拿出了一張《甘肅日報》為已被劃為「右派」的父親出的專刊讓我看，命令我當場表態和父親及家庭劃清界線，我拿起報紙一看滿篇都是無中生有，污蔑不實之詞，最可惡的是報上還有幾幅甘肅日報社美術編輯醜化父親的拙劣漫畫，我看後怒火中燒，在會場中把這張《甘肅日報》撕為兩半扔到地下。這可不得了，一下引起了群情譁然，主持會議的人當時就宣佈：「水天長不願和反動父親劃清界限就劃她為右派！」在座的教職工紛紛表態支持，唯有金少英、薩師炯、許重遠等教授坐在會場一隅，默默不語……。

可能是學校的「反右運動領導委員會」還嫌把我劃成右派「罪證」不夠，又命令歷史系的積極分子們挖掘我的「黑材料」，果然不久一頂「車轟反黨集團的女幹將」的帽子又加到了我的頭上。緊接著校園中出現了不少我的大、小字報，主要是攻擊我和「反動」父親劃不清界限，也有的內容說我是歷史系走「白專」道路的黑尖子，本不該留系任教……，矛頭直指金少英、薩師炯等教授和系領導，一頂「右派分子」的帽子牢牢地落在了我的頭上。事隔多年以後我也才悟出，「反右」時各單位的「右派」上面都給了一定的指標，把我劃為右派歷史系也好完成這個比例數字，大家也可以輕鬆出口氣了。

「車轟」是一九五七年春天西北師院鳴放運動中一個大字報社的名稱，參與這個大字報社活動的主要是馬列主義教研組（即後來的政治課教研組）及中文系、藝術系的青年教師。在「鳴放」中，「車轟」的大字報以其觀點新穎、文風犀利、漫畫精彩而受到西北師院師生們的一致好評，我只是跟隨和我同時留校任教、住同一宿舍的物理系助教劉雅琴（後也被劃為「右派」，已於八十年代病故）去看過熱鬧，根本未給它們寫過稿件或參與過什麼活動。但歷史系「反右」運動的積極分子們從「車轟」個別成員處瞭解到我曾去過那裡，就給我安上一個「車轟集團副總編輯」這個莫須有的罪名，這使得給我戴上一頂「右派分子」的帽子更顯其「罪有應得」。

「一家三右派」的現實，在當年如火如荼的甘肅「反右」鬥爭中被甘肅各家新聞媒體以各種不同形式炒作得沸沸揚揚，我們家的生活也由原先的歡樂溫馨一下變得烏雲密佈，成為「左派」人士和「革命群眾」們千夫所指罪大惡極的「右派家庭」。現在回想起來，當時我們家庭的這一變故，遭受打擊最大的其實是常年為這個家庭中所有成員操心操勞的我們的母親，但她面對這一突然降臨的嚴酷現實，依然保持著一如既往地從容和鎮定，默默地承受著一切打擊。逆境中的母親給了父親和每個子女更多無微不至的關愛，以最大的努力駕駛著我們家庭這條小船，艱難地航行在驚濤駭浪中而不致沉沒。

我再說說當年西北師院的反右派鬥爭吧，自一九四九年以來，西北師院一直是甘肅省各項政治運動的試點單位，特別在一九五七年三月，師院成立了以陳光為書記的第一屆黨委會後，其極「左」的思想政治路線一直持續到「史無前例的無產階級文化大革命」。在歷次政治運動的殘酷鬥爭、無情打擊下，教師隊伍遭受到重大損失，一九五七年西北師院教職工總人數大約超不過一千餘人，就有四百多人被打成「右派」（包括高年級學生中劃的「右派」，但不包括由內部掌握的二百多名所謂「中右」）。以上數字均根據正式出版的《西北師範大學校史》，可算是甘肅省「反右」運動中戰果最為「輝煌」的「右派大戶」。西北師院的「反右」運動奠定了這所省級重點大學在以後各項政治運動中始終保持其一貫的極左路線。例如「反右」十年以後的「文革」就在原來的基礎上更上一層樓，各級教師特別是被冠上「反動學術權威」、「歷史反革命」的名教授們更是身受重創。

據「文革」後「落實政策」時的統計：西北師大的冤、假、錯案約占甘肅省文教系統所有案件總數的三分之一左右，「文革」時歷史系教職工總數不到四十人，就有二十多人被打為不同類型

趙吉惠1981年仲春攝於蘭州

的「牛鬼蛇神」，當然包括我這個「沒有改造好的右派」在內。我最敬重的老師金少英、薩師炯、許重遠均榜上有名，他們三人在百般折磨下都死於「文革」時期，金、薩二人是病死的，年近八十的許重遠教授不堪折磨在一次「牛鬼蛇神」大遊校的當晚就自盡身亡——按當時的說法是「自絕於人民」。「文革」晚期的「一打三反」運動中，聞名全國的「槍斃教授」事件的主角張師亮先生，也是歷史系世界近代史的教授，他曾給我授過課。以上這些事似乎是題外話，我無非是想讓以後所有看我這篇回憶性文字的人，瞭解一下我從青年時代一直到中年時代二十多年間，處境之艱難險惡。人一生中能有幾個二十年呢？

一九五七年秋天，校黨委宣佈給我以「戴上右派帽子，降職降薪留校察看」的處分。這算是當時對「右派」最輕的處分，可能是領導看我還年青，給我一個「悔過自新、重新作人」的機會吧！我和師大眾多「右友」們在校內從事一年多名目繁多的監督勞動之後，於一九五八年五、六月間被校方以「下放勞動鍛練」的名義送往酒泉邊灣農場勞動。我們一行十幾人，都是在「反右」中和我受到同樣處分的年青教師。例如，這裡有馬列主義教研組（即後來的政治課教研組）的趙傑、趙吉惠；中文系的李遜、徐洪濟；生物系的張開義；物理系的劉雅琴；師大附中的李森、唐宗堯等。在學校送我們這批人去邊灣的同時，還向酒泉夾邊溝農場送去了在「反右」中受到比我們更重處分——「勞動教養」的一批教師，這些人中有以馬列主義教研組的王烈駿，中文系的朱金慶等，他們當時都是師大的青年才俊，也有年過六旬的老教授教育系心理學專家章仲子等，他們都在「反右」運動中被劃為「極右分子」。當時誰也沒有想到去夾邊溝的人們自此會走上了一條不歸之路，一九六〇年在大饑荒時期幾乎全都葬身於夾邊溝的荒漠之中。

我還要追述以下的情況：由於「反右」時我的家庭遭受了重創，所以在我去邊灣農場之前，也就是一九五八年春天，在蘭州大學外語系任教的二哥天明也被學校下放到邊灣農場「勞動鍛練」；幾乎與此同時遠在北京郵電學院任教，一向謹言慎行的三哥天浩受到「一家三右派」的影響，被院方叫去談話，歷數家庭成員的「反黨罪狀」後，把他下放到西安的陝西省郵電管理局下屬郵電學校任教；大弟天中更在我和二哥之前，已被他所在單位——甘肅省文化局美術工作室下放到比邊灣還要靠西的玉門花海農場勞動。近年天中在他所著的《穿越四季》一書中的《從麥積山到花海子》一文中對他放逐的這段經歷有很翔實、生動也不乏辛酸的追憶。

記得一九五八年六月我即將離開蘭州去酒泉之際，年老的父親還為我寫了一首詩，詩名是《天長下放酒泉賦以示別》，這首詩的內容是：

兒女連番到酒泉，不堪話別是衰年，
墾荒萬里英雄業，耕讀一家兄弟傳，
勞力爭先勤鍛煉，守身為大重安全，
春風待度玉關外，贏得光榮及早還。

落款處寫的是「戊戌（一九五八年）端午日題於煦園平廬並轉示天明天中」。

現在重讀父親的這首送別詩，我完全體會到他老人家在那個年代裡內心深處隱忍著的憤懣和無奈，詩中也以他深厚的父愛給我們以鼓勵和期望。

回想當年我們這些少不更事的「同案犯」們乘上西去的列車去酒泉時，一開始我還真為車窗外初次看到的河西走廊古樸、蒼涼、壯觀的景色所感染，內心深處竟產生了一種一年多來從來沒有過的如釋重負似的輕鬆感……一九五八年初夏，我們一行人到了酒泉邊灣農場。邊灣農場這是酒泉地區在鄰近的戈壁荒灘上新開闢的一個較大的所謂下放幹部農場，這個農場當時的勞動力主要是蘭州市幾所高校下放鍛練的教師和少數行政幹部。開始時農場總人數不下五、六百人，實行連隊編制。蘭州大學是一大隊、西北師院是二大隊，蘭州醫學院是三大隊。這幾個大隊都分別住在農場周邊相距很遠的農民村落裡，如果園鄉、新城鄉等，所以我和在一大隊勞動的二哥天明也很難常見面的。

五十年代在河西戈壁灘上新開闢的農場裡勞動，勞動量是很大的，主要勞動項目有翻地、打地埂、修渠、灌水等等。在長滿了極堅韌、生命力極強的沙生植物如「駱駝蓬」、「芨芨草」等野草的荒灘土翻地。由於多砂石、石塊地太硬，我們用的鐵鍬必須在頭天晚上下工後經農場工具房的砂輪打磨的十分鋒利，第二天翻地時才可勉強鏟下地表的一層土。因為這樣我的雙手不久就打滿血泡，只有纏上紗布再戴上勞動手套，手套上還常常是血跡斑斑。手上的痂久而久之就成了厚厚的老繭，再也不流血了。用木制獨輪車推土是我初到邊灣勞動時最感困難的農活，這種小車裝滿土後重心很不好掌握，稍偏就翻，車翻了自己趕快再裝上土推上跑，因為運土也有定額。在邊灣我最懼怕的勞動是在大田中灌水，特別是夜間灌水。戈壁灘上新開的水渠由於含沙石量多，水渠、地埂都很不堅固，澆灌的是從祁連山引來的雪水，當年水量很大，水勢很猛，不時造成新修地埂、水渠的決口。水渠決口時一般需要青壯勞動力快速用鐵鍬鏟下帶草根的大塊泥土才可填堵。如還堵不上就要跳下水渠用身體堵擋決口，所以我很怕分配灌水。可事與願違，不知是為什麼，小組長派活時常常讓我去灌水。夜間灌水時，我是近視眼又有夜盲症，常常踩入水中。遇到田埂決口我竭盡全力也堵不上時，只好大聲求援，為此常常要遭受領導的訓斥和同組人員的白眼。

由於我們這些人的「另類」身分，在農場的勞動與生活中處處受到始料不及的種種「特殊待遇」。例如打地埂時小組長採用走步丈量每人應完成的定額，如別人定額是六步，我們這些人的定額往往是八步或者還要多，以示懲罰。小組長還常常故意把我們派到石頭多、土質硬的地段打地埂，所以經常是別人休息了，坐在地邊吃帶來的乾糧，我們還頭也不抬地為完成分配的定額拼命幹活。我們狼狽的勞動相，在貧乏枯燥的生活中成為被人取笑的笑料。

除勞動外，我們吃飯、睡覺、談話甚至日常表情，都要隨時受到「左派」和積極分子們的挑剔和刁難。在如此繁重的勞動之餘，每晚「生活會」上還要沒完沒了地作檢查，要深挖自己的「反黨」思想，每次會上都要求我表態和「反動家庭」、「反動父親」劃清界線。就這樣，「左派」和「積極分子」們還隨時可以捏造各種莫須有的「罪名」，揭發我們這些人如何「頑固堅持反動立場，拒絕改造、與人民為敵」的種種「反動言行」，以表示和我們劃清界線以示他們的進步。這種境遇把我當初從蘭州乘上西去的列車時剎那間產生的輕鬆感頓時化為烏有。在這裡我一天比一天逐漸清醒地感悟到沒有任何事比遭受人們對自己人格歧視更讓人痛苦了，人格歧視幾乎滲透在我生活的每一瞬間，例如以前很熟悉、感情也還算好的同學、同事、朋友，現在迎面遇見也假裝沒看見、不認識，或有意回避繞道而行。我中學時的同學也寫來材料，揭發我小學時就如何反對共產黨等等莫須有的「罪行」……。

我的境遇和切身感受，使我不能不聯想到我在世界古代史教學中講到的古代印度的「種姓制度」——在婆羅門、剎帝利、吠舍、首陀羅四個種姓之外，還有一種「等外品」即「不可接觸的賤民」。古代印度統治者對這些「不可接觸」者的生產、生活的諸多方面定了許多奇特和嚴格的限制。一九五七年後我的「賤民」身分，滲透到我的全部生活之中。從小在溫馨而又充滿文化氛圍的環境中長大的我，本來就性格狷介不太懂人情事故，一年之間竟飽嚐了人情冷暖，世態炎涼。一向心高氣傲的我，在此後二十多年的逆境中，不得不忍辱負重，學著如何「夾著尾巴做人」……我在邊灣農場動輒得咎的艱難處境，更增加了我對父母及家人的思念之情。五十年代的通訊手段非常落後，寫封信寄到蘭州要走一、二十天，而父母給我的來信則常要遭到場部領導拆開檢查甚至扣壓。所以在離開蘭州後相當一段時間裡，我幾乎和家裡失去了聯繫。與此同時，家人得不到我的消息也同樣十分焦急，牽念。

一九五八年秋天，剛從蘭州一中高中畢業的二弟天達，看到父母日夜思念在酒泉勞動的哥哥姐姐，要求父母允許他去酒泉看望我們，他說他一中同班同學也是好朋友的白曉光的父親，是玉門飲馬農場（勞改農場）的場長，到時會幫點忙。父母親拗不過他，就準備了我們從小都愛吃的辣椒、肉丁炒豆豉、大餅、點心和罐頭，讓他來酒泉看望我們。天達好容易來到戈壁灘上的邊灣農場，才知道我們已由這裡遷到更遠的古長城邊上的新城鄉，如何再去新城鄉也沒有人指引，眼看已經暮色蒼茫，萬分失望的二弟只好去了飲馬農場，想在白曉光父親幫助下再去玉門花海農場看望大弟天中。但他失望地瞭解到酒泉去花海農場根本沒有固定的班車，要等順車才行。二弟只好先住在飲馬農場，不料當晚這個農場就發生勞改犯人逃跑事件，一時警犬狂吠，槍聲齊鳴，氣氛十分恐怖。第二天一大早，白曉光的父親特意來看望二弟，告訴他這個農場情況特殊不宜久留，勸他趕快返回蘭州。天達只好把從蘭州帶來的食品等物託給別人設法轉交我們，失望地回了蘭州。當時的二弟才是十幾歲的少年，他不顧艱險，長途跋涉，去河西看望在那裡勞動的哥哥姐姐，雖沒能見上面，但深厚的親情至今令我感動不已。

……

一九五九年秋冬之際，有一段時間我被農場抽調到場文工隊排練了一些舞蹈、歌詠節目後去酒泉城裡演出，演出結束要回長城農場時得知長城農場已被改作監獄，關滿了從甘南、天祝等地來的據說是「參與西藏叛亂」的藏民犯人。原來在這裡勞動的師大的「右派」已被調往丁家壩農場，丁家壩農場在酒泉城和嘉峪關之間，這個農場現在還在，已改名為「酒泉園藝場」。二〇〇〇年我和兒子薛桁，女兒薛梅、孫子薛力銘去敦煌莫高窟參觀後，返程路上還特意去這個農場看了一下，令人百感交集。

丁家壩農場也在戈壁灘邊，不過開墾較早，又有祁連山雪水充分灌溉，樹木、瓜菜都還長得不錯。這個農場中有三部分人：一部分是當地原先的農戶，改為農場後稱他們為「農工」；另一部分是酒泉本地的下放幹部，後來我也才瞭解到這些人也是在「反右」及以後運動中受到批判的人；第三部分就是西北師院已無意召回的我們這批人。農場的書記姓萬，是酒泉本地幹部，場長姓楊，陝北老幹部，約五十多歲，據說原來是省商業廳的一個小領導，他雖是獨眼，但這一隻眼很好用，特別是看到漂亮的女人時，獨眼中閃出野狼似的綠光，十分恐怖。場長、書記雖性格不同、作派也不同，但他們兩人共同之處是思想極左，對我們這些人懷著同樣刻骨的「階級仇恨」。這在當時被認為是「最可貴」、「最純樸」的「階級感情」和堅定的「革命立場吧」！農場裡具體管生產給我們派活的是個三十多歲的本地農民，姓殷，我們都叫他是「殷隊長」，人很平和、寬厚，對我們也不像別的領導那樣岐視、仇恨，他只管派活，至於我們的「思想表現」、「勞動態度」他從不說一句壞話，在那個年代裡這樣的領導太難得了。

我們調到丁家壩農場後，情況又有很大的變化。農活比過去重了許多，而口糧則越來越少，我們開始嘗到了饑餓的滋味。

一九五九年還處於「大躍進」、「趕英超美」的高峰時期，農場明確宣佈我們已進入「共產主義」。不斷發動「苦戰」、「夜戰」幹農活。還常常調我們去酒泉的「下河清農場」、「艮爾農場」等處支援秋收翻地，一連幾天都不讓我們睡覺，困極了的時候，扶在鐵鍬把上站著也能睡幾分鐘。平整地時，抬土的大筐土裝得極高，還要求抬上土必須一路快跑，稍慢就被認為是「磨洋工」。每天都要計算每個人的運土量，宣佈完成或未完成任務人員名單。當時農場裡由於人們開始吃不飽、活又重，病號已經很多。有一個大概是酒泉電廠下放的一個姓賈的老工程師，當時約六十多歲，成天穿一件黑呢子長大衣，他來時身體已很弱，但還要求他每天必須和我們一齊下地勞動，有一天老人病得不能動。小組長奉萬書記之命把他從宿舍中裝在抬土的筐中抬到地頭翻倒在地裡，老人就爬在地邊，萬書記還叱責他說：「你不會勞動總會看勞動吧」！第二天老人就死在了宿舍裡。

現在想起來還有點後怕的是丁家壩農場的翻地，當時規定每人每天翻地的定額是一畝五分地，其實河西的田地都是「地大畝小」。例如一塊地說是一畝，其實往往是一畝多甚至兩畝都不止。所以按場裡規定完成勞動定額就是壯男勞力都十分吃力，何況是我們這些女右派。所以秋翻地時我們都是天還不太亮就帶上一點乾糧去頭一天分好的地裡翻地，幾乎中間都不休息，只抽空啃幾口乾饃就不停地翻，一直到晚上月亮升起才勉強完成翻地定額。如有人完不成定額，食堂往往摘掉寫著他姓名的打飯牌子以示懲罰。這時食堂的大饅頭已經吃完，剩下的多是卷了大量野苜蓿菜的菜卷或是菜糊糊了。

除了正常勞動任務外，我們還要積肥。有一段時間，讓我們趕上牛車去酒泉城裡拉「城糞」。早出晚歸，每人一天一車糞，還算是比較容易完成任務。我們都搶幹這個活的原因是當時在農場中已吃不飽飯，每天處於半饑餓狀態，去酒泉城裡還可順便在飯館中飽餐一頓，再帶幾個大餅回來。但去酒泉城裡拉糞，也曾遭遇過十分尷尬的事。那是一九五九年深秋的一天，我和女子班的幾個人趕了牛車去酒泉城拉糞，裝上糞後返程路上，拉車的牛愈走愈慢，後來甚至走幾步就站下不走，打也不行，推也不行，我趕的牛車終於掉隊。眼看太陽已經落山，暮色降臨，遠遠已能看到農場場部平房時，這頭老牛終於饑餓過度臥倒在地。我竭盡全力也抬不起這輛裝滿糞的牛車，這時我也餓得肚子咕咕叫，好不容易在酒泉城裡吃的東西已讓我抬牛車消化完了。可憐的老牛，在那個歲月也都是吃不夠草料的乏牛啊！好在天無絕人之路，在夜幕降臨時，我看到遠遠地來了一輛當地農民趕的牛車。我高聲喊話向老鄉求援，那位有五十多歲的老農不但幫我抬起了牛車，還用他車上的草料袋餵我的那頭老牛。吃了點草料後，這頭老牛終於邁開了緩慢的腳步。憨厚的老農一併趕著兩架牛車送我到場部門口的路邊，他歎口氣對我說了聲：「下放幹部吧？唉！造孽！」我也沒對他回話，心裡百感交集：「我算是什麼幹部，我是個有『罪』之人。」到農場卸下糞，把牛趕到牛圈餵了點草料，已經快到晚上八點多鍾了。到食堂打了些菜糊糊，狼吞虎嚥吃下去後還趕快去給場長、書記彙報遲回的原因。場長、書記正在下象棋，頭也不抬，冷冷地說：「你以後裝上糞早一點往回趕車，別在酒泉城裡磨蹭了！」後來我才想到，那個晚上我要是回不來，讓戈壁灘上的狼吃了，農場裡也不會派人來找我的。那個年代人情的冷漠已達到極點。

我再說說去嘉峪關酒鋼拉糞的事吧。當年酒泉鋼鐵公司剛上馬時，嘉峪關變成繁榮的城市，酒鋼的飯館供應也比較好。為了吃飽肚子，去酒鋼拉糞的差事，也是我們想盡辦法才爭取到的。酒鋼距離丁家壩農場並不近，我們是拉架子車去酒鋼，定額是每天兩車，這就要求我們每天天不亮就起床，四點鐘出發。為了安全，我們都是三、四輛車結伴而行。除勞動工具外，每人都帶著手電筒。手電筒並不是為走路照明用的，而是用以驅趕戈壁灘上遊蕩的狼，牠們隨時可能攻擊我們。狼群的眼睛在黑夜裡閃著滲人的綠光，我們用手電筒一照牠就跑遠了，只聽見遠處嗷嗷的嚎叫聲。

我們天不亮就出發，清早就到了酒鋼。給車上裝滿糞後，就去飯館中狼吞虎嚥地吃頓飯，又趕緊拉上車返回丁家壩，倒下糞不休息再第二趟去酒鋼，返回時月亮都升起來了。說實話，當年去酒泉城裡及去酒鋼拉糞的確很苦很累，但我們還是十分奮勇地去幹這個活，原因就在於一九五九年以後饑餓已向我們步步緊逼。農場給勞動力的糧食定量一減再減，最低時每天每人只能有半斤原糧，饅頭、麵條已經絕跡。每天吃的大半都是有大量野苜蓿及各種從沒聽說過的「代食品」的菜糊糊，這些東西把飯量給撐大了，每人打糊糊用的不再是飯碗，而是搪瓷小面盆，就這樣還是成天都有饑餓感。再後來酒泉城裡及酒鋼的飯館拿糧票買饅頭或麵條也有了限量。人為造成的大饑荒開始席捲整個隴原大地，其中以河西、通渭及定西一帶尤為嚴重。

後來我才知道，一九五九年以後，蘭州市的糧食供應也日漸減少了。市民們也開始受到日益嚴重的饑荒的威脅，在家裡，母親每頓做飯都要計算定量用糧，不然不到月底就會有斷糧的危險。當然河西一帶嚴重饑荒的消息傳到蘭州，更讓父母親為我擔心。母親千方百計從全家口糧中擠出幾斤糧票給我寄去，但總是石沉大海一般，得不到我收到糧票的回音。原因是從蘭州給我寄的掛號信、包裹大都被場部領導扣留、拆封。不僅糧票被沒收，還命令我在小組會上無休止地對「不能吃苦的嚴重資產階級思想」作沒完沒了的檢查。

一九五九年秋冬之際，全家人對我的處境焦慮不安達到極點，年過六旬又從未單身出過遠門的母親，安頓好父親和弟妹，帶了一點炒麵、糕點和糧票，毅然擠上西去的列車，來到她平生從來未到過的河西酒泉，看望在農場中勞動的我，這是母親第一次到酒泉看望我。

母親獨自到酒泉後，沒辦法去丁家壩。她住進一家小旅館，旅店店主幫她找到一個常去丁家壩農場拉菜的馬車夫，請他給我帶話，第二天才把話帶到。我低三下四地向場領導請准了兩天假，心急火燎地步行去酒泉城找母親。也不知道母親住在哪家旅店，好心人告訴我旅店都在鄰大街的小巷中，你就挨著找吧！我就挨個找小旅店，每進一店就問：「你們旅店有沒有住進一個從蘭州來的六十多歲的老太太？」又翻看旅客登記簿，好在當年的酒泉城並不大，我找了兩三家後，終於在一家小旅客登記簿上發現了母親的名字，我大喜過望。店主老漢告訴我：「老太太等你兩天了，想去你們農場，又找不到個去農場的順車，這一陣去街上吃飯去了，她的東西還放在炕上。」我進房一看，炕上放著我很熟悉的家中常用的一個大旅行包，正想去街上找母親，母親已衣著整齊、神態安詳地回來了。一年多沒見母親，母親蒼老了許多。我強忍著眼中的淚水，千言萬語一時不知從何說起。倒是母親臉上露出了我最熟悉的笑容，撫摸著我的頭髮，拉著我的手說：「曬黑了！個子好像長高了一點，比過去壯實了！」一面還對店主老頭兒不無自豪地說：「這是我姑娘，是大學老師，到這裡勞動鍛煉來了。」聽了母親的話我簡直百感交集，一時啥話也說不出來。店家老頭兒說：「真是個了不起的媽媽，這麼遠就一個人從蘭州看姑娘來了。」老頭兒一連說了好多「了不得、了不得……」母親拿出從蘭州帶來的各種各樣食品，我又餓又饞，恨不得把這些東西一口氣吞下肚去。但母親立刻制止了我，她把帶來的食物全部包紮起來說：「這些東西帶到農場去慢慢吃，現在我帶你到街上飯館去吃飯。」在一家小飯館裡，母親說她已吃過了，她用糧票買好飯，坐在一邊看著我狼吞虎嚥地吃飯，一邊說：「慢慢吃，不夠了我們再買！」

那天晚上，我和母親睡在小旅店的炕上，炕還是熱的，我說了許多農場的生活情況和我們的艱難處境。母親聽著不斷發出無可奈何的歎氣，安慰我說：「你再堅持一段時間，我看也快調你們回去了，來這裡勞動把身體倒鍛練結實了，勞動時要千萬注意安全，可不能落下個傷殘……」她又說了許多家中的近況，我們才昏昏入睡。在酒泉小旅店裡見到了我日夜思念的母親，一時間我在農場遭遇到的種種艱難和不公正待遇似乎一下沖淡了許多。我堅定了繼續留在農場勞動的信念，期待著有朝一日我也許可以回到蘭州，和家人團聚。

第二天，母親說：「我到酒泉後也無法給蘭州家中報個平安，你父親和你弟妹們一定著急得很，我看到你身體還不錯也就放心了，你只請准了兩天假，就趕快回農場去，免得領導再找麻煩。」當天我又找到在酒泉一個小學當老師的堂弟（我二叔父之子）水天貴，一同去火車站送母親登上東去的列車，然後帶上母親從蘭州帶的食品和衣物，匆匆趕回農場。當晚和我同住一個宿舍女子班的「饑民」們就吃掉了不少母親帶給我的食物……。

母親回蘭州後，丁家壩農場情況更是每況愈下。到一九六〇年，缺糧情況更加嚴重，農場給每個人的糧食定量按勞動力強弱及完成勞動定額的情況進行反覆評定，總是有減無增。強勞力每人每月只有二十斤原糧，弱勞力只能有十幾斤，在食堂的克扣下還吃不足這個數。我當時雖然吃到最高定量，但繁重的勞動使我整日處於饑餓狀態，腦子裡除了想吃東西外幾乎什麼都不想了。持續的饑餓感使人晚上睡不著覺，一個宿舍的人只好徹夜地輪流繪聲繪色地講自己吃過的美食，當然以我講的「美食」最為吸引人。但這種「精神會餐」的結果往往是愈講愈餓，好不容易挨到天亮，急奔食堂灌下一盆野菜清水糊糊，扛上鐵鍬拖拉著疲軟的雙腿又去上工。說實話，在那個年月我們去地裡幹活，也往往是幹上一小會兒，就躺在地埂邊休息，任憑領導怎麼喝罵我們是「磨洋工」是「裝死躺下」等等，我們也不太在乎了。其實農場領導也開始感受到饑餓的逼近，他們完全清楚這些身分低賤的勞動者已經掙扎在死亡線上，所以也是色厲內荏，每天除了以百般折磨我們以表示其立場堅定外，大部分精力也用在自己想法吃飽肚子上去了。

饑餓可以完全摧毀人最基本的尊嚴甚至人格。我總算是一個出身「名門」的「大家閨秀」吧！但那時，眼看著農場的人們為了弄到一點點可以充饑的東西，幾乎人人都成為想方設法偷一點可吃東西的「賊」的時候，我的觀念也改變了：我開始認為這種為了活命覓取一些食物的人不能稱其為

「賊」，不過是被迫採取的另一種活命方法而已。現在說來可能還會有人不相信，從小自尊心極強的我，那時候再不能自命清高而開始「入鄉隨俗」了。饑餓逼得我也竟然學會了「偷」，所有可以吃的東西都成為我設法覓取的對象。例如：白天在甜菜地裡抬甜菜入窖，我物色好一個最大個的甜菜根，抬筐時乘人不注意扔到地埂邊長得茂盛的笈笈草叢中，天完全黑下來時，打上手電筒再憑記憶中的位置去找到，揣到大棉襖裡帶回宿舍，無水可洗就把泥土乾擦一下，切成小塊，放在喝水的搪磁缸裡，在小泥爐上煮。怕農場查夜的人發現，我們還用床單、衣物把唯一的一個窗戶堵得一絲光也透不出去，其實剛收成的甜菜根甜中帶苦帶麻，並不好吃。但為了充饑，我們也覺得美味之極！

一九六〇年夏秋之際，農場的人們都因饑餓掙扎在死亡線上的時候，場裡養的小豬由於飼料不足，長到不到二尺長就全都餓死了。場領導讓我們用架子車把死掉的小豬拉到菜窖中儲存起來，作為儲備食品。我們奉命拉這些餓死的小豬時，偷偷用身上帶的小刀，乘機在僵硬的死小豬身上割下幾塊帶毛豬肉，揣在大棉衣口袋中拿回宿舍充饑。當時我們同宿舍有一位白銀公司下放來的女工程師梁惠文，她和我最能配合默契，偷偷切割死小豬肉的事，我倆至今記憶猶新。提到梁惠文，我再說幾句題外話：梁惠文畢業於上海某名牌大學工科，原藉廣東，祖父時遷移到上海，據說她家當年也是上海灘商界赫赫有名的豪富。她大學畢業後和未婚夫一起統一分配到新建的甘肅白銀有色金屬公司。她倆結婚後，丈夫是高級工程師，「反右」時夫婦同時被劃為「右派」同時下放酒泉勞動。後來，她丈夫因公司開礦工作需要先調回白銀，梁惠文則一直在丁家壩農場和我們一起勞動。一九六一年以後聽說夫婦倆全回了上海，我們再也沒聯繫過。當年深夜在農場小土房的泥爐上煮帶毛的死小豬肉，無鹽無調料，腥氣之極，但我們竟然也吃得津津有味的事，至今依然歷歷在目。

一九六〇年以後，丁家壩農場的勞動者們由於過度的饑餓，許多人都得了「浮腫病」，眼睛腫得瞇成一條縫，混身乏力，腿都拖不動了。如果一個得浮腫病的人突然消腫，這個人離死亡也就不遠了。現在的一些年青人可能不會相信以下的事：當時農場把一些病餓而死的人的屍體碼放在菜地中的一個小窩棚裡，由於這些人都是乾瘦而死，身上沒有一點脂肪，河西一帶又多乾冷天氣，所以堆放多日竟然沒有一點臭味。和我一起從西北師大到酒泉勞動，一九六〇年死去的有師大附中的萬明理、中文系的徐洪濟等。徐洪濟也是一九五六年和我同級的畢業生，甘肅慶陽人，學業成績在他班上第一名，人極聰明，讀過的中國古代典籍不少。由於當時每個班級學生人數大都只有一、二十人，我們文科生的許多公共課都是合班上課，所以我和他也很熟悉，有時也探討一些文學方面的問題，畢業後和我同時留校任助教，同時劃為「右派」，同時到酒泉勞動。他死的具體情況，我是事後聽他同宿舍的人講的——由於農場糧食緊張，食堂已到揭不開鍋的境地，場領導指派一些男勞力拉上架子車，去戈壁荒灘採集「代食品」（無非是一些草根，草籽之類的東西）。不巧突然起了特大沙塵暴，別人都趕回農場，唯獨不見徐洪濟回來。等風沙停後場裡派好些人去找，終於在一個沙丘旁發現了他的遺體。他拉的架子車還在一旁，但看來人已死去多時，嘴裡滿是還沒嚼完的草……一個才華出眾的青年就這樣葬身於戈壁荒灘。

當時河西餓死人的消息傳到蘭州，使父母憂心如焚。其實當時蘭州的情況也相當嚴重，家中弟妹都在上大學、中學，正值能吃飯的年齡，母親千方百計地維持家中幾個人的口糧外，為了救我的命，還要從全家人的口糧中節餘一些換成糧票寄給我，我有時也能收到。那個階段農場領導也並未因為饑荒而對我們稍加寬容，小組會上的個人檢查，眾人對我們的檢舉、批鬥還是照常進行。我記得萬書記在那個階段多次責罵、威協我和師大另一位女教師趙傑說：「兩個女右派，不好好改造就送到夾邊溝去！」那時我並不知道夾邊溝農場的具體情況，只知道夾邊溝也在酒泉北部的古長城邊上，那裡更為艱苦。甘肅省幾個高校在「反右」中被劃為「極右分子」的「右派」大都去了那裡。其中大多數是青年教師，但也有如蘭大副校長陳時偉教授、師大教育系的章仲子教授、省民革的馬廷秀等多位老知識分子和民主人士，他們都是六十多歲的老人。幾年後才知道去夾邊溝農場的人活著回來的是極少數，大多數都葬身那裡，從此「夾邊溝」成為聞名國內外的一個地方。後來我才慢慢明白當時農場領導為什麼經常以送我去「夾邊溝」來恐嚇。

到一九六〇年初冬，遍及全國許多省份的饑荒，造成了大範圍的難民潮。河西的饑荒如此嚴重，還來了許多安徽、山東、河南一帶的「流民」，他們盲目擁上西去列車，有的去了新疆，也有許多流落在河西。丁家壩農場也來了許多。他們大都穿著黑布長袍，長袍前襟的一角拉起用繩子綁在腰間，從打扮看被稱作「盲流」的外地「流民」，和本地農民也截然不同。當時的火車由於大批「流民」擁上擁下，已經無法正常運行，車站秩序混亂不堪。在這種環境裡，父母家人愈加擔心仍在丁家壩農場我的安危。在最困難的時刻——一九六〇年冬天，我的母親第二次單身西來酒泉探視我。

一九六〇年那個令人難忘的嚴酷、饑餓的冬天，已經六十多歲身體又單薄的母親不顧眾多親友的極力勸阻，搜羅了當時家中所有可以帶走的食品，再次從蘭州車站擠上混亂不堪的西去列車，到酒泉來看我。她下了車逢人就問去丁家壩怎麼走？人們都說：「那地方遠得很，在嘉峪關呢！你老人家去不了。」後來，好不容易碰到一個好心的趕馬車的農民，他要去丁家壩拉菜，就答應把母親捎到丁家壩農場。母親提著沉重的旅行包，好不容易找到場部辦公室，向場領導說明她是水天長的媽媽，是從蘭州來看女兒的。場領導板著臉不高興地說：「這個時候你來幹什麼？你這是干擾你女兒改造！她表現不好，不安心勞動，我們還準備把她送去夾邊溝呢！」其實當時母親也並不知道夾邊溝是個啥地方。後來，場領導看她年邁體弱，總算是打發人去我幹活的地方叫來了我。一向堅強、鎮定的母親見到十分消瘦、面無人色和一年前她來時完全不同的我，流下了她輕易不流的淚水……。

見到母親真有一種恍若夢境的感覺，我把母親安頓在我們幾個人住的小土屋裡住了下來，國營丁家壩農場便有了一個對右派們十分親熱的老太太。我們同宿舍的還有趙傑、梁惠文等，這間宿舍被農場幹部稱之為「女右派宿舍」，平時沒有別人願來這裡。母親在那個年代來看我，不僅對我是最大的安慰，也同時對農場所有從蘭州來的「同案犯」們帶來了一絲溫暖。當我們這些人被那個年代及大多數人所拋棄的時候，不願拋棄我們，繼續給我們以無私的關愛和溫暖的人就只有我們的親人，特別是我的母親，我覺得我的母親是母親中最好的母親。

母親的到來給我帶來了溫暖和安慰，我的心情也好了許多，但母親從蘭州帶來的一點食品，很快就被饑餓的我及同宿舍的人吃光。我每天只能從食堂裡打來一盆糧少野菜多的雜糧糊糊給母親吃，母親還常常安慰我說：「還好吃。」又把自己碗裡的糊糊給我撥上一大半讓我吃，總是說：「我閑著呢！你還要勞動呢！」母親來到丁家壩後，親身體會到她在蘭州聽到的河西「餓死人」的事並非空穴來風，而是她親眼目睹千真萬確的事。我從母親的眼神中可以看出她的憂慮，過了沒幾天，她竟然「入鄉隨俗」地學我們去尋找食物。我下地後母親獨自去田間地頭找來一些可吃的東西，到了晚上也悄悄地在小泥爐上煮了給我們吃。

自母親探視來丁家壩後，和我一同從師大來的「同案犯」們都紛紛來看望她老人家。由於當時我們幾乎與外界隔絕，所以大家也想從母親處打探一些外界的消息，但更多的是大家都為母親堅定的意志和品質以及對女兒深摯的母愛所感動。我記得原籍遼寧的趙吉惠來看望母親時，伏在坐在床上的母親腿上深情地說：「看來我們這輩子是再見不到自己的媽媽了，您來了您就是我們大家的媽媽。」（中共「十一屆三中全會」後我們獲得「改正」，趙吉惠從西北師大歷史系調往陝西師大歷史系，是國內外知名的中國儒學史專家，不幸於二〇〇五年五月因患胃癌去世。）和我住在一個宿舍的趙傑因其丈夫李洪林（當時任《紅旗》雜誌社的副主編）要和她劃清界線提出離婚，她牽念留在丈夫家的四個兒女，精神幾近崩潰，甚至有輕生的念頭。母親對她們都給予百般撫慰，鼓勵我們說：「千萬不可胡思亂想，你們還都年輕，留得青山在，不怕沒柴燒，挺過這一段我想情況總會好一些的，你們總會有出頭日子……」其實母親當時對國內的政治局勢也並不清楚，對我們這些人的政策會不會有所「調整」她更不敢心存奢望。但她來丁家壩後，以她深厚的母愛對我們的寬慰和鼓勵，確實使大家如沐春風。若干年後都已回到西北師大工作的趙傑、趙吉惠、張開義等回想起發生在一九六〇年嚴冬的這段往事，大家都說：「水天長，你真有個了不起的好媽媽。」

……

母親來丁家壩後吃不好，睡不好，再加上成天為我憂心如焚，到了一九六一年元旦過後母親就病了。我請農場醫務室的張大夫來給母親看病，張大夫認真檢查後說：「你母親心肺功能沒大問題，但畢竟年紀大了，感染了風寒，現在身體虛弱得很。你千萬不可大意，趕快請假送老人家回蘭州，不然出了事，你後悔都來不及，我現在也去對楊場長說一下情況。」第二天果然場領導叫我去，先是一頓訓斥，我記得大概是說：「你這個臭知識分子不好好改造，還把你媽叫到這裡，現在病倒了，要出個事，你好趁機給共產黨抹黑是不是？告訴你，你想回蘭州我們不答應，你明天送你媽回蘭州，到蘭州車站送你媽下了車，你就不要出站，再上火車回酒泉……」我那時磨練得已經很有「承受力」了，臉皮也變厚了，對他們的訓斥無動於衷。回到宿舍後也沒給母親講場領導訓斥的話，只說：「場領導同意我送您回蘭州。」母女二人就開始收拾了東西，準備回蘭州。

第二天一清早，我從食堂中打了幾個定量的雜糧饃，帶了一個裝母親衣物的旅行包，扶著母親到公路邊，擋了一輛去酒泉的大卡車來到酒泉火車站。當時心裡真有情不自禁的喜悅，想像著很快就會回到久別的蘭州，和父親家人相會。但往往事與願違，到了酒泉車站一看，那個景象簡直把我嚇懵了，狹小簡陋的候車棚內外到處都是席地坐臥的流民，聽說話口音和穿戴，估計一大半是從蘇北、山東、河南一帶來的。車站售票處門窗緊閉，聽說早些天已經停止售票。我扶著母親，好不容易找到一個長條木凳，擠在人群中坐了下來。聽周圍的人們說：「現在東來西去的火車到酒泉站都不停車，就是停了車也不開車門，因為一旦開了車門，車站上滯留的人們就蜂擁而至，從車窗裡往上扒，弄的車無法開，有時車開了，車身處還掛滿了人……」聽到這些話，我和母親幾乎陷於絕望，只有聽天由命地默默坐在那裡。

到了夜裡，車站上席地而坐的人群為了驅趕寒冷，架起一堆堆的柴火取暖，閃爍的火光中映出一張張由於過度饑餓和疲倦而變了形的臉，既悲慘又恐怖。在這種意想不到的情況下，母親依然保持著她一貫的端莊和鎮定，但也掩蓋不住內心的焦慮和憂愁。我坐在地上，頭伏在母親的膝頭，再次陷入無助的絕望之中……。就這樣我們母女二人在酒泉車站的人群中渡過了兩天兩夜，還是無望踏上東去蘭州的火車，從農場來時帶的少量雜糧饃也幾乎大半被我吃完。母親總是不斷讓我吃，她說：「你吃吧！我還不太餓。」其實我完全知道母親自到丁家壩後就沒吃過一頓飽飯，再加上最近又有病，人比來時消瘦了許多。

俗話說：「天無絕人之路」。我們在酒泉車站滯留到第三天，竟發生了一件近乎奇蹟般的事：母親雖然一直默默坐在候車棚中，但細心的她卻隨時觀察著我們周圍的動靜，她低聲對我說：「我剛才看到一個中年人，臂上戴著『站長』的袖標從我們面前經過，進旁邊那個小門去了，你試著進去找站長說一下我們情況，看能不能想個辦法讓我們上去蘭州的車？」媽媽的話似乎給我們找到了一線生機，就鼓起勇氣大著膽子，從母親說的那個小門中進入站長室找到了站長。站長是一個中等個子，瘦瘦的中年人，他耐心地聽我訴說完我們的困境。看得出他很同情，但也很為難，皺著眉頭想了許久才說：「車站上現在的情況你都看見了，問題是現在車到站根本不敢開門，一開門人群全擁上去了，像你們母女倆根本擠不上去。」站長想了想又說：「這樣吧！可能再過半個鐘頭有一輛去蘭州方向的車到站，你快去扶你母親到我這裡來，我送你們上車，試一下能不能上去。記住！你可千萬不敢給周圍的人們說。」我大喜過望，快步走到候車室，扶起母親急步向站長室的方向走去。周圍的人群十分警覺都問：「幹什麼去？」我回答：「陪我媽上廁所去。」就這樣我們母女二人跟隨著站長從站長室旁邊的一個小門走上了站台。過了一小會，西邊開來的一趟列車停了下來，我從車窗中看到車廂內黑壓壓的全是人，在站長擺手示意下一節車廂的門打開了，站長竭盡全力從後面推我和母親上車，想不到母親的動作竟比我快，她用力踏上車廂的兩個台階，還轉過身來用力拉我，但我當時混身發軟，兩腿打顫，只上了一層台階就跪在台階上一點力氣也沒有了。還是站長猛力從後背把我推了一把，車門就關上了。這時蜂湧而至的人群已經擁到車前，還有一些特別勇敢的人們，不顧列車已經開動還攀在早已關閉的車門上……列車開動約一個鐘頭後，有一位乘客給母親讓了個坐位，我則席地坐在母親前頭，伏在母親的膝頭昏昏睡去。就這樣不知是什麼時候，火車已到了蘭州東站，母親叫醒了昏睡中的我說：「下車，我們回家吧！你父親和娃們（指在家的弟妹）肯定急壞了。你放心，家裡有我們的一口飯，就有你的一口飯，先在家養養身體再說回農場的事！」在這時我也再不把離開農場時萬書記說過的讓我把母親送到蘭州車站，不准我出站就回酒泉的話當作「金科玉律」了，經過酒泉在車站上三天三夜的「生死搏鬥」，我對過去那些奉為聖明的東西看淡了許多。

一九六一年一月二十一日（陰曆臘月）冬夜黯淡的月光下，我和母親回到了久別的煦園家中，在昏暗的燈光下看到了已經鬚髮全白的父親和弟妹們。我去酒泉農場勞動也不過才兩年時間，父親衰老的程度似乎已過了十年之久。大家見到母親和我進了房門，一霎時竟然驚愕地說不出話來，過了半響，天光妹和天行弟才說：「媽媽去酒泉看你去後，一、二十天沒有一點你們的消息，這一段河西餓死人的消息在蘭州愈傳愈烈，父親日夜期盼著你和媽媽的消息，但還是毫無音訊，父親有時自言自語地叨說：『也不知你媽媽和姐姐還在不在人世上。』」弟妹們還說，父親還讓二哥天明去蘭州市公安局「報案」尋人，公安局的人一聽就笑了，他們說：「現在全國的人都到處『亂跑』，你讓我們到那裡找去？」弟妹們成天想方設法安慰父親，但父親的心情還是一天比一天壞。因此，我和母親的突然回家讓大家在大驚之後才是大喜，簡直有一種恍如夢境的感覺，這時我再也壓抑不住久經磨難後悲喜交集的心情，放聲大哭起來。父親、母親和弟妹們都在一旁落淚……後來，還是母親強忍悲痛，笑著安慰大家說：「再不要哭了，這不是好好的回來了嗎？我趕快去做飯大家吃飯吧！」那一晚是我終生難忘的一個夜晚。

一年後的這一天（一九六二年元月二十一日）父親為追思一年前母親帶我回到家中這段難忘的事，已許久不再寫詩的他特意賦詩一首：

辛丑元月二十一日為天長侍母歸家之一週年賦此志念

夢裡人歸憶去年，窗前明月共團圓。
破涕為笑全家樂，兒女圍爐話酒泉。

這首詩父親是用毛筆字寫的，原件我作為我最珍貴的東西一直保留在身邊，十年「文革」中，我再一次經歷了不斷被批鬥、抄家、拘禁的日子，這首詩依然保存得十分完好。父親的這首詩十分動情地描述了當年母親歷盡艱險，毅然把我從酒泉帶回家那個夜晚的真實情景，現在讀來依然感人至深。

時光如流水，上面講到的這些事距今已有半個世紀之久了。但這段經歷，特別是我和母親在酒泉火車站所經歷的日日夜夜，至今依然使我難以忘懷，當年的情景有時竟然會十分清楚地重現於我的夢境之中……我常常想，在我身陷逆境的日子裡，一如既往地關愛、牽念我的人也只有我的父親、母親和兄弟妹妹了。特別是我的母親，她以極其深厚的母愛、大無畏的精神，不顧自身安危，隻身兩上酒泉，想以她微薄之力援救她危難中的女兒。每當我想起這段難以忘記的經歷時，總是抑制不住自己感恩的淚水。

……

一九六一年二月份的一天，我在家住了二十多天後，又告別了我的父母和家人，再次踏上西去的列車去了酒泉。當時內心深處還是充滿了淒涼之情，心想這次去後還不知何年何月才能回家？如果農場情況沒有改善，我這次去也許是凶多吉少，說不定這次離家才是真正意義上的和父母、家人的「永別」。所以重返農場的路上我的心情充滿著無奈和低沉。

誰也沒料到，就在不久以前政局竟然發生了件天大的事，這就是一九六〇年十二月三日，在蘭州召開了「西北局書記處擴大會議」（又稱「蘭州會議」）。這個會議的中心議題是針對甘肅發生的饑荒及死了許多人的問題，立即展開搶救在農場生命垂危的下放幹部並撤銷了省委第一書記張仲良的職務。「蘭州會議」後，甘肅省新領導迅速派遣工作組，下到河西各地農場瞭解情況，搶救人命。與此同時，中共甘肅省委還命令省級各高校、各單位迅速派人去各農場接回本單位的下放人員……。

當我乘火車到達酒泉車站時，在站台上竟奇蹟般地看到丁家壩農場中從西北師院和我一同來的「同案犯」們，他們一個個面黃肌瘦、破衣爛衫、形同乞丐，提著破破爛爛的行李，正在站台上等候去蘭州的火車。看到我從火車上下來，大家都十分吃驚，一齊對我說：「你還回來幹啥？學校人事處已派人來接我們回學校，我們把你的行李都帶回來了，跟我們一齊回蘭州！」這時學校人事處一位操陝西話的姓解的幹部，也走過來和我握手，招呼我們一齊踏上東去蘭州的火車。就這樣，我又登上了開向蘭州的火車。在火車上我還有點精神恍惚，真不知道眼前發生的事是夢是真。

回到學校後，人事處給我們安排了住處，又發了飯票及紅棗、紅糖之類的營養品，讓我們暫時休息過一段後再安排工作。一九六一年四、五月間歷史系宣佈給我摘掉「右派」帽子，但認為「摘帽右派」的身分不適宜再上講台，所以安排我到歷史系資料室做資料工作。

現在回想起來，全國大饑荒之後的一九六二至一九六三這兩三年間，應該算是全國範圍比較平靜的幾年，「階級鬥爭」的弦放得比五十年代後期稍寬鬆一些，人們逐漸從饑餓狀態中走出來，大家都舒了一口長氣。在這幾年中，父母雖比過去衰老了許多，但看到他的兒女們雖然歷經磨難但個個身體健康，家庭和睦，所以兩位老人也感到很寬慰。我自己這幾年除在歷史系資料室勤奮工作外，一九六一年我和不嫌棄我「摘帽右派」身分的蘭州大學體育教研組講師薛凌鳳結婚，接著長子薛桁、次子薛冰相繼出生，一九七〇年女兒薛梅出生。但好景不長，僅隔兩三年時間，「十年文革」的災難再次降臨。在「橫掃一切牛鬼蛇神」的口號下，有中國特色的急風暴雨式的階級鬥爭如火如荼，其打擊對象之廣泛，鬥爭方式之野蠻殘暴，比起一九五七年的「反右派」來，可謂「青出於藍勝於藍」。

「十年文革」中，年老的父親因病得不到治療而故世；才華出眾的天光妹妹在臨洮新添鋪中學的書記、校革委會迫害下慘死於洮河岸邊，死因不明；我本人和我的弟兄們個個遭批鬥、關「牛棚」，無人倖免；我們從小到大都生活過的家園——「煦園」在「十年文革」中被毀滅……；一九九一年二月二十日（農曆正月初六）二十世紀的同齡人、二十世紀中國歷史的見證人——我的母親走完了她九十一歲的人生道路，和我們永別了。

附錄二

我們這個班級　徐梅芬

這是一九四八年南京中央大學外文系三十六級的畢業合影。嚴格說來，他們是正宗的中央大學最後一屆畢業生。

歷經五十年的風風雨雨，當年風華正茂的男女學子大多遍體鱗傷，心情抑鬱。他們本該是國家的棟樑之才，可是三十多個優秀青年中卻有兩人在政治運動中自殺，七人（甚至更多，尚未全部聯繫上）被錯劃為右派分子。另有一些人受盡「中央」二字之累，在歷次運動中交代不清，被誣為國民黨嫡系。

其實，南京中央大學是當時國內集文、理、法、醫、工、農、師範等院系最為完備的學府。著名物理學家吳健雄博士（女）就畢業於中央大學。香港大學校長王賡武博士也來自這個學校。

英俊多才的劉德中（第三排左起第五人，著深色西裝者，其母為德國人），是復旦大學外文系優秀教師，「文革」中不堪凌辱，夫婦雙雙自縊身亡，當時桌上的《聖經》打開在《馬可福音》一節。無子女。聽說其弟（在北京某理工學院執教）因此也失去了生活下去的勇氣。

性情溫和的程瑞軒（第二排左起第一人，只照出半身者）寫得一筆好字，文章也不錯，五十年代在武漢大學圖書館工作。在一次政治運動中，她被迫跳樓自殺身死。遺有一子一女。

七個被錯劃為右派的是：徐梅芬、傅業葵、劉禹軒、高承武、馬立葉、吳本琳、康淑蓮，他們過去大多參加過共產黨或進步組織，有的還因參加學運坐過牢。他們被打成右派後，每人都有一部血淚史：長年勞改、受辱，在死亡線上掙扎，家人受盡連累……唯一可慶幸的是：活下來了。

這個班級的人，大多未能充分發揮才華。談得上有成就的要算是聶華苓（下頁照片中第一排左起第五人），她現在是美籍女作家。再就是吳協曼（第三排左起第六人），他是吳宓教授之堂弟，後來當過英國劍橋大學東方系主任、教授，已病故。

值此畢業五十週年之際，謹以此文悼念亡友，並祭奠劉德中、程瑞軒兩位非正常死亡者。他們英年含冤而逝，傷哉，痛哉！並遙祝星散世界各地的班友暮年幸福，道一聲：「珍重！」

徐梅芬，女，江蘇宜興縣人，生於一九二五年元宵節前夕。六歲父親病故。一九三七年小學畢業，後入宜興女中，抗日戰爭時輾轉到零陵國立十一中初中畢業，並繼續學習，一九四四年夏在國立十一中高十三班高中畢業。並考取西南聯大，也就入了中央大學，一九四八年夏，在南京中央大學外文系畢業。由於參加了一九四七年五二〇大遊行，並在街上演說，一九四八年八月十三日被逮捕，押解到南京市羊皮巷特刑庭拘留所，後被釋放。

一九五一年在上海某茶葉出口公司工作，接著被上海大公報錄取為編輯，不久隨報社遷天津，復遷北京。寫、譯了近十年的國際文章。一九五七年整風鳴放，一九五八年被補劃右派，按三類處理。

一九五九年正趕上某校大量需要英文教師，於是到張家口某軍事學院教英文。一九七八年改正了錯劃右派，在韓德培教授（韓德培一九三四年畢業於南京中央大學法律系，考取庚款留學，在美國、加拿大學習。一九四五年從國外留學回國，一直在武漢大學任教，並任法律系主任。一九五七年劃為右派分子，由於撤銷了法律系，在外文系教英文）。推薦下被武漢大學錄用，恢復了公職。一九八八年在武漢大學離休。現長年寄居北京女兒處。

前排右邊第一人為徐梅芬

附錄三

我在「托派子女」的陰影下成長　張曼青

趙旭先生：你好！

看了你的短文，很有同感。回贈一篇我弟弟張曼青寫的文章：在托派子女的陰影下成長。我們都是一樣的毛澤東階級鬥爭犧牲品。要說我家受害更早、更慘，而且右派有了改正，托派至今沒有任何平反消息。我們只能在自己心中給平反了。

張曼平

＊　＊　＊

一九四七年七月二十四日我出生在重慶渝中區大井巷，那時我家已有大姐張曼妮、二姐張曼琳、哥哥張曼平，我排行老四。在我成長過程中，有些事使我一身難忘。

記不清是一九五一或一九五〇年重慶舉行遊行，當時我們家住在保安路（保安路即現在的八一路），我一人獨自離家走到鄒容路保安路口看遊行。一個男人過來抱起我並帶我去買了一個燒餅，後來不知怎樣被帶到了石灰市新民街路口。我記得當時天空放晴，那人脫下我的毛衣獨自走了。我一人站在路邊，不清楚到了下午什麼時候，被一個老人領回石灰市臨街一間木板屋裡。屋裡光線很暗，破破爛爛的，幾乎沒有什麼傢俱，只有一張木板床。晚上我吃了什麼，怎樣睡的都沒有記憶了。後來聽母親講，我走失後家裡人四處尋找，所幸在第二天在石灰市找到我並接回家裡。當時我全身長滿了蝨子，母親將我全身統統換下，洗淨消毒，給我好好地洗了澡。這是我幼時的一個小插曲。在我後來的人生中，每每因「托派子女」在升學和工作中遇到不公待遇時，我都會突發奇想，如果當時母親未曾找到我，而我被這個窮苦的孤寡老人收養，我的成份就會是紅得不能再紅的「紅五類」。在那個黑白顛倒年代裡，不管升學、工作都會一帆風順。

一九五一年至一九五二年十二月二十二日之前的這段時期，我們家從保安路遷到民生路青年路口的一幢三樓一底的房子，記得外牆是黃色的，底樓為兩開間的門面，裡面放了幾台印刷機，父母經營著一家時新印刷廠（或民生印刷廠已記不清了）。二、三樓是住房，四樓為頂層，沒有房間，作為廚房和食堂。印刷廠的職工都在這裡吃飯。因為我們都還是孩子，職工們在吃飯時常常逗我們玩。記得有一次職工挑逗我拿著什麼東西去打曼平，我照著他們的話真的去幹了，引得他們哄堂大笑。

就在這期間，正值「三反、五反」運動，我多次看見印刷廠的職工晚上把父親圍在底樓的廠房裡，進行類似當年「打老虎」的鬥爭。也許職工把他當做資本家在批鬥。

我聽母親講過，那時父母對廠裡職工很好，不像其他資本家那樣刻薄。每逢過年過節，都要請職工聚餐、打牙祭慶賀。

在這段時間裡，正如張曼平在回憶裡提到挨父親打的事，我也有這個印象。有一次父親打他時，我還跑著去告訴了母親，母親才前去制止了。

一九五二年十二月二十二日，是獨裁者史達林的生日（這日期我後來看了母親寫的申訴材料才知道），那時我們家住在民生路魯祖廟一座樓房裡。那一層樓為一個大房間，中間沒有隔斷，一家人就住在這間大屋裡。這一夜，當我從熟睡中醒來時，看見屋裡燈光明亮並有人說著話，其他的事情我就全然不知。後來才知道父親被抓走了。現在知道了那是中共為了向獨裁者史達林獻禮，策劃了這次全國統一的掃蕩中國托派行動。五百餘名托派分子包括鄭超麟先生都在當晚被捕。

父親被捕後，母親一個人帶著五個子女（我妹妹張曼雲一九四九年出生）確感困難，隨後將曼琳、曼平託人帶到上海，由上海大舅撫養。留下大姐張曼妮，我及曼雲與母親相依為命。後來母親告訴過我，原準備曼琳、曼平去上海後，我們一家也將去上海，但後來全國戶口遷徙凍結，我們未能成行。或許母親考慮到父親一人關押在重慶，我們都回到上海，探視是一個困難。最終的結果是媽媽和曼妮、曼雲、我四人都留在了重慶。

與二姐曼琳、哥哥曼平一別就是十多年，因為八千里路雲和月的阻斷，加之家父被捕後家庭經濟困難，其間我們之間沒有再見過面。一九六六年五月底曼平哥結束了在北大派往四川峨邊的四清工作，回京前請假到重慶探親，才在家和哥哥見了離別後第一面。見到曼琳則是一九六六年末大串連時，我到當時她就讀的北京輕工學院找到她，才相互自我介紹見了面。如果在路上偶遇到她，只能是相見而不相識。

父親被捕後被關押在松山勞改隊（或是松山化工廠）（現白公館、渣滓洞一帶）時，每隔一、二週或一個月，母親就會帶著我和曼雲乘車去探視父親。那時母親實在是太累了，每每坐車都會打盹。這是我記憶特深的情景。到了勞改隊，母親與工作人員交代了一些什麼，就站在露天裡等著父親出來。他們站在一處談話，我和曼雲則在離他們五、六米的另一地方看著或自己玩耍。每次去，母親總要給父親帶一些香煙或食品。

在我記憶裡，有幾次父親是穿著工裝出來的。頭上還戴著白色的如同當年日本鬼子戴的那種帽子，帽子後面拖了一塊大布，把整個肩膀都遮住。據說在勞改隊裡，他們還要生產石灰之類的化工原料。

不知從何年起，母親就再沒帶我們去探視父親了，後來得知是因父親已轉押去了西昌。

一九五八年（具體時間記不清了），父親的同志（兼保鏢）劉志超叔叔從松山勞改隊出獄，當時母親曾同他在重慶市勞動人民文化宮茶園會面，我和曼雲也在場。他們談了些什麼，母親未告訴我。幾天後他去了西昌。

好像是在五九年，國家實行了一次大赦，提前釋放了很多罪犯。當時我們也特別期待父親能獲釋，可是左等右等最終還是落了空。

父親轉西昌監獄後一直沒有音信，母親不斷地打聽，最後才得到一紙通知：父親早已在轉西昌時生病去世。母親聽聞這個消息不禁黯然淚下，我們心裡也十分酸楚。

父親被捕前，母親對他的政治活動渾然不知。她只知道父親經營印刷廠時，常印刷魯迅的書籍及一些進步書刊。家裡常有進步人士來往，陳望道等著名學者就來過我家。

文化大革命時我接觸了不少「小道消息」，披露了共產黨高官中不乏投機鑽營的人。我常常幼稚地想，父親為何不學學那種人，當得知時局對自己不利時，投機一把，說不定還可撈得一官半職，也免使我們受株連。但父親不是那種善於投機鑽營的人，為了他的信仰，寧可拋妻棄子，至死不渝。

由於父親被捕，我們也就成了「托派子女」。記得讀小學時，一次因調皮被叫到老師辦公室，老師訓我：你是反革命子女，怎麼不克制克制自己的行為之類的話。這次訓斥使我刻骨銘心，也改變了我的性格。自此以後，我變得沉默寡言，謹小慎微，總怕自己的言行再招來同樣的訓斥。不過也「因禍得福」，我把勁使在了學習和任勞任怨上，以至參加工作後經常被評為先進生產者或先進工作者。

我常常自嘲地講我的學習經歷，幼稚園上私立的，小學讀的私立達育小學（後改為中華路小學時為公辦）；小學畢業升不了公辦中學，只能讀民辦初中和高中。按現在流行的話，是較早進入民營的人。並非是我成績不好，一九六三年初中畢業統考，原在一個小學讀書後升入公辦初中的同學，看了我的成績單都稱比他們公辦初中考的都好。一九六五年十二月，當時重慶四所民辦高中的高三生，大部分被南充煉油廠以半工半讀的名義招去。一九六七年分配進該廠，我到了最差的工段、幹了最差的工種。

我大姐張曼妮也是人生坎坷。高三就讀於重慶市九中，是該校的高材生。高考後比她成績差的同學都被各高校錄取，她卻榜上無名。這種事擱在誰身上都會想不通。好不容易分到重慶空壓機廠（軍工企業）工作，沒幹多久，遇廠裡下放人員，她首當其衝被下放。後來好不容易才在和平路小學找了份代課老師的工作。我大姐夫也是空壓機廠工人，因與身為托派子女的我大姐談戀愛、結婚，被調離該廠到重慶東風機器廠工作，大姐後來以家屬工身分也進了該廠。長年的精神壓抑，使她失眠成疾，久不得治，最後在一九七九年服安眠藥自殺而去，時年四十，留下一雙女兒。一九七九年家母退休後在北京為在北大上研究生的曼平哥帶孫女張薇，得知此噩耗，悲痛無以復加，但是也只能把眼淚嚥到肚子裡。

妹妹張曼雲一九六五年初中畢業，成績優異但升不了高中。後被石油鑽探隊招去當臨時工，一九六八年退回重慶，因是「托派子女」。長期未分配工作，幹了十幾年臨時工，直到母親退休時才頂替成為正式職工。因身為托派子女，事事受到不公待遇，積鬱多年，加之家母於九五年因癌症過世，她失去了精神依託，在重慶最熱的夏季七月二十六日，留下遺書後投嘉陵江自盡，時年四十七歲。其遺體被丈夫符比奇歷經千辛萬苦、花了幾千元雇人打撈，七天後才在嘉陵江下游河流轉彎處被找到。發現時遺體已經腐敗無法辨認，僅從遺體足部的一顆痣的位置確定是她的遺體（那時還沒有DNA鑑定）。

我母親的遭遇也一言難盡。公私合營後沒收了所有的資產，包括上面提及的位於民生路青年路口的房產，被劃為資本家。以資方人員的身分進入國營文化用品公司工作。接受改造自不必說，文化大革命中，因為是托派家屬，常被揪鬥、遊街及下放勞動。她在工作中勤勤懇懇，任勞任怨，不計時間、報酬。由於工作辛苦得不到很好的休息，那時她的臉常是浮腫的，也查不出什麼病因。

母親為人真誠，記得在父親被捕後，她一人經營印刷廠。當時廠裡有一名職工外號叫「聾子」（因耳聾得名），患有嚴重的肺結核，這種病傳染性極大，當時稱為癆病。母親對他十分關心。那時我們住民生路七十六號（就在印刷廠對面）二樓，他住三樓。凡我家做了什麼好吃的，都讓我和曼雲給他送一些去。久而久之引來風言風語，有些誹語都傳到我們小孩子耳裡。但母親全然不顧，始終如一的待他，直到後來病重，吐血不止而亡。

談到民生路七十六號，這裡還有一段故事。我們住在這裡的是一間不足十平方的屋子。一九七〇年因危房被拆除重建。這時我已離家在南充工作，大姐結婚住在廠裡。母親和妹妹曼雲在拆遷期間投親靠友。好不容易等到新房修好，不料地段戶籍警以我家是托派家屬為由，不准我們回遷，硬讓我們搬到渝中區打銅街四號三樓一間用木板隔出十一點八平方的屋裡。沒有廚房，沒有廁所，這一點倒是那一時代普遍的住房條件。據說趕走我們後，那位戶籍警得到了本應屬我們的那一套回遷新房。

那個年代還有一件令我常感頭痛的事，就是無論升學和工作後經常要填的履歷表，那上面都有家庭出身一欄。如何填寫，常使我犯難。思考再三，要麼填上小商、商人，要麼填資本家，總不願填反革命、托派，那樣的字太扎眼。但無論你怎樣填，在共產黨的檔案裡，我們總是「托派子女」，是躲避不了的。

我們一家的遭遇，使我害怕政治，我不敢去碰它。我除了小學參加過少先隊，入黨、入團申請書都不敢寫，知道寫了也白寫。我搞不明白什麼是「政治」，尤其是中國的政治。不同政見者就必然是敵人嗎？難道政治就是「成者為王，敗者為寇」。真理往往是越辯越明，在科學問題上不能缺乏爭論，拒絕爭論就不會成為科學。我期盼著真理面前人人平等的政治，法律面前人人平等的政治，平等、自由、博愛的政治，這一天一定會到來的。

附：張曼雲遺書（經公安局字跡鑑定是其本人書寫）

1

曼青、作敏（曼青太太）：

我對不起你們。曼青一定要自己保重，不要通知曼平、二姐來渝。我櫃子裡的紙盒是我自己的，其他是公家的。紙盒裡有兩路口的拆遷證，卓紅（張曼妮次女）的房產證。作敏去拿一下。裡面有姚淑華的借條一萬五千元，一萬是你的，伍千是我的。請曼青一定要注意保重，作敏多操心。

曼芸96.7.26

保險櫃的公款請單位同事自己查收，都有記載。

2

小蘇、比奇：（其女兒和丈夫）
我太對不起你們了。我自己把身體搞壞了。又連累你們。我知道自己各方面都很虛弱，身體也好不起來了。一方面拖累你們，一方面給經濟上受不了。對不起這個家，我沒把家搞好。
小蘇乖女兒，媽媽對不起你。你的命太苦了。小蘇我拜託各位叔叔、娘娘多關照。
曼芸96.7.26
我死後遺體捐獻給醫院，不要操辦，一切從簡。

目擊中國14　PC0313

從土改到文革
——中國當代一○○位知識分子的厄難

作　　者／趙　旭
責任編輯／蔡曉雯
圖文排版／詹凱倫
封面設計／王嵩賀

發 行 人／宋政坤
法律顧問／毛國樑　律師
出版發行／秀威資訊科技股份有限公司
114台北市內湖區瑞光路76巷65號1樓
電話：+886-2-2796-3638　傳真：+886-2-2796-1377
http://www.showwe.com.tw
劃撥帳號／19563868　戶名：秀威資訊科技股份有限公司
讀者服務信箱：service@showwe.com.tw
展售門市／國家書店（松江門市）
104台北市中山區松江路209號1樓
電話：+886-2-2518-0207　傳真：+886-2-2518-0778
網路訂購／秀威網路書店：http://www.bodbooks.com.tw
國家網路書店：http://www.govbooks.com.tw

2013年11月　BOD一版
定價：660元

國家圖書館出版品預行編目

從土改到文革：中國當代一〇〇位知識分子的厄難 / 趙旭著.
-- 一版. -- 臺北市：秀威資訊科技, 2013. 11
面； 公分. -- (目擊中國；PC0313)
BOD版
ISBN 978-986-326-191-9 (平裝)

1. 中國史 2. 知識分子

628.7 102019059

讀者回函卡

感謝您購買本書，為提升服務品質，請填妥以下資料，將讀者回函卡直接寄回或傳真本公司，收到您的寶貴意見後，我們會收藏記錄及檢討，謝謝！
如您需要了解本公司最新出版書目、購書優惠或企劃活動，歡迎您上網查詢或下載相關資料：http:// www.showwe.com.tw

您購買的書名：＿＿＿＿＿＿＿＿＿＿＿＿＿＿＿＿＿＿＿＿

出生日期：＿＿＿＿年＿＿＿＿月＿＿＿＿日

學歷：□高中（含）以下　□大專　□研究所（含）以上

職業：□製造業　□金融業　□資訊業　□軍警　□傳播業　□自由業
　　　□服務業　□公務員　□教職　□學生　□家管　□其它＿＿

購書地點：□網路書店　□實體書店　□書展　□郵購　□贈閱　□其他

您從何得知本書的消息？

□網路書店　□實體書店　□網路搜尋　□電子報　□書訊　□雜誌
□傳播媒體　□親友推薦　□網站推薦　□部落格　□其他＿＿＿＿

您對本書的評價：（請填代號　1.非常滿意　2.滿意　3.尚可　4.再改進）

封面設計＿＿　版面編排＿＿　內容＿＿　文／譯筆＿＿　價格＿＿

讀完書後您覺得：

□很有收穫　□有收穫　□收穫不多　□沒收穫

對我們的建議：＿＿＿＿＿＿＿＿＿＿＿＿＿＿＿＿＿＿＿＿

＿＿＿＿＿＿＿＿＿＿＿＿＿＿＿＿＿＿＿＿＿＿＿＿＿＿

＿＿＿＿＿＿＿＿＿＿＿＿＿＿＿＿＿＿＿＿＿＿＿＿＿＿

＿＿＿＿＿＿＿＿＿＿＿＿＿＿＿＿＿＿＿＿＿＿＿＿＿＿

請貼
郵票

11466
台北市內湖區瑞光路 76 巷 65 號 1 樓
秀威資訊科技股份有限公司 收
BOD 數位出版事業部

（請沿線對折寄回，謝謝！）

姓　名：＿＿＿＿＿＿＿＿　年齡：＿＿＿＿　性別：□女　□男

郵遞區號：□□□□□

地　址：＿＿＿＿＿＿＿＿＿＿＿＿＿＿＿＿

聯絡電話：(日)＿＿＿＿＿＿＿＿(夜)＿＿＿＿＿＿＿＿

E-mail：＿＿＿＿＿＿＿＿＿＿＿＿＿＿＿＿